Jochen Martin

DAS ALTE ROM

Geschichte und Kultur
des Imperium Romanum

Mit Beiträgen von Jochen Bleicken
Raymond Bloch, Dominique Briquel
Helmut Brückner, Raymond Chevallier
Walter Eder, Egon Flaig
Karl Suso Frank, Hans-Joachim Gehrke
Charles Guittard, Theodora Hantos
Konrad Heldmann, Helmuth Schneider
Peter Weiß und Paul Zanker

C. Bertelsmann

Dank

Der Verlag möchte seinen ganz besonderen Dank all jenen zum Ausdruck bringen, die wesentlich zum Zustandekommen dieses Werks beigetragen haben:
den Altertümerverwaltungen und Museumsleitern, die durch ihr freundliches Entgegenkommen zahlreiche Neuaufnahmen von Denkmälern und Kunstwerken ermöglicht haben; den Institutionen, Photoagenturen und Photographen, die Bildmaterial zur Verfügung stellten und die Reproduktionserlaubnis erteilten; den Verlagshäusern, deren Publikationen die Zitate in den Beiträgen dieses Bandes entnommen werden konnten; Herrn Eberhard Thiem, ohne dessen reichen Fundus an Bildmaterial dieses Werk nicht möglich gewesen wäre.

Umwelthinweis:
Dieses Buch und der Schutzumschlag wurden auf chlorfrei gebleichtem Papier gedruckt. Die Einschrumpffolie – zum Schutz vor Verschmutzung – ist aus umweltfreundlicher und recyclingfähiger PE-Folie.

Der Band enthält 500 Abbildungen und 27 graphische Darstellungen

Frontispiz: Gewölbemosaik in Santa Costanza, Rom
Vorsatz: Reiterstandbild Marc Aurels, Rom
Umschlaggestaltung: Klaus Renner
Umschlag Vorderseite: Augustus-Cameo. London, British Museum
Umschlag Rückseite: Relief der Ara Pacis, Rom

Idee, Konzeption und Redaktion: topic GmbH, München-Karlsfeld
Ausführung des Layouts: Hubert K. Hepfinger, Freising
Graphische Darstellungen: Annegrete Vogrin und Manfred Derler (Pläne), Manfred Steuerer (Karten)
Übersetzung der französischen Beiträge: Gertraud Müller-Pezina, Hans-Josef Krey

Satz: EPS GmbH, München
Reproduktionen: Hofmüller, Linz
Druck + Bindung: Mohndruck Graphische Betriebe GmbH, Gütersloh
Printed in Germany 1998 · Buch-Nr. 10151 9
ISBN 3-572-00866-2

Vorwort

Rom – das ist nicht einfach der Name einer Stadt, sondern ein Begriff, der bis heute viele Assoziationen weckt. Sie verknüpften sich zum einen mit der Stadt Rom, zum anderen mit dem Römischen Reich, das die Geschichte des Mittelmeerraumes und Westeuropas entscheidend geprägt hat.

Die Stadt Rom wurde schon in der Antike mit der Aura der Ewigkeit umgeben. Die *urbs aeterna*, die »ewige Stadt«, konnte nicht untergehen – an diese Hoffnung klammerte sich die westliche Senatorenschicht selbst dann noch, als die Stadt 410 n. Chr. von den Goten erobert wurde. Hier hatten die alten Götter ihren Sitz, und durch die Schönheit seiner Bauten überragte Rom jede andere Stadt im Imperium. Die Christen übernahmen den Topos von der ewigen Stadt. Für sie war Rom der Ort, an dem die Apostelfürsten Petrus und Paulus das Martyrium erlitten hatten und dadurch zu Bürgern Roms geworden waren, ein Ort, der auch durch unzählige andere Märtyrergräber geschützt wurde. So konnte Hieronymus angesichts der Ereignisse von 410 fragen: »Was kann bestehen, wenn Rom untergeht?« Rom bestand weiter, wurde zum Sitz des Papsttums, zum Symbol nicht nur für politische, sondern auch für kirchliche Macht mit universalem Anspruch. Daher wurde Konstantinopel, das Kaiser Constantin zur Hauptstadt des Reiches ausbaute, als das »Zweite Rom« bezeichnet und Moskau noch im 16. Jahrhundert als das »Dritte Rom«.

Ebenso hörte das Römische Reich nicht zu bestehen auf. Es ging zwar als konkreter Herrschaftsverband im Westen unter, aber die Vorstellung blieb, daß es eine universale Ordnung repräsentiert, und in diesem Sinne bildete es den Bezugspunkt für das Kaisertum im Mittelalter. Selbst heute wird im Hinblick auf die europäische Einigung immer wieder auf das Römische Reich rekuriert. Man verweist auf den Versuch Roms, Völker mit ganz unterschiedlichen Traditionen in einer Rechtsgemeinschaft zu integrieren, oder auf die Tatsache, daß den verschiedenen Völkern unter römischer Herrschaft ein hohes Maß an Eigenständigkeit erhalten blieb, und schließlich auf die kulturellen Traditionen, die durch Rom begründet wurden.

Ist uns also Rom nahe? Es könnte so scheinen: Überall in Westeuropa und im Mittelmeergebiet stoßen wir auf römische Überreste; die lateinische Sprache ist noch in vielen modernen Sprachen gegenwärtig; Formen der Wahrnehmung von Wirklichkeit bis hin zu den entsprechenden Begrifflichkeiten sind von den Römern geprägt worden.

Dennoch trügt der Schein. Man kann zwar in ästhetischem Erleben Distanzen überwinden oder die architektonischen Leistungen der Römer bewundern – für den Historiker ist trotzdem Distanz angesagt. Nicht etwa, weil wir es weiter gebracht hätten als die Römer, sondern weil jede vergangene Gesellschaft und Kultur ihre besondere Konfiguration hat, in der erst die Einzelphänomene – wenn überhaupt – verständlich werden. Auch wenn Rom ein Stück unserer eigenen Vergangenheit bildet, ist es doch ein Fremdes, dem wir uns nicht einfach anbiedern, das wir nicht für uns vereinnahmen können, zumal in der unreflektierten Annäherung ja oft das aus dem Blick gerät, was uns unbequem ist.

Die Konfiguration der Gesellschaft und Kultur Roms in ihrer Eigenart, den geschichtlichen Bedingungen und Wandlungen wenigstens annähernd sichtbar zu machen, ist das Ziel der Beiträge dieses Bandes. Zunächst werden die naturräumlichen Gegebenheiten des Mittelmeerraumes, den Rom unter seiner Herrschaft einte, vor Augen geführt. Das zweite Kapitel skizziert die Verhältnisse im frühgeschichtlichen Italien, die Stadtwerdung Roms und seine Frühzeit. Danach werden die drei Epochen der römischen Geschichte dargestellt: die Zeit der Republik, in der sich der von Ständekämpfen und Bürgerkriegen begleitete Aufstieg Roms vollzieht und das Weltreich errichtet wird; die Umwandlung zur Monarchie im Prin-

cipat des Augustus, die Behauptung und Erweiterung des Weltreiches durch die Kaiser und seine schwere Krise im 3. Jahrhundert; schließlich die Spätantike mit den Reformen Diocletians und Constantins, den Umwälzungen und Barbareneinfällen, die zur Auflösung des Reiches führten.
Der folgende Abschnitt über die staatlichen Institutionen beschreibt das jeweils Besondere der politischen Organisation der römischen Republik, des Principats und des spätantiken Staates. Ein eigenes Kapitel ist dem römischen Recht gewidmet, denn die Schaffung einer sich auf das Recht gründenden Ordnung, die das Leben der Gemeinschaft regelt und den sozialen Frieden erhält beziehungsweise immer wieder stiftet, gehört zu den großen Leistungen der Römer. Die Analyse der römischen Gesellschaft gibt einen Einblick in deren komplexe Differenzierung in Stände und Statusgruppen, in die verschiedenen Integrationskreise und die sozialen Normen, die für den Zusammenhalt des römischen Staates ausschlaggebend waren.
Das Imperium Romanum führte eine Blütezeit der Stadtkultur und des Urbanismus herauf. Der Beitrag über die Städte schildert ihr Erscheinungsbild, behandelt aber auch die städtische Gesellschaft und Verfassung, die Bedeutung der Städte für die Romanisierung der Westprovinzen und die Städterivalitäten im griechischen Reichsteil. Das Kapitel über die Wirtschaft erörtert die Nutzung der Ressourcen des weiten Herrschaftsbereiches, die Erwerbung riesiger Vermögen durch Angehörige des Senatoren- und Ritterstandes, die Expansion des Großgrundbesitzes, die Rolle der Sklavenarbeit, die handwerkliche Produktion, Handel und Verkehr.
Über die Religion handeln zwei Beiträge. Der eine befaßt sich mit den angestammten religiösen Vorstellungen der Römer, den Riten, in denen sie zum Ausdruck kamen, den Aufgaben der Priesterkollegien, der Organisation des römischen Pantheons und der Aufnahme fremder Gottheiten und Kulte. Der andere Beitrag gilt dem Christentum. Als das Römische Reich im Zenit stand, verkündete das Christentum die Hoffnung auf ein Reich, das nicht von dieser Welt war; es konnte sich in dem Weltreich ausbreiten und die kirchliche Organisation aufbauen. Nach schwerer Konfrontation mit dem Staat ermöglichte die Religionspolitik Constantins das Bündnis zwischen Kirche und Römerreich.
Wie viel sie auf den Gebieten von Wissenschaft und Technik, Kunst und Literatur den Griechen verdankten, war den Römern selbst bewußt. Sie betrachteten sich als Erben einer großen Kultur, die als vorbildlich und verbindlich angesehen wurde. Bei der Aneignung griechischer Wissenschaft stand die Nutzanwendung im Vordergrund; erstaunliche Ingenieurleistungen zeigen den hohen Stand römischer Technik. Die Verwendung griechischer Bildformen und Stile in der römischen Kunst erscheint in neuem Licht durch eine an Funktionen und Räumen orientierte Betrachtung der Kunstwerke: als Beschwörung klassischer Kultur in der Bilderwelt des privaten Bereiches, als Bildersprache der Macht im öffentlichen Raum, als bürgerliche Selbstdarstellung in der Grabkunst. An den bewunderten griechischen Vorbildern sich schulend und mit wachsendem Selbstbewußtsein damit wetteifernd, hat die römische Literatur mit der Kunstprosa Ciceros und der Dichtung augusteischer Zeit das Ziel erreicht, Gleichwertiges in lateinischer Sprache leisten zu können. Sie gewann ihrerseits normative Kraft für spätere Literaturen. Die Wirkung Roms auf die Nachwelt in diesem und anderen Bereichen ist das Thema des Schlußkapitels.
Manche Leserin und mancher Leser werden vielleicht Dinge vermissen, die ihnen vertraut sind, oder sie werden auf andere als die gewohnten »Lesarten«, sei es der Geschichte oder der römischen Kultur, stoßen. Alle Autorinnen und Autoren dieses Bandes sind durch Forschungen zur römischen Geschichte und Kultur ausgewiesen. Sie wollen zwar einen Überblick über ihr jeweiliges Teilgebiet geben, präsentieren aber gleichzeitig einen Einblick in neuere Tendenzen der Forschung zur römischen Geschichte. Und diese Tendenzen sind keineswegs einheitlich. Ich habe es nicht als meine Aufgabe angesehen, dies zu verschleiern.
Allen Autorinnen und Autoren sowie dem Verlag danke ich herzlich für ihre Kooperationsbereitschaft.

Freiburg, im Dezember 1992 *Jochen Martin*

Inhaltsverzeichnis

Blick auf den Ätna vom Theater in Taormina

Venetische Bronzesitula. Bologna, Museo Civico

»Sarkophag der Helena«. Rom, Musei Vaticani

Blick vom Kapitol über das Forum Romanum zum Palatin

»Thron des Königs Dagobert«. Paris, Bibliothèque Nationale

Lucius Caecilius Iucundus. Neapel, Museo Nazionale

Säulenstraße in Palmyra

Mosaik aus Vienne. St-Germain-en-Laye, Musée des Antiquités Nationales

Tempel von Tibur/Tivoli

Apsismosaik in SS. Cosma e Damiano, Rom

Relief vom Grabmal der Haterier. Rom, Musei Vaticani

»Antinoos Mondragone«. Paris, Louvre

Dichter und Muse, Elfenbeindiptychon. Monza, Museo del Duomo

Engelsburg in Rom, Mausoleum des Kaisers Hadrian

Portlandvase. London, British Museum

Das Mittelmeergebiet als Naturraum

Wie jedes Ökosystem ist auch das mediterrane durch die Naturfaktoren Geologie, Relief, Boden, Klima, Wasser, Vegetation und deren Interdependenzen bestimmt. Trotz aller inneren Differenzierung im einzelnen sind dem Mittelmeergebiet gemeinsame Merkmale eigen, die im folgenden skizziert werden.

Geosphäre

Gemäß dem plattentektonischen Modell ereignete sich im Mediterranraum die Kollision zwischen Afrikanischer und Eurasischer Platte. Das führte zur Bildung der zirkummediterranen Faltengebirge, von denen die Alpen das prominenteste sind. Diese alpidische Orogenese ist erdgeschichtlich die jüngste große Gebirgsbildungsphase; sie setzte im Erdmittelalter (Mesozoikum) ein und ließ während des Tertiärs in mehreren Phasen die jungen Faltengebirge entstehen. Kompressions- und Dehnungsphasen wechselten miteinander ab. Durch die Drift von Mikroplatten bildeten sich neue Ozeanböden, beispielsweise der des Ligurischen Meeres; es verdankt seine Entstehung der untermiozänen Drift der Tyrrhenischen Masse mit Korsika und Sardinien nach Osten, weg von Frankreich und Nordostspanien.
In der geologischen Entwicklung des Mittelmeeres verdient ein Ereignis besondere Erwähnung: Es gilt heute als gesichert, daß das Mittelmeer im Messinien, also vor etwa fünf bis sechs Millionen Jahren, vom Atlantischen Ozean getrennt war und aufgrund der hohen Verdunstung bis auf einige Restseen austrocknete. Zeugen dieser obermiozänen Salinitätskrise sind über 1,5 Kilometer mächtige Salzlagerstätten sowie Funde von Großsäugern auf den Inseln, die damals Teile des Festlandes waren.
Die meisten zirkummediterranen Gebiete sind geologisch jung. Zwei Drittel der Fläche Italiens werden von känozoischen, das heißt in der Erdneuzeit entstandenen Gesteinen eingenommen, vorwiegend feinkörnigen, leicht erodierbaren marinen Tonen. Sie wurden erst seit dem Ende des Pliozäns vor etwa 2,4 Millionen Jahren durch Heraushebung landfest; in Kalabrien erreicht der Hebungsbetrag bis 1300 Meter. Die geologische Jugendlichkeit hat Konsequenzen: tektonische Mobilität, wenig verfestigte Sedimentgesteine, starkes Relief und Rohstoffarmut.
Die große tektonische Mobilität zeigt sich im rezenten Vulkanismus (Vesuv, Ätna, Äolische Inseln, Santorin) und im häufigen Auftreten von Erdbeben. Erdbeben ereignen sich in Süditalien und in der Ägäis besonders oft, weil dort die Gebirgsbildung auch heute noch weitergeht. In ihnen spiegelt sich das komplizierte plattentektonische Muster wider, da sie geschart an den Plattengrenzen auftreten.
Ein guter Indikator für junge tektonische Bewegungen ist die beim Hochstand des Meeres in der letzten Warmzeit vor etwa 125 000 Jahren geschaffene Meeresterrasse. Man nimmt an, daß damals der Meeresspiegel weltweit etwa sechs Meter über seinem heutigen Niveau war. Liegt diese marine Terrasse wesentlich höher, handelt es sich um ein Hebungsgebiet; ein Beispiel ist Südkalabrien, wo die entsprechenden Sedimente heute bis in einer Höhe von 160 Metern über dem Meeresspiegel auftritt. Fehlt sie, so ist sie entweder abgetragen oder abgetaucht wie an der dalmatinischen Küste.
Die Gesteine sind wichtig für Bodenbildung, Wasserhaushalt und Erosionspotential. In den jungen Faltengebirgen des Mittelmeerraumes dominieren Sedimentgesteine, und zwar vorwiegend Tongesteine (Mergel, Tone, Schiefertone). Dazu kommen Karbonatgesteine,

Blick auf den Ätna vom Theater in Taormina. Tätige Vulkane wie der 3263 m hohe Ätna und häufige Erdbeben sind Ausdruck der geologischen Jugendlichkeit des Mittelmeerraumes. Sie zeigen, daß sich in zahlreichen Regionen verschiedene tektonische Platten verschieben, die geologische Evolution also noch lange nicht abgeschlossen ist.

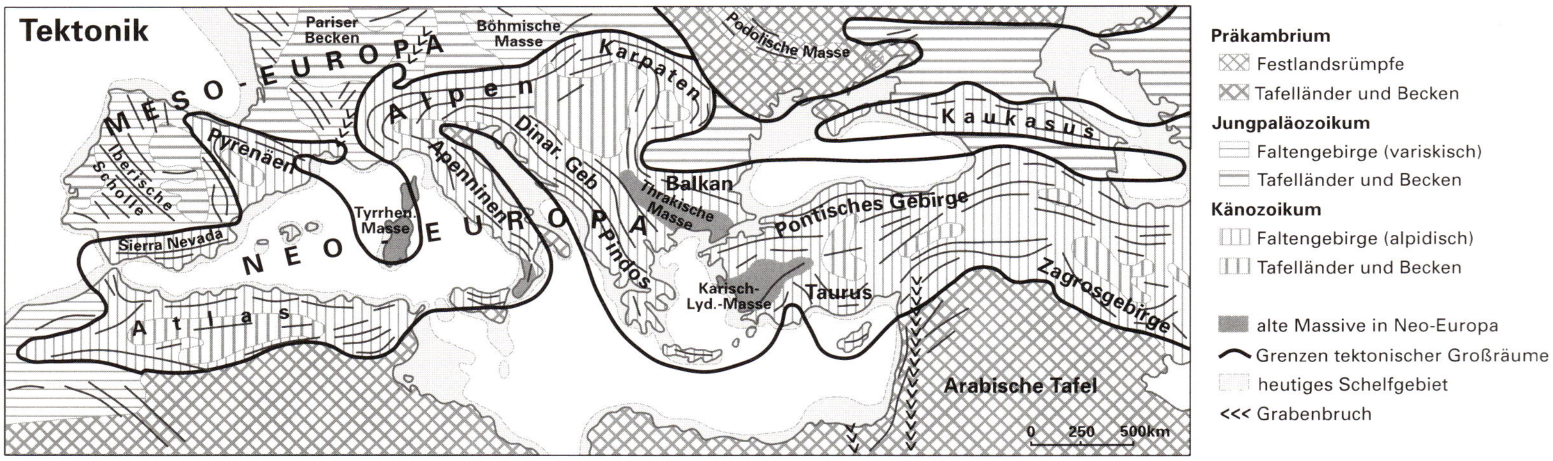
Tektonik
Pariser Becken
Böhmische Masse
Podolische Masse
MESO-EUROPA
Karpaten
Alpen
Kaukasus
Iberische Scholle
Pyrenäen
Dinar. Geb.
Balkan
Tyrrhen. Masse
Apenninen
Thrakische Masse
Pontisches Gebirge
Sierra Nevada
NEO-EUROPA
Pindos
Karisch-Lyd.-Masse
Taurus
Zagrosgebirge
Atlas
Arabische Tafel
0 250 500km
Präkambrium
Festlandsrümpfe
Tafelländer und Becken
Jungpaläozoikum
Faltengebirge (variskisch)
Tafelländer und Becken
Känozoikum
Faltengebirge (alpidisch)
Tafelländer und Becken
alte Massive in Neo-Europa
Grenzen tektonischer Großräume
heutiges Schelfgebiet
<<< Grabenbruch

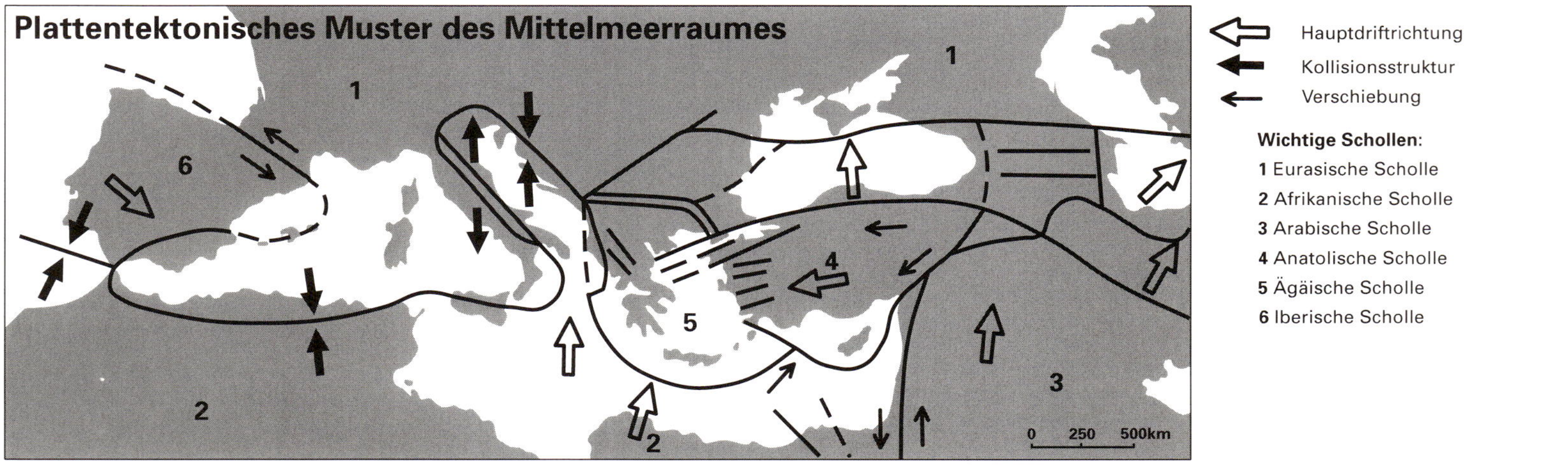
Plattentektonisches Muster des Mittelmeerraumes
1
6
4
5
3
2
0 250 500km
Hauptdriftrichtung
Kollisionsstruktur
Verschiebung
Wichtige Schollen:
1 Eurasische Scholle
2 Afrikanische Scholle
3 Arabische Scholle
4 Anatolische Scholle
5 Ägäische Scholle
6 Iberische Scholle

Links oben: Die Meeresterrassentreppe am Monte Poro in Südkalabrien ist ein Ergebnis der jungen Hebungstektonik. Der gesamte im Bild sichtbare Teil der Halbinsel hat sich im Laufe des Quartärs, also der letzten 2,4 Millionen Jahre, aus dem Meer herausgehoben. Bei relativen Transgressionen konnte das Meer Brandungsplattformen ausbilden, die heute als meerwärts geneigte Verebnungen erkennbar sind. Die steilen Hänge sind ehemalige Kliffe. Südkalabrien ist die im Jungquartär am stärksten gehobene Region des Mittelmeeres, mit Hebungsraten bis 1,3 m pro Jahrtausend.

Links unten: Tektonik des Mittelmeerraumes (oben), Grenzen der geotektonischen Platten (unten). Die erdgeschichtlich jüngste große Gebirgsbildungsphase, die alpidische Orogenese, ließ die jungen zirkummediterranen Faltengebirge entstehen. Die geologische Jugendlichkeit dokumentiert sich in der Erdbebenhäufigkeit und im aktiven Vulkanismus. Die Erdbebenzonen spiegeln häufig die Grenzen der sich verschiebenden geologischen Platten wider.

Unten: Ein Indiz für die geologische Mobilität des Mittelmeergebietes sind Bohrmuschellöcher an den Säulen des sogenannten Serapis-Tempels in Pozzuoli. Zur Bauzeit im 1. Jahrhundert n. Chr. lag der Meeresspiegel natürlich unterhalb der Basis. Aufgrund einer Landsenkung stieg er dann so weit, daß das Bauwerk bis zur halben Höhe der Säulen ertrank. Die Löcher der damaligen Bohrmuscheln sind noch gut erkennbar. Die folgende Landhebung bewirkte einen erneuten Rückzug des Meeres, so daß die Bohrmuschelmarken nun 3,60–5,70 m über seinem heutigen Niveau liegen. In dem Auf und Ab des Landes manifestieren sich lokale tektonische Bewegungen in historischer Zeit.

Folgende Doppelseite: Blick über den Vesuv auf den Golf von Neapel. Seit dem Ausbruch von 79 n. Chr., der Pompeji und Herculaneum zerstörte, trat der heute 1277 m hohe Vulkan in eine Phase starker Tätigkeit. Vom 12. bis 17. Jahrhundert war er ruhig. Danach erfolgten wieder zahlreiche Ausbrüche, der letzte 1944.

mit der ihnen eigenen Hydrographie und dem typischen Karstformenschatz (Dolinen, Poljen, Höhlen), etwa in Dalmatien. Kristalline Gesteine gibt es in den geologisch alten Regionen, zum Beispiel die Granite und Gneise Sardiniens, Korsikas und Galiciens. In den Vulkangebieten finden sich Eruptiv- und Ergußgesteine wie die Aschen und Laven Mittelitaliens und Westanatoliens.
Die geologische Jugendlichkeit bedingt außerdem eine große Reliefenergie der Faltengebirge und eine geringe Konsolidierung der Sedimentgesteine, außer den Kalken. Die Folge ist ein hohes Erosionsrisiko. Da der typische Klimagang die Abtragungsprozesse zusätzlich verstärkt, ist morphodynamische Aktivität ein Kennzeichen des Mediterranraums.
Italien ist besonders stark von Massenbewegungen betroffen, weil dort junge, nur gering verfestigte Gesteine vorherrschen. So sind in den Flyschsedimenten der Apenninen Denudationsvorgänge (Erdrutsche, italienisch: *frana, frane*) weit verbreitet, während spektakuläre Linienerosion (tiefe Runsen, italienisch: *calanco, calanchi*) vorwiegend in Pliozäntonen vorkommt.

Pedosphäre

Da die Mittelmeerländer herkömmlicherweise Agrarstaaten sind, spielen Böden und Bodenerosion eine wichtige Rolle. Die Böden wechseln in Abhängigkeit von

Klima, Gestein, Relief und Zeit. Der charakteristische zonale Boden, also der eumediterrane Bodentyp, ist die mediterrane Braunerde. Sie entsteht vorwiegend aus eisenarmen, silikatischen Gesteinen. Die mediterrane Braunerde ist flachgründig, steinreich, schwach sauer bis neutral; sie weist geringen Humusanteil im A-Horizont auf und Tonanreicherungen im B-Horizont.

Submediterrane Böden treten in einer Trocken- und in einer Feuchtvariante auf. Die Trockenvariante entwickelt sich, wenn bei zunehmender Aridität der Salzgehalt und die äolische Komponente steigen; es bilden sich Steppenböden mit noch geringerem Humusanteil, etwa die Seroseme der nordsaharischen Sahelzone. Zur Feuchtvariante mit hohem Bodenwassergehalt gehören die lessivierten Braunerden; sie kommen im nördlichen Mittelmeerraum vor, etwa in den beregneten Küstenregionen Nordspaniens.

Montan-mediterrane Böden mit Podsolierungs- und Lessivierungserscheinungen entwickeln sich bei hohen Niederschlägen und dichter Waldvegetation, zum Beispiel die Podsole in den Gebirgslagen des Apennins.

Eine pedologische Auswirkung des saisonalen Charakters des Mittelmeerklimas ist die Anreicherung von Karbonaten im Unterboden. Während beispielsweise in Mitteleuropa aufgrund der hohen Niederschläge Calcium aus den Böden ausgewaschen wird, sorgt in den semiariden Subtropen der starke Verdunstungssog in der Trockenzeit dafür, daß das im Oberboden gelöste Calcium über dem anstehenden Gestein wieder ausfällt. Ein solcher C_k-Horizont ist eine typische Erscheinung semiarider Gebiete. Daraus kann sich eine regelrechte Kalkkruste entwickeln, die an der Oberfläche austritt, wenn der Oberboden abgetragen wird.

Rote mediterrane Böden fallen aus dem heutigen Klimarahmen heraus. Sie werden als Reliktböden eines wärmeren subtropischen Vorzeitklimas gedeutet. Das gilt etwa für die Roterden *(Terrae rossae)* auf den Kalken Apuliens und Dalmatiens. Heute entstehen auf Kalk eher Braunerden *(Terrae fuscae)*. Die Rotfärbung wird durch die wasserarmen Eisenoxide (Hämatit) verursacht, die Braunfärbung durch die wasserreichen Eisenhydroxide (Goethit).

Böden aus Tiefen- und Intrusivgesteinen, etwa aus den Graniten Sardiniens und Korsikas, sind sandig und in der Regel nährstoffarm. Ein hoher Quarzanteil im Boden, wie er beispielsweise bei der Granitverwitterung anfällt, führt bei ausreichenden Niederschlägen aufgrund des niedrigen pH-Wertes zu Podsolen und sauren Braunerden, zum Beispiel in der Sila Kalabriens. Solche Böden sind nur zur forstlichen Nutzung geeignet.

Reife Böden aus vulkanischen Ablagerungen zeichnen sich aufgrund ihrer Wasserdurchlässigkeit und ihres Nährstoffreichtums in der Regel durch Bodenfruchtbarkeit aus. Die alten Vulkangebiete Italiens, wie die Phlegräischen Felder nahe Neapel, sind dafür Beispiele. Bei jungen Aschen oder Laven müssen die Minerale erst durch die Verwitterung in pflanzenverfügbare Nährstoffionen umgewandelt werden.

Aus den im Mittelmeerraum weit verbreiteten Tonen und Mergeln entstehen zunächst Rohböden. Aufgrund ihres hohen Kalkgehaltes und günstigen pH-Wertes sind sie zwar potentiell landwirtschaftlich gut nutzbar, doch ergeben sich Bearbeitungsprobleme: Die Dreischichttonminerale (Smectite, Illite), die diese Böden enthalten, lassen sie in trockenem Zustand schrumpfen und aushärten, bei Feuchtigkeit dagegen quellen und rutschen. Daher ist eine gute Drainage notwendig. Bereits geschädigte Hänge müssen zur Stabilisierung terrassiert und aufgeforstet werden.

Für die Ausbildung der Bodentypen, ihre Nutzbarkeit, Produktivität und den Nährstoffgehalt ist das Ausgangsgestein ebenso wesentlich wie für die Erosionsgefährdung der Böden. Böden mit hohen Feinerdeanteilen, etwa aus Tonen und Mergeln, haben nach der Wasseraufnahme eine hohe Erosivität. Die dabei entstehenden Abtragungsformen sind in Italien als Calanchi, Frane und Balze bekannt. Sie stellen für die ackerbauliche Nutzung, aber auch für den Straßen- und Hausbau ein erhebliches Problem dar.

Die potentielle Ertragsfähigkeit der Böden ist für die Landwirtschaft ein entscheidender Faktor. Gute Bodeneigenschaften haben die Alluvialböden der Schwemm-

Oben und links oben: Spektakuläre Abtragungsformen wie Erdrutsche und Erosionsrinnen treten in den jungen, wenig konsolidierten Sedimentgesteinen häufig auf. Neben dem Faktor Gestein sind die Hauptursachen für die großen Massenverlagerungen das steile Relief, die mediterranen Starkregen, die oft schüttere Vegetationsdecke und der anthropogene Einfluß (Entwaldung). Erdrutsche wie die Frana von Senerchia in Campanien (links) setzen quellfähige Sedimente über wasserundurchlässigem Untergrund voraus. Ausgelöst werden solche Massenbewegungen meist durch hohe Niederschlagsmengen und/oder Erdbeben. Deutlich erkennt man die Abrißnische und das Akkumulationsgebiet. Tiefe Erosionsrinnen und -runsen mit V-förmigem Querschnitt und scharfen Graten dazwischen wie die Calanchen im Lucanischen Hügelland (oben) entstehen durch lineare Fließwassererosion in bindigen Gesteinen, etwa Tonen; sie entwickeln sich bei Starkregenereignissen und geringer Vegetation. Die anthropogene Vegetationsbeseitigung und -auflichtung ist der Hauptgrund für die verstärkten Abtragungsvorgänge in historischer Zeit.

Linke Seite, unten: Wo Kalke dominieren, entwickeln sich Karstlandschaften. Sie haben eine eigene Hydrographie (ein unterirdisches System von Röhren) und einen typischen Formenschatz (zum Beispiel Poljen, große geschlossene Hohlformen mit ebenem Boden). Berühmte Karstlandschaften liegen im Dinarischen Gebirge und im Kalkapennin. Das Photo zeigt den Rand eines Poljes im campanischen Apennin bei Avellino. Der fruchtbare Poljeboden wird ackerbaulich genutzt (serbokroatisch polje *= Feld).*

Unten: Die wichtigsten Böden des Mittelmeerraumes.

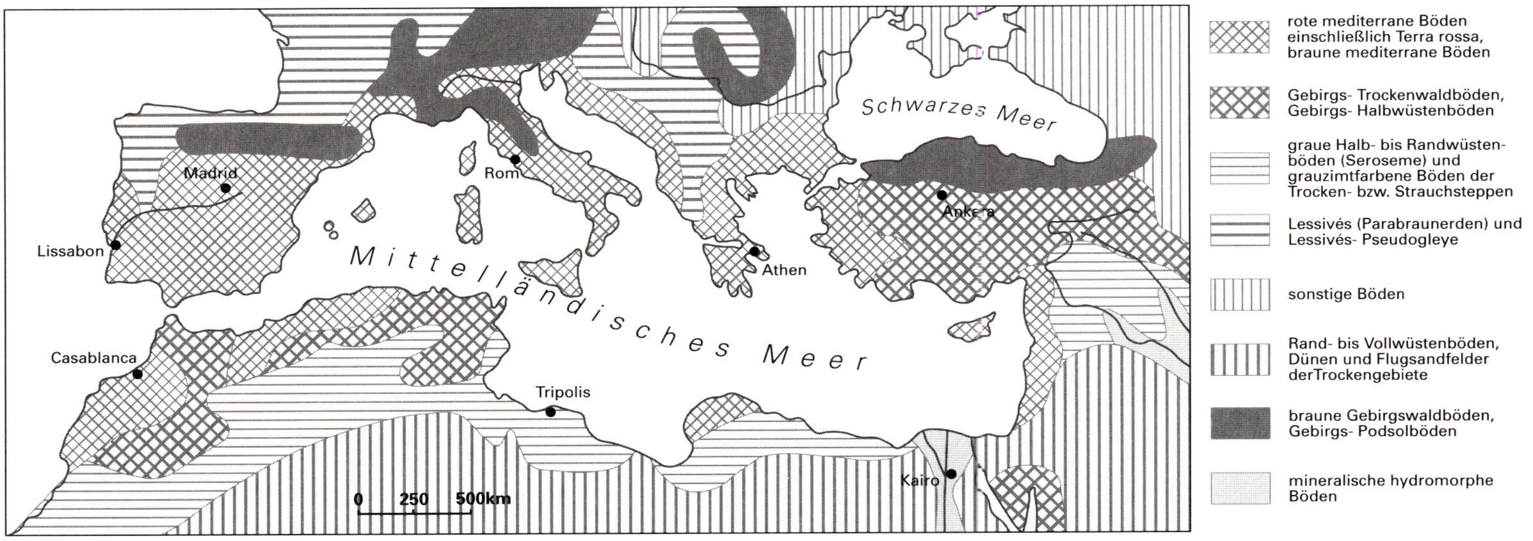

länder, wenn sie drainiert sind, etwa die Vertisole (Böden mit quellfähigen Tonen) der Küstentiefländer. Aufgrund hoher Nährstoffgehalte können Braunerden und Parabraunerden (Braunerden mit Tonverlagerung) sowie Andosole (Böden aus vulkanischen Aschen) ackerbaulich gut in Wert gesetzt werden. Ungünstig sind dagegen Rohböden aus Locker- (Regosole) oder Festgestein (Lithosole) junger Vulkangebiete und von Erosionslandschaften sowie Bleicherdeböden (Podsole) der Gebirge mit hohen Niederschlägen und saurem Ausgangsgestein.

Atmosphäre

Der Mittelmeerraum gehört klimatologisch zu den sommertrockenen Subtropen. Ein vergleichbares Klimaregime haben etwa Mittelkalifornien und das südafrikanische Kapland. Der typisch mediterrane Klimagang ist durch zwei hygrisch wie thermisch sehr gegensätzliche Jahreszeiten gekennzeichnet: heiße, trockene Sommer und milde, feuchte Winter. Die Tatsache, daß der Mediterranraum im Winter zum Einflußbereich der ektropischen Westwindzone, im Sommer zum subtropischen Hochdruckgürtel gehört, schafft den saisonalen Wandel dieses Winterregenklimas. Mit dem wandernden Sonnenstand verschieben sich nämlich auch die Glieder der planetarischen Zirkulation: Die Westwinddrift sorgt mit ihren Tiefs für die winterlichen Zyklonalregen, der Hochdruckgürtel mit der initialen Passatzirkulation für die sommerliche Trockenheit und Hitze.

Der eumediterrane Klimaraum läßt sich polwärts gegen die immerfeuchten kühlgemäßigten Breiten dadurch abgrenzen, daß der Mittelwert des kältesten Monats im nördlichen Mediterranraum über zwei Grad Celsius, im südlichen über sechs Grad Celsius beträgt; nach einer anderen Klimaklassifikation müssen die Monatsmittel in mindestens acht Monaten über 9,5 Grad Celsius liegen. Äquatorwärts unterscheidet sich der Kernraum von den trockenen Subtropen dadurch, daß er wenigstens fünf semihumide oder humide Monate hat und daß der Wert des Jahresniederschlags (in Zentimetern) den Wert der Jahresmitteltemperatur um mehr als das Zweieinhalbfache übersteigt. Nach diesen Kriterien ist das östliche Nordafrika bereits zu trocken.

Im Gegensatz zu den frostfreien Tropen können im Mittelmeerraum bei Kaltlufteinbrüchen aus dem Norden durchaus Fröste auftreten. Die Anzahl der Frosttage ist für den Anbau mancher subtropischer Baumkulturen ein begrenzender Faktor.

Linke Seite: Getreidefelder bei Dougga in Tunesien. Das antike Thugga war der Hauptort des Siliana-Beckens im Süden der Medjerda-Region, die in römischer Zeit ein wichtiger Bestandteil der sogenannten Kornkammer Roms in Nordafrika war.

Oben: Die Lassíthi-Ebene auf Kreta, eine Hochbeckenzone in stark verkarstetem Gebirge. Der ebene Beckenboden ist aufgrund des bei der Kalklösung entstandenen Residuallehms fruchtbar und wird zum Getreide-, Obst- und Gemüseanbau genutzt.

Im Mittelmeergebiet nehmen die Niederschläge, dem planetarischen Wandel folgend, von Nord nach Süd und aufgrund der zunehmenden Kontinentalität auch von West nach Ost ab. Dazu kommen Luv-Lee-Effekte (etwa im Apennin). Durch die starke sommerliche Einstrahlung ist der Verdunstungssog, die Evaporation, groß. Die Niederschlagsmenge liegt zudem oft nahe der agronomischen Trockengrenze. Das beschränkte Wasserangebot bedingt daher eine Wasservorratswirtschaft (Zisternen, Stauseen, Aquädukte). Der sommerliche Wassermangel stellt für die Mittelmeeranrainer ein ernstes Problem dar. In der Antike besaß Rom elf Aquädukte, um die Wasserversorgung durch Zufuhr aus dem Bergland zu sichern. Im Vergleich zu Mitteleuropa fällt ferner auf, daß die Variabilität der Niederschläge höher und somit die Regenerwartung unsicherer ist, daß Starkregen häufiger und die Niederschlagsereignisse heftiger auftreten, daß beide Extreme, Maxima und Minima, markanter ausgeprägt sind.

Morphologisch äußerst wirksam sind die mediterranen Starkregen. Wenn es bei spärlicher Vegetationsbedekkung zu starken Niederschlägen kommt, hat der oberflächliche Abfluß eine große Erosionswirkung. Die hohe Regendichte ist ein Merkmal des Niederschlagsregimes. In Florenz fielen bei einem Jahrhundertereignis (am 3./4. November 1966) innerhalb von 24 Stunden 190 Millimeter, das ist ein Viertel der Jahressumme. In Athen liegt der 24stündige Rekord sogar bei fast einem Drittel (113 Millimeter) des Jahresdurchschnitts (378 Millimeter). Die hohe Variabilität und die Extremniederschläge stellen die Landwirtschaft immer wieder vor Probleme. Das submediterrane Klima hat eine trockene, eine feuchte und eine kühle Variante (die Gebirgsregionen haben eine gesonderte Stellung). Submediterran-trokken sind der randsaharische Bereich Afrikas und das Übergangsgebiet zu den Wüsten der Arabischen Halbinsel, also die winterfeuchten Steppen; dazu gehören auf der Iberischen Halbinsel der trockene Südosten Spaniens um Almería und die Mancha. Submediterran-feucht sind der vom Atlantik beeinflußte Teil Nordspaniens, die Po-

Links oben: Rote und braune Böden, zum Teil mit Kalkausscheidungen über dem Ausgangsgestein, sind in den Mittelmeerländern häufig vertreten. Das Photo zeigt eine Bodencatena, das heißt eine reliefbedingte Abfolge verschiedener Bodentypen, im Hinterland von Rabat. Die bessere Wasserzügigkeit des höheren Geländes begünstigt dort die Bildung von Eisenoxid (Roteisen, Hämatit), die schlechtere Drainage des etwas tieferen Bereichs die Bildung von Eisenhydroxid (Brauneisen, Goethit). Die Ausscheidung von Kalk (unter dem roten Boden) ist typisch für den wechselfeuchten Charakter des Mittelmeerklimas: In der feuchten Jahreszeit wird Kalk aus dem Oberboden gelöst und in der trokkenen durch den starken Verdunstungssog im Unterboden wieder ausgefällt.

Links Mitte: Die mediteranen Starkregen haben eine große morphodynamische Wirksamkeit. Das Material wird von den Hängen abgetragen und in den unteren Talgründen oder im Meer sedimentiert, wie zum Beispiel an der Küste von Anavyssos in Südattika (im Mittelgrund Schiefer und Schiefertone, im Hintergrund Kalke).

Links unten und rechts: Torrenten, die typisch mediterranen Fließgewässer mit dem eng an den Niederschlag gekoppelten Abflußgang, sind in den Sommermonaten trokken und werden dann oft als Fahrwege benutzt. In dem Blick auf das Küstentiefland von Sibari (rechts) sind die Torrenten als hellgraue, in den Golf von Tarent mündende Schotterbetten erkennbar. Das Photo links unten zeigt das Kastental eines im Sommer trockenen Torrente in Süditalien. Bei den winterlichen Starkregen kann es ganz von dem dann reißenden Fluß erfüllt sein. Die Erosionsrinnen in den hellen Tonen der Talflanke dokumentieren die aktive Erosion der Talflanken.

ebene und Bereiche im Innern des Balkans. Submediterran-kühl schließlich ist der Kernraum Anatoliens, der zum Gebiet der Trockensteppen der kühlgemäßigten Zone gehört.

Ein Klimaelement verdient eine spezielle Erwähnung: die Winde. In der Ostmediterraneis wehen sie im Sommer beständig aus nördlicher Richtung. Es sind konstante Rückseitenwinde von Tiefs und Fronten über Kleinasien und der Arabischen Halbinsel, die für die Segelschiffahrt im Ägäischen Meer große Bedeutung hatten. Nach diesen »Etesien« wird das Mittelmeerklima auch Etesienklima genannt.

Scirocco, Mistral und Bora sind die bekanntesten Regionalwinde. Der Scirocco (Schirokko) weht an der Vorderseite von Zyklonen und transportiert als Südwind saharische Luftmassen nach Norden. Sciroccolagen bringen die höchsten Temperaturen (49,6 Grad Celsius in Sizilien am 29. August 1885). Der Mistral im Rhônetal und die Bora in Dalmatien sind kalte Fallwinde, die Sturmstärke erreichen können und immer wieder die mediterranen Kulturgewächse schädigen.

Vom Klima unmittelbar abhängig sind Hydro- und Biosphäre, mittelbar die bereits behandelte Pedosphäre.

Hydrosphäre

Das hydrologische Jahr ist eng an den Klimazyklus mit seinem saisonal höchst unterschiedlichen und insgesamt sehr eingeschränkten Niederschlagsangebot gekoppelt. Das eumediterrane Fließgewässer ist der periodisch flie-

ßende Wildbach oder Fluß mit Kastental und weitem Schotterbett als Talsohle (italienisch: *torrente*, *torrenti*, spanisch: *rambla*, griechisch: *revma*). Im Winter können Torrenti das ganze Flußbett ausfüllen; ihre Transportkraft ist dann groß, und es kommt immer wieder zu Überschwemmungen. Diese Hochwasser sind gefürchtet; sie machen wasserbauliche Maßnahmen großen Ausmaßes erforderlich (Uferbefestigungen, Wehre, Staubecken). Im Sommer können die Flüsse ganz versiegen, so daß die Schotterbetten dann als Fahrwege dienen. Der jahreszeitliche Abflußgang variiert also stark.

Submediterrane Varianten sind zum einen perennierende Gewässer, etwa der Po, die ganzjährig fließen und einen wesentlich ausgeglicheneren Abflußgang zeigen (italienisch: *fiume*), und zum anderen Wadis, also episodische Flüsse, die unregelmäßig abkommen; im randsaharischen Bereich finden sich dafür zahlreiche Beispiele. Eine Sonderstellung hat die Karsthydrographie, also das Abflußverhalten von Gewässern, die in Kalksteingebieten fließen.

Die Mittelmeerländer sind nicht ohne ihre Orientierung zum Meer hin zu denken. Es ist seit jeher Verkehrsweg, dient dem Fischfang, der Meersalzgewinnung und neuerdings dem Badetourismus.

Das altweltliche oder Europäische Mittelmeer ist mit einer Oberfläche von fast drei Millionen Quadratkilometern das größte Randmeer der Erde. Die mittlere Tiefe von 1429 Metern wird im östlichen Teil mit einer Maximaltiefe von 4632 Metern (westlich Kreta) weit unterschritten. Die Gezeiten sind bei einem Tidenhub von 20 bis 30 Zentimetern so unbedeutend, daß sie den Griechen unbekannt waren; erst in römischer Zeit beschreibt Plinius der Ältere das Gezeitenphänomen – jedoch nicht vom Mittelmeer, sondern vom friesischen Wattenmeer. Im Winter betragen die niedrigsten Durchschnittstemperaturen des Oberflächenwassers im Löwengolf 11 Grad

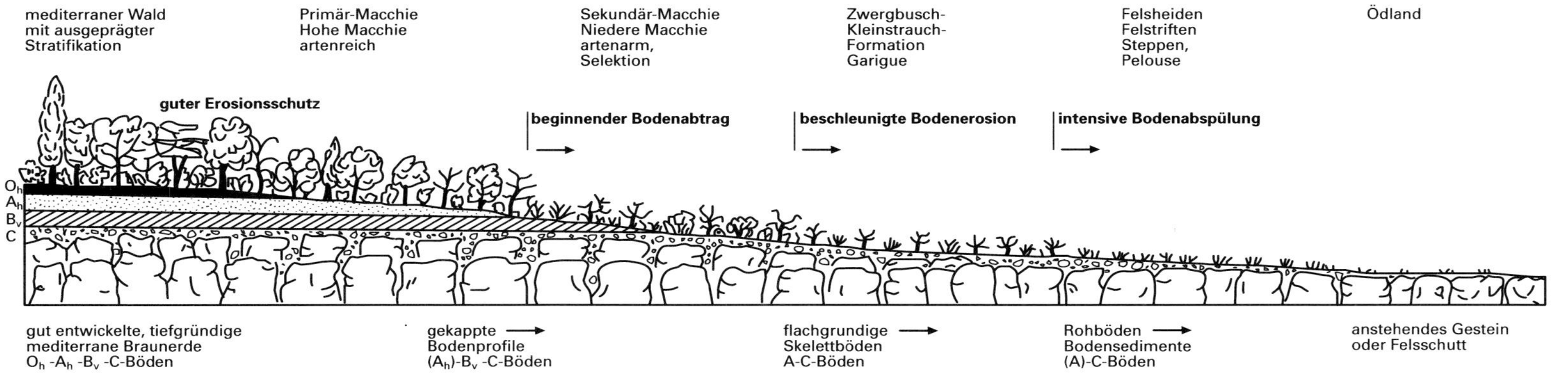

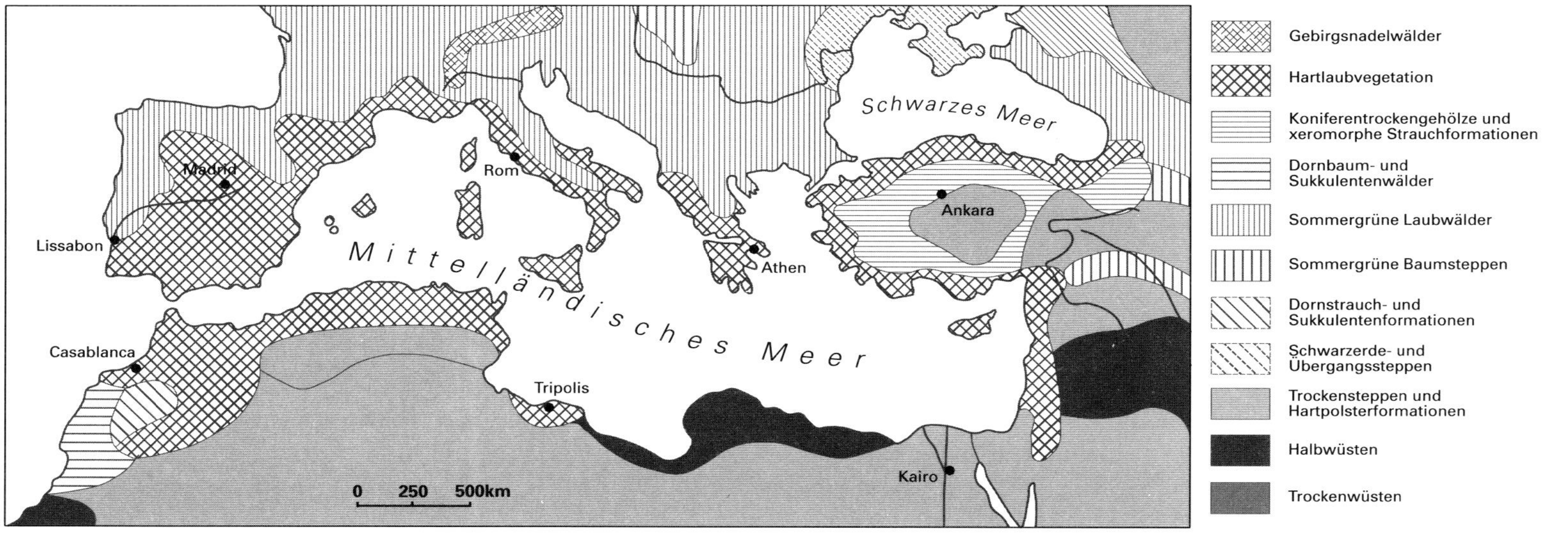

Celsius, im Levantischen Meer bis über 16 Grad Celsius. Im Sommer sind die vergleichbaren Werte 21 und 28 Grad Celsius.

Da das Mittelmeer fast nur von Europa mit Flußwasser gespeist wird, die Niederschläge gering sind und die Verdunstung vor allem im Sommerhalbjahr hoch ist, muß die Wasserbilanz durch Zustrom vom Atlantik ausgeglichen werden. Eine weitere Konsequenz der hohen Verdunstung ist der Salzgehalt, der mit 37 bis mehr als 39 Promille deutlich über dem Durchschnittswert der Weltmeere (35 Promille) liegt.

Das Mittelmeer ist ein oligotrophes Ökosystem; seine biologische Produktivität gehört zu den niedrigsten im Weltmeer. Das sprichwörtliche Blau der Adria mag zwar touristisch reizvoll sein, ökologisch handelt es sich aber um eine Meereswüste, bei der die blaue Farbe eine Folge der Nährstoffarmut ist. Mit dem zunehmenden Besiedlungsdruck einschließlich des Tourismus an den Küsten und der starken Frequentierung durch Öltanker ist die Gefahr der Verschmutzung groß; in einigen Küstenregionen sind die Grenzwerte bereits überschritten, ist das Meer praktisch tot. Die ökologischen Voraussetzungen für den Fischfang sind also ungünstig. Trotzdem werden immer noch vorwiegend Sardinen, Sardellen, Makrelen und Thunfisch mit kleinen Fischkuttern für die Eigenversorgung gefangen, wobei sich allerdings im westlichen Teil bereits Anzeichen der Überfischung mehren.

Biosphäre

Die immergrüne Hartlaubvegetation ist eines der markantesten Charakteristika des Gesamtraumes; sie kennzeichnet vegetationsgeographisch das eumediterrane Gebiet. Die hier gedeihenden Hartlaubgewächse oder sklerophyllen Xerophyten sind thermophile und dürreresistente, also an den semiariden Klimagang angepaßte Bäume und Sträucher. Der milde Winter ermöglicht immergrünes Laub. Die Sommertrockenheit erfordert eine Einschränkung der Transpiration. Daher sind die Blätter meist klein, zudem mit einer Wachs- oder Harzschicht überzogen. Die Mittelmeervegetation zeichnet sich außerdem durch ihren Artenreichtum aus.

Submediterrane Pflanzengesellschaften gliedern sich hygrisch in eine feuchte und eine trockene, thermisch in eine warme und eine kühle Variante. Zur feuchten Variante gehören die sommergrünen Laubwälder an der Atlantikküste der Iberischen Halbinsel, in Teilen der Apenninenhalbinsel und im Dinarischen Gebirge, während die trockene in den Trockensteppen und Hartpolsterformationen Nordafrikas vertreten ist. Die warme Variante erscheint in den Halbwüsten und Trockensteppen im randsaharischen Bereich, die kühle in den Koniferengehölzen und Trockensteppen Anatoliens. Als Vegetationshöhenstufen des mediterranen Gebirges kann man zwischen der basal-collinen Stufe mit eumediterraner

Links oben: Phasen der Degradation des mediterranen Waldes. Das Vegetationsprofil zeigt die Entwicklung vom mediterranen Wald zum Ödland über die Zwischenstadien Macchie und Garigue. Infolge der Vegetationsauflichtung nimmt die Erosion ständig zu. Dadurch werden die Bodenprofile gekappt, bis schließlich das nackte Gestein ansteht. Es handelt sich um Auswirkungen von Rodung, Übernutzung und Waldbrand. Je weiter die Degradation fortschreitet, desto geringer werden die Regenerationsmöglichkeiten, sei es durch natürliche Regeneration, sei es durch Aufforstung.

Links unten: Vegetationskarte des Mittelmeerraumes. Die Vegetationshöhenstufen sind generalisiert. Es ist ferner zu berücksichtigen, daß das natürliche Pflanzenkleid durch die jahrtausendelange Besiedlung nachhaltig verändert wurde.

Rechts oben und Mitte: Macchia auf Granit auf der Insel Korsika (oben) und Garigue auf Schiefern und Kalken in Südattika (Mitte).

Macchia und Garigue sind heute die dominanten Vegetationsgesellschaften der eumediterranen Zone. Als Macchia (von korsisch mucchio, *Zistrose) bezeichnet man im Mittelmeerraum die übermannshohe, undurchdringliche Gebüschformation von Hartlaubgewächsen, die an die saisonale Trockenheit angepaßt sind. Garigue (von provenzalisch* gara, *Kermeseiche) ist eine Zwergstrauchformation mit aromatisch duftenden Sträuchern. Beide werden als Degradationsformen des ursprünglichen Hartlaubwaldes angesehen.*

Rechts unten: Der mit Abstand wichtigste Kulturbaum der Mittelmeerländer ist seit jeher der Ölbaum (Olea europea). *Der immergrüne Baum ist leicht an den oberseits dunkelgrünen, unterseits silbergrau schimmernden Blättern und dem im Alter knorrigen Stamm zu erkennen. Die reifen Oliven werden im Oktober und November mit Stöcken von den Zweigen geschlagen. Häufig ist Getreideanbau eine Untersatzkultur des Olivenanbaus. Die abgebildeten Ölbäume stehen im Ruinengebiet von Gortyn (Kreta).*

Vegetation und der subalpinen Stufe mit Zwergsträuchern und Gebirgssteppen zwei montanmediterrane Pflanzengesellschaften ausgliedern: die submontane Stufe mit sommergrünen Eichen, mit Eschen und Hainbuchen sowie die montane Stufe der mediterranen Buchen und Tannen.

Zu den charakteristischsten Arten der eumediterranen Vegetationszone zählt die immergrüne Steineiche *(Quercus ilex)*. Der Steineichenwald wird als potentielle natürliche Vegetation des Mittelmeergebietes angesehen, als die Vegetation, die vor dem nachhaltigen Eingriff des Menschen in den Naturhaushalt vorhanden war und die sich wahrscheinlich wieder einstellen würde, wenn man das mediterrane Ökosystem sich selbst überließe. Ebenfalls immergrün ist die Korkeiche *(Quercus suber)*, deren Borke der Gewinnung des Flaschenkorks dient.

Die Pinie *(Pinus pinea)* ist mit ihrer Schirmform einer der auffallendsten Bäume der mediterranen Landschaft. Ihre Zapfen enthalten die eßbaren Pinienkerne. Heute ist der wichtigste Waldbaum der mediterranen Zone die anspruchslose Aleppokiefer *(Pinus halepensis)*.

Degradationsformen des ursprünglichen Hartlaubwaldes infolge menschlicher Einwirkung, vor allem durch Rodung, Brand und Beweidung, sind Macchia und Garigue. Als Macchie werden übermannshohe Strauchgesellschaften bezeichnet. Typische Vertreter sind Erdbeerbaum *(Arbutus unedo)*, Baumheide *(Erica arborea)*,

Myrte *(Myrtus communis)*, Wilder Ölbaum *(Olea oleaster)*, Lorbeer *(Laurus nobilis)* und Mastix-Strauch *(Pistacia lentiscus)*. Die Garigue (griechisch *phrygana*) wird als weiter degradierte Macchia angesehen. Sie ist eine Zwergstrauchformation, deren Pflanzen Gewürze und ätherische Öle liefern (Rosmarin, Lavendel, Thymian, Origano).

Der mit Abstand wichtigste Kulturbaum ist der Ölbaum *(Olea europea)*. Seine Verbreitung wird klassischerweise als ein mögliches Abgrenzungskriterium des Mittelmeergebietes herangezogen. Der Ölbaum ist immergrün und hat im Alter einen knorrigen Stamm. Das Olivenöl dient nicht nur als Speiseöl, sondern findet auch für technische und pharmazeutische Zwecke Verwendung.

Von großer wirtschaftlicher Bedeutung sind heute die verschiedenen Zitruspflanzen: Apfelsine *(Citrus sinensis)*, Zitrone *(Citrus limon)*, Grapefruit *(Citrus paradisi)*, Mandarine *(Citrus deliciosa)* und viele Kreuzungen. In der eumediterranen Zone nehmen die Zitruskulturen die Gebiete mit besonderer Klimagunst ein, da sie weitgehende Frostfreiheit und höhere Wintertemperaturen benötigen; das niedrigste Monatsmittel muß über zehn Grad Celsius liegen. Außerdem müssen Zitruspflanzen bewässert werden, weil sie als ostasiatische Fremdlinge (Apfelsine, »Apfel aus China«) nicht an die Sommertrockenheit angepaßt sind.

Andere Fremdlinge, die heute die Kulturlandschaft prägen, sind oft als Hecken und Zäune gepflanzte Sukkulenten, etwa die Agave *(Agave americana)*, die im 16. Jahrhundert aus Mittelamerika importiert wurde, oder die einzige häufige Kakteenart, der ebenfalls in Amerika beheimatete Feigenkaktus *(Opuntia ficus indica)*. Die aus Australien stammenden Eukalyptusarten werden wegen ihres schnellen Wuchses gerne in Aufforstungsgebieten angepflanzt. Die ursprünglich aus Kleinasien eingeführte Zypresse *(Cupressus sempervirens)*, der die Insel Zypern ihren Namen verdankt, ist längst ein Charakterbaum der mediterranen Landschaft geworden.

Anthroposphäre

Die ökologische Labilität des Mediterranraumes bedingt, daß bereits die geringe Veränderung eines Parameters des Ökosystems eine deutliche Wirkung hervorruft. Dabei spielt der anthropogene Eingriff in den Naturhaushalt eine entscheidende Rolle. Zwar haben auch andere Faktoren, etwa Klimaschwankungen und Naturkatastrophen, das Antlitz der zirkummediterranen Länder verändert, doch nachdem der Mensch die Bühne betreten hatte, wurde er zum Gestalter der Landschaft. Die frühe Besiedlung hat dazu geführt, daß viele Landschaften nachhaltig und irreversibel umgewandelt wurden. Das läßt sich am Pflanzenkleid zeigen.

Das Mittelmeergebiet ist natürlicherweise ein Waldland. Unter den heutigen Klimabedingungen würden ohne Humaninfluenz in der eumediterranen Zone immergrüne Eichenwälder als natürliche Schlußgesellschaft wachsen. Doch in den letzten Jahrtausenden hat der Wald dem Kulturland oder Degradationsformen wie Macchie und Garigues weichen müssen. Es gibt Schätzungen, nach denen im westlichen Mittelmeerraum mehr als zwei Drittel des ehemaligen Waldkleides verlorengegangen sind.

Aufgrund der langen Besiedlungsgeschichte sind die Bodenprofile vielfach gekappt oder völlig erodiert; Skelettböden mit hohem Steinanteil blieben zurück. Teilweise sind ganze Erosionslandschaften mit Erosionsrinnen und -schluchten *(badlands)* entstanden. Die abgeschwemmten Erosionsmassen lagerten sich in den Talgründen ab oder stießen bis zur Küste vor, wo sie die Deltas stark anwachsen ließen. Der Mittelmeerraum kennt dafür viele Beispiele. Dabei zeigt sich häufig, daß Phasen der Besiedlung und des damit verbundenen Ackerbaus ökologisch instabile Zeiten sind, mit Erosionsvorgängen im Hinterland und auf den Talflanken einerseits und korrelater Akkumulation im Talgrund oder im Delta andererseits. Ein Rückgang der Besiedlung und vor allem die

Linke Seite, außen: Das von den Hängen abgeschwemmte Material ist oft in Küstennähe wieder abgelagert worden. In der Antike waren diese Gebiete zum Teil besiedelt, wurden dann aber wegen Versumpfung, Ausbreitung von Malaria oder aus Furcht vor seeräuberischen Sarazenen verlassen. Nach Drainage und mit verbesserter Agrartechnik können diese an sich fruchtbaren Böden heute in Wert gesetzt werden. Das Bild zeigt einen Küstenhof in Südattika; im Vordergrund die Erosionslandschaft mit den kargen Kalkhängen, im Hintergrund die Akkumulationslandschaft mit den kultivierten Feldern.

Linke Seite, innen: Landschaft bei Talavera de la Reina in Zentralspanien. Auf den weichen Sedimentgesteinen im Mittelgrund ist die mediterrane Braunerde teilweise abgetragen. Der C-Horizont des anstehenden Gesteins tritt patchworkartig an die Oberfläche, da die weitständigen Kulturen (Olive und Wein in Mischkultur) den Boden nicht vor der erosiven Wirkung der Starkregen schützen können. Der korrelate Akkumulationsraum ist das Tal des Tajo im Hintergrund.

Oben rechts: Durch Artefakte, Holzkohle und Paläoböden reich gegliederte Holozänterrasse des Cavone in Süditalien. Die Scherben und Ziegel (bei 20-40 cm auf dem Zollstock) stammen von einem Gehöft aus dem 5./4., die Holzkohle (bei 65 cm) aus dem 4./3. Jahrhundert v. Chr. Diese Ablagerung gehört zum Sediment 2, das der Cavone als Folge der anthropogenen Entwaldung des Hinterlandes in der Antike akkumulierte. Im Hintergrund die gesamte Holozänterrasse des Flusses, der seine ehemaligen Ablagerungen nun in einem Prallhang erodiert.

Unten: Die historische Terrasse der süditalienischen Flüsse Bràdano, Basento und Cavone (synoptisches geologisches Profil). Während sich Sediment 1 in prähistorischer Zeit gebildet hat, fällt die Schüttung des zweiten Sediments in die Zeit der großgriechischen Kolonisation und des Imperium Romanum. Es ist das korrelate Sediment zu den durch Besiedlung und Ackerbau ausgelösten Erosionsvorgängen im Hinterland und auf den Hängen. Sediment 3 stammt aus dem Mittelalter.

Vorhergehende Doppelseite: Für Veränderungen der Küsten des Mittelmeeres in historischer Zeit gibt es viele Beispiele. Eines der schönsten ist die Verlandung der Bucht von Ephesos durch den Küçük Menderes (Kleiner Mäander), den antiken Kaystros. Noch in hellenistischer Zeit lag der Hafen am Ende der Hafenstraße, die ihn mit dem Theater verband. Heute ist die Strandlinie 8 km meerwärts verschoben. Eine Hauptursache der enormen Sedimentation ist der anthropogene Eingriff in den Naturhaushalt.

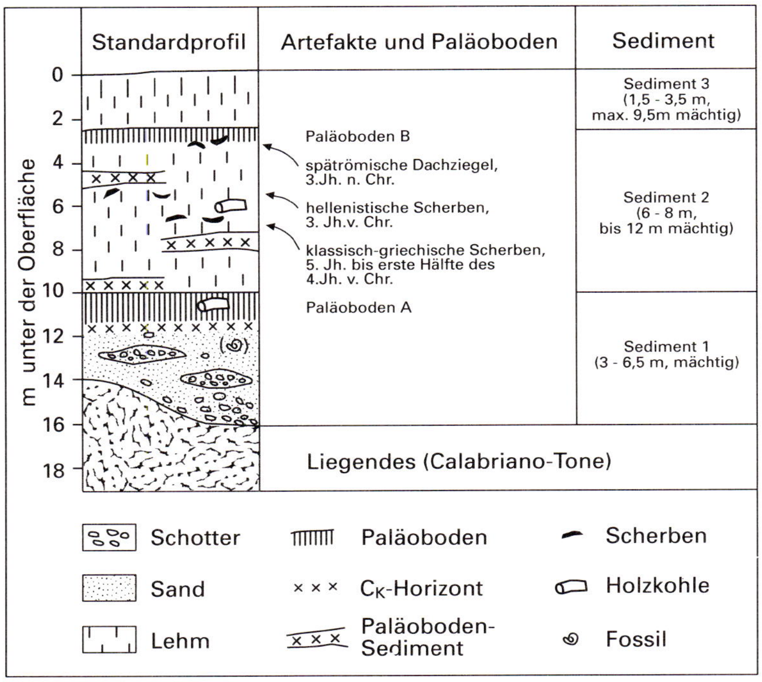

Entsiedlung eines Gebietes bewirken dagegen erneute Vegetationsausbreitung und damit verbundene Bodenbildung; es sind also insgesamt ökologisch stabile Zeiten. Diesen anthropogen induzierten Wechsel zwischen morphodynamischer Aktivität und Stabilität illustriert ein Beispiel aus Süditalien (Profil links unten). Die in den Golf von Tarent entwässernden Flüsse Bràdano, Basento und Cavone haben in ihren Flußtälern historische Terrassen ausgebildet, die durch Paläoböden und Artefakte reich gegliedert sind. Zusammen mit historischen Quellen helfen sie, die Landschaftsentwicklung zu rekonstruieren. Das wiedergegebene synoptische Profil zeigt über dem Untergrund (Calabriano-Tone) ein erstes Sediment, das mit einem Paläoboden A abschließt; dieser hat ein calibriertes Radiokarbonalter von etwa 5100 bis 4400 v. Chr. Damit fällt auch die Ausbildung von Sediment 1 in die prähistorische Phase. Dagegen stammt das anthropogen bedingte Sediment 2 aus der Antike: Es ist reich an klassisch griechischen, hellenistischen und römischen Artefakten; der das Sediment abschließende Paläoboden B datiert auf 70 bis 400 n. Chr.

Das Küstentiefland von Metapont wurde im Zuge der griechischen Kolonisation ab dem 8. Jahrhundert v. Chr. besiedelt. Tarent und Metapont wurden gegründet und die einheimischen Lucaner in das Hinterland gedrängt. Um 550 v. Chr. existierten in der Umgebung von Metapont Hunderte von Gehöften. Die Getreideähre auf den Münzen unterstreicht die Bedeutung des Ackerbaus. Mit der Beseitigung der natürlichen Vegetation traten ökologisch instabile Verhältnisse ein, die Erosions- und korrelate Akkumulationsvorgänge auslösten. Im 1. Jahrhundert n. Chr. sind durch Seneca wieder lucanische Wälder bezeugt, und in der Spätantike war das Lucanische Hügelland offenbar erneut bewaldet. Das hatte ein stabiles Ökosystem mit Erosionsruhe und Bodenbildung zur Folge. Sediment 3 schließt den Sedimentstapel dieser historischen Terrasse ab; es entstand im Mittelalter als Folge einer erneuten Aufsiedlung des Hinterlandes.

Die römische Frühgeschichte

Am Beginn des ersten vorchristlichen Jahrtausends waren die Regionen des östlichen Mittelmeerraumes bereits alte Kulturräume. Gewiß hatten in der ausgehenden Bronzezeit große Umwälzungen dort stattgefunden: das Ende der mykenischen Kultur in Griechenland, der Untergang des Hethiterreiches in Kleinasien, die Invasion der sogenannten Seevölker an den Küsten Syriens und Palästinas sowie – mit geringerem Erfolg – in Ägypten. Aber überall wurde die Krise überwunden, und dort, wo sich die alte Ordnung nicht zu behaupten vermocht hatte wie in Ägypten, entwickelten sich neue Brennpunkte der Kultur.

Seit dem 11./10. Jahrhundert v. Chr. befuhren die Phöniker das Meer und gründeten ihre ersten Kolonien im Westen. Nach dem Ende der »dunklen Jahrhunderte« begannen die Griechen das gleiche zu tun und etablierten rund um das Mittelmeer, von Naukratis in Ägypten und Kyrene in Libyen bis nach Massilia in Gallien, eine Kette von Handelsstützpunkten (Emporien) und Kolonien, über die sich die Erzeugnisse des hellenischen Handwerks verbreiteten.

Gegenüber diesem Aufschwung im östlichen Mittelmeerraum blieb der Westen deutlich zurück. Dort hatte noch keine Kultur einen Entwicklungsstand wie im Vorderen Orient erreicht, und ein Land wie Italien mußte damals geradezu als Gebiet wilder und barbarischer Völker erscheinen. Es war den Bewohnern des Nachbarlandes jenseits des Ionischen Meeres allerdings nicht unbekannt. Denn die Griechen bewahrten sicher noch gewisse Erinnerungen an Kontakte, die sie in mykenischer Zeit mit der Italischen Halbinsel gepflegt hatten, auch wenn diese Beziehungen in der Folgezeit dann versiegt waren. Homers Odyssee läßt erkennen, welche Vorstellungen von Italien in den »dunklen Jahrhunderten« Griechenlands geherrscht haben müssen: Auf seiner Irrfahrt trifft Odysseus in der Meerenge von Messina auf Ungeheuer wie Skylla und Charybdis, und jenseits davon gelangt er in die Zauberwelt der Sirenen und der Kirke.

Die um 500 v. Chr. entstandene Bronzesitula aus der Certosa-Nekropole von Bologna ist das bedeutendste Beispiel der sogenannten Situlenkunst im Gebiet der Veneter. Vier Bildzonen mit getriebenen Reliefs schmücken den aus einem einzigen, an den Nahtstellen vernieteten Blech bestehenden Eimer, der als Aschenurne diente. Die unterste Zone zeigt einen orientalisierenden Tierfries, die oberste eine Reihe von Kriegern zu Fuß und zu Pferd. Von den beiden mittleren Friesen stellt der eine einen Zug von Gabenbringern dar, der andere verschiedene Szenen: ein Fest mit zwei Musikanten, die auf einem prunkvollen Möbel sitzen, Jagdszenen und einen Bauern, der, den Pflug geschultert, ein Zugochsenpaar aufs Feld treibt. Über der hängenden Doppelvolute saß eine Bügelattasche, ähnlich wie bei der von zwei Männern getragenen Situla in dem Bildstreifen darunter. Bologna, Museo Civico

Die griechische Kolonisation in Italien

Italien war für die Griechen zwar ein fernes, geheimnisumwittertes Land, doch kann man eigentlich nicht von einer Terra incognita sprechen. Auf ihre Art bezeugen die schauerlichen und märchenhaften Schilderungen der Odyssee das beständige Interesse der Griechen an diesem Land. Im 8. Jahrhundert v. Chr. ließen sich die ersten Kolonisten dort nieder: Euböer aus Chalkis und Eretria faßten um 775 Fuß auf der Insel Ischia, die sie Pithekussai nannten, »Affeninsel«. Diese erste griechische Kolonie war nach phönikischem Vorbild auf einer küstennahen Insel gegründet worden; erst ein Vierteljahrhundert später folgte die Errichtung einer Siedlung auf dem Festland: Im Küstengebiet Campaniens wurde Kyme (Cumae) gegründet, das somit die älteste griechische Stadt in Italien gewesen ist.

Man mag sich darüber wundern, daß die erste griechische Kolonie auf der Italischen Halbinsel so weit im Norden und nicht an der Ostküste, sondern im Westen lag. Aber gerade dieser Umstand läßt erkennen, was die Griechen in das Barbarenland gelockt hat. Wenn sie sich zuerst in Pithekussai und dann in Kyme festsetzten, konnten sie nämlich nicht in erster Linie an Fruchtland interessiert gewesen sein; das hätten sie eher im Süden gefunden, etwa in der Gegend von Sybaris, deren landwirtschaftlicher Reichtum später sprichwörtlich wurde. Daß es ihnen vielmehr um die Errichtung von Handelsstützpunkten ging, zeigen die Funde in der Nekropole von Ischia: Diese enthalten neben griechischem auch einheimisches und phönikisches Material, wobei handwerklichen Erzeugnissen, besonders der Metallgewerbe, eine außergewöhnliche Bedeutung zukommt, und das legt die Vermutung nahe, daß die Erschließung von Bezugsquellen für Metalle eine entscheidende Rolle bei dieser Koloniegründung gespielt hat. In der Tat spricht immer mehr dafür, daß es wenigstens anfangs vor allem der Bedarf an Metallen war, der die Griechen dazu veranlaßte, Italien aufzusuchen. Aus den geringen Vorkommen ihrer Heimat konnten sie den stetig wachsenden Bedarf nicht dekken, wohl aber in Italien, wo Metalle fast jeder Art zu erwerben waren, sei es in Form von Erz, sei es zu Barren verarbeitet.

Besonders Etrurien war reich an Erzvorkommen. Die Berge der Toskana lieferten Kupfer, Blei, Silber und vor allem Eisen im Überfluß – jedenfalls nach antiken Maßstäben. Die Metallgewinnung erfolgte vornehmlich auf der Insel Elba und in der gegenüberliegenden Küstenregion um Populonia. Vergil nennt dieses Gebiet »reich an unerschöpflichen Erzminen«, und von anderen Autoren des Altertums erfahren wir, daß dort schon damals die Rauchschwaden der Industrie den Himmel verdunkelten. Elba und die Colline Metallifere im Hinterland von Populonia waren nicht die einzigen Stellen, wo Erz abgebaut und in Schmelzöfen verhüttet wurde; man fand beispielsweise auch weiter südlich, in den Bergen der Tolfa zwischen Tarquinia und Caere, Schächte und Stollen aus der Etruskerzeit.

Das umfangreiche Metallangebot aus den toskanischen Minen war den Griechen leicht zugänglich, seit sie Vorposten auf Pithekussai und in Kyme besaßen. Als Gegenleistung boten sie die frühen Spitzenerzeugnisse ihrer Keramik an, aber auch Wein, der in Italien während der ersten Phase der griechischen Kolonisation noch nicht angebaut wurde und entsprechend begehrt war. Man fragt sich natürlich, warum sich die Griechen in Campanien und nicht in der Toskana selbst niederließen. Wahrscheinlich verwehrte ihnen der Widerstand von seiten der Einheimischen, sich weiter im Norden anzusiedeln. So mußten sie den Handel mit Etrurien aus einer gewissen Entfernung abwickeln. Man darf allerdings nicht vergessen, daß die Griechen in Campanien auf Etrusker trafen: Die gleiche Villanovakultur, die sich damals in der Toskana entwickelte, ist auch in der Gegend um Capua zu finden, und ebenso bezeugen antike literarische Quellen die Präsenz der Etrusker in Campanien.

Ein Krater aus der Nekropole von Cerveteri (Caere) trägt in griechischer Schrift die Signatur Aristonothos epoiesen *(»Aristonothos hat gemacht«). Die eine Vasenseite (links) stellt eine Episode aus der Odyssee dar, nämlich die Blendung des Kyklopen Polyphem durch Odysseus und seine Gefährten, die Gegenseite (oben) eine Seeschlacht. Es handelt sich um den Kampf zwischen einem Schiff mit bewaffneten Männern und einem Handelsschiff, also um einen Piratenüberfall. Der Schöpfer des um 630 v. Chr. entstandenen Gefäßes war wahrscheinlich ein Athener, der sich im etruskischen Caere niedergelassen hatte. Rom, Palazzo dei Conservatori*

Die Entstehung einer neuen Kultur

Im 8. Jahrhundert v. Chr. vermehrten sich also die Kontakte zwischen der etruskischen Welt und den Griechen, aber auch den Phönikern, die ebenfalls im westlichen Mittelmeer präsent waren. Die Auswirkungen treten in den Grabbeigaben deutlich zutage. Diese waren bis dahin ziemlich einheitlich und von bescheidenem Umfang: Einige Tongefäße aus lokaler Produktion und vereinzelte Bronzegegenstände, Fibeln und Rasiermesser begleiteten die bikonische Aschenurne. Nun aber ist eine Differenzierung zu beobachten, und manche Gräber enthalten reiches Material: bemalte griechische Vasen sowie Luxusgüter orientalischer Herkunft aus Elfenbein, Gold oder Silber. In einem der Gräber von Tarquinia wurde ein Fayencegefäß mit der Kartusche des Pharaos Bokchoris (720–715) gefunden. Solche Kostbarkeiten aus fernen Ländern genossen beim etruskischen Adel offenbar so hohe Wertschätzung, daß man auch im Jenseits nicht darauf verzichten wollte. Welchen Prunk diese Schicht bei Bestattungen entfalten konnte, dokumentieren die erstaunlichen Beigaben, vor allem die Menge des Goldschmucks, in Grabanlagen aus dem 7. Jahrhundert v. Chr., wie zum Beispiel in der Tomba Regolini-Galassi in Caere (Cerveteri), der Tomba Bernardini und der Tomba Barberini in Praeneste (Palestrina).

Der Zustrom von Erzeugnissen eines verfeinerten Kunsthandwerks und die intensiven Kontakte mit hochentwikkelten Kulturen hatten eine spürbare Hebung des bis dahin vergleichsweise niedrigen kulturellen Niveaus Etruriens zur Folge. So erfuhr die eigene Kunstproduktion großen Auftrieb, zumal nicht nur die Importe neue Techniken und Formen vermittelten, sondern häufig auch zugewanderte Künstler, etwa der Grieche Aristonothos in Caere, der um 630 v. Chr. einen Krater mit einer Szene der Odyssee signiert hat (Abb. S. 32 und 33). Aber die etruskischen Handwerker begnügten sich nicht mit Nachahmungen, sie erhielten durch die Öffnung nach außen ebenso den Anstoß zu typischen lokalen Schöpfungen wie dem Bucchero, einer schwarzen Keramik mit glänzender Oberfläche, die Metallgefäße imitierte. Zudem blieb der fremde Einfluß keineswegs auf Elemente der materiellen Kultur beschränkt. So zeigen die aufwendigen Trinkgeschirre in den Gräbern, daß sich das griechische Symposion verbreitet hat, und von den Griechen in Kyme wurde die Schrift übernommen. Eine ihrer ersten Aufgaben in dieser Adelswelt war die Kennzeichnung kostbarer Gastgeschenke beim zeremoniellen Austausch – ein aus den Homerischen Epen wohlbekannter Brauch.

Auch die Bauweise änderte sich. Statt der Hütten aus Lehm und Flechtwerk, von deren Aussehen hüttenförmige Urnen aus Gräbern eine Vorstellung geben, kamen nun feste Häuser mit Ziegeldächern auf. Es wurden sogar richtige Paläste errichtet, etwa in Acquarossa oder Murlo, deren Grundriß an orientalische Vorbilder erinnert.

Am folgenreichsten für die weitere Geschichte dieses Raumes war jedoch die Bildung der ersten Städte. Wann und wie sich der Übergang zu stadtartigen Siedlungen vollzog, zeigt das von englischen Archäologen gut erforschte Beispiel Veji. Etwa im 8. Jahrhundert v. Chr. erfolgte der Zusammenschluß weit verstreuter Dörfer zu einheitlichen Siedlungskomplexen – ein Synoikismos, der sich auch auf die entsprechend angelegten Nekropolen übertrug. Auf diese Weise entstanden gegen Ende des 8. Jahrhunderts v. Chr. so bedeutende Etruskerstädte wie Caere, Tarquinia, Vulci und Veji.

Die Städtebildung fand in Etrurien ebenso statt wie in Campanien, das von der griechischen Kolonisation direkt berührt war; aber auch Latium hatte Anteil daran. Von den orientalisierenden Grabfunden aus Praeneste war bereits die Rede. Diese latinische Stadt lag an dem Verbindungsweg zwischen Campanien und Etrurien, der an der Furt von Fidenae den Tiber überquerte und dann dem Trerus- und Liristal folgte, genau wie die spätere Via Latina. Als Brücke zwischen seinen Nachbargebieten im Norden und Süden war Latium in deren Entwicklung einbezogen. Vorher hatte diese Region eine besondere Kultur hervorgebracht, die sogenannte latiale Kultur, in der sich Einflüsse der etruskischen Welt und ihrer Villanovakultur mit solchen der süditalischen Fossagräberkultur vermischten; letztere heißt so, weil die Toten nicht verbrannt, sondern in einer länglichen Grube *(fossa)* bestattet wurden, wobei unter anderem Waffen als Beigaben üblich waren. Aus diesen beiden Wurzeln war eine Kultur mit eigenen Zügen entstanden, wie dem Nebeneinander von zwei Bestattungsformen oder Urnen in Hüttenform, die zwar auch in Südetrurien vereinzelt vorkommen, für Latium jedoch besonders charakteristisch sind. Seit dem 8. Jahrhundert v. Chr. sind hier die gleichen äußeren Einflüsse festzustellen, wie sie in Etrurien und Campanien zutage treten. So hat man in Rom Vasen mit geometrischem Dekor gefunden, die belegen, daß der Import griechischer Keramik dort genauso früh einsetzte wie etwa in Veji oder Tarquinia. Auch die Städtebildung erfolgte in Latium zur gleichen Zeit wie in Etrurien. Man kann also in der Tat von einer gemeinsamen Entwicklung des gesamten tyrrhenischen Bereichs Italiens im 8. und 7. Jahrhundert v. Chr. sprechen.

Die Stadtwerdung Roms

Die Anfänge Roms fügen sich in den gleichen zeitlichen Rahmen, in dem die meisten etruskischen und latinischen Städte entstanden sind. Insofern besitzt das Jahr 753 v. Chr., das die literarische Überlieferung als Gründungsdatum angibt, eine gewisse Relevanz, auch wenn es nicht auf echter historischer Erinnerung beruht, sondern wahrscheinlich errechnet wurde, indem man die Generationen rekonstruierte, die dem als gesichert geltenden Gründungsjahr der Republik, 509 v. Chr., vorangingen. Allerdings geht man mittlerweile nicht mehr von der Vorstellung einer »Stadtgründung« in dem Sinne aus, daß zu einem ganz bestimmten Zeitpunkt durch einen einzigen Gründungsakt eine fertige Stadt ins Leben gerufen worden sei. Statt dessen bevorzugen die heutigen Historiker das Konzept der »Stadtwerdung« und verstehen darunter einen langsam fortschreitenden Prozeß.

In der Tat war das Gebiet des späteren Rom schon seit langer Zeit besiedelt. Keramikfragmente aus der Bronzezeit, der Epoche der sogenannten Apenninenkultur, bezeugen die Anwesenheit von Siedlern bereits für das 14. Jahrhundert v. Chr. Diese Funde wurden zwar nicht *in situ* entdeckt, sondern in einer Schutthalde, doch läßt die Lage der Fundstätte am Fuß des Palatins die Existenz einer Siedlung auf diesem Hügel naheliegend erscheinen. Vor kurzem durchgeführte Grabungen auf dem Kapitol und in der angrenzenden Forumsniederung brachten zutage, daß im 10. und 9. Jahrhundert v. Chr. auf der Anhöhe eine Gruppe von Hütten stand und unterhalb davon die zugehörige Nekropole lag. Für das 8. Jahrhundert v. Chr. werden die Zeugnisse zahlreicher, vor allem auf dem Palatin, wo bereits 1907 Behausungen aus dieser Zeit nachgewiesen werden konnten (Abb. S. 36) – ein Befund, der sich mit der antiken Überlieferung deckt, wonach dort einst die Hütte des Stadtgründers Romulus *(casa Romuli)* gestanden habe.

Scheibenfibel aus der Tomba Regolini-Galassi in Cerveteri (Caere), Mitte 7. Jahrhundert v. Chr. In dem nach seinen Entdeckern benannten Fürstengrab der Necropoli del Sorbo waren drei Tote beigesetzt, darunter eine Frau. Es enthielt außer Goldschmuck, Elfenbeinschnitzereien und Dreifüßen mit Bronzebecken auch Möbel aus mit Bronzeplatten verkleidetem Holz und einen Wagen. Die zur Befestigung des Gewandes auf der Schulter benutzte Fibel zählt zu den prunkvollsten Werken der im 7. Jahrhundert aufblühenden etruskischen Goldschmiedekunst. Ihre Form ist typisch für lokale Arbeiten des oberen Tibertals, aber Dimension (Länge 32 cm) und Zierat sind ins Übermaß gesteigert. Die Scheibe der Fibel ist in Treibarbeit mit Löwenfiguren und einer doppelten Rahmung von Palmetten auf sich überschneidenden Stengeln dekoriert. Ein Zickzackmuster in feinster Granulationstechnik schmückt die beiden querliegenden Teile mit palmettenförmigen Anhängern. Auf dem Bügel wechseln sich Reihen winziger vollplastischer Greifen und auf den Grund gezeichneter Flügellöwen ab, beide aus Goldblech getrieben und mit Granulation verziert. Alle diese Dekorationselemente zeigen den Einfluß orientalischer Vorbilder. Rom, Vatikan, Museo Gregoriano Etrusco

Oben: Aschenurne aus der Nekropole Campofattore von Marino am Albaner See, 9./8. Jahrhundert v. Chr. Urnen in Hüttenform mit rundem, rechteckigem oder ovalem Grundriß sind für die Villanovakultur Südetruriens und besonders Latiums charakteristisch. Sie bilden Behausungen nach, die aus Holzpfosten und mit Lehm beworfenem Weidegeflecht errichtet und mit Rohr gedeckt waren.
Rom, Museo Nazionale Preistorico Etnografico Pigorini

Unten: Grabungen im Jahre 1907 haben auf dem Palatin die Spuren einer Siedlung aus dem 8. Jahrhundert v. Chr. freigelegt. In den Löchern im Tuffgestein waren die Holzpfosten von Hütten eingelassen, wie sie in den Hüttenurnen nachgebildet sind.

Rechte Seite: Ahnenstatuette eines Mannes aus der Tomba delle cinque Sedie in Cerveteri (Caere), um 600 v. Chr.
Rom, Palazzo dei Conservatori

Solche Spuren von Wohnstätten setzen freilich nicht die Existenz einer geschlossenen stadtartigen Siedlung voraus. Die Tatsache, daß der Bereich des Forums während des ganzen 8. Jahrhunderts v. Chr. als Nekropole diente, läßt im Gegenteil darauf schließen, daß die westlich davon gelegenen Hügel, Kapitol und Quirinal, mit dem Palatin und Esquilin auf der Ostseite noch nicht zu einem einheitlichen Siedlungskomplex zusammengeschlossen waren. Da auf dem Palatin Gräber vorhanden sind, dürften sogar auf ein und demselben Hügel verschiedene Dörfer bestanden haben: Der westliche Ausläufer *Germalus* und die mittlere Hügelkuppe des eigentlichen Palatins bildeten einen Bezirk für sich; er war durch eine uralte Mauer von der zum Esquilin hin gelegenen Erhebung der *Velia* getrennt, für die literarische Quellen eine eigene Gemeinde, die *Velienses*, überliefern.
Ähnlich wie in Veji scheint also auf dem Gebiet Roms eine Reihe von Dörfern bestanden zu haben, die sich auf die Anhöhen verteilten, während ihre Friedhöfe in den Niederungen lagen. Diese hat man sich damals als Sumpfgelände vorzustellen, durchzogen von Flußläufen, wie dem Velaber in der Forumssenke, und den periodischen Überschwemmungen des Tibers ausgesetzt.
Aber nicht anders als in Veji fand auch hier ein Zusammenschluß statt, und seither kann man von einer wirklichen Stadt sprechen. Der Prozeß des Synoikismos scheint ziemlich lange gedauert zu haben und in Etappen vor sich gegangen zu sein. Das alte »Siebenhügelfest« *(Septimontium)* der Römer geht offenbar auf eine Zwischenstufe zurück, in der eine Art Bündnis die Bewohner von sieben Hügeln *(septem montes)* vereinigte, wobei es sich noch nicht um die sieben klassischen Hügel handelte, sondern ausschließlich um Anhöhen, die im Ostteil der späteren Stadt lagen, am Palatin, Caelius und Esquilin. In diesem Stadium waren also die Hügel im Westen, Kapitol und Quirinal, noch nicht am Zusammenschluß beteiligt; es könnte dem Entwicklungsstand Roms im 8. Jahrhundert entsprechen.
Wie läßt sich diese aus literarischen Quellen zu erschließende Situation mit den neuen archäologischen Befunden in Übereinstimmung bringen, die A. Carandini auf dem Palatin zutage förderte? Er entdeckte an der Seite zur Velia hin Teile eines Mauerrings aus dem 8. Jahrhundert v. Chr., der nur den Palatin umschlossen zu haben scheint. Allerdings könnte eine solche Befestigung auch die Aufgabe gehabt haben, einen Zufluchtsort für sämtliche Bewohner des *Septimontium* zu schaffen und nicht lediglich den Palatin zu schützen. Auf jeden Fall wird dadurch die Sonderstellung bestätigt, die diesem Hügel in der römischen Tradition zukam: Am Fuß des Palatins, vor dem Lupercal, sollen die Zwillinge Romulus und Remus von der Wölfin gesäugt worden sein, und auf seiner Anhöhe stand die Hütte, die als *casa Romuli* galt. Dorthin verlegten auch die meisten Schriftsteller die ursprüngliche Stadt, die *Roma quadrata*.

Wenn auch dieses Übergangsstadium noch im dunkeln liegt, so muß die Stadtwerdung Roms doch bald zum Abschluß gelangt sein: durch die Vereinigung aller sieben Hügel der klassischen Gruppe, indem sich Kapitol und Quirinal den östlichen Hügeln anschlossen. Seither konnte das Forum seine Funktion als Versammlungsplatz der Bewohner aller angrenzenden Hügel wahrnehmen; es diente nun nicht mehr als Begräbnisstätte, da die Gräber an die Peripherie der Stadt verlegt wurden, hauptsächlich in den Bereich des Esquilin, wo sich bis zum Ende der republikanischen Zeit Roms große Nekropole befand.

Die Zeit der römischen Könige

Archäologische Befunde erweisen die Zeit nach der Mitte des 7. Jahrhunderts v. Chr. als außerordentlich wichtige Phase in der Geschichte der *Urbs*. Bis dahin sumpfiges Gebiet wurde durch Kanalisierungsarbeiten und Bodenverbesserung nutzbar gemacht. Vor allem aber etablierten sich die Grundelemente des öffentlichen Lebens der Stadt. Teile einer Bedachung aus dem späten 7. Jahrhundert v. Chr. lassen auf die Existenz einer ersten Kurie schließen, bestimmt für die Versammlungen eines Rates, der bereits der Senat der Stadt gewesen sein muß. Vor diesem Gebäude lag ein freier Platz, auf dem sich das Volk versammeln konnte: der Vorläufer des späteren *Comitium*, auch wenn die Befugnisse der Volksversammlung sicher noch nicht so weitreichend gewesen sein dürften wie in der Folgezeit. Daß Rom damals eine Monarchie war, darf als gewiß gelten; die Tradition läßt darüber keinen Zweifel aufkommen. Einen topographischen Beleg liefern Anzeichen für die Existenz der *Regia*. Dieser »Königspalast« war ursprünglich der Sitz eines echten Königs, nicht eines *rex sacrorum*, dem allein die religiösen Funktionen verblieben waren, wie dem *Pontifex Maximus*, der zur Zeit der Republik dort seinen Dienst versah. Offensichtlich jedoch oblagen Roms ursprünglichem König wichtige kultische Aufgaben. Darauf weist zum Beispiel die Tatsache hin, daß sich unmittelbar neben seinem Palast der heilige Herd der Stadt befand, wo das ewige Feuer der Vesta brannte, das die jungfräulichen Vestalinnen hüteten. Es gibt Anzeichen dafür, daß diese Kultstätte auf das frühe Königtum zurückgeht. Der König stand in einer besonderen Beziehung zu den Göttern und garantierte als Mittler zwischen ihnen und der Stadt deren Bestand und Wohlergehen.

Viele Leistungen der römischen Königszeit fallen in jenen Zeitraum, den die Überlieferung Königen etruskischer Herkunft zuweist: Tarquinius dem Älteren, Servius Tullius und Tarquinius Superbus; sie sollen nach 616 v. Chr. auf die ersten latinischen oder sabinischen Herrscher gefolgt sein. Die damals entstandenen Werke erinnern so sehr an das, was sich gleichzeitig in Etrurien findet, daß etruskische Handwerker, Künstler und Bau-

meister in Rom tätig gewesen sein müssen, vor allem im 6. Jahrhundert, als die großen Sakralbauten errichtet wurden. Der monumentale Tempel des Jupiter Capitolinus soll eine Schöpfung der Tarquinier gewesen sein; seine großenteils überbauten Reste lassen sich archäologisch nur schlecht erforschen, aber es besteht keine Veranlassung dafür, die römische Tradition in Zweifel zu ziehen. Durch Grabungen gut dokumentiert sind dagegen die Kultbauten im Bereich von Sant' Omobono.

Trotz der engen Verbindungen sollte man jedoch nicht von einer Eroberung Roms durch die Etrusker sprechen, wie man es lange Zeit getan hat, und in der *Urbs* dieser Zeit eine etruskische Stadt sehen; es läßt sich nicht einmal sagen, Rom habe sich nur durch den etruskischen Einfluß zu einer Stadt entwickelt.

Zum einen war Rom hinsichtlich der Sprache niemals eine etruskische Stadt. Es wurden dort zwar etruskische Inschriften gefunden, ebenso aber auch griechische. Das beweist nur die Anwesenheit fremder Einwanderer in einer Stadt, die wesentlich latinisch geprägt blieb. Zum anderen darf die Tatsache, daß Personen etruskischer Herkunft den römischen Thron bestiegen, nicht zu der Schlußfolgerung verleiten, die Etrusker insgesamt oder bestimmte Stadtstaaten hätten die Hand auf Rom gelegt und dort einen der Ihren als Herrscher eingesetzt. Es handelt sich vielmehr um individuelle Karrieren: Einzelne Etrusker fühlten sich von Rom angezogen, ließen sich dort nieder, waren erfolgreich und erlangten die Königsherrschaft. Anstatt auf ein von Etrurien ausgehendes Eroberungsunternehmen hinzuweisen, veranschaulichen diese Vorgänge im Gegenteil, welche Anziehungskraft Rom seit der zweiten Hälfte des 7. Jahrhunderts v. Chr. auf seine Nachbarn im Norden auszuüben vermochte.

Seit dieser Zeit war Rom in der Tat eine bedeutende Stadt. Die Literatur der klassischen Epoche unterstreicht die Einfachheit und Armut der Lebensverhältnisse in der Frühzeit Roms, das damals eine Stadt von Bauern und Hirten gewesen sei. Für die jetzt erreichte Entwicklungs-

Links oben: Kammhelm aus Tarquinia, 8. Jahrhundert v. Chr. Der Bronzehelm diente als Deckel einer der für die Villanovakultur typischen bikonischen Aschenurnen aus grobem, dunklem Ton (Impasto). Vielfach wurden die Aschenbehälter nicht mit Metallhelmen, sondern mit Tonnachbildungen zugedeckt oder mit Trinkschalen aus Terrakotta. Florenz, Museo Archeologico

Links unten: Italien im 6. Jahrhundert v. Chr.

Rechts: Paradewagen aus Monteleone di Spoleto, Mitte 6. Jahrhundert v. Chr. Die mit getriebenen Bronzeblechen verkleidete Biga stammt aus einem fürstlichen Kammergrab des sabinisch-umbrischen Berglandes. Erhalten waren nur die Metallteile, die verlorene Holzkonstruktion wurde wiederhergestellt. Die Darstellungen auf den Blechen sind zunächst als Szenen aus dem Leben des Verstorbenen gedeutet worden, gelten nun aber als Episoden aus dem trojanischen Sagenkreis. So soll die Frau auf der vorderen Verkleidungsplatte Thetis darstellen, die ihrem Sohn Achill die Waffen übergibt. New York, Metropolitan Museum

stufe trifft das jedoch nicht mehr ganz zu: Nun regten sich auch Aktivitäten, die über die Befriedigung der einfachen Bedürfnisse einer reinen Subsistenzwirtschaft hinausgingen.
Rom hat es seit dieser Zeit verstanden, seine Möglichkeiten als natürlicher Verkehrsknotenpunkt zu nutzen. Dank der Tiberinsel und des flußabwärts sich anschließenden Tiberknies, das die Strömung verlangsamt, bot Rom von der Küste aus die erste Stelle, wo die Errichtung einer Brücke möglich war. Diese Brücke, der Pons Suplicius, soll im 7. Jahrhundert v. Chr. unter König Ancus Marcius erbaut worden sein. Dadurch kontrollierte die Stadt die Verbindungen zwischen Etrurien – das in alter Zeit am rechten Tiberufer begann – und dem Gebiet der Latiner sowie darüber hinaus mit Campanien und der Magna Graecia. Sie kontrollierte ebenso den Verkehr zwischen der Küste und den Gebirgsregionen im Landesinneren. Diese Route Richtung Sabinerland folgte dem Flußlauf; es war die Via Salaria, die »Salzstraße«. Wie der Name besagt, wurde auf ihr Salz transportiert, das in den Salinen an der Tibermündung gewonnen wurde, und sie sicherte Rom eine beherrschende Stellung im Handel mit diesem unentbehrlichen Produkt. Man darf aber nicht nur an die Verkehrswege zu Lande denken: Der Tiber war einst eine wichtige Wasserstraße und Rom ein Mittelmeerhafen, dessen Bedeutung man nicht unterschätzen sollte. Solange es Ostia noch nicht gab, fuhren die griechischen und phönikischen Schiffe flußaufwärts bis nach Rom und legten auf der Höhe des Tiberknies im Bereich des Forum Boarium an, wo auch die Überlandwege zusammentrafen. Dort konzentrierte sich schon sehr früh das Geschäftsleben der Stadt. Daß damit die Ansiedlung fremder Kaufleute und Handwerker einherging, zeigen Kulte wie der Herakleskult der Griechen an der Ara Maxima.
Durch all dies begünstigt, konnte sich Rom im 6. Jahrhundert zu einer blühenden Stadt entwickeln und so gewaltige Vorhaben in Angriff nehmen wie den Jupiter-Capitolinus-Tempel, der alles übertraf, was bis dahin auf italischem Boden gebaut worden war. Nach den Maßstäben der Zeit war Rom eine sehr große Stadt. Der Mauerring des Königs Servius Tullius umschloß eine Fläche von 427 Hektar, die freilich nicht vollständig besiedelt war. Aber die Wohngebiete der vier Verwaltungsbezirke oder *tribus (Palatina, Collina, Esquilina, Suburana)* umfaßten immerhin 248 Hektar, während italische Städte wie Ardea oder Satiricum nur etwa 40 Hektar bedeckten; selbst die größten etruskischen Städte – Tarquinia mit 121, Caere mit 148 und Veji mit 194 Hektar – waren beträchtlich kleiner als Rom.
Dieser Aufstieg fand seinen Niederschlag in militärischer Macht, die dem »großen Rom der Tarquinier« (G. Pasquali) die führende Rolle in Latium sicherte. Man neigt inzwischen immer weniger dazu, das Bild in Frage zu stellen, das die antiken Historiker von Rom als der Hege-

monialmacht Latiums in dieser Epoche zeichnen. Der anscheinend authentische Text eines Vertrages zwischen Rom und Karthago aus dem Jahre 509 v. Chr., den Polybios überliefert, konzediert der *Urbs* eine dominierende Stellung unter den Städten Latiums.

Die Machtentfaltung Roms ging nicht ohne schwere innere Konflikte vor sich. Zum einen sah sich die Plebs bedrückt von den Fronarbeiten, die ihr durch die großartigen Bauunternehmungen der etruskischen Könige aufgebürdet wurden. Zum anderen erzeugten die Veränderungen in der Gesellschaft Spannungen. Der Aufstieg der Stadt zog Zuwanderer an und ließ neue Gruppen aufkommen wie Kaufleute und Handwerker; diese fanden aber nur schwer ihren Platz in einem traditionellen Gesellschaftsgefüge, das von einer Aristokratie großer Familien beherrscht wurde. Offenbar tendierten die Monarchen dazu, sich auf die neuen Schichten zu stützen und den Einfluß des alten Adels zu beschränken – der *patres* oder Väter, die im Senat saßen. Servius Tullius gab der Bürgerschaft eine neue Organisation; die Gliederung beruhte nun nicht mehr auf der Herkunft, sondern auf dem Vermögen. Gleichzeitig ersetzten territoriale *tribus*, für die der jeweilige Wohnsitz maßgeblich war, die auf der Abstammung, der Zugehörigkeit zu *gentes*, Familien, basierenden alten *tribus*.

In der Tat zeichnete sich in Rom eine Entwicklung ab, wie sie damals in Etrurien und in der griechischen Welt zutage trat: hin zur persönlichen Machtausübung des Herrschers, zu dem, was mit dem damals aufgekommenen Begriff der Tyrannis bezeichnet wird. Am Ende des 6. Jahrhunderts v. Chr. war die Zeit reif für den Ausbruch einer Krise. Dazu kam es im Jahre 509, zweifellos dank der Gelegenheit, die ein Feldzug des etruskischen Königs von Clusium bot: Porsenna fiel in Latium ein und vertrieb den letzten römischen König Tarquinius Superbus. Nun begann für Rom die Zeit der Republik und mit ihr die Herrschaft der *libertas*.

Linke Seite: Die überlebensgroße Kalksteinstatue des »Kriegers von Capestrano« wurde 1934 zusammen mit dem Torso einer Frauenfigur in einer Nekropole des 6. Jahrhunderts v. Chr. gefunden. Die Inschrift an einem der beiden Pfeiler ist in der Sprache der Picener verfaßt, deren Kultur bis zur gallischen Invasion das Gebiet der mittleren Adria prägte. Der Krieger hält Schwert, Dolch und Streitaxt auf den Leib gepreßt. An den Außenseiten der Pfeiler sind jeweils die Umrisse einer Lanze eingeritzt. Eine mit Riemen auf Brust und Rücken befestigte runde Scheibe schützt das Herz, der von dem breiten Gürtel gehaltene Schurz den Unterleib. Die Füße stecken in Sandalen, Spangen zieren Hals und Arme, eine Maske mit Augen-, Nasen- und Mundausschnitten bedeckt das Gesicht. Metallmasken sind unter den Rüstungen der Picener belegt, nicht aber der riesige Helm. Er ist gesondert gearbeitet und wurde von einem hohen Kamm bekrönt. Chieti, Museo Nazionale

Rechts: Votivstatuette eines samnitischen Kriegers, etwa 4. Jahrhundert v. Chr. Die 29 cm hohe Bronzefigur zeigt Merkmale der campanischen Kunst und besitzt trotz des kleinen Formats monumentale Gewalt. Die linke Hand des Kriegers hielt eine Lanze, die rechte vermutlich einen am Boden stehenden Rundschild. Paris, Louvre

Die Geschichte des Imperium Romanum

Schon in der Antike haben Historiker nach den Ursachen der Größe Roms gefragt. Der Weg von den bronzezeitlichen Einzelsiedlungen auf den Hügeln Roms zur Metropole eines Weltreiches war ja keineswegs vorgezeichnet, auch wenn die Stadt schon im 6. Jahrhundert v. Chr. zu einem bedeutenden Zentrum in Latium aufgestiegen sein sollte. Der lange und verlustreiche Kampf mit der etruskischen Nachbarstadt Veji, der sich über fast das ganze 5. Jahrhundert hinzog, der Galliereinfall von 387 und die anschließenden Kämpfe mit den Latinern zeigen, daß es keine Automatik des Aufstiegs gab.

Polybios hat im 2. Jahrhundert v. Chr. die innere Verfaßtheit Roms als Ursache für den Aufstieg vom Stadtstaat zum Weltreich angegeben, und viele sind ihm bis heute darin gefolgt. Aber auch diese Verfaßtheit war eine gewordene, keine angeborene. Wie also kam es dazu, daß sich der römische Adel – im Gegensatz zum griechischen – ganz mit der *res publica* identifizierte; daß er seinen Ruhm einzig aus politischer und militärischer Tätigkeit zog; daß er trotz allen Wettstreits um Ruhm und Ehre lange Zeit ein außerordentliches Maß an Konsens in Dingen der *res publica* aufbrachte und es ihm gelang, unter seiner Führung auch die übrigen Schichten zu integrieren, so daß eine demokratische Herrschaftsform nie zur Debatte stand?

Wir können diese Frage kaum beantworten, da der Historiker nur selten bis zu den Anfängen eines Phänomens vordringen kann. Schon früh erscheint der einzelne in Rom immer in soziale Beziehungsnetze (die *familia*, die *gens*, die Klientel) eingebettet. In keiner römischen Volksversammlung wird nach einzelnen, sondern immer nach Stimmeinheiten *(curia, centuria, tribus)* abgestimmt. Auch im Senat zählt nicht die Mehrheit, sondern der höhere Rang, die größere Autorität. Es kann sein, daß solche auf Integration zielende Ordnungselemente durch lange dauernde Anforderungen der Verteidigung ebenso verstärkt worden sind wie durch das Bemühen des Adels um Selbstbehauptung gegenüber den Königen im 6. Jahrhundert und schließlich durch die Auseinandersetzungen zwischen Patriziern und Plebejern im 5. und 4. Jahrhundert; erklärt werden sie dadurch allein aber sicher nicht.

Das Streben nach Integration beherrschte nicht nur die Institutionen der Römer, sondern auch ihre Art, die Welt zu begreifen, die göttliche wie die sie umgebende. Die Römer haben zwar viele griechische Götter übernommen, nicht aber die mit ihnen verbundenen Mythen; ein Gegeneinander der Götter konnte es nicht geben. Und sie haben Geschichte nicht als eine solche von Konflikten begriffen, sondern als eine, die unter dem Zeichen der *concordia*, der Eintracht, stand. Auch die außenpolitische Wahrnehmung der Römer ist von daher zu deuten: Jeder besiegte Gegner mußte in irgendeiner Form »integriert« werden, sei es durch Unterwerfung, Annexion von Gebieten oder Vertrag. Ein Außen, das unkalkulierbar war, mit dem nicht dauerhafte stabile Beziehungen hergestellt werden konnten, bedeutete für die Römer immer eine Bedrängnis. Deshalb war die Schwelle für das, was als Gefahr wahrgenommen wurde, äußerst niedrig; deshalb war auch der römische »Imperialismus« prinzipiell grenzenlos. Mit einem System wie dem hellenistischen, in dem Potentaten in immer wieder wechselnden Koalitionen miteinander rivalisierten, konnten die Römer schlicht nicht umgehen; es war für sie unverständlich,

Der Porphyrsarkophag aus dem Grabmonument der Helena an der Via Labicana war ursprünglich für einen Kaiser oder einen Feldherrn bestimmt. Seine Entstehung wird in der Zeit Diocletians oder noch früher angesetzt. Auf allen vier Seiten galoppieren römische Reiter über »Barbaren« hinweg, die auch teilweise an Ketten mitgeführt werden. Der Deckelrand ist mit Girlanden geschmückt, auf dem Deckel sitzen Eroten und Victorien. Die Wiedergabe der Bewegung, die Proportionen der Figuren und der Ausdruck der Gesichter unterscheiden das Werk deutlich von solchen der constantinischen und auch von den meisten der diocletianischen Zeit. *Rom, Musei Vaticani*

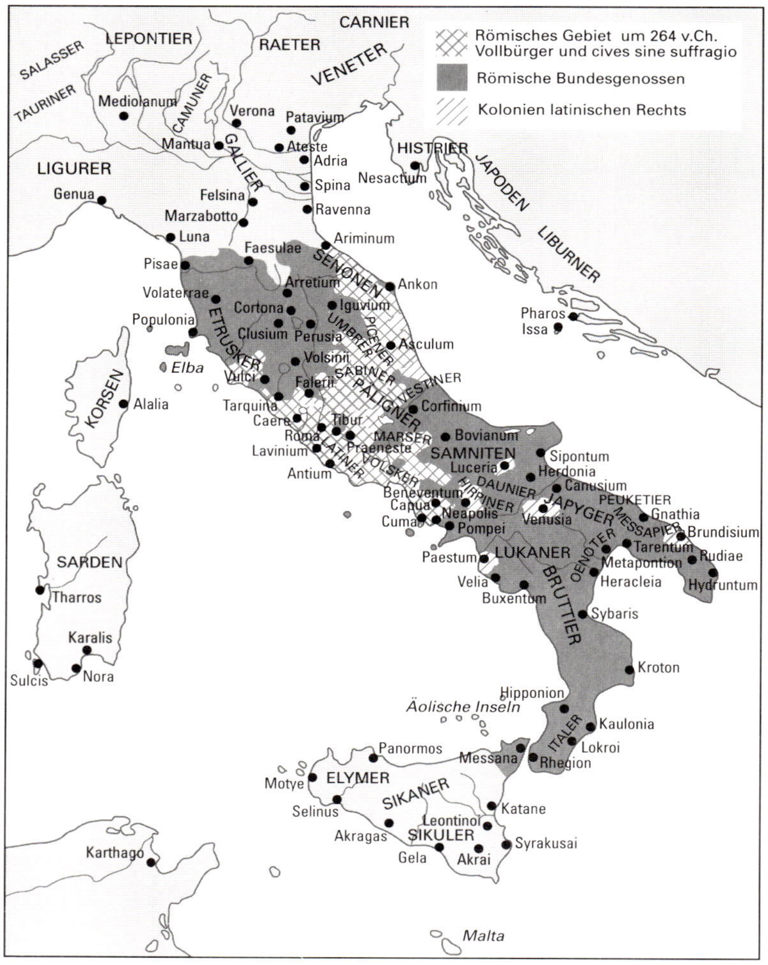

und eben deshalb kam es zu immer dichter werdenden Interventionen.

Das Römische Reich der Kaiserzeit war wie das der Republik ein Herrschaftsgebilde, aber eines, das sich durch ein hohes Maß an Akzeptanz bei den Beherrschten auszeichnete. Die Städte besaßen weitgehende Selbstverwaltung, ihre Führungsschichten wurden durch Einordnung in die sozialen Beziehungsnetze Roms sowie durch Aufstiegschancen an Rom gebunden. Die römische Herrschaft brauchte deshalb nur einen minimalen Verwaltungsapparat und geringe Handlungskapazitäten zu entwickeln, die sich erst als ungenügend erwiesen, als das Reich im 3. Jahrhundert in eine schwere Krise geriet. Die Bemühungen, dieser Krise Herr zu werden, gipfelten um die Wende vom 3. zum 4. Jahrhundert in den Reformen Diocletians und Constantins des Großen. Hier wurde der Versuch gemacht, zum einen eine dichte Verwaltung über das Reich zu legen, zum anderen die gesamte Reichsbevölkerung und die Städte in ein lückenloses Leistungssystem einzubinden. Aber die Voraussetzungen für die Durchsetzung einer abstrakten staatlichen Autorität fehlten sowohl bei den staatlichen »Beamten« als auch bei den Bürgern, und vor allem: die neue Ordnung baute nicht mehr auf den überkommenen Sozialstrukturen auf, welche die Stütze der alten römischen Ordnung gewesen waren. Neue Abhängigkeitsverhältnisse bildeten sich aus, die nun die politische Organisation schwächten und zugleich den Weg ebneten zu den Ordnungen in den entstehenden germanischen Reichen.

Die Zeit der Republik – Vom Stadtstaat zum Weltreich

»Von den Taten des nunmehr freien Römervolks in Frieden und Krieg, von seinen jährlich wechselnden Beamten und der Herrschaft der Gesetze – mächtiger als die der Menschen – will ich nun berichten.« Mit diesen Worten beginnt Livius die Darstellung der Epoche römischer Geschichte, die wir – dem lateinischen Begriff *res publica* folgend – etwas mißverständlich als Republik bezeichnen. *Res publica* kann jedoch für jedes geordnete Staatswesen stehen, auch für eine Monarchie oder Aristokratie. Und eine Aristokratie weniger reicher und angesehener Familien war diese antike Republik immer. Auch seine Freiheit verstand das »freie Römervolk« nicht als eine individuelle, sondern als stark an den sozialen Status gebundene, verpflichtende Beziehung zwischen den Bürgern; denn die Masse des Volkes hatte sich dem Schutz und der Verantwortung mächtiger Patrone anvertraut und leistete dafür treue Gefolgschaft. Die Mächtigen aber unterwarfen sich bewußt einer strengen Standesdisziplin, um die Grundlage ihrer Herrschaft, den Konsens der Führungsgruppe, nicht zu gefährden. Die Geschichte dieser Republik ist deshalb auch die Geschichte einer Sozialbindung der Freiheit, die sich in der inneren Kohä-

Linke Seite, oben: Der reich verzierte Helm wurde bei Canosa in Apulien gefunden, ist aber aufgrund seiner Form und der Pflanzenornamentik als Produkt keltischer Kunst des 4. Jahrhunderts v. Chr. zu sehen. Die Kelten – von den Römern Gallier genannt – wanderten seit etwa 500 v. Chr. wohl durch das Etschtal in kleinen Gruppen in die Poebene ein. Zum Ende des 5. Jahrhunderts verstärkte sich die Zuwanderung rapid, führte zu festen Ansiedlungen um Mailand, Brescia, Verona, Bologna und an der Adriaküste nördlich von Ancona. Zu Beginn des 4. Jahrhunderts stießen einzelne Gruppen tief nach Italien vor, schlugen ein römisches Heer um 387 an der Allia und eroberten Rom. Berlin, Antikenmuseum

Linke Seite, unten: Volksstämme und Hauptzentren Italiens vom 5. bis zum 3. Jahrhundert v. Chr.

Oben: Die Goldtäfelchen (zwei in etruskischer, eins in punischer Sprache) aus dem 6. Jahrhundert v. Chr. wurden 1964 bei einem Tempel der Astarte-Uni in Pyrgi, dem Hafen der etruskischen Stadt Caere, gefunden. Sie bestätigen enge Beziehungen zwischen Etrurien und den Puniern. Ein von römischen Historikern ins erste Jahr der Republik datierter römisch-karthagischer Vertrag kann deshalb als Fortsetzung der Beziehungen zwischen Karthago und dem ehemals etruskischen Rom gelten. In diesem und weiteren Verträgen werden die jeweiligen Einflußsphären in Latium und im westlichen Mittelmeer abgegrenzt. Der letzte wurde im Krieg gegen Pyrrhus als gegenseitiger Beistandspakt formuliert. Rom, Villa Giulia

Unten: Der »Stein von Satricum« wurde 1977 beim Mater-Matuta-Tempel der latinischen Stadt Satricum gefunden. Das erhaltene Fragment der Inschrift lautet: »Die Kameraden (suodales) *des Poplios Valesios weihten (dies) dem Mars.« Es erhärtet die Vermutung, daß um 500 v. Chr. in Latium Kriegerbanden unter der Führung von »Condottieri« umherzogen und in einigen Städten auch Herrschaft ausübten. Damit wird das von den römischen Historikern entworfene Bild einer stabilen Staatengemeinschaft in Latium sehr zweifelhaft.*

Links: Vertragsszene auf einer Wandmalerei aus einem Grab am Esquilin, letztes Viertel des 4. Jahrhunderts v. Chr. Im unteren Streifen ist die Begegnung zweier Männer vor einer Stadtmauer dargestellt. Der linke ist mit einem Schurz und einem von den Schultern herabhängenden Fellmantel bekleidet, der rechte trägt eine kurze Toga und einen Speer. Über ihm finden sich Spuren eines Namens, der als »Fabius« gelesen werden kann. Vermutlich handelt es sich um Q. Fabius Maximus Rullianus, den Konsul von 322 v. Chr., dem ein Sieg über die Samniten im Zweiten Samnitenkrieg (326-304) zugeschrieben wird. Dieser Krieg wurde durch eine schmähliche Niederlage der Römer 321 bei Caudium (Caudinisches Joch) unterbrochen und vorerst durch Verhandlungen beendet. Die Szene könnte auch auf die Beendigung des Krieges im Jahr 304 deuten, da er durch Vertrag beendet wurde und das Gebiet des Samnitenbundes unangetastet blieb.
Rom, Palazzo dei Conservatori

Rechts: Samnitische Krieger auf einer Grabmalerei aus Paestum, 4. Jahrhundert v. Chr.
Neapel, Museo Nazionale

Den Ursprung der Freiheit aber sollte man mehr darin sehen, daß die Amtsgewalt der Konsuln immer auf ein Jahr beschränkt wurde, als daß die Macht, die die Könige gehabt hatten, irgendwie beschnitten worden wäre. Alle Rechte, alle Insignien behielten die ersten Konsuln bei. Man hütete sich nur davor, daß beide die Rutenbündel führten und so der Schrecken verdoppelt schien. Brutus führte die Rutenbündel als erster im Einvernehmen mit seinem Amtsgenossen. Genauso leidenschaftlich, wie er früher für die Freiheit gekämpft hatte, suchte er sie jetzt zu schützen. Zuallererst nahm er dem Volk, das über die neue Freiheit eifersüchtig wachte, den Eid ab, keinen König mehr in Rom zu dulden – es sollte nicht später einmal durch Bitten oder Geschenke eines Königs umgestimmt werden können. Dann sollte auch die zahlenmäßige Stärke des Senatorenstandes dem Senat mehr Gewicht verleihen . . . Livius, *Ab urbe condita* 2, 1

renz der Führungsschicht und ihrer Verantwortung für Volk und Staat zeigt: In der frühen Republik (510–um 300) entwickelte sich aus dem Gegeneinander von Patriziern und Plebejern das Miteinander in der Verantwortung für das Ganze. In der mittleren Republik (um 300–133) bewährte sich diese Gemeinschaft und machte Rom zur Herrscherin der Welt. In der späten Republik (133–30/27) zerbrach mit der Eintracht der Oberschicht auch das Vertrauen des Volkes und schließlich die Ordnung der freien römischen Republik.

Die frühe Republik – Ein Volk formiert sich neu

Römische Geschichtsschreiber zweifelten nicht daran, daß sich die Republik von Anfang an auf drei feste Säulen stützte: die beiden Konsuln mit der vollen Gewalt des Königs *(imperium)*, aber jährlich gewählt und unter gegenseitiger Kontrolle, den Senat der patrizischen Aristokratie *(senatus)* und die Versammlung des Volkes *(populus)* als Wahl- und Gesetzgebungsorgan.
Heute wissen wir, daß der Asche der tarquinischen Monarchie nicht der strahlende Phönix der Republik entstieg. Sicher folgten ein achter König, Porsenna, der erst nach der Niederlage seines Sohnes gegen Latiner und Griechen Rom den Römern überließ, und dann eine Phase starker innerer und äußerer Unsicherheit. Der Druck der benachbarten Sabiner, Volsker und Aequer traf nämlich keineswegs auf ein stabiles Gemeinwesen, sondern auf eine zutiefst gespaltene Bürgerschaft: Frei von königlicher Bevormundung wollte der patrizische Adel den Staat zu seiner Sache machen. Damit schob er all die Plebejer beiseite, die ihm nicht als Klienten folgen wollten. Doch unter diesen befanden sich zwar viele Arme, aber auch genügend Begüterte, die schon von den Königen in Heer und Bürgerschaft eingegliedert worden waren. Sie waren als Bürger zu selbstbewußt und als Soldaten zu wichtig, um aus einer Gemeinde gedrängt zu werden, die früher auch die ihre gewesen war. Nicht um das Bürgerrecht ging es also den Plebejern in dem nun folgenden sogenannten »Ständekampf«, sondern um die politische Anerkennung ihrer wirtschaftlichen und militärischen Leistung, die Rom einst zum »Großen Rom der Tarquinier« gemacht hatte.
Schon der erste Schritt der Plebs zeigt diesen politisch-militärischen Doppelaspekt, der das Ringen um eine neue Form des Zusammenlebens ständig begleiten und prägen sollte: Ostentativ verließ der wehrfähige Teil der Plebs die Stadt (*secessio plebis*, 494 v. Chr.), gründete auf dem Aventinhügel einen durch Schwur gefestigten Sonderbund mit eigenen Führern, den Volkstribunen, und deutete damit einen Seitenwechsel zu den Latinern an; denn auf dem Aventin stand der für Römer und Latiner gleich wichtige Tempel der Diana. Die Patrizier lenkten ein, beeilten sich aber, durch einen Vertrag mit den Lati-

nern (*foedus Cassianum*, 493 v. Chr.) den Plebejern in Zukunft diesen Weg abzuschneiden.
Die Fronten verhärteten sich, bis der Untergang der patrizischen Fabier gegen Veji (477 v. Chr.) die Gefahren des Verzichts auf plebejische Soldaten deutlich machte. 450 v. Chr. kam es endlich zu einem vorläufigen Arrangement: Die Aufzeichnung des geltenden Rechts im Zwölftafelgesetz kam dem Wunsch der Plebs nach Rechtssicherheit entgegen, sollte aber auch die Homogenität und politische Exklusivität des Patriziats festschreiben. Beides mißlang: Ein im Gesetz fixiertes Verbot der Ehe mit Plebejern verschwand schon 445 v. Chr., ab 444 stand den Plebejern ein hohes militärisches Führungsamt offen, das sie jedoch lange nicht nutzten, und mit den Licinisch-Sextischen Gesetzen (366 v. Chr.) gelangte die Plebs auch ins höchste Staatsamt, das Konsulat. Diesem entscheidenden Erfolg waren ein zermürbender Krieg gegen Veji (406-396 v. Chr.) vorausgegangen, in dem erstmals Plebejer ein Heer führten, und die harten Jahre nach dem Galliersturm (387 v. Chr.), als Rom erneut seine Stellung in Latium mit allen Kräften verteidigen und festigen mußte.
Ein Amt nach dem andern gelangte nun auch an plebejische Familien, die Sorge um Staat und Volk wurde zur gemeinsamen Aufgabe einer aus beiden Ständen gebildeten neuen Oberschicht, der Nobilität. Im »Schlußgesetz« des Ständekampfes, der *lex Hortensia* (287 v. Chr.), wurden sogar die einst revolutionären Beschlüsse der Plebs *(plebiscita)* den Beschlüssen des Gesamtvolks *(leges)* gleichgesetzt.
So gab es am Ende des Ringens weder Sieger noch Besiegte in Rom. Doch es gab sie in Latium und Italien. Da im Ständekampf politische Forderungen ständig mit militärischen Leistungen legitimiert worden waren, stand nun neben dem politischen Erfolg auch ein eindrucksvoller militärischer: Rom war Herrin Italiens. Die Eroberung Vejis hatte Roms Territorium schon verdoppelt. Nach der Neuordnung von 366 v. Chr. wurde seine Position in Latium so stabil, daß es einen Krieg gegen die Samniten (343-341) wagen und in Campanien Fuß fassen konnte. Kurz darauf (340-338) zerschlug es den Latinerbund gründlich und griff in immer dichterer Folge in immer größere Räume Italiens aus. Die mittelitalischen Samnitenstämme wurden in zwei Kriegen (326-304 und 298-290) erst mit einem dichten Kordon römischer Kolonien umzingelt und dann unterworfen. Gleichzeitig engagierte sich Rom in Nord und Süd, geriet dabei in höchste Bedrängnis, konnte aber schließlich seine Grenzen im Kampf gegen Etrusker, Umbrer, Gallier und süditalische Stämme erheblich ausdehnen. Nach einem Krieg gegen Tarent und dessen Verbündeten, Pyrrhus aus Epirus, der nach verlustreichen »Pyrrhussiegen« enttäuscht nach Griechenland zurückkehrte, war Roms Herrschaft zwischen Rimini und Reggio etabliert und

überall durch Kolonien als vorgeschobene Teile des Bürgerheeres bewacht. Doch Rom stützte seine Macht nicht nur auf Kolonien, sondern auch auf die Oberschicht der Italiker, die – teils mit dem Bürgerrecht belohnt – Roms Interessen zu den ihren machte. Vor allem aber band ein dichtes Netz rechtlich abgestufter Verträge die einstigen freien Städte und Mitglieder von Stammesbünden ausschließlich an Rom. Nur eines war diesen Bundesgenossen gemeinsam: die Pflicht, Soldaten für die Kriege der Römer zu stellen. Mit der Eroberung Italiens hatte Rom auch ein riesiges zweites Heer gewonnen. Da zugleich die Nobilität im Ständekampf »gelernt« hatte, den Erfolg im Krieg als primäres Mittel der Statusbestimmung und -sicherung zu nutzen, waren die geistigen und militärischen Grundlagen für den Weg zur Weltherrschaft schon gelegt.

Die mittlere Republik – Die Verwandlung der Welt

Im Jahr 264 v. Chr. verließ ein römisches Heer erstmals italischen Boden. Damit begann eine Kette von Kriegen, die in knapp hundert Jahren das Mittelmeer zum Binnensee in einer von Rom beherrschten Welt machen sollten. Bis heute ist die Diskussion über die Triebkräfte dieses römischen »Imperialismus« nicht verstummt: Stand ein Plan hinter der recht zielstrebig wirkenden Expansion, oder stolperte Rom eher defensiv in die Rolle des Weltherrschers? Die Römer, die diese Expansion erlebten, schienen eher überrascht von dem, was sie erreicht und angerichtet hatten, spätere sprachen – nicht weniger ratlos – von einem göttlichen Plan, der Rom die Aufgabe zugedacht habe, der Welt Frieden und Kultur zu bringen. Tatsächlich erschien der erste Schritt gar nicht so ungewöhnlich und wenig planvoll. Wie schon so oft erreichte ein Hilferuf die mächtig gewordene Stadt, diesmal aus Messana (Messina). Dort fühlten sich die Mamertiner (»Marssöhne«) durch König Hieron von Syrakus bedroht. Der Senat zögerte, diesen Marodeuren, die sich in Sizilien recht gewalttätig aufführten, zu helfen, aber die Volksversammlung folgte dem Konsul, der reiche und leichte Beute versprach. Daß der »Spaziergang nach Syrakus« zum zähen Ringen mit Karthago im Ersten Punischen Krieg (264–241) führen sollte, war wohl keinem klar; denn Roms Beziehungen zu Karthago waren seit Jahrhunderten in geordneten vertraglichen Bahnen verlaufen und eher freundlich. Doch Karthago, das den Westen Siziliens beherrschte, nahm das Erscheinen Roms im Osten der Insel ernst und verstärkte seine militärische Präsenz.

Erste römische Erfolge mochten optimistisch stimmen: Hieron wechselte 263 v. Chr. zu Rom über, 261 fiel Akragas (Agrigent), der neuen römischen Flotte gelang 260 bei Mylae (Milazzo) ein Sieg über die seekriegserfahrenen Karthager. Doch mit dem Durchbruch nach Afrika im Jahre 256 v. Chr. wendete sich das Kriegsglück: Das Heer in Afrika wird besiegt, drei Flotten gehen zugrunde, in Sizilien tobt ein erbitterter Stellungskrieg, die Kassen sind leer. Endlich (241 v. Chr.) bringt eine aus Privatmitteln finanzierte neue Flotte die Entscheidung bei den Ägatischen Inseln vor der Westküste Siziliens. Im Friedensschluß behält Karthago zwar seine volle Souveränität, Sizilien aber fällt an Rom.

Angesichts der ungeheuren Opfer erscheint der Umgang mit der erbeuteten Insel recht inkonsequent: Sie bleibt quasi sich selbst überlassen. Erst 227 v. Chr. wird sie als Amtsbereich *(provincia)* eines Militärgouverneurs im Range eines Prätors definiert und so zur ersten römischen »Provinz«, Sardinien mit Korsika zur zweiten. Und dabei bleibt es; denn Rom nutzt weder das für Sizilien entwickelte »Verwaltungskriegsrecht« noch das in Italien bewährte Vertragssystem, um die kurz darauf in der Poebene und in Dalmatien gewonnenen Territorien in den römischen Machtbereich zu integrieren. Den Römern scheint auf dieser Stufe der Expansion zwar viel daran zu liegen, Kriege zu führen, aber wenig an der dauerhaften Ernte der territorialen Früchte.

Der Zweite Punische Krieg (218–201) verstärkt diesen Eindruck: Rom hatte diesen Krieg wohl seit langem gewollt, doch die zögernde Integration Spaniens nach dem Sieg deutete wieder nicht auf planvolles Handeln. Seit 231 v. Chr. beobachtete Rom aufmerksam das expansive private Reich der Barkidenfamilie in Spanien. 226 v. Chr. kam es zu einem Vertrag, der den Fluß Ebro als nördliche Grenze setzte. Auffälligerweise blieb dabei das Schicksal eines römischen Bundesgenossen südlich des Ebro, Sagunt, ungeklärt, und Rom rührte auch keinen Finger, als Hannibal es belagerte und eroberte. Kaum aber hatte er 218 v. Chr. den Ebro überschritten, wurde Rom diplomatisch aktiv, jedoch an der falschen Adresse: In Karthago wird ultimativ das Unmögliche verlangt: die Auslieferung Hannibals. Doch die Stadt hatte weder mit dem Ebrovertrag zu tun noch die Chance, den beim Heer beliebten Feldherrn auszuliefern. Sie muß ablehnen, und

Seit dem späten 4. Jahrhundert v. Chr. wurden in Rom verdiente Politiker nach griechischem Vorbild mit Ehrenstatuen auf dem Forum geehrt und machten Statuenweihungen in Heiligtümern auf ihre Taten und Verdienste aufmerksam. Diese Denkmäler sind jedoch nur durch literarische Quellen und spätere Münzprägungen bekannt. Der um 300 v. Chr. entstandene Bronzekopf des »Brutus« kann eine Vorstellung von den Bildnissen geben, die auf den Statuen dieser Zeit saßen. Es handelt sich nicht um ein individuelles Bildnis, sondern um ein Typenporträt nach Vorbildern aus der attischen Kunst des späteren 4. Jahrhunderts v. Chr. Im strengeren Ausdruck hat man zu Unrecht eine typisch römische Charakterschilderung sehen wollen. Wahrscheinlich handelt es sich bei diesen Zügen um eine Eigenart der »provinziellen« griechisch orientierten Werkstatt, die in Mittelitalien arbeitete. Andere sporadische Funde von Bronzewerken und der zum Teil sehr qualitätvollen Terrakotten zum Schmuck der Tempel bezeugen, daß diese italischen Werkstätten über sehr enge Kontakte zur griechischen Kunstwelt verfügten und ihr Repertoire laufend den neuesten Stilentwicklungen anpaßten.
Rom, Palazzo dei Conservatori

Rom hat seinen längst als Zangenangriff auf Karthago geplanten »gerechten Krieg« – deshalb also die Provinz Sizilien als Aufmarschgebiet, die sonderbare Ebrogrenze als Barriere vor den kriegswichtigen Edelmetallminen in den Pyrenäen und die bewußt unterlassene Hilfe für den Bundesgenossen Sagunt.
Aber Hannibal macht den Plan zunichte. Mit 60 000 Mann und 37 Elefanten übersteigt er die Alpen und eilt von Sieg zu Sieg: 218 v. Chr. im Tessin und an der Trebia, 217 am Trasimenischen See, 216 bei Cannae in Apulien. Am Abend dieses 2. August ist Rom ohne Heer. Doch Rom konnte wieder Terrain gewinnen, weil fast alle italischen Bundesgenossen treu blieben, Hannibal dagegen ohne Nachschub und Entsatz auf sich selbst gestellt war. Vor allem behielt der Senat auch dann kühlen Kopf, als Hannibal vor die Tore Roms rückte *(Hannibal ante portas!)*. Die entscheidende Wende brachte jedoch das Genie des jungen Publius Cornelius Scipio, der die Barkiden aus Spanien vertrieb, den Krieg nach Afrika trug und Karthago mit dem Sieg über Hannibal 202 v. Chr. bei Zama zum Frieden zwang. Rom reagierte nun härter: Karthago verlor seine Kriegsflotte und einen Teil seiner Souveränität; denn es durfte nur mit Roms Erlaubnis zu den Waffen greifen. Bei der Angliederung Spaniens wirkte Rom jedoch wieder unentschlossen. Obgleich es seit 206 v. Chr. in römischer Hand war, wurden erst 197 v. Chr. Provinzen eingerichtet.
Im Kriegsverbot an Karthago zeigte Rom einen neuen, harten Zug in der Politik, der sich bald verfestigen und zum Untergang Karthagos im Dritten Punischen Krieg (149–146) führen sollte: Durch eine perfide Politik des Senats schutzlos den Angriffen des Numiderkönigs Massinissa ausgeliefert, verlangte Rom von den Karthagern, die sich endlich zur Wehr setzten, die Auslieferung der Waffen und dann die Aufgabe der Stadt. Die zweijährige verzweifelte Gegenwehr der Getäuschten endete mit der zynischen Zerstörung der Stadt.
Roms Politik war nüchtern, klar und grausam geworden. Der Römer Livius hatte dieses »neue Denken« *(nova sapientia)* zuerst während der Expansion im Osten bemerkt, und deshalb ist das Zeugnis eines Römerfeindes keine pure Verleumdung: »Die Römer haben ein einziges und uraltes Motiv, um mit allen Nationen, Völkern und Königen Krieg anzufangen: unermeßliche Gier nach Herrschaft und Reichtum. Und so begannen sie zuerst Krieg mit dem Makedonen Philipp ... dann raubten sie dem Antiochos alle Länder jenseits des Taurus ... und schließlich haben sie Perseus, den Sohn des Philipp, der sich ihnen auf Treu und Glauben ausgeliefert hatte, hinterhältig durch Schlaflosigkeit umkommen lassen, weil sie ihm ja das Leben zugesichert hatten.« So skizziert der pontische König Mithradates stichpunktartig Roms Ausgreifen in den Osten. Er kannte das Ergebnis römischer Politik und übersah deshalb deren Entwicklung; denn

Linke Seite: Alba Fucens bei Avezzano, östlich von Rom. Alba Fucens wurde 303 v. Chr. im Gebiet der Aequer als eine der Kolonien gegründet, die während und nach dem Zweiten Samnitenkrieg das Gebiet der Samniten einschließen sollten. Wie die meisten römischen Kolonien besaß die oberhalb des Fuciner Sees gelegene Stadt ein rechtwinkliges Straßennetz und war zur besseren Verteidigung mit einer mächtigen Mauer umgeben, die 211 v. Chr. der Belagerung Hannibals widerstand. In Alba Fucens wurde der makedonische König Perseus nach 168 v. Chr. interniert.

Oben: Via Appia bei Rom. Mitten im Zweiten Samnitenkrieg ließ der Censor Appius Claudius Caecus 312 die erste gepflasterte Straße bauen, um Rom mit seinen Kolonien in Campanien zu verbinden. Die Via Appia bildete das erste Teilstück eines dichten Straßennetzes in Italien, das unter strategischen Gesichtspunkten entworfen wurde und zusammen mit den Kolonien zur Sicherung und Konsolidierung der römischen Herrschaft beitrug. In der Kaiserzeit diente ein reichsweites Straßennetz der Staatspost und für Kurierdienste (cursus publicus) *mit einem ausgeklügelten System von Relaisstationen. Die wirtschaftliche Bedeutung der Römerstraßen blieb wegen der hohen Kosten des Landtransports immer zweitrangig.*

Folgende Doppelseite: Punische Ruinen an den Hängen des Burghügels (Byrsa) von Karthago. Nach der Sage wurde Karthago 814 v. Chr. als phönikische Siedlung von Tyros gegründet. Karthago übertraf bald ältere Siedlungen der Phöniker im Westen und gründete selbst zahlreiche Handelsstützpunkte auf allen Inseln zwischen Malta und Mallorca, in Nordafrika und Spanien. Seit dem 6. Jahrhundert v. Chr. baute es sein Handelsimperium allmählich zu einer politischen Herrschaft aus. Auch nach der Zerstörung Karthagos lebten Kultur, Religion und Sprache weiter und lieferten einen idealen Nährboden für das Christentum, das in der römischen Provinz Africa eine geistige Hochburg erhielt.

die Römer nahmen ihre Rolle als Befreier vom Joch hellenistischer Könige anfangs durchaus ernst.

Der Makedonenkönig Philipp V. war der erste, der sich der römischen Forderung, die Hand von den Griechen zu lassen, widersetzte und im Krieg (200–197) niedergeworfen wurde. Doch Rom verkündete den staunenden Griechen an den Isthmischen Spielen 196 v. Chr. die Freiheit und zog seine Truppen ab. Roms Rolle als Garant der Freiheit brachte es aber bald wieder zurück. Diesmal war es der Seleukide Antiochos III., der seine europäischen Besitzungen nicht aufgeben wollte. Bei den Thermopylen (191 v. Chr.) wurde er aus Griechenland und bei Magnesia (190 v. Chr.) aus Kleinasien vertrieben.

Und wieder setzte Rom sich nicht fest. Obwohl es mit der Demütigung der Könige auch deren Funktion als Ordnungskräfte geschwächt oder zerstört hatte, trat es nicht als präsente Autorität an deren Stelle. Rom überließ diese Aufgabe kleinen und mittleren Staaten wie Rhodos oder Pergamon, die aber nicht stark genug waren, um die notorisch zerstrittenen Griechen zur Räson zu bringen. In diesem Vakuum war Rom nun unablässig zu Entscheidungen und Interventionen gezwungen, die ihm – konzeptlos, wie es war – bald über den Kopf wuchsen. Mit brutaler Stärke und ratloser Ungeduld begann nun Rom, seine Vorstellung von Ordnung durchzusetzen: Das Reich des Perseus wurde nach dem Dritten Makedonischen Krieg (171–168) zerschlagen, tausend achäische Geiseln – unter

ihnen Polybios – wurden nach Italien verschleppt, 150 000 Bewohner von Epirus versklavt. Auf neue Unruhen reagierte Rom kalt und klar: Wie Karthago wurde auch Korinth 146 v. Chr. bis auf die Grundmauern zerstört. Wenig später (133 v. Chr.) erlosch im spanischen Numantia die letzte Flamme des Widerstandes.

Das Konzert der Großmächte war längst verstummt. Rom, der neue Dirigent, war zwar fähig, den Stab als Schlagstock zu führen, um jeden Mißklang zu unterdrükken, nicht aber, um das Reich planvoll zu lenken. Denn hinter der Verwandlung der Welt stand zwar deutlich der Wille zum Krieg, nicht aber die Vorstellung einer Weltherrschaft. Die Römer hatten das weitergeführt, was sie in der frühen Republik gelernt hatten: den Krieg als Mittel der Verteilung sozialen Ansehens in der Oberschicht zu nutzen. Aber die Kriege waren größer geworden – und mit ihnen die Probleme.

Die späte Republik – Der Preis für ein Weltreich

Die regierende Nobilität ahnte früh die zerstörende Kraft der großen Möglichkeiten, die sich ehrgeizigen Aristokraten in den neuen Räumen boten. Mit einem Handelsverbot für Senatoren trat sie schon 218 v. Chr. der zunehmenden Differenzierung im Vermögen entgegen. Als sich zeigte, daß die Dimensionen der Kriege diese als Mittel zur Sicherung aristokratischer Gleichheit unbrauchbar gemacht hatten, weil die Aura eines Siegers über Hannibal oder Antiochos die Standesgenossen überstrahlte und die Tendenz zur Desintegration verstärkte, folgten weitere Maßnahmen: Gesetze gegen Wahlbestechung, die Regulierung der politischen Laufbahn (*lex Villia*, 180 v. Chr.) und gesetzliche Beschränkungen des Aufwands und des Landbesitzes sollten Homogenität und Chancengleichheit sichern. Doch die Gesetze waren nicht mehr »mächtiger als die Menschen«. Der innere Zerfall der Nobilität schritt fort.

Die Folgen der Kriege für das Bauerntum, das Reservoir der Heere, blieben vorerst unbemerkt; denn nach dem Hannibal-Krieg boten zahlreiche Bürgerkolonien und ein umfangreiches Bauprogramm genügend Siedlungs- und Arbeitsplätze. Erst um 150 v. Chr. zeigten Dienstverweigerung und der Mangel an Soldaten, daß die Bevölkerung nicht schnell genug wuchs, um die Verluste auszugleichen und zugleich den Anforderungen zu genügen, die eine weltweite Herrschaft an Heere und Besatzungen stellte. Mit steigender Belastung war die Fähigkeit der Bauern gesunken, ihre Höfe über den Tod von Familienangehörigen oder auch Mißernten hinwegzuretten. Die Nobilität erkannte zwar das agrarische Problem hinter dem militärischen und erwog schon um 140 v. Chr. ein Ansiedlungsprogramm. Da sie aber vor der Umsetzung zurückscheute, wurde das Problem auch zu einem politischen: In Zukunft sollten Acker- und Getreidegesetze ein neues Instrument im Kampf um politischen Einfluß bilden und neben das traditionelle Argument des militärischen Erfolgs treten.

Die drohende Wolke zeigte sich bald. Im Jahr 133 v. Chr. – wohl nicht zufällig mitten im sizilischen Sklavenkrieg, der wegen militärischer Probleme länger dauern sollte als der Krieg gegen Perseus – schlug der Volkstribun Tiberius Gracchus als Exponent einer Gruppe angesehener Senatoren vor, privat bewirtschaftetes Staatsland ab einer bestimmten Größe gegen Entschädigung einzuziehen und an verarmte Bauern zu verteilen. Das war sehr maßvoll gedacht, endete aber in einem Desaster. Denn der

Links: Relief vom Denkmal des Aemilius Paullus in Delphi. Dargestellt ist der Kampf zwischen Reitern und Fußsoldaten. Unter den Pferden liegen Gefallene, einer ist von einem makedonischen Rundschild bedeckt. Der vor dem Apollon-Tempel in Delphi aufgestellte Marmorblock sollte ursprünglich ein Standbild des Makedonenkönigs Perseus tragen. Nach dessen Niederlage gegen Aemilius Paullus in der Schlacht bei Pydna (168 v. Chr.) beanspruchte der Sieger das Monument für sich und ließ es mit einer Inschrift, dem Reiterschlachtfries, der als Teil des ionischen Gebälks die vier Seiten umzog, und einem Reiterstandbild versehen. Mit diesem Denkmal verherrlichte ein römischer Feldherr zum erstenmal sich selbst und seine Leistung, und dies in einem zentralen griechischen Heiligtum.
Delphi, Museum

Rechts: Statue eines gallischen Kriegers, Ende 1. Jahrhundert v. Chr. Die Ausstattung des Kriegers von Vachères mit Panzerhemd, Gürtel, Schwertgehänge, Schild und Mantel sowie dem keltischen Halsring (Torques) entspricht etwa der Bewaffnung gallischer Krieger zur Zeit Caesars. Die Eroberung Galliens durch Caesar, die von 58 bis 54 v. Chr. zügig voranschritt, stieß ab 54 auf wachsenden Widerstand und drohte 52 am Aufstand fast aller gallischen Stämme unter der Führung des Vercingetorix zu scheitern. Die Belagerung von Gergovia mußte aufgegeben werden, und erst die Schlacht bei Alesia und die Gefangennahme des Vercingetorix beendeten den Aufstand. Im nächsten Jahr (51) wurde der Gallische Krieg endgültig abgeschlossen. Nun erfolgte Caesars Rückkehr in die römische Innenpolitik.
Avignon, Musée Calvet

Oben: Das Imperium Romanum zur Zeit des Augustus.

Unten: Der von Faustus Cornelius Sulla, dem Sohn des Diktators, geprägte Silberdenar zeigt seinen Vater auf einer Art Thron. Vor ihm kniet Bocchus, der König von Mauretanien, der seinen Schwiegersohn Jugurtha (kniend hinter Sulla) ausgeliefert und damit den Jugurthinischen Krieg beendet hat. Dazu war Marius gegen den Widerstand der Nobilität vom Volk 107 zum Konsul gewählt worden. Sulla diente unter ihm als Quästor und erreichte Jugurthas Auslieferung – ein diplomatischer Erfolg, der den militärischen des Marius schmälerte.

Unten: Münzprägung aus dem Bundesgenossenkrieg (91-88). Der Silberdenar zeigt den italischen Jungstier, der die römische Wölfin niedertritt. Der oskische Name für Jungstier, VITELIU, *der auch der Bezeichnung* ITALIA *zugrunde liegt, erscheint (linksläufig geschrieben) unter diesem programmatischen Bild. Der Bundesgenossenkrieg brach aus, als im Jahr 91 v. Chr. der Senat ein bereits beschlossenes Gesetz, das den Bundesgenossen das Bürgerrecht verleihen sollte, aus formalen Gründen kassierte. Die Römer entgingen einer Niederlage gegen die straff organisierten Aufständischen nur durch die schrittweise Verleihung des Bürgerrechts.*

Unten und unten rechts: Der Silberdenar, den der spätere Caesar-Mörder Brutus als Münzmeister um 55 v. Chr. prägen ließ, weist auf eine lange Tradition des Widerstands in seiner Familie hin: Die Vorderseite trägt das »Ahnenporträt« des älteren Brutus, der an der Vertreibung der Könige beteiligt und der erste Konsul der Republik gewesen sein soll; die Rückseite zeigt das Porträt eines Vorfahren mütterlicherseits, Servilius Ahala, der mit eigener Hand den Spurius Maelius tötete (439 v. Chr.), als dieser nach dem Königtum strebte. Die Münzpropaganda richtet sich allerdings noch nicht gegen Caesar, sondern eher gegen Pompeius.

Rechte Seite: Der »Gladius des Tiberius« wurde beim Eisenbahnbau in Mainz gefunden. Auf der Scheide des Stichschwerts ist oben Tiberius dargestellt, in Jupitergestalt thronend, von Mars Ultor und der Victoria des Augustus flankiert. Der Kaiser hält einen Schild mit der Aufschrift FELICITAS TIBERI *und begrüßt einen Prinzen, Germanicus oder den jungen Drusus, der ihm seine Victoria überreicht. Die Götter des Kaisers hatten dem Prinzen in der Schlacht beigestanden. In der Mitte ein Medaillon mit dem Bild des Augustus, unten ein Fahnenheiligtum und eine Amazone als Sinnbild der barbarischen Feinde. London, British Museum*

Widerstand der Senatsmehrheit ließ Tiberius zu Mitteln greifen, die ihn zum Revolutionär machten. Als er dem drohenden Prozeß durch eine Wiederwahl als Volkstribun entgehen wollte, erschlugen ihn Senatoren unter Führung des Oberpriesters Scipio Nasica in kultisch anmutender Manier mit Stuhlbeinen und Stöcken im Straßenkampf.

Der Vorwurf, Tiberius Gracchus habe persönliche Ziele verfolgt, war nicht unbegründet; denn sein Programm hätte nur drei bis fünf Prozent mehr an Soldaten erbracht. Deshalb war das Mißtrauen um so größer, als sein Bruder Gaius als Volkstribun 123 v. Chr. die Reform wiederaufnahm und in zwei Amtsperioden zu einem Programm formte, das sich zunehmend gegen den Senat richtete: Er versprach den Bauern Land, der Plebs billiges Getreide, den Soldaten geregelte Dienstzeiten, den Latinern das römische und den Bundesgenossen das latinische Bürgerrecht, den Rittern neue Einkünfte und die Kontrolle über mißliebige senatorische Statthalter. Auch er scheiterte.

Die konservative Senatsoligarchie hatte gesiegt, aber das gefährliche Erbe der Gracchen blieb: Neben der vom Senat gesteuerten Politik der »Besten« (Optimaten) gab es nun eine zweite Methode der Politik, nämlich als »Volksleute« (Popularen) am Senat vorbei mit der Volksversammlung zu agieren. Seine Brisanz erhielt dieser Gegensatz der politischen Methode, der keineswegs ein inhaltlicher war, jedoch erst, weil etwa gleichzeitig der Wandel vom bäuerlichen Milizheer zum Proletarierheer mit Tendenz zum Berufsheer erfolgte: Marius, der ausschließlich militärisch begabte Aufsteiger, hatte das Rekrutierungsproblem gelöst, indem er auch die Ärmsten zum Militärdienst zuließ. Zwar konnte er mit diesem Heer Rom von der Angst vor Kimbern und Teutonen befreien, aber der politische Preis war hoch; denn das Heer von Habenichtsen trat in engste Beziehung zu seinem Führer und gab ihm die Möglichkeit, militärische Gewalt auch in die Innenpolitik zu tragen. Marius nutzte diese Chance noch nicht, aber seine Reform bahnte den Weg in den »Hexensabbat« von Gewalt und Bürgerkrieg, der die Geschichte der »Taten des freien Römervolks« zu einer Geschichte von ehrgeizigen Tätern werden ließ: Sulla, Pompeius, Caesar.

Sulla, der Patrizier und Optimat, beherrschte das von den Popularen geschaffene Instrument der sogenannten Heeresklientel meisterhaft. Er hatte sich im Bundesgenossenkrieg (91–88) durch Geschick und Härte einen Namen gemacht und stand nun als Konsul mit seinem Heer bei Nola, bereit zum Abmarsch gegen Mithradates VI. Der pontische König war 88 v. Chr. in die Provinz Asien eingefallen und hatte in der berüchtigten »Vesper von Ephesos« an die 80 000 Römer und Italiker ermorden lassen. Doch die Popularen in Rom wollten dem alten Marius und seinen Veteranen Krieg und Beute in Asien verschaffen. Auf diesen ungeheuren Affront antwortete

Links: Das Siegesdenkmal von La Turbie, hoch über dem Mittelmeer an der Via Iulia Augusta, die an der Küste von Italien nach Südfrankreich führte, erinnert an die Unterwerfung von 44 Alpenstämmen zwischen 26 und 14 v. Chr. Auf einem quadratischen Sockel mit der Siegesinschrift stand ein von Säulen umgebenes Rundmonument. Die Spitze des kegelförmigen Daches bekrönte eine riesige vergoldete Bronzestatue des Augustus, der als Princeps über die Alpenvölker triumphierte.

Rechts: Augustus-Mausoleum in Rom. Der gewaltige Bau wurde vom jugendlichen Herrscher um 30 v. Chr. als Symbol seiner Alleinherrschaft und der Bedeutung seiner Familie errichtet. Der Stil dieser maßlosen Selbstdarstellung widerspricht dem späteren Verhalten des Augustus. Der mit Bäumen bewachsene, in konzentrischen Ringen aufgeführte Tumulus erinnerte an Grabmonumente aus der Zeit der etruskischen Könige, aber auch an ein Siegesmonument: Auf der Spitze stand eine Kolossalstatue des Augustus.

Die Senatoren überboten sich gegenseitig in Vorschlägen für die Begehung der Leichenfeier und die Ehrung seines Andenkens . . . Aber man bewahrte Maß in den Ehrungen. Es wurden zwei Leichenreden gehalten: vor dem Tempel des unter die Götter aufgenommenen Iulius (Caesar) von Tiberius und auf der alten Rednertribüne von Drusus, dem Sohn des Tiberius. Darauf trugen ihn Senatoren auf ihren Schultern zum Marsfeld, wo er verbrannt wurde. Und es fand sich auch ein ehemaliger Prätor, der eidlich bezeugte, er habe das Bild des Verbrannten zum Himmel aufsteigen sehen. Seine Überreste sammelten die angesehensten Mitglieder des Ritterstandes, nur mit der Tunika bekleidet, ohne Gürtel und barfuß, und setzten sie im Mausoleum bei: diesen Bau hatte Augustus während seines sechsten Konsulates zwischen der Flaminischen Straße und dem Tiberufer errichten lassen und schon damals die ringsum angelegten Gärten und Spazierwege der Öffentlichkeit übergeben. Sueton, Augustus 100

Sulla – angeblich auf Wunsch seiner Soldaten – mit dem Marsch auf Rom. Er nahm es Straße für Straße ein, stellte notdürftig die Ordnung wieder her, zog in den Osten – und wurde sofort zum Staatsfeind erklärt. Noch einmal fielen Tausende im Straßenkampf, als er sich nach seiner Rückkehr 82 v. Chr. ein zweites Mal gegen Rom wandte, und Hunderte seiner Feinde starben unter den Dolchen seiner Häscher, als er sich daran machte, als Diktator den Staat im Sinne eines restaurativen Senatsregimes neu zu ordnen. Inmitten seiner Mordkomplizen und treuen Veteranen war Sulla der Staat, aber er wollte es nicht bleiben. Zur allgemeinen Überraschung zog er sich 79 v. Chr. wieder ins Privatleben zurück.

Sulla kannte das zerstörerische Potential seiner Taten und wollte mit den Reformen Karrieren wie die seine verhindern. Aber er selbst hatte den Keim des Scheiterns gelegt: Die Menge werde die aufgehende Sonne begrüßen, nicht die untergehende, hatte ihm sein Helfer Pompeius gedroht, als er dem jungen Mann einen Triumphzug verwehren wollte.

Bald häufte Pompeius Kommando auf Kommando, ohne ein reguläres Amt zu bekleiden, verschaffte sich als erstes Amt und viel zu früh das Konsulat (70 v. Chr.), reinigte drei Jahre später in neunzig Tagen das Mittelmeer von der Seeräuberplage und nutzte ein Sonderkommando gegen Mithradates (66 v. Chr.), um wie ein zweiter Alexander Asien eigenmächtig neu zu ordnen: Ein Kranz von Klientelkönigen umgab nun vom Schwarzen Meer bis nach Arabien schützend die neuen Provinzen Pontus, Syria und Cilicia. Würde Pompeius der Große als zweiter Sulla nach Rom zurückkehren?

Doch er entläßt nach der Landung sein Heer und nähert sich den Optimaten. Sie aber drängen ihn durch die Weigerung, die Veteranen anzusiedeln und die Ordnung im Osten zu akzeptieren, in ein Bündnis mit Crassus und Caesar und beschleunigen so das Ende der Republik. Denn mit der geheimen Übereinkunft, daß »nichts im Staate geschehen solle, was einem von ihnen mißfalle«, machten die »Dreiherren« (Triumvirn) den Staat zum »Selbstbedienungsladen«: Die Veteranen wählten Caesar zum Konsul (59 v. Chr.), der Konsul versorgte seine Wähler, Crassus bereicherte sich bei der Steuerpacht. Der Populare Caesar brauchte die Optimaten nicht zu fürchten; denn ein fünfjähriges Kommando in Illyrien, der Poebene und Gallien sicherte ihm die Kontrolle Italiens und den militärischen Ruhm, der ihn in Rom an die politische Spitze tragen sollte.

Pompeius suchte einen anderen Weg zum Gipfel. Er arrangierte sich mit dem Senat. Doch Caesar festigte den zerfallenden Dreibund in Lucca (56 v. Chr.) mit der Teilung der Welt: Crassus zog gegen die Parther, wo er Schlacht und Leben bei Karrhae verlor (53 v. Chr.), Caesar kehrte nach Gallien zurück, und Pompeius sollte nach Spanien gehen. Doch er blieb in Rom, wo Anarchie und

Bandenterror den »starken Mann« endlich ans Ziel seiner Wünsche brachten: 52 v. Chr. zum einzigen Konsul gewählt *(consul sine collega)*, stand er über allen und doch noch auf dem Boden der Verfassung.

Die Entscheidung stand bevor: Der Herr in Rom konnte keinen neben sich, der Sieger in Gallien keinen über sich dulden. Als klar wurde, daß Caesar am Ende seines gallischen Kommandos nicht das versprochene Konsulat, sondern einen Prozeß zu erwarten hatte, überschritt er in der Nacht zum 11. Januar 49 den Rubicon. Der Würfel war gefallen *(alea iacta est)*, aber er rollte noch lange. Caesar mußte sich nicht nur bei Pharsalos (48 v. Chr.) gegen Pompeius durchsetzen, er hatte auch den Widerstand in Spanien, Sizilien, Ägypten, Asien und Afrika zu brechen. Am Ende (46 v. Chr.) war nicht nur Rom, sondern das Reich seine persönliche Kriegsbeute.

Doch Caesar war kein Sulla. Es folgten keine Proskriptionen – die »Milde Caesars« wurde sprichwörtlich – und keine durchgreifende Neuordnung des Staates. Einzig die Reform des Kalenders war eine bemerkenswerte Neuerung. Vor allem aber zog er sich nicht wieder zurück, sondern wurde allgegenwärtig: Als Diktator auf Lebenszeit (seit 45 v. Chr.) schlug er Gesetze vor und empfahl Kandidaten. Er war oberster Gerichtsherr, oberster Staatspriester und nannte sich Imperator. Münzen trugen sein Bild, seine Statuen standen in Tempeln. Ein unterwürfiger Senat hob ihn in die Sphäre des Göttlichen und in die gefährliche Nähe des Königtums – oder war er gar schon ein Monarch?

Die Frage blieb offen. Kurz vor dem Aufbruch zum Partherkrieg fiel Caesar an den Iden des März (15. März 44 v. Chr.) den Dolchen der Verschwörer unter der Führung von Brutus und Cassius zum Opfer. Die Tat war mutig, aber naiv; denn mit dem Mord am Herrscher war die Freiheit einer morschen Republik nicht wiederherzustellen. So wurde Caesar das letzte Opfer eines Bürgerkriegs, der ihm die Macht und auch den Tod gebracht hatte, und das erste in einem neuen Kampf um die Macht, der schließlich seinen Erben Octavian bei Actium (31 v. Chr.) zum Alleinherrscher machen sollte. Dieser starb als Augustus und Princeps nach einem langen und ehrenvollen Leben. War es ihm gelungen, Herrschaft und Freiheit zu vereinen?

Die Zeit des Principats

Die Republik war zerbrochen, weil der Kampf um Ruhm und Ansehen in der Führungsschicht, der den Stadtstaat zum Weltreich gemacht hatte, in diesem zu groß gewordenen Rahmen weiterlebte. Da es aber die Struktur einer Aristokratie verbot, den Kreis der an der Macht Beteiligten auszuweiten, wuchsen die Kompetenzen und die Mittel der wenigen, die den Kampf um die Spitze im Staat wagen wollten. Seit Sulla war das Dilemma deutlich:

Links: Sardonyxcameo mit dem Bildnis des Augustus. 27 v. Chr. erhielt Augustus vom Senat »für die Rettung aller Bürger« die corona civica, *den Eichenkranz, der seit alters für die Rettung eines Mitbürgers in der Schlacht verliehen wurde. Dieses Ehrenzeichen nahm in der Folgezeit mehr und mehr den Charakter eines monarchischen Herrschaftssymbols an. Schon zehn Jahre später wurden Münzbildnisse geprägt, auf denen der Princeps die* corona civica *auf dem Haupt trägt wie ein hellenistischer König die Königsbinde. Etwa gleichzeitig entstanden auch die ersten rundplastischen Porträts mit dem Eichenkranz. Durch Hinzufügung von Gemmen und Binden wurde schließlich aus dem einfachen Kranz auch formal eine Art »Krone«. Das Juwelendiadem dieses Cameo ist eine mittelalterliche Zutat. London, British Museum*

Rechts: Augusteische Bronzestatue einer Victoria. Die Siegesgöttin hielt mit ihrer Linken einen Schild, auf den sie den kaiserlichen Sieg – ähnlich wie auf der Traianssäule – aufzeichnete. Es handelt sich um die raffiniert beziehungsvolle Umbildung einer spätklassischen Aphrodite-Statue, die sich in gleicher Pose im Schild (ihres Geliebten Mars) spiegelte. Aus Dezenz hat der Bildhauer aber den nackten Oberkörper bei seinem Werk mit einem Chiton bekleidet. Das Zitat des berühmten griechischen Meisterwerkes nobilitiert hier nicht nur die kaiserliche Victoria, es verweist auch auf Venus Victrix, die Sieghelferin der Kaiser. Brescia, Museo Civico Romano

Die Türpfosten meines Hauses wurden auf staatlichen Beschluß mit Lorbeer geschmückt, und ein Bürgerkranz wurde über meinem Tor angebracht. Ein goldener Schild wurde in der Curia Iulia aufgestellt, den mir der Senat und das römische Volk geweiht haben wegen meiner Tapferkeit *(virtus)* und Milde *(clementia)*, meiner Gerechtigkeit *(iustitia)* und Hingabe *(pietas)*, wie es die Aufschrift auf diesem Schild bezeugt...

Augustus, *Res gestae* 34

Wieviel Macht konnte man einer Person geben, um sie zum Retter des Staates, aber nicht zum Monarchen werden zu lassen?

Von der Republik der Römer zur *res publica* eines Princeps

Caesar wollte offenbar seiner Machtfülle den Anschein der Monarchie nicht nehmen. Sein Großneffe und Erbe Octavian, der spätere Augustus, aber wollte es: »In meinem sechsten und siebenten Konsulat (28/27 v. Chr.) habe ich, nach Beendigung der Bürgerkriege und mit Zustimmung aller *(consensus universorum)* im Besitz der höchsten Gewalt, den Staat aus meiner Amtsgewalt der Entscheidung des Senats und des römischen Volkes übertragen. Für dieses Verdienst bin ich durch Senatsbeschluß »Augustus« (der Erhabene) genannt worden... Seitdem überragte ich an Ansehen *(auctoritas)* alle, an Amtsgewalt *(potestas)* aber hatte ich nicht mehr als meine Kollegen im jeweiligen Amte.«
Mit diesen knappen Sätzen umschreibt der greise Augustus den militärischen Ursprung, die soziale Grundlage seiner Macht und seine Stellung im Staat. Es ist der Weg eines Revolutionärs zum Staatsmann. Als Neunzehnjähriger wollte er an der Spitze eines privaten Heeres Antonius, dem Konsul und fähigsten General Caesars, das vorenthaltene Erbe abjagen und sich die Stellung und die Ehren Caesars sichern. Achtzehn Jahre später (27 v. Chr.) war er mächtig und klug genug, um auf die Stellung seines Vaters verzichten zu können und dennoch aus der Hand von Senat und Volk die Ehren zu empfangen, die aus dem gefürchteten Kriegsherrn den Friedensherrscher, Augustus und Princeps machten.
Dazwischen lag ein blutiger Bürgerkrieg, der Octavian anfangs im Kampf gegen Antonius auf der Seite des Republikaners Cicero und des Senats sieht. Stark geworden, ertrotzt er sich das Konsulat und verbündet sich nun mit Antonius und Lepidus im Triumvirat (43 v. Chr.) gegen die republikanischen Kräfte, die den Proskriptionen zum Opfer fallen (unter ihnen auch Cicero), und gegen die Caesar-Mörder, die 42 v. Chr. bei Philippi geschlagen werden. Nun brechen die Gegensätze zwischen Octavian und Antonius wieder auf und können nur mühsam unter dem Druck der Veteranen Caesars, die beiden Herren dienen, im Vertrag von Brindisi (40 v. Chr.) verdeckt werden. Dann trennen sich die Wege: Antonius geht in den Osten, um sich – wie Caesar in Gallien – im Krieg gegen die Parther an die Spitze zu kämpfen. Er bleibt der Caesarianer, der auf militärische Stärke setzt und in der Ehe mit Kleopatra zunehmend die Züge eines hellenistischen Potentaten zeigt. Octavian bleibt im Westen und nutzt das unrömische Gehabe seines Gegners, um sich propagandistisch als Vorkämpfer römisch-republikanischer Werte zu zeigen: Er achtet streng auf die Form bei der Weiter-

führung und Beendigung seiner Macht als Triumvir, schafft sich danach (32 v. Chr.) eine neue soziale Machtgrundlage im Eid der führenden Kreise des Westens *(consensus universorum)* und erklärt dem »fatalen Monster« *(fatale monstrum)* Kleopatra den Krieg, der auch zum Kampf mit Antonius führen muß. Am 2. September 31 v. Chr. fällt die Entscheidung bei Actium.
Gestützt auf eine halbe Million Soldaten, die Gefolgschaft der gesamten Reichsbevölkerung und die Reichtümer Ägyptens, beginnt der Sieger Octavian, seine herausragende Position in die Tradition der Republik einzubauen, um sie erträglich und dauerhaft zu machen. Er entläßt mehr als die Hälfte seines Heeres und siedelt die Veteranen an, hebt fragwürdige Entscheidungen der Triumviratszeit auf, reinigt den Senat von »unwürdigen Elementen« und konstituiert die Bürgerschaft durch einen Census neu.
Der Form nach war die Republik im Jahre 27 v. Chr. wiederhergestellt, aber sein Wort, er habe seither alle an Ansehen, aber niemanden an Amtsgewalt übertroffen, war nur die halbe Wahrheit; denn hinter den Begriffen *auctoritas* und *potestas* verbarg sich das Wesen des Principats: der Unterschied von Inhalt und Form. In ihren äußeren Formen, auch der *potestas* der Beamten, lebte die Republik unverändert weiter, aber die Inhalte der Politik bestimmte die *auctoritas* des »Ersten Bürgers« Augustus. In diesem staatsrechtlich nicht faßbaren Begriff flossen Herkunft, Leistung, soziale Macht und Reichtum zu einer allgemein anerkannten Gestaltungskraft zusammen, die ihren Träger zu einer Instanz erhob, deren Kompetenz und Rat man seit alters zu achten hatte.
Die Zeitgenossen hätten deshalb die Frage, ob sie sich als Bürger einer Republik oder als Untertanen eines Monarchen fühlten, kaum verstanden. Sie lebten in einer *res publica*, einem geordneten und von Bürgerkriegen befreiten Staatswesen, und hatten das Glück, einen Princeps unter sich zu wissen, dem das Wohl des Volkes und der Provinzen, das Ansehen des Senats, Sicherheit und Frieden am Herzen lagen. Es war leicht, dem »Vater des Vaterlandes« *(pater patriae)* dankbar zu sein, weil er den Römern wieder ein »Vaterland« gegeben hatte, mit dem sie sich stolz identifizieren konnten. Zwar waren die blutigen Anfänge seiner Karriere noch keineswegs vergessen; es ließ sich auch kaum verbergen, daß der Friedensfürst seine Macht auf die Legionen in den Provinzen stützte, die ihm der Senat zu deren Befriedung überlassen hatte, und daß der Wille von Volk und Senat am Veto des Princeps scheitern konnte, weil ihm der Senat die Gewalt eines Volkstribuns übertragen hatte. Aber es war auch nicht zu übersehen, daß gerade der militärische Oberbefehl und die Gewalt des Volkstribunats die Republik von außen und innen zerstört hatten, nun aber, vereint und ausgeglichen in der Person des Augustus, ihre Brisanz verloren.

Linke Seite: Ehrenbogen und Juliermonument von Saint-Rémy (Glanum) in der Provence. Der Bogen hat mit dem Gebälk und der Attika auch seine Inschrift verloren. Die Reliefs zwischen den Säulen mit Trophäen und Gefangenen versinnbildlichen Roms Sieg über die Barbaren. In den Bogenzwickeln schweben Victorien. Das um 40 v. Chr. errichtete Grabmonument der lokalen Iulii verbindet drei verschiedene Architekturelemente: Über einem altarartigen Sockel, dessen Reliefs Kampfszenen darstellen, erhebt sich ein Ehrenbogen und über diesem ein Rundtempelchen mit den Statuen der Verstorbenen.

Oben: Der Ehrenbogen von Orange (Arausio) in der Provence. Aus den Dübellöchern für die Bronzebuchstaben auf dem Architrav der Nordseite ist eine Widmungsinschrift an Tiberius als den restitutor coloniae *ermittelt worden; sie nennt das 28. Jahr seiner Amtszeit als Tribun, was 26/27 n. Chr. entspricht. Der Bogen wurde also vermutlich aus Anlaß der Niederwerfung des Gallieraufstandes im Jahr 21 errichtet. Auf dem Fries sind Kämpfe zwischen Römern und Galliern dargestellt, in den übrigen Reliefs Reiterkämpfe, Waffen, Ausrüstungen aller Art für den Land- und Seekrieg, Trophäen und Gefangene. Im Bereich der Giebel über dem mittleren Durchgang waren ursprünglich auch noch Bronzereliefs appliziert.*

Folgende Doppelseite: Bühne des Theaters von Mérida (Augusta Emerita) in Spanien. Das Theater wurde unter Augustus errichtet, die Bühne stammt aus der Zeit Hadrians. Augusta Emerita war eine der zahlreichen Kolonien, die Augustus im gesamten Reich, vor allem aber im Westen, für seine Veteranen gründen ließ. Nach seiner eigenen Aussage im Tatenbericht (Res gestae) *siedelte er an die 300 000 Soldaten an. Dies war eine beachtenswerte Leistung, da es bisher keinem Feldherrn gelungen war, seine Veteranen dauerhaft seßhaft zu machen. Die Bewohner der im Westen des Reiches gegründeten Kolonien stellten in den nächsten 200 Jahren den Großteil der Legionäre und vor allem des Offizierskorps.*

Als Augustus mit sechsundsiebzig Jahren die Weltbühne mit der Frage verließ, ob er seine Rolle gut gespielt habe, hinterließ er den Römern ein Reich, dessen Grenzen er wie kein anderer vor oder nach ihm vorgeschoben und an natürlichen Hindernissen gesichert hatte, eine stabile Verwaltung – und einen Nachfolger, der sein Mitherrscher gewesen war und ihm als Princeps folgen sollte: Tiberius.

Mit der Suche nach einem Nachfolger hatte Augustus freilich die »Geschäftsgrundlage« des Jahres 27 v. Chr. verlassen; denn Senat und Volk hatten ihn zum »Augustus« und Princeps gemacht, um seine persönliche Leistung als Retter des Staates zu honorieren. Beides war nicht dafür gedacht, durch Adoption oder Erbschaft an andere zu gelangen. An seinem Recht, die Privilegien und Kompetenzen eines Princeps zu vergeben, hielt der Senat fest, auch wenn er sie in der Regel lediglich dem vom Vorgänger designierten oder von den Soldaten gekürten Nachfolger »nachliefern« durfte. Diese bleibende »persönliche Note« des Principats verhinderte auch die Entwicklung zu einer Erbmonarchie und ließ den Principat zu einem Kaleidoskop von menschlichen Tugenden und Lastern, von strenger Pflichterfüllung und Cäsarenwahn werden: Der Principat war immer auch das, was der einzelne Princeps aus ihm machte.

Mit der Wahl eines Nachfolgers aus der eigenen Familie hatte Augustus aber auch ein Element der Stabilität und

Kontinuität hinterlassen: den dynastischen Gedanken. Er wurde von Heer und Volk nicht nur akzeptiert, sondern sogar begrüßt, weil die Bürger als Klienten seit jeher und die Soldaten seit Marius gewohnt waren, der Familie des Patrons die Treue zu halten. Octavian selbst verdankte seine Macht letztlich »seinem Namen«, das heißt der Adoption, wie ihm Antonius süffisant vorgehalten hatte. Die Geschichte des Principats ist die Geschichte von Dynastien und chaotischer Intermezzi. Denn mit einer Dynastie erlosch der vertraute Brennpunkt der Ergebenheit und Treue des Heeres, bis sich – meist gewalttätig – ein neuer fand. Selbst in den Wirren des 3. Jahrhunderts fehlte es nicht an Versuchen, Dynastien zu bilden, um die Lage zu stabilisieren.

Die Julisch-Claudische Dynastie – Eine Familie macht bankrott

Tiberius (14–37) trug als erster Nachfolger des Augustus nicht leicht an seinem Erbe. Sein etwas schroffes Wesen gab zu Mißverständnissen Anlaß und ließ das »Goldene Zeitalter« des Augustus in noch hellerem Licht erscheinen. Doch Tiberius nahm seine Pflichten ernst und kümmerte sich vorbildlich um das Reich und seine Provinzen, die er von manch korruptem Statthalter befreite. Dennoch gewann er keine Zuneigung in Rom: Als er sich an das Grenzkonzept des Augustus hielt und die endlosen Germanenkriege des Germanicus (14–16) beendete, unterstellte man ihm Neid und traute ihm gar einen Mordbefehl zu, als Germanicus 19 im Osten starb. Sein Versuch, dem Senat wieder mehr Kompetenzen zu geben, verunsicherte die Senatoren und brachte ihm den Vorwurf der Bösartigkeit ein. Als er sich aber 27 für immer nach Capri zurückzog, fühlten sich Senatoren und Volk nicht erleichtert, sondern düpiert. In Rom versuchte inzwischen der intrigante Prätorianerpräfekt Seian, sich mit allen Mitteln in die Position eines Nachfolgers zu bringen. Erst spät griff Tiberius ein. Als er 37 verhaßt und verkannt in Misenum starb, wünschte die Plebs den »Tiberius in den Tiber«. Der Senat erhob ihn nicht wie seinen Vorgänger zu den Göttern, weil er seine Unterwürfigkeit nicht honoriert hatte.

Der fünfundzwanzigjährige Gaius (37–41), bekannt als Caligula (»Soldatenstiefelchen«), ließ als Sohn des beliebten Germanicus auf ein gutes Verhältnis zwischen Princeps, Volk und Senat hoffen. Aber einem vielversprechenden Anfang folgte nach einer schweren Krankheit ein mörderischer Machtrausch, der in der Forderung nach göttlichen Ehren gipfelte. Schließlich ließ ihn der Präfekt der Prätorianer, der selbst um sein Leben fürchtete, ermorden.

Caligula hatte den Principat als Herrschaft des »Ersten Bürgers« vollkommen diskreditiert. Dennoch blieb die Diskussion im Senat über eine Rückkehr zur Republik anachronistisches Gerede, weil die Soldaten nicht auf einen Imperator verzichten wollten. So wurde Caligulas Onkel Claudius von den Prätorianern zum Nachfolger bestimmt (41–54). Der gelehrte Sonderling, den die gehässige Feder Senecas als stotterndes Scheusal karikierte, erwies sich als energischer und zielbewußter Prin-

Linke Seite: Beuterelief am Titusbogen auf dem Forum Romanum. Dargestellt ist ein Ausschnitt des Triumphzugs des Titus nach dem Sieg über die Juden im Jahr 70. Mit der Eroberung Jerusalems und der Zerstörung des Tempels wurde den Juden ihre politische und religiöse Mitte genommen. Das Relief zeigt die erbeuteten Tempelgeräte: vor dem Tor den goldenen Schaubrottisch und zwei Posaunen, links von der Mitte den goldenen siebenarmigen Leuchter (Menorah), weiter links eine Tafel, auf der das »Gesetz«, die Thora, angekündigt wurde. Mit diesem Triumph war der Jüdische Krieg noch nicht zu Ende, denn bis 73 hielten sich einzelne Gruppen in der Bergfestung Masada.

Oben: Traian bei der Verteilung der Alimenta. Relief am Traiansbogen in Benevent. Traian baute das von Nerva begründete System der Unterstützung bedürftiger Eltern weiter aus, um den Rückgang der Bevölkerung zu verhindern. Zu diesem Zweck wurden reiche Bürger angeregt, staatliche Kredite aufzunehmen und die Zinsen an die italischen Städte zu bezahlen, die sie wiederum in Geld oder Naturalien an arme kinderreiche Familien verteilten. Das Relief zeigt den Kaiser inmitten seines Gefolges bei der Verteilung von Brot. Die vier Frauen mit Mauerkronen symbolisieren die Städte, in deren Händen die Organisation des Zinseneinzugs und die Verteilung lag.

ceps. Er schuf eine straffe Ressortstruktur der Verwaltung mit fünf zentralen Büros unter der Leitung seiner Freigelassenen und ging systematisch an die Konsolidierung des Reiches und die Integration der Provinzen. Klientelkönigtümer wurden fest eingegliedert, er selbst leitete die Eroberung Britanniens und förderte die Aufnahme von Provinzialen in den Senat. Auch Italien profitierte von seiner Verwaltungsreform und dem Bau von Straßen, Häfen (Ostia) und Wasserleitungen. Doch dieser weitschauende Organisator, der mit der Versachlichung der Herrschaft das Reich über unfähige Herrscher hinwegretten half, wurde das Opfer seiner Frauen: Messalina betrog ihn vor aller Augen, Agrippina vergiftete ihn, um ihrem Sohn Nero endlich den Weg zum Thron freizumachen.

Nero (54–68), auf Betreiben der Agrippina von Claudius adoptiert und zum Nachfolger designiert, hatte eine glänzende Erziehung genossen und legte anfangs großen Wert auf den Rat des Prätorianerpräfekten Burrus und des stoischen Philosophen Seneca. Doch nach fünf guten Jahren kam die böse Wende: Zynisch brachte er seinen Lehrer Seneca, zahlreiche Senatoren, seine Frau, seine Geliebte und seine Mutter zu Tode. Das Gerücht hielt sich hartnäckig, er habe Rom niedergebrannt (64), um Raum für seinen Palast zu schaffen, und die Christen grausam verfolgt, um die Schuld auf sie zu lenken. Seine fast pathologische Griechenverehrung und sein Größenwahn als Sänger und Dichter führten zur Verschwörung des Senators Piso (65). Sie mißlang.

Der Anstoß zu seinem Sturz kam von außen: Sein völliges Desinteresse am Schicksal des Reiches raubte ihm die Loyalität der Armeen, obgleich fähige Generäle Unruhen niederschlagen und das Reich sichern konnten. Als aber die Soldaten in Gallien und Spanien ihre Generäle als Kaiser wünschten und die Prätorianer ihn verließen, beging Nero Selbstmord. »Welch ein Künstler stirbt mit mir!« waren seine verständnislosen letzten Worte.

Das »Vierkaiserjahr« – Kriege machen Kaiser

Mit dem »Künstler« hatte das Reich auch eine Dynastie verloren. An eine Rückkehr zur Republik dachte nun auch der Senat nicht mehr. Die Suche nach einem neuen Prin-

ceps nahmen ihm die mächtigen Grenzheere ab, und es zeigte sich, »daß auch außerhalb Roms Kaiser gemacht werden konnten« (Tacitus). Fast alle Legionen versuchten, ihre Generäle auf den Thron zu heben, verließen ihre Stellungen und trugen den Krieg nach Italien. Spanische und gallische Truppen standen hinter Galba, der sich jedoch bei den Prätorianern unbeliebt machte. Sie erschlugen ihn und setzten ihren Präfekten Otho an seine Stelle. Inzwischen präsentierte auch die Rheinarmee ihren Kandidaten Vitellius, der Otho aus dem Feld schlug. Entscheidend wurde jedoch die Wahl Vespasians durch die Ostlegionen, denen sich die Donaulegionen anschlossen. Nach der Niederlage des Vitellius bei Bedriacum blieb dem Senat nur die Bestätigung Vespasians als neuer Princeps, denn hinter ihm stand der größte Teil des Heeres.

Die Flavier – Aufstieg und Niedergang einer Dynastie

Flavius Vespasianus (69–79) entstammte nicht altrömischem Adel, sondern einer Familie aus dem sabinischen Reate. Mehr als Augustus brauchte er deshalb den Konsens aller und die ständige Bestätigung der Sonderstellung seiner Familie. Deshalb war ein »Bestallungsgesetz«

Links, rechts und folgende Doppelseite: Der Ausschnitt aus dem Modell des antiken Rom im Museo della Civiltà Romana (rechts) zeigt die Kaiserforen: vorn das Forum Traians, südlich anschließend das des Augustus und westlich davon, zum Forum Romanum hin, das Caesars; weiter nach Süden dann die Foren Nervas und Vespasians, die Basilica Nova, der Venus- und Roma-Tempel und das Kolosseum. Die bauliche Entwicklung der Foren zwischen Caesar und Traian spiegelt das Selbstverständnis der Erbauer. Caesar führte mit dem axial auf einen Tempel ausgerichteten, von Säulen umstandenen Forum einen hellenistischen Typ der Platzgestaltung ein und schuf damit zugleich ein Instrument der Selbstdarstellung der Familie der Julier, indem er den Tempel der Venus Genetrix, der Stammutter der Julier, und seine eigene Reiterstatue in den Mittelpunkt stellte. Im Forum des Augustus wird zwar der Bautypus aufgenommen, doch tritt der Princeps als Person stark zurück, er bindet sich und seine Familie in die republikanische Tradition ein, indem er den Vorfahren der Julier eine Galerie der verdientesten Männer der Republik (summi viri) *gegenüberstellt. Traian bricht mit diesen Traditionen. Die bildliche Ausstattung des riesigen Forums überschüttet den Besucher geradezu mit den Zeugnissen der militärischen Leistung Traians in den Dakerkriegen. Im Grundriß ist das Bauschema eines Heerlagers nachgeahmt: Die querliegende Basilica Ulpia und der Forumsplatz entsprechen der Gestaltung der* principia, *des Hauptplatzes im Lager, die Gebäude hinter der Basilica dem Fahnenheiligtum und den Heeresarchiven. Traian hat mit dieser Anlage nicht nur ein Heerlager mitten in die Stadt Rom gestellt, sondern mit der Planung seines Grabes im Sockel der Traianssäule (links) und eines Tempels für seine Person auch die Entscheidung des Senats über Begräbnis und Vergöttlichung selbstherrlich vorweggenommen. Die Säule wurde gekrönt von einer Ehrenstatue des Kaisers (seit 1588 von einer Petrusstatue), und ihr spiralförmiger Relieffries gab einen Tatenbericht des Kaisers in den beiden Dakerkriegen. Zudem markierte die Höhe der Säule die Höhe des Geländesattels, der abgetragen werden mußte, um die Fläche für das Forum zu gewinnen. Die nach hinten schwingende Form der Traiansmärkte (folgende Doppelseite) sollte – ähnlich wie eine Staumauer den Wasserdruck – den Erddruck des Hügels abfangen.*

Links: Das in Ephesos gefundene Relief stellt die Adoption des Antoninus Pius durch Hadrian dar. Rechts steht Hadrian (Gesicht zerstört), links Antoninus Pius, der seinen linken Arm um die Schultern eines Knaben legt und links von einem jungen Mann flankiert wird. Der junge Mann ist Marc Aurel, der Knabe Lucius Verus, die beide auf Verlangen Hadrians von Antoninus Pius adoptiert werden mußten und nach dessen Tod ab 161 gemeinsam herrschten (Lucius Verus starb 169). Mit diesen Adoptionen hatte Hadrian die Nachfolge für weitere 42 Jahre gesichert. Wien, Kunsthistorisches Museum

Rechts: Inselvilla (»Teatro Marìttimo«) und Turmbelvedere der Villa Hadriana in Tivoli. In dieser überdimensionalen Villenanlage, die zugleich kaiserliche Residenz war, trug Kaiser Hadrian Erinnerungen an seine Reisen zusammen. Er schuf, großenteils nach eigenen Entwürfen, mit phantasievoll gestalteten Gebäuden und Landschaften nach römischen, griechischen und ägyptischen Vorbildern eine Art von »Weltausstellung«, in der sich die Einheit des Reichs in ästhetisch vollkommener Form spiegeln sollte.

Hüte dich, daß du nicht ein tyrannischer Kaiser wirst! Nimm einen solchen Anstrich nicht an, denn es geschieht so leicht. Erhalte dich also einfach, gut, lauter, ernsthaft, prunklos, gerechtigkeitsliebend, gottesfürchtig, wohlwollend, liebreich und standhaft in Erfüllung deiner Pflichten. Ringe danach, daß du der Mann bleibest, zu dem dich die Philosophie bilden wollte. Ehre die Götter, fördere das Heil der Menschen! Kurz ist das Leben, und es gibt nur eine Frucht des irdischen Daseins: eine unsträfliche Gesinnung und gemeinnützige Werke. Sei in allem ein Schüler Antonins, so beharrlich wie er im Gehorsam gegen die Gebote der Vernunft, so gleichmütig in allen Stücken, so unsträflich und so heiter in deiner Miene, so freundlich und frei von eitler Ruhmbegierde, so eifrig bemüht um die Erkenntnis der Dinge! Wie ließ er doch nirgends etwas an sich vorübergehen, ohne es zuvor recht genau betrachtet und reiflich erwogen zu haben! Und wie geduldig ertrug er seine ungerechten Tadler, ohne sie wieder zu tadeln! Wie übereilte er nichts, wie gab er keiner Verleumdung Gehör, und wie sorgfältig beobachtete er seine Sinnesart und seine Handlungen! Wie fern war er von Schmähsucht, Ängstlichkeit, argwöhnischem und klügelndem Wesen!...

Marc Aurel, Selbstbetrachtungen 6, 30

(lex de imperio), das sämtliche Vollmachten des Princeps aufzählt, für Vespasian ebenso wichtig wie die häufige Bekleidung höchster Staatsämter – vor allem des Konsulats – durch ihn und seine Söhne. Und wie Augustus muß er sich seiner Stellung würdig erweisen, indem er nach den Wirren des Bürgerkriegs wieder den Frieden in Rom und im Reich herstellt. Beides gelang ihm: An der Donau konnten die Sarmaten zurückgeworfen werden, am Rhein wurde der Bataveraufstand des Civilis beendet. Im selben Jahr (70) setzte Titus, der Sohn Vespasians, dem seit 66 tobenden Jüdischen Krieg ein Ende. Die Sanierung der zerrütteten Finanzen und Sparsamkeit erlaubten es, eine rege Bautätigkeit zu entfalten und Volk und Soldaten durch Spenden bei Laune zu halten. Der Senat wurde von Kreaturen Neros befreit, mit Respekt behandelt und allmählich zum repräsentativen Gremium aller Reichseinwohner, in dem auch östliche, vor allem griechische Senatoren ihren Platz fanden.

Titus festigte in seiner kurzen Regierungszeit (79–81) das Ansehen der Dynastie weiter, denn er erwies sich als guter Herrscher in schlechter Zeit: Seine großzügige Hilfe für die Bewohner der vom Vesuv zerstörten Städte Pompeji und Herculaneum (79) und für die Bürger Roms, das mit dem Kapitol niedergebrannt war (80), machten ihn zum »Liebling und Entzücken des Menschengeschlechts«. Von ganz anderer Art war sein Bruder und Nachfolger Domitian (81–96). Da er ständig im Schatten seines Vaters und Bruders gestanden hatte, stellte er seine Person nun besonders ins Licht. Mehr als seine Vorgänger achtete er unter hohem persönlichen Einsatz auf eine effiziente Reichsverwaltung und engagierte sich erfolgreich am Rhein gegen die Chatten und an der Donau gegen die Daker, Markomannen und Quaden. Britannien wurde bis weit in den Norden durch den Feldherrn Agricola unterworfen. Während Domitian deshalb in den Provinzen als fähiger Herrscher galt, wurde er in Rom vom Senat ebenso gehaßt, wie er den Senat verachtete und demütigte. Mit seiner Forderung, als »Herr und Gott« *(dominus et deus)* angeredet zu werden, überspannte er den Bogen und wurde nach vielen mißglückten Verschwörungen von der Palastwache mit Billigung seiner Frau und des Prätorianerpräfekten ermordet.

Die Zeit der Adoptivkaiser – Humanität und Autokratie

Wieder hatte eine Dynastie ein abruptes Ende genommen, aber kein Bürgerkrieg folgte. Die Verschwörer einigten sich schnell auf Nerva (96–98), einen betagten Senator, als Princeps. Als seine Bemühungen um Rechtssicherheit und sparsame Hofhaltung an den Prätorianern, die Domitian nachtrauerten, zu scheitern drohten, adoptierte er den beliebten General der Rheinarmee, Marcus Ulpius Traianus, und stellte ihn als zukünftigen Princeps vor.

Mit der Adoption Traians begründete Nerva eine neue Epoche des Principats, das Adoptivkaisertum (98–192). Diese Phase, etwas ungenau »Zeit der Antoninen« genannt, gilt als eine Epoche, in der humanes Herrschertum und senatorische Würde das Reich auf einen Höhepunkt führten. Traian prägte diesen Eindruck entscheidend durch den respektvollen Umgang mit dem Senat, die Sorge um Rom wie Reichsbevölkerung und seine militärischen Erfolge. Sein offizieller Titel Optimus (»Der Beste«) trug dazu bei, im Adoptivkaisertum das Prinzip der Wahl des jeweils Besten verwirklicht zu sehen. In Wahrheit war Traian der einzige unter den Antoninen, der zu seinem Vorgänger in keiner verwandtschaftlichen Beziehung stand. Traian konnte auch deshalb großzügig auf die Wünsche des Senats eingehen, weil ihm die Unterstützung des Heeres sicher war: Unter seiner Führung erreichte das Imperium seine größte Ausdehnung. In zwei Kriegen (101–106) eroberte er Dakien (Siebenbürgen) und dessen Goldminen. Im Osten fiel er nach umfangreichen Vorbereitungen in Parthien ein und überrannte es (115/116) bis zum Persischen Golf. Doch konnte er die neuen Provinzen nicht sichern, weil ihn ein gefährlicher Aufstand der Juden zurückrief. Bevor er wieder gegen die Parther ziehen konnte, erkrankte er und starb in Selinus.

Unter Traian, der aus der Provinz Spanien kam, setzte sich die Integration der Reichsaristokratie auf höchster Ebene fort. Seine Person verminderte das Gefälle zwischen Zentrum und Peripherie ebenso wie seine unermüdliche Sorge für alle Teile des Reiches. Doch mit der wachsenden Dichte der kaiserlichen Eingriffe verstärkte sich auch

der Prozeß der »Entmündigung« der städtischen Selbstverwaltungen. Die Konzentration der Planungs- und Regelungskompetenz beim Princeps und seinen Büros mußte zwangsläufig zur Autokratisierung des Principats führen, einer Entwicklung, die sein Nachfolger Hadrian noch beschleunigen sollte.

Hadrian (117–138), wie Traian ein Spanier und mit dessen Nichte verheiratet, hatte von Anfang an mit einem mißtrauischen Senat zu tun: Seine Adoption durch Traian blieb zweifelhaft und der Verdacht, den Tod hoher Militärs aus der engsten Umgebung Traians befohlen zu haben, lag nahe, da der neue Princeps radikal mit der aggressiven Politik seines Vorgängers brach. Er gab die Gewinne im Osten und beinahe auch Dakien auf und verzichtete auf expansive Pläne. Sein Anliegen war die innere Organisation des Reiches, das er wie Augustus am besten durch Flüsse und notfalls durch Wälle geschützt wissen wollte: In Nordengland entstand der Hadrianswall, in Germanien der Limes von Mainz bis Regensburg. Das Heer blieb in Grenznähe stationiert und wurde durch Manöver, zuweilen im Beisein des Kaisers, gefechtsfähig gehalten.

Sein Ziel, die Vielfalt des Reiches zu einer Einheit in Eintracht zu machen, ließ ihn zum »Reisekaiser« werden, der die Hälfte seiner Regierungszeit in den Provinzen zubrachte. Überall organisierte, half und gestaltete er. Sein rastloses Wirken schlug sich in einer durchstrukturierten zentralen Verwaltung in Rom nieder, die zwar allen Reichsbewohnern die gleiche Behandlung sicherte, deren zweifelhafte Folgen aber erst später deutlich werden sollten: Die rechtlich und prozedural angestrebte Gleichbehandlung aller Reichsbewohner schwächte die Sonderstellung Italiens und des römischen Bürgerrechts. Die zunehmende Verwendung von Rittern als Ressortchefs im kaiserlichen Kabinett *(consilium principis)* und in militärischen Positionen verminderte die Gestaltungsmöglichkeiten der Senatoren. Ohne Zweifel bereiteten Nivellierung und Konzentration den Weg des Bürgers zum Untertan, den Abstieg des Senats zum bloßen Honoratiorengremium und den Schritt vom kooperativen Princeps zum autokratischen Dominus vor.

Die Regierungszeit des Antoninus Pius (138–161), die längste seit Augustus, baut auf den Leistungen seiner Vorgänger auf und zeigt das römische Imperium in voller Blüte: »Wie an einem Festtag hat der ganze Erdkreis sein altes Gewand, das Eisen, abgelegt, sich festlichem Schmuck und allem, was das Leben froh macht, nach Lust und Belieben zugewandt... Überall Gymnasien, Springbrunnen, Hallen, Tempel, Werkstätten, Schulen... man kann nur die bemitleiden, die außerhalb eures Reiches stehen... An Kriege glaubt man nicht mehr. Und wenn auch einmal Kämpfe an den Grenzen des Reiches stattfinden ... dann gehen sie wie Mythen schnell vorüber.« So schmeichelte damals Aelius Aristides dem

Leptis Magna, eine punische Gründung des 5. Jahrhunderts v. Chr., wurde von ihrem größten Sohn, Septimius Severus, in besonderer Weise gefördert und erweitert. Das letzte der Kaiserforen entstand daher nicht in Rom, sondern in der Geburtsstadt dieses Kaisers in Afrika. Neben dem Forum (links) mit einem Tempel für das Geschlecht der Severer ließ er eine große Basilika (oben) und eine breite Kolonnadenstraße vom ebenfalls erneuerten Hafen am Forum entlang zu den Bädern des Hadrian erbauen.

Selbstgefühl der Oberschicht. Kein Wort von der Armut oder der Not der Bauern; kein Wort von der rechtlich fixierten Teilung in »Obere« *(honestiores)* und »Untere« *(humiliores)*. Vor allem aber gingen die Unruhen in Afrika und Ägypten, im Osten und an der Donau nicht »wie Mythen schnell vorüber«, sondern verstärkten sich. So überließ Antoninus seinem Adoptivsohn Marc Aurel ein schweres außenpolitisches Erbe.

Marc Aurel (161–180), als »Philosoph auf dem Thron« einer strengen stoischen Pflichtethik unterworfen, sollte den größten Anteil seiner Regierungszeit im Feld verbringen müssen – mehr als jeder seiner Vorgänger: Im Osten drängten die Parther über die Grenzen, im Westen wichen Markomannen und Quaden dem Druck der einsetzenden Völkerwanderung und gelangten bis vor Aquileia. Zu allem Unglück schleppten die siegreich aus dem Osten zurückkehrenden Heere die Pest mit sich. Als Marc Aurel 180 in der Nähe Wiens starb, hatte sich die Situation zwar entspannt, aber das Heer war durch die Pest geschwächt, die Staatskasse leer und der Druck auf die Grenzen nicht geringer geworden. Das schwerste Erbe hinterließ er dem Reich jedoch mit seinem Sohn.

Der neunzehnjährige Commodus (180–192) führte die Pläne seines Vaters zur Sicherung der Donaugrenze nicht weiter, sondern erwies sich als grausamer Potentat, der sich als Gladiator in der Arena zujubeln und als »Hercules Romanus« feiern ließ. Seine engsten Vertrauten setzten schließlich dem wachsenden Terror ein Ende. Auch diese Dynastie endete mit Mord und Bürgerkrieg.

Die Dynastie der Severer – Der leere Schein des Principats

Hatten sich bisher die meisten Herrscher darum bemüht, den Senat als Partner zu respektieren und die wahre Grundlage ihrer Macht, das Heer, nicht allzu deutlich werden zu lassen, so kehrte sich dies unter den Severern um. Septimius Severus, ein romanisierter Afrikaner und mit einer Syrerin verheiratet, war kein Freund Roms, Italiens und des Senats. Von den Donaulegionen zum Imperator ausgerufen und zum Sieger über seine Konkurrenten im Osten und in Britannien gemacht, erhielt er sich die Loyalität des Heeres durch Erfolge gegen die Parther (197–202) und in Britannien (208–211) sowie durch Privilegien und Geschenke. Er machte das Heer zur Pflanzstätte der kaiserlichen Funktionärselite: Ein einfacher

Links: Das in Ägypten gefundene Tafelbild zeigt Septimius Severus mit seiner Frau Iulia Domna und den Söhnen Caracalla und Geta im Alter von zwölf beziehungsweise zehn Jahren. Caracalla war zu dieser Zeit bereits zum Augustus, Geta zum Caesar erhoben worden. Etwa zehn Monate nach dem Tod des Vaters (211) wurde Geta in den Armen seiner Mutter von Caracalla ermordet und jedes Andenken an ihn verboten und ausgelöscht (damnatio memoriae). *Deshalb mußte das Gesicht des Geta auch auf diesem Bild entfernt werden.*
Berlin, Antikenmuseum

Rechts: Marmorbüste des Kaisers Septimius Severus. Um die gewaltsam erworbene Stellung zu legitimieren, wünschte Septimius Severus als Erbe der Antoninen und »Sohn« des Marc Aurel bezeichnet zu werden und gab sich auch als solcher zu erkennen: Er trug den Lockenkopf und Philosophenbart des weisen Monarchen. Aber der triebhaft sentimentale und lauernde Ausdruck bekundet den Verlust der Kaiserwürde der Antoninenzeit. Die pathetisch schräg himmelwärts gerichteten Augen sind nicht die des stoischen Philosophenkaisers, sondern der Ausdruck eines in Aberglauben verstrickten Machtmenschen.
München, Glyptothek

Soldat konnte nun den Rang eines Ritters erreichen und in höchste militärische und zivile Positionen gelangen. Der mit Afrikanern und Syrern aufgefüllte Senat wurde zur Staffage einer Militärmonarchie, die brutal die Entwicklung seit Hadrian zu Ende führte: Italien wurde als Provinz behandelt, der Ritterstand zur herrschenden Schicht, das Bürgerrecht durch Caracalla 212 auf alle Reichsbewohner ausgedehnt und damit wertlos.
Der gewalttätige Sohn des Septimius, Caracalla (211–217), und die beiden jugendlichen Großneffen Elagabal (218–222) und Severus Alexander (222–235), die beide unter der Kuratel kluger und mächtiger Frauen standen, profitierten von der Treue des Militärs, der Verwaltung und fähiger syrischer Juristen wie Ulpian. Doch keiner erreichte das Format des Dynastiegründers. Sie endeten unter den Hieben ihrer Soldaten, die sich nicht mit größenwahnsinnigen und kapriziösen, aber unfähigen Führern abfinden wollten. In ihrem Schicksal spiegelte sich schon ein Zug der folgenden Epoche: der Wunsch der Legionen, einen fähigen Kaiser an ihrer Seite zu haben, und der rücksichtslose Mord am selbstgewählten Imperator, wenn der erwartete militärische Erfolg ausblieb.

Das Reich in der Krise – Vom Principat zum Dominat

Zwischen dem letzten Severer (235) und der Regierung Diocletians (ab 284) geriet das Reich in eine Krise, die ihren äußeren Ausdruck im häufigen Kaiserwechsel fand: Insgesamt zwei Dutzend Kaiser und fast doppelt so viele Usurpatoren betraten in diesen fünfzig Jahren die Bühne. Dahinter stand jedoch nicht die Willkür einer zügellosen Soldateska, sondern der rapide steigende Druck auf die Grenzen: Im Osten war seit 226 die Dynastie der Sassaniden im Neuperserreich dabei, ihren Anspruch auf die Weltherrschaft durchzusetzen, im Süden drängten Berberstämme ins Reich, im Westen die schlagkräftigen germanischen Stammesbünde der Franken und Alemannen, an der Donau und im Schwarzmeerraum Quaden und Goten. Der Druck auf die Grenzheere wurde stärker, die Lage schwieriger, die Anwesenheit des Kaisers immer wichtiger. Doch er konnte nicht überall sein, und so umgaben die Soldaten ihre Führer mit der Aura des Kaisertums – und schwächten damit die Verteidigungskraft des Reiches. Denn hinter der Front nach außen entstand nun eine innere Front der Bürgerkriege

zwischen den vom Senat bestätigten Kaisern und den Usurpatoren. Zugleich wuchsen Steuer- und Leistungsdruck auf die Bevölkerung, da die Loyalität der Soldaten zunehmend mit riesigen Summen erkauft werden mußte. Als die Bevölkerung vor den Steuern floh, vermehrte die Verwaltung ihr Personal, was die Kosten abermals steigerte, und prägte schließlich minderwertige Münzen. Nun holten sich die Soldaten Lohn und Brot mit Gewalt von den Bauern. Die Lage wurde verzweifelt, als um 250 die Pest auftrat und fast zwanzig Jahre im Heer und unter der Bevölkerung wütete. In dieser Zeit zerfiel das Reich: Im Westen regierte seit 259 Postumus ein gallisches Sonderreich, im Osten umfaßte das Reich der Zenobia von Palmyra neben Arabien auch Mesopotamien, Syrien und Ägypten. Aber gerade der Zerfall rettete das Reich, weil die Teilreiche ihre Grenzen selbst verteidigten und damit der Zentralmacht die Konzentration auf die Donaulinie und die Verteidigung Italiens ermöglichten. Als Aurelian (270–275) nach dem Abklingen der Pest als *restitutor orbis* die Reichsteile wieder zusammenfügte, war das Schlimmste überstanden. Wenn er aber die Idee der alles überstrahlenden Zentralmacht betonte und sich deshalb unter den persönlichen Schutz der »Unbesiegten Sonne« *(Sol invictus)* stellte, tat er zwar einen bedeutenden Schritt zum sakral überhöhten Kaisertum der Spätantike, zog aber nicht die richtigen politischen Lehren aus dem Desaster der Krise. Erst Diocletian genügte mit dem Konzept einer »Paralleldynastie« von vier gleichzeitig amtierenden Herrschern sowohl den Erfordernissen einer effizienten Reichsverteidigung und -verwaltung als auch den Bedürfnissen der Soldaten, die in der Nähe eines Kaisers kämpfen und leben wollten.

Die Spätantike

Die Reformen Diocletians

Am 20. November 284 wurde der aus Dalmatien stammende Diocletian zum Kaiser erhoben. In den ersten eineinhalb Jahrzehnten seiner Regierung sah er sich überall im Reich mit Aufständen, Usurpationen, Einfällen von Feinden konfrontiert. Solche Ereignisse hatten in den vergangenen Jahrzehnten immer wieder zu schnellen Kaiserwechseln geführt. Diocletian ernannte deshalb zunächst einen ranggleichen Mitkaiser (Augustus), wenige Jahre später kamen noch zwei im Rang niedrigere Kaiser (Caesares) dazu. Diesem System der Tetrarchie (»Viererherrschaft«) gelang es, der Aufstände im Reich Herr zu werden und die Grenzen zu stabilisieren. Die Grenzsicherung wurde ausgebaut, die Zahl der Truppenkörper beträchtlich erhöht.

Um die hohen Kosten für diese Maßnahmen gerecht zu verteilen, führte Diocletian eine Steuerreform durch: Jeder Haushalt im Reich wurde nach Personen, Land,

Oben: Triumphrelief Shapurs I. (241-272) in Bishapur. Das Felsrelief zeigt den »König der Könige« zu Pferde mit drei römischen Kaisern: Unter dem Pferd liegt Gordian III. (238-244), der während des Krieges gegen Shapur von seinen eigenen Soldaten getötet wurde. Vor Shapur kniet Philippus Arabs (244-249), der Araberscheich, auf dem römischen Kaiserthron, der sich sofort nach seinem Regierungsantritt mit hohen Summen den Frieden von Shapur erkaufte, um sich auf die Sicherung der Donaugrenze konzentrieren zu können. Hinter Shapur steht, am Handgelenk festgehalten, der gefangene Valerian (253-260), der als einziger römischer Kaiser in Gefangenschaft geriet.

Links: Abschnitt der Aurelianischen Mauer. Der wachsende Druck auf die Nordgrenzen machte im Laufe des 3. Jahrhunderts klar, daß das schwach befestigte Rom einem Angriff nicht standhalten könne. Aurelian (270-275) entschloß sich daher, die Stadt durch eine 19 km lange Mauer zu sichern, bevor er sich wieder an die Grenzen des Reiches begab. In den 271 begonnenen Mauerring wurden zahlreiche bestehende Bauten einbezogen, um Zeit und Material zu sparen.

Folgende Doppelseite: Porphyrgruppe der Kaiser Diocletian, Maximian, Galerius und Constantius I. Chlorus an der Außenseite von San Marco in Venedig (um 300). Die Tetrarchen sind als fast identische Paare gegeben; die Oberkörper einander zugewandt, legen sich die Männer jeweils den rechten Arm um die Schulter, so daß concordia *(Eintracht) und* similitudo *(Gleichheit) als ideologische Grundlagen der Tetrarchie eindrucksvoll zur Geltung kommen. Porphyr als Material und reicher Edelsteinschmuck überhöhen die kaiserlichen Personen. Die unverhältnismäßig großen Köpfe und ihre starke Stilisierung (Falten auf der Stirn und zwischen den Augenbrauen, Pupillen in starren Augen, hervorstehende Wangen, mächtige Kiefer) steigern den überindividuellen Ausdruck. Da jeweils eine Figur etwas kleiner und bartlos dargestellt ist, könnten je ein Augustus und ein Caesar ein Paar bilden.*

Vieh veranlagt; die Ergebnisse dieser Veranlagung wurden in abstrakten Bemessungseinheiten (*caput* und *iugum*) ausgedrückt. Diese Steuerveranlagung *(indictio)* wurde zunächst alle fünf, seit Constantin alle fünfzehn Jahre wiederholt. Was jeder Haushalt konkret zu bezahlen beziehungsweise an Naturalien abzuliefern hatte, ergab sich aus den jährlich berechneten Anforderungen des Staates, die auf die einzelnen Bemessungseinheiten umgelegt wurden. Dazu wurden von jedem Reichsbewohner auch unentgeltliche Leistungen *(munera)* für bestimmte Aufgaben wie Instandhaltung von Straßen und Gebäuden verlangt, die entweder in Handarbeit oder in Geldzahlungen bestanden. Der so intensivierte Zugriff des Staates auf jeden einzelnen Reichsbewohner zog einen Ausbau der Verwaltung nach sich, der sich zum Beispiel darin zeigte, daß viele Provinzen geteilt wurden; deren Gesamtzahl belief sich jetzt auf rund hundert.
Das Wirtschaftsleben suchte Diocletian dadurch zu sanieren, daß er zwei Währungsreformen durchführte und ein berühmtes Preisedikt erließ, in dem Höchstpreise für Waren und Dienstleistungen aller Art verzeichnet waren. Verbunden mit den militärischen, administrativen und wirtschaftlichen Maßnahmen war der Versuch, überall im Reich römisches Recht durchzusetzen und das Reich auch durch moralisch-religiöse Reformen zu festigen. Die Götter wurden jetzt auch als solche verstanden, die moralische Forderungen stellten, und damit mußte es

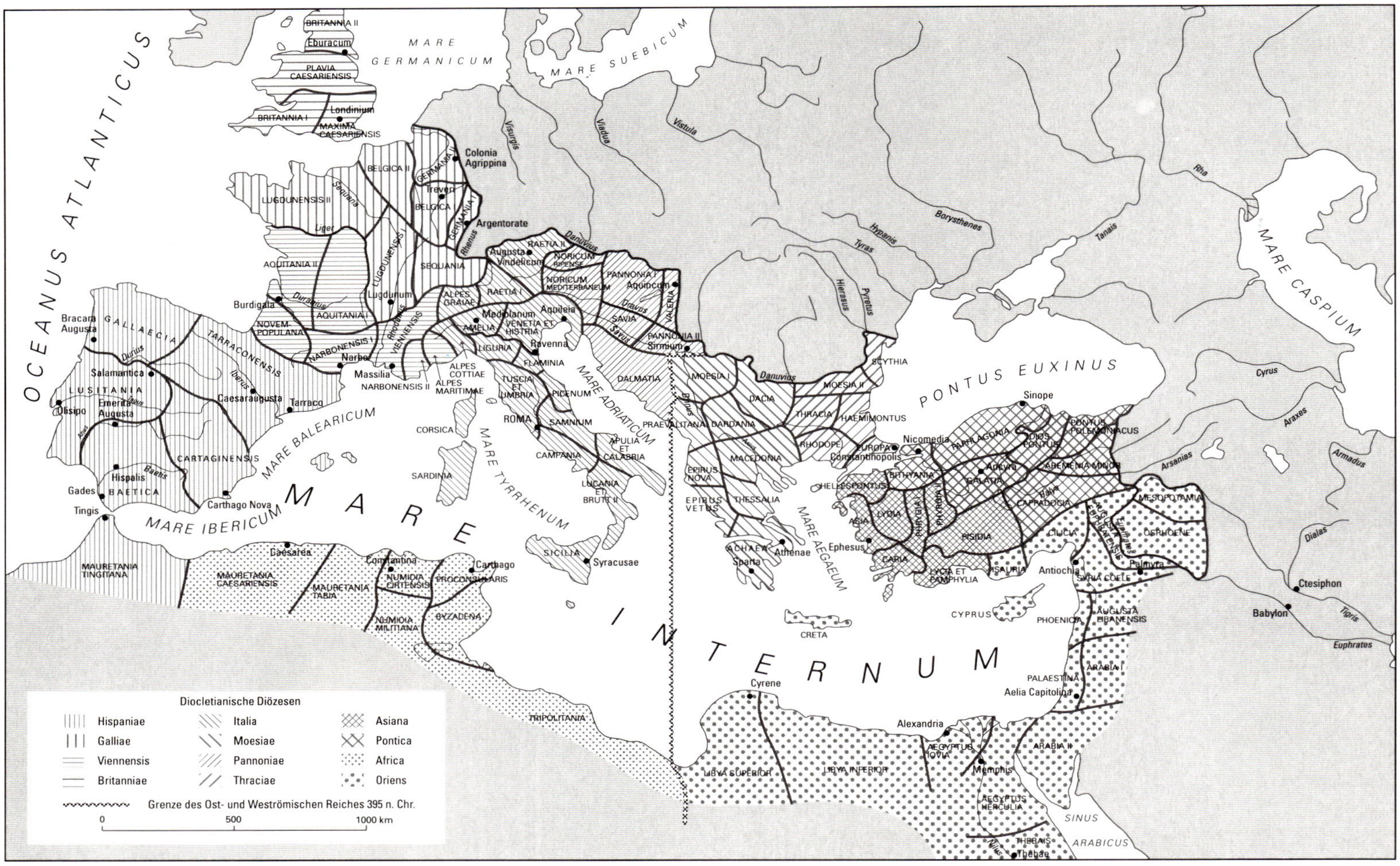
OCEANUS ATLANTICUS
MARE GERMANICUM
MARE SUEBICUM
MARE CASPIUM
PONTUS EUXINUS
MARE INTERNUM
MARE IBERICUM
MARE BALEARICUM
MARE TYRRHENUM
MARE ADRIATICUM
MARE AEGAEUM
SINUS ARABICUS
Londinium
Eburacum
Colonia Agrippina
Treveri
Argentorate
Lugdunum
Burdigala
Narbo
Massilia
Mediolanum
Aquileia
Ravenna
ROMA
Syracusae
Carthago
Carthago Nova
Tarraco
Caesaraugusta
Hispalis
Gades
Tingis
Olisipo
Bracara Augusta
Emerita Augusta
Salamantica
Caesarea
Constantina
Sirmium
Constantinopolis
Nicomedia
Sinope
Athenae
Sparta
Ephesus
Antiochia
Palmyra
Ctesiphon
Babylon
Aelia Capitolina
Alexandria
Memphis
Thebae
Cyrene
CRETA
CYPRUS
SICILIA
SARDINIA
CORSICA
Danuvius
Rhenus
Borysthenes
Tanais
Rha
Tigris
Euphrates
Diocletianische Diözesen
Hispaniae
Galliae
Viennensis
Britanniae
Italia
Moesiae
Pannoniae
Thraciae
Asiana
Pontica
Africa
Oriens
Grenze des Ost- und Weströmischen Reiches 395 n. Chr.
0
500
1000 km

zum Konflikt mit dem jungen Christentum kommen. Diocletian riskierte diesen aber erst, nachdem seine übrigen Reformmaßnahmen gegriffen hatten. Die letzte Christenverfolgung im Römischen Reich begann am 23. Februar 303 und zielte anders als alle vorangegangenen auf direkte Ausrottung des Christentums. Vor allem im Osten des Reiches fielen ihr viele Menschen zum Opfer, bis 311 Galerius – Diocletian und sein Mitaugustus Maximian hatten 305 abgedankt – das Scheitern der Verfolgung eingestehen mußte und das Christentum zur erlaubten Religion *(religio licita)* machte.

Die Reformen Constantins

306 wurde Constantin von seinem Heer gegen die Regeln des tetrarchischen Systems zum Augustus erhoben. Im Frühjahr 312 überquerte er mit einem kleinen Heer überraschend die Alpen und zog gegen den Italien beherrschenden Maxentius. Am 28. Oktober 312 kam es vor den Toren Roms an der Milvischen Brücke zur Schlacht, bei der Maxentius den Tod fand.
Mit dieser Schlacht ist ein welthistorisches Ereignis verbunden: die Übernahme des Christentums durch Constantin. Dieser soll vor der Schlacht oder sogar schon vor dem Feldzug durch eine Erscheinung die Anweisung empfangen haben, seine Soldaten mögen unter einem auf Christus zu beziehenden Zeichen (☧) kämpfen. Tat-

Links oben: Das Römische Reich im 4. Jahrhundert.

Links unten: Kaiserpalast von Spalato (Split), Rekonstruktion von E. Hébrard. Diocletian hat sich den Palast an der dalmatinischen Küste, in den später die Stadt Split hineingebaut worden ist, als Alterssitz errichten lassen. Die streng axiale Anlage folgte dem Grundmuster des römischen Militärlagers. An den drei Landseiten war sie von 13 m hohen Mauern mit Türmen und Toren umgeben, während die Meerseite eine auf das Zentrum ausgerichtete Prunkfassade aufwies. Das Innere war durch zwei Achsen streng geometrisch in vier Rechtecke aufgeteilt. Die Hauptachse verlief von Norden nach Süden (auf dem Bild von links oben nach rechts unten) und mündete in ein Peristyl. Über acht Treppenstufen gelangte man dann zunächst in eine überkuppelte Vorhalle (Vestibül) und von dort in das Zentrum der ganzen Anlage, den Thronsaal oder Audienzraum. In der Architektur wird nicht nur der systematisierende Zugriff faßbar, der auch sonst die Tetrarchie kennzeichnet, sondern auch – vor allem in der Ausrichtung der Hauptachse auf den Thronsaal – die göttliche Überhöhung des Kaisertums.

Rechts: Constantinssäule in Istanbul (Konstantinopel). Unmittelbar nach seinem Sieg über Licinius im Jahre 324 hat Constantin die Gründung einer neuen Hauptstadt beschlossen. Knapp sechs Jahre später, am 11. Mai 330, wurde das »Neue Rom« eingeweiht. In seinem Zentrum erhob sich eine Porphyrsäule, die von einer Statue Constantins gekrönt wurde; dazu war eine aus Ilion stammende Apollon-Statue umgearbeitet worden. Das Haupt von einem Strahlenkranz umgeben, hielt der Kaiser in seiner Rechten ein Zepter oder eine Lanze, in der Linken einen Globus mit einer geflügelten Victoria. In der Basis der Säule sollen neben der archaischen Holzstatue der Athena, dem Palladium des alten Rom, auch christliche Reliquien bestattet worden sein. Die Säule blieb während der ganzen Zeit des Byzantinischen Reiches das Symbol für die Gründung und die Dauer der Stadt.

Links: Silbermedaillon aus Ticinum. Auf dem 313 oder 315 entstandenen Medaillon befindet sich am Helmbusch Constantins das Christusmonogramm (☧). Die meisten Forscher interpretieren es als eindeutiges Bekenntnis des Herrschers zum Christentum, während es nach P.M. Bruun für Constantin zunächst nur »ein mächtiges himmlisches Zeichen« war, das unterschiedlich interpretiert werden konnte. Für diese Deutung spricht, daß auf den Münzprägungen Constantins bis in die 320er Jahre weiterhin pagane Götter erscheinen, insbesondere Sol, und auch Apotheosen früherer Herrscher dargestellt werden. München, Münzsammlung

Rechts: Kolossalkopf Constantins. Der 1,85 m hohe Bronzekopf wird in die Spätzeit Constantins datiert. Auffallend ist die starke Betonung der Vertikalen (Stirnlinien, gehobene Augenbrauen, Nase, kleiner Mund, spitz zulaufendes Kinn). Von der Nasenwurzel geht ein abstraktes Liniensystem aus. Das Gesicht ist nur in der Mitte durchgeformt, nach außen glatt; das Haar bildet eine Art Kappe. Nicht die »organische Durchbildung des Kopfes« ist angestrebt, sondern eine »abstrakte«, »expressionistische« Ausdrucksform, die nach H. P. L'Orange auf die Verinnerlichung des Menschen in der Spätantike hinweist. Rom, Palazzo dei Conservatori

Es war meine Absicht, zuerst die Gesinnung aller Völker gegenüber dem Göttlichen zu einer einzigen Haltung zu einigen, sodann den Körper der ganzen Erde, der gleichsam an einer schweren Wunde darniederlag, wiederherzustellen und zu einem Ganzen zu bilden.
Eusebius, *Vita Constantini* 2, 65, 1

sache ist, daß Constantin schon wenige Monate nach seinem Sieg das Christentum begünstigte. Bei einem Treffen mit dem Augustus des Ostens, Licinius, in Mailand (Februar 313) suchte Constantin diesen für eine christenfreundliche Politik zu gewinnen. Ob freilich von einer Bekehrung Constantins im modernen Sinn gesprochen werden kann, muß fraglich bleiben.

Verschiedene rechts- und gesellschaftspolitische Maßnahmen Constantins könnten auf christlichen Einfluß zurückgehen: so die Einführung der Arbeitsruhe am Sonntag, das Verbot der Ehescheidung, die Aufhebung des von Augustus für alle Römerinnen und Römer eingeführten Ehezwangs – die christlichen Schriftsteller bewerteten die Jungfräulichkeit moralisch höher. Insgesamt haben aber christliche Vorstellungen weder die Politik bestimmt, noch wurden die Amtsträger des Reiches vorwiegend aus Christen rekrutiert. Constantin begriff das Christentum als »Gesetz«, dessen Einheit zu wahren er sich ebenso berufen fühlte wie Diocletian zur Durchsetzung von den Göttern initiierter Normen. Aus diesem Selbstverständnis resultierten Eingriffe in das innerkirchliche Leben, in dem – aufgrund des Kirchenfriedens – disziplinarische und dogmatische Auseinandersetzungen nun eine viel größere Brisanz gewannen als zur Zeit der Verfolgungen.

Um den Eingang der Steuern und die Ableistung der vom Staat verlangten *munera* zu sichern, benutzte Constantin ein gelegentlich auch schon vorher angewandtes Mittel: Für bestimmte Tätigkeiten wurde der Erbzwang eingeführt. Teilweise – wie bei den für die Versorgung der Stadt wichtigen Reedern, Bäckern und Schweinehändlern Roms – wurde dieser Erbzwang mit Privilegien verbunden, aber andere große Gruppen, besonders die Masse der Bauern und der städtischen Ratsleute (Dekurionen), hatten nur die Lasten dieses »Ständezwangs« zu tragen. Der spätantike Staat suchte sich auf diese Weise seine Ressourcen zu sichern. Da aber ein solcher Zwang in der riesigen Gesellschaft des Römischen Reiches gar nicht durchführbar war, konnte das Ergebnis nur sein, daß der Staat an politischer Autorität einbüßte.

Nach dem Gewinn der Alleinherrschaft im Jahre 324 hat Constantin damit begonnen, Byzanz zur neuen Hauptstadt des Reiches auszubauen. Am 11. Mai 330 wurde das »Neue Rom« eingeweiht. In der Folgezeit erhielt es verwaltungsmäßig den gleichen Status wie Rom (mit einem eigenen Senat), wurde mit prächtigen Bauten und Kirchen ausgestattet und konnte sich aufgrund seiner günstigen Lage an der Grenze zwischen Europa und Asien auch wirtschaftlich gut entwickeln. Für die römische Senatorenschicht bedeutete die Konkurrenz im Osten einen schweren Schlag. Und bald nach 330 begannen auch Auseinandersetzungen zwischen dem römischen Bischof und östlichen Bischöfen um die Führerstellung in der Kirche. Schon auf dem zweiten ökumenischen Konzil von Konstantinopel (381) erhielt der Bischof des »Neuen Rom« einen Ehrenvorrang nach dem des alten Rom.

Die Gesellschaft der Spätantike

Landwirtschaft

Die Landwirtschaft blieb auch in der Spätantike der wichtigste Zweig der Produktion. Der Kaiser, die Bischofskirchen und vor allem auch die westlichen Senatoren waren die größten Grundbesitzer; daneben gab es auch Grundbesitz von Städten, von städtischen Ratsherren und von

freien Bauern, deren Zahl freilich abnahm. Bearbeitet wurde das Land von Bauern, von Pächtern, die in der Spätantike zunehmend an den Boden gebunden wurden *(coloni)*, und von Sklaven. Die Betriebsformen variierten sehr: In vielen Fällen wurde Land an einen Großpächter *(conductor)* verpachtet, der dann – wie auch manche Grundbesitzer selber – einen Teil des Landes mit Sklaven bearbeitete, den übrigen Teil an Kleinpächter weiterverpachtete. Diese Kleinpächter waren nicht nur ökonomisch abhängig, sondern durften gegen die Grundbesitzer keine Privatklage erheben, nur mit ihrer Einwilligung heiraten und – wenn sie neben gepachtetem Land auch eigenes hatten – dieses nur mit deren Zustimmung verkaufen. Frondienste von Kleinpächtern sind für Nordafrika bezeugt.

Verstärkt wurde die Abhängigkeit zwischen Pächtern und Grundbesitzern noch dadurch, daß sich Bauern gegen die Willkür von Steuereinnehmern unter den Schutz *(patrocinium)* vor allem von senatorischen Grundbesitzern (im Osten konnten es auch hohe Militär- oder Verwaltungsbeamte sein) begaben. In Gallien ging als Gegenleistung für solchen Schutz beim Tod eines Bauern dessen Besitz an den Patron über.

Trotz Nachrichten über die Flucht von *coloni* scheint die Produktivität der Landwirtschaft in der Spätantike nicht allgemein abgenommen zu haben. Es wurde nicht nur für den Eigenbedarf, sondern auch für den Markt produziert, auch wenn es verschiedene Formen des unmittelbaren Austausches von Naturalien gab. Der Geldumlauf nahm seit Constantin wieder zu; senatorische Grundbesitzer hatten zum Teil riesige Geldmengen zur Verfügung.

Städte

Wie der abhängige Bauer, so ist uns auch der abhängige Händler, der ganz oder teilweise im Auftrag eines Herrn seine Geschäfte betreibt, in der Spätantike gut bekannt. Da der Großgrundbesitzer dazu tendierte, auf dem Land, nicht in der Stadt zu leben und möglichst autark zu sein, lief ein großer Teil des Handels an der Stadt vorbei. Ebenso zogen im Westen viele Handwerker aus der Stadt auf das Land. Sie folgten damit potenten Konsumenten und entzogen sich Leistungen *(munera)*, die den Handwerkern in den Städten auferlegt waren. Der Austausch zwischen Stadt und Land ging also drastisch zurück. Im Osten des Reiches machte sich die Stadtflucht weniger bemerkbar, und hier gewannen Zusammenschlüsse von Handwerkern *(collegia)* sogar neue Handlungsmöglichkeiten im Sinne politischen Einflusses und der Vertretung beruflicher Interessen.

Linke Seite: Bodenmosaiken der Villa von Piazza Armerina. Die große Villenanlage, mitten im Herzen Siziliens gelegen, wurde am Anfang des 4. Jahrhunderts erbaut. Sie galt früher als Kaiservilla, doch sprechen heute bessere Argumente für die Zuweisung an einen der großen stadtrömischen Aristokraten. Mit zwei Peristylen, einer großen Audienzhalle und vielen Räumen für Gastmähler hatte die Villa einen ausgeprägt repräsentativen Charakter. Die Mosaiken verweisen zum einen auf das Selbstverständnis der römischen Aristokratie und ihre Vorstellungen von Unsterblichkeit (Taten und Apotheose des Hercules, Metamorphosen, Orpheus, Arion, Nereiden), zum anderen auf die Verpflichtungen, die sie in Rom hatte, etwa die Veranstaltung von Wagenrennen und Tierhetzen. Der Fang von Tieren für die venatio *ist auf dem 66 m langen Mosaik der »Großen Jagd« dargestellt. Die Details (oben links und rechts) zeigen die Personifikation Asiens und den Transport gefangener Tiere.*

Oben: Gewölbemosaik im Umgang von Santa Costanza in Rom. Der Rundbau an der Via Nomentana wurde als Mausoleum für Constantia, die Tochter Constantins und der Fausta, errichtet; sie wurde 354 dort beigesetzt. Das Mausoleum neben der Märtyrerbasilika zu Ehren der heiligen Agnes ist Ausdruck des Wunsches vieler Christen, in der Nähe der Märtyrer begraben zu sein, um deren Fürsprache für den Gewinn der Seligkeit zu erlangen. Die Mosaiken von Santa Costanza sind die ältesten des christlichen Rom, die erhalten sind. Das Detail zeigt Rankenwerk mit Vögeln und weinlesenden Putten; Fuhrleute bringen die Ernte zur Kelter. »Als Allegorie von Sterben und Wiedergeburt ist dieses dem Ursprung nach dionysische Motiv in der römischen Sepulkralsymbolik für Heiden und Christen gleichermaßen verwendet worden« (W. N. Schumacher); das Bildnis in der Mitte konnte dabei durch ein Motiv der Apotheose ersetzt werden, etwa den auffahrenden Helios.

Unter dem Eindruck der Kriege seit dem 3. Jahrhundert wurden viele Städte im Westen ummauert und dabei oft auf einen Bruchteil ihrer früheren Größe reduziert. Für das Leben der Städte wichtige Gebäude wie Thermen, Theater, Amphitheater blieben dabei außerhalb der Mauern und verfielen. Seit dem 4. Jahrhundert begannen kirchliche Bauten die Städte mitzuprägen: Die Bischofskirche mit Baptisterium und Wohnhaus des Bischofs lehnte sich im Westen oft an die Stadtmauern an, im Osten stand sie in der Regel im Stadtzentrum. Vielfach entstanden im Westen auch neue Konglomerationen um Kirchen, die außerhalb der Stadtmauern über Märtyrergräbern errichtet wurden, wie zum Beispiel Sankt Gereon und Sankt Severin in Köln.

Durch all dies wurde der Sozialverband »Stadt« ein anderer: Nicht nur der Austausch zwischen Stadt und Land, sondern auch der zwischen den nun zwangsweise rekrutierten und mit aufwendigen *munera* belasteten städtischen Führungsschichten und den Stadtbewohnern funktionierte nicht mehr. Auf ihm aber hatte die antike Stadtkultur beruht. In dieser Situation konnten im Westen die nicht in das staatliche Verwaltungssystem eingegliederten Bischöfe überragenden Einfluß gewinnen. Ihre Macht leitete sich von Gott her. Sie handelten im Namen heiliger Stadtpatrone und legitimierten sich

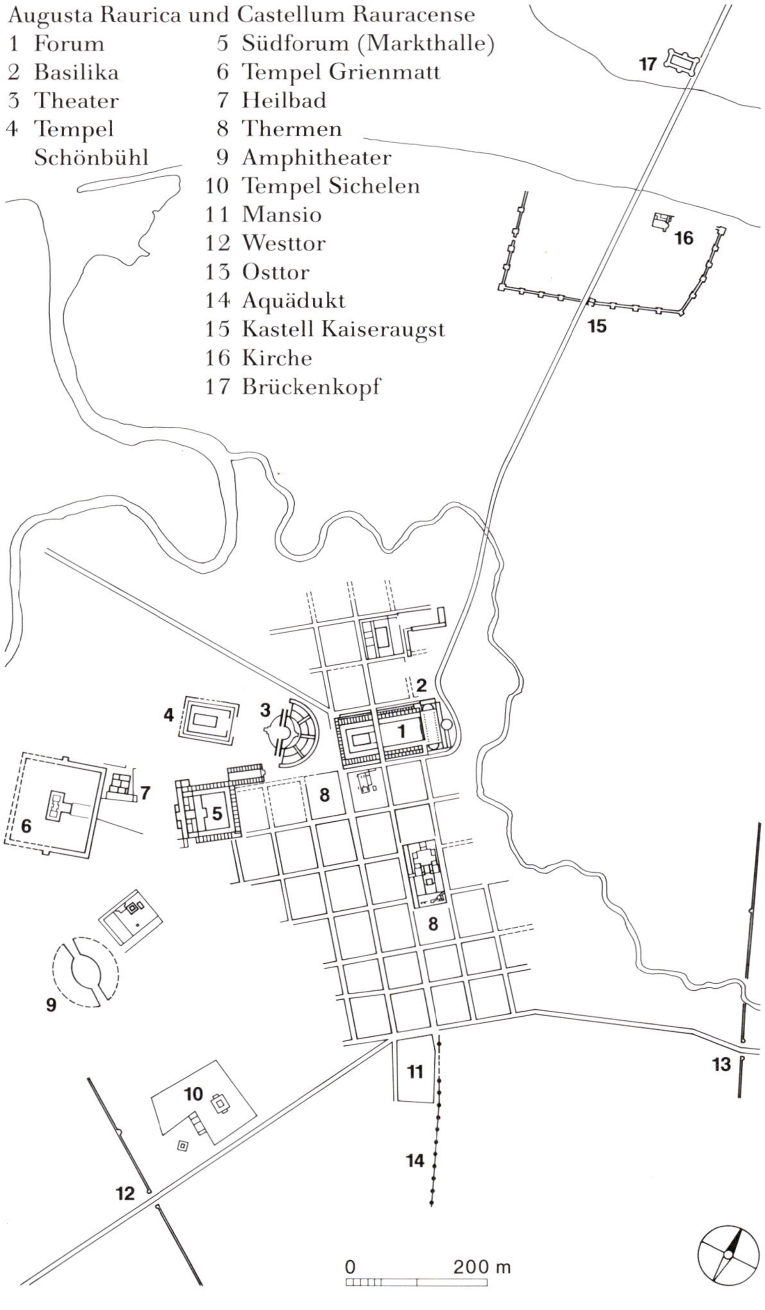

Augusta Raurica und Castellum Rauracense
1 Forum
2 Basilika
3 Theater
4 Tempel Schönbühl
5 Südforum (Markthalle)
6 Tempel Grienmatt
7 Heilbad
8 Thermen
9 Amphitheater
10 Tempel Sichelen
11 Mansio
12 Westtor
13 Osttor
14 Aquädukt
15 Kastell Kaiseraugst
16 Kirche
17 Brückenkopf

selbst durch Askese und durch ihren Einsatz für die Gemeinden. Ihnen gegenüber waren die Stadtbewohner aber nicht mehr Bürger, sondern Objekte sowohl der christlichen Predigt als auch der christlichen Caritas, die auf den Armen und Bedürftigen zielte.

Neue gesellschaftliche Autoritäten

Der Gutsbesitzer als Patron von Bauern, Händlern und Handwerkern, der Heilige – und durch ihn der Bischof – als Patron der Stadtbewohner – man könnte die Reihe noch fortsetzen. Überall breiteten sich in der Spätantike neue Beziehungskreise aus (auch das entstehende Mönchtum wäre hier zu nennen), die entweder mit der staatlichen Gewalt konkurrierten oder ihr sogar entgegenwirkten. Die Familie, lange Zeit in Rom eine entscheidende Institution für gesellschaftliche Disziplinierung, konnte diese Funktion nicht mehr erfüllen: Das Gebot Gottes stand über dem des Hausvaters, die Ehelosigkeit wurde höher eingeschätzt als die Ehe. Binnenfamiliale Beziehungen wurden zwar verinnerlicht (etwa die zwischen Ehegatten durch die Forderung nach Eintracht und Liebe), aber in ihrer gesellschaftlichen Bedeutung trat die Familie hinter anderen Beziehungskreisen zurück.
Charakteristisch für die spätantike Gesellschaft war also, daß sich auf verschiedenen Ebenen neue gesellschaftliche Autoritäten bildeten, die der Staat nicht für sich aktivieren konnte. Da das Kaisertum des Westens seit dem 5. Jahrhundert den kriegerischen Belastungen nicht mehr gewachsen und in manchen Gebieten kaum noch präsent war, bildeten sich auch starke regionale Interessen aus, die zur Kooperation mit Usurpatoren oder Germanenherrschern führten.

Das Reich und seine Nachbarn

Konsolidierung des Reiches

Die Reaktionsmöglichkeiten des Reiches wurden durch die schon besprochenen Maßnahmen Diocletians und Constantins verbessert. Constantin trennte außerdem konsequent das zivile vom militärischen Kommando und schuf das Amt der Heermeister, die den Oberbefehl über größere Truppenverbände übernahmen. Das Heer wurde aufgeteilt in eine Grenzarmee *(ripenses)* und eine mobile Feldarmee *(comitatenses)*, die im Hintergrund stationiert war, schnell an Gefahrenpunkten zusammengezogen und – zur Demonstration oder Abschreckung – auch offensiv eingesetzt werden konnte. 332 errangen die Römer an der Donau einen wichtigen Sieg über die Goten, die fortan – gegen Subsidienzahlungen – zum Heeresdienst für das Reich verpflichtet wurden. Germanische Krieger begannen im römischen Heer eine immer wichtigere Rolle zu spielen.

Linke Seite: Kaiserthermen in Trier (oben) und Plan von Augusta Raurica (Augst) und Castrum Rauracense (Kaiseraugst; unten). Trier und Kaiseraugst markieren zwei extreme Möglichkeiten des Schicksals römischer Städte in der Spätantike. Trier wurde seit Constantius Chlorus, dem Vater Constantins, zu einer Residenzstadt ausgebaut, wie später auch Mailand und Ravenna. Der schon gegen Ende des 2. Jahrhunderts n. Chr. errichtete Mauerring umschloß ein Areal von 285 Hektar, das in der Spätantike mit prachtvollen Bauten ausgestattet wurde. Damals entstanden auch die Kaiserthermen, die vielleicht zunächst den Bedürfnissen der Palastangehörigen dienten. Augusta Raurica, in der Nähe von Basel gelegen, wurde 44 v. Chr. als römische Kolonie gegründet und erlebte im 2. Jahrhundert n. Chr. eine Blütezeit. Durch die Alemanneneinfälle von 259/260 und den Fall des Limes wurde es stark in Mitleidenschaft gezogen. Wohl unter Diocletian entstand dann im Zuge der Reorganisation der Grenzen das Castrum Rauracense, das nur einen Bruchteil des ehemaligen Areals der Stadt umfaßte und für dessen Mauern öffentliche Gebäude der Stadt abgetragen wurden. Auch viele andere Städte im Westen wurden seit dem 3. Jahrhundert n. Chr. ummauert und ihr Areal dabei ebenfalls in der Regel erheblich verkleinert; für das Leben antiker Städte wichtige Bauten und Einrichtungen blieben außerhalb der Mauern.

Oben und unten: Schulszene und Pachtzahlung. Reliefquader von Grabmälern in Neumagen an der Mosel. Das Schulrelief (oben) gibt eine Unterrichtsstunde im Haus eines reichen Mannes wieder. Zwei Knaben sitzen einander gegenüber in Lehnstühlen, jeder mit einer aufgeschlagenen Buchrolle in der Hand. Zwischen ihnen der bärtige Lehrer; sein Lehnstuhl hat eine Fußbank. Von rechts tritt der jüngere Bruder heran. Er trägt ein Bündel mit Schreibtäfelchen und wird seine Brüder beim Unterricht ablösen. Das Relief der Pachtzahlung (unten) zeigt drei Männer an einem Tisch; einer hat ein »Kontobuch« vor sich, der zweite hält eine Münze hoch, der dritte streicht mit der Hand über einen Geldhaufen. Hinter und zwischen ihnen stehen vier Pächter, die durch ihre Tracht und Utensilien (Kapuzenmantel, Geldtasche an ledernem Riemen) von den anderen abgehoben sind. Das schöne Relief läßt die bittere Wirklichkeit vieler Kleinbauern in der Spätantike kaum erkennen. Für das Gallien des 5. Jahrhunderts schildert Salvian von Marseille, wie die Bauern durch Steuern bedrückt wurden und Großgrundbesitzer die Not dazu ausnutzten, das Land dieser Bauern in ihren Besitz zu bringen.
Trier, Landesmuseum

Links: Goldglas mit Bildnissen eines Paares. Gläser mit Darstellungen im Boden erfreuten sich seit dem 3. Jahrhundert großer Beliebtheit. Hier nimmt die Umschrift auf das Gefäß Bezug: »Gregor trinke und trinke den Deinigen zu!« Aber der Ausdruck der beiden ist in sich gekehrt, nichts weist auf Ausgelassenheit hin. Wenn es sich um ein Ehepaar handelt, dann veranschaulicht dieses Doppelporträt die Verinnerlichung, die seit dem 2. Jahrhundert – schon vor dem Einfluß des Christentums – die Beziehungen zwischen Ehegatten bestimmte. Rom, Biblioteca Vaticana

Rechts: Ambrosius zwischen Gervasius und Protasius. Mosaiken der Kapelle San Vittore in Ciel d'Oro bei San Ambrogio in Mailand, Ende 5. Jahrhundert. Die Kuppel der Kapelle schmückt ein Bildnis ihres Titelheiligen Victor; an den Seitenwänden ist jeweils ein Mailänder Bischof zwischen zwei Heiligen dargestellt. Ambrosius hatte 386 die Gebeine der Märtyrer Gervasius und Protasius entdeckt und sie in die neuerrichtete Basilica Ambrosiana überführen lassen, wo er auch selbst bestattet wurde. In seiner Predigt anläßlich der Überführung hat er erstmals den Begriff patronus *auf die Märtyrer angewandt, um Schutz und Hilfe auszudrücken, die Christen von ihnen erwarteten.*

Außer von organisatorischen Maßnahmen war die Wirksamkeit des römischen Militärs abhängig von der Einheitlichkeit der Kaisermacht. In der Zeit der Auseinandersetzungen unter den Söhnen Constantins und der anschließenden Usurpationen (337–355) konnten die Franken Terrain südlich des Niederrheins gewinnen; andere fränkische Stämme, Sachsen und Alemannen überschritten ebenfalls den Rhein und durchstreiften jahrelang Gallien. Erst Julian, 355 von Constantius II. zum Caesar ernannt, konnte der römischen Herrschaft wieder Geltung verschaffen. Als ein Konflikt zwischen Julian und Constantius ausbrach, nahmen die Sassaniden, die 224 v. Chr. die Herrschaft im Partherreich erlangt und sich die Wiederherstellung des alten Perserreiches zum Ziel gemacht hatten, römische Grenzfestungen ein. Nach dem Tod des Constantius unternahm Julian einen großen Feldzug gegen das Perserreich, der aber scheiterte. Julian selbst wurde 363 bei einem Rückzugsgefecht tödlich verwundet. Obwohl die Römer Konzessionen machen mußten, blieb auch jetzt noch das Reich stabil. Valentinian I. (364–375) hat die Grenzen umfassend neu befestigt.

Die »Völkerwanderung«

Die Wanderung germanischer Völker trat in ein neues Stadium, als die Hunnen seit etwa 375 mehrere germanische Völker nördlich des Kaukasus, des Schwarzen Meeres und der Donau überrannten. Goten, Alanen und selbst Hunnen überschritten die Donau. Ein römisches Heer, das sich ihnen 378 bei Adrianopel in Thrakien unter Kaiser Valens entgegenstellte, wurde vernichtend geschlagen, der Kaiser fiel. In der Folge dieser Niederlage schloß der 379 zum Augustus ernannte Theodosius 382 mit den Goten ein Bündnis *(foedus)*: Die Goten wurden auf Reichsgebiet (wohl Niedermösien) angesiedelt, waren jedoch nicht römischen Gesetzen und dem Kaiser unterworfen; sie sollten Rom Waffenhilfe leisten. Es gab jetzt also zum Reich gehörende Gebiete, die nicht der unmittelbaren Verwaltung des Kaisers unterstanden. Das ist das Muster, nach dem sich dann im 5. Jahrhundert die Germanenreiche auf dem Boden des Imperiums ausbilden sollten.

Germanen kämpften jetzt nicht nur in wachsender Zahl als Soldaten im römischen Heer mit, sie gelangten auch

– wie zum Beispiel die Franken Bauto und Arbogast und der Vandale Stilicho – zu den höchsten Kommandospitzen; oder Germanenherrscher – wie der um 395 zum König der später »Westgoten« genannten Teile der Goten gewählte Alarich – wurden zu Heermeistern *(magistri militum)* ernannt.

Nach langen Streifzügen durch den Balkan und Italien, die begünstigt wurden durch Rivalitäten zwischen dem seit 395 auf Dauer getrennten Ost- und Westreich, nahmen die Goten Alarichs im August 410 Rom ein, das drei Tage lang geplündert wurde. Zum erstenmal seit fast 800 Jahren war Rom in Feindeshand gelangt. Hatten schon die Niederlage von Adrianopel und die rigide Religionspolitik des Theodosius, der jeden heidnischen Gottesdienst verboten hatte, eine Auseinandersetzung zwischen Heiden und Christen ausgelöst, bei der die Heiden behaupteten, die alten Götter hätten dem Reich ihren Schutz entzogen, so wurde diese Diskussion jetzt nochmals angefacht: Das Ereignis von 410 wurde zum Anlaß für zwei der folgenreichsten Werke der Weltliteratur, nämlich Augustinus' *De civitate dei* und Orosius' *Historiae adversum paganos*.

Die Entstehung neuer Reiche

Die Goten Alarichs zogen nach einem mißglückten Versuch, nach Afrika überzusetzen, nach Gallien (jetzt unter Athaulf). Dort waren schon in der Neujahrsnacht 406/407 Alanen, Vandalen und Sueben eingefallen, die wahrscheinlich dem Druck der Hunnen im Donauraum gewichen waren. Wegen Versorgungsschwierigkeiten war der größte Teil von ihnen nach Spanien weitergezogen. Auch die Goten Athaulfs wurden 415 nach Spanien abgedrängt, wo es zu Auseinandersetzungen zwischen den germanischen Stämmen kam. 418 wurden die Goten aus Spanien zurückgerufen und in Südwestgallien angesiedelt. Das war der Beginn des Tolosanischen Reiches der Westgoten (bis 507), in dem diese als Krieger fungierten. Für ihren Unterhalt erhielten sie Land zur Nutzung. Die Vandalen setzten 429 von Spanien nach Nordafrika über, eroberten das ganze römische Nordafrika und errichteten dort eine eigene Herrschaft. Ein drittes Germanenreich entstand am Rhein in der Gegend von Mainz, Worms und Speyer, wo 413 die Burgunder unter uns unbekannten Umständen angesiedelt wurden.

Links: Goldmedaillon Theoderichs. Das Medaillon wurde wahrscheinlich zur Feier des dreißigjährigen Regierungsjubiläums des Gotenkönigs (zwischen 500 und 504) in Rom geprägt. Es überliefert das einzige Münzbild Theoderichs. Der Herrscher wird in der Umschrift nur als rex *und* princeps *bezeichnet; er ist ohne Diadem und mit den typischen langen Haaren der »Barbaren« wiedergegeben. In der Linken trägt er einen Globus, auf dem eine Victoria steht. Die Siegesgöttin mit Palme und Kranz ist auch auf der Rückseite dargestellt. Rom, Museo Nazionale Romano*

Rechts: Mausoleum des Theoderich in Ravenna. Der Gotenkönig hat sich sein Mausoleum schon zu Lebzeiten errichten lassen. Auf einem zehneckigen Untergeschoß erhebt sich ein etwas eingezogenes, gleichfalls zehneckiges Obergeschoß, über dessen Blendarkaden ein kreisförmiger Gurt zur Rundform überleitet. Ein attikaartiger Aufsatz trägt ein ornamentiertes Gesims. Darüber wölbt sich der gewaltige kuppelartige Deckstein, ein über 300 Tonnen schwerer Monolith. Auf ihm sitzen zwölf Streben, in deren Außenseiten die Namen der vier Evangelisten und von acht Aposteln eingeschrieben sind. Der Bau nimmt unverkennbar römische Formtraditionen auf. Gotische Merkmale hat man vor allem in der Steintechnik sehen wollen, die sich nur aus dem Holzbau erklären lasse, und in der für die nordische Kunst typischen Ornamentik des Gurtbandes unter der Kuppel. Außerdem wurde die These vertreten, die Rundform des oberen Abschlusses gehe auf gotische Zelte zurück. Das Obergeschoß war ursprünglich vielleicht von einem Säulenkranz umgeben.

Das Ostreich mußte sich in dieser Zeit dauernder Angriffe der Hunnen erwehren und hohe Tribute an sie bezahlen. Der führende Heermeister des Westens, Aëtius, zerstörte 437 mit Hilfe der Hunnen das sich ausbreitende Burgunderreich; die überlebenden Burgunder wurden in Savoyen angesiedelt. Als 451 der Hunnenherrscher Attila in Gallien einfiel, kam es zur letzten großen gemeinsamen Aktion von Gallo-Römern und Germanen unter Aëtius. In der Schlacht auf den Katalaunischen Feldern (zwischen Troyes und Châlons-sur-Marne) konnte Attila aufgehalten werden. 453 starb Attila, 454 wurde Aëtius, 455 der Westkaiser Valentinian III. ermordet. Danach wurde das westliche Kaisertum zu einem Spielball der Politik germanischer Heermeister und des östlichen Hofes; seine Existenzbedingungen waren erschöpft. Als der Skire Odoaker 476 den letzten Westkaiser, Romulus Augustulus, absetzte, nahm man davon kaum Notiz. In Afrika herrschten die Vandalen, in Spanien Westgoten und Sueben, in Gallien ebenfalls die Westgoten, ferner Burgunder und im Norden Franken; nur ein schmaler Streifen nördlich der Loire blieb noch bis 486 römisch.

Von Theoderich zu Justinian

In Italien konnte Odoaker, halbherzig anerkannt vom Ostkaiser Zeno, seine Stellung als König behaupten, bis Theoderich mit seinen Ostgoten, die schon 473 ihre Siedlungsgebiete in Pannonien verlassen hatten, mit Zustimmung Zenos gegen ihn zog. 489 erreichte er Italien, Odoaker wurde in Ravenna eingeschlossen und nach dreijähriger Belagerung der Stadt (»Rabenschlacht«) 493 von Theoderich ermordet. Dieser herrschte nun in Italien über Römer und Goten, seit 497 als von Ostrom anerkannter König.

Sein Versuch, einen Ausgleich zwischen Römern und Goten zu erreichen, wurde lange Zeit begünstigt durch ein Schisma zwischen der Ost- und der Westkirche; Theoderich, obwohl Arianer, konnte dabei als Schutzherr der westlichen Kirche und des Papsttums fungieren. Als das Schisma beendet wurde, entfaltete die Spannung zwischen arianischen Goten und katholischen Romanen ihre volle Wirkung: Es kam zur Hinrichtung hochstehender Senatoren. Theoderichs anderes großes Ziel, die verschiedenen Germanenherrscher durch eine umfassende Heiratspolitik an sich zu binden, wurde vor allem durch den Aufstieg der Franken gefährdet: Im Zuge einer mächtigen Expansion besiegte Chlodwig die Alemannen und Westgoten und gewann die Herrschaft über alle Franken. Als Theoderich 526 starb, schien seine Politik gescheitert zu sein.

527 trat im Osten Kaiser Justinian die Herrschaft an; er war von der Idee durchdrungen, das Reich in seiner alten Größe wiederherzustellen, und ließ sich davon auch nicht durch Kämpfe mit den Persern und durch Slawen- und Bulgareneinfälle im Balkan abhalten. 533/534 zerstörte sein Feldherr Belisar das Vandalenreich in Nordafrika; der Kampf in Italien zog sich bis 552 hin und verwüstete das Land; 552–554 wurden sogar Teile Süd- und Ostspaniens erobert. Dennoch blieben die größten Teile Spaniens, Galliens und die Alpenprovinzen für immer der römischen Herrschaft entzogen, und kurz nach dem Tod Justinians (565) brachen die Langobarden in Italien ein. Das Reich überlebte im Westen zwar nicht als Herrschaftssystem, wohl aber als universale Ordnungsidee, die bis in die Neuzeit fortwirkte.

Die staatlichen Institutionen

Die politische Organisation der römischen Republik gründete strikt auf der gesellschaftlichen Ordnung. Ihre unterste Einheit, die *familia*, umfaßte alle diejenigen, die unter der Gewalt eines Hausvaters, des *pater familias*, standen: die Söhne und unverheirateten Töchter, ferner Enkelinnen und Enkel, Urenkelinnen und Urenkel, in der Regel auch die Ehefrau. Über alle diese besaß der Hausvater eine rechtlich nicht eingeschränkte Gewalt. Er konnte zum Beispiel Söhne zum Tode verurteilen oder andere Strafen aussprechen, er war allein vermögensfähig, konnte über seinen Besitz testamentarisch verfügen. Seine Gewalt dauerte, solange er lebte. Und diese Gewalt bezeichneten die Römer mit dem gleichen Begriff *potestas* wie die Amtsgewalt der Magistrate. Es gab also kein Gewaltmonopol eines Staates. Im Rahmen der *familia* wurden die Haltungen eingeübt, ohne welche die politische und militärische Organisation Roms nicht hätte funktionieren können: vor allem Gehorsam, Einordnung, Disziplin.

Die Hausväter der Führungsschicht waren aber nicht nur Herren ihres häuslichen Bereiches, sondern zugleich Patrone einer größeren Schar von Klienten, so daß die ganze Gesellschaft in soziale Beziehungsnetze eingebunden war. Die Führungsschicht hatte sich dem Dienst an der *res publica* verschrieben, und Ruhm konnte nur durch solchen Dienst erlangt werden. Umgekehrt erkannten die übrigen Schichten die Tätigkeit für die *res publica* an: Sie ehrten die Senatoren und Patrone durch Wahl zu den Ämtern, durch Unterstützung bei politischen Entscheidungen, durch Aufwartung beim Morgenempfang und anderes mehr. Hier liegen die Voraussetzungen dafür, daß die Institutionen der Republik funktionieren konnten, obwohl sie nur mit einem Minimum an Personal und Zwangsgewalt ausgestattet waren (es gab zum Beispiel keine Polizei); daß Rechts- und Verfahrensregeln lange Zeit beachtet wurden; aber auch dafür, daß Rom so viele Nichtrömer und selbst freigelassene Sklaven in sein Bürgerrecht aufnehmen konnte. Das Bürgerrecht vermittelte nicht primär direkte politische Teilnahme, sondern einen Rechtsstatus, dessen Wirkung durch die Zugehörigkeit zu einer sozialen Gruppe gesichert wurde.

Im Principat veränderten sich bestimmte Grundbedingungen – so verlor die Klientel ihren politischen Charakter, denn die Senatoren hatten keine selbständigen politischen Entscheidungsfunktionen mehr, und die Hausväter büßten einen Teil ihrer Disziplinierungsgewalt ein. Aber auch im Principat beruhte das System von Rechts- und Verfahrensregeln auf einem Grundkonsens, einem in vielen Ritualen zum Ausdruck gebrachten Nahverhältnis zwischen dem Princeps einerseits, dem hauptstädtischen Volk, dem Senat und dem Heer andererseits. Die Städte waren über Patronage mit der Führungsschicht des Reiches verbunden und pflegten auf verschiedenen Ebenen, im Kaiserkult oder durch Gesandtschaften, Austausch mit dem Princeps. Die Beziehungen zwischen städtischen Führungsschichten und städtischem Volk bildeten die Verhältnisse in Rom ab; wer in den Städten zu Ehren (Ämtern) gelangte, hatte gute Aussichten auf einen Aufstieg in die Führungsschicht des Reiches.

Auch im Principat blieb es trotz einer Verdichtung der politischen Organisation bei einem Minimum an »Staatlichkeit«, aber dieses genügte seit der zweiten Hälfte des zweiten nachchristlichen Jahrhunderts nicht mehr den wachsenden Anforderungen, Ressourcen zur Reichsverteidigung zu mobilisieren. Diocletian und die constanti-

Säulen des Dioskuren-Tempels auf dem Forum Romanum vor dem Nordhang des Palatins. Der Palatin war das bevorzugte Wohnviertel der Aristokratie. Hier wohnte (bis zum Umzug des popular gesinnten Gaius Gracchus in ein weniger vornehmes Viertel) die Familie der Gracchen ebenso wie der bekannte Redner Lucius Licinius Crassus, Cicero und sein Bruder Quintus; auch wurde Octavian, der spätere Augustus, in einem der Häuser des Palatins geboren. Seit der Zeit des Augustus verschwanden die Häuser der Aristokratie vom Palatin, um den monumentalen Palästen der Kaiser zu weichen.

Links und rechts: Das Tabularium, auf dem der Senatorenpalast des modernen Kapitols ruht (links Rekonstruktion von Ch. Hülsen), wurde 78 v. Chr. als Staatsarchiv errichtet. In der frühen Zeit hatte man die Urkunden (Vertragstexte, Gesetze, Senatsbeschlüsse) öffentlich auf dem Forum oder dem Kapitol aufgestellt. Archive wurden erst mit der Zunahme an Urkundenmaterial notwendig. Auf dem Kapitol hat vor dem Brand ein Tabularium für Verträge gestanden, die Urkunden, die das Finanzwesen betrafen, wurden im Tempel des Saturn aufbewahrt, und die Dokumente, die von den Beamten der Plebejer (Volkstribune, Ädile) zur Aufbewahrung gelangten, wurden im Tempel der Ceres deponiert.
Der Tempel des vergöttlichten Vespasian vor der Fassade des Tabularium, von dem drei Säulen mit Gebälk erhalten sind, wurde nach der Apotheose Vespasians von seinen Söhnen Titus und Domitian errichtet. Sie wählten dafür eine der zentralsten Stellen des Forum Romanum aus: am Fuß des Kapitols und zwischen den alten, historisch höchst bedeutungsvollen Tempeln des Saturn und der Concordia.

Unten: Das Comitium in republikanischer Zeit. Das Comitium war der Versammlungsplatz für die Volksversammlungen Roms, es war gleichzeitig auch der Ort, an dem sich die Senatoren in der Curia oder im Senaculum versammelten, und dort stand auch die Rednerbühne, von der aus die römischen Magistrate zum Volk sprachen. Lediglich die Centuriatcomitien, eine Form der Volksversammlung, die aus der Heeresversammlung hervorgegangen war, tagte auf dem Marsfeld außerhalb der Stadt, weil das Tragen von Waffen innerhalb Roms verboten war. Das Comitium war ein kreisförmiger Platz, ringsherum mit Stufen umgeben. Um ihn herum waren die Gebäude angeordnet: die Curia Hostilia im Norden, das Senaculum, ein weiterer Sitzungssaal des Senats, im Westen, die Graecostasis, eine erhöhte Plattform, von der aus ausländische Gesandtschaften die Verhandlungen des Senats verfolgen durften, sowie die Rednerbühne im Süden.

Folgende Doppelseite: Die Lupa Capitolina stellt das Sagenmotiv von Romulus und Remus dar, wonach die Zwillinge auf Befehl ihres Onkels ertränkt werden sollten, aber vom Tiber an Land gespült und von einer Wölfin gesäugt wurden. Die 0,75 m hohe Bronzeplastik entstand im 5. Jahrhundert v. Chr., die Zwillinge sind eine Renaissance-Zutat. Ursprünglich stand sie wahrscheinlich in einem Tempel, vielleicht des Kriegsgottes Mars, dem der Wolf heilig war.
Rom, Palazzo dei Conservatori

nische Dynastie reagierten darauf mit einer beispiellosen Ausdehnung des Verwaltungsapparates und der Heeresorganisation. Den städtischen Führungsschichten wurde der legale Aufstieg verschlossen, da sich in den verschiedenen Amtsbereichen neue Wege der »Beförderung« wie Anciennität und Ämterkauf ausbildeten. So wurden die alten Formen der Patronage hinfällig, wie auch allgemein die politische Organisation nicht mehr auf gesellschaftlichen Beziehungskreisen (Familie, Stadt, Klientel) aufbaute. Da sie jedoch deren Schutzfunktionen nicht übernehmen konnte, entstanden – vor allem im Westen – gesellschaftliche Beziehungskreise *gegen* die politischen Institutionen, besonders das *patrocinium*, und übernahmen die Bischöfe, deren Gewalt sich nicht aus den politischen Strukturen ableitete, Aufgaben, vor denen die politischen Gewalten scheiterten – in der Rechtsprechung, der Fürsorge für Gefangene, der Kornversorgung, sogar der Verteidigung einer Stadt. Durch diese Entwicklung wie auch durch die wachsende Macht der germanischen Heermeister wurde im Westen die Autorität der Kaiser und der zivilen Verwaltung immer mehr ausgehöhlt.

1 Comitium
2 Lapis Niger
3 Rostra
4 Graecostasis
5 Senaculum
6 Curia Hostilia
7 Basilica Porcia
8 Carcer
9 Curia Iulia

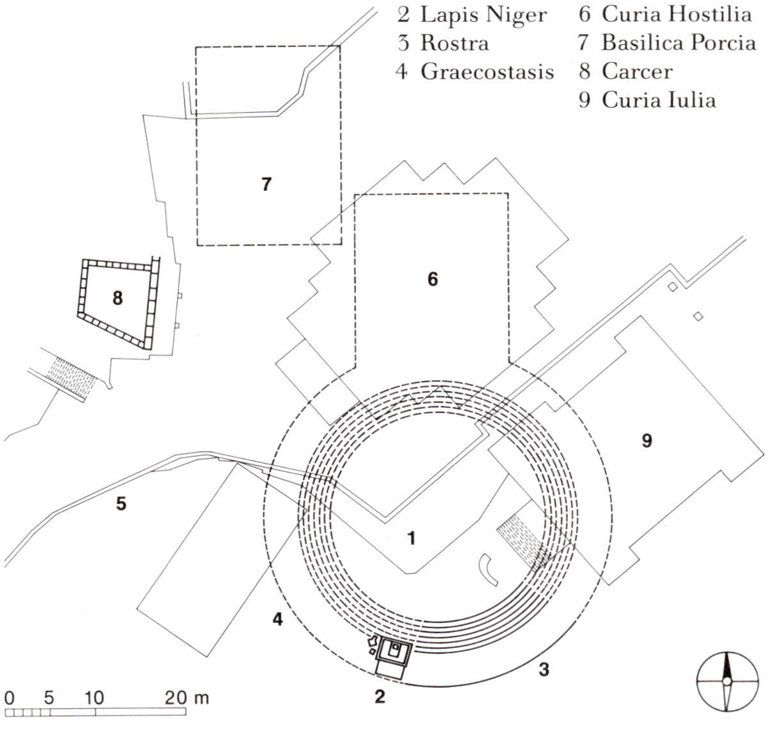

Die Republik

Die Fähigkeit des römisch-republikanischen Staates, sich in der Zeit zu behaupten und über weite Räume der damals bekannten Welt zu expandieren, hat Politiker, Philosophen und Historiker immer wieder dazu herausgefordert, die Grundzüge dieses Staates darzustellen und über sie nachzudenken. Den Erfolg der Römer sahen viele, darunter der Grieche Polybios und der Florentiner Niccolò Machiavelli, vor allem in der römischen Verfassung begründet, die sie für eine wohltemperierte Mischung aus den drei Regierungsformen Monarchie, Aristokratie und Demokratie, für eine Mischverfassung, hielten. Machiavelli lobte den Staat der Römer als ein vollkommenes Staatswesen.

Die Aristokratie

»Die sogenannte gemischte Regierung habe ich immer für ein Hirngespinst gehalten. In Wirklichkeit gibt es keine gemischte Regierungsform«, so urteilte ganz allgemein Alexis de Tocqueville (in seinem Buch *De la démocratie en Amérique*, 1835). In der Tat wurde das Rom der Republik von einer städtischen Aristokratie beherrscht. Sie war zunächst eine Blutsaristokratie (bis etwa 367/366 v. Chr.), in der Zeit der mittleren und späten Republik eine Amtsaristokratie und gestaltete die Politik in Rom über mehr als 400 Jahre republikanischer Geschichte. Der Zugang zu den politischen Ämtern stand grundsätzlich allen Bürgern Roms offen. Da die Ämter jedoch Ehrenämter waren, konnten nur diejenigen mit Aussicht auf Erfolg ein Amt anstreben, die nicht nur den Wahlkampf in Rom, sondern auch ein standesgemäßes Leben zu finanzieren vermochten und dabei von ihren Geschäften abkömmlich waren. Abkömmlichkeit von den eigenen privaten Geschäften war in aller Regel nicht unterhalb des Rittercensus zu erreichen, eines Vermögens, das sich auf die recht ansehnliche Summe von 400 000 Sesterzen belief. Für eine erfolgreiche politische Karriere spielte überdies die Herkunft aus einer bereits in der Politik hervorgetretenen Familie, die Zugehörigkeit zur Nobilität, eine Rolle. Auch wenn der Durchbruch zur

Elite nicht vielen gelang, bewirkte doch deren grundsätzliche Offenheit eine größere Lebendigkeit der politischen Auseinandersetzung und ein freieres politisches Klima. Sie war eine Errungenschaft der Ständekämpfe, die mit einem Ausgleich zwischen dem Blutsadel, dem Patriziat, und der nach einer Teilhabe am öffentlichen Leben strebenden Schicht der Plebejer endeten und eine Stabilisierung der Oberschicht zur Folge hatten.

Das Verhältnis von wirtschaftlicher und politischer Macht

Der Mehrung des Ansehens in der Gesellschaft galt das Streben eines jeden Aristokraten. In der Grabrede zu Ehren seines Vaters Lucius formulierte Quintus Caecilius Metellus die Zielsetzung eines römischen Aristokraten (in der Aufzählung der Verdienste seines Vaters) in zehn Punkten:
»Der erste Krieger, der beste Redner, der tapferste Feldherr zu sein, sein (seines Vaters) Trachten, daß unter seiner Leitung die wichtigsten Taten vollbracht würden, er habe die höchsten Ehrenstellen, die größte Weisheit, die höchste Senatorenwürde erstrebt, ein großes Vermögen auf rechte Weise sammeln, viele Kinder hinterlassen und der Angesehenste im Staat sein wollen« (Plinius, *Naturalis historia* 7, 139–140).
Die politische Führungsschicht, deren einzelne Mitglieder danach trachteten, die anderen aus ihren Reihen an rhetorischen, rechtsanwaltlichen, militärischen Leistungen zu übertreffen und eine Vielzahl angesehener Ämter zu bekleiden, war in den ersten Jahrhunderten der Republik wirtschaftlich weitgehend homogen. Wenn auch Cato der Ältere, wie der Biograph Plutarch in seiner Lebensbeschreibung berichtet, darauf drängte, nur denjenigen für bewundernswert zu halten, aus dessen Rechnungsbüchern hervorgehe, daß er mehr Hinzuerworbenes als Ererbtes hinterlasse, fiel doch die Mehrung des Reichtums nicht zuletzt wegen des hohen Risikos beim Kapitaleinsatz in Handelsgeschäften (die den Senatoren seit 218 v. Chr. eigentlich auch gesetzlich verboten waren) nicht leicht. Eine stärkere Differenzierung der Vermögensverhältnisse innerhalb der Aristokratie setzte erst im Verlauf des 2. Jahrhunderts v. Chr. ein. Den größten und luxuriösesten Landbesitz in der späten Republik besaßen Crassus, Lucullus und Pompeius. Cicero hingegen, der elf Landgüter und zwölf kleinere Häuser sein eigen nannte, gehörte eher zu den Personen mit recht bescheidenen Besitztümern. Caesar, zwar einem altehrwürdigen patrizischen Geschlecht entstammend, hatte sich anläßlich seiner Wahl zum Pontifex Maximus so hoch verschulden müssen, daß er zu seiner Mutter am Wahltag gesagt haben soll, er werde aus finanziellen Gründen seine politische Karriere aufgeben, wenn er bei der Wahl nicht reüssiere.
Die stärkere Differenzierung der römischen Aristokratie in bezug auf die wirtschaftlichen Ressourcen des einzelnen hatte nicht etwa zur Folge, daß die wirtschaftlich Stärkeren sich das politische Terrain erobert hätten. Wirtschaftliche Macht ließ sich nicht direkt proportional in gesamtgesellschaftlich-politische umsetzen. Zwar war ein Mindestvermögen sozusagen als Eintrittskarte in die politisch aktiven Kreise erforderlich. Darüber hinaus aber spielte für eine maßgebende Einflußnahme auf gesamtgesellschaftliche Entscheidungen eine zentrale Rolle, welche Leistungen die Familie des einzelnen für den römischen Staat bereits erbracht und welche Leistungen der einzelne auf dem Gebiet rechtsanwaltlicher, politischer, diplomatischer und militärischer Tätigkeit vorzuweisen hatte.

Meinungsbildung und Entscheidungsfindung

Meinungs- und Redefreiheit waren in Rom so selbstverständlich, daß sie niemals gesetzlich normiert wurden. Wie der einzelne römische Bürger prinzipiell Zugang zu den politischen Ämtern hatte, so war er grundsätzlich an der Meinungsbildung und Entscheidungsfindung beteiligt. Dennoch fielen die tatsächlichen Möglichkeiten der Einflußnahme sehr unterschiedlich aus. Das gilt für die informellen Wege der Einflußnahme wie für die Teilhabe an den Entscheidungen auf institutioneller Ebene.
Trotz aller Einbindung der römischen Bürger in das politische Tagesgeschehen (über die Klientel, die Volksversammlungen und die formlosen Volkszusammenkünfte, die Contionen) lag die Gestaltung politischer Inhalte durchweg in den Händen der Aristokratie. Für gewöhnlich wird der Senat als die eigentlich aristokratische Institution neben Volksversammlung und Magistratur genannt. Zutreffend hingegen ist, daß sämtliche Institutionen der römischen Republik aristokratische Institutionen waren, in dem Sinne, daß sie stets von der Aristokratie und nicht von anderen gesellschaftlichen Gruppen beherrscht wurden.
Die Meinungsbildung erfolgte auf der institutionellen Ebene im wesentlichen im Senat, auf der informellen Ebene in den häuslichen Zirkeln der Aristokratie. Für beide Bereiche charakteristisch ist die hierarchisch starke Abstufung der Einwirkungsmöglichkeiten des einzelnen innerhalb der politischen Führungsschicht. Von entscheidender und herausragender Bedeutung war stets die Meinung der Censorier und Konsulare, derjenigen, die

Der Tempel des Saturn, an der zum Kapitol ansteigenden Nordwestseite des Forums gelegen, war nach dem Tempel des Jupiter Capitolinus der älteste in der Stadt. Ein Neubau wurde von Lucius Munatius Plancus 42 v. Chr. errichtet; davon ist noch ein kleiner Teil des Podiums erhalten. Ein weiterer Neubau erfolgte nach dem Brand 283 n. Chr.; aus dieser Zeit stammen die jetzt noch stehenden acht ionischen Säulen. Im Saturn-Tempel lagen der römische Staatsschatz und die die Staatsfinanzen betreffenden Rechnungsbücher und Urkunden. Die Aufsicht über die Finanzverwaltung oblag den Quästoren. Die eigentlichen Entscheidungen über die Verwendung der Gelder traf der Senat.

im römischen Staat die höchste Stufenleiter der politischen Macht bereits erklommen hatten. In den kleinen Zirkeln der Konsulare – zur Zeit nach dem Bundesgenossenkrieg (91–89 v. Chr.), in dessen Verlauf viele Senatoren gefallen waren, gab es deren etwa dreizehn, in weniger bewegten Zeiten durchschnittlich etwa vierzig – wurde Politik gemacht.

Der Senat

Soweit das Gedächtnis der Römer zurückreichte, gab es dreihundert Senatoren, die der altehrwürdigen Institution des Senats angehörten und vom Censor aus den Reihen der Besten unter den für die *res publica* tätigen Römern ausgewählt wurden. Der Censor berief in der Regel alle Beamten nach Bekleidung ihres Amtes in den Senat. Da alle Beamtenstellen (mit Ausnahme der Censur) einjährig waren, die Berufung nach dem ersten Amt (das im Alter von etwa 30 Jahren übernommen wurde) und auf Lebenszeit erfolgte, waren alle Altersstufen ab 30 im Senat vertreten. Wenn auch das Gebäude, in dem die dreihundert und nach Sulla (81 v. Chr.) sogar sechshundert Senatoren tagten, dem heutigen Betrachter eher beengt vorkommt, hatten doch ehemals die Senatoren kaum unter Platzmangel zu leiden, da viele unter ihnen sich offiziell – etwa als Gesandte – oder auch wegen eigener Geschäfte auf Reisen befanden.
Im Senat war die Gesamtheit der ehemaligen Beamten und daher der gesamte politische Sachverstand der jeweiligen Zeit versammelt. Alle politische Erfahrung konzentrierte sich in dieser Institution. Der Senat war ein Beratungsorgan. Gemäß seinem Charakter als Bera-

Links: Rostra der Kaiserzeit und Bogen des Septimius Severus auf dem Forum Romanum. Die Rednerbühne republikanischer Zeit, auf der Südseite des Comitium gelegen, war nach den Schiffsschnäbeln (rostra) *benannt, die sie seit 338 v. Chr. schmückten; es handelte sich um Beutestücke eines römischen Seesieges über die Latinerstadt Antium. Von der Rednerbühne aus hielten die römischen Beamten die Ansprachen an das Volk. Sie sprachen dem Volk zugewandt, aber gleichzeitig mit Blick auf die Kurie, den Sitzungssaal des Senats. Es war ein sehr symbolischer Akt, als der revolutionäre Volkstribun Gaius Gracchus seine Rede entgegen den Gepflogenheiten mit dem Rücken zum Senat hielt. Die bei Begräbnisfeiern bedeutender aristokratischer Familien üblichen Totenreden wurden ebenfalls von hier aus gehalten. Die Balustrade der Tribüne war mit den Statuen berühmter Bürger geschmückt, vor ihr stand auf Bronzetafeln das älteste Gesetzeswerk Roms, die Zwölftafeln. Gesetzesvorlagen, Senatsbeschlüsse, Verträge wurden an den Rostra (wie auch an den Wänden des Saturn-Tempels) zur allgemeinen Kenntnisnahme angebracht. Im Zuge der von Caesar begonnenen Neugestaltung des Comitium wurde die Rostra an die Westseite des Forums verlegt. Von den 29 v. Chr. geweihten Rostra sind Reste der Vorderseite aus Tuffquadern erhalten (der aus Bruchsteinen gemauerte Teil ist restauriert). Die Dübellöcher, an denen die Schiffsschnäbel befestigt waren, sind teilweise noch erkennbar.*

Unten: Rekonstruktion der Regia in ihrer spätesten, von Domitius Calvinus 36 v. Chr. erbauten Form (Ch. Hülsen). Die Regia war ursprünglich Sitz der etruskischen Könige gewesen, die vor der republikanischen Zeit über Rom herrschten. An ihrem heutigen Platz, an der Heiligen Straße neben dem Vesta-Tempel, scheint die Regia nach den Ausgrabungsbefunden allerdings erst in der zweiten Hälfte des 6. Jahrhunderts v. Chr. errichtet worden zu sein. Es ist anzunehmen, daß die Regia damals verlegt worden ist; ursprünglich dürfte sie eher auf einem der das Tal beherrschenden Hügel als im Tal gestanden haben. In der Republik war die Regia Amtssitz (nicht jedoch Wohnhaus) des obersten Priesters, des Pontifex Maximus. Als Vorsitzender des Kollegiums der Pontifices hatte er die Aufsicht über die Vestalinnen und über alle Priestertümer (flamines)*; er war zuständig für die Führung des Kalenders und der Jahrestafeln mit dem Bericht über die denkwürdigen Ereignisse* (fasti *und* annales). *Eine geweißte Tafel* (album) *mit den wichtigsten Daten (Gerichtstage, Beamtenlisten) stand vor der Regia zur allgemeinen Einsichtnahme der Bürger.*

Rechts: Plan des Forum Romanum

Folgende Doppelseite: Blick vom Tabularium auf das Forum Romanum. Links im Vordergrund der Bogen des Septimius Severus und die Kurie, im Hintergrund die Maxentius-Basilika und das Kolosseum.

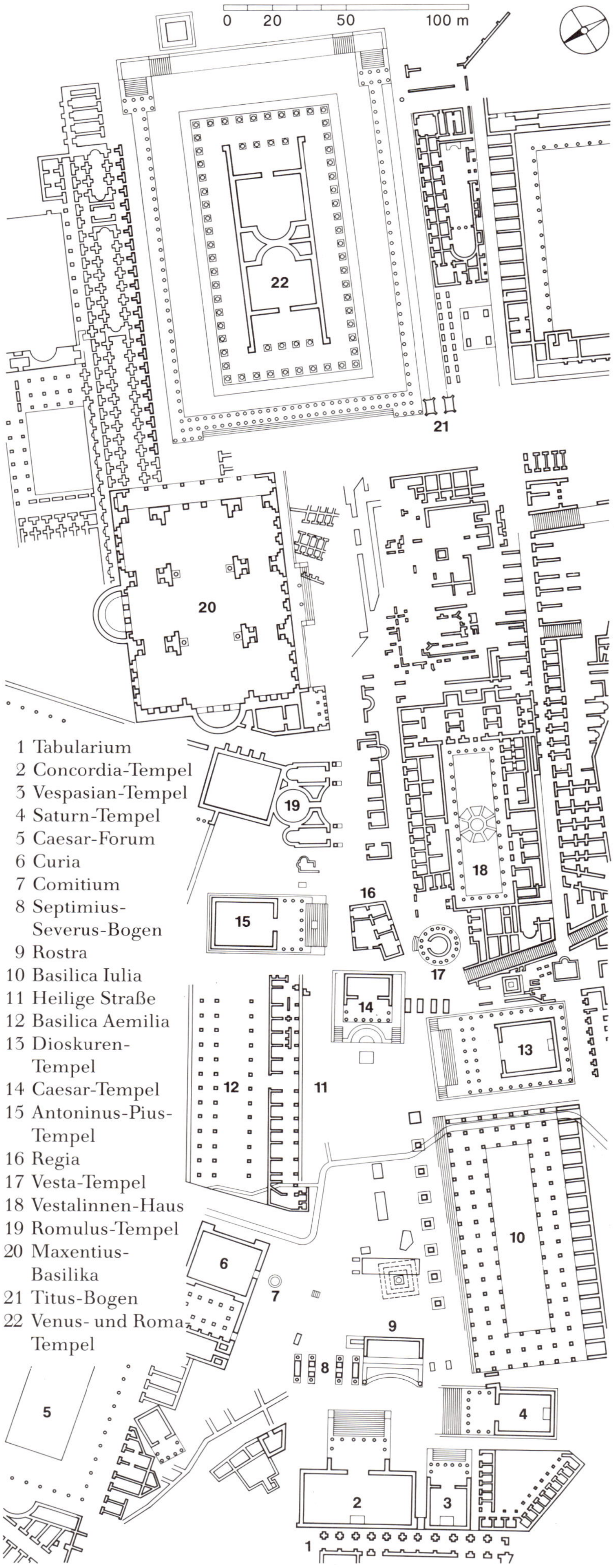

PARTHICO ADIABENICO PONTIFIC MAXIMO
PARTHICO ARABICO ET
IMP CAES M AVRELIO L FIL ANTONINO AVG
PROCOS ET
OPTIMIS FORTISS
PRINCIPIBVS
OB REM PVBLICAM RESTITVTAM
PROCOS
INSIGNIBVS VIRTVTIBVS
ROMANI PROPAGATVM
S P Q R

tungsorgan war er nicht auf bestimmte Verhandlungsgegenstände fixiert, sondern konnte frei alle interessierenden Probleme abhandeln. Es gab ferner keine Vorschriften darüber, an welchen Tagen er Beratungen vorzunehmen hatte; der Beamte, der zu seiner Einberufung berechtigt war, war nicht an Berufungsfristen gebunden. Die Einberufung war an jedem Tag und zu jeder Tageszeit zwischen Sonnenauf- und -untergang möglich. Die Senatoren waren in der Wahl ihrer Sitzplätze ungebunden, und von dem selbstgewählten Platz sprachen sie so lange und über so viele Themen, wie sie es für sinnvoll erachteten – der Vorsitzende war dem einmal zu Wort gelangten Senator gegenüber dem Recht nach wehrlos.

Keine festen Sitzungstermine, keine Einberufungsfristen, keine festgelegte Sitzordnung, keine Einschränkungen der Redezeit, keine Begrenzung der Beratungsgegenstände – eine politische Institution mit einem so lockeren Netz von Vorschriften konnte effektiv nur tätig werden, weil trotz aller Freiheiten, die sie bot, jeder einzelne, der ihr angehörte, einen ganz bestimmten und festen Platz in der Rangordnung der Senatorenschaft hatte, sich dessen bewußt war und sein Handeln auch danach ausrichtete. Der Platz eines jeden einzelnen fand sich festgeschrieben in der von den Censoren aufgestellten Senatorenliste, nach der sich die Redefolge im Senat richtete und damit im wesentlichen auch der Einfluß, den der Senator auf die Meinungsbildung nehmen konnte. Die Abfolge gestaltete sich nach der Höhe der in der Ämterhierarchie bekleideten Amtsstufe und innerhalb der Amtsstufe nach dem Dienstalter. Der großen Handlungs- und Bewegungsfreiheit des Senats und der Senatoren auf der einen Seite stand damit eine strenge Hierarchie auf der anderen Seite gegenüber, an die die Einflußmöglichkeiten des einzelnen gebunden waren. Wirklich meinungsbildend war die kleine Elite der Censorier und Konsulare, die sogenannte Nobilität (von *nobilis*, »bekannt«). Sie bestimmte die Inhalte der Weltpolitik.

Die Beamtenschaft

Während der Senat die Politik gestaltete, oblag es den Beamten, die Vorstellungen des Senats in die politische Praxis umzusetzen. Obwohl die Beamten dem Recht nach befugt gewesen wären, ihre eigenen Ideen unabhängig von der Meinung des Senats zu verwirklichen, taten sie dies jedoch selten. Sie gehörten derselben sozialen Schicht an wie die Senatoren, waren mit ihnen durch eine gleiche Interessenlage verbunden und hatten sich darüber hinaus mit ihnen zu arrangieren, wenn sie auf eine weitere Ämterkarriere Wert legten. Für die römische Beamtenschaft kennzeichnend war daher die in der klassischen Phase der Republik stets einvernehmliche Zusammenarbeit mit dem Senat.

Als ebenfalls typisch ist die außerordentlich geringe Trennschärfe bei der Fassung der Amtskompetenzen anzusehen. Zwar haben sich im Verlauf der Zeit einige Kernbereiche als Aufgabenkreise einer jeden Magistratur herausgebildet, aber im wesentlichen blieben die Kompetenzen fließend und der Wirkungskreis des einzelnen Beamten recht weit. Die geringe Trennschärfe hatte den guten Sinn, daß der Staat trotz der geringen Zahl der Beamten immer handlungsfähig blieb: Wenn gerade kein Beamter in Rom anwesend war, zu dessen Kernbereich die Durchführung einer Maßnahme gehörte, konnte nicht nur einer seiner Kollegen, sondern auch der Inhaber einer anderen Magistratur problemlos mit der entsprechenden Aufgabe betraut werden.

Der erwähnte geringe Umfang der römischen Beamtenschaft ist für das republikanische System ebenfalls typisch. Es ist den Römern gelungen, mit insgesamt lediglich sechs Beamtenkategorien in der Exekutive auszukommen: Quästur, Ädilität, Prätur, Konsulat, Censur und, abseits der eigentlichen Ämterlaufbahn, dem Volkstribunat. Die mit der Vergrößerung der römischen Weltherrschaft vorgenommenen Veränderungen bestanden

Links außen: Rückseite eines Silberdenars aus dem Jahr 63 v. Chr. Ein römischer Bürger (als solcher zu erkennen an der Toga) gibt seine Stimme auf einer Tontafel ab, indem er sie in eine Urne wirft. Der civis Romanus *konnte über eine Gesetzesvorlage mit Ja oder Nein, über eine Anklage mit »Ich verurteile« oder »Ich spreche frei« und anläßlich von Wahlen mit dem Namen des von ihm bevorzugten Kandidaten abstimmen. Meist entschied er sich dabei im Sinne seines Patrons. Die geheime Abstimmung wurde zu Beginn der späten Republik eingeführt. Für die Patrone wurde dadurch schwer kontrollierbar, wie ihre Klienten abstimmten.*

Links innen: Silberdenar des P. Porcius Laeca (um 110 v. Chr.) mit der Aufschrift PROVOCO*. In der Mitte des Münzbildes steht ein Soldat, der den Arm ausstreckt, links von ihm ein römischer Bürger und rechts ein Liktor. Die Szene soll an die Ausdehnung des Provokationsrechts auf die römischen Soldaten durch die Porcischen Gesetze vom Anfang des 2. Jahrhunderts v. Chr. erinnern. Das Recht, gegen Kapitalstrafen der Magistrate zu »provozieren«, eine Entscheidung des Volkes in den Comitien zu verlangen, gehörte zu den Grundrechten römischer Bürgerfreiheit. Bis zu den Porcischen Gesetzen galt es nicht für Strafen, die der Feldherr gegen Soldaten ausgesprach.*

Oben: Der Sitzungssaal des römischen Senats in der Kurie. Die Curia Iulia, ein großer Ziegelbau auf dem Comitium, wurde von Caesar als Ersatz für die 52 v. Chr. abgebrannte Curia Hostilia erbaut und von Augustus 29 v. Chr. eingeweiht. Der Senat tagte grundsätzlich hier, zuweilen auch in einem der Tempel Roms. Die Maße (Höhe 21 m, Breite 18 m, Länge 27 m) entsprechen etwa den Proportionen, die Vitruv für den Bau einer Curia angibt. Die beträchtliche Höhe ist durch Erfordernisse der Akustik bedingt. Zwischen den Türen in der Rückwand befindet sich ein Podest für den Vorsitzenden; jeweils 300 Senatoren saßen auf den drei breiten Stufen der beiden Langseiten.

Vorhergehende Doppelseite: Blick vom Palatin auf das Forum Romanum. In der Bildmitte die Kurie, links davon der Bogen des Septimius Severus am Fuß des Kapitols, davor Ehrendenkmäler und drei Säulen des Dioskuren-Tempels; nach rechts die Reste des Vesta- und des Caesar-Tempels; am rechten Bildrand die Säulenfront des Antoninus- und Faustina-Tempels. Das Forum lag zwischen den beiden Hügeln Roms, welche die besten Chancen zur Verteidigung boten, dem Kapitol und dem Palatin. Die politischen Funktionen des Platzes konzentrieren sich bis in die Zeit der späten Republik auf seinen nördlichen Teil, das Comitium, während der südliche Teil ein Marktplatz war.

nicht in der Schaffung neuer Beamtenkategorien, vielmehr wurden bereits bestehende Kollegien ergänzt. Damit beugte die römische Aristokratie einer Entwicklung vor, die ihrer Herrschaft hätte abträglich werden können: der Tendenz zur Bürokratisierung. So selbstverständlich bürokratische Apparate integrierende Bestandteile des modernen Staates sind, so wenig selbstverständlich war die Formalisierung öffentlichen Lebens für das republikanische Rom. Jede stärkere Ausweitung der Beamtenschaft, erst recht aber eine stärkere Hierarchisierung ihrer Kompetenzen oder gar die Ausbildung eines Instanzenzuges hätte der Beamtenschaft größeres Eigengewicht und stärkere Dynamik verliehen. So wird auch verständlich, daß die Amtshandlungen der Beamten auf die Setzung von Normen konzentriert wurden und sich kaum (anders als im modernen Staat) auch auf deren Durchführung erstreckten. Diese erfolgte meist durch subalterne Helfer der Magistrate oder auch durch die Vergabe von Aufträgen auf privatwirtschaftlicher Basis.
Durch die Beibehaltung und stets strenge Trennung der zwei Ebenen, einer normensetzenden und einer subalternen durchführenden, konnte kein neuer Stand im Staat heranwachsen, der zur Amtsaristokratie hätte in Konkurrenz treten können. Ganz und gar waren Veränderungen allerdings nicht zu vermeiden: Die privatwirtschaftliche Vergabe von Staatsaufträgen (deren Übernahme der Senatorenschaft verboten war) ließ eine neue soziale Gruppierung im römischen Staat entstehen, die Ritter, genannt nach ihrer Zuweisung in die oberste Vermögensklasse bei der Schätzung durch den Censor, die Klasse der *eques*. Die Oberschicht spaltete sich dadurch in zwei Gruppen: in diejenigen, die Spitzenpositionen in Wirtschaft, Gesellschaft und Politik innehatten, und diejenigen, die nur solche in Wirtschaft (vor allem Staatspachten) und Gesellschaft einnahmen. Bedingt durch die unterschiedlichen Wirkungskreise entstanden in der späten Republik einige Reibungsflächen zwischen den beiden Teilen der Oberschicht. Sie wurden jedoch für das Funktionieren der staatlichen Institutionen nicht bedrohlich.
Der zivile Aufgabenbereich war im römisch-republikanischen Staat nicht vom militärischen getrennt. Es gab keine gesonderten Laufbahnen für beide Bereiche, sie waren vielmehr miteinander verwoben. Für die Übernahme des ersten Amtes, der Quästur, bildete die erfolgte Ableistung von zehn Militärdienstjahren eine unabdingbare Voraussetzung. Die Quästoren verwalteten sowohl die Staatskasse in Rom als auch die Kassen der Oberbefehlshaber des Heeres vor Ort. Der Konsul nahm als oberster ziviler Beamter maßgeblichen Einfluß auf die Innenpolitik und befehligte als ranghöchster Militär auch die römischen Heere. Der Prätor fungierte sowohl als oberster Jurisdiktionsbeamter wie auch als Feldherr. Lediglich die Volkstribune, die ehemaligen Führer der Plebejer in den Ständekämpfen, waren in ihrem Wirkungskreis auf den zivilen Bereich konzentriert. Die Verschränkung von Politik und Militärwesen bot den Vorteil, daß militärische und politische Führung keine gesonderten Eigeninteressen entwickeln konnten, die zueinander in Konkurrenz hätten treten können.
Die römischen Beamten waren nicht mit einem sakralen Nimbus umgeben. Nicht die Götter haben sie mit der Wahrnehmung staatlicher Aufgaben betraut, ihre Legitimation gründete vielmehr auf der Wahl durch das römische Volk. Vor wichtigen Handlungen holten sie zwar die Zustimmung der Götter ein. Dabei aber handelte es sich eher um einen formalen Akt als um ein echtes Bedürfnis des jeweiligen Beamten oder des Volkes. Den Priesterschaften, die von demselben aristokratischen Personen

Links, unten und folgende Doppelseite: Ara Pacis. Das Gelübde für den Bau eines Altars des Augustus-Friedens beim Marsfeld wurde am 4. Juli 13 v. Chr. abgelegt, die Einweihung fand am 30. Januar 9 v. Chr. statt. 1568 entdeckte man erstmals bearbeitete Blöcke des Monuments, das seit 1903 ausgegraben und 1938 in einem Pavillon beim Augustus-Mausoleum wieder aufgebaut wurde. Die Anlage besteht aus einem rechteckigen Bezirk (11,65 x 10,62 m) auf einem Podium, zu dem eine Treppe hinaufführt. In den Längsseiten, die ursprünglich in Ost-West-Richtung lagen, öffnen sich große Eingänge ins Innere, wo der eigentliche Altar steht. Die Umfassungsmauer ist innen und außen mit Reliefs verziert. Ein Fries mit Akanthusranken schmückt den unteren Teil der Außenseiten; die obere Zone zeigt figürliche Reliefs. Die neben den Eingangstüren stellen mythologische und allegorische Szenen dar: an der Ostseite (unten) links das Lupercal, die Höhle, in der die Wölfin die Zwillinge Romulus und Remus gesäugt haben soll; rechts Aeneas beim Opfer für die Penaten. Auf den beiden Schmalseiten ist ein historisches Ereignis wiedergegeben: die Prozession, die anläßlich des Gelübdes zum Bau des Altars stattfand. Am besten erhalten ist der Fries auf der Südseite mit den Mitgliedern der Familie des Augustus. Der Ausschnitt (folgende Doppelseite) zeigt links eine Gruppe von Flamines. Ihnen folgen Agrippa und Iulia, die Tochter des Augustus, mit dem kleinen Gaius Caesar und (am rechten Bildrand) Tiberius. Am Fries der Nordseite (links) wurden die meisten Köpfe im 16. Jahrhundert neu gearbeitet.

kreis bekleidet wurden wie die politischen und militärischen Ämter, kam im politischen Kräftefeld ein vergleichsweise geringes Gewicht zu. Ihnen oblag die ordnungsgemäße Pflege der einzelnen Gottheiten, der sakralen Einrichtungen, die Beobachtung der Riten. Im Bereich der Politik besaßen sie gewisse Kontrollfunktionen und konnten etwa magistratische Handlungen verhindern oder den Abbruch von Volksversammlungen wegen ungünstiger Götterzeichen bewirken.

Das Volk

Die Politik wurde im wesentlichen durch den römischen Senat gestaltet und von den Beamten zur Durchführung gebracht – welche Rolle blieb für das Volk übrig, das sich in den Volksversammlungen zusammenfand? Das »Volk« bildete dabei gewissermaßen eine fiktive Größe, da sich die römische Herrschaft im Verlauf der Zeit über immer größere Gebiete Italiens erstreckte und nur ein kleiner Teil der Bevölkerung von den eigenen Geschäften in dem

Maße abkömmlich war, daß er zu den politischen Abstimmungen auf dem Forum in Rom erscheinen konnte. Auf der nicht durch Rechtsnormen fixierten Ebene war das Volk durch die soziale Institution der Klientel in die Politik mit einbezogen. Durch Familientradition, zum Teil auch durch freie Wahl, bestanden unter den einzelnen Römern – jeweils zwischen solchen mit geringerem und solchen mit höherem sozialen Ansehen – Klientelbindungen. Wenn auch auf diese Weise eine wirtschaftlich schwächere mit einer wirtschaftlich stärkeren Person verbunden war, handelte es sich nicht um ein ökonomisches Abhängigkeitsverhältnis. Es war ein Verhältnis auf Gegenseitigkeit: Der Patron vertrat den Klienten als Anwalt vor Gericht und setzte sich, wenn möglich, für seine persönlichen Belange ein, zum Beispiel indem er Stellen für ihn oder seine Familienmitglieder vermittelte oder sich um Landzuweisungen an seine Söhne kümmerte. Der Klient unterstützte den Patron bei seinen politischen Vorhaben, erschien tagtäglich zur morgendlichen Begrüßung, zur *salutatio*, im Hause seines Patrons und begleitete ihn zusammen mit den anderen Klienten zum Forum. Auf diese Weise waren die Klienten in den Informationsfluß eingebunden. Auch wurden sie in einer losen Art der Volksversammlung, deren Ablauf wenig reglementiert war und die nicht der Abstimmung, sondern der Information diente, den *contiones*, über Gesetzesvorhaben unterrichtet. Abgestimmt haben die Römer dann in den beschlußfassenden Volksversammlungen meist im Sinne der Empfehlungen ihres Patrons.
Verbindliche Beschlüsse, die Gesetzeskraft hatten, wurden in den Volksversammlungen gefaßt, die nur auf Veranlassung eines Beamten einberufen werden konnten, der auch die ausschließliche Berechtigung zur Vorlage eines abstimmungsfähigen Antrages hatte. In allen Formen der Volksversammlung, deren es aus Gründen der historischen Entwicklung vier gab, zählte nicht die Stimme der einzelnen Person, sondern die einer größeren Stimmeneinheit. Gleichgültig, ob nach Familienzugehörigkeit, Vermögensklassen oder geographischen Bezirken gegliedert (auch wenn das geographische Prinzip das fortschrittlichste war und bereits modern anmutet) – bei der Entscheidung dominierte immer die Meinung der Nobilität. So ist denn auch die Volksversammlung in allen ihren Formen eine aristokratische Institution. Sie diente der führenden Schicht zur Herstellung der Öffentlichkeit, zur Einbindung des Volkes in das politische Geschehen, zur Sicherung politischer Beschlüsse einzelner ihrer Mitglieder über den Tag hinaus.

Die Kontrollmechanismen

Der republikanische Staat war von einer Vielzahl und Vielfalt von Kontrollmechanismen durchzogen. Die Kontrollen waren zu einem Teil durch die Konzeption der Ämter selbst bereits existent. Die Kürze der Amtsperiode aller Beamten (außer dem Censor), das Annuitätsprinzip, verschaffte dem jeweiligen Amtsvorgänger und dem Nachfolger Einwirkungs- und Kontrollmöglichkeiten über den gerade amtierenden Machtträger. Das Prinzip der Kollegialität, verbunden mit dem der Zuständigkeit jedes Kollegen für die Gesamtheit der Aufgabenbereiche des Amtes und dem Recht, bei Mißfallen die Amtshandlungen der Kollegen zu unterbinden (Intercessionsrecht), war ebenfalls ein sehr wirksamer, wenn nicht der wirksamste Kontrollmechanismus überhaupt. Außerdem besaßen die Volkstribune, deren es zehn gab, das Recht, gegen die Amtshandlungen aller übrigen Beamten einzuschreiten. Und so kann man mit Cicero, der dem Volkstribunat gegenüber eigentlich eher skeptisch eingestellt war, fragen: Welches Kollegium kann schon derart von allen guten Geistern verlassen sein, daß in ihm nicht einer von zehn bei gesundem Verstand wäre?
Der Beamte wurde nicht nur durch die Annuität in seinem Handlungsspielraum eingeengt und durch die Kollegialität und das Intercessionsrecht der Kontrolle unterworfen. Beamten in den Provinzen wurden Gesandte beigegeben, die beratend tätig wurden und sie wirksam überwachten. Die beiden Censoren, denen die Aufstellung der Senatorenliste oblag, waren befugt, ehemalige Beamte, die durch nicht normenkonformes Verhalten aufgefallen waren, aus der Liste der Senatoren zu streichen. Die jüngste Form der Kontrolle magistratischer Amtsträger war die Ausbildung von Geschworenengerichtshöfen, vor denen sich ehemalige Beamte für die während ihrer Amtszeit verübten Delikte zu verantworten hatten. Die Verfolgung politischer Delikte erreichte mit der genauen Definition der Straftatbestände, der Festlegung der Rechtsfolgen und Verfahrensweisen und der Institutionalisierung spezialisierter Gerichtshöfe einen hohen Grad an Differenzierung und Systematisierung. Die Kontrolle wurde durch die stärkere Formalisierung und Institutionalisierung überprüfbaren und einklagbaren Normen unterworfen – die Kontrolle selbst wurde kontrollierbar. Auf die Einrichtung der Geschworenengerichtshöfe geht die auch heute noch gültige Trennung von Kriminal- und Strafsachen zurück.

Pragmatik und Rationalität

Die Institutionen des republikanischen Staates waren nicht von den Anfängen der Republik an eine feste Größe, nicht das Resultat eines historischen Augenblicks.

Relief der Friedensgöttin an der östlichen Umfassungsmauer der Ara Pacis. Die Friedensgöttin Pax vereinigt Züge der mütterlichen Erdgöttin Tellus und der Venus. Sie gewährt gleichermaßen Geburtenreichtum, üppige Ernten und fette Herden. Die beiden Frauen mit wehenden Gewändern zu ihrer Seite reiten auf einem Schwan beziehungsweise einem Seeungetüm. Es sind Aurae, *die von Land und Meer her günstige Winde bringen und so auch ihrerseits zu Fruchtbarkeit und allgemeinem Gedeihen beitragen.*

Sie wurden alle im Verlauf der Zeit konzipiert, fortentwickelt und den jeweiligen Gegebenheiten angepaßt. Über fertige Rezepte zur Gestaltung ihres Staates verfügten die Römer zu keinem Zeitpunkt, auch wenn es dem Betrachter im nachhinein so erscheinen mag, insbesondere wenn er aus der Geschichte Prinzipien für seine eigene Zeit gewinnen möchte. Das Prinzip des *divide et impera* (»teile und herrsche«) hat sich etwa als ein frühneuzeitliches erwiesen, das Kollegialitätsprinzip zwar als republikanisch, aber nicht als ein von Anfang an zur Verfügung stehendes theoretisches Konstrukt, sondern als eine in der politischen Praxis an einem einzelnen Amt, dem obersten republikanischen Amt, entwickelte Institution, die dann auf andere Ämter übertragen wurde. Die Römer verfuhren bei der Gestaltung ihres Staates pragmatisch, sich auseinandersetzend mit den sich stellenden Problemen und Aufgaben und den gegebenen wirtschaftlichen, sozialen und politischen Möglichkeiten.

Im Verlauf ihrer republikanischen Geschichte bildeten die Römer eine Vielzahl formalisierter Regeln im Bereich der Exekutive und der Kontrollmechanismen aus, die einer Konzentration und einem Mißbrauch von Macht entgegenwirkten. Regelmechanismen füllten dabei nicht mehr lediglich Lücken auf, in denen die Konventionalregeln nicht mehr funktionierten, vielmehr wurde die staatliche Ordnung (seit Sulla) als eine Gesamtheit begriffen, die durch ein Ensemble von ineinander verzahnten Regeln bewußt durchdacht und gestaltet werden konnte. Wenn es zutrifft, daß sich die moderne europäische Zivilisation vor allem durch die ihr eigentümliche Rationalität in Wissensformen, Staat und Wirtschaft auszeichnet, dann kann der Beitrag der Römer hierzu nicht zuletzt darin gesehen werden, daß sie eine auf dem Recht gründende, auf klaren Verfahrensregeln ruhende und vielfältigen Kontrollmechanismen unterworfene rationale Ordnung des Staatswesens hervorbrachten.

Oben: Wagenrennen im Circus Maximus in Rom. Relief von einem Grabbau in der Umgebung von Foligno (3. Jahrhundert). Foligno, Museo Civico

Rechts: Circus Maximus und Palast des Domitian auf dem Palatin. Modell des antiken Rom von I. Gismondi. Im Tal zwischen Aventin und Palatin wurden bereits in frühester Zeit Spiele abgehalten. Steinstufen traten im Verlauf der Zeit an die Stelle von Holzsitzen. 600 m lang, 150 m breit und mit 35 m tief gestaffelten Sitzreihen faßte der Circus Maximus etwa 100 000 Zuschauer, nach dem Umbau durch Nero sogar 250 000. Die Spiele hatten ursprünglich kultische Bedeutung; die wichtigsten, die »Großen Spiele«, wurden zu Ehren des Jupiter Optimus Maximus veranstaltet und dauerten gegen Ende der Republik einen halben Monat (5.–19. September). Vom Senat und allen Beamten begleitet, führte der Prätor als spielleitender Beamter den feierlichen Zug der Prozessionswagen mit Götterbildern vom Kapitol über das Forum zum Circus. Dort fanden Schauspiele, Athletenwettkämpfe und vor allem Wagenrennen statt. Die Ausrichtung von Spielen lag im Zuständigkeitsbereich der Ädile, aber auch der Prätoren. Die Beamten überboten einander in der Veranstaltung immer prunkvollerer Feste und Spiele, um die Bürger von der Großzügigkeit und Bedeutung der eigenen Person zu überzeugen, mit dem Ziel, bereits bestehende Klientelen zu festigen und neue Klienten hinzuzugewinnen. Denn diese wurden benötigt, wollte man bei den Wahlen die nächste Stufe in der Beamtenhierarchie erreichen. In der Kaiserzeit boten die Spiele im Circus den Rahmen zur rituellen Kommunikation zwischen dem Princeps und der Plebs urbana.

Crescens, Wagenlenker der blauen Partei, maurischer Nation, im Alter von 22 Jahren. Im Viergespann siegte er erstmals im Konsulat des L. Vipstanius Messala anläßlich der Geburtstagsfeier des vergöttlichten Nerva (8. November 115) mit diesen Pferden: Circius, Acceptor, Delicatus, Cotynus beim 24. Rennen. Vom Konsulat des Messala (115) bis zur Geburtstagsfeier des vergöttlichten Claudius im Konsulat des Glabrio (10. Mai 124) war er 686mal im Rennen. Er siegte 47 mal, bei einfacher Bespannung (ein Gespann pro Partei) 19mal, bei doppelter Bespannung 23mal, bei dreifacher Bespannung fünfmal. Er gewährte dabei einmal Vorsprung, übernahm achtmal sofort die Spitze, überholte 38mal am Schluß. Er wurde 130mal Zweiter. Er wurde 101mal Dritter. Er verdiente 1558346 Sesterzen (das Anderthalbfache des Mindestvermögens eines Senators).

Ehreninschrift für den afrikanischen Wagenlenker Crescens

Das politische System des Principats

Die römische Monarchie war von Augustus zwischen 27 und 19 v. Chr. fest institutionalisiert worden und erwies sich als eine der bestakzeptierten Monarchien der Weltgeschichte. Es gab niemals mehr einen Versuch, die Republik wiederherzustellen. Zwei wichtige Gruppen der politischen Gemeinschaft, die *plebs urbana*, die hauptstädtische Bürgerschaft, und das Heer, akzeptierten die Herrschaft der Oligarchie – genannt Republik – überhaupt nicht mehr; sie gehorchten nur noch einem Monarchen. Auch die monarchiegewohnten Bewohner hellenisierter und semitischer Regionen des Ostens waren erleichtert, einen römischen Monarchen zum Schutz gegen Willkür und Ausplünderung durch republikanische Promagistrate zu haben. Nicht zuletzt sah die senatorische Aristokratie selbst ein, daß eine oligarchische Staatsform endlose Bürgerkriege mit sich brachte.

Die römische Monarchie gestattete dem Kaiser Handlungen, die kein absolutistischer König sich je erlauben konnte – dennoch war das politische System kein Absolutismus. Wie ist das zu erklären? Während in vielen orientalischen Monarchien ein »Königsrecht« dazu diente, die Befugnisse des Königs einzugrenzen, machte in Rom gerade die rechtliche Übertragung der Herrschaftsbefugnisse *(lex de imperio)* den Principat zu einem absolutistischen System. Die Amtsvollmachten des römischen Kaisers (*imperium consulare* und *proconsulare*, *tribunicia potestas*) waren zwar republikanisch, doch bereits in der Republik waren diese Amtsvollmachten von ungeheurem Umfang. Nicht das Recht schränkte ihren Gebrauch ein, sondern der Konsens der Aristokratie darüber, wie sie gewohnheitsmäßig zu gebrauchen seien. Das unterscheidet das römische politische System grundsätzlich von den Vertragsverfassungen der semitischen und der hellenischen Kulturen.

Links: Prunkhelm eines Gladiators aus Pompeji. Solche Paradestücke wurden nicht beim Kampf, sondern bei der pompa, *dem Aufzug der Gladiatoren, getragen. Auf der Kalotte sind Ereignisse beim Untergang Trojas dargestellt. Die abgebildete Seite zeigt die Flucht des Aeneas, die rückwärtige Seite die Tötung Kassandras und des Priamos, die Stirnseite Menelaos und Helena. An der Krempe sind zwischen Waffen liegende Verwundete dargestellt, am Kamm Opferszenen. Auf dem Kamm war ein wehender Helmbusch befestigt. Ein Visier mit Augengitter bedeckte das Gesicht. Neapel, Museo Nazionale*

Rechts: Magerius-Mosaik aus Smirat (Tunesien). Die Veranstalter von Spielen bewahrten die Erinnerung an die von ihnen gegebenen munera *oft in Grabreliefs und Bodenmosaiken. Das Mosaik aus dem 3. Jahrhundert mit Szenen einer Tierhetze hält auch die Namen der Kämpfer und Tiere fest. Zwei der* bestiarii, *Spittara und Mamertinus, demonstrieren die korrekte Methode, ein Tier zu erlegen: Auf das linke Bein gestützt, stoßen sie dem anspringenden Panther die Lanze durch Brust und Rücken. Sousse, Archäologisches Museum*

Kumuliert in der Hand des Kaisers, ergaben diese Amtsgewalten eine Machtfülle, von der absolutistische Herrscher nur träumen konnten. »Rechtlich« war der römische Principat also ein Überabsolutismus. Warum war er es in der historischen Realität meist nicht? Weil der Kaiser seine Amtsgewalten praktisch nicht ausschöpfen konnte. Es waren nicht die weiterexistierenden politischen Institutionen der Republik – Senat und Volksversammlung –, die ihn daran gehindert hätten, denn diese Organe bestätigten immer den Konsens mit dem Monarchen. Was den kaiserlichen Absolutismus verhinderte, das war die ständige intensive Beziehung zu drei maßgeblichen Sektoren der politischen Gemeinschaft: zur Senatorenschaft, zur Plebs urbana und zum Heer. Verweigerten sich Kaiser dieser Kommunikation, riskierten sie ihren Sturz (Usurpation). Diese Kommunikation spielte sich vorwiegend nicht mehr im Rahmen der alten Institutionen ab, obwohl der Senat noch Beschlüsse faßte und die Volksversammlung die Magistrate wählte. Sie machte ganz neue Formen der politischen Interaktion nötig und erforderte einen noch nie dagewesenen Aufwand an politischer Symbolik. Diese stellte keine »Propaganda« im modernen Sinne dar. Denn die römische Monarchie mußte sich niemals »legitimieren«, sie stand nie in Frage. Aber der Kaiser mußte stets beweisen, daß er willens war, dem »Bild« des guten Herrschers zu genügen. Alle drei maßgeblichen Sektoren hatten jedoch ein anderes Bild vom »guten« Kaiser: Der Senat wünschte sich einen »Ersten unter Gleichen«, die Plebs urbana einen volksnahen Monarchen voller Großmut und Milde, die Legionen hingegen einen tüchtigen Kriegsherrn. Alle drei Bilder stellten unterschiedliche charakterliche und verhaltensmäßige Anforderungen an den Kaiser, und sie konnten sich widersprechen. Da aber jeder Sektor auf seiner besonderen Beziehung zum Kaiser beharrte, war die kaiserliche Person tendenziell überfordert. Diese Überforderung schwächte zwar die Monarchie nicht; sie machte aber das System krisenanfällig, sobald ein Kaiser sich diesen Anforderungen nicht stellen konnte oder wollte.

Der unablässige Konsens – Kaiser und Plebs urbana

Daß die Plebs sich – wie der Dichter Juvenal spottete – vorwiegend um »Brot und Spiele« gekümmert habe, ist falsch und richtig zugleich. »Brot« war überhaupt kein Thema, außer – und das wäre bei uns genauso – wenn es knapp wurde; »Spiele« dagegen waren von erstrangiger Wichtigkeit – freilich aus anderen Gründen, als gemein-

hin geglaubt wird. Zunächst zum »Brot«: Große Städte konnten in der Antike nicht allein über den freien Markt versorgt werden, schon gar nicht Rom mit seinen etwa eine Million Einwohnern. In der Kaiserzeit gab es zwei Institutionen, die für die Versorgung zuständig waren: die *annona* und die *frumentatio publica*. Über die *annona* korrigierte die Regierung Preisanstiege und Engpässe auf dem Getreidemarkt; ohne sie hätte diese riesige Menschenkonzentration nicht existieren können. Die *frumentatio publica* hingegen gab etwa 150 000 in eine Liste eingetragenen Stadtrömern das Recht, monatlich eine bestimmte Menge Getreide kostenlos zu erhalten. Die stadtrömische Bürgerschaft war also geteilt in eine privilegierte und eine von diesen kaiserlichen Begünstigungen ausgeschlossene Hälfte. Diese Begünstigung hatte weit weniger materielle als vielmehr symbolische Bedeutung; den Bürgern mit Anrecht auf kostenlose Getreiderationen reichten diese nicht zum Leben, geschweige zum Unterhalt ihrer Familie; doch sie genossen die sichtbare Ehre, dem Kaiser näher zu sein als die anderen.

Danach aber, wie nahe die sozialen Gruppen dem Kaiser standen, bemaß sich ihr politischer Status. Gerade die Plebs war deswegen an der Demonstration ihrer Nähe zum Kaiser interessiert. Diese Nähe wurde zelebriert im ludischen Ritual, das wir mißverständlich als »Spiele« bezeichnen. Man hat lange geglaubt, die »Spiele« seien ein Mittel gewesen, das römische Volk zu entpolitisieren, es in eine amorphe Masse zu verwandeln, deren Schaulust und Blutdurst unablässig gestillt werden mußten. Dieses Bild hat sich als fundamental falsch erwiesen. Wenn man zum ausschlaggebenden Kriterium für Politik die Teilnahme an den Entscheidungen macht, die die ganze politische Gemeinschaft betreffen, dann ist das römische Volk schon seit der frühesten Republik entpolitisiert gewesen und geblieben. Denn bei der extremen politischen Ungleichheit in Rom hieß Politik für die nichtaristokratischen Schichten keineswegs Teilnahme an Entscheidungen, sondern Demonstration des politischen Konsenses. Doch wenn man die intensive und kontinuierliche Kommunikation der Beherrschten mit dem Zentrum der Herrschaft zum Kriterium von Politik erhebt, dann hat es wohl in der Weltgeschichte kaum eine Gruppe gegeben, die so politisiert war wie die stadtrömische Plebs. Den Rahmen für diese Kommunikation gaben die sogenannten »Spiele« ab – im Circus, im Amphitheater und im Theater. Diese Rituale waren religiös eingebettet, zeremoniell geregelt. Die Sitzordnung war streng festgelegt: Deutlich voneinander getrennt saßen die Senatoren,

dann die Ritter, dann der Großteil der Plebs in weißer Toga und schließlich ganz hinten Leute ohne weiße Toga, Frauen und Sklaven. Somit bot die Sitzordnung im Theater und im Amphitheater – strenger als im Circus – ein Konterfei der sozialen Rangstaffelung und der politischen Ordnung, wobei es keine Anonymität gab. Die Trennlinien mißachten hieß die Ordnung in Frage stellen.

Die Historiographen berichten von keinerlei Ausschreitungen im Circus oder Amphitheater der Hauptstadt während der ganzen Kaiserzeit. Das ist angesichts der Zuschauermengen erstaunlich – kein modernes Stadion verfügt über die Kapazität des Circus Maximus, der seit Nero 250 000 Plätze hatte. Die römische Plebs verhielt sich demnach bei diesen Ritualen ganz anders als moderne Zuschauermassen. Diese »Spiele« waren keine Vergnügungen; sie dienten weder der Belustigung noch der Erholung. Über Stunden sich hinziehend, waren sie für die eng sitzenden Plebejer anstrengend. Die Freude an diesen »Spielen« ergab sich aus deren politischer Dimension: Eine ausgefeilte, überreiche Symbolik beherrschte diese Veranstaltungen und richtete sie aus auf die *felicitas* (Glück) der Gegenwart, auf die *aeternitas* (Ewigkeit) der römischen Herrschaft und auf die *victoria* (Sieg) des Kaisers.

Bei den blutigen »Spielen« im Amphitheater gelangte diese Symbolik zu ihrer höchsten Prägnanz. Die *venatio* (Tierhetze) inszenierte den Kampf der kulturellen Ordnung gegen die Natur; je universaler der Anspruch der römischen Herrschaft galt, desto exotischer die in der Arena vernichtete Tierwelt. Gladiatorenkämpfe wiederum stellten die Bedrohung der römischen Ordnung durch Kriminelle und äußere Feinde dar; und der Sieg, mittels dessen die Ordnung sich behauptete und die Sicherheit aller Bürger bewahrt wurde, verdankte sich der Überlegenheit von Technik, Training, Disziplin und Todesverachtung – mit der Belohnung, daß, wer sich einige Jahre in der Arena bewährte, wieder in Freiheit gelassen wurde. Dieses Modell der Sozialdisziplinierung entsprang einer spezifisch römisch-militärischen Kultur. In wohl keiner Monarchie der Weltgeschichte war der

Gladiatorenkämpfe und Tierhetzen. Details des Bodenmosaiks einer Villa bei Tusculum (3. Jahrhundert). Bei dem hier verewigten munus *traten Schwerbewaffnete gegen Retiarier an, die mit Dreizack, Dolch, Netz und Armschutz ausgerüstet waren. Der Retiarier Alumnus (rechts) hält den blutigen Dolch in die Höhe und genießt als Sieger* (VIC[IT] = *er siegte) den Beifall der Zuschauer. Vor ihm liegt, im Netz gefangen, sein toter Gegner. Auch der neben Alumnus stehende Schwerbewaffnete ist Sieger; er trägt einen Helm mit Kamm und Visier. In dem Kampf zwischen Talamonius und Aurius (links oben) unterlag der Retiarier. Dieser liegt tot am Boden; das* theta nigra *neben dem Dreizack bestätigt, daß er sein Leben verlor. Darüber holt ein Schwerbewaffneter mit dem Dolch zum Todesstoß gegen den Retiarier Cupido aus. Die Waffe der Tierkämpfer in der* venatio *(links Mitte und unten) war die lange Lanze. Über die Schultern gehängte Metallplatten schützten sie vor Prankenhieben.*
Rom, Galleria Borghese

Links oben und rechts: Das Amphitheatrum Flavium, später Kolosseum genannt, wurde von den Kaisern aus dem Haus der Flavier um 80 n. Chr. erbaut. Es bildet ein Oval von rund 190 m Länge und 155 m Breite. Die viergeschossige Außenwand ist 57 m hoch. In der Cavea fanden etwa 50 000 Zuschauer Platz. Sie war bei Veranstaltungen von einem Zeltdach (velum) *überspannt, das an 240 Masten in der Mauerkrone von Matrosen aufgezogen wurde. Die Arena, die heute den Blick in die unterirdischen Räume der Tiere, Spieler und Theatermaschinen freigibt, hatte einen Boden aus Brettern.*

Links unten: Kellerräume unter der Arena des Amphitheaters von Pozzuoli (Puteoli), das unter Vespasian errichtet wurde.

Die Gladiatoren, verworfene Menschen oder Barbaren, was für Schläge halten sie aus! Wie jene, die gut unterrichtet sind, sich lieber den Schlägen aussetzen als sie mit Schande vermeiden! Wie oft zeigt es sich, daß sie nichts lieber wollen, als entweder ihrem Herrn gefallen oder dem Volke! Sogar mit Wunden bedeckt, schicken sie Boten zu ihrem Herrn, um sich zu erkundigen, was dieser wünscht: Wenn er zufrieden ist, seien sie bereit, den Todesstreich zu empfangen. Welcher auch nur einigermaßen tüchtige Gladiator hat je gestöhnt und hat seine Miene verzogen? Wer hat sich jemals im Stehen oder sogar im Fallen schimpflich gezeigt? Wer hat den Kopf eingezogen, als er gefallen war und den Befehl erhielt, den Hals hinzuhalten? So viel vermag die Übung, das Lernen, die Gewohnheit... Manchen kommt das Gladiatorenspiel grausam und unmenschlich vor, und ich bin nicht sicher, ob es nicht stimmt, so wie diese Spiele jetzt gegeben werden. Als aber Verbrecher mit dem Schwerte kämpften, so konnte es, wenn nicht für die Ohren, so doch sicher für die Augen keine härtere Schulung gegen den Schmerz geben als diese.

Cicero, Tusculanen 2, 41

Bei den Gladiatorenkämpfen, die Drusus in seines Bruders Germanicus und seinem eigenen Namen veranstaltete, führte Drusus den Vorsitz und zeigte gar zu große Freude an dem freilich käuflichen Blut, das dabei floß. Das Volk empfand eine unbestimmte Angst darüber, und der Vater soll ihn getadelt haben. Warum Tiberius selber diesen Spielen fernblieb, fand verschiedene Deutungen. Einige meinten, weil er Menschenansammlungen nicht liebte, andere, weil er vermeiden wollte, daß man sein finsteres Wesen mit der leutseligen Art des Augustus vergliche. Daß er absichtlich seinem Sohn Gelegenheit gegeben habe, seine Grausamkeit offen zu beweisen und sich beim Volk unbeliebt zu machen, glaube ich kaum, obwohl man auch dies behauptet hat.

Tacitus, Annalen 1, 76

Monarch so häufig einem Auge-in-Auge mit der zeremoniell versammelten Bürgerschaft seiner Hauptstadt ausgesetzt. Die Kaiser opferten eine erhebliche Quote ihrer Zeit für die Präsenz in Theater, Circus und Amphitheater. Zwischen Tiberius und dem Ende des 2. Jahrhunderts wuchs die Zahl der Festtage in Rom von zirka 90 auf etwa 120 an. Kaiser und Zuschauer dürften ein Viertel bis ein Drittel solcher Tage miteinander verbracht haben. Es galt als angemessen, daß der Kaiser sich entschuldigte, wenn er fehlte.

Die Plebs verfolgte bestimmte Themen stets mit besonderer Aufmerksamkeit: Zunächst sorgte sie sich um den familiären Status des Kaisers, seine Majestät und seine Sicherheit. Ferner nahm sie lebhaft Anteil an der Thronfolge. Erfolgte diese nicht gemäß ihren rechtlichen Vorstellungen, so mußten die Machthaber mit Reaktionen rechnen; der Senat hingegen fügte sich stets willfährig. Sie prüfte gespannt das Verhalten des Thronfolgers. Die Spiele boten dazu einen geeigneten Rahmen, vor allem die Gladiatur. An der Bereitwilligkeit, die »würdigen« Unterlegenen zu schonen, konnte die Plebs ablesen, ob der künftige Herrscher zureichend mit *clementia* (Milde) begabt war. Fahrlässigkeiten bei der Versorgung der Riesenstadt reklamierte die Plebs. Denn sie war in ihrer Ehrenstellung als Sektor der politischen Gemeinschaft bedroht, wenn sie in die Rolle von Bettelnden gedrängt wurde. Die Plebs griff bisweilen mit Pressionen in laufende gerichtliche Verfahren ein, teils um zu verhindern, daß Unrecht ungesühnt blieb, teils um senatorische Terrorjustiz zu konterkarieren. Für Milde gegenüber Verurteilten hingegen wurde der Kaiser in der Regel gepriesen. Geht man diese Themen durch, dann ergibt sich ein deutliches Bild: Die Plebs urbana beanspruchte, Garant der Billigkeit zu sein, der *aequitas*.

Je mehr der Senat familiäre Willkürakte des Kaisers mit Dankopfer und Herrscherlob bedachte, desto mehr

AI VMNVS VIC
VS VIC

wußte sich die Plebs als einzigen Fürsprecher der Verstoßenen in Szene zu setzen. Dieses Engagement war mit Risiken für Leib und Leben verbunden; die Plebs hatte bei Zusammenstößen mit unliebsamen Kaisern stets mehr Opfer zu beklagen als die Aristokratie. Doch die Ehrenstellung eines politischen Sektors hing vom Kräfteverhältnis in den Herrschaftsbeziehungen ab. Und damit dieses Kräfteverhältnis sich nicht zu ihren Ungunsten verschob, bedurfte es immer wieder eines starken Zusammenhalts, eines entwickelten Selbstbewußtseins und einer hohen Bereitschaft der Plebs, Konfrontationen zu riskieren und Opfer zu bringen.

Kaiser und Senat

Die römische Herrschaft war durch begrenzte Aufgaben definiert: Schutz der Provinzen durch ein – seit den flavischen Kaisern – völlig an die Grenzen gelegtes Heer, Einziehung von Tributen und Rechtspflege für alle römischen Bürger des Reiches. Dazu war eine »Verwaltung« unnötig; das Reich brauchte bloß »beherrscht« zu werden. Eine unspezialisierte Aristokratie genügte für diese Aufgabe. So konnten die Kaiser nahezu drei Jahrhunderte lang sich darauf beschränken, die römische Aristokratie – das heißt Senatoren und Ritter – herrschen zu lassen. Diese beiden Stände zusammen bildeten die »Reichsaristokratie«. Sie standen nicht in Konkurrenz zueinander, sondern die Ritter imitierten den senatorischen Lebensstil und das senatorische Leistungsethos in der Hoffnung, daß ihre Söhne vielleicht in den ersten Stand aufstiegen. Ohne diese Reichsaristokratie konnten die Kaiser ihre Herrschaft im Imperium Romanum nicht ausüben, da ihnen keine Bürokratie zur Verfügung stand; und umgekehrt herrschte die Aristokratie nur mittels eines Kaisers, weil wichtige Gruppen der Beherrschten nur eine monarchische Staatsform akzeptierten.

Die Angehörigen der Aristokratie verstanden sich aber nicht bloß als Träger der römischen Herrschaft, sondern zugleich als Patrone ihrer eigenen Klientel und ihrer jungen Schützlinge, die eine ritterliche oder senatorische Karriere durchlaufen wollten. Die politische Kommunikation zwischen Kaiser und Aristokratie, das heißt vor allem zwischen Kaiser und Senatoren, vollzog sich also in einem »Tausch«: Der Kaiser hatte über 2000 Stellen regelmäßig zu vergeben, aber er hatte keine Bürokratie, die automatisch diese Positionen eingenommen hätte; und er kannte viel zu wenige Personen, um diese Stellen nach eigenem Gutdünken zu besetzen. Die senatorischen Patrone hingegen konnten dem Kaiser ihre Schützlinge als geeignete Kandidaten für ebenjene Stellen anbieten. Sie leisteten also »Maklerpatronage«: Der Kaiser vergab die wichtigsten Machtpositionen, doch nur durch die Vermittlung eines dem Kaiser nahestehenden Patrons gelangte ein junger Mann aus senatorischer oder ritterlicher Familie auf eine solche Stelle; dieser mußte ihn empfehlen. Die soziale Macht – Prestige und Einfluß – eines Patrons wuchs mit jedem Erfolg, den er hierbei verbuchen konnte. Dies band ihn wiederum an den Kaiser, der ihm ja damit eine Gunst erwies.

Mit der politischen Macht des Senats ist es schon in den letzten Jahrzehnten der Republik zu Ende gewesen; die Monarchie änderte daran fast nichts mehr. Doch die soziale Macht der Senatoren stieg im Kaiserreich beträchtlich. Ihre Patronage dehnte sich über das ganze römische Imperium aus – denn aus allen Völkern konnten Angehörige der Oberschichten in die Reichsaristokratie aufsteigen, falls sie das römische Bürgerrecht und das Mindestvermögen (für Ritter 100 000 Denare) besaßen und bereit waren, eine ritterliche Laufbahn einzuschlagen.

Angesehene Patrone wurden also umschwärmt von Interessenten aus allen Provinzen. Am angesehensten waren im Normalfall die kaisernahen, ranghohen senatorischen Patrone. Kaisernähe brachte automatisch die besten Einflußchancen. Da der Kaiser aber nicht mit allen sechshundert Senatoren gleichermaßen kommunizieren konnte, ergab sich eine harte Konkurrenz der Patrone um Kaisernähe. Diese Konkurrenz war stärker als die ständische Solidarität in dieser doch homogenen und winzigen Gruppe. So wurde immer wieder vom rücksichtslosesten Mittel Gebrauch gemacht, um sich Kaisernähe zu verschaffen: Senatoren denunzierten Standesgenossen und klagten sie auf Majestätsverbrechen an. Zwar verletzte man damit eklatant die Standessolidarität; doch für den Ankläger überwogen die Vorteile: Er räumte häufig einen Rivalen aus dem Weg, und er machte den Kaiser gleichzeitig auf seine besondere Loyalität aufmerksam. Die berüchtigten Majestätsprozesse waren weit weniger ein Instrument des Kaisers, um den Senat zu disziplinieren, sondern viel eher ein brutaler Mechanismus der inneraristokratischen Konkurrenz.

Linke Seite und oben: Attikareliefs an der Nordseite des Constantinsbogens. Der nach der Schlacht an der Milvischen Brücke (312) errichtete Ehrenbogen ist der größte und am reichsten geschmückte seiner Art in Rom. Neben neuen Skulpturen wurden Reliefs, Statuen und Teile des Baudekors von Monumenten der Kaiser Traian, Hadrian und Marc Aurel wiederverwendet. Das war nur möglich, weil das Kaiserlob so stark auf bestimmte Topoi festgelegt war. Die Reliefs beiderseits der Inschriften an der Attika stammen von einem Ehrenbogen für Marc Aurel; lediglich die Herrscherköpfe wurden umgearbeitet. Die der linken Seite stellen Aufbruch (profectio) *und Rückkehr* (adventus) *des Kaisers dar. Im Adventus-Relief (außen) wird er bei seinem feierlichen Einzug in die Stadt als Sieger von den Göttern geleitet: von Mars, Virtus, Victoria und zwei Tugendpersonifikationen. Das äußere Relief rechts der Inschrift stellt die Unterwerfung* (submissio) *eines Barbarenfürsten dar, das innere die Geldverteilung* (congiarium). *Der Kaiser sitzt auf einem hohen Podium; umgeben von Beamten und Helfern übt er persönlich die Kaisertugend der Freigebigkeit* (liberalitas) *gegenüber den an das Podium herantretenden Römern aus.*

Folgende Doppelseite: Reliefs von einem Ehrenbogen des Marc Aurel (um 170-180). Unterworfene Barbaren huldigen Marc Aurel (links). Die nördlichen Barbaren ergeben sich auf den Knien, und der Kaiser wendet sich ihnen gnädig zu. Clementia *(Verzeihung und Milde) ist eine der vier Kardinaltugenden des römischen Kaisers. Das Relief rechts zeigt Marc Aurel als Triumphator. Im Gegensatz zu früheren Darstellungen bedient sich der Künstler hier einer auf wenige Figuren reduzierten, höchst plakativen Sprache. Der Blick wird ganz auf den Kaiser auf der Triumphquadriga gelenkt. Über ihm erscheint zeichenhaft ein Göttertempel, vor ihm wohl die Porta Triumphalis. Ursprünglich stand der Kaisersohn und Thronerbe Commodus als Knabe vor dem Kaiser auf dem Wagen. Nach Commodus' Sturz (192) wurde seine Gestalt weggemeißelt. Rom, Palazzo dei Conservatori*

Der Senat als politisches Organ war schon in den letzten Jahrzehnten der Republik notorisch entscheidungsunfähig gewesen, weil innerhalb der Aristokratie in wichtigen Punkten der Politik keine Übereinstimmung mehr bestand. Nun hätte man auch ohne Übereinstimmung zu verbindlichen Entscheidungen gelangen können, wenn man imstande gewesen wäre, Mehrheitsbeschlüsse zu fassen. Doch die Mehrheitsregel konnte sich im Senat nicht durchsetzen, weil die Senatorenschaft in Rangklassen – Quästorier, Ädilizier, Prätorier und Konsulare – differenziert war; ein Konsular hätte es zum Beispiel nicht hingenommen, von zwei Quästoriern überstimmt zu werden. In einem rangmäßig differenzierten Adel werden Stimmen »gewogen«, nicht »gezählt« (Plinius). Daher bewirkte Dissens in der obersten Rangklasse augenblicklich die Entscheidungsunfähigkeit des ganzen Senats. Zwar versuchten manche, die geheime Abstimmung einzuführen; damit hätte sich die Mehrheitsregel durchgesetzt, denn bei der geheimen Abstimmung wären automatisch alle Stimmen als gleich behandelt worden. Doch führende Senatoren wie Cicero am Ende der Republik oder Plinius zur Zeit Kaiser Traians lehnten die geheime Abstimmung entschieden ab, weil damit die ranghöheren Senatoren die Kontrolle über die Stimmabgabe ihrer Schützlinge verloren hätten. Das heißt, den ranghohen Senatoren war die Kontrolle ihrer Anhänger – also ihre soziale Macht – wichtiger als die Beschlußfähigkeit des

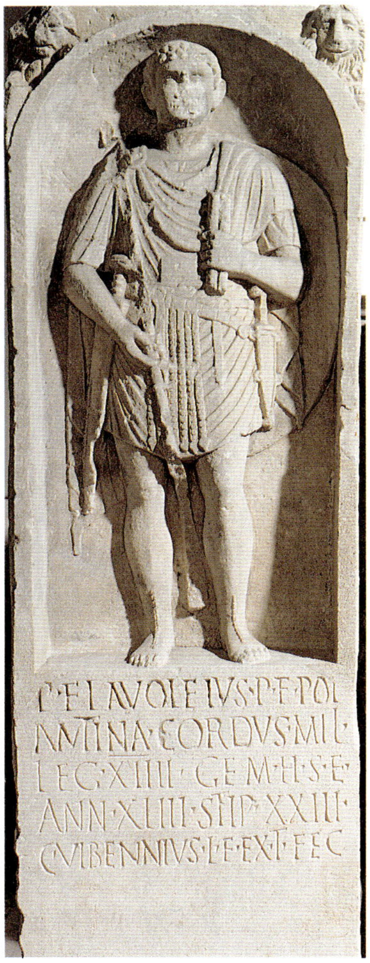

Der Feldzug war hart und schwer, doch Marius scheute vor großen Strapazen so wenig zurück, wie er sich zu gut hielt für die Arbeit im kleinen. Er bewies Klugheit und Voraussicht wie keiner seiner Mitoffiziere, und mit den Soldaten wetteiferte er in Anspruchslosigkeit und Ausdauer. So gewann er ihre ganze Zuneigung. Denn jeder, welcher sich hart mühen muß, ist getröstet, wenn ein anderer freiwillig seine Mühe teilt; plötzlich spürt er den Zwang nicht mehr. So sieht ein römischer Soldat nichts lieber als einen Feldherrn, welcher das gleiche Brot ißt wie er selber, auf gewöhnlicher Streue liegt oder Hand anlegt beim Ausheben des Grabens oder beim Einrammen der Schanzpfähle. Ein Befehlshaber, welcher mit Auszeichnungen und Geldgeschenken nicht kargt, wird wohl geschätzt, aber mit größerer Achtung blicken die Soldaten zu einem Führer empor, der Not und Gefahr mit ihnen teilt. Und wer Übermut und Disziplinlosigkeit durchgehen läßt, findet weniger Liebe als ein Kommandant, welcher die Strapazen der Mannschaft mitträgt. Ein solcher Mann war Marius, Führer und Kamerad zugleich, und gerade deshalb gewann er sich die Herzen der Legionäre. Plutarch, Marius 7

Die niedergermanischen Legionen ließen sich jedoch bei der feierlichen Vereidigung am 1. Januar auf Galbas Namen verpflichten, recht zögernd freilich: In den ersten Reihen war nur ab und zu eine Stimme zu hören, während die übrigen jeweils stillschweigend auf die Courage ihrer Nebenmänner warteten … Bei den einzelnen Legionen war die Stimmung verschieden: Die Einser und Fünfer waren so rabiat, daß manche mit Steinen nach Galbas Bildnissen warfen; die 15. und 16. Legion wagten nichts weiter als zu murren und zu drohen und schauten um sich, wo es zuerst losgehen werde. Im obergermanischen Heer zertrümmerten die 4. und 22. Legion, die im gleichen Winterquartier lagen, am Neujahrstag die Bildnisse Galbas, die 4. Legion mit stürmischerem Eifer, die 22. Legion erst zögernd, danach in einträchtiger Zusammenarbeit. Tacitus, Historien 1, 55

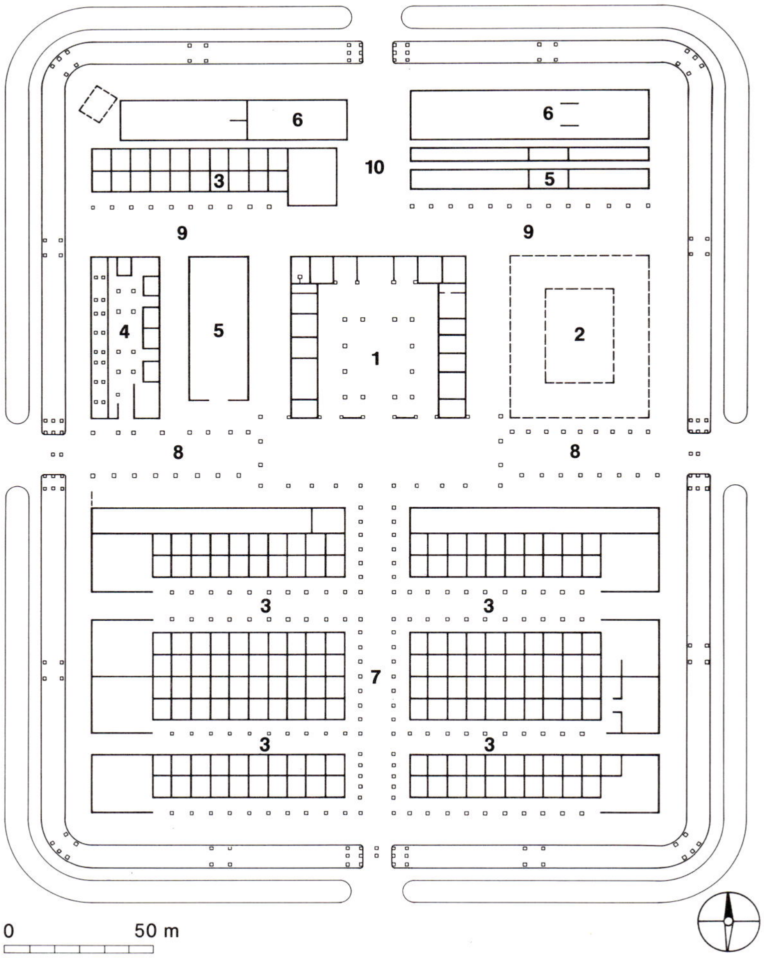

Kastell Künzing (Niederbayern)

1 Principia (Stabsgebäude)
2 Praetorium (Haus des Kommandeurs)
3 Centuriae (Mannschaftsbaracken)
4 Valetudinarium (Lazarett)
5 Horrea (Getreidespeicher)
6 Stabulae (Ställe)
7 Via Praetoria
8 Via Principalis
9 Via Quintana
10 Via Decumana

Links oben und rechts: Soldatengrabsteine aus Mainz (Mogontiacum), 1. Jahrhundert n. Chr. Genialis (links außen) war Träger des Kaiserbildes (imaginifer) *der 7. Räterkohorte, einer Hilfstruppe. Er starb nach 13 Dienstjahren im Alter von 35 Jahren. Der Verstorbene trägt einen Lederpanzer* (lorica)*; am Wehrgehenk* (balteus) *sind Schwert* (gladius) *und Dolch* (pugio) *befestigt.*
Publius Flavoleius Cordus (links innen) diente als Soldat der 14. Legion Gemina. Er wurde in Mutina (Modena) geboren und starb nach 23 Dienstjahren im Alter von 43 Jahren. Der Verstorbene trägt einen Leibrock (tunica) *und den Soldatenmantel* (sagum)*. Schwert und Dolch hängen am Wehrgehenk, der Schild auf dem Rücken.*
Gaius Faltonius Secundus aus Dertona (Tortona) in Ligurien (rechts innen) war Soldat der 22. Legion Primigenia und starb nach 21 Dienstjahren im Alter von 46 Jahren. Er ist mit zwei Dienern dargestellt; einer von ihnen trägt zwei Schrifttäfelchen und Griffel, der andere eine Packtasche.
Gaius Romanius Capito aus Celeia (Celje) in Slowenien (rechts außen) war Reiter der Ala Noricorum, des norischen Reitergeschwaders, und starb mit 40 Jahren. In voller Bewaffnung sprengt der Reiter über den gefallenen Gegner hinweg; im Hintergrund der Diener mit Ersatzwaffen.
Mainz, Landesmuseum

Links unten: Grundriß des Kastells Künzing in Niederbayern. Das Auxiliarkastell an der Provinzgrenze Rätiens wurde um 90 n. Chr. als Holzbau errichtet und vermutlich mit der teilweise berittenen 3. Kohorte Thracum civium Romanorum besetzt.

Senats. Und das änderte sich zur Kaiserzeit nur insofern, als ranghohe Senatoren sich mehrheitlichen Abstimmungen – wenn auch widerwillig – beugen mußten, weil ihre Entscheidungsblockaden sie beim Kaiser in ein ungünstiges Licht gesetzt hätten. Daher konnte der Senat auch niemals den Kaiser wählen, sondern akzeptierte stets, daß die Truppen zuerst den neuen Kaiser akklamierten oder sogar selbst erhoben.

Der Senat konnte nicht nur nicht mehr entscheiden, er wollte es auch nicht mehr. Statt dessen waren die Senatoren darauf bedacht, unentwegt vom Kaiser geehrt zu werden. Ständig zelebrierte der Kaiser seine Verbundenheit mit der Senatorenschaft; die Geschenke, die er Senatoren machte, überstiegen bei weitem die *congiaria* (Geldgeschenke) an die Plebs; und er mußte mit Einladungen und der Annahme von Gegeneinladungen ständig seine Zugänglichkeit und seine Leutseligkeit demonstrieren und sich dem Senat gegenüber als *princeps* (als Erster unter Gleichen) stilisieren.

Der Imperator und sein Heer

Das Heer der Kaiserzeit war statusmäßig viergeteilt: In Rom stand die Garde des Kaisers, die Prätorianer; es waren zirka 9000 Elitesoldaten, die aus Italien stammten. Die rund dreißig Legionen (180 000 Soldaten) stellten die Kerntruppen des Heeres dar; sie bestanden aus römischen Bürgern. Deutlich darunter standen die Hilfstruppen (*auxiliares*, etwa 200 000 Soldaten); in diesen dienten freigeborene Nichtrömer, die bei Ablauf ihrer Dienstzeit das römische Bürgerrecht erhielten; die Grenzprovinzen wurden auf diese Weise langsam, aber

stetig romanisiert. Den niedrigsten Status hatte die Flotte inne, in deren Mannschaften auch Freigelassene dienen durften.

Die schwerbewaffnete Infanterie war die wichtigste Waffengattung. Diese militärische Wertigkeit entsprach exakt derjenigen der politischen Ordnung. Die Legionen gaben nicht nur bei intensiven Gefechten den Ausschlag, sondern auch bei politischen Krisen, so zum Beispiel bei der Erhebung gegen unbeliebte Kaiser. Die Hilfstruppen warteten dann meist ab, wie die Legionen sich verhielten und ließen sich von deren politischen Initiativen mitreißen.

Das kaiserzeitliche Heer war die erste professionelle Armee der Weltgeschichte. Regelmäßige Rekrutierung und Soldzahlung, einheitliche Dienstzeiten, geregelte Entlassung mit Abfindung, das alles ist nur ein Aspekt. Wichtiger für das soldatische Verhalten waren gleichartige Ausbildung, Lebensbedingungen und Karriereprofile in allen entsprechenden Einheiten, ferner das lange und intensive Training von Spezialfertigkeiten sowie die ausgedehnte Dienstzeit (16 Jahre für Prätorianer, 20 für Legionäre, 25 für Hilfstruppen), wodurch die Angehörigen des Heeres auf die Selbstdefinition als Soldaten existentiell festgelegt wurden.

Obwohl die Stationierung des Heeres in Garnisonstädten einfacher und billiger gewesen wäre, standen die Truppen in Lagern nahe der Grenze. Diese geographische Absonderung und die verordnete Ehelosigkeit reduzierten die sozialen Außenbeziehungen der Soldaten auf ein Minimum. Das förderte den Zusammenhalt und den in der Antike unerreicht hohen Leistungsstandard der Einheiten.

Diese hochprofessionellen Truppen wurden aber kommandiert von senatorischen (Legaten) oder ritterlichen (Präfekten) Offizieren. Senatoren waren jedoch meist

Reliefs der Traianssäule. Die Säule wurde als integrierter Teil des großen Forum Traiani konzipiert. Der Sockel war von Anfang an als Grab des Kaisers vorgesehen. Hinter der Säule stand der ebenfalls als Teil des Forums konzipierte Tempel für den vergöttlichten Traian. Die Säule war unmittelbar mit zwei Bibliotheken verbunden, in denen auch Teile des »Staatsarchivs« untergebracht waren, darunter die Commentarii, *Traians offizielle Kriegsberichterstattung an den Senat. Die Bildidee der rollenartig um die Säule »gewickelten« Reliefs war vermutlich eine Illustration dieser Berichte von den beiden Dakerkriegen. Der 200 m lange Fries schildert in über hundert Einzelszenen die verschiedenen Phasen des Krieges. Die Gestalt Traians erscheint dabei nicht weniger als sechzigmal, vor allem in der* adlucutio *das Wort an die Truppen richtend, aber auch die Leistungen der Legionäre werden gebührend herausgestellt. Die Überquerung der Donau auf einer Schiffsbrücke (links unten) bezeichnet den Beginn des Feldzuges. Des weiteren sieht man Soldaten beim Lagerbau (links oben) und beim Schlagen von Bauholz (rechts unten). Angeführt von den Standartenträgern* (signiferi) *der Legionsmanipel zieht das Heer durch einen Wald (rechts oben). Voran sprengen Reiter ins erste Treffen mit den Dakern, das Traian von einer Anhöhe aus lenkt (am rechten Bildrand oben). Die Reliefs waren ursprünglich farbig.*

militärische Laien. Daraus ergab sich eine latente Spannung. Denn diese Soldaten erkannten Führungsfehler sehr rasch, und sie reagierten darauf viel empfindlicher als die braven Wehrpflichtigen der Republik. Die Meutereien in der Kaiserzeit erklären sich also nicht aus Disziplinlosigkeit, sondern ganz im Gegenteil aus der technischen Professionalität und dem hohen Ehrgefühl dieser Armee.

Der römische Soldat war darauf konditioniert, in der Ehre – der persönlichen wie der seiner Einheit – den höchsten Wert zu erblicken. Für eine so erzogene Truppe rückt der materielle Wert sowohl von Sold wie von Sonderbelohnungen gegenüber dem Symbolwert völlig in den Hintergrund: Entscheidend ist, von wem die Belohnungen kommen – vom Imperator – und was sie öffentlich ausdrücken – Ehre und Anerkennung –, nicht, wie hoch sie sind. Daher findet sich in dieser Armee ein einzigartiger Aufwand an Symbolen, an Orden, an Dekorierungen. Dieses symbolische Inventar war auf den Kaiser ausgerichtet: Das Heer war das Heer des Kaisers, er war der Imperator. Auf allen Fahnen stand der Kaisername; seine Porträts wurden auf jedem Marsch mitgetragen; seine Statue stand in jedem Fahnenheiligtum. Auf ihn war jeder Soldat vereidigt; jährlich erneuerte das ganze Heer diesen Eid. Dreimal jährlich – seit Domitian viermal – erhielten die Legionäre ihr *stipendium* (75 Denare) von ihm. Jede Vergünstigung für eine Einheit, jede Ehrung, jede Dekorierung stammte von ihm. Nur er beschenkte – zum Regierungsantritt oder bei großen Anlässen – alle Bürgersoldaten mit einem *donativum* (Geldgeschenk von meist 75 Denaren). Bei Siegen akklamierte das betreffende Heer ihn als »Imperator«; solche Akklamationen feierte der Kaiser, sie wurden gezählt und in seiner vollen Titulatur genau angegeben. Unablässig demonstrierte der fern in Rom weilende Kaiser, daß er seinen Truppen nahe war, daß er die Soldaten als seine *commilitones* (Kameraden) schätzte.

Umgekehrt waren diese symbolisch und affektiv stark auf ihn bezogen. Die Opferbereitschaft für den Imperator kannte keine Grenzen, solange das Verhältnis nicht gestört war. Doch das änderte sich schlagartig, sobald ein Kaiser die Ehre des Heeres verletzte. So verweigerte 68 n. Chr. Kaiser Galba bei seinem Regierungsantritt den Bürgersoldaten ihr Donativ mit der Begründung, er pflege Soldaten auszuheben, nicht zu kaufen. Eine doppelte Beleidigung: Die Legionäre und Prätorianer waren keine ausgehobenen Wehrpflichtigen, sondern Freiwillige. Und in einem politischen System, in dem der Kaiser der Aristokratie unentwegt große, der Plebs urbana gelegentlich kleine Geschenke machte, stellte die Verweigerung eines Geschenks nichts anderes als eine Verweigerung der Nähe zum Kaiser dar, also eine für die Soldaten furchtbare Entehrung. Galba sprach damit dem Heer seine Ehrenstellung ab, dritter Sektor der politischen Gemeinschaft zu sein und als solcher ein Anrecht auf affektive und symbolische Nähe zum Kaiser zu haben. Das wäre praktisch auf eine Veränderung des politischen Systems hinausgelaufen, das heißt auf einen Staatsstreich. Doch das Heer stürzte diesen Kaiser und behauptete damit seine Ehrenstellung.

Das politische System der Spätantike

Das Kaisertum

Diocletian hat das System der Tetrarchie (Herrschaft von vier Kaisern) eingeführt: Neben zwei Augusti sollten zwei im Rang niedrigere Caesares herrschen, die den Augusti

Constantinsbogen: Südseite (oben) und Reliefs der Nordseite (links). Der Ehrenbogen für Constantin wurde 315 anläßlich der Feier des zehnjährigen Regierungsjubiläums (decennalia) *des Kaisers eingeweiht. Nach der Dedikationsinschrift wurde er von Senat und Volk in Rom zum Dank dafür errichtet, daß Constantin den »Tyrannen« (Maxentius) besiegt und so die* res publica *»gerächt« hat. In der Inschrift heißt es, Constantin habe seinen Sieg* instinctu divinitatis *(auf Anstiften der Gottheit) erfochten. Dies ist auf den Christengott bezogen worden, besagt aber ebensowenig wie das ☧ auf dem Silbermedaillon von Ticinum (Abb. S. 84) etwas darüber, wie Constantin jene Gottheit verstanden hat.*
Der Bogen vereint Werke aus verschiedenen Epochen und ist als das bedeutendste Museum Roms bezeichnet worden. Zu den neu angefertigten Teilen gehören die Friese über den seitlichen Durchgängen. Auf einem ist die Ansprache (adlocutio) *dargestellt, die Constantin wohl unmittelbar nach seinem Einzug in Rom 312 auf der Rednerbühne des Forums gehalten hat (links unten). Die Komposition ist typisch für die Zeit Constantins: Die Rednerbühne bildet den Mittelblock, und im Zentrum steht der von Senatoren und Gardesoldaten umgebene Constantin. Sitzstatuen zweier Kaiser, wahrscheinlich Hadrians und Marc Aurels, flankieren die* rostra. *Das Volk ist an den beiden Seiten »aufgereiht«, obwohl es ja eigentlich vor der Rednerbühne steht. Die Raumtiefe ist also in die Fläche umgesetzt, und die aufgereihten Zuhörer bleiben untereinander ohne Verbindung. Nach dem gleichen Schema ist der Relieffries gestaltet, der die Geldverteilung* (congiarium) *am 1. Januar 313 zum Thema hat (links oben). Sie fand wahrscheinlich auf dem Caesar-Forum statt. Der Kaiser thront in der Mitte der streng symmetrisch angeordneten Komposition auf einer Art Tribunal* (suggestus). *Er überreicht einem Senator eine* tabula *mit zwölf kreisförmigen Vertiefungen, in welche die Münzen eingelegt sind, während ein Amtsdiener in der Loggia links für das einfache Volk eine* tabula *mit nur sechs Vertiefungen in der Hand hält.*
Aufbau und Elemente des Bogens stehen ganz in der Tradition römischer Triumphbögen. Wie im Adlocutio-Fries Statuen Hadrians und Marc Aurels dargestellt werden, so ist wohl auch die Übernahme von Skulpturen der »guten« Kaiser des 2. Jahrhunderts als ausdrückliche Berufung auf die Tradition zu verstehen und nicht nur als Verlegenheitslösung, bedingt durch die kurze Herstellungszeit oder das Fehlen kompetenter Werkstätten. Auch die Themen der constantinischen Friese sind der Tradition verhaftet: neben den genannten Constantins Aufbruch (profectio), *die Belagerung Veronas, die Schlacht an der Milvischen Brücke und der Einzug* (adventus) *in Rom. In der formalen Gestaltung werden jedoch schon in diocletianischer Zeit einsetzende Tendenzen strikt weitergeführt: Zentralsymmetrie, Frontalität, dem Status entsprechende Größenrelationen zwischen den Figuren, statt organischer Verbindung mechanisches Nebeneinander von Figuren und Gewandfalten, Betonung des rechten Winkels. H. P. L'Orange sieht darin eine Beziehung zur neuen gesellschaftspolitischen Ordnung der Spätantike.*

Oben: Antoninianus Maximians. Die wohl im Jahre 287 in Siscia geprägte Münze trägt auf der Vorderseite die Büste Maximians mit einem Strahlendiadem; auf der Rückseite übergibt Jupiter den Globus als Zeichen der Herrschaft an den Kaiser. Münzen mit dem gleichen Schema existieren auch für Diocletian. Aus diesen Münzbildern geht hervor, daß Jupiter als auctor imperii *(derjenige, der die Herrschaft verleiht) nicht nur für die Jovii, sondern auch für die Herculii galt.*

Unten: Adacameo, Sardonyx. Der Cameo schmückt seit dem Mittelalter den Einband des Ada-Evangeliars. Er stellt in seinem oberen Teil wohl Constantin (mit Lorbeerkranz) und Fausta dar, beide durch ihre Größe herausgehoben; links außen die Kaisermutter Helena, ferner als Caesares, ebenfalls mit Kränzen im Haar, Constantin II. (zwischen dem Kaiserpaar) und Crispus. Die Personen scheinen hinter einer Balustrade zu stehen. In Wirklichkeit handelt es sich um einen Wagen, der von zwei Adlern gezogen wird und so die Apotheose der kaiserlichen Familie andeutet. Darin wird der Unterschied zur Tetrarchie deutlich, in der nur die Augusti und (adoptierten) Caesares zu den göttlichen Familien zählten. Stimmt die Identifizierung der Personen, dann muß der Cameo vor 326, dem Jahr der Hinrichtung von Fausta und Crispus, entstanden sein.
Trier, Stadtbibliothek

Rechts: Aerobindus-Diptychon. Konstantinopel, um 506. Die beiden Elfenbeintafeln gehören zu einer Gruppe spätantiker Diptychen, die Konsuln zur Erinnerung an die von ihnen gegebenen Spiele herstellen ließen. Oben sitzt Aerobindus auf der sella curulis, *in der erhobenen Rechten die* mappa, *mit der das Startzeichen gegeben wurde. Im unteren Teil sind Gladiatorenkämpfe (links) und Bestiarier im Kampf gegen Löwen (rechts) dargestellt.*
Zürich, Landesmuseum

jeweils nachfolgen und dann wiederum neue Caesares bestimmen sollten. Dieses System brach schon kurz nach dem ersten Herrscherwechsel zusammen, aber das Mehrkaisertum fand, obwohl im 4. Jahrhundert noch öfter Kaiser allein herrschten, in der Aufteilung in ein West- und ein Ostreich seit 395 seine endgültige Form. Eine systematische dynastisch-religiöse Herrschaftsbegründung sollte die Tetrarchie stützen: Diocletian sah in Jupiter den Stammvater seines Geschlechts und empfing von ihm alle Macht. Er gab sie an seinen Mit-Augustus Maximian weiter, dessen Familie auf Hercules (als Helfer Jupiters) zurückgeführt wurde. Die Caesares wurden in die natürlichen und göttlichen Familien der Augusti aufgenommen, waren also wie diese Jovier beziehungsweise Herculier. Constantin konnte an diese Begründung insofern anknüpfen, als ihm nach seinem Selbstverständnis die höchste Gottheit die Regierung des Erdkreises anvertraut hatte.
Der durch diese Herrschertheologie betonte Abstand zwischen Kaiser und Beherrschten fand auch in dem von Diocletian geschaffenen Hofzeremoniell einen sichtbaren Ausdruck: Gegenüber dem Kaiser wurden *adoratio* (Anbetung) und Proskynese (kniefällige Verehrung) gefordert. Alles, was mit ihm in Zusammenhang stand, war »heilig«. Im Palast vollzog sich alles in rituellem Schweigen.
Dieses Kaisertum stellt geradezu ein Gegenbild zum Principat des 1. Jahrhunderts dar. Die Einbindung des Princeps in eine ständige Kommunikation mit der Plebs urbana, dem Senat und dem Heer war schon seit dem 3. Jahrhundert nicht mehr gegeben: Die Kaiser residierten nicht mehr primär, seit dem 4. Jahrhundert überhaupt nicht mehr in Rom. Die Senatoren wurden schon im 3. Jahrhundert vom militärischen Kommando, von Diocletian auch von fast allen Posten der Provinzverwaltung ausgeschlossen. Das änderte sich zwar seit Constantin wieder, aber der Senatorenstand nahm nun den Charakter eines Dienstadels an; als ganzer erlangte er nie mehr die Auszeichnung der Kaisernähe, die ihm im Principat eine wichtige Stellung gesichert hatte.
Es blieb die Nahbeziehung des Kaisers zum Heer; Constantin etwa und Julian wurden von ihren Truppen erhoben. Aber auch hier änderte sich Entscheidendes: Durch die Trennung des zivilen vom militärischen Kommando wurden rein militärische Karrieren begünstigt. Das von Constantin geschaffene Heermeisteramt enthielt die Gefahr, daß durch die Heermeister die Beziehung zwischen Kaiser und Heer gestört wurde. Diese Gefahr realisierte sich im Westen, als germanische Heermeister ein solches Nahverhältnis zum ja ohnehin »germanisierten« Heer erlangten, daß sie vom Kaiser nicht mehr abgesetzt werden konnten.
Nicht mehr konkrete Beziehungsverhältnisse waren also konstitutiv für die Macht des Kaisers, dessen Unnahbarkeit noch durch das Hofzeremoniell gesteigert wurde,

Sockelreliefs des Theodosius-Obelisken in Istanbul. Der aus dem Tempel von Karnak stammende Obelisk wurde 390 auf Veranlassung Theodosius' I. im Hippodrom von Konstantinopel aufgestellt. Sein Postament besteht aus zwei übereinandergesetzten Blökken. Die vier Seiten des oberen Blocks sind mit repräsentativen Reliefs versehen, deren Darstellungsform an die der constantinischen Reliefs am Constantinsbogen erinnert. Der breitere untere Block (nicht abgebildet) trägt auf einer Seite eine lateinische und auf der gegenüberliegenden eine griechische Inschrift. An den beiden anderen Seiten befinden sich Reliefs; sie zeigen die Aufrichtung des Obelisken und ein Wagenrennen im Hippodrom. An diesem Wagenrennen nehmen die auf dem oberen Block dargestellten Personen (links oben) als Zuschauer teil: in der Loge der Empore Theodosius I., Valentinian II., Arcadius und Honorius, umgeben von Leibgardisten und hohen Beamten, in der unteren Zone wohl Angehörige des Hofes. Das Relief über der lateinischen Inschrift (rechts) zeigt den Kaiser mit dem Kranz für den Sieger, in der unteren Zone Zuschauer, Tänzerinnen und Musikanten, unter ihnen zwei Orgelspieler. Wie Spiele in Rom waren Wagenrennen in Konstantinopel nicht nur eine Volksbelustigung, sondern Gelegenheiten ritueller Begegnung zwischen dem Kaiser und dem hauptstädtischen Volk, das dabei durch Mißfallensäußerungen oder Applaus seiner Haltung gegenüber politischen Maßnahmen Ausdruck geben oder in Dispute mit dem Sprecher des Kaisers eintreten konnte. In dem Relief über der griechischen Inschrift (links unten) thront Theodosius I. wiederum mit Valentinian II. und seinen Söhnen in der kaiserlichen Loge. Flankiert von Leibwächtern und Beamten empfangen sie die Huldigung von Barbaren, die in der unteren Zone kniend ihre Gaben darbringen. Links knien Asiaten mit phrygischen Mützen, rechts Germanen in Pelzmänteln.

Justinus (518-527) wurde in den Hippodrom gebracht, und dort akklamierten ihm sowohl die Grünen wie die Blauen (Parteien, die sich aus den Anhängern der Wagenlenker gebildet hatten), und die Kammerherren rückten sofort die Insignien heraus. So bestieg er das Kathisma (Kaiserloge) zusammen mit dem Erzbischof und den übrigen Würdenträgern; man erhob ihn auf den Schild, und der Campiductor, der Lanzenträger Godilas, legte ihm die Halskette auf den Kopf. Sofort wurden die Feldzeichen hochgehoben, die auf dem Boden lagen, wie es bei Kaiserausrufungen üblich ist ... Der Bischof setzte ihm die Krone aufs Haupt, und dann nahm Justinus Lanze und Schild in die Hand und trat hervor. Und alle riefen: »Justinus Augustus, du bist Sieger!«

Constantini Porphyrogenneti De ceremoniis aulae byzantinae

sondern seine Beziehung zu Gott, die Beauftragung durch Gott. Dem kam entgegen, daß seit dem 2. Jahrhundert, während der Krise des Reiches, in der Reichsbevölkerung generell die Bereitschaft gestiegen war, Macht nicht als ein Phänomen der (politischen) Beziehungen zwischen Menschen, sondern als eines der Beziehungen zwischen Menschen und Göttern anzusehen. Die seit dem 4. Jahrhundert den Märtyrern und Heiligen als Patronen zugeschriebene Macht (weil sie nämlich bei Gott waren) ist ein gutes Beispiel dafür.

Für das Kaiserbild der Spätantike hatte alles dies zur Folge, daß der Kaiser nicht so sehr als Handelnder, als Machtausübender begriffen wurde, sondern als einer, der Macht darstellte, der »durch sein eigenes Wesen ... theoretisch vollkommen unabhängig den Bestand des Reiches« verbürgte (O. Treitinger). Kritik am Kaiser konnte mit dem Argument verwehrt werden, daß nicht er, sondern Gott in ihm wirkte. Wir haben es also nicht mehr mit einem charismatischen Kaisertum zu tun, in dem der Kaiser sein Charisma durch Leistung einlösen mußte. Deshalb konnten jetzt auch Kinder Kaiser werden.

Wenn der Kaiser von Gott beauftragt war, dann hing seine Stellung auch wesentlich davon ab, ob ihm auf der Ebene gottbegründeter Autorität Konkurrenten entstanden oder nicht. Constantin und seine Nachfolger behielten zunächst ohne Zögern das Amt des Pontifex Maximus bei, das ihnen die Aufsicht über die heidnische Religionsausübung sicherte; zudem war nach traditioneller Auffassung alles, was die Religion betraf, der kaiserlichen Regelungskompetenz unterworfen. Die Kaiser nahmen diese traditionellen Rechte auch gegenüber dem Christentum wahr: Sie griffen in disziplinarische und dogmatische Auseinandersetzungen ein, beriefen Synoden und präsidierten ihnen. Widerspruch dagegen regte sich nur langsam und vor allem im Westen. Dort wurde – trotz äußerlicher Übereinstimmung mit dem Osten – die kirchliche

Organisation straffer gehandhabt, vor allem trat das entstehende Papsttum mit seinen Ansprüchen in Konkurrenz zum Kaisertum. 445 überließ Valentinian III. Papst Leo dem Großen die jurisdiktionelle Aufsicht über die westliche Kirche. Damit gab er auch einen Teil des kaiserlichen Anspruchs auf, Beauftragter Gottes auf Erden zu sein. Neben dem Verlust der Nahbeziehung zum Heer bedeutete dies eine zweite Schwächung des westlichen Kaisertums.

Auf beiden Ebenen war die Situation im Osten eine andere. Hier konnten zum einen nach blutigen Auseinandersetzungen um die Wende vom 4. zum 5. Jahrhundert der germanische Einfluß im Heer zurückgedrängt und das Heermeisteramt ziviler Kontrolle unterworfen werden. Zum anderen hatte schon die hellenistische politische Philosophie den Herrscher in die Nähe der Götter gerückt. Es lag in der Tendenz dieser Tradition, daß schon unter Constantin der Kaiser von dem christlichen Schriftsteller Eusebius von Caesarea als »zweiter Christus« verstanden wurde, der die Taten Christi wiederholte. Anders als der römische konnte der Bischof von Konstantinopel nicht mehr als den Status eines Hofbischofs erlangen. Die Kaiser bestimmten die Kirchenpolitik, und vor allem: in ihnen repräsentierte sich die Macht Gottes, sie wirkten als dessen Stellvertreter.

Dazu kam noch ein weiteres die Stärke des östlichen Kaisertums begründendes Moment: Seit Arcadius (395) residierten die Ostkaiser dauernd in Konstantinopel, zogen auch nicht mehr in den Krieg. Hier entstand jetzt eine auf den ersten Blick dem Rom des Principats analoge Situation: Die Stadt hatte einen eigenen Senat erhalten, das Volk von Konstantinopel entwickelte hauptstädtische Reaktionsmöglichkeiten, konnte im Hippodrom dem Kaiser gegenübertreten und Forderungen stellen; es wirkte ebenso wie der Senat, die Leibwache und der Patriarch bei Kaiserwechseln mit. Dennoch handelte es

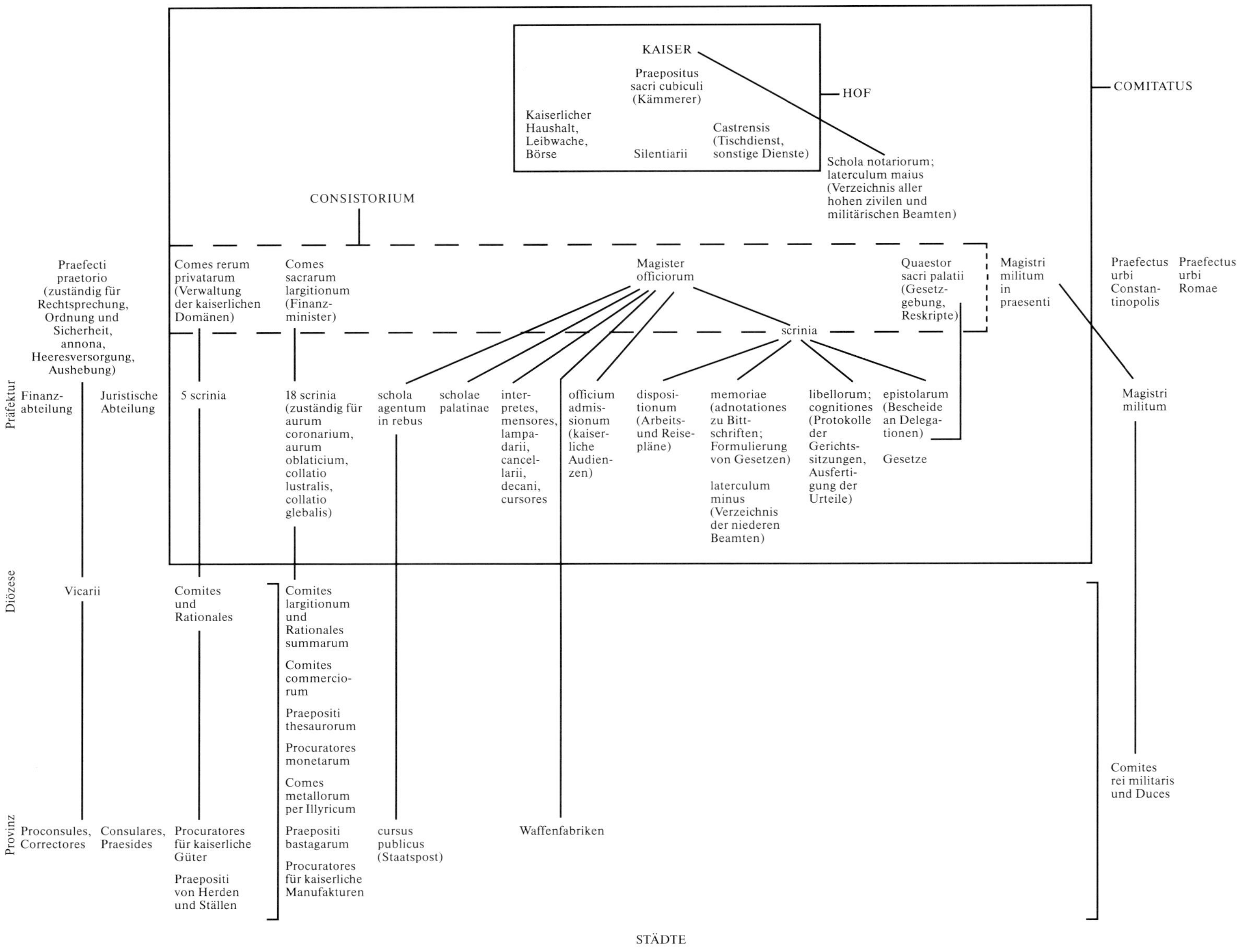

sich um etwas anderes als im Principat: Es ging nicht mehr um die Nähe zum Kaiser, um von ihm erwiesene Ehre und Akzeptanz durch die verschiedenen Gruppen der Gesellschaft. Der Kaiser blieb allem Irdischen weit entrückt. Der frisch aus dem Boden gestampfte Senat der neuen Hauptstadt hatte keine eigenen Traditionen, konnte den Kaiser nicht als Ersten unter Gleichen einbinden. Einfluß der Senatoren über Patronage konnte sich nicht entwickeln, da innerhalb der verschiedenen Verwaltungsbereiche einschließlich des Heeres die Promotionskriterien festgelegt waren und von den Verwaltungschefs kontrolliert wurden. Das Volk verkehrte mit dem Kaiser nicht als Ganzes, sondern Sprecher von Circusparteien redeten, die Antworten gab ein Beauftragter des Kaisers. Unzufriedenheit des Volkes richtete sich, von wenigen Ausnahmen abgesehen, gegen mißliebige Beamte. Kurz: Konstantinopel wurde nicht zum Ort praktizierter Kaisernähe, sondern zum Schauplatz für die Repräsentation und Demonstration kaiserlich-göttlicher Macht. Ein solches die Herrschaft stützendes Forum fehlte den Westkaisern in Mailand und Ravenna.

Die Verwaltung des Reiches

Im Principat war Rom in seinen Provinzen mit einem minimalen Herrschaftsstab ausgekommen: Die Städte verwalteten sich selber, von der Kapitalgerichtsbarkeit und dem Militärwesen abgesehen. Aber es fand ein dauernder Austausch zwischen den Städten und der Zentrale statt: Wer in den Hilfstruppen des römischen Heeres seinen Dienst absolviert hatte, erlangte ebenso das Bürgerrecht wie diejenigen, die in Städten mit einem bestimmten Rechtsstatus Ratsleute (Dekurionen) oder Magistrate geworden waren. Mitglieder der Führungsschichten der Städte konnten, soweit sie römische Bürger waren, in Rom zu Geschworenen ernannt werden und damit in den Ritterstand aufsteigen. Sie konnten dann in militärischen oder zivilen Ämtern Karriere machen oder in ihre Heimat zurückkehren, wo sie wichtige Aufgaben für die Vermittlung der römischen Herrschaft übernahmen. Nicht wenigen aus Provinzstädten gebürtigen Rittern gelang auch der Aufstieg in den Senatorenstand. Wer von den Aufgestiegenen nicht in die Heimat zurückkehrte,

Links: Die Reichsverwaltung um 400.

Rechts: Diptychon des Eucherius, Sohn des Stilicho. Durch solche an den Außenseiten mit Reliefs verzierten Klapptäfelchen aus Elfenbein teilten Adlige ihren Standesgenossen wichtige Ereignisse mit, vor allem die Übernahme von Ämtern. Auf diesem Diptychon fehlt zwar jeder schriftliche Hinweis auf den Anlaß, doch läßt sich wahrscheinlich machen, daß die Übernahme eines Amtes durch den Knaben Eucherius angezeigt werden sollte: Er hat selbst ein verschnürtes Diptychon (mit der entsprechenden kaiserlichen Anordnung?) im Arm. Neben ihm steht seine Mutter Serena in kostbarer Kleidung und mit wertvollem Schmuck; sie hält eine Rose in der rechten Hand. Auf der anderen Tafel präsentiert sich der Vater Stilicho in Feldherrnkleidung; auf seinem Schild sind die Büsten zweier Kaiser, des Arcadius und des Honorius, zu sehen. Der Vandale Stilicho war von 395 bis zu seinem Tod im Jahre 408 der führende Heermeister im Westen. Seine Macht dokumentieren die beiden Kaiserbüsten auf dem Schild – die Kaiser sind gleichsam seinem Schutz unterstellt. Das Diptychon ist wahrscheinlich um 396 entstanden. Monza, Museo del Duomo

konnte als Patron für seine Stadt in Rom wirken. Städte und Provinzen ehrten den Kaiser durch den Kaiserkult, der aber nicht das Zentrum der religiösen Betätigung der Reichsbewohner ausmachen mußte; sie konnten sich auch mit Gesandtschaften direkt an den Kaiser wenden. Seit 212/213 *(constitutio Antoniniana)* waren praktisch alle freien Reichsbewohner römische Bürger. Die übrigen Aufstiegsmöglichkeiten blieben erhalten, und noch im 4. Jahrhundert muß zum Beispiel der neugebildete Senat von Konstantinopel zumindest teilweise aus den Führungsschichten der Städte rekrutiert worden sein. Insgesamt ist aber für die Spätantike charakteristisch, daß für die Dekurionen Erbzwang vorgeschrieben, das heißt der legale Aufstieg von städtischen Führungsämtern in die Reichsverwaltung und in die Führungsschicht des Reiches verhindert wurde. Da auch der Zugang zum Kaiser erheblich erschwert, wenn nicht unmöglich gemacht wurde, blieb vom Austausch zwischen dem Reich und den Städten kaum etwas erhalten. Die Städte wurden zu Lastträgern des Reiches, aus der städtischen Selbstverwaltung wurde eine Auftragsverwaltung, ohne daß die Städte und deren Führungsschichten dafür honoriert wurden.

Statt dessen wurde über den Städten ein riesiger bürokratischer Apparat geschaffen, der unter Constantinus II. voll ausgebaut war. Das ganze Reich wurde in vier Großregionen (Präfekturen) eingeteilt, an deren Spitze jeweils ein Prätorianerpräfekt stand. Die nächste Ebene bildeten zwölf von Vikaren geleitete Diözesen, die letzte schließlich etwa hundert von Statthaltern verwaltete Provinzen; deren Zahl war von Diocletian fast verdoppelt worden, um im Zusammenhang mit der Steuerreform die Verwaltung und Rechtsprechung zu intensivieren. Von der Befehlsseite her bildeten die Statthalter das Ende eines Instanzenzuges: Sie verteilten die Steueranforderungen und die *munera* auf die einzelnen Städte. Im Hinblick auf die Rechtsprechung lief der Instanzenzug von den Statthaltern bis zu den Prätorianerpräfekten, deren Urteile nicht mehr appellabel waren. Die Städte waren nur Befehlsempfänger. Einzig Rom und Konstantinopel waren aus der Regionalverwaltung ausgegliedert und unterstanden jeweils einem Stadtpräfekten *(praefectus urbi)*.

HIERVSALEM

Triumphbogenmosaik von Santa Maria Maggiore in Rom. Die Basilika Santa Maria Maggiore wurde unter Papst Sixtus III. (432–440) vollendet. Sie ist an den Hochwänden des Langhauses und am Triumphbogen mit Mosaiken ausgestattet, die zum größten Teil aus der Erbauungszeit stammen. Während die Bildfelder unter den Obergadenfenstern Szenen aus dem Alten Testament enthalten, stellen die streifenförmig angelegten Mosaiken am Triumphbogen christologische Themen dar: unten Bethlehem und Jerusalem als die Städte, von denen das Heil ausgeht; in dem Register darüber die Ablehnung des Messias durch Herodes und die Juden; dann die Anerkennung des Messias durch das Heidentum; im obersten Register schließlich die Verkündigung des Gottessohnes und Königs Christus sowie die Darbringung Jesu im Tempel, die ebenfalls zu einer Szene der Anerkennung durch das alte und das neue Gottesvolk ausgestaltet ist. Zwischen Verkündigung und Darbringung ist über dem Bogenscheitel eine Szene eingefügt, die auf Apokalypse 4-5 Bezug nimmt und als Etoimasie (Vorbereitung auf den »großen Tag« Gottes) bezeichnet wird. Inmitten eines kreisrunden Medaillons befindet sich ein Thron, der dem gleicht, der auf Münzen als Thron der Dea Roma dargestellt ist. Auf dem Thron steht ein Gemmenkreuz, davor liegt auf einem purpurnen Tuch ein mit Juwelen verziertes Diadem. Die Fußstütze vor dem Thron trägt das Buch mit sieben Siegeln. Zu seiten des Medaillons stehen Petrus und Paulus, deren Bildnisse auch in die Handknäufe des Thrones eingelassen sind. Die beiden Apostel erscheinen nicht im Text der Apokalypse, wohl aber die vier Lebewesen, die über der ganzen Szene schweben. Der Thron der Dea Roma wird hier also zum Zeichen für die eschatologische Königsherrschaft Christi. Ihm erweisen Petrus und Paulus ihre Reverenz. Die beiden Apostelfürsten verköpern die Kirche aus den Juden und die aus den Heiden, sind aber zugleich durch ihr Martyrium zu Bürgern Roms geworden. Und auf Petrus berufen sich die römischen Bischöfe in ihrem Anspruch auf den Primat in der Kirche. Nicht zufällig steht das Wort episcopus *in der Widmungsinschrift (»Der Bischof Sixtus dem Volk Gottes«) genau unter dem apokalyptischen Thron. Daß die Kirche in die Tradition Roms eintritt und sie fortführt, wird in vielen literarischen Äußerungen der Zeit deutlich gemacht und tritt auch noch an anderen Stellen im Mosaik zutage, besonders eindringlich in den vielen Entlehnungen aus der römischen Triumphalikonographie. So ist Maria in der Verkündigungsszene als thronende Prinzessin dargestellt und der Verkündigungsengel nach dem Vorbild einer Victoria gestaltet; die Engel zu beiden Seiten Marias erfüllen die Funktion, die bei Kaiserdarstellungen wie dem Missorium des Theodosius die Gardesoldaten haben.*

Neben der Regionalverwaltung stand die Zentrale, *comitatus* genannt. Sie bestand zum einen aus dem kaiserlichen Hof mit dem Kämmerer an der Spitze, dem kaiserlichen Haushalt, dem Tischdienst, der Leibwache und den *silentiarii*, die für Ruhe und Ordnung zu sorgen hatten. Zum anderen gehörten zur Zentrale vier oberste Zivilämter. Zweien davon oblag die Verwaltung der kaiserlichen Domänen beziehungsweise der Finanzen, der Münze, der kaiserlichen Manufakturen und so weiter; beide hatten auch Büros auf verschiedenen regionalen Ebenen. Ein weiteres Amt war zuständig für die kaiserliche Gesetzgebung und Reskripte (Rechtsauskünfte des Kaisers auf Anfragen; sie hatten rechtsetzenden Charakter). Unter dem vierten Amt schließlich waren alle wichtigen zentralen Büros (für kaiserliche Audienzen, für die Ausfertigung von Schreiben und so weiter) zusammengefaßt. Mitglieder des *comitatus* waren auch die führenden Heermeister. Die Inhaber der vier zentralen Zivilämter bildeten mit anderen Würdenträgern zusammen das *consistorium*, das als Gerichtsgremium und als Forum für feierliche Anlässe diente und in dem allgemeine Gesetze diskutiert wurden.

Der dargestellte Apparat ist gegenüber dem Principat unvergleichlich ausgeweitet; zu einem Büro konnten Hunderte von Angestellten gehören. Ein so riesiger Stab konnte nicht mehr patrimonial rekrutiert werden, das heißt, den Zugang zu Ämtern verschaffte weder direkte noch durch Patronage vermittelte Kaisernähe. Die Alternative war der Verkauf von Posten durch den vorangehenden Amtsinhaber. Da die meisten Posten keine »Ehre« vermittelten und schlecht bezahlt wurden, lagen die einzigen Vorteile für die Amtsinhaber zum einen in gewissen Privilegien (zum Beispiel im Gerichtsverfahren), zum anderen in ökonomischen Gewinnmöglichkeiten: Neben dem Ämterverkauf entwickelte sich der Usus, daß für fast alle Amtshandlungen Sporteln (von *sportula* = Ge-

schenkkörbchen) eingefordert wurden. Steuereinnehmer haben sogar willkürlich Steuern erfunden, um sich zu bereichern.

Dieses ganze System erschwerte nicht nur den Zugang etwa zum Gerichtsverfahren (Arme konnten sich ein Gerichtsverfahren kaum leisten), sondern bewirkte auch, daß ein großer Teil der Ressourcen des Reiches in Privattaschen floß. Die Kontrolle des Verwaltungsstabes wurde dadurch erschwert, daß die Chefs der zentralen Ressorts mit Erfolg versuchten, sich die Gerichtsbarkeit über ihre Untergebenen zu sichern, was natürlich den Corpsgeist stärkte.

Der Kaiser war nicht die Spitze dieser Verwaltung, weder als Befehls- noch als Kontrollinstanz. Er konnte allgemeine Regeln erlassen, aber viele der entsprechenden Gesetze hatten rhetorischen und proklamatorischen Charakter. Wollten die Kaiser politische Ziele durchsetzen, dann griffen sie in der Regel nicht auf den Verwaltungsstab zurück, sondern verteilten Kompetenzen ad hoc: So konnten Heermeister mit der Regelung von Kirchenangelegenheiten beauftragt werden. Häufiger noch setzten die Kaiser Hofbeamte, die von ihrer Funktion her nichts mit der Verwaltung des Reiches zu tun, aber dauernd mit dem Kaiser Umgang hatten, für besondere Missionen ein, wie zum Beispiel die *silentiarii* oder die zwar nicht zum Hof gehörenden, jedoch dem Kaiser direkt unterstellten *notarii* (sie führten die Protokolle in den Sitzungen des Consistoriums). Große Macht erlangte im 4. Jahrhundert der Kämmerer *(praepositus sacri cubiculi)*, der immer ein Eunuch war; aufgrund seiner sozialen Diskriminierung war er in besonderer Weise vom Kaiser abhängig und konnte auch keine »Familienpolitik« im eigenen Interesse betreiben. Schließlich übertrugen die Kaiser auch den nicht zur staatlichen Verwaltung gehörenden Bischöfen Funktionen in der Rechtsprechung, Justinian betraute sie sogar mit der Aufsicht darüber.

Man kann die verschiedenen Zweige der spätantiken Verwaltung unter ihren jeweiligen Amtschefs als Schutzkreise verstehen, deren oberste Ziele die Selbsterhaltung der Gruppe und der eigene Vorteil waren. Die Ausrichtung auf eine abstrakte Idee der Staatlichkeit gelang nicht und konnte wohl unter den Bedingungen der Spätantike auch nicht gelingen. Insofern ist es gut verständlich, daß sich die staatliche Autorität nicht durchsetzte und daß sich im gesellschaftlichen Bereich autonome Autoritäten bildeten, Patrone der verschiedensten Art wie der Bischof oder der Gutsbesitzer, bei denen die vom staatlichen Handeln nur Bedrohten, aber nicht Geschützten Schutz suchten.

Der Kaiser und das Recht

Seit Constantin traten in der kaiserlichen Rechtssetzung gegenüber Entscheidungen zu Einzelfällen allgemeine Gesetze *(leges generales)* in den Vordergrund. Mit der Intensivierung der Staatlichkeit wurden nämlich viele Gegenstände, die vorher privatrechtlich geregelt waren, von öffentlichen Interessen überlagert und bedurften neuer gesetzlicher Bestimmungen.

Damit wurde das alte Recht nicht überflüssig. Infolge der Reformen Diocletians nahm die Gerichtstätigkeit jedoch stark zu, und man konnte das Problem, welche Rechtsauffassung bei einer gerichtlichen Entscheidung den Aus-

Das Relief am Galerius-Bogen in Thessaloniki (linke Seite) stellt Aufbruch (profectio) *und Ankunft* (adventus) *des Galerius dar, das Elfenbein im Trierer Domschatz (oben) die Einholung* (adventus) *von Reliquien. Im Relief des Ehrenbogens verläßt der im offenen Reisewagen fahrende Caesar Galerius eine Stadt am linken Bildrand und wird vor dem Tor der rechts liegenden Stadt »eingeholt«: Die Bewohner heißen den Kaiser mit Kerzen, Fackeln, Zweigen und Grußgesten willkommen. Auf dem Elfenbein ist der* adventus-*Ritus, vielleicht das wichtigste Zeremoniell der Kaiserzeit, auf die Einholung von Märtyrer-Reliquien übertragen. Zwei durch das Omophorion, ein über die linke Schulter gelegtes breites Band, als Bischöfe gekennzeichnete Männer sitzen auf einem Wagen und halten in ihren Händen ein Kästchen, das die Reliquien birgt. Dem Wagen voran schreiten vier kerzentragende Männer; der vordere ist durch Diadem und Kleidung als Kaiser zu identifizieren. Die Kaiserin, ebenfalls mit Diadem und kostbarem Ornat, streckt die Rechte der Prozession entgegen, in der Linken hält sie ein Kreuz. Der Zug nähert sich hier nicht einer Stadt, sondern einer Basilika, die zur Aufnahme der Reliquien bestimmt ist. Auf dem Dach sieht man noch Bauarbeiter am Werk, im Hintergrund Zuschauer. Die Architektur läßt darauf schließen, daß das Ereignis in Konstantinopel stattgefunden hat, vielleicht in der Regierungszeit Theodosius' II. und seiner Schwester Pulcheria. Wenn hier das* adventus-*Zeremoniell auf eine Reliquientranslation übertragen wird und der Kaiser dabei Strator-Dienste leistet, dann macht das deutlich, welche Macht den Reliquien zugeschrieben wurde. In dem Phänomen, daß Nähe zu Gott Macht begründet, wird ein wichtiges Element des Übergangs von der Antike zum Mittelalter faßbar.*

Andere Herrscher bedachten mit Ehren verstorbene Männer, deren Taten unnütz waren. Doch unser Kaiser Justinian ehrt ... mit einem erhabenen Haus Sergios, den Diener Christi, des Allerschaffers; ihn konnten weder Flammen noch Schwert noch andere Folter wankend machen. Aus Liebe zu Christus hat er den Tod überwunden und die himmlische Seligkeit erworben. Möge er stets das Reich des nimmermüden Herrschers behüten und die Macht Theodoras vermehren, der von Gott gekrönten, deren Sinn von Frömmigkeit strahlt und deren Mühe ein nie versagender Kampf ist, die Armen zu speisen.

Widmungsinschrift in Hagios Sergios und Bakchos, Istanbul

schlag geben sollte, nicht mehr wie im Principat dadurch lösen, daß vom Kaiser ausgewählte Juristen mit dessen Autorität *(ex auctoritate principis)* Gutachten erteilten. Statt dessen wurden sogenannte Zitiergesetze erlassen, das letzte im Westen im Jahr 426. Durch diese Zitiergesetze wurde festgelegt, auf welche Juristen man sich vor Gericht stützen durfte und welche bei einander widersprechenden Auffassungen den Vorrang haben sollten. Im Osten wurde 438 der Codex Theodosianus, eine Sammlung von Kaisergesetzen seit Constantin, publiziert. Auch diese Kodifikation war eine Antwort auf das Problem der Rechtssicherheit. Zitiergesetze erlaubten aber ein variableres Eingehen auf sich verändernde Zustände als die jeder Kodifikation inhärente Tendenz zur Festschreibung.

Besonders deutlich zeigte sich diese Tendenz in der von Justinian angeordneten Kodifikation, der größten der Antike. Sie umfaßte eine Sammlung nicht nur des Kaiserrechts (Codex Justinianus), sondern auch des Juristenrechts (Digesten oder Pandekten) sowie eine Einführung in das Recht (Institutiones). Justinian, der ja auch das politische Imperium Romanum wiederherzustellen bestrebt war, wollte damit einen geschlossenen Kanon der klassischen Jurisprudenz schaffen. Aber wie das Reich nun ganz anderen Bedingungen unterlag als in der Principatszeit, so stellte diese Kodifikation gleichsam ein monumentales Denkmal zum Abschluß der Antike dar. Ihre Wirksamkeit hat sie erst viel später entfaltet: im europäischen Spätmittelalter und vor allem in der Neuzeit. Seit der ersten Gesamtausgabe von Dionysius Gothofredus (1583) wird sie unter dem Titel »Corpus Iuris Civilis« tradiert.

Das römische Recht

Die Schaffung einer sich auf das Recht gründenden Ordnung, die das Leben in der Gemeinschaft regelt und den sozialen Frieden erhält beziehungsweise immer wieder stiftet, gehört zu den großen Leistungen der Römer. Sie ist vielleicht als die bedeutendste, auf jeden Fall als die Leistung anzusehen, welche die größte Wirkung auf die Nachwelt ausübte. So gut wie alle Völker der Erde bewahren heute in ihren Rechtsordnungen römisches Erbe, nicht zuletzt auch unser Bürgerliches Gesetzbuch, das am 1. Januar 1900 in Kraft trat. Dabei handelt es sich vor allem um Privatrecht. Römisches Strafrecht und öffentliches Recht haben sich kaum oder gar nicht in die Neuzeit tradiert. Bei Benutzung von Begriffen, welche die verschiedenen Bereiche des Rechts bezeichnen, hat man allerdings zu berücksichtigen, daß die durch sie markierten sachlichen Abgrenzungen modern sind und die Römer, als sie später von Privatrecht *(ius privatum)* oder öffentlichem Recht *(ius publicum)* sprachen, nicht genau die gleichen Bereiche ansprachen, die wir heute mit diesen Begriffen verbinden.

Privatrecht

Für das beispiellose, nie jemals wieder erreichte Niveau des römischen Privatrechts läßt sich mancherlei Begründung beibringen. Was immer man hier vortragen könnte, die Suche wird doch zwangsläufig zu den Anfängen der Staatlichkeit der Römer führen. So archaisch das Rechtsleben der Frühzeit war, enthält es bereits die Voraussetzungen, die als Fundamente römischen Rechtsdenkens anzusehen sind.

Da ist zunächst das zähe Festhalten am Vergangenen, das die Lebenswelt der Träger des Rechts als in einer bäuerlichen Tradition verwurzelt erkennen läßt. Die Tradition ist ein Wert, die Sitte der Vorfahren *(mos maiorum)* und deren Einrichtungen *(instituta maiorum)* eine nicht weiter reflektierte Richtschnur des Handelns. Neuerungen werden nicht als Fortschritt, sondern als Verunsicherung, ja Bedrohung der geltenden Weltordnung und damit des Daseins empfunden. Bis in die römische Spätzeit galt der Hinweis auf die Verhaltensmaximen und die Ordnung der Vorfahren als Aufruf zum rechten politischen Handeln. Diese Grundhaltung sicherte der im Recht verankerten römischen Lebensordnung Kontinuität und ermöglichte eine langsame, durch innere Erschütterungen nur selten gefährdete Anpassung an veränderte Verhältnisse. Ebendiese Kontinuität sicherte auch einen weiteren charakteristischen Zug des römischen Rechts: die unbeschränkte Rechtsmacht von Personen über andere freie Personen, über Unfreie und Sachen. Begriffe wie *imperium*, *potestas*, *manus* und *dominium* – bezogen auf die Rechtsgewalt des Magistrats über die Bürger, des Hausherrn *(pater familias)* über seine Haussöhne, des Ehemannes über seine Frau und des Eigentümers oder Verfügungsberechtigten über Sachen – stehen für diese Idee, die bis in die Spätzeit des römischen Rechts galt. Zu diesem begrifflichen Instrumentarium gesellt sich die *auctoritas* als eine für das soziale wie politische Leben der Römer zentrale Kraft, deren Inhaber allein aufgrund seines Ansehens in der Gesellschaft wirkt, indem er, ohne selbst zu handeln, also indirekt dem Handeln anderer Gewicht und Rechtmäßigkeit verleiht.

Die Tradition und deren Sicherung durch eine unbedingte Rechtsmacht von Personen, die als Garanten

Sogenannter Thron des Königs Dagobert. Der aus Bronze gegossene Klappstuhl befand sich im Besitz der Abtei Saint-Denis und wurde dort seit dem 12. Jahrhundert als Thron des Merowingerkönigs Dagobert (629–639) bezeichnet. Die Ornamentik an Beinen, Streben und Scharnier zeigt den Stil des 6. Jahrhunderts, Armlehnen und Rückenlehne sind spätere Zufügungen. Wahrscheinlich handelt es sich um eine wiederverwendete spätantike sella curulis, *den Amtssessel eines römischen Beamten. Wie die* fasces, *das Rutenbündel, haben die Römer auch die* sella curulis *als Amtsinsignie des Magistrats von den Etruskern übernommen.*
Paris, Cabinet des Médailles

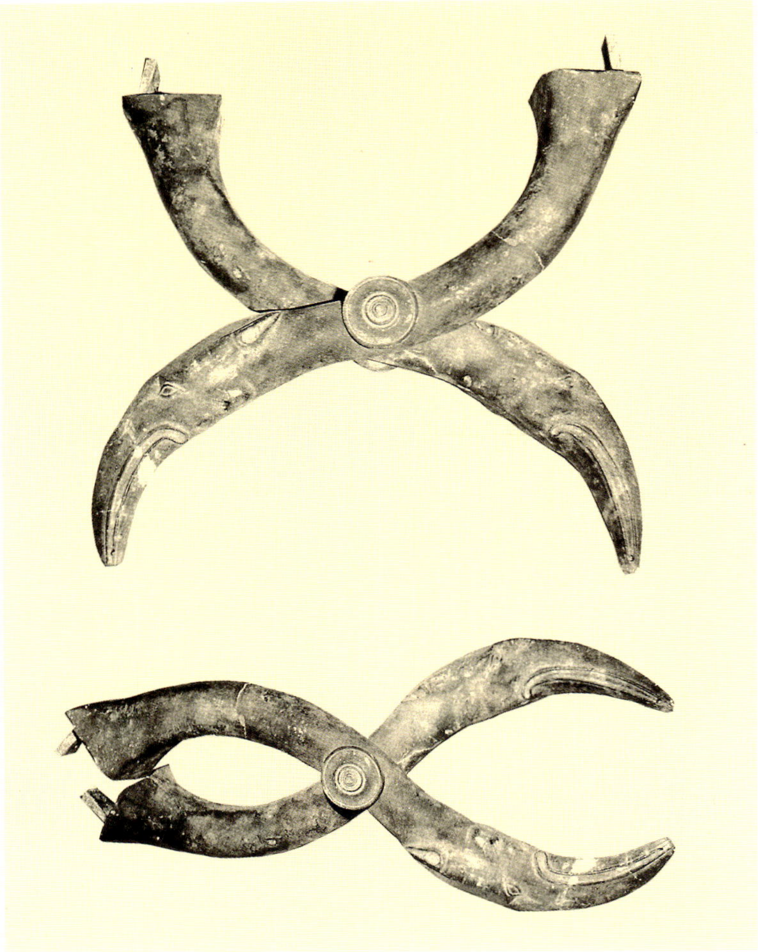

Links: Sella curulis *aus dem Theater von Herculaneum. Die Amtsausübung des römischen Beamten war nicht ortsgebunden. Da notwendig dazu ein Amtssessel gehörte, mußte dieser als Klappstuhl konzipiert sein. Auf einer* sella curulis *sitzend nahm der Oberbefehlshaber des Heeres die Aushebung der Soldaten vor, leitete der Vorsitzende des Senats die Senatssitzung, sprachen die obersten Beamten Recht. Die Beschaffung ging auf Kosten der Magistrate, die* sellae *waren ihr Privateigentum. Charakteristisch für sie war nicht nur, daß sie zusammengeklappt werden konnten, sondern auch das Material der S-förmig geschwungenen Beine, die aus Elfenbein geschnitzt wurden. In der Mitte mit einem Scharnier versehen, waren die Beinpaare durch einen Querbalken verbunden und mit Leder oder Stoff überspannt. Nach dem Aufklappen wurden zur Stabilisierung Längsholme eingezargt. Das Recht auf einen Amtssessel besaßen alle »kurulischen« Beamten: Konsuln, Prätoren und kurulische Ädile. Neapel, Museo Nazionale*

Rechts innen: Gedenkstein des Quattuorvir C. Otacilius Oppianus mit fasces *und* sella curulis. *Avignon, Musée Calvet*

Rechts außen: Relief mit sechs Rutenbündeln. Rom, Kreuzgang von San Paolo fuori le mura. Die fasces *waren Symbole der höchsten Amtsgewalt. Es handelte sich um knapp mannshohe Bündel von Ulmen- oder Birkenruten, die mit roten Bändern zusammengehalten wurden. In dem Bündel war ein Beil befestigt; auf dem Relief sind die Beilschäfte mit einem Kopf verziert. Ursprünglich dienten die* fasces *den Beamten auch konkret als Werkzeuge der Amtsgewalt. Sie wurden von Amtsgehilfen (Liktoren) vorangetragen. Das Recht, Rutenbündel mit sich zu führen, besaßen nur die obersten Beamten, die Konsuln und Prätoren, die befugt waren, Recht zu sprechen und Heere zu befehligen. Während der etruskische König zwölf* fasces *mit sich führte, dokumentierte sich die Teilung der Amtsgewalt in der Republik darin, daß der Anspruch der obersten Beamten sich auf jeweils sechs* fasces *erstreckte.*

ebendieser Tradition anzusehen sind, sind zwei Konstituanten des römischen Rechts, die wiederum die Voraussetzung für eine dritte sind, die das römische Dasein von seinen Anfängen bis zu seinem Untergang beherrscht: die Existenz einer Schicht von Personen, der aufgrund ihres sozialen Ansehens die Führung des Gemeinwesens überlassen ist. Diese Schicht, die man sich idealtypisch als die Vorsteher der Geschlechter oder Familien vorstellen darf, die sich faktisch aber aus denjenigen zusammensetzt, welche die Leistungen für das Gemeinwesen in Krieg und Frieden übernehmen, vor allem die Ämter besetzen und im großen Staatsrat, dem Senat, mitentscheiden, finden wir bereits im frühesten Stadium der Staatsentwicklung und finden sie weiter, ob nun als Patriziat, als Nobilität, als Senatoren- oder Dekurionenstand, bis in die Spätantike. Wie in der Familie die Angehörigen des Hauses dem Hausvater zu unbedingtem Gehorsam verpflichtet sind, fühlen sich die Bürger den aktiven und ehemaligen Leistungsträgern, also den durch den Senat repräsentierten Vornehmen, verbunden und sehen in ihnen eher Patrone denn Mitbürger. Die nach aristotelischer Terminologie aristokratische Struktur gehört nicht nur wesensmäßig zum römischen Gemeinwesen, sie wurde auch niemals, auch nicht in der Kaiserzeit, bestritten. Ihr bemerkenswertester, insbesondere für die Republik, aber, in seiner Stärke gemindert, auch noch in der Kaiserzeit geltender Grundzug ist die unbedingte Identität von Einfluß *(dignitas/auctoritas)* und Leistung für den Staat: Nur der für das Gemeinwesen Tätige hatte Einfluß; der Untätige, mochte er noch so sehr auf vornehme Ahnen verweisen, blieb politisch ohne Gewicht.

Mit der Verhaftung des Römers an dem, was einmal für richtig erkannt wurde, und an der sozialen Hochschätzung derjenigen, durch deren Führung man sich im Daseinskampf gesichert glaubte, hängt auch wohl ein weiterer Wesenszug des römischen Rechts zusammen: sein unbedingter Bezug auf die Praxis. Das römische Recht ruht nicht auf theoretischen Prämissen, es ist kein zu einem kunstvollen System verflochtenes Gebäude; es enthält keine Idee, aus der sich die Regeln ableiten ließen. Die stets auf die soziale Wirklichkeit bezogene Rechtspraxis hat vor allem auch die Weiterentwicklung des Rechts bestimmt: Das römische Recht entwickelte sich aus der Praxis, am konkreten Fall *(casus)*, und dies selbst dann, als es ein geistiges Niveau erreicht hatte, das im nachhinein vielleicht eine theoretische Durchdringung wenn nicht nahegelegt, so doch ermöglicht hätte. Aber gerade auf seinem Höhepunkt hat es sich nicht nur von der Praxis fortbewegt, sondern aus ihr seine eigentliche, über die Jahrhunderte bis zu uns wirkende Kraft geschöpft. Nicht die Verallgemeinerung, sondern gerade die Rückführung der Begriffe und Figuren des Rechts auf natürliche Sachverhalte, ihre Konzentration auf das für den Sachverhalt Wesentliche ist dem römischen Recht

eigentümlich. Es ruht nicht auf Ideen, sondern ist in dem Besten, was es darstellt, die Kunst, aus dem verflochtenen, vielerlei Möglichkeiten und Bezüge enthaltenden jeweiligen Sachverhalt das Rechtserhebliche zu isolieren und in klar bestimmte Rechtsfiguren zu gießen.

Erkennen wir in der Frühzeit bereits manche der Bedingungen für die spätere Entwicklung, entfaltete sich das Recht doch erst in langen Jahrhunderten zu seiner bewunderten Größe. Am Anfang war das Privatrecht wie in allen frühen Kulturen sakral gebunden, und daher wurden die Formeln der prozessualen Verfahren auch von Priestern *(pontifices)* bewahrt. Die feierlichen Spruchformeln dieser Verfahren *(legis actiones)* erscheinen starr und formalistisch, zur weiteren Ausbildung ungeeignet, doch enthalten auch sie wichtige Prämissen der künftigen Entwicklung. Der Prozeß *(actio)* konnte lediglich vom Kläger unter Zusammenwirken mit dem Beklagten in Gang gebracht und durchgeführt werden; dem Staat, vertreten durch den Gerichtsbeamten, der spätestens seit dem 4. Jahrhundert v. Chr. der Prätor war, kam lediglich die Aufgabe zu, die Klage anzunehmen und das Verfahren zu überwachen. Das Urteil fällte hingegen nicht er, sondern ein Laienrichter, an den der Prätor die Parteien verwies. Das Verfahren war also (wohl kaum schon immer, aber doch bereits in archaischer Zeit der Rechtsentwicklung) ein zweigeteiltes: Es wurde vor dem Prätor eingeleitet, und unter seiner Autorität einigten sich dann die Parteien auf eine Spruchformel, durch die der Streitstand festgelegt wurde. Diesen ersten, sozusagen amtlichen Teil bezeichnet man als Verfahren *in iure*, die Einigung als *litis contestatio* (»Bezeugung des Rechtsstreits«). Den Urteilsspruch fällte dann in einem zweiten Prozeßabschnitt *(in iudicio)* aufgrund der den Parteien vom Beamten mitgegebenen Rechtsformel und nach Würdigung der von den Parteien vorgebrachten Beweismittel ein von dem Prätor am Schluß des ersten Verfahrens bestellter Richter, der Privatmann und natürlich stets ein vornehmer Mann war. Der für den Prozeß rechtserhebliche Teil, nämlich die Bestimmung der jeweils anzuwendenden Rechtsnormen *(ius)*, erfolgte also beim Beamten; er ging, anders als heute, der Beweisführung voraus, die im zweiten Verfahrensabschnitt der Laienrichter vornahm, und bedingte sie. Man sieht, daß der Magistrat zwar die Gerichtshoheit verkörperte, er aber lediglich bei der Festlegung des Streites mitwirkte. Die Mitwirkung des Bürgers war also bereits in sehr früher Zeit ein wesentliches Element der Rechtsprechung. Aber sie ist gewiß nicht im Kampf gegen die Obrigkeit durchgesetzt worden; sie ist nicht, wie man von der neueren Rechtsgeschichte her vermuten könnte (und vermutet hat), ein demokratisches Element der Rechtsentwicklung. Mag auch in einem für uns kaum erkennbaren älteren Stadium dem Gerichtsherrn die volle, ungeteilte Gerichtsbarkeit zugestanden haben, so empfahl sich die Teilung auch aus rein ökonomischen Gründen: Der Gerichtsmagistrat wurde entlastet, und die darin zutage tretende soziale Zweckmäßigkeit setzte sich durch. Da zwischen dem Prätor und den Laienrichtern kein soziales Gefälle bestand – beide gehörten zum Senatorenstand –, verbietet sich auch von hierher die Annahme, daß der Laienrichter ein Gegengewicht gegen die Vollgewalt des Gerichtsbeamten darstellte; die herrschende Stellung des Beamten in dem Verfahren war auch niemals strittig.

Ius honorarium

Es sollte nun von größter Bedeutung für die weitere Entwicklung sein, daß die Gerichtsbarkeit, die ursprünglich der oberste Magistrat innegehabt hatte, besonderen Gerichtsbeamten, den Prätoren, anvertraut wurde. Die Prätur ist in einer Phase des inneren Ausgleichs nach langen sozialen Auseinandersetzungen, dem sogenannten Ständekampf, geschaffen worden, und sowohl dies als auch die Spezialisierung auf die Rechtspflege hat den Prätor zu dem Promotor einer wenn nicht »progressiven«, so doch für die Nachteile eines Wortformalismus und auch für soziale Ungerechtigkeiten sensiblen Rechtsentwicklung gemacht: Der Prätor wird nun die Instanz, die das Recht, gestützt auf neue Wertungen, nicht lediglich anwendet, sondern auch ständig fortschreibt.
Eine nicht geringe Rolle für die nun einsetzende Fortbildung des Rechts hat dabei auch die rasche Ausdehnung des römischen Staatsgebietes und des Gebietes der von Rom abhängigen Gemeinden Italiens in den Samnitenkriegen des ausgehenden 4. und beginnenden 3. Jahrhunderts v. Chr. gespielt, die von der Jurisdiktion schon zur Bewältigung der wachsenden Amtsaufgaben Ökonomie und wegen der komplexer werdenden Streitgegenstände Anpassungsfähigkeit verlangte. Für die Streitfestlegung wurden so aufgrund neuer Wertungen auch neue Regeln aufgestellt, und die Prätur wurde damit zur Quelle künftiger Rechtssetzung. Da das von ihr geschaffene *ius* auf dem Amt, lateinisch *honos*, beruhte, nannte man es – zur Abgrenzung gegenüber dem *ius civile*, dem alten, in der Vorstellung der Römer seit langem bestehenden Recht der Bürger *(cives)* – *ius honorarium*. Der Prätor setzte sich dabei mit seinen Neuerungen nicht in einen Gegensatz zum überkommenen Recht; er wandte es ja weiterhin an. Aber wenn er in seinen schriftlichen Anweisungen *(formulae)*, die er den Parteien für das zweite Verfahren vor dem Richter in die Hand gab, neue Sachlagen berücksichtigte und neue Wertungen setzte, schuf er doch neues Recht.
In diesem Prozeß der Rechtssetzung blieb indessen immer die – bei allem letztendlichen Durchsetzungswillen – doch deutliche Zurückhaltung der staatlichen Gewalt vor den rechtsuchenden Bürgern gewahrt: Nicht nur daß der Prätor nicht befiehlt, sondern der Streitbefestigung nur seine Autorität leiht und nicht er, sondern ein Laie das Urteil spricht; es werden bei der Suche nach neuen Wegen die Prozeßparteien auch eher durch sanften Druck oder über Umwege zur Anerkennung der prätorischen Autorität gebracht als durch direkte Anweisung dahin gezwungen. Und zum anderen bleibt die prätorische Rechtsfindung immer an dem konkreten Fall orientiert.
Das *ius honorarium* des Prätors hat mit dem Ausgreifen Roms nach Italien weitere neue Impulse empfangen. Der Verkehr mit den zahlreichen Fremden (Peregrinen) in Handel und Handwerk, bei Kauf und Pacht haben eine von den römischen Formen freiere Rechtsprechung erzwungen, welche die fremden Rechte und neue Sach-

Basilica Iulia auf dem Forum Romanum: Überreste (oben) und Rekonstruktion der Langseitenfassade an der Via Sacra (links; Ch. Hülsen). Der von Caesar begonnene und durch Augustus vollendete Bau nahm die Stelle ein, an der die 170 v. Chr. errichtete Basilica Sempronia gestanden hatte. Das Mittelschiff der fünfschiffigen Halle war an allen vier Seiten von zweischiffigen Portiken mit Galerien umgeben. In dem 82 m langen und 18 m breiten Mittelsaal tagte das Tribunal der Centumvirn.

Attia Viriola ... verlangte vor den vier Gerichtshöfen der Centumvirn ihr väterliches Gut zurück. Es tagten hundertachtzig Richter – so viele sind nämlich Mitglieder der vier Kammern –, auf beiden Seiten war eine Menge Advokaten, und die Bänke waren voll besetzt, außerdem umgab eine gedrängte Masse von Herumstehenden den riesigen Gerichtshof in dichten Reihen. Dazu war die Richtertribüne vollgestopft, und auch vom oberen Teil der Halle streckten auf der einen Seite die Frauen, auf der andern die Männer die Köpfe vor, um etwas zu hören – das war schwierig – und – das war leicht – etwas zu sehen. Groß war die Spannung der Väter, groß die der Töchter, groß auch die der Stiefmütter. Der Erfolg war unterschiedlich. Denn wir siegten in zwei Kammern, in ebenso vielen wurden wir besiegt. Wirklich beachtenswert und merkwürdig! In ein und derselben Sache, vor denselben Richtern, mit denselben Anwälten, zu derselben Zeit ein so verschiedenartiger Ausgang!

Plinius der Jüngere, Briefe 6, 33

lagen berücksichtigte. Es wurde schließlich in der Mitte des 3. Jahrhunderts v. Chr. auch eine zweite Prätur eingerichtet, deren Inhaber ausschließlich zwischen Römern und Peregrinen Recht sprach. Diese vom Recht der Völker *(ius gentium)* beherrschte Rechtsprechung galt nicht für die Rechtsprechung unter Römern. Doch konnte ein Prätor, der für Römer Recht sprach, dann, wenn die vom »Fremdenprätor« geschaffenen Rechtsformeln auch für römische Verhältnisse anwendbar und einleuchtend waren, sie gegebenenfalls übernehmen. Damit wurde die bis dahin von den Formen der Tradition beherrschte römische Rechtsordnung mit neuen Gedanken bereichert, und neue Möglichkeiten der Rechtsfindung eröffneten sich. Das römische Recht konnte seine Geltung auf Völker mit unterschiedlicher Rechtstradition erstrecken. Daß es sich schließlich zu einem Weltrecht zu entwickeln vermochte, hatte aber gerade die prätorische Art der kasuistischen Rechtsfortbildung zur Voraussetzung: Gebunden an den konkreten Fall, konnte sie in einem langen Prozeß des Anpassens und Suchens das römische

Links: Personifikationen der Iustitia und Aequitas auf Münzen der Kaiserzeit. Iustitia (oben) erscheint als thronende Frauengestalt mit Strahlenkrone, Zepter und Opferschale; die stehende Aequitas (Mitte und unten) hält Waage und Füllhorn (oder Zepter) als Attribute. Aequitas est iustitiae maxime propria – *Gleichheit vor dem Gesetz und Billigkeit gegenüber dem strengsten Rechte sind das wesentliche Merkmal der Gerechtigkeit.*

Rechts: Tabula Claudiana. Die Inschrift der in Lyon (Lugdunum) gefundenen Bronzetafel gibt eine Rede wieder, die Claudius im Jahr 48 vor dem Senat gehalten hat. Die führenden Männer der Gallia Comata hatten um das Recht nachgesucht, in Rom zu Ehrenämtern zu gelangen. Der Kaiser befürwortete in seiner auch von Tacitus (Annalen II, 24) überlieferten Rede die Aufnahme von Galliern in den Senat. Für das Rechtswesen war das auch insofern von Belang, als die Geschworenengerichte zu gleichen Teilen mit Senatoren, Rittern und tribuni aerarii *ritterlichen Standes besetzt waren.*
Lyon, Musée de la Civilisation Gallo-Romaine

Recht dazu befähigen, die fremden Verhältnisse in sich aufzunehmen beziehungsweise sie an die römischen anzugleichen.

Das prätorische Recht wäre nicht zu dem geworden, was es dann wurde, nämlich die umfassende Rechtsaufzeichnung des römischen Weltreiches, wenn der jeweils gefundene Spruch des ja immer nur ein Jahr amtierenden Prätors in seiner Vereinzelung geblieben wäre. Es versteht sich, daß schon aus reiner Ökonomie der Rechtsverwaltung, aber vor allem natürlich aus Traditionalismus und wegen des Fehlens von rechtspolitischen Gegensätzen unter standesgleichen Amtsträgern jeder Prätor die Sammlung der Rechtsinstruktionen seines Vorgängers übernahm. Die in dieser Sammlung enthaltene Summe von Rechtssätzen wurde bei Amtsantritt des Prätors alljährlich als die Grundlage der Jurisdiktionstätigkeit des Amtsjahres verkündet, um dann, gegebenenfalls erweitert, an den Amtsnachfolger weitergegeben zu werden. War das Edikt zunächst nur ein »Jahresgesetz« *(lex annua)*, das an den unabhängigen Träger des Amtes gebunden war und mit ihm fiel, wurde es doch tatsächlich aufgrund der ständigen Übernahme *(edictum tralaticium)* zur immer geltenden Rechtssammlung *(edictum perpetuum)*.

Die Entwicklung eines Juristenstandes

Das prätorische Recht erscheint als ein von Amtsträgern geschaffenes Recht. Doch waren die Prätoren selbst in aller Regel weder nach Ausbildung und Interesse befähigt noch von ihren Amtsaufgaben her in der Lage, die Fortentwicklung des Rechts selbst in die Hand zu nehmen. Sie hatten Berater, in der Regel Personen ihres Standes, denen als Patrone vieler Abhängiger das Geschäft der Beratung in Fragen des Rechts vertraut war und unter denen manche, sei es für den einzelnen Fall eines Klienten, sei es auch in umfassenderem Maße, an der standesgemäßen Aufgabe der Beratung des Prätors Interesse fanden, die *iuris consulti*, also rechtskundige Personen.

Diese senatsständischen, bisweilen, besonders seit dem 2. Jahrhundert v. Chr., auch ritterständischen Juristen berieten den Prätor oder die um Rat suchenden Parteien. Da der Prätor wie jeder römische Magistrat sich bei allen Amtsgeschäften durch ein Gremium von standesgemäßen Personen *(consilium)* beraten ließ, stellte die Entscheidungshilfe in Rechtsfragen keine bedeutende Neuerung dar; die Suche und Annahme des Rates sowohl vom Magistrat als auch von den rechtssuchenden Bürgern zeigt aber, daß die Materie auch nach der Emanzipation des Rechts aus dem sakralen Bereich so schwierig geworden war, daß sie der Hilfe von Fachleuten bedurfte. Die Rechtskunde beginnt sich so als eine eigenständige Fachdisziplin *(ars)* zu entwickeln.

Als Hilfe beim Prozeß beziehungsweise Rechtsgeschäft war der Rat des Juristen immer am konkreten Rechtsfall orientiert, also praxisbezogen. Er wurde sowohl für die Beurteilung einer Streitfrage *(respondere)* als auch für einen juristischen Geschäftsvorgang, wie den Abschluß eines Vertrages *(cavere)*, und für die Auswahl, gegebenenfalls Neuschaffung einer prätorischen Klageformel *(agere)* verwendet. Das Kernstück der Tätigkeit war dabei das *respondere*, denn hier wurde aus dem komplexen Tatsachengestrüpp eines Streitfalles das juristisch Wesentliche herausgestellt und so schon durch die Darstellung

des Falles die Entscheidung selbst oft vorweggenommen. Die Entscheidung des Juristen blieb dabei extrem sachgebunden und die Sache auf den Traditionalismus und den Formalismus des alten Rechts bezogen. Die Juristen revolutionierten das Recht nicht, sondern erweiterten und verfeinerten es durch Rückführung der Rechtsfiguren auf deren Kern und durch Ergänzung. Die Weiterentwicklung erfolgte vor allem durch ein »verfeinertes juristisches Sachgefühl« und durch die »Fülle der Erfahrung« (M. Kaser). Man folgte nicht philosophischen Theoremen und suchte nicht die Regeln der Entscheidung in einer Systematik zusammenzufassen oder gar aus ihr zu begründen. Die Isolierung auf das juristisch Wesentliche und ihre Abstraktheit konnten zu einer »kühlen Lebensferne« (F. Wieacker) dieser Art von Jurisprudenz führen. Der mangelnde Bezug auf ein das Recht stützendes und begründendes Ethos, etwa auf eine Gerechtigkeitsidee, könnte ihr trotz ihrer Praxisbezogenheit den Vorwurf der Vernachlässigung sozialer Aspekte, der Unbilligkeit und formalistischen Härte eintragen. Indessen gab es – wie schon in der archaischen Phase der Rechtsentwicklung die berühmte Kodifikation der Zwölf Tafeln, die auf eine soziale Krise Bezug nahm (451/450 v. Chr.), und die Volksgesetzgebung des 3.–1. Jahrhunderts v. Chr. *(leges publicae)* soziale Härten auszugleichen sich bemüht hatten – auch im letzten Jahrhundert der Republik und in der Kaiserzeit Korrekturen durch den Einfluß hellenistischen Geistes, nämlich griechischer Gerechtigkeits- und Wissenschaftslehre. Gerade auch die Begründer der römischen Jurisprudenz, wie Q. Mucius Scaevola (Konsul 95 v. Chr.) und Serv. Sulpicius Rufus (Konsul 51 v. Chr.), und die Großen der juristischen Klassik, P. Iuventius Celsus (129 n. Chr. zum zweitenmal Konsul) und P. Salvius Iulianus (Konsul 148 n. Chr.), waren griechisch gebildete Männer. Von Celsus etwa stammen die berühmten Sätze: *ius est ars boni et aequi* (»Recht ist die Wissenschaft vom Guten und Billigen«, Dig. 1, 1, 1 pr.) und: *scire leges non hoc est verba earum tenere, sed vim ac potestatem* (»Rechtskenntnis heißt nicht, den Wortlaut der Rechtssätze zu kennen, sondern von der ihm innewohnenden Kraft zu wissen«, Dig. 1, 3, 17). Bezeichnet man die Begründer der römischen Jurisprudenz im letzten Jahrhundert der Republik als »Vorklassiker«, sind ihre Vollender, die großen Juristen der ersten beiden Jahrhunderte des Kaiserreiches, die »Klassiker«. An den Grundlagen des römischen Fallrechts haben sie nichts geändert, aber sie haben den ihn tragenden Gedanken bis zu einem Ende geführt. Die Voraussetzungen, unter denen alle diese stets auf die Tradition ausgerichteten und von ihr geleiteten Juristen dachten, waren so einheitlich, daß sie bei mannigfachen Unterschieden in Qualität, Ansehen und Arbeitsintensität doch in ihren Werken keine grundsätzlich verschiedenen Positionen vertraten, das Gesamtwerk folglich wie aus einem Guß wirkte. Wir sprechen darum auch mit Recht von *dem* römischen Juristen.

Kaiserrecht und Juristenrecht

Über die Beratung zunächst vor allem der Gerichtsprätoren, dann, nach dem Ende der Republik, des Kaisers und der höchsten Reichsbeamten gelangten die Entscheidungen der Juristen in das prätorische Edikt und in die Rechtsentscheidungen der Kaiser beziehungsweise ihrer Beamten. Die Juristen wurden so zur Rechtsquelle, das Recht zu einem Juristenrecht. Nachdem mit dem allmählichen Niedergang der alten republikanischen Institutionen und Magistraturen der Prätor als Gerichtsmagistrat und Rechtsquelle immer mehr zurücktrat, schließlich unter Hadrian um 130 n. Chr. das prätorische Edikt durch P. Salvius Iulianus in seiner endgültigen Fassung, die nicht weiter ergänzt werden durfte, publiziert wurde, rückte der Kaiser auch formal als die einzige Quelle der Rechtsschöpfung in den Vordergrund. Die Juristen blieben dabei aber nicht nur weiter die hinter den kaiserlichen Entscheidungen stehenden tatsächlichen Schöpfer des Rechts; die Kaiser förderten sie von sich aus, und jetzt begann auch erst die große Blüte der Jurisprudenz. Schon Augustus hat dabei einige Juristen dadurch privilegiert, daß er ihre Respondiertätigkeit unter seine Autorität stellte *(ius respondendi ex auctoritate principis)*; ihre Antworten auf Anfragen von Parteien oder Beamten *(responsa)* waren damit gleichsam kaiserlichen Entscheidungen gleichgestellt. Responsen berühmter Juristen wurden schließlich gesammelt und erhielten rechtsverbindliche Kraft. Es entwickelte sich über die Responsensammlungen hinaus eine große Rechtsliteratur, darunter eine Gattung, welche die besondere Problematik einzelner Rechtsfälle erörterte und den jeweiligen Standpunkt des Juristen begründete *(quaestiones, disputationes)*, ferner Sammelwerke aller von einem Juristen getroffenen Entscheidungen *(digesta, pandectae)*, Kommentare zu großen Gesetzessammlungen (prätorisches Edikt, *ius civile*) und schließlich Lehrbücher für angehende Juristen (*institutiones* = Anfangsgründe), um nur die wichtigsten Kategorien zu nennen. Zu den berühmtesten Werken gehörten der Kommentar zum prätorischen Edikt des M. Antistius Labeo aus augusteischer Zeit, das kleine Handbuch zum Zivilrecht des in augusteisch-tiberianischer Zeit lebenden Masurius Sabinus, die Digesten des bereits genannten Julian und die Institutionen des Gaius, eines uns als Person so gut wie unbekannten Juristen aus der Mitte des 2. Jahrhunderts, die als einziges bedeutendes Juristenwerk durch einen Papyrus, jedenfalls zum größten Teil, auf uns gekommen sind.

Noch in der Zeit des severischen Kaiserhauses (193–235 n. Chr.) finden wir die Jurisprudenz in voller Blüte. Sie besitzt jetzt nicht mehr die Kraft der Weiterentwicklung und Gestaltung wie in der Hochklassik; zu umfangreich war inzwischen auch die Masse der Rechtsliteratur geworden, die nun eher nach Übersicht und Ordnung als nach Ergänzung und Vertiefung rief. Zudem war die Stellung der Juristen nicht mehr so frei wie in den vergangenen zwei Jahrhunderten. Zwar waren auch schon früher selbst unter den Großen der Jurisprudenz viele in des Kaisers Dienst aufgenommen worden, sei es als Angehörige des kaiserlichen Rates, sei es als Beamte wie Julian und Celsus. Aber der Spielraum freier Entscheidung war in severischer Zeit enger geworden. Noch beherrschte die Jurisprudenz allerdings ihren Gegenstand ebenso wie die Kunst der Darstellung. Vor allem das berühmte Dreigestirn dieser Zeit, Aemilius Papinianus, Iulius Paulus und Domitius Ulpianus, alle drei Inhaber des höchsten kaiserlichen Amtes, der Gardepräfektur *(praefectura praetorio)*, gehören zu den großen Juristen, und Papinian galt den Alten sogar als der größte überhaupt. Von Ulpian stammt die schöne Definition der Gerechtigkeit: *iustitia est constans et perpetua voluntas ius suum cuique tribuendi* (»Gerechtigkeit bedeutet den festen und dauernden Willen, jedem einzelnen das ihm zukommende Recht zuzuteilen«, Dig. 1, 1, 10 pr.).

Das Kernstück des römischen Privatrechts ist seine Entfaltung aus dem konkreten Rechtsfall. Bei aller Abneigung der Kasuistik gegen jede begriffliche Systematisierung und allem Mangel an logischen und ethischen Generalprämissen entbehrte es jedoch nicht einer inneren Ordnung, die auch zur Gliederung fähig war. Aber es war dies eine Ordnung, die aufgrund der Mannigfaltigkeit denkbarer Rechtsfälle doch immer offen und von der Sache des Falles sowie von dem Wirklichkeitssinn des Juristen bestimmt blieb. *Non ex regula ius sumatur, sed ex iure quod est regula fiat*, sagt Paulus (»die Fallentscheidung soll nicht aus der Regel, sondern die Regel aus der Fallentscheidung geschöpft werden«, Dig. 50, 17, 1), und noch distanzierter formuliert Iavolenus, der Lehrer Julians: *omnis definitio in iure civili pericolosa est: parum est enim, ut non subverti posset* (»jede Definition im Recht ist gefährlich; zu leicht kann sie in ihr Gegenteil verkehrt werden«, Dig. 50, 17, 202). Rechtswissenschaft ist in Rom bis zu den Severern immer Rechtspraxis geblieben, das juristische Fachwissen nicht, wie heute, von der richterlichen Entscheidung (Judikatur) getrennt gewesen.

Die Entscheidungen der Juristen waren teils durch die als Autoritäten angesehenen Werke der Juristen selbst, teils und vor allem aber über die kaiserliche Zentrale durch Briefe *(epistulae)* und Anweisungen *(mandata)* des Kaisers an Beamte, besonders an die Statthalter der Provinzen, ferner durch kaiserliche Gerichtsurteile *(decreta)* und Antworten *(rescripta)* auf Anfragen und Eingaben von Beamten und Privaten verbreitet worden. Für das Weiterleben dieser komplexen, auf rechtskundigen Personen ruhenden Rechtsordnung sollte sich nun die politische Unruhe der nachseverischen Zeit verhängnisvoll auswirken, in der die von einer breiteren Gesellschaft von vornehmen Amtsträgern getragene alte Ordnung des Kaisertums zusammenbrach und einem rohen Soldatenkaisertum Raum geben mußte. In den fünfzig Jahren zwischen dem Ende der severischen Dynastie und der Etablierung der sogenannten tetrarchischen, das heißt einer von mehreren, der ursprünglichen Idee nach vier Kaisern getragenen Reichsordnung (235–284) ist nicht nur eine Tradition zerbrochen, sondern sind auch die Träger der alten Ordnung und mit ihnen die Juristen zu einem großen Teil physisch ausgerottet worden.

Mit dem Juristenstand verlor das römische Recht aber seinen Lebenshauch. In der rauhen Welt des neuen Kaisertums, in der auch die Verwaltung weitgehend von Soldaten übernommen wurde, konnte die komplexe Rechtsordnung von den unkundigen und des sachlichen Rates beraubten Richtern in den Provinzen nicht mehr verstanden, geschweige denn interpretiert und auf ihrer Höhe gehalten werden. In der Not reduzierte man die dem Einzelrichter schier unübersehbar erscheinende Juristenliteratur auf Elementarwerke, Einführungen und Spruchsammlungen einzelner Juristen, meist Spätklassiker, sowie Sammlungen von Kaisergesetzen zum Recht und zur Reichsverwaltung *(constitutiones)*. Das 3. und 4. Jahrhundert war die große Zeit der Kompendien. Das Ausmaß des Verfalls lassen vor allem die sogenannten Kassier- und Zitiergesetze erkennen. Kaiser Constantin ließ im Jahre 321 durch Gesetz die Anmerkungen *(notae)* des Paulus und des Ulpian zu einigen Werken Papinians außer Kraft setzen; es sollte künftig nur Papinian selbst verbindlich sein (Cod. Theod. 1, 4, 1 und 2), und im folgenden Jahr setzte er dann auch die Schriften des Paulus für verbindlich fest. Ein Jahrhundert später sank das römische Rechtswesen auf seinen tiefsten Punkt, als durch das Zitiergesetz von Theodosius II. (424–450) und Valentinian III. (408–455) nur noch die Schriften des Gaius sowie die der Spätklassiker Papinian, Paulus, Ulpian und Modestin für gültig erklärt und im Falle der Meinungsverschiedenheit unter diesen festgelegt wurde, daß die Mehrheit entscheiden und bei Stimmengleichheit Papinian den Ausschlag geben sollte; nur dann, wenn bei Stimmengleichheit Papinian fehlte, sollte der Richter die Freiheit haben, der Seite beizutreten, die er für die rich-

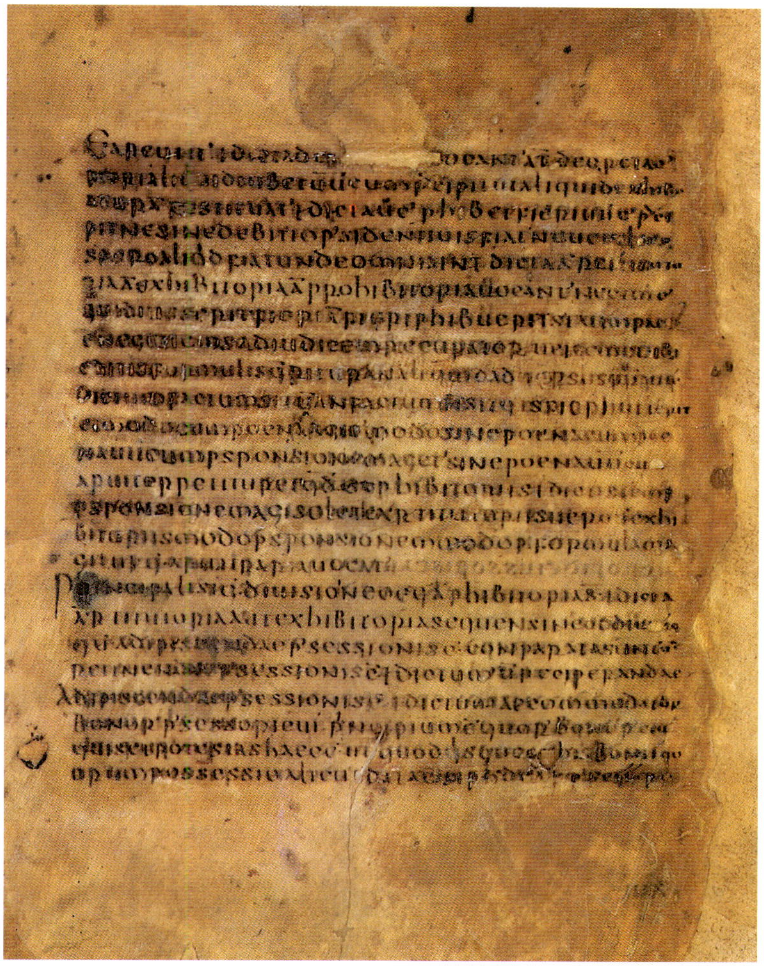

Die Institutionen des Gaius sind der einzige erhaltene Juristentext, überliefert als Palimpsest im Codex Veronensis. Das einzige nichtreskribierte Blatt des Codex, das folium singulare de interdictis *(oben), enthält den Text von Gaius 4, 139–144;* folium 97[r] *mit der Neubeschriftung von Hieronymus'* Epistula XIV *hat als Erstbeschriftung den Text von Gaius 3, 69–71 (unten). Bibliotheca Capitulari Ecclesiae Cathedralis Veronensis*

tige hielt (Cod. Theod. 1, 4, 3; 426 n. Chr.). Sowohl die Auswahl als auch der Gedanke der Mehrheitsentscheidung, die hier an die Stelle des Sachurteils traten, zeigen das Ende einer freien, von juristischem Sachverstand getragenen Rechtsentwicklung an.

Die spätantiken Kodifikationen

Immer lauter wurde schon seit Ende des 3. Jahrhunderts der Ruf nach einer Sammlung allen für verbindlich angesehenen Rechtsgutes. Schon Ende des 3. Jahrhunderts waren zwei Sammlungen von Kaisergesetzen aus privater Initiative entstanden, die *codices Gregorianus* und *Hermogenianus*, von denen wir nur Bruchstücke aus späteren Sammlungen besitzen. Im Jahre 429 hat dann Kaiser Theodosius II. eine Kommission zur Ergänzung dieser *codices* einberufen. Neben einer Sammlung von Kaiserkonstitutionen sollte auch das für seine Zeit anwendbare Juristenrecht in einem Sammelwerk zusammengefaßt werden. Von diesen beiden Aufgaben wurde schließlich nur die Sammlung der Konstitutionen durchgeführt und 439 im Osten, am 1. Januar des folgenden Jahres auch im Westen des Reiches publiziert. Dieser *codex Theodosianus*, der über 3000 Kaisergesetze enthält, ist mit einigen Lücken auf uns gekommen. Er wurde später durch 83 posttheodosianische Konstitutionen *(novellae)*, die bis ins Jahr 468 reichen, ergänzt.

In der Westhälfte des Römischen Reiches konnte das römische Privatrecht trotz aller Versuche, durch Kodifikation von kaiserlichen Gesetzen und durch Herausgabe von Handbüchern und Exzerptensammlungen bedeutender Juristen den Richtern zu helfen und die Tradition zu retten, nicht mehr seinen alten Stand wahren; schon im 3. Jahrhundert begann die Vulgarisierung und damit der Verfall der hochentwickelten Rechtskultur. Der Osten blieb von politischen Veränderungen nicht verschont, aber dort waren die Verwüstung sowie auch der Aderlaß der Intelligenz nicht so groß, und es war vor allem die kaiserliche Reichszentrale, anders als im Westen, noch intakt geblieben, folglich die Bedingungen und Möglichkeiten der Tradierung des alten Kulturguts besser. Aber auch hier war das Juristenrecht, wenn nicht vulgarisiert, so doch längst als autoritäres Rechtsgut erstarrt. Es war nicht mehr das für kasuistische Erweiterung offene System, sondern *ius*, das seine Geltung aus der Tradition und der in ihr angelegten potentiellen oder ausdrücklichen Zustimmung des Kaisers erhalten hatte. So standen jetzt zwei Rechtsmassen nebeneinander: das *ius* als das Juristenrecht und die *leges* als das vom Kaiser gesetzte Recht. Theodosius II. hatte für das Kaiserrecht eine große Kodifikation zustande gebracht; für das Juristenrecht war ihm das nicht gelungen. Etwa hundert Jahre später unternahm der Ostkaiser Justinian (527–545) einen erneuten Versuch, und ihm gelang es, dreihundert Jahre nach dem

Kaiser Justinian (oben) und seine Gemahlin Theodora (linke Seite) mit Gefolge. Mosaiken im Chor von San Vitale in Ravenna (um 550). Justinian, im reichbestickten Purpurmantel, mit Diadem und Nimbus, trägt als Stiftung für die Vitaliskirche eine Patene, Theodora, mit dem Purpurkleid und Diadem der Augusta, einen Kelch. Erzbischof Maximian, mit einem Gemmenkreuz in der Rechten, und zwei Diakone mit Buch und Rauchfaß geleiten den Kaiser; sein Gefolge bilden hohe Beamte und Leibgardisten.

Ende einer freien und lebendigen Jurisprudenz – neben einer erneuten Auflage des Kaiserrechts *(constitutiones)* und einem staatlich autorisierten Kurzlehrbuch *(institutiones)* – nun auch eine Sammlung des Juristenrechts *(digesta/pandecta)* zustande zu bringen, eine gewaltige Kodifikation, die nach der ersten großen Gesamtausgabe des französischen Hugenotten Dionysius Gothofredus vom Jahre 1583 Corpus Iuris Civilis heißt.
Das große Werk der Kodifikation wurde in unglaublich kurzer Zeit vollendet. Die für die Konstitutionensammlung im Jahre 528 eingesetzte Kommission war bereits ein Jahr später mit ihrem Werk fertig. Nachdem sehr bald, insbesondere wegen der starken Gesetzgebungstätigkeit Justinians selbst, eine zweite Auflage notwendig geworden war, ist auch diese, ein Sammelwerk von 4600 Konstitutionen von Hadrian bis auf Justinian, in Jahresfrist fertiggestellt worden (534). Ein Supplement mit den nach 534 von dem Kaiser erlassenen neuen Konstitutionen (*novae leges*, Novellen), die nun in griechischer Sprache abgefaßt waren, ist von Amts wegen nicht mehr zustande gekommen, sondern nur in Privatsammlungen erhalten. 533 war auch das Elementarlehrbuch, die Institutionen, fertig. Das Kernstück, die Kodifikation des Juristenrechts in einer Exzerptensammlung aus den Werken von knapp vierzig Juristen – davon zur Hälfte von den Spätklassikern Paulus und Ulpian, die nach gewaltsamem Abbruch der von Juristen getragenen Rechtspraxis im ersten Drittel des 3. Jahrhunderts die Rechtsüberlieferung beherrscht hatten –, zu der 2000 Bücher *(libri)* mit insgesamt drei Millionen Zeilen herangezogen wurden, ist nach einer dreijährigen Arbeit der Kommission 533 abgeschlossen und veröffentlicht worden. Die Arbeit ruhte auf nicht sehr vielen Personen. Unter der Leitung des Tribonianus, der *quaestor sacri palatii* und damit eine Art Justizminister war, waren es vor allem Professoren der beiden großen Rechtsschulen von Konstantinopel und Berytus, von denen die Hauptlast getragen wurde. Die Mitarbeit dieser Professoren erklärt sowohl die Schnelligkeit der Durchführung als auch den Umstand, daß das Juristenrecht überhaupt kodifiziert werden konnte. Denn an diesen Schulen, und wohl nur hier, war in dem allgemeinen Verfall der Tradition im 3. und 4. Jahrhundert das Recht in einer Schultradition erhalten worden. Es war dabei nicht nur tradiert, sondern für Schulzwecke auch aufbereitet und dabei das durchaus unsystematische, sich auf Kasuistik gründende Juristen-

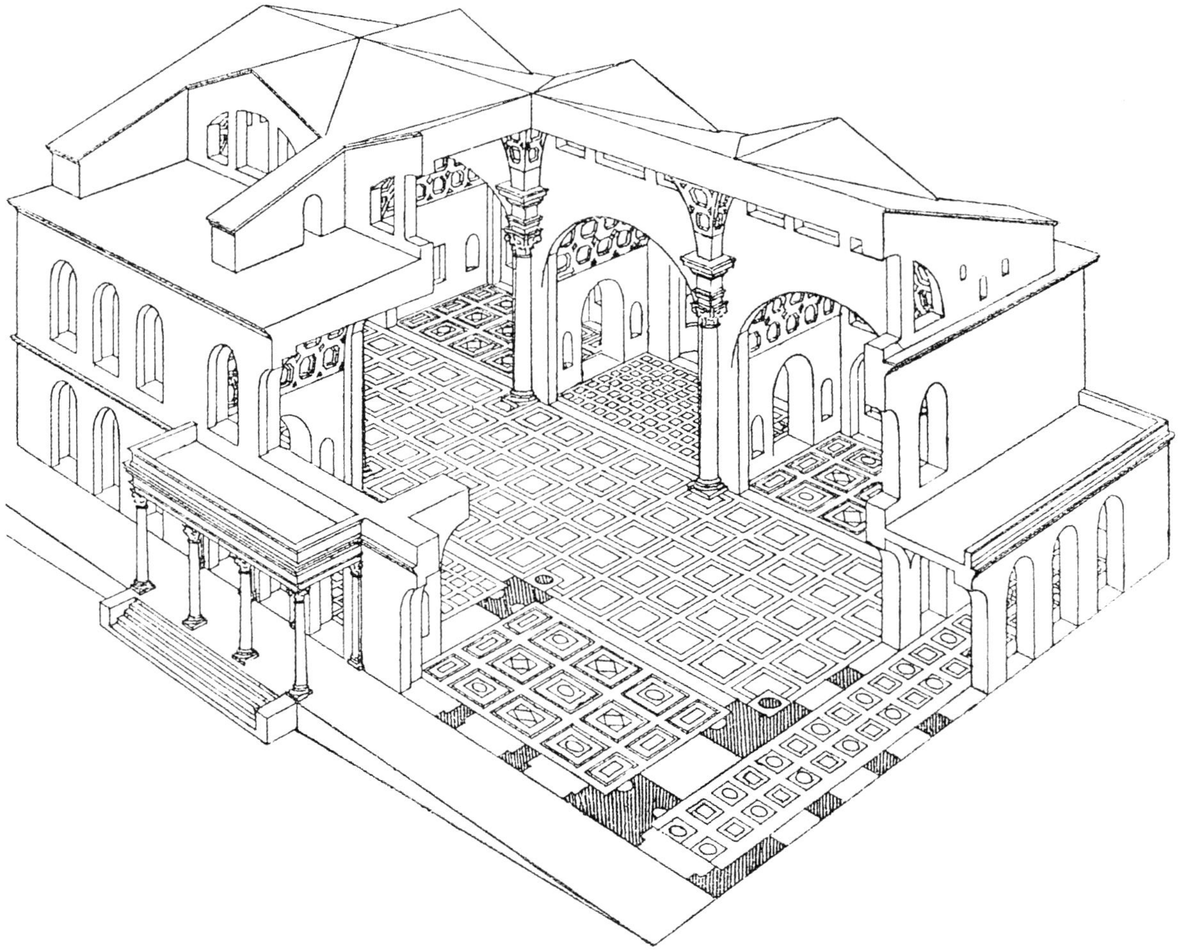

Links und folgende Doppelseite: Basilica Nova zwischen Forum Romanum und Kolosseum. Rekonstruktion von Ch. Hülsen und Blick vom Palatin auf die Ruine. Die von Maxentius nach 307 begonnene und durch Constantin vollendete Basilika übernahm den Raumtypus und das Konstruktionssystem der großen zentralen Räume der Kaiserthermen. Constantin verlegte den Eingang von der östlichen Schmalseite in das mittlere Seitenschiffjoch an der Via Sacra und errichtete in der Querachse gegenüber ein Tribunal. In der Westapsis stand eine Kolossalstatue Constantins.

Rechts: Die Basilika an der Westseite des Forums von Pompeji wurde am Ende des 2. Jahrhunderts v. Chr. erbaut. Das Innere des 24 x 60 m großen Rechtecks war auf vier Seiten von Säulenportiken umgeben. An der hinteren Schmalwand befand sich das Tribunal, ein giebelbekrönter zweigeschossiger Säulenbau. Die Anlage diente nicht nur als städtisches Gerichtsgebäude, sondern war auch Börsenplatz und Zentrum vielfältiger Handelsgeschäfte.

recht in ein dogmatisches Lehrgebäude gebracht worden, nach dem es in vier einjährigen Kursgängen gelernt werden konnte. Es scheint auch, daß die Idee zur Kodifikation des Juristenrechts vor allem von den Professoren der Schulen ausgegangen war, die damit ein handliches Buch des Gesamtrechts für Schulzwecke schaffen wollten (»eine Summa der Schule für die Schule«, F. Wieacker). Justinian nahm die Idee jedenfalls auf, und es war der geniale Tribonian, der als die Seele der Gesamtkodifikation vor allem auch dafür verantwortlich war, daß das zentrale Stück des Werkes, die Digesten, ihren klassizistischen, das heißt auf die große Zeit der klassischen Juristen gerichteten Charakter erhielten.

Justinian hatte versucht, durch ausgedehnte Kriege den an die Germanen verlorenen Westen und damit die Einheit des Reiches im alten geographischen Rahmen wiederzugewinnen, und er erzielte dabei große Erfolge. Dem gleichen unitarischen Gedanken dienten seine Religionspolitik wie auch seine Rechtspolitik. Seine Kodifikation ist mehr Ausdruck eines Restaurationswillens als einer rechtspolitischen Notwendigkeit der Zeit ihrer Entstehung, eher Symbol einer Einheit im Zeichen römischer Tradition als einer auf die Praxis gerichteten Rechtsgesinnung. Bereits zum Zeitpunkt seiner Veröffentlichung konnten die Menschen im Osten das kodifizierte Rechtsgut nicht lesen und verstehen, denn es war lateinisch, in der Sprache der Juristen, geschrieben, geschweige denn, daß sie die komplexe Rechtsmaterie zu begreifen vermochten. Wenn Justinian verbot, die Digesten in die griechische Sprache zu übersetzen, war dies nur eine restaurative Geste; denn er verhinderte damit deren Anwendung. Tatsächlich hat erst die Übersetzung und Kommentierung in griechischer Sprache es ermöglicht, das Recht der Kodifikation – in natürlich vereinfachter Form und durch kompilatorische Verkürzung – für das Byzantinische Reich fruchtbar zu machen. Seine Wiedergeburt erlebte es aber erst im Abendland durch die Rechtsschule von Bologna (11. Jahrhundert) und trat dann als fremdes Recht seinen Siegeszug über die einheimischen europäischen Rechtskulturen an.

Strafrecht

Anders als das Privatrecht und das öffentliche Recht kann das römische Strafrecht heute kein allgemeineres Interesse beanspruchen. Es enthält indessen zumindest in der frühen Phase seiner Entwicklung, also in der republikanischen Zeit, einige Besonderheiten, die für das Rechtsdenken der Römer und ihre Einstellung zum öffentlichen Leben charakteristisch sind und daher im Rahmen dieses Überblicks Beachtung finden.

Die Ahndung krimineller Delikttatbestände erfolgte gerade in der frühesten Zeit, soweit sie von uns noch überblickt werden kann, nämlich in den Jahrzehnten vor

den Zwölf Tafeln (451/450 v. Chr.), lediglich auf die Initiative der Geschädigten hin. Der so zustandegekommene private Prozeß wurde von dem zuständigen Beamten nur eingeleitet und überwacht, also ganz entsprechend dem Verfahren bei privaten Streitsachen durchgeführt. Etliche Delikte, die nach unserem Rechtsgefühl zu den Strafvergehen beziehungsweise -verbrechen gehören, wurden auch dann, als für die meisten schweren Delikte längst staatliche Strafgerichtshöfe zuständig waren, weiterhin in einem zivilen Prozeßverfahren abgeurteilt; allerdings ist die aus solchen Prozessen resultierende Buße *(poena)* dabei als eine wirkliche (Privat-) Strafe angesehen worden. Zu diesen weiterhin als Privatdelikte geltenden Straftaten gehörten neben der Verletzung der Person *(iniuria)* auch der Diebstahl *(furtum)* und die Sachbeschädigung *(damnum)*.

Lediglich das politische Delikt wurde schon seit ältester Zeit von einem Beamten im Inquisitionsverfahren, also in einem Verfahren, in dem der Beamte zugleich Ankläger und Richter ist, verfolgt und beurteilt. Dieses Amtsverfahren ist in der Zeit der Ständekämpfe, in der sich das politisch nicht berechtigte Volk seine staatsbürgerliche Stellung erkämpfte, durch das Volksgericht *(iudicium populi)* ersetzt worden: Künftig war der Magistrat lediglich Ankläger, das Volk der Richter. Als wegen der gewaltigen Zunahme des römischen Staatsgebietes das Volk nicht mehr sämtliche politischen Delikte aburteilen konnte, wurde das Volksgericht von »Untersuchungshöfen« *(quaestiones)* abgelöst, aber dabei das Prinzip des Laienrichters aufrechterhalten. Diese neuartigen Strafgerichtshöfe, in denen Laien (Geschworene) das Urteil sprachen, haben die Strafgerichtsbarkeit weitgehend bei sich monopolisiert und auch weiterentwickelt. Denn zum einen wurde durch die Möglichkeit der Anklage von jedermann (Popularklage) die omnipotente Stellung des Magistrats bei der Strafverfolgung beseitigt und zum anderen durch die Übernahme auch vieler krimineller Delikttatbestände wie Mord, Fälschung und Vergewaltigung in die Zuständigkeit der Quästionen die Ausschließlichkeit der privaten Initiative stark eingeschränkt. Das Strafverfahren der späten Republik, in dem auch Cicero als Strafverteidiger auftrat, ist durch die Popularklage und den Laienrichter (Geschworenen) gekennzeichnet.

Die spätrepublikanische Strafrechtsordnung behielt für römische Bürger auch noch in der frühen Kaiserzeit Geltung. Sie wurde aber im Zuge der Erstreckung des römischen Bürgerrechts auf alle Reichsbewohner allmählich durch das Gericht des Kaisers abgelöst, das außerhalb der ordentlichen Strafgerichtsbarkeit erneut in einem Inquisitionsverfahren untersuchte und aburteilte *(extraordinaria cognitio)*. Die Kompetenz zu dieser unabhängigen Form der Strafverfolgung delegierte der Kaiser dann auch an seine Statthalter in den Provinzen. Ist hier das alte republikanisch-demokratische Element des Laienrich-

Reliefs der Marc-Aurel-Säule, nach 190. Szene 62 (rechts außen) wurde als Gerichtsszene vor dem kaiserlichen Consilium gedeutet. Marc Aurel sitzt, von zwei gleichfalls sitzenden Beratern umgeben, auf einem erhöhten Podium, vor dem Leibwächter in Fransenmänteln stehen. Die Geste der rechten Hand des Kaisers weist darauf hin, daß er letztlich Milde (clementia) *walten lassen und die beiden vor ihn geführten Germanen begnadigen wird. Die vorangehende Szene zeigt die Enthauptung von Germanen. In Szene 67 (links) werden Marc Aurel, neben dem ein Berater steht, die Köpfe zweier enthaupteter Germanen vorgewiesen, ein weiterer wird gefesselt an den Haaren herbeigeschleppt. Der Arm des Kaisers ist hier nicht zum Zeichen der* clementia *nach vorne ausgestreckt, sondern befehlend nach oben angewinkelt.*

ters ausgeschaltet worden, hatte das neue Verfahren doch den Vorteil, daß es sich durch seine Ungebundenheit gegenüber der gesetzlich festgelegten und daher ziemlich starren Ordnung der alten Strafgerichtshöfe besser an veränderte Verhältnisse anpassen konnte. Durch die Anwendung neuer Urteilsgrundlagen wie der Billigkeit *(aequitas)* und durch eine zügige Durchführung der Verhandlung bot es unter Umständen auch die Möglichkeit, zu einem gerechteren Urteil zu kommen. Durch dieses kaiserliche Verfahren wurden auch die Formen der Strafen erweitert. Gab es früher die Einkerkerung nicht als eine selbständige Strafe, sind in der Kaiserzeit – neben der Todesstrafe – die Verbannung *(relegatio, deportatio)* ohne und mit Aufenthaltsbeschränkung (zum Beispiel *in insulam*) und die Zwangsarbeit, sei sie nun Bergwerksarbeit *(in metallum)* oder sonstige öffentliche Arbeit, selbständige Strafen geworden.

Öffentliches Recht

Der römische Staat ist eine in der Zeit gewachsene politische Ordnung, die nirgendwo aufgezeichnet und auch niemals reine Rechtsordnung war. Es sind daher von Römern auch nur Schriften zu Teilen des öffentlichen Rechts verfaßt, die Gesamtordnung zu keiner Zeit unter dem Aspekt ihres Rechtscharakters behandelt worden. Soweit man über den römischen Staat nachgedacht hat, ging es um die Suche nach der jeweils besten Verfassung, nämlich darum, den republikanischen Staat als den besten der nach griechischem Denken möglichen Verfassungen zu erweisen und in der Kaiserzeit die beste Monarchie (beziehungsweise den besten Monarchen: *optimus princeps*) zu suchen. Die folgenden Ausführungen verfolgen das Ziel, die besondere Struktur des römischen Staates in der Zeit der Republik und des Kaiserreiches deutlich zu machen, indem sie zum einen nach den hinter der Staatsordnung stehenden sozialen Kräften fragen, zum anderen nach der Bedeutung des Rechts in ihr.

Gesellschaftliche Bedingungen

Das staatliche Leben Roms ist zu jeder Zeit seiner Entwicklung, auch in der Zeit, als es von Königen (vor 509 v. Chr.) und Kaisern (nach 27 v. Chr.) regiert wurde, durch die Existenz einer Gruppe von Vornehmen und Reichen gekennzeichnet, denen von den übrigen freien Volksangehörigen die politischen Entscheidungen überlassen wurden. In dem knappen halben Jahrtausend zwischen etwa 500 und 50 v. Chr. stellte diese Gruppe sogar die regierende Schicht, und die Römer selbst haben deren Unverzichtbarkeit für die staatliche Ordnung in dem wichtigsten ihrer Begriffe für »Staat«, nämlich *senatus* (das ist die Versammlung der regierenden Vornehmen) *populusque Romanus*, ausgedrückt. Wir nennen den Staat dieser Zeit nach einem anderen römischen Begriff für Staat, nämlich *res publica* (»die Sache des Volkes«), »Republik«. Die Abhängigkeit von dem sozial Stärkeren bedeutet nun aber nicht Untertänigkeit, sondern ist bestimmt durch ein wechselseitiges Band, das *beiden* Teilen Verpflichtungen auferlegt, nämlich dem Vornehmen (Patron) die Sicherung der sozialen Existenz des Abhängigen (Klient), dem Abhängigen die Gefolgschaft in politischen Fragen, vor allem das Eintreten für die Wahl des Patrons zu Ämtern. Der Patron gibt als der stärkere Partner dabei ein Versprechen *(fides)* für die Einhaltung seiner Verpflichtung, dessen Bruch die gesellschaftliche Ächtung *(infamia)*, und das heißt zumindest in älterer Zeit die Vernichtung der sozialen Existenz, nach sich zog. Das Volk ist aber nicht nur indirekt, nämlich über seine Patrone, sondern auch direkt am öffentlichen Leben beteiligt, insofern es als Volksversammlung die Beamten wählt, über schwere politische Vergehen zu Gericht sitzt und wichtige Fragen des politischen Lebens durch Gesetz *(lex)* entscheidet, insbesondere auch über Krieg oder Frieden beschließen kann. Die Volksversammlungen haben in Anbetracht der sozialen Stellung des einfa-

chen Bürgers gegenüber dem Vornehmen keinen herausragenden Anteil an der Gestaltung des politischen Lebens gehabt, doch sind sie selbst dann, als durch die Ausdehnung des römischen Bürgergebietes auf große Teile Italiens, schließlich auf ganz Italien der Besuch der Volksversammlungen nur noch einem kleinen Prozentsatz der Bürgerschaft möglich war, nicht in völliger Bedeutungslosigkeit versunken, sondern verkörperten weiterhin wenn nichts anderes, so doch immerhin noch das Prinzip der Öffentlichkeit aller Politik.

Die regierende Schicht, in der älteren Zeit der Republik das Patriziat, in der mittleren und jüngeren Zeit die aus patrizischen und jüngeren plebejischen Geschlechtern gemischte Nobilität *(nobilitas)*, vollzog die politischen Geschäfte. Dabei kam lediglich demjenigen Vornehmen politisches Gewicht zu, der ein Amt beziehungsweise mehrere Ämter bekleidet hatte, und je höhere Ämter er innegehabt hatte, desto größer war sein Ansehen *(dignitas)*. Sämtliche ehemaligen Amtsträger saßen im Senat, in dem jeder entsprechend der von ihm geleisteten Amtstätigkeit einen gestaffelten Einfluß hatte. Wie der politische Einfluß des einzelnen Senators nicht zufällig, sondern von seinen Leistungen für das Gemeinwesen abhängig war, so waren auch die Regeln des politischen Zusammenlebens genau festgelegt, die Möglichkeiten des politischen Aufstiegs und die Bindung des einzelnen an die Gesamtheit ebenso wie die Formen der Kommunikation für die Vorberatung politischer Entscheidungen und die Respektierung der sich aus den Leistungen ergebenden Rangordnung. Die Regeln des politischen Zusammenlebens banden jeden *nobilis* fest in seine Gruppe ein, aber sie waren keine Rechtsnormen und nirgendwo schriftlich festgelegt. Sie waren als Regeln gesellschaftlichen Verhaltens in der Zeit gewachsen und nahmen ihre Verbindlichkeit aus ebendieser Zeit, in der sie sich bewährt hatten. Als »Gesittung der Ahnen« *(mos maiorum)* hatten sie den Wert von verbindlichen Beispielen und unverrückbaren Institutionen.

Charakter des öffentlichen Rechts

Bereits aus diesen Überlegungen ergibt sich, daß wir von einem »römischen Staatsrecht« nur sehr bedingt sprechen können, denn es waren in Rom nicht nur nicht alle Bereiche des öffentlichen Lebens in Rechtsregeln festgelegt, sondern der Staat war überhaupt nicht von einem Rechtsgedanken her konstruiert. Die Entscheidungsabläufe im öffentlichen Bereich gingen von Institutionen aus, die seit Urzeiten zu bestehen schienen, nämlich vom Senat, von den Volksversammlungen, Magistraturen und staatlichen Priestertümern, deren Kompetenzen ebensowenig wie die Geschäftsordnungen, nach denen sie tätig wurden, zwingend als *ius* verstanden wurden. Der Magistrat war handlungsfähig aufgrund der Tatsache, daß er das *auspicium*, das heißt die Kompetenz besaß, die Götter um Zustimmung zu einem staatlichen Akt zu bitten. Diese Kompetenz als ein Recht auf das Auspizium *(ius auspicii)* zu verstehen ist sekundär. Erst der Streit und eine damit verbundene Reflexion auf die zur Debatte stehende Handlungsgrundlage hat jedenfalls die mit Institutionen verbundenen Geschäftsabläufe und Entscheidungsspielräume allmählich als auf Recht beruhende Normen bewußt gemacht. Die Masse aller Regeln, die nicht institutionell verankert waren wie die Regeln der Amtsbewerbung und Amtskarriere, sind indessen traditionelle Handlungsmuster, lateinisch *mos* (»Gewohn-

heit«, »Herkommen«), geblieben. Selbst tiefgreifende Änderungen im staatlichen Bereich wie die Einrichtung der Konsulatsverfassung sind zunächst meist durch Absprache innerhalb der führenden Gesellschaft, künftig anders verfahren zu wollen, zustande gekommen. Erst in der großen Auseinandersetzung zwischen den Patriziern und Plebejern im Ständekampf (5./4. Jahrhundert) sind, besonders zur endgültigen Liquidierung des Kampfes, die vorgesehenen Neuerungen durch Volksgesetze, also mittels Gesetzesrecht, durchgeführt worden.

In dem Maß, wie das römische Territorium und das von den Römern beherrschte abhängige Gebiet größer wurde, hatte auch das auf kleinere Verhältnisse zugeschnittene römische Staatswesen mehr zu leisten. War eine beliebige Verbreiterung des staatlichen Apparates schon wegen des aristokratischen Charakters der politischen Ordnung, die eine feste Kontrolle einer übersichtlichen Zahl von Amtsträgern durch die regierende Gesellschaft verlangte, nicht möglich, erwies es sich als noch schwieriger, gegenüber den erweiterten Möglichkeiten einer immer wachsenden Herrschaft die Inhaber von Ämtern in den gesellschaftlichen Konsens zu zwingen. Besondere politische Ambitionen, aber auch Gier nach Herrschaft und Profit sowie eine übertriebene, mit den bäuerlichen Grundlagen der römischen Gesellschaft unverträgliche private Lebensführung gefährdeten die Geschlossenheit der regierenden Schicht. Zur Bannung dieser Gefahren wurde seit dem ausgehenden 3. Jahrhundert v. Chr. das Volksgesetz in zunehmendem Maße das Instrument, um die mißachteten Regeln politischen Verhaltens durch die Objektivierung im Recht allgemein verbindlich und deren Übertretung als strafbaren Rechtsbruch kenntlich zu machen. So wurden die Modalitäten der Erweiterung oder Abänderung von Magistraturen und die Regeln der Amtsbewerbung ebenso wie die Normen für den ordnungsgemäßen Ablauf der Volkswahlen und die Beschränkungen der privaten Lebenshaltung mittels Volksgesetz zu Rechtsnormen. Was sich früher aus der Tradition verstanden hatte, wurde jetzt Gesetzesrecht, oder soweit dies (noch) nicht notwendig erschien, machte man sich die erstrebte Verhaltensweise als Norm der Vorfahren *(mos maiorum)* bewußt. Das seit undenkbaren Zeiten bestehende *ius*, das neue *ius* des Volksgesetzes und der durch Reflexion zur Norm gewordene *mos* bildeten nun die Summe aller Normen des öffentlichen Lebens, und die Tendenz ging dahin, immer weitere bisher vom *mos* geregelte Bereiche des politischen Raumes durch Rechtsnormen zu ersetzen.

Als dann seit den Gracchen (133–121 v. Chr.) die große innere Krise des römischen Staates die Diskrepanz zwischen der auf einen Stadtstaat zugeschnittenen politischen Ordnung einerseits und der Größe des Staates und der Herrschaft andererseits offenlegte und gleichzeitig damit der Streit innerhalb der regierenden Gesellschaft um die richtige Politik schärfer wurde, hat das Volksgesetz als Mittel der Reglementierung noch größere Bedeutung erlangt. Die miteinander ringenden Parteien innerhalb der Nobilität suchten in einer Situation, in der sich der Ausweg einer Absprache untereinander nicht mehr bot, dem jeweiligen Gegner ihren Willen durch Gesetz aufzuzwingen. Damit nahm die Jurifizierung des öffentlichen Lebens zu, aber gleichzeitig ging der Konsens der Schicht, die seit Jahrhunderten das Staatswesen gelenkt hatte, und mit ihr der Geist verloren, aus dem heraus das Staatswesen zu seiner Größe erhoben, verwaltet und erhalten worden war. Die Verrechtlichung der politischen Ordnung hatte die Aporie der ausgehenden Republik, nämlich die Diskrepanz zwischen Stadtstaatlichkeit und Weltherrschaft, nicht lösen können, aber sie hatte, was für die Folgezeit wichtig werden sollte, den Rechtsgedanken im öffentlichen Bereich außergewöhnlich gestärkt. Staat und Recht waren einander nähergerückt, ja in dem Streit

Anaglypha Traiani. Die heute in der Kurie stehenden Marmorschranken wurden in der Nähe der Rostra des Forum Romanum gefunden. Auf beiden Reliefs, einmal am rechten, einmal am linken Rand, erscheint die Statue des Silens Marsyas, die der Überlieferung nach in der Mitte des römischen Forums stand und als Symbol für die Freiheit der Städte mit italischem Recht galt; sie war also den Rolandsstatuen mittelalterlicher Städte vergleichbar. Im Hintergrund der Szenen sind Gebäude des Forums sichtbar. In dem linken Relief steht der Kaiser mit seinen Liktoren auf der Rednerbühne vor römischen Bürgern, die ihm akklamieren; in dem rechten bringen Prätorianer Urkunden herbei und stapeln sie vor dem sitzenden Kaiser auf. Die Szenen werden mit den Alimentarstiftungen und Schuldenerlassen in Zusammenhang gebracht, die Traian zur Feier seiner Dezennalien anordnete.

um die richtige Politik zur Erhaltung beziehungsweise Reformierung des herkömmlichen Staates war das Recht sogar zu einem Synonym für Staatlichkeit aufgerückt. Die Verfassung der römischen Republik ist in der Antike wie in der Moderne oft als das Muster einer guten Verfassung gepriesen worden. Da sie über Jahrhunderte Bestand hatte und zur Zeit ihrer Geltung, in der Rom erst zur Herrin Italiens, dann des gesamten Mittelmeerraumes aufstieg, größter Belastung ausgesetzt war, schien sie in der Tat eine dauerhafte und damit ideale Verfassung zu repräsentieren. Die Ursache ihrer Dauerhaftigkeit sah man darin, daß sie eine aus den nach griechischer Theorie möglichen drei Verfassungstypen, Monarchie, Aristokratie und Demokratie, gemischte Verfassung darstellte, deren Mischung zudem noch gut temperiert war. In der Tat ist das Kernstück der Verfassung, nämlich die Kontrolle der beamteten Mitglieder der regierenden Gesellschaft durch diese selbst, mittels eines überlegten Systems von Rechtsregeln ausgebaut und durch die zunehmende Not, den einzelnen in den Gruppenkomment einbinden zu müssen, komplettiert worden. So ist etwa die immer wieder ergänzte und verbesserte Konstruktion der gleichrangigen Ämter wie der Konsuln als ein Kollegium, in dem jeder Kollege alle Amtshandlungen des anderen verbieten konnte und so in Anbetracht der potentiellen Kassation jeder Amtsinhaber im vorhinein den Konsens mit seinem Kollegen suchen mußte, geradezu als ein Glanzstück konstruktiven Verfassungsdenkens anzusehen. Aber die Masse der Regeln und Institutionen war doch nicht klar durchgegliedert, vieles war mehrdeutig, und manchem ehrwürdigen Satz mochte man sogar seine Gültigkeit bestreiten. Zu der Verfassung, wie man sie etwa im 3. und 2. Jahrhundert v. Chr. vor sich sah, hatten viele Krisen und Zwänge einer jahrhundertelangen Geschichte beigetragen, ohne daß die historische Situation, die diese oder jene Regelung hervorgebracht hatte, noch immer bewußt war. Etliche Teile der Verfassung waren daher interpretationsbedürftig, und naturgemäß war derjenige, der sie im Laufe der Zeit geschaffen hatte, nämlich die regierende Schicht der Nobilität, so wie sie deren Garant war, auch deren Interpret. Sie füllte die Ordnung mit Leben; in ihr war sie aufgehoben, und durch sie wurde sie bei aller Unvollkommenheit zusammengehalten. Außerhalb der Nobilität, in deren kollektivem Gedächtnis die zahlreichen Regeln und ihr Zusammenwirken gespeichert waren, war diese Verfassung nichts, nicht einmal ein Stück Pergament, denn sie war nirgendwo aufgezeichnet. Sie war an die Gesellschaft gebunden, die sie geschaffen hatte, und verlor ihre Geltung, als diese Gesellschaft an der Aufgabe der Lenkung eines Weltreiches scheiterte und darüber ihre Konsensfähigkeit einbüßte.

Von der Republik zum Principat

Die Republik zerbrach an der Größe der römischen Herrschaft, die von einem stadtstaatlichen Regiment nicht gelenkt werden konnte. Der Erbe der Nobilität wurde der Monarch. Schon in der ausgehenden Republik hatten die

Inhaber großer militärischer Kommandos, wie Pompeius, Caesar und Crassus, auf die Monarchie hingewiesen. Caesar, der die alte Ordnung und mit ihr diejenigen, die sie einst repräsentiert hatten, schließlich brutal beiseite stieß, wurde der erste Monarch Roms, aber seine Ermordung zeigte, daß die alten Familien des republikanischen Roms noch Kräfte und Einfluß hatten und, wenn sie schon nicht mehr das Regiment allein zu tragen vermochten, so doch Berücksichtigung bei dem Aufbau eines neuen Staatswesens verlangen konnten. Der Nachfolger und Erbe Caesars, Octavian, der spätere Kaiser Augustus, hat denn auch eingesehen, daß er die Schicht von Vornehmen in seine Herrschaft einbinden mußte, und dies vor allem schon deswegen, weil er auf deren Mitarbeit bei der Verwaltung des riesigen Reiches angewiesen war. So schonte er nicht nur die alten vornehmen Familien, sondern suchte sie durch neue zu ergänzen, die in seinem Dienst aufgestiegen waren. Diese neue Aristokratie, die wie früher im Senat repräsentiert war *(ordo senatorius)*, konnte aber von ihrer Tradition her keinen Monarchen, mochte er sich nun *dictator* oder *rex* nennen, als ihren Herrn anerkennen; für sie war jeder Monarch ein Tyrann. Augustus mußte auf diese Bewußtseinslage Rücksicht nehmen und hat daher seine tatsächliche Gewalt, insbesondere die über das gesamte Heer, in Rechtsformen gekleidet, die auf die Republik Bezug nahmen: Der alte Staat sollte, modifiziert und erweitert, aber im Prinzip doch in seiner alten Gestalt, weiterleben und der neue Faktor, nämlich der Herr über das Militär, im Gewande des Rechts, das im letzten Jahrhundert der Republik so große Bedeutung erlangt hatte, ein Teil der ganzen staatlichen (Rechts-)Ordnung sein. Neben dem Princeps, wie sich nun der Militärpotentat nannte, waren in der neuen staatlichen Rechtsordnung, dem Principat, die Mitglieder der Senatsaristokratie an der Verwaltung des Reiches und des Heeres beteiligt.

Allerdings hatte das Recht, mit dem der Herr über das Heer seine Gewalt eingekleidet hatte, nun keinen Bezug mehr zu dem komplexen Regelsystem der Republik, das der Machtbegrenzung und Machtausübung einer regie-

Die Palastaula in Trier stammt aus der Zeit, als Constantin in Augusta Treverorum residierte. Es ist vielleicht jene Basilika, die Eumenius von Autun 310 in einer Ruhmrede auf den Kaiser erwähnt als »Sitz der Gerechtigkeit von so großer Höhe«.

renden Gesellschaft gedient hatte, sondern richtete sich an den Bedürfnissen aus, die der neue Machtfaktor im Staate hatte, und er allein war auch der Garant der so neu erstandenen staatlichen Rechtsordnung; die Senatsaristokratie, auf die sie sich bezog, konnte sie nur als Gewährung entgegennehmen. Tatsächlich war sie auch lediglich Gewährung durch den Herrn über die Armee, und wenn sich ein Monarch wie etwa Gaius oder Nero über sie hinwegsetzte, gab es eben den Staat als Rechtsordnung, also den Principat, nicht mehr. Aber Augustus hat es doch in einer fast fünfzigjährigen Regierung verstanden, der neuen Ordnung in einer unermüdlichen Praxis Anerkennung zu verschaffen und dadurch, daß er sie gleichsam vorlebte, Vertrauen in ihre Geltung erweckt. Das ständige, teils ritualisierte Bekenntnis zum Staat als Rechtsordnung hat in der Tat die Monarchie als Principat über zwei Jahrhunderte stabilisiert und diejenigen Monarchen, die sich nicht an die Ordnung hielten, als Tyrannen kenntlich gemacht.

Als in der großen Krise des 3. Jahrhunderts die durch eine Rechtsordnung gebändigte Monarchie erneut als Militärdespotie auftrat, ging der Principat verloren, und mit ihm wurden die alten senatorischen Geschlechter zu einem großen Teil auch physisch ausgerottet. Die Monarchie ist seit diesem Zeitpunkt bis zum Ende der römischen Geschichte eine Militärdespotie geblieben und hat für ihre Legitimation andere Formen als das Recht gesucht und gefunden. Der Monarch thront nun als die oberste Quelle allen Rechts über seinen Untertanen und ist jedenfalls von Rechts wegen in seinem Wollen nicht mehr beschränkt. Soweit das große und immer umfassender und engmaschiger werdende Netz staatlicher Organisation nach Regeln verläuft, stehen sie ihrer Qualität nach unter dem Willen des Herrschers, sind nicht mehr »Staatsrecht«, sondern Verwaltungsrecht.

Die römische Gesellschaft

Für das Verständnis der römischen Geschichte ist die Analyse und Beschreibung der Gesellschaft von ganz besonderer Bedeutung. Während in modernen Staaten die gesellschaftlichen Beziehungen und die diese leitenden Normen von der politisch-rechtlichen Organisation mehr oder weniger klar zu trennen sind, ruhte im Alten Rom die Staatlichkeit der *res publica* gerade in den Regelungsmechanismen der römischen Gesellschaft: Das staatliche Leben war mehr von sozialen Normen und vom Komment gelenkt als von juristischen Vorschriften. Der *mos maiorum*, die Sitte der Vorfahren, das Herkommen, band die Römer nicht weniger als die Gesetze *(leges)*, die zudem erst allmählich und nach Bedarf im staatlich-politischen Leben Eingang fanden und bei weitem nicht alle Bereiche abdeckten.

Ein zweiter wesentlicher Unterschied zwischen der modernen und der römischen Gesellschaft erschwert die Beschreibung und Klassifizierung unseres Gegenstandes: Heute erfaßt man soziale Strukturen primär im Sinne der Vertikalität, das heißt nach dem Kriterium der sozialen Schichtung. Dabei geht man recht schematisch vor, meist in Dreierkategorien. Man spricht von Ober-, Mittel- und Unterschicht(en), die man gelegentlich noch einmal entsprechend untergliedert, etwa in obere, mittlere und untere Oberschicht. Für die Zuordnung der Individuen zu einer der Schichten stehen in der Regel eindeutige, das heißt quantifizierbare Kriterien zur Verfügung, besonders das Einkommen und die wirtschaftliche Position. Auch der Begriff der Klassengesellschaft gründet sich auf die ökonomische Lage und akzentuiert in diesem Rahmen den Gesichtspunkt der Abhängigkeit.

Gerade solche Kategorien sind aber für Epochen, in denen der wirtschaftliche Sektor nicht derart verabsolutiert wird und dominant ist wie heutzutage, schon per se wenig geeignet. Für die Analyse der römischen Gesellschaft gilt das in besonderer Weise. Schon die Kriterien für eine Schichtung sind dort nicht so eindeutig. Für die Stellung in der Gesellschaft war die ökonomische Leistungsfähigkeit beziehungsweise der Umfang des Vermögens keineswegs gleichgültig. Sie war aber nie das einzige und auch nicht das wichtigste Merkmal. Mindestens ebenso wichtig waren die Rechtsstellung, zum Beispiel die Differenz zwischen freien Bürgern und Sklaven, und das Ansehen, das man in der Gesellschaft genoß, beziehungsweise die Anerkennung, die sie einem zukommen ließ. Statt von Klasse und Schicht sollte man also eher von Stand und Status sprechen. Doch auch damit erreicht man nicht die Eindeutigkeit, mit der moderne Soziologen ihre Gesellschaften klassifizieren. So gibt es innerhalb der Stände und Statusgruppen durchaus noch erhebliche Abstufungen nach Ehre, Rang und Würde *(dignitas)*. Die Situation ist also sehr komplex, Rechtsstellung, Ansehen und wirtschaftliche Kapazität können ein Individuum in jeweils verschiedene soziale Positionen verweisen.

So ist gerade in jüngerer Zeit von Spezialisten der römischen Sozialgeschichte die Frage aufgeworfen worden, ob das vertikale Konzept, das Stände-Schichten-Modell, für die Beschreibung der römischen Gesellschaft überhaupt sinnvoll ist. Das liegt – neben den eben erwähnten Schwierigkeiten – vor allem daran, daß durch spezifische, traditionell verankerte, also entsprechend verbindliche Verhältnisse zwischen Individuen oder Gruppen die soziale Hierarchie zusätzlich »gemischt« wurde. Beispielsweise konnte der Freigelassene oder selbst der Sklave einer bedeutenden Person hohen Standes höher rangieren als ein einfacher Mann aus dem Volke, der ihm frei-

Bronzebüste aus dem Haus des Auktionators und Geldverleihers Lucius Caecilius Iucundus in Pompeji, 1. Jahrhundert n. Chr. Das in den physiognomischen Zügen mit prägnanter Schärfe gezeichnete Porträt stellt entweder den Hausherrn selbst dar oder seinen Vater, den Freigelassenen Caecilius Felix. Auf einem marmornen Hermenschaft montiert, stand die Büste einst zusammen mit einer zweiten, verschollenen, im Atrium des Hauses vor dem Eingang zum Tablinum.

Neapel, Museo Nazionale

lich in anderer Hinsicht einiges voraus hatte, nämlich in seiner persönlichen Freiheit und in der Verfügungsgewalt über seine eigene Person. Das Modell der Schichtung darf nicht völlig aufgegeben werden, da Abstufungen (nach Rang, aber auch nach Vermögen) durchaus von Bedeutung waren. Wir haben aber zu bedenken, daß der soziale Ort eines Individuums sich nicht lediglich aus diesen, sondern immer nur unter Berücksichtigung weiterer Kriterien ergibt.

Diesem Grundtatbestand trägt der Aufbau des Kapitels Rechnung. Zunächst werden die verschiedenen Elemente vertikaler Abstufungen vorgestellt und die Stände beziehungsweise Statusgruppen, die sich dadurch ergeben. Danach werden die – horizontalen – Kreise und Beziehungen behandelt, die die soziale Einbindung eines Individuums bestimmten und deshalb für die soziale Integration und Interaktion besonders wichtig waren. Hierbei wird zugleich Gelegenheit sein, die sozialen Normen darzustellen, die das Verhalten zwischen den Individuen und den Gruppen leiteten und die, wie einleitend bemerkt, für den Zusammenhalt des römischen Staates ausschlaggebend waren. Die Veränderungen, die sich im Verlauf der über tausendjährigen Geschichte des antiken Rom ergaben, insbesondere durch den Übergang von der Republik zur Monarchie, sind jeweils in den einzelnen Abschnitten berücksichtigt.

Bürger und Nichtbürger, Sklaven und Freigelassene

Die klarste Differenzierung ist die zwischen Bürgern und Nichtbürgern, da sie auf eindeutigen rechtlichen Kriterien beruhte. Bürger war jemand zunächst im privatrechtlichen Sinne, sofern er mit anderen seinesgleichen nach den Regeln des römischen Rechts agieren konnte, etwa in der Vereinbarung über Eheschließung, über Rechtsgeschäfte wie Kauf und Verkauf, Darlehen, in Prozessen. Im öffentlichen Raum, in der *res publica*, war er als Angehöriger des *populus Romanus* Staatsbürger und damit zugleich, im religiösen Sinne, Angehöriger der durch den *populus Romanus* gebildeten Kultgemeinschaft. Als Staatsbürger genoß er bestimmte politische Rechte: Wahlrecht, Anspruch auf Gerichtsverfahren und so weiter.

Dem Bürger standen zunächst die Fremden gegenüber *(peregrini)*, Angehörige anderer politischer Gemeinschaften, von denen – zumal angesichts des Wachstums der römischen *res publica* – nicht wenige ständig in Rom lebten. Diesen fehlten zwar die spezifischen Rechte des Bürgers, doch lebten sie nicht im rechtsfreien Raum, da für ihre juristischen Beziehungen zu den Römern ein bestimmter Beamter, der *praetor peregrinus*, zuständig war und da sie durch die Institution der Klientel auch Rechtsschutz erreichen konnten.

Eine besondere Gruppe bildeten die Personen mit latinischem Recht. Sie standen gleichsam in der Mitte zwischen Bürgern und Fremden, da sie den Römern in privatrechtlicher Hinsicht weitgehend gleichgestellt waren, aber nicht über deren politische Rechte verfügten. Sie gehörten in der Regel formell eigenständigen, mit Rom verbündeten Gemeinden *(coloniae Latinae)* an und erhielten im Falle einer Übersiedlung nach Rom das volle römische Bürgerrecht.

Klar von den Bürgern geschieden waren auch die Sklaven. Sie waren dadurch gekennzeichnet, daß sie sich in der Verfügungsgewalt *(manus)* eines anderen befanden, dem sie prinzipiell auf Tod und Leben unterworfen waren. So galten sie in gewissem Sinne nicht als Mensch, sondern als Sache *(res)*. Sie genossen nicht den Rechtsschutz des Bürgers und konnten zum Beispiel gefoltert werden. Freilich ist ihre reale Position mit dieser schroffen juristischen Unterscheidung nicht angemessen beschrieben. Ohne das für uns unerhörte Institut der Sklaverei beschönigen zu wollen, muß man doch betonen, daß es innerhalb der Sklavenschaft erhebliche Abstufungen gab: Der Sklave war in die *familia* eingebunden, das heißt, sein Herr hatte ihm gegenüber bestimmte – soziale – Regeln einzuhalten. Andererseits hatte der Familien-

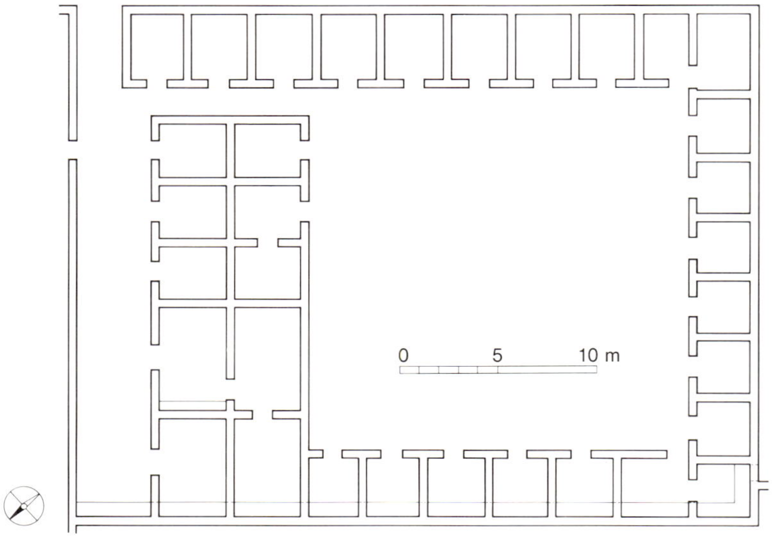

Linke Seite, außen: Sklavenfessel aus Laureotike in Südattika, verwendet für die Fesselung von Sklaven, die im Bergbau tätig waren. Freiberg, Bergbaugeschichtliche Sammlung der Bergakademie Freiberg

Linke Seite, innen: Grundriß des Arbeitshauses (ergastulum) *der Sklaven im Landgut* (villa rustica) *eines römischen Senators. Settefinestre bei Cosa in Etrurien, um 100 n. Chr.*

Oben: Grabrelief eines römischen Ehepaares aus dem Stand der Freigelassenen, 1. Jahrhundert n. Chr. Das L als Abkürzung für libertus *hinter den Namen deutet auf den sozialen Stand hin, während die Verbindung der Hände* (dextrarum iunctio) *die eheliche Verbindung symbolisiert. Der fensterartige Bildausschnitt ist gerade so groß gewählt, daß die Kleidung deutlich erkennbar wird. Publius Aiedius trägt die Toga, die nur dem römischen Bürger zustand, seine Frau Publia Aiedia Chiton und Mantel. Mit der linken Hand zeigt sie zwei Ringe vor, ein Hinweis auf das erworbene Vermögen. Auch aus den Gesichtszügen des Mannes spricht die Tüchtigkeit des Erfolgreichen, der sich aus dem Sklavenstand emporgearbeitet hat. Berlin, Antikensammlung*

Unten: Sarkophag aus dem römischen Köln, 2. Jahrhundert n. Chr. Die Inschrift für den Verstorbenen (Gaius Severinius Vitalis) *bezeugt die Loyalität einer Tochter gegenüber dem Vater* (Severinia Severina filia patri carissimo) *und eines Freigelassenen gegenüber seinem Patron* (adserente Vitalinio Hilarione liberto). *Die Reliefs stellen Taten des Hercules dar: links die Rettung der Hesione, rechts seinen Versuch, den Dreifuß des Apollo aus Delphi zu rauben. Köln, Römisch-Germanisches Museum*

Oben: Relief vom Grab einer Freigelassenenfamilie aus Rom, um Christi Geburt. Ein römischer Soldat, vielleicht niedrigen Offiziersranges, ist zwischen einem jüngeren und älteren Paar, wahrscheinlich Eltern und Geschwistern, im Zentrum des Reliefs dargestellt. Mit seiner »Karriere« beim Heer hat er den höchsten Status in der Freigelassenenfamilie erreicht. Deshalb kommt ihm auch der Ehrenplatz in der Bildmitte zu, der sonst dem Vater vorbehalten gewesen wäre. Dieser trägt noch die in augusteischer Zeit bereits aus der Mode gekommene enge Toga und wird so als Angehöriger einer älteren Generation gekennzeichnet. Der Soldat präsentiert sein Schwert in Paradehaltung. Die Nacktheit ist als griechische Bildformel für Mut und Tapferkeit zu verstehen, wie sie die Zeitgenossen von den Ehrenstatuen der Großen kannten. Seine Frisur imitiert die klassizistischen Locken der offiziellen Bildnisse des Kaisers und der Prinzen. Kopenhagen, Ny Carlsberg Glyptotek

Unten: Grabmal des Müllers P. Nonius Zethus aus Ostia, 1. Jahrhundert n. Chr. Der Freigelassene aus dem Stand der Augustalen ließ das Grabmal für sich selbst, seine Mitfreigelassene Nonia Hilaria und seine Frau Nonia Pelagia, ebenfalls eine Freigelassene, errichten. Mit dem Selbstbewußtsein des zu Anerkennung gelangten libertus *verbindet sich der Stolz auf den Beruf, der in den Reliefs dargestellt ist: links eine Getreidemühle mit Eselantrieb, rechts verschiedene Mehlgefäße. Rom, Musei Vaticani*

Rechts: Gräber von Freigelassenen aus dem Augustalenstand an der Gräberstraße vor der Porta Ercolano in Pompeji, 1. Jahrhundert n. Chr. Über der Grabkammer erhebt sich ein Monument in Altarform mit Inschrift und Reliefs. Die Darstellung des bisellium, *des Ehrensitzes im Theater, bezeugt das Ansehen der Augustalen; der Eichenkranz spielt vielleicht auf ihr Amt an, denn die Bürgerkrone* (corona civica) *war unter anderem kaiserliches Insignium.*

Und zwar besteht die Haupteinteilung im Hinblick auf die Rechtsstellung der Personen darin, daß alle Menschen entweder frei sind oder Sklaven. Von den Freien sind wieder die einen *ingenui*, die anderen *libertini*. *Ingenui* sind alle, die frei geboren sind, *libertini* diejenigen, die aus rechtmäßiger Sklaverei freigelassen sind.
Sklaven unterstehen der Gewalt *(potestas)* ihres Herrn. Diese Gewalt ist eine Erscheinung des *ius gentium*, denn wir können bei allen Völkern einheitlich feststellen, daß die Herren ihren Sklaven gegenüber Gewalt über Leben und Tod haben … Gaius, *Institutionen*, 1, 9-11. 52

vater *(pater familias)* sogar gegenüber seinen Kindern das Recht über Leben und Tod. Durch die Nähe der persönlichen Beziehungen konnte das Abhängigkeitsverhältnis gemildert werden, so daß gerade verdiente Sklaven freigelassen wurden. Überhaupt konnten Sklaven sich selbst freikaufen. Waren sie Angehörige einer vornehmen *familia*, hatten sie hohen Einfluß und waren in manchen Belangen Bürgern von weniger hohem Rang überlegen. Dies galt später besonders für die zahlreichen Sklaven der Kaiser, die nicht selten offizielle Positionen bekleideten.

Wichtig war darüber hinaus die Funktion beziehungsweise Tätigkeit des Sklaven: Ein Erzieher etwa oder ein leitender Angestellter in einem großen Haushalt wurde selbstverständlich anders behandelt als ein Handlanger in der Feldarbeit. Und natürlich machte es einen Unterschied, ob ein Sklave im Haus geboren oder etwa – als Kriegsgefangener oder als Opfer von Piraten – auf dem Sklavenmarkt erworben wurde. Durch die römische Expansion und die damit zusammenhängenden wirtschaftlichen Veränderungen, besonders durch die Errichtung von großen Gütern und Latifundien, nahm die Sklavenhaltung vor allem im 2. Jahrhundert v. Chr. erheblich zu. Sie wurde zu einem Massenphänomen, die persönlichen Beziehungen zu den Herren waren für die Masse der Sklaven nicht mehr gegeben. Sie wurden jetzt nicht selten in gefängnisartigen Gebäuden (*ergastula*, Arbeitshäuser) gehalten und gingen ihrer Arbeit teilweise in Fesseln nach. Für den radikalen Gebrauch der herrschaftlichen Verfügungsgewalt, durch grundlose Tötung, sexuelle Nötigung, körperliche Mißhandlungen, haben wir viele Indizien. Dies führte dazu, daß im 2. Jahrhundert n. Chr. die kaiserliche Rechtsprechung den schlimmsten Auswüchsen zu begegnen suchte.

Sklaven, die freigelassen wurden beziehungsweise sich freigekauft hatten, gehörten zum Kreis der römischen

Bürger, bildeten innerhalb derer jedoch eine besondere Gruppe: In die höheren Stände konnten sie nicht gelangen, und an ihren Herrn blieben sie auch nach der Freilassung gebunden, als Abhängige im Sinne einer besonders engen Klientel. Sie trugen Vor- und Geschlechtsnamen ihres Freilassers und ihren Sklavennamen als Beinamen. Falls sie keine Söhne hatten und keine testamentarischen Verfügungen hinterließen, ging ihr Vermögen im Todesfall an ihren ehemaligen Herrn. Wir kennen aus der Geschichte etliche Beispiele für die Symbiose zwischen Herren und Freigelassenen, wobei letztere in der Regel als enge Vertraute und Mitarbeiter begegnen.

Die für die römische Gesellschaft charakteristische Diskrepanz zwischen rechtlicher Position, sozialem Rang und wirtschaftlicher Leistungsfähigkeit kam besonders bei den Freigelassenen zum Ausdruck, zumal seit den Senatoren (mit der *lex Claudia* von 218 v. Chr.) größere Handels- und Geldgeschäfte untersagt waren. Nicht selten dienten daher Freigelassene als »Strohmänner«, und sie konnten dann beachtliche Vermögen erwerben. Doch bei allem Reichtum blieb ihnen in Rechtsstellung und Ansehen der Makel des ehemaligen Sklaven. In der Literatur wurden sie als ungebildete Neureiche und Emporkömmlinge karikiert.

In der Kaiserzeit nutzten die Freigelassenen eine Chance, ihren niedrigen Rang teilweise zu kompensieren. Im Rahmen der sich rasch entwickelnden kultischen Verehrung der Kaiser übernahmen sie Funktionen als *seviri Augustales* (Sechsmännergremium für den Kaiserkult) und entwickelten daraus ein ständisches Bewußtsein. So spiegelte dann die Rangabstufung unter den Freigelassenen diejenige der römischen Gesellschaft selbst wider, innerhalb derer die Position der Freigelassenen zwischen Reichtum und Einfluß einerseits, Einschränkung und Fortbestehen der Abhängigkeit andererseits changierte: Vor dem Freigelassenen des Kaisers hatte mancher Senator zu zittern, während er doch eigentlich in aristokratischer Arroganz auf ihn herabsehen konnte.

Stände und Ränge

Patrizier und Plebejer

Eine geradezu klassische Rangunterscheidung war die zwischen Patriziern und Plebejern. Sie ist wegen ihres »Nachlebens« bis in die soziale und politische Begriffsgeschichte der Moderne hinein relativ geläufig. Ihre Bedeutung für die römische Sozialgeschichte ist freilich durchaus begrenzt. Von wirklicher – dann allerdings erheblicher – Bedeutung war sie in der Frühzeit der Republik (um 470–287 v. Chr.), der Epoche der sogenannten Ständekämpfe. Diese waren ein Konflikt gerade zwischen Patriziern und Plebejern, in dem es primär um den politischen Einfluß, aber auch um die soziale Anerkennung (durch die Akzeptanz wechselseitiger Eheverbindungen) ging. Wegen der sehr problematischen Quellenlage für diese Epoche können wir über die genaue Zusammensetzung der beiden Stände, insbesondere der *plebs*, wenig sagen. Offensichtlich waren die Patrizier die Häupter (*patres*, Väter) und Angehörigen der Familien, die nach der Vertreibung der etruskischen Könige die politische Herrschaft ausübten und als echter Adelsstand von den anderen Bürgern, eben den Plebejern, abgegrenzt waren beziehungsweise sich abgegrenzt hatten. So wie *populus* das gesamte Volk, das »Staatsvolk« bezeichnete, war *plebs* der Name für das Volk im Sinne derer, die von der politischen Führung ausgeschlossen waren. Die Patrizier bildeten die eigentliche politische Klasse. Sie kontrollierten das politische Leben, ihre Oberhäupter waren im »Rat der Alten«, dem Senat, versammelt. Ihm gegenüber waren die Plebejer nur Bürger zweiter Klasse, und viele von ihnen standen wohl zu den »Vätern« in einem Treueverhältnis als Klienten.

Mit dem definitiven Ende der Ständekämpfe (287 v. Chr. mit der *lex Hortensia*) wurde dieser ständische Unterschied zwar nicht beseitigt, spielte aber weder politisch noch sozial eine Rolle. Es konnte in gewisser Weise sogar ein Nachteil sein, wenn man Patrizier war, da man nicht das einflußreiche Amt des Volkstribunen ausüben konnte. Für manche Patrizier war es deshalb attraktiv, sich durch einen »Übergang in die *plebs*« *(transitio in plebem)* in einen Plebejer zu verwandeln. Der hochadlige Publius Claudius Pulcher beispielsweise nahm in diesem Zusammenhang sogar die »vulgäre« Namensform Clodius an (59 v. Chr.) – an seinem sozialen Rang und seinen entsprechenden Beziehungen änderte dies nichts. Erst in der Kaiserzeit, als das Bedürfnis nach demonstrativer und nomineller Bezeichnung von Rangabstufungen innerhalb des höchsten Standes zunahm, erhielt der Begriff *patricius* als Ehrenbezeichnung wieder mehr Gewicht. Er war aber nicht mehr die umfassende soziale Kategorie wie in der frühen Republik.

Senatsadel und Nobilität

Allerdings, sowenig das Ende der Ständekämpfe die römische *res publica* in eine Demokratie verwandelte, so wenig veränderte sich die grundsätzliche Differenzierung von Adel und Volk. Denn das wichtigste Ergebnis der Ständekämpfe war die Herausbildung einer neuen Führungsschicht, zu der neben den Patriziern auch die führenden und besonders einflußreichen plebejischen Familien gehörten. Spätestens seit auch Plebejer in das

»L'Arringatore« (der Redner). Bronzestatue aus der Umgebung von Perugia, um 80 v. Chr. Eine etruskische Inschrift nennt den Namen Aulus Metellius und scheint zu besagen, daß die Statue auf öffentlichen Beschluß aufgestellt wurde. Der Rang des Dargestellten ist durch die Kleidung (Toga, Tunica, Schuhwerk) und deren Verbrämung hervorgehoben. Florenz, Museo Archeologico

höchste Amt, das Konsulat, gelangten (366 v. Chr.), waren dafür die Voraussetzungen gegeben. In den jahrzehntelangen Kriegen, die zur Unterwerfung Italiens führten, wurde diese neue Elite zusammengeschweißt. Das entscheidende Kriterium war immer noch die Zugehörigkeit zum Senat, aber in diesem saßen bei weitem nicht nur die »Väter« aus den alten Familien. In dieser Senatsaristokratie war die Differenz zwischen Patriziern und Plebejern völlig in den Hintergrund getreten. Sie bildete nun ihrerseits einen eigenen Stand, der zwar nicht völlig abgeschlossen, aber klar definiert, also abgegrenzt war. Die Möglichkeit, in ihn aufzusteigen, wurde zunehmend geringer.

Man hat diese Senatsaristokratie im Unterschied zu dem alten Patriziat, einem Geblütsadel, als Amtsadel bezeichnet, weil ursprünglich die Bekleidung des höchsten Amts, des Konsulats, seinen Inhaber in die sich formierende Führungsschicht aufsteigen ließ, also adelte. Freilich hat man dabei zu differenzieren und sich vor allem noch zwei Tatsachen vor Augen zu halten: Mit dem Aufstieg zum Konsulat adelte der Plebejer zugleich seine Nachkommen, denn die Zugehörigkeit zur Aristokratie vererbte sich. Dazu kam eine erhebliche Binnendifferenzierung: Innerhalb des Senatsadels bildete sich ein engerer Führungszirkel heraus, die Nobilität. Ihre Mitglieder genossen höchstes soziales Ansehen *(dignitas)* und ausschlaggebenden politischen Einfluß *(auctoritas)*. Dabei war es wesentlich, daß dieser Rang im öffentlichen Bewußtsein verankert und entsprechend präsent war. Das Wort *nobilitas* bedeutete zunächst Bekanntheit.

Zur Nobilität gehörte, wer unter seinen Vorfahren einen oder mehrere Konsuln zählte oder selbst das Konsulat und damit für sich und seine Nachkommen den Rang eines *nobilis* erreicht hatte. In diesen exklusiven Kreis zu gelangen wurde zunehmend schwieriger, für jemanden, der nicht schon zum Senatsadel gehört hatte, fast unmöglich: Cicero, der als einer der wenigen in den letzten 150 Jahren der Republik diesen Sprung schaffte, nannte diese Position eine »Stellung, die die Nobilität durch Bollwerke gesichert und mit allen Mitteln verschanzt« habe (Über das Ackergesetz 2, 3).

Andererseits mangelte es keineswegs völlig an Flexibilität und Durchlässigkeit. Der Aufstieg eines Neulings *(homo novus)* direkt zum Konsulat und damit zur Nobilität mochte sensationell sein; in den Senat kam man, wenn man über die entsprechenden Voraussetzungen verfügte, besonders über ein ausreichendes Vermögen, wesentlich einfacher, de facto durch Wahl zu einem der untersten Ämter, zum Beispiel zur Quästur. Gehörte man einer Familie des Senatsadels an, war einem der Weg zum Konsulat nicht so stark verbaut wie dem Mitglied einer nichtsenatorischen Familie.

Außerdem mußte sich Adel immer wieder bewähren. Wer nicht durch eigene Leistungen das von den Vätern ererbte Niveau hielt oder verbesserte, konnte an Rang verlieren. Schließlich konnten Familien auch aus der Nobilität und dem Senatsadel wieder herausfallen, wenn nicht immer wieder Angehörige durch ihre Taten das Ansehen der Familie aufrechterhielten und diese deshalb allmählich in Vergessenheit geriet. Daß *nobilitas* letztlich

Triumphzug. Marmorfries vom Apollo-Tempel am Marcellus-Theater in Rom, um 20 v. Chr. Am linken Rand des Fragments ist ein Traggerüst (ferculum) *mit Siegeszeichen* (tropaeum) *und zwei Gefangenen zu sehen. Hinter einem Trompetenbläser folgen drei geschmückte Opferstiere, jeder von einem* victimarius *mit Opfermesser* (culter) *geführt und von einem Opferdiener mit dem Schlachtbeil* (malleus) *begleitet. Rom, Palazzo dei Conservatori*

Wenn in Rom ein angesehener Mann stirbt, wird er im Leichenzug in seinem ganzen Schmuck nach dem Markt zu den *rostra* geführt, meist stehend, so daß ihn alle sehen können, nur selten sitzend. Während das ganze Volk ringsherum steht, betritt entweder, wenn ein erwachsener Sohn vorhanden und anwesend ist, dieser, sonst ein anderer aus dem Geschlecht die Rednertribüne und hält eine Rede über die Tugenden des Verstorbenen und über die Taten, die er während seines Lebens vollbracht hat. Diese Rede weckt in der Menge, die durch sie an die Ereignisse erinnert wird und sie wieder vor Augen gestellt bekommt, und zwar nicht nur bei den Mitkämpfern, sondern auch bei den nicht unmittelbar Beteiligten, ein solches Mitgefühl, daß der Todesfall nicht als ein persönlicher Verlust für die Leidtragenden, sondern als ein Verlust für das Volk im ganzen erscheint. Wenn sie ihn dann begraben und ihm die letzten Ehren erwiesen haben, stellen sie das Bild des Verstorbenen an der Stelle des Hauses, wo es am besten zu sehen ist, in einem hölzernen Schrein auf. Das Bild ist eine Maske, die mit erstaunlicher Treue die Bildung des Gesichts und seine Züge wiedergibt. Diese Schreine öffnen sie bei den großen Festen und schmücken die Bilder, so schön sie können, und wenn ein angesehenes Glied der Familie stirbt, führen sie sie im Trauerzug mit und setzen sie Personen auf, die an Größe und Gestalt den Verstorbenen möglichst ähnlich sind. Diese tragen dann, wenn der Betreffende Konsul oder Prätor gewesen ist, Kleider mit einem Purpursaum, wenn Censor, ganz aus Purpur, wenn er aber einen Triumph gefeiert und dementsprechende Taten getan hat, goldgestickte. Sie fahren auf Wagen, denen Rutenbündel und Beile und die anderen Insignien des Amtes, je nach der Würde und dem Rang, den ein jeder in seinem Leben bekleidet hat, vorangetragen werden ... Polybios 6, 53

auch »Bekanntheit« bedeutete, war eben immer bewußt. Und wenn bei der Bestattung eines römischen Aristokraten die Bilder seiner Vorfahren nebst einem Verzeichnis ihrer Taten im Leichenzug mitgeführt wurden, dann sollte dies nicht nur Mahnung für dessen Söhne und Enkel sein, sondern auch die Erinnerung an eine große Familie lebendig erhalten.

Exklusivität und Mobilität waren also auf spezifische Weise miteinander verbunden: Neben der Möglichkeit des Aufstiegs stand die Gefahr des sozialen Abstiegs; und der Aufstieg zu den Spitzen der Gesellschaft gelang in der Regel nicht innerhalb einer Generation, sondern erst in der zweiten Generation oder später: Der Vater war als erster seiner Familie in den Senatsadel gelangt und hatte es zum Beispiel bis zum Prätor gebracht, sein Sohn konnte dann den Schritt in die Nobilität tun.

Innerhalb des Senatsadels, aber auch innerhalb des engeren Kreises der Nobilität gab es noch Rangunterschiede, gerade von Ehre und Ansehen *(dignitas)*. Der Rang hing von dem Prestige der Vorfahren ab, aber auch von eigenen Leistungen, durch die man sein und seiner Familie Ansehen mehren konnte, zum Beispiel durch ein Amt, in das man gewählt wurde, einen Feldzug, den man während der Amtszeit erfolgreich beendete, einen Triumph, den einem der Senat daraufhin gewährte: Das Wort für Amt ist identisch mit dem für Ehre, *honos*. Und im Konkurrenzkampf um diese *honores* und die daraus resultierende soziale Stellung und politische Bedeutung *(auctoritas)* bestand das politische Leben eines römischen Senators.

Ritterstand und Dekurionat

Auch von der anderen Seite her, das heißt in der Schicht, aus der sich die Aufsteiger in den Senatsadel rekrutierten, hat es einige Veränderungen gegeben. Hier müssen wir ebenfalls auf die Anfänge der Republik zurückgehen. Neben der bipolaren Scheidung in Patrizier und Plebejer gab es eine Differenzierung aufgrund der militärischen Tätigkeit. Das Heer setzte sich prinzipiell aus allen Bürgern zusammen, das Wort für »Staatsvolk« *(populus)* bedeutete ursprünglich »Heerbann«, »militärisches Aufgebot«. Da das Prinzip der Selbstausrüstung galt, ergab sich eine Einteilung nach Vermögen: Die Reicheren (und diese waren in der Frühzeit im wesentlichen mit den patrizischen Familien identisch) zogen zu Pferde in den Krieg, als Reiter beziehungsweise Ritter. Dazu kamen diejenigen, die die normale Phalanx der schwerbewaffneten Legion bildeten, die *classis*, und schließlich die, welche lediglich als Leichtbewaffnete oder mit besonderen Funktionen dienen konnten, die »unterhalb der *classis*« *(infra classem)* standen.

Diese auf ökonomische Leistungsfähigkeit gegründete Heeresordnung wurde im 5. Jahrhundert v. Chr. auch Grundlage der politischen Ordnung in noch weiter differenzierter Form, nämlich in den *comitia centuriata* (Centuriatscomitien). Eine solche Censusordnung war in der antiken Geschichte keine Seltenheit, wir kennen sie zum Beispiel auch aus dem Athen des 6. Jahrhunderts v. Chr. (solonische Timokratie). Die reicheren Bürger Roms erhielten auf diese Weise den Status eines Ritters, wenn sie ein bestimmtes Vermögen hatten, das heißt dem Rittercensus genügten. Damit standen sie in dieser Hinsicht (in der Heeresordnung und in den Centuriatscomitien) auf gleicher Stufe mit den alten Adligen, den Patriziern, später mit den Angehörigen der neuen Adelsschicht, den Senatoren. Seit dem ausgehenden 3. Jahrhundert v. Chr. entwickelte sich daraus in mehreren Etappen ein zweiter Stand neben dem Senatorenstand *(ordo senatorius)*, der Ritterstand *(ordo equester)*.

Da die Senatoren wegen der *lex Claudia* von 218 v. Chr. von Handels- und Geldgeschäften ausgeschlossen waren und sich deswegen stärker auf die Ausbeutung ihrer agrarischen Ressourcen konzentrierten, blieb den nichtsenatorischen Reichen, also den anderen Rittern, gerade auf jenem Gebiet ein großer Spielraum. Es waren Ritter, die als Pächter von größeren staatlichen Aufträgen, insbesondere von einzuziehenden Steuern, in Frage kamen *(publicani)*, da dies Senatoren ebenfalls verwehrt war. Die Differenzierung wurde in den politischen Turbulenzen nach dem Tribunat des Tiberius Gracchus komplettiert, als nämlich die Senatoren aus dem Kreis der Ritter ausgegrenzt wurden (um 129 v. Chr.). Hinfort war man entweder Senator oder Ritter.

Damit war die Grundlage für die Entwicklung eines zweiten Standes gelegt. Die Angehörigen beider Stände waren jederzeit auch äußerlich erkennbar durch Standesabzeichen: Der Senator trug an dem sichtbaren Teil seines Untergewandes, der Tunica, einen breiten Purpurstreifen, der Ritter einen schmalen. Der Senator trug besondere Schuhe, der Ritter hatte einen goldenen Ring als Statussymbol. Beide Stände hatten im Theater beziehungsweise bei den diversen Fest- und Kultspielen besondere Ehrensitze, in denen sie ihre öffentlichen Auftritte zelebrierten.

Während die Angehörigen des Senatorenstandes, wie schon erwähnt, ihre Einkünfte vor allem aus Grundbesitz bezogen und darüber hinaus wegen ihrer politisch-militärischen Kompetenzen auch reichlich Anteile an der Kriegsbeute erhielten, war der Ritterstand in ökonomischer Hinsicht differenzierter. Keineswegs jedoch war er – wie in manchen Handbüchern gesagt wird – eine Klasse von Kapitalisten. Selbstverständlich gab es, wie sich aus

Links: Leichenprozession. Grabrelief aus der Umgebung von Amiternum, 1. Jahrhundert v. Chr. Tubabläser und Flötenspieler eröffnen den Trauerzug. Acht Träger haben die Stangen der Leichenbahre geschultert. Der Verstorbene ruht auf einem schön gedrechselten Bett unter einem mit Mond und Sternen bestickten Betthimmel, auf dem sein Helm liegt. Zu Häupten des Toten sieht man zwei Klagefrauen; die eine rauft sich, Jammerschreie ausstoßend, die Haare, während die andere die naenia *anstimmt, das Lob- und Trauerlied auf den Verstorbenen. Seine Gattin folgt der Bahre mit aufgelöstem Haar, begleitet von ihren Kindern und Dienerinnen. L'Aquila, Museo Nazionale*

Oben: Das Theater in Pompeji ist wie die griechischen Theater an einen Hang gebaut und hat noch eine Orchestra in Hufeisenform anstatt der in römischen Theatern üblichen Halbkreisform. Die Sitzreihen im Halbrund des Zuschauerraums (cavea) *wurden in augusteischer Zeit erneuert. Sie sind durch ringförmige Gänge in drei Abschnitte unterteilt, in die* ima, media *und* summa cavea. *Die* ima cavea *mit ihren vier Stufen war der Bereich der Ehrensitze* (bisellia) *und den Angehörigen der höheren Stände vorbehalten. Der Raum hinter der Bühne diente den Schauspielern als Garderobe. Um den Säulengang wurden nach 62 n. Chr. Kammern zur Unterbringung von Gladiatoren angelegt.*

Der bei den Schauspielen eingerissenen Unordnung und Zügellosigkeit setzte er (Augustus) durch verschiedene Verordnungen ein Ende. Den Anstoß dazu bot ihm die Beleidigung, die ein Senator erleben mußte, als ihm während einer sehr gut besuchten Veranstaltung in Puteoli von der großen Zuschauermenge kein Platz angeboten wurde. Augustus veranlaßte deshalb einen Senatsbeschluß, daß, wenn immer irgendwo ein öffentliches Schauspiel stattfinde, die erste Sitzreihe für die Senatoren freizubleiben habe, und für Rom verbot er den Gesandten freier oder verbündeter Völker, in der Orchestra Platz zu nehmen, da er festgestellt hatte, daß sich unter den Mitgliedern dieser Gesandtschaften auch Freigelassene befanden. Das Militär schied er im Theater vom Volke. Den verheirateten Männern aus den unteren Schichten wies er spezielle Reihen zu, den Knaben einen bestimmten Sektor und gleich daneben einen für ihre Erzieher; ferner bestimmte er, daß niemand, der im Mantel gekommen war, auf den Plätzen in der Mitte sitzen dürfe. Den Frauen gestattete er den Besuch von Gladiatorenkämpfen, die sie früher unter den Männern sitzend hatten betrachten dürfen, nur noch, wenn sie für sich von den oberen Reihen aus zuschauten. Den Vestalischen Jungfrauen wies er einen eigenen Platz im Theater an, und zwar gegenüber der Loge des Prätors. Vom Besuch der Athletenwettkämpfe schloß er die Frauen gänzlich aus…

Sueton, Augustus 44

Links: Grabstein des Gnaeus Octavius Cornicula aus Aquileia, 1. Jahrhundert n. Chr. Die Inschrift besagt, daß der Bürgermeister (quattuorvir) *und Angehörige des Dekurionenstandes sich selbst den Grabstein bei Lebzeiten setzen ließ.*
Verona, Museo Maffeiano

Rechte Seite, innen: Grab des Bürgermeister (duovir) *und Dekurionen Aulus Umbricius Scaurus an der Gräberstraße vor der Porta Ercolano in Pompeji, 1. Jahrhundert n. Chr.*

Rechte Seite, außen: Römisches Grabmal bei Capua, 1. Jahrhundert v. Chr. Vor allem in der Spätzeit der Republik ließ das Bedürfnis nach Selbstdarstellung aufwendige Grabmonumente entstehen. Ein rundtempelartiges Gebilde bekrönt den reich gegliederten Grabbau an der Via Appia östlich von Capua. Das Bruchsteinmauerwerk (opus incertum) *war mit marmorartigem Stuck verkleidet. Der kubische Sockel birgt eine überwölbte Grabkammer, in der die Urnen in Nischen beigesetzt waren.*

Marcus Pontius Celsus, der Diktator, und C(aius) Suetonius Claudianus ließen die Dekurionen in den Tempel der vergöttlichten Kaiser einladen. Dort stellte Vesbinus, der kaiserliche Freigelassene, den Antrag, man möge ihm auf Kosten der Stadt einen Platz in der Säulenhalle der Basilica Sulpiciana geben, damit er für die Augustalen an diesem Platz einen Versammlungsraum erbaue. Dort wurde ihm nach übereinstimmendem Beschluß der Dekurionen der Platz, den er gewünscht hatte, gegeben, und alle beschlossen, diesbezüglich einen Brief an den Kurator Curiatius Cosanus zu schicken. In der Kurie waren anwesend: Pontius Celsus, der Diktator, Suetonius Claudianus, der Ädil, der mit der Rechtsprechung beauftragt ist, M(arcus) Lepidius Nepos, der Ädil, der für die Getreideversorgung zuständig ist, Pollius Blandus, Pescennius Flavianus, Pescennius Natalis, Pollius Callimus, Petronius Innocens, Sergius Proculus.

Aus dem Amtsbuch des Municipium Caere (13. April 113)

den oben geschilderten Voraussetzungen ergibt, zahlreiche »Geschäfts-Ritter«, die in Pacht-, Handels- und Kreditgeschäften tätig waren. Diese hatten auch kein Interesse daran, in den Senatorenstand zu wechseln, da dies mit ihrer lukrativen Tätigkeit nicht vereinbar gewesen wäre. Insofern waren sie »unpolitisch«, übten freilich – wie sich leicht denken läßt – durch ihre überragende finanzielle Position (gerade auch angesichts der Verschuldung vieler Senatoren) einen erheblichen informellen Einfluß aus.

Das Gros der Ritter allerdings stand den Senatoren ökonomisch näher als diese Gruppe. Im Zuge der Unterwerfung Italiens waren durch Neugründung oder Bürgerrechtsverleihung immer mehr römische und latinische Gemeinden auf der Apenninenhalbinsel entstanden. Nach dem Bundesgenossenkrieg (91–89 v. Chr.) waren schließlich alle Italiker römische Bürger geworden. Die jeweiligen lokalen Eliten, die primär als grundbesitzende Schicht, als »Landadel«, zu kennzeichnen sind, gehörten dem Ritterstand an. Hier gab es – man denke an Marius und Cicero, beide aus der Landstadt Arpinum – Leute, die durchaus politischen Ehrgeiz entwickelten und die ihre ökonomische Position nicht grundsätzlich ändern mußten, wenn sie in den Senatorenstand gelangten. Gerade aus solchen Schichten hat sich dieser rekrutiert, und das förderte im übrigen die Integration des römischen Italien.

Die Tendenz zu zwei klar abgegrenzten Ständen wurde in der Kaiserzeit abgeschlossen. Die Kriterien waren genau fixiert. Der Census für den Ritterstand lag bereits in der Zeit der Republik bei 400 000 Sesterzen (das entspricht etwa 275 Jahresverdiensten eines Landarbeiters!), für den Senatorenstand wurde er auf 1 000 000 Sesterzen festgelegt. Auch die Binnendifferenzierung nach Rängen war genau fixiert, in Abhängigkeit von den Ämtern, die man bekleidet hatte. Letztlich aber bestimmte der Kaiser über die Standeszugehörigkeit sowie die Rangdifferenzierung, der im übrigen beide Stände immer stärker zu seinen Funktionseliten ausbaute: die Senatoren als kaiserliche Delegierte in der Befehlsgewalt über das Heer und die Provinzen, die Ritter mit Aufgaben primär in der zivilen Verwaltung und der finanziellen Organisation sowie als Stabsoffiziere und Kommandeure minderen Ranges. Im Unterschied zu den Senatoren wurden diese Amtsträger besoldet, was wiederum für die internen Rangstufen wichtig war. Seit der Severerzeit (um 200 n. Chr.), als in zunehmendem Maße auch Ritter mit den Provinz- und höheren Heereskommanden betraut wurden, wurde diese Differenzierung allmählich hinfällig.

Auf kommunaler Ebene, in den römischen *coloniae* und *municipia*, das heißt in Italien und schließlich auch in den romanisierten Provinzen, bildete sich ein gleichsam dritter Stand heraus, der *ordo decurionum*. Ihm gehörten die Personen beziehungsweise Familien an, die in den örtli-

chen Stadträten vertreten und die gleichsam die lokalen »Senatoren« waren. Sie hatten in ihren Gemeinden beachtlichen Rang und Einfluß, und sie mußten einem bestimmten Census genügen (100 000 Sesterzen). Ihre Namen waren in Verzeichnissen *(alba decurionum)* registriert, und wie im *ordo senatorius* und im *ordo equester* gab es unter ihnen eine genau festgelegte Rangordnung, abhängig von den Ämtern, die sie in der Gemeinde bekleidet hatten.

Die Plebs

Die nichtständische römische Bevölkerung, gleichsam die Plebs im späteren Sinne, war in der klassischen Zeit der Republik noch relativ einheitlich strukturiert. Der »normale« römische Bürger war seiner ökonomischen Position nach ein kleiner bis mittlerer Bauer, der mit Hilfe seiner *familia* (Frau, Kinder, wenige Sklaven) seinen Hof bewirtschaftete, im Kriege als Legionär diente und in der Regel gegenüber einem der Senatoren in einem Klientelverhältnis stand. Insbesondere durch die politisch-militärischen Vorgänge seit dem Zweiten Punischen Krieg, die die Wehrkraft dieser Bauern stark beanspruchten und eine erhebliche ökonomische Veränderung gebracht hatten, hat sich die römische Plebs stark differenziert. Die Existenz des freien Bauern war gefährdet. Die Ärmeren mußten sich in anderen Berufen versuchen, als Tagelöhner verdingen oder in der rapide wachsenden Hauptstadt Rom ihre Zuflucht suchen. Dort wuchs die Zahl der Besitzlosen, der *proletarii* (derer, die nur ihre Nachkommenschaft, *proles*, hatten): Sie hofften auf Unterstützung durch ihre Patrone oder durch staatliche Hilfen (Verteilung von Getreide). Gerade in Rom entwickelte sich so eine urbane Unterschicht, ein Massenpotential, das wegen seiner verzweifelten Lage zu einem erheblichen politischen Unruhefaktor wurde.

Im Principat legten die Kaiser auf die Kontrolle dieser *plebs urbana* besonderen Wert. Durch »Brot und Spiele«, durch die Verteilung von Getreide und die häufige Veranstaltung von Gladiatorenspielen, Wagenrennen, Theateraufführungen, bauten die Kaiser gegenüber der stadtrömischen Bevölkerung eine Beziehung auf, die sich geradezu in festen Riten und Verhaltensstereotypen des Umgangs miteinander äußerte. So hatte der mächtige Herrscher durchaus bestimmten Erwartungen zu genügen.

Die Situation des »normalen« Bürgers, der in einer der zahlreichen Landstädte in Italien oder der Provinz lebte, blieb davon freilich unberührt. Diese Angehörigen der Plebs waren in ihrer großen Mehrheit – nach wie vor – kleinere und mittlere Bauern, die primär oder sogar ausschließlich für ihren eigenen Bedarf produzierten, daneben kleine Handwerker, Tagelöhner, Händler – je nach der ökonomischen Situation ihrer jeweiligen Gemeinde. Auch hier gab es soziale Mobilität beziehungsweise Mög-

Links: Größere Hauskomplexe in Ostia mit Wohnungen von Angehörigen der städtischen Mittel- und Unterschichten, 2. Jahrhundert n. Chr. Straßenfront der Casa di Diana (oben) mit Läden im Erdgeschoß; darüber sieht man noch die Fenster des ersten Stockwerks und die vorkragenden Balkone des zweiten. Das Haus ist nach einem Terrakottarelief der Diana im Innenhof benannt. Zwei kleine Wandbilder von Wagenlenkern gaben der Insula degli Aurighi (Mitte) den Namen. Doppelgeschossige Arkaden umgeben den Innenhof des weitläufigen Mietsblocks, der bis zum Beginn des dritten Stockwerks erhalten ist. In der Insula del Serapide (unten) gehen die Fenster des ersten und zweiten Geschosses unter hohen Arkaden auf den Innenhof, in dem sich eine Ädikula mit einer Stuckfigur des Serapis befindet.

Rechts: Horrea Epagathiana et Epaphroditiana in Ostia. Die Besitzer des unter Antoninus Pius (138–161) erbauten Speicherhauses waren zwei freigelassene Orientalen, Epagathus und Epaphroditus, deren Namen auf der Marmorplatte im Fries des Säulenportals geschrieben stehen.

Für diese Armen ist es gewiß nicht leicht, in den Städten Arbeit zu finden, und sie sind auf fremde Mittel angewiesen, wenn sie zur Miete wohnen und alles kaufen müssen, nicht nur Kleider und Hausgerät und Essen, sondern sogar das Brennholz für den täglichen Bedarf; und wenn sie einmal Reisig, Laub oder eine andere Kleinigkeit benötigen, müssen sie alles, das Wasser ausgenommen, für teures Geld kaufen, da alles verschlossen und nichts frei zugänglich ist – außer den vielen teuren zum Verkauf angebotenen Artikeln, versteht sich. Da stellt es sich denn bald als schwierig heraus, unter solchen Umständen weiterzuleben, wenn man außer seinem eigenen Leib nichts mehr besitzt. Dion von Prusa 7, 105 f.

Bei der großen Bedeutung der Stadt aber und der unendlich großen Zahl von Bürgern muß man unzählige Wohnungen schaffen. Da also Häuser, die nur ein Erdgeschoß haben, eine so große Menge zum Wohnen in der Stadt nicht aufnehmen können, zwangen die Umstände selbst dazu, daß man sich damit half, die Häuser in die Höhe zu bauen. So wurden mit Hilfe von Steinpfeilern, Mauern aus gebrannten Ziegeln und Bruchsteinmauern hohe Häuser errichtet; sie wurden auf häufigen Balkenlagen mit Bretterböden versehen mit dem Ergebnis, daß die oberen Stockwerke zum größten Nutzen Aussicht (auf die Stadt) haben. Da also das Fassungsvermögen der Stadtmauern durch die verschiedenen Stockwerke nach der Höhe zu vervielfältigt ist, hat das römische Volk ohne Schwierigkeit ausgezeichnete Wohnungen. Vitruv 2, 8, 17

lichkeiten des sozialen Aufstiegs, wenn auch in einem begrenzten Umfang und abhängig von einer gewissen ökonomischen Position, schon wegen des jeweils notwendigen Census. Ein solcher Aufstieg führte in der Regel in den Stand der Ratsherren, der Dekurionen. Ein anderer Weg lief über den Militärdienst. Nach dessen Absolvierung konnte man durchaus damit rechnen, als Veteran den Rang eines Dekurionen zu erhalten. Wenn man die höchsten Dienstgrade, die für Mannschaften möglich waren, erreicht hatte, bestand sogar die Aussicht, seine Familie damit in den Ritterstand zu führen.
So ist das Bild der sozialen Schichtung, auf das wir zunächst unseren Blick gerichtet haben, bei aller ständischen Statik doch nicht ohne Differenzierung und Flexibilität. Dies gilt um so mehr, wenn man von der – insgesamt ja nicht unproblematischen – Schichtung absieht und sich den Kernbereichen sozialer Interaktion und Integration zuwendet.

Integrationskreise und soziale Beziehungen

Familia

Schon der erste elementare Lebenskreis des Römers umgreift Personen, deren soziale Position sich qualitativ unterscheidet. Diese wird also gerade durch die *familia* in gewisser Weise relativiert, zum Beispiel für Sklaven. Die römische Familie besteht in aller Regel aus dem Familienvater *(pater familias)*, der Mutter *(mater familias, matrona)*, den jeweiligen Kindern und Kindeskindern sowie den Sklaven und Sklavinnen, die das Gesinde bilden, aber dem Familienverband fest angehören. Das entscheidende Charakteristikum ist die unvergleichlich hohe Autorität, die der Vater gegenüber den Angehörigen der Familie genießt, die *patria potestas* (väterliche Gewalt). Verwundert hebt der griechische Historiker Dionys von Halikarnassos hervor, in Rom habe der Vater »gleichsam die vollständige Gewalt über den Sohn, solange er lebe; ob er ihn nun einsperren, auspeitschen, für die Feldarbeit in Fesseln halten oder töten wollte, selbst wenn der Sohn schon politisch tätig war, auch wenn er bereits in den höchsten Ämtern erprobt war, auch wenn er bereits wegen seiner Bemühungen um das Gemeinwesen Ansehen erworben hatte« (Römische Altertümer 2, 26, 4).

Dies zeigt zum einen, daß innerhalb der *familia* die Position der Kinder in mancher Hinsicht nicht anders war als die der Sklaven. Andererseits hatte der Familienvater damit eine Strafgewalt gegenüber seinen Familienangehörigen, die über die Macht eines Konsuls innerhalb der *res publica* hinausging. Dieser hatte seit der *lex Valeria* über die Provokation (300 v. Chr.) nicht mehr das Recht, Todesurteile zu verhängen. Neuere Forschungen machen es wahrscheinlich, daß die Herausbildung der väterlichen Gewalt aufs engste mit der Formierung der römischen

Staatlichkeit verbunden war: Diese war primär auf soziale Normen gegründet. Im Falle von Verstößen dagegen konnte die *patria potestas* als wesentliches Disziplinierungsinstrument wirken. Die Gewalt wäre damit nicht wie in modernen Staaten zentral monopolisiert, sondern gleichsam dezentral individualisiert worden. Dies setzte eine erhebliche Bereitschaft und Fähigkeit zum Konsens zwischen den Familienvätern voraus, und in der Tat liegt im sozialen Konsens der Bürger untereinander und insbesondere innerhalb der Aristokratie die wesentliche Grundlage für die Existenz und die Qualität der römischen *res publica*.

Nun konnte der Vater freilich nicht völlig willkürlich handeln, er war an die Entscheidung eines Familiengerichts gebunden. Überhaupt hatten auch sonst – dies haben ebenfalls neuere Untersuchungen gezeigt – Angehörige des weiteren Familienverbandes, insbesondere die Brüder des *pater familias* und der Mutter, eine feste Rolle bei der Erziehung und Sozialisation der Kinder. Andere Aspekte der väterlichen Gewalt waren seine Funktion als Eigentümer des Familienvermögens *(dominium)* und als Vertreter der *familia* gegenüber den Göttern, insbesondere in der Verehrung der Familiengötter *(lares familiares)*. Innerhalb des Familienvermögens konnten allerdings die Familienangehörigen, einschließlich der Sklaven, ein Sondervermögen *(peculium)* erhalten, über das sie relativ frei verfügen durften.

Wie schon in dem Kult der Familiengötter zum Ausdruck kommt, war die Existenz der Familie über die individuelle Lebensspanne hinaus für die Römer von elementarer Bedeutung. Die Bewahrung von Totenmasken der Ahnen und deren Präsentation beim Leichenbegängnis eines *pater familias* sind ein besonders markanter Ausdruck dieser Orientierung auf die Kontinuität, ja Unsterblichkeit der Familie. Während der Konsens der Familienväter die *res publica* trug und die Solidarität von Standesgenossen den Zusammenhang der politischen Gemeinschaft herstellte, garantierten diese den Bestand der Familien durch die Möglichkeit der Adoption (aus kinderreicheren Familien): »Der Tod ist kein Übel, denn er ist notwendig; aber das Aussterben des Hauses oder gar des Geschlechts ist ein Unheil, selbst für die Gemeinde, welche darum ... den Kinderlosen einen Rechtsweg eröffnete, durch Annahme fremder Kinder anstatt eigener diesem Verhängnis auszuweichen« (Theodor Mommsen, Römische Geschichte I 56).

Mit der Kaiserzeit, die ja auch dem Mißbrauch der Herrengewalt gegenüber den Sklaven zu steuern suchte, wurde auch die Bedeutung der *patria potestas* geringer. Dies verwundert nicht, wenn man beachtet, daß die Etablierung der Monarchie in Rom gerade in der Monopolisierung der Macht beim Kaiser bestand. Diese drängte sich geradezu zwangsläufig vor andere Gewalten.

Eine vergleichbare Entwicklung gab es auch im Verhältnis zwischen Mann und Frau in der Ehe. Sie wurde durch den wechselseitigen Konsens der Eheleute gestiftet und der Öffentlichkeit durch den feierlichen Umzug der Braut in das Haus ihres Mannes angezeigt. In Verbindung mit der Eheschließung konnte die Frau aus der *potestas* ihres Vaters (beziehungsweise Vormundes) in die »Hand« *(manus)* ihres Mannes übergehen, das heißt, sie kam in die gleiche Abhängigkeit wie Kinder und Sklaven. Das geschah entweder durch den Vollzug bestimmter kultischer Riten *(confarreatio)* oder durch einen fiktiven Verkauf der Braut an den Bräutigam selbst *(coemptio)* oder dadurch, daß die Frau ein Jahr lang ohne Unterbrechung im Hause des Mannes lebte. War sie nur drei Tage anderswo (zum Beispiel bei ihren Eltern), kam sie nicht in die *manus* des Mannes, sondern blieb unter der *potestas* ihres Vaters. Schon am Ende der Republik war die manusfreie Ehe der Normalfall. Die Scheidung war in allen Fällen sehr leicht möglich, sie bedurfte praktisch lediglich einer einfachen Willenserklärung eines der Partner.

Es zeigt sich hier sehr deutlich, daß man nicht von Emanzipation im modernen Sinne reden kann, da die Alternative für die Frau formell nur die Gewalt des Mannes oder die des Vaters beziehungsweise Vormundes war. Dennoch ergab sich faktisch ein gewisser Spielraum, denn im Falle der manusfreien Ehe konnte die Frau nach dem Tode ihres Vaters die vollen Persönlichkeitsrechte erwerben, *sui iuris* werden, wie man sagte. Daß sie formell einen männlichen Vormund hatte *(tutor)*, besagte nichts, »denn volljährige Frauen führen selbst ihre Geschäfte, und in einigen Fällen gibt der Vormund der Form halber seine rechtliche Zustimmung; oft wird er sogar gegen seinen Willen vom Prätor gezwungen, seine Zustimmung zu geben« (Gaius, Institutionen 190).

Terentius Neo und seine Frau. Wandmalerei aus einem Haus in Pompeji, das vermutlich den Brüdern Terentius Proculus und Terentius Neo gehört hat. Proculus war Bäcker, Neo bezeichnete sich in einem Wahlaufruf als studiosus *und war vielleicht Jurist. Die Papyrusrolle in der Hand des Mannes könnte den Ehevertrag darstellen, das Falttäfelchen der Frau, die ihren Schreibgriffel sich besinnend an die Lippen gelegt hat, das »Haushaltsbuch«. Das Doppelbildnis saß in einer Wanddekoration vespasianischen Stils. Den Maler reizten bei der Darstellung des Ehepaars die Kontraste. Dem dunklen Männergesicht ist das helle Antlitz der Frau gegenübergestellt. Sie trägt ein braunes Gewand, er ist mit der weißen Toga bekleidet. Neapel, Museo Nazionale*

Clientela

Eine für die römische Gesellschaft nicht minder charakteristische Sozialbeziehung ist die *clientela* (Klientel). Sie ist ein Nahverhältnis zwischen sozial Ungleichen, einem Höhergestellten und einem sozial Schwächeren, zwischen *patronus* und *cliens*. Die Beziehung hat – wie im Begriff *patronus* schon deutlich wird – einen geradezu familialen, engen Chrakter, in mancher Hinsicht enger als Blutsverwandtschaft. Bezeichnenderweise war sie auch

erblich. Die markanteste Form der *clientela* war die zwischen dem ehemaligen Herrn und seinem Freigelassenen, der also aus der *familia* des Herrn in dessen *clientela* überging. Der Begriff *fides* (Treue, Vertrauen) bezeichnet dieses Nahverhältnis und zugleich die in ihm liegenden beträchtlichen wechselseitigen Verpflichtungen: Der *patronus* hatte seinen Klienten auf verschiedene Weise, zum Beispiel im Notfall materiell, zu unterstützen, in erster Linie hatte er ihn zu beschützen, nicht nur in Rechtssachen, sondern auch gegenüber Zugriffen anderer Mächtiger. Das war in einer Zeit, in der die öffentliche Sicherheit nicht von Staats wegen, durch Polizei oder andere Sicherheitskräfte, garantiert wurde und man sich selber durch eigenen Zugriff etwa auf einen Beklagten sein Recht schaffen mußte, von elementarer Bedeutung. Umgekehrt mußten die Klienten ihren Patron und dessen Familie unterstützen, im politischen Bereich etwa durch Wahl des *patronus* beziehungsweise von dessen Söhnen oder gemäß dessen Empfehlung, aber auch in finanzieller Hinsicht, beispielsweise durch Beteiligung bei der Aussteuer der Töchter – das zeigt im übrigen noch einmal, daß das hier vorliegende soziale Gefälle nicht auch ein ökonomisches widerspiegeln muß. Der Klient hatte ferner seinem Patron täglich seine Aufwartung zu machen, wofür sich dieser in der Regel durch ein kleines Präsent erkenntlich zeigte. Auch auf den sozialen Rang eines Patrons hatte die Zahl seiner Klienten Einfluß. Klientelismus und Patronage kennen wir aus vielen Gesellschaften. Aber eine derartig verbindliche und in feste soziale Regeln gekleidete Solidarität und Loyalität zwischen Ungleichen ist nur für die römische Sozialordnung spezifisch. Sie erklärt zum Beispiel, daß der lebensnotwendige Konsens innerhalb der *res publica* und zwischen den Ständen auch angesichts einer klaren Dominanz einer relativ exklusiven Aristokratie über Jahrhunderte hinweg erhalten blieb.

Links: Das Atrium der Casa del relievo di Telefo in Herculaneum ist ungewöhnlicherweise wie ein Peristyl von Portiken umgeben. An der Rückwand befinden sich wie üblich die große Öffnung zum tablinum, *dem repräsentativen Empfangsraum, links davon der Durchgang zum Garten. Dieser bestand aus zwei Teilen, einem Nutzgarten und einem Peristylgarten mit Wasserbecken, und wurde teilweise als »hängender« Garten über Gewölben angelegt. An seiner Südseite lagen besonders prächtig ausgestattete Aussichtsräume mit Blick aufs Meer.*

Rechts oben: Atrium des sogenannten samnitischen Hauses in Herculaneum, 2. Jahrhundert v. Chr. Ionische Säulen, zwischen die ein Geländer eingefügt ist, gliedern das Obergeschoß. Zwei Treppen führen in das Obergeschoß hinauf, eine von der Straße aus und eine links vom Atrium.

Rechts Mitte: Kochtöpfe auf dem Küchenherd des Vettierhauses in Pompeji. Auf der Herdplatte liegt noch die Holzkohle. Ein dreieckiger Feuerbock aus Eisen diente als Untersatz für die Bronzetöpfe. In der Nische unter dem Herd war das Brennmaterial gestapelt.

Rechts unten: Zimmer im Haus des Octavius Quartio in Pompeji mit Wandmalereien im vierten Stil.

Er (Cato der Ältere) erwarb viele Sklaven, und zwar kaufte er vor allem Kriegsgefangene, die noch sehr jung und wie junge Hunde oder Füllen noch für Zucht und Erziehung empfänglich waren. Keiner von ihnen durfte ein anderes Haus betreten, außer wenn Cato selbst oder seine Frau ihn schickte. Wurde er gefragt, was Cato mache, so durfte er nichts antworten als, er wisse das nicht. Der Sklave hatte entweder eine der notwendigen Arbeiten im Hause zu verrichten oder zu schlafen, und er war sehr zufrieden, wenn sie schliefen, weil er glaubte, daß sie gutmütiger wären als diejenigen, die wach blieben, und daß die Ausgeschlafenen besser zu allerlei Arbeit zu brauchen seien als die der Ruhe Bedürftigen. Da er ferner glaubte, daß die Sklaven um des Liebesgenusses willen zu den größten Dummheiten fähig wären, verordnete er, daß sie für ein bestimmtes Geld mit den Mägden Umgang haben dürften, aber mit keiner anderen Frau.
Anfangs, als er noch in bescheidenen Verhältnissen lebte und viel im Felde war, ärgerte er sich niemals wegen des Essens, sondern erklärte es für die größte Schande, wegen des Bauches mit einem Diener zu zanken. Wenn er aber später, bei wachsendem Vermögen, Freunde und Amtskollegen zu Tische hatte, bestrafte er gleich nach der Mahlzeit diejenigen, die beim Aufwarten oder Zubereiten etwas versehen hatten, mit Peitschenhieben. Auch suchte er es einzurichten, daß die Sklaven immer Zank und Streit miteinander hatten, weil er ihre Eintracht beargwöhnte und fürchtete. Plutarch, Cato der Ältere 21

Das Verhältnis war nicht juristisch normiert, lediglich in den Zwölf Tafeln (der frühen Gesetzeskodifizierung aus der Mitte des 5. Jahrhunderts v. Chr.) wurde der pflichtvergessene Patron der Strafe der Götter anheimgestellt. Gerade hier zeigt sich also die Macht und Bindekraft der sozialen Normen. Konnte der Patron kraft seiner Position den illoyalen Klienten noch in irgendeiner Weise zur Rechenschaft ziehen, so band umgekehrt den Patron nur sein Ehrgefühl. Doch den Verletzer der *fides* traf die schlimme Verachtung der Gemeinschaft, und das wog nicht wenig.
In dieser strikten Form ist die Klientel auf einen überschaubaren Personenkreis, eine *face-to-face-society*, wie sie das frühe Rom darstellte, zugeschnitten. Ihre Mechanismen wurden jedoch – in naturgemäß abgeschwächter Form – auch dann beibehalten, wenn es um größere Dimensionen, ja geradezu um Massen ging: So bildete die Klientel sogar ein Element römischer Außenpolitik,

nicht nur, indem einflußreiche Adlige die Patronage über ganze Städte und Staaten übernahmen, sondern auch, indem der römische Staat selbst Elemente seines spezifischen Klientelismus mit der zwingenden wechselseitigen Hilfsverpflichtung auf seine zwischenstaatlichen Beziehungen übertrug. Generell konnte eine *clientela* oder ein klientelartiges Verhältnis sehr schnell zustande kommen, wenn sich etwa ein Mann aus dem Volk in einer Notlage in den Schutz eines Mächtigen begab oder umgekehrt ein Einflußreicher einem anderen oder mehreren anderen eine Wohltat erwies, zum Beispiel indem er sich für die Zuteilung von Land oder für die Verleihung des Bürgerrechts einsetzte. Eine Wohltat *(beneficium)* verlangte gebieterisch die Erwiderung, den Dank *(gratia)* – alles andere bedeutete Ehrverlust. Auf diese Weise konnten einzelne mächtige Adlige durch ererbte und erworbene (und dann wieder vererbbare) Klientelen nicht nur hohes soziales Ansehen erwerben, sondern auch ihren politischen Einfluß vergrößern. Überhaupt kann man die politische Auseinandersetzung auch als einen Wettkampf um Klientelen verstehen.

In der Krisenzeit der römischen Republik, als der Konsens unter den Aristokraten zerbrochen war und der politische Streit kaum noch Grenzen kannte, spielte der Kampf um die Klientelen eine große Rolle, zumal die Möglichkeiten zum Erweis von Wohltaten durch die großen Landversorgungsmaßnahmen gewachsen waren. Auch hier brachte die Kaiserzeit eine qualitative Veränderung, denn in gewisser Weise kann man davon sprechen, daß der Kaiser die Klientelen gleichsam auf seine Person konzentrierte, sie also monopolisierte, daß er jedenfalls mit den Mechanismen des Klientelismus die verschiedenen Bevölkerungsgruppen an sich band. In der Spätantike hingegen suchten viele gerade in unsicheren Zeiten, als die römischen Kaiser die Bevölkerung nicht mehr angemessen gegen äußere Feinde schützen konnten, ja sogar ihrerseits durch höhere Belastungen und Steuern unter starken Druck setzten, den Schutz *(patrocinium)* mächtiger und einflußreicher hochadliger Herren und Großgrundbesitzer. In der Forschung spricht man geradezu von einer Patrociniumsbewegung, und in dieser liegt ein wesentlicher Faktor für das Ende des Römischen Reiches und eine wichtige Wurzel mittelalterlicher Sozialordnung und Herrschaftsform.

Amicitia

Die Ethik der Erwiderung, wie sie in dem Wechselspiel von *beneficium* und *gratia*, von Wohltat und Dank, eine wesentliche Komponente des Klientelsystems bildete, beherrschte die römischen Sozialbeziehungen schlechthin, auch im Verhältnis zwischen sozial Gleichgestellten. Wir können diese Reziprozität der Verpflichtungen mit dem ethnologischen Konzept des Gabentausches verbinden. Sie bildete im übrigen auch – in der Formel des *do ut des* – ein zentrales Merkmal der römischen Religiosität. Die wichtigste soziale Beziehung, die neben der *familia* und der *clientela* steht und die diesem Wechselspiel unterliegt, ist die Freundschaft *(amicitia)*.

Amicitia setzt nicht völlige, aber doch prinzipielle oder im wesentlichen vorhandene Gleichrangigkeit voraus beziehungsweise akzentuiert diese. Sie kommt nicht selten durch gemeinsame Stationen in der Ämterlaufbahn und im Kriegsdienst zustande. Da sie angesichts der Ausrichtung der römischen Normen auf die *res publica* sehr leicht politischen Charakter annehmen kann, oszilliert sie – viel mehr noch als die Klientel – zwischen einer persönlich-privaten, primär affektiv bestimmten, gegebenenfalls auch gleichsam ererbten Zuneigung mit geradezu brüderlicher Vertraulichkeit und einer kraft zweckrationaler Überlegungen zustandegekommenen Verbindung. Aus kluger Überlegung *(sapientia)* habe er sich um seine Freundschaft bemüht, vermerkt Cicero ganz freimütig in einem Brief an Appius Claudius Pulcher, denn »was war ... nützlicher für mich, was meinem Vorteil angemessener als die Beziehung zu einem hochadligen, hochangesehenen Manne, dessen Reichtum, Begabung, Kinder, Verwandte und Freunde mir großes Ansehen und Sicherheit gewähren konnten?« (Cicero, *Ad familiares* 3, 10, 9).

Dieser Spannbreite, ja Doppelbödigkeit war man sich durchaus bewußt, indem man zwischen wahrer und von *ambitus*, also politischem Ehrgeiz bestimmter Freundschaft unterschied. Sie galt auch für die mögliche Dauer der persönlichen Verbindung. Zwar versuchte man nicht selten, auch und gerade im politischen Bereich, diese durch Eheverbindungen und Verschwägerungen zu vertiefen und stärker zu verankern, doch konnte sie, zumal angesichts wechselnder politischer Konstellationen, auch rasch zerbrechen – wie sich Ehen auch problemlos wieder scheiden ließen. Andererseits konnte sie haltbar und dauerhaft sein, vielleicht eher dann, wenn sie keinen politischen Belastungen ausgesetzt war (wie etwa die Beziehung zwischen Cicero und Atticus).

Wie auch immer zustande gekommen und wie lange auch immer während, die Freundschaft evozierte bestimmte Verhaltensnormen, die hohe Verbindlichkeit

Ehepaar mit Kind, Schauseite des »großen Elternpaarpfeilers«. Grabdenkmal aus Neumagen, um die Mitte des 3. Jahrhunderts n. Chr. Mann und Frau sind durch die Verbindung der Hände (dextrarum iunctio) *als Ehepaar gekennzeichnet, der Status ihres Sohnes als zukünftiger Bürger und Erbe der väterlichen Position kommt in der Kleidung zum Ausdruck. Die überlebensgroßen Figuren stehen unter einem von Weinranken eingefaßten Baldachin mit Muschelnische. Von der Grabinschrift ist außer der Weiheformel* DM (dis manibus), *die das Grab unter den Schutz der Totengeister (Manen) stellte, nichts erhalten. Die Reliefs der Turmseiten enthalten Szenen aus dem Leben des Mannes und der Frau (Abb. S. 189). Architrav und Fries des Denkmals zeigen schwimmende Seetiere, ein Hinweis auf die Überfahrt der Verstorbenen zu den Inseln der Seligen.*
Trier, Landesmuseum

D
M

Links: Grabstein des Kavalleristen Silius Attonis aus Mainz, 1. Jahrhundert n. Chr. Über der Inschrift ist der Verstorbene beim Mahl dargestellt. Er ruht auf einer Kline und wird von einem Sklaven bedient. Vor ihm steht ein kleiner Tisch mit Trinkgeschirr. Auf seine militärische Position verweist das vom Burschen geführte Reitpferd im unteren Relief. Mainz, Landesmuseum

Rechts: Frisierszene, Relief vom »großen Elternpaarpfeiler« aus Neumagen. Während die Bildfelder der rechten Turmseite des Grabdenkmals dem Lebensbereich des Herrn angehören, der beritten von der Hasenjagd heimkehrt und die Zahlungen von Pächtern entgegennimmt, ist die Gegenseite, von der nur das obere Relief erhalten blieb, der Gattin gewidmet. Von vier Dienerinnen umsorgt, sitzt sie in einem Korbsessel bei der Morgentoilette und verfolgt im Spiegel, den eines der Mädchen hält, wie sie frisiert wird. Trier, Landesmuseum

Ehen von so langer Dauer, die durch den Tod beendet, nicht durch Scheidung getrennt werden, sind selten. Ward es uns doch beschieden, daß unsere Ehe ohne eine Trübung bis zum 41. Jahre fortdauerte … Was soll ich deine häuslichen Tugenden preisen, deine Keuschheit, deine Folgsamkeit, dein freundliches und umgängliches Wesen, deine Beständigkeit in häuslichen Arbeiten, deine Frömmigkeit, frei von allem Aberglauben, deine Bescheidenheit im Schmuck, die Einfachheit im Auftreten? Wozu soll ich reden von der Zuneigung zu den Deinen, deiner liebevollen Gesinnung gegenüber der ganzen Familie? … Wir haben uns so in die Pflichten geteilt, daß ich die Betreuung deines Vermögens übernahm und du über dem meinen wachtest … Als ich fliehen mußte (bei den Proskriptionen 43 v. Chr.), warst du es, die mir mit Hilfe deines Schmuckes die meisten Mittel dazu verschaffte … Wir sehnten uns nach Kindern, die ein neidisches Geschick uns für lange Zeit verweigert hatte … Verzweifelnd an deiner Fruchtbarkeit und untröstlich darüber, daß ich ohne Kinder bleiben sollte … sprachst du von Scheidung und daß du das kinderlose Heim einer anderen, fruchtbareren Gattin abtreten wolltest … und versichertest, du wollest ihre Kinder wie deine eigenen halten … Du bist bei mir geblieben; hätte ich doch dir nicht nachgeben können, ohne mir selbst Unehre und uns beide unglücklich zu machen …

Aus der Grabrede eines Römers für seine Ehefrau Turia

hatten und deren Verletzung in der Regel nicht nur das Ende der Freundschaft bedeutete, sondern sogar eine Feindschaft *(inimicitia)* herbeiführte. Diese konnte sich ihrerseits lange halten, ja sogar übertragen werden. Auch hier mag Cicero, in diesem Fall mit seiner für ihn und die römische Republik so verhängnisvollen Unversöhnlichkeit gegenüber Marcus Antonius, als Beispiel dienen. Grundelement der Freundschaft war der reziproke Austausch von Wohltaten. Insofern stellte der Freund gleichsam zur Verfügung, was man selber nicht hatte. Man konnte vom Freund das gleiche erwarten, und wenn es nicht eingelöst wurde, bedeutete dies einen Ehrverlust. So entstand geradezu ein Geflecht von Verpflichtungen *(officia, gratiae)*, denen man sich schwer oder gar nicht entziehen konnte. Im Extremfall konnte man sogar jemanden durch eine Wohltat entwaffnen: Der jüngere Cato beging nach seiner Niederlage gegen Caesar im Bürgerkrieg (46 v. Chr.) Selbstmord, um nicht die Gnade des Siegers, dessen *clementia*, hinnehmen zu müssen. Diese hätte ihn gebunden und damit seinen politischen Spielraum eingegrenzt.

Im übrigen war dieser Reziprozität nicht selten das Bestreben inhärent, eine Wohltat in der Erwiderung sogar

noch zu übertreffen. Desgleichen rangierten auch familiäre Verpflichtungen, zum Beispiel gegenüber dem eigenen Bruder, gelegentlich hinter den Forderungen der Freundschaft. Konkret ging es um Unterstützung vor allem im politischen Bereich, bei Wahlen und Prozessen, aber auch auf privatem Gebiet, etwa durch finanzielle Hilfe. Durch die auf verschiedene Personen verteilten Beziehungen fand sich in der Regel eine Möglichkeit, auch durch Einwirkung auf einen Dritten für den Freund etwas zu tun beziehungsweise über jenen wieder an andere Personen heranzukommen. Während heute ein derartig auf Beziehungen setzendes Verhalten als partiell anrüchig angesehen wird, war dies für den Römer nicht nur unverfänglich, sondern geradezu geboten.

Civitas

Daß auch die räumliche Nähe, etwa die Nachbarschaft oder die Zugehörigkeit zu einem bestimmten Stadtviertel, in den besonderen Beziehungen einer Gesellschaft eine Rolle spielt, versteht sich fast von selbst. Für die römische Sozialgeschichte ist dieser Sachverhalt bisher kaum näher untersucht worden. Er scheint auch gegenüber den hier behandelten Geflechten zurückzutreten. Über einen Kreis, der in diesem Zusammenhang als Interaktionsrahmen für die soziale Integration wichtig ist, wissen wir allerdings besser Bescheid. Es ist dies die Zugehörigkeit zu einer Gemeinde *(civitas)*, unabhängig von deren rechtlicher Qualität. In dem Maße, in dem Rom selbst die Dimension eines Gemeinde- beziehungsweise Stadtstaates sprengte, bildeten auch die Siedlungen, in denen römische oder latinische Bürger außerhalb Roms lebten, einen eigenen Raum für die soziale Zuordnung. Gerade angesichts der großen Bedeutung der öffentlichen Anerkennung für Ehre und Ansehen einer Person war ein solcher Bezugsrahmen wichtig. Er vereinbarte die Nähe einer *face-to-face-society* mit einer nicht allzu beschränkten Öffentlichkeit. Denkmäler auf den Foren und vor den Tempeln innerhalb der Stadt oder in den an den Ausfallstraßen gelegenen Nekropolen legen – teilweise noch heute – Zeugnis ab von der Art und dem Ausmaß, in denen sich die Bemühungen um einen angemessenen sozialen Rang in der Präsentation von Leistungen, Verdiensten und Vornehmheit äußerten.

Da die Masse der Bevölkerung in solchen *civitates* lebte und diese auch eine beachtliche Vitalität zeigten, waren

Links: Das Wandgemälde aus einem Laden in Pompeji zeigt wahrscheinlich Angehörige des collegium *der Zimmerleute bei einer Prozession zu Ehren des mythischen Begründers ihres Berufes, Perdix. Dieser galt als Erfinder der Säge und soll von seinem Bruder Dädalus aus Eifersucht getötet worden sein. Neapel, Museo Nazionale*

Rechts: Szene auf dem Forum von Pompeji, 1. Jahrhundert n. Chr. Die Reiterstatuen vor dem mit Girlanden geschmückten Portikus sind herausragende Ehrungen für Angehörige der lokalen Elite. An den Sockeln ist ein Brett mit öffentlichen Bekanntmachungen angebracht, die von einigen Bürgern studiert werden. Neapel, Museo Nazionale

Dir ist nach dem Vorbild verschiedener Städte in den Sinn gekommen, man könnte in Nikomedia eine aus Handwerkern bestehende Feuerwehr bilden. Aber wir wollen uns vor Augen halten, daß Deine Provinz und vor allem diese Stadt von Gesellschaften solcher Art verseucht ist. Welchen Namen wir auch und welche Bestimmung wir auch solchen Zusammenschlüssen geben, es werden in kurzer Zeit politische Vereine daraus. Es ist daher besser, das zu beschaffen, was zur Eindämmung von Bränden dienlich sein kann, und die Hausbesitzer zu mahnen, selbst zu löschen und ... das herbeilaufende Volk dazu anzuhalten. Kaiser Traian an Plinius den Jüngeren

der Bezug auf diese Gemeinden und die Einbindung in sie für die soziale Position ausschlaggebend. Im Normalfall war man nicht mit dem Senator oder Ritter konfrontiert, sondern mit dem Angehörigen des Dekurionenstandes, und an diesem maß man sich. Gehörten allerdings Angehörige der städtischen Honoratiorenschaft auch einem der beiden höchsten Stände an, dann steigerte dies das Ansehen der Stadt und konnten sich auch deren Bürger insgesamt gehoben fühlen – ganz abgesehen davon, daß sie dadurch auch über potente Patrone und gute Beziehungen verfügten.

Collegia

Innerhalb der Gemeinden nahm, vor allem in der Kaiserzeit, das Vereinsleben einen bedeutenden Platz ein. Die Vereine *(collegia)* waren religiös oder beruflich begründet, das heißt, es schlossen sich Anhänger bestimmter Götter und Angehörige bestimmter Berufe zusammen, insbesondere Handwerker (wie Bäcker, Töpfer), kleinere und größere Händler *(mercatores, negotiatores)*, staatliche Funktionäre (Opferdiener, Schreiber) und Veteranen, aber auch Künstler und Sportler. Anders als bei heutigen Religionsgemeinschaften, mittelalterlichen Zünften oder modernen Gewerkschaften trat diese Grundlage des Zusammenschlusses in der Zielsetzung und den Aktivitäten der Vereine weitgehend zurück. Für sie stand das gesellige Leben, der gegenseitige Kontakt und Umgang im Mittelpunkt. Das äußerte sich in gemeinsamen Kulthandlungen und Festen, Feiern und Mahlzeiten. Zunehmend wurden die Ausrichtung von Bestattungen und der Totenkult verstorbener Mitglieder zu einem wesentlichen Zweck aller Vereine. Manche waren sogar primär dafür gegründet worden *(collegia funeraticia)*.
Die Vereine hatten eine feste Organisation mit einem entsprechenden Statut, in der Regel auch ein Vereinslokal, eine Kasse und gewählte Vorsitzende sowie *patroni*, die sich erkenntlich gezeigt hatten. Die Mitglieder entwickelten aber auch ein starkes Zusammengehörigkeitsgefühl, gerade angesichts der Auflösung traditioneller Bindungen.
Das Verhältnis des Staates, das heißt in erster Linie des Kaisers, zu diesen Vereinen war nicht einheitlich. Da in der ausgehenden Republik auch politische Gruppen sich als *collegia* formiert hatten, wurden politische Klubs verboten. Überhaupt achteten die Kaiser darauf, daß im Vereinsleben bestimmte Regeln eingehalten wurden, damit sich nicht politische Absichten hinter anderen Zwecken verbergen konnten. Angesichts der Tatsache, daß häufig Personen niedrigeren Standes und geringeren Einkommens in Vereinen organisiert waren, sich also einiger sozialer Konfliktstoff in ihnen verbergen konnte, schien den Kaisern diese Vorsicht angemessen. Allerdings blieben die genehmigten Vereine in ihrer inneren Organisation und Tätigkeit weitestgehend unbehelligt.
Kollegien von Berufsgruppen dagegen, die im Rahmen der kaiserlichen Versorgungspolitik wichtig waren, wie die Getreidehändler, Schiffseigentümer, Müller und Bäcker, genossen die besondere Aufmerksamkeit der Kaiser. Der Princeps konnte sich mit seinen Wünschen und Forderungen somit an alle diese Gruppen insgesamt wenden, was ihm die Organisation der Lebensmittelzufuhr erheblich erleichterte. Das führte aber dazu, daß er immer stärker auch regulierend in das Vereinsleben solcher Kollegien eingriff, auch weit über Rom hinaus, gerade in den Gebieten, aus denen Rom Getreide erhielt.
Besonders seit dem 3. Jahrhundert n. Chr., angesichts gefährlicher und langwieriger äußerer Kriege und schwerer interner Kämpfe um die Kaiserwürde, verstärkte sich die ökonomische Belastung der Gemeinden erheblich. Dies führte dazu, daß auch die Vereine und deren Mitglieder

stärker kontrolliert wurden. Schließlich versuchten die Kaiser sogar, das wirtschaftliche Leben durch eine erbliche Zwangsmitgliedschaft in den Kollegien zu regulieren. Diese verloren damit ihren Charakter als soziale Organisation, und der Druck führte letztendlich nur dazu, daß sich die Betroffenen durch Flucht ihren Lasten entzogen, sich also damit auch in andere soziale Bindungen wie die *clientela* begaben.

Hospitium

Die Gastfreundschaft *(hospitium)* war in den zwischenmenschlichen Beziehungen ebenfalls ein wichtiger Faktor, und zwar nicht nur gegenüber Mitbürgern, sondern auch gegenüber Fremden, also auch solchen, die nicht zur *res publica* beziehungsweise zur *civitas* gehörten. Sie stiftete eine Bindung und legte den Beteiligten gewisse Verpflichtungen auf, insbesondere auch der Erwiderung:

Oben: Grabrelief der Freigelassenen P. Licinius Demetrius und P. Licinius Philonicus. Rom, spätes 1. Jahrhundert v. Chr. Während die Widmungsinschrift den Patron der beiden Männer ehren soll, verweisen die auf den übrigen Teilen des Rahmens dargestellten Gegenstände auf ihre Tätigkeit als Münzpräger (malleator) *und Liktor. Im Giebel ein Prägestock, ein Hammer und eine Zange mit dem Schrötling; am linken Rand das Rutenbündel, rechts weitere Werkzeuge: Drillbohrer, Messer, Hammerkopf und Münzpunze. London, British Museum*

Rechte Seite: Felsreliefs römischer Zeit in einer Nekropole bei Korykos (Kilikien). Die Verstorbenen sind auf der Kline ruhend oder als Soldaten in Paradehaltung dargestellt.

Ich weiß, o Herr, daß unsere Wünsche Deinem Gedächtnis eingegraben sind, welches zu erweisende Wohltaten für immer bewahrt. Weil Du mir jedoch auch hierin schon Deine Huld gezeigt hast, erinnere und bitte ich Dich zugleich inständig, Accius Sura mit der Prätur auszeichnen zu wollen, da eine Vakanz eingetreten ist. Zu dieser Hoffnung ermuntern den sonst so zurückhaltenden Mann der Glanz seiner Geburt und seine – trotz seiner Armut – vollkommene Unbescholtenheit und vor allem die glücklichen Zeitläufte...

Plinius der Jüngere an Kaiser Traian

Gastfreunde *(hospites)* wohnten im Hause des Partners und nahmen an dessen Familienleben teil, und zwar im Prinzip ohne zeitliche Begrenzung. Sie waren aber gehalten, diesem umgekehrt in gleicher Weise entgegenzukommen. Die Beziehung war, wie andere auch, erblich, das heißt, sie ging auf die Nachkommen der Partner über.

Die Gastfreundschaft wurde formell vereinbart durch Händedruck. Da sie auf Dauer angelegt war und auch mit großer räumlicher Entfernung zu rechnen hatte, wurde die Übereinkunft häufig durch schriftliche Aufzeichnung in Form von Gastfreundschaftsverträgen festgehalten. Man tauschte in der Regel auch Marken *(tesserae)* zum Zeichen der Vereinbarung aus, gelegentlich zerbrochene Gegenstände, die durch Zusammenführung die Identifizierung mit dem Gastfreund erlaubten. Wollte man die Gastfreundschaft formell beenden – und dies konnte durch einseitige Willenserklärung geschehen –, so zerbrach man diese Marken. Wie *clientela* und *amicitia* konnte das *hospitium* auch zwischen Gruppen, ja Gemeinden und Staaten oder einem Individuum und einem Kollektiv errichtet und dann auch im Sinne außenpolitischer Beziehungen instrumentalisiert werden.

Soziale Konflikte

Zieht man eine Bilanz aus dem zu den sozialen Schichtungen, Beziehungen und Normen Gesagten, so muß ein Gesichtspunkt noch einmal besonders hervorgehoben werden: Die unterschiedliche Zugehörigkeit zu einem Stand oder einem der sogenannten Integrationskreise, besonders auch die jeweils darin liegenden Widersprüche und Überschneidungen, konnten ein beträchtliches Konfliktpotential beinhalten.

Angesichts des auf Konkurrenz und insbesondere militärischen Ruhm ausgerichteten Verhaltenskodex des »normalen« Aristokraten hätte durchaus die Möglichkeit bestanden, daß das Gemeinwesen durch solche Potentiale gesprengt wurde. Aber was bereits über die Rolle des *pater familias*, also der Familie, für den inneren Zusammenhang der *res publica* gesagt wurde, gilt auch insgesamt: Das Individuelle blieb immer auf die *res publica* bezogen, jedenfalls in der Zeit der klassischen Republik, zwischen dem Ende der Ständekämpfe (287 v. Chr.) und dem akuten Ausbruch der letalen Krise mit dem Tribunat des Tiberius Gracchus (133 v. Chr.). Der Ehrgeiz des einzelnen fand in der Leistung für den Staat seine höchste Erfüllung, und dieser lebte primär von dem Konsens höchst selbstbewußter, aber im Zweifelsfall sich auch einfügender beziehungsweise durch den Druck vornehmlich sozialer Kontrollen und Regeln eingefügter Granden. Wie es aussah, wenn dieser Rahmen zerbrach, zeigen die letzten Jahrzehnte der Republik. Eine neue Stabilität brachte erst die Monarchie. In dieser war das freie Spiel der sozialen Kräfte aufgehoben. Nicht nur in der politisch-militärischen Dominanz, sondern auch in den sozialen Beziehungen bildete der Kaiser nun den zentralen Bezugspunkt.

Soziale Konflikte waren aber auch damit nicht ausgeschlossen. Sie brachen vor allem dann aus, wenn die Versorgung gefährdet war, etwa als Hungerrevolten. In der Regel waren sie lokal begrenzt. Und so waren die schwersten Auseinandersetzungen, die sich zu blutigen Bürgerkriegen steigerten, keine Klassenkämpfe, sondern die Machtkämpfe um die Kaiserwürde, für die einzelne Generäle und Politiker große Massen mobilisieren konnten, Soldaten, Bürger, ganze Städte und Landstriche. Die Macht von Klientel und Patronage, von Wohltat und Dankespflicht, von Gabe und Gegengabe war stärker als eine mögliche Standes- oder Klassensolidarität. So zeigt auch und gerade die Krise, der soziale Konflikt, das wahre Gesicht und den eigentlichen Charakter der römischen Gesellschaft.

Die Stadt im Imperium Romanum

Wenn sich die Touristenströme unserer Tage in die Städte und die antiken Stätten des Mittelmeergebiets ergießen, füllen sich Orte mit Leben, die eine Blütezeit oder gar ihren Ursprung zumeist dem Imperium Romanum verdankten. Wenn in England, Frankreich, Holland, Deutschland, Österreich oder Ungarn Städte ihre 1800- oder 2000-Jahr-Feier begehen und sich stolz als uralte Städte ihrer Länder präsentieren, pflegen kostümierte Legionäre zu veranschaulichen, daß der Beginn einer Stadtkultur in diesen Gebieten mit Rom und seiner Herrschaft zu tun hat.

Stadt, Stadtkultur und Römisches Reich – diese Begriffe gehören untrennbar zusammen. Die Stimme eines Zeitgenossen mag vorab verdeutlichen, daß man das in der Friedensperiode der Kaiserzeit auch so empfand und wie sehr man die Blüte der Stadtkultur den römischen Herren als einmalige historische Leistung zugute hielt. Aelius Aristides, ein weltläufiger Grieche des 2. Jahrhunderts n. Chr. aus der Metropole Smyrna (heute Izmir) an der kleinasiatischen Ägäisküste, der selbst im Besitz des römischen Bürgerrechts war, sparte in einer Prunkrede auf die Einmaligkeit Roms dieses Thema für den Schlußhöhepunkt auf. Die Großreiche zuvor, so sagt er übertreibend, hätten gewissermaßen nur über »nackte Volkskörper« geherrscht, die Römer hätten dagegen die beherrschte Welt mit Städten geschmückt und damit mit dem Inbegriff der Zivilisation. In der zeit- und genustypischen blumigen Sprache fährt er fort:

Säulenstraße in Palmyra (Syrien), Anfang 3. Jahrhundert n. Chr. Die Säulenstraße ist eine Erfindung römischer Architektur. Eine gleichförmige Kolonnadenflucht wird Gebäuden verschiedener Art und Größe vorgeblendet und bestimmt das Bild des Straßenraums. Von steilen korinthischen Säulen mit Statuenkonsolen flankiert, durchzieht die Hauptstraße von Palmyra das Stadtgebiet in 1100 m Länge. Der 11 m weite offene Fahrweg mit 6 m tiefen gedeckten Gehsteigen mündet vor der zum Bel-Tempel (Abb. S. 280/281) abgewinkelten Fortsetzung der Straße an einer dreibogigen Toranlage.

»Wann gab es denn eine solche Zahl von Städten auf dem Festland und am Meer, oder wann wurden sie so vollkommen ausgestattet? Wer konnte in der Vergangenheit so reisen, daß er die Städte nach Tagen zählte, ja manchmal am gleichen Tag zwei oder drei durcheilte wie Stadtviertel?... Daher könnte man sagen, jene seien gleichsam Könige über leeres Land und Kastelle gewesen, Ihr allein dagegen Herrscher über Städte. Nun blühen alle Griechenstädte unter Euch auf, und die Weihgeschenke in ihnen, die Bauten und die Kostbarkeiten bringen Euch Ruhm, wie Glanz in einer Vorstadt. Vollgefüllt sind die Küsten, die Regionen am Meer und im Binnenland mit Städten, die Ihr gegründet habt oder die unter Euch und von Euch gefördert wurden. Ionien (das Heimatland des Redners), einst viel umkämpft, jetzt frei von Besatzungen und Satrapen, steht allen als Vorbild der Schönheit vor Augen... Die stolze, große Stadt Alexanders in Ägypten (Alexandreia) ist ein Prunkstück Eurer Herrschaft geworden... Fortwährend sorgt Ihr für die Griechen wie für Eure Pflegeeltern... Die Nichtgriechen erzieht Ihr entsprechend ihrer jeweiligen Natur eher sanft oder eher energisch... Und jeder andere Streit ist den Städten fremd geworden, nur der eine Ehrgeiz beherrscht sie alle, jeweils als schönste und einladendste zu erscheinen. Alles ist voll von Gymnasien, Brunnenhäusern, Propyläen, Tempeln, Kunsthandwerk und Bildungsstätten. Mit einem treffenden Vergleich kann man sagen, der seit Anbeginn leidende Erdkreis sei gesundet. Der Strom der Vergünstigungen, der von Euch an die Städte fließt, hört niemals auf, und es ist unmöglich herauszufinden, wer größere erlangte, denn allen gegenüber seid Ihr ähnlich großzügig. Städte glänzen also nun in Pracht und Anmut, rings ist die Erde geschmückt wie ein königlicher Park. Rauchsignale und Feuerzeichen von Freund und Feind sind verschwunden, als hätte ein Hauch sie ausgelöscht...; an ihre Stelle sind getreten die Anmut von Schauspielen aller Art und Wettkampfveranstaltungen in

unbegrenzter Zahl. So hört, wie ein heiliges, nie erlöschendes Feuer, das öffentliche Feiern nie auf, sondern man geht von hier nach dort – ständig gibt es irgendwo etwas, denn alle haben sich dessen würdig verhalten. Deshalb verdienen nur diejenigen Mitleid, die außerhalb Eurer Herrschaft stehen – wenn es irgendwo noch welche gibt –, weil sie von solchen Vorteilen ausgeschlossen sind. Ja, den von allen im Mund geführten Spruch, die Erde sei die Mutter aller und die gemeinsame Heimat aller, habt Ihr aufs beste wahr gemacht.«

Der griechische Gebildete zeichnet hier das Bild eines von der Stadtkultur geprägten Goldenen Zeitalters. Seine Ausführungen treffen im Kern tatsächlich Richtiges, zieht man die genusbedingten Übertreibungen ab. Denn daß die Kaiserzeit mit ihrem Friedenszustand und der Verlagerung der bewaffneten Konflikte an eine weit vorgeschobene Peripherie eine einmalige Blütezeit der Urbanistik in allen Teilen des Reiches bedeutete und daß die römische Führungsschicht dabei aktiv mitwirkte, bestätigen übereinstimmend die Befunde der Archäologie, der Siedlungstopographie, die literarischen Quellen und das in dieser Zeit gewaltig anschwellende Inschriftenmaterial. Nie zuvor gab es in dem genetisch so heterogenen Großraum eine derart große Zahl und eine so gleichmäßige Streuung von Städten und einen so gleichmäßig hohen Standard im Städtebau und in der Infrastruktur. Ob man nach Nordafrika kam, nach Spanien, Britannien, Gallien, Griechenland, Kleinasien, an den Rhein, die Donau oder in die Alpen, an das Schwarze Meer oder nach Syrien, überall traf man, bei allen markanten Unterschieden im einzelnen, den grundsätzlich gleichen Typ von Stadt an und mit ihm die zugehörige, im ganzen einheitliche Zivilisation. Auf viele Völker außerhalb des Imperiums, etwa die Germanen, konnte bei diesen Gegebenheiten jeder als städtelose, dorfbewohnende, allerdings gefährliche »Barbaren« herabblicken.

Die herrscherliche Stadt und die Städte – ein historischer Streifzug

Es ist freilich nicht so, daß die Römer den Siedlungstyp und die gesellschaftliche Organisationsform der Stadt erfunden hätten oder daß sie in ihrer Geschichte immer besondere Förderer von Städten, von Städtebau und Stadtkultur gewesen wären. Was in der Kaiserzeit zu jener reichsweiten urbanistischen Blüte führte, hat ganz unterschiedliche Wurzeln und bedeutet eine Bündelung, Vereinheitlichung und Fortentwicklung von nach Zeit und Raum unterschiedlichsten Voraussetzungen.

Es hatte Großräume mit einem erst rudimentär oder nur punktuell ausgebildeten Städtewesen gegeben, etwa das von Karthago beherrschte westliche Nordafrika, die unterschiedlich entwickelten Regionen Spaniens, die Stammesgebiete der Kelten Norditaliens, Galliens und

Die »Palmenstadt« (aramäisch Palmyra, heute Oase Tadmor) verdankte ihren Reichtum der zentralen Lage in der Syrischen Wüste, die sie zum idealen Stützpunkt für den Karawanenhandel zwischen dem Mittelmeer und dem Euphrat sowie dem Persischen Golf machte. Odainathos von Palmyra konnte den Sassaniden Shapur I. schlagen und übernahm mit Billigung des Kaisers Gallienus (253-268) die Verteidigung der Ostgrenze. Nach seinem Tod weitete seine Frau Zenobia das palmyrenische Reich aus und schuf für ihren Sohn Vaballathos ein Sonderreich, das Aurelian 272 wieder in das Imperium eingliederte.

des nördlichen Voralpengebiets mit großen befestigten, protourbanen Zentren (nach der Terminologie Caesars *oppida* genannt), den Balkanraum bis zur Donau. Daneben standen die durch und durch städtisch geprägten alten Siedlungs-, Macht- und Kulturräume der Griechen, in Hellas selbst, im Ägäis- und Schwarzmeergebiet, in Sizilien und Unteritalien, mit einer hochentwickelten, überlegenen Zivilisation und politischen Organisation. Mit den Eroberungen Alexanders war seit dem ausgehenden 4. Jahrhundert v. Chr. der Typus der griechischen Polis durch zahlreiche florierende Städtegründungen, wie etwa Alexandreia in Ägypten oder Antiocheia in Syrien, in weite Gebiete des ehemaligen Perserreiches exportiert und waren diese der modernen Stadtkultur erschlossen worden, kulminierend in einem auf höchstem Niveau stehenden Ausbau königlicher Residenzstädte, wie etwa Pergamon oder Alexandreia.

Municipium und Colonia

Für Rom selbst, eine sich entwickelnde Stadt unter vielen, wenn auch eine regional herausgehobene, stand der Umgang mit anderen Städten über Jahrhunderte hinweg ganz unter dem Zeichen der Herrschaftssicherung und der Herrschaftsorganisation. Man hatte es bei den kleinen Stadtgemeinden Italiens immer mit politischen Partnern oder Gegnern zu tun. So bildete sich eine lange Erfahrung in der Schaffung differenzierter Rechtsverhältnisse – darauf kam es an – für abhängige Gemeinden aus, bis schließlich die Städte Italiens nach dem Bundesgenossenkrieg von 91-89 v. Chr., der alle Italiker zu vollen römischen Bürgern werden ließ, sogenannte Municipien wurden – genetisch eigenständige, sich selbst verwaltende Gemeinden und zugleich Teil des Populus Romanus. Dieser Rechtstypus konnte dann später auch auf außeritalische Städte übertragen werden.

Die Römer betrieben in der Phase der Herrschaftserrichtung in Italien aber in einem gewissen Umfang auch eine aktive Siedlungspolitik, ebenfalls unter dem Aspekt der Sicherung, indem sie Bürger oder Latiner in neu angelegten Kolonien *(coloniae)* in erobertem Land als Vorposten ansiedelten. Später, seit den Gracchen und dann vor allem unter Augustus, waren die Siedler Veteranen, und die Koloniegründungen erfolgten nun auch in den Provinzen (zum Beispiel Narbo/Narbonne; Neugründung der zer-

Links oben: Der Janus Quadrifrons am Forum Boarium in Rom wurde im frühen 4. Jahrhundert als Ehrenbogen errichtet. Er verband als Tetrapylon den alten Rindermarkt mit dem Velabrum, einer Senke zwischen Palatin und Kapitol. Als Bekrönung hatte der quadratische Bau vielleicht eine Pyramide über einer Attikazone.

Links Mitte: Torbau in Lambaesis (Algerien). Um 125 wurde das Hauptquartier der römischen Nordafrikaarmee nach Lambaesis verlegt. Das Legionslager wurde und unter den Severern Hauptstadt der Provinz Numidia. Die Stabsgebäude (principia) *lagen am Südrand einer Platzanlage, in die von Norden der hohe Torbau führte. Zugleich markierte er als Tetrapylon die Kreuzung von Cardo und Decumanus.*

Links unten: Trier erhielt am Ende des 2. Jahrhunderts eine Stadtmauer, deren nördliches Haupttor die Porta Nigra war. Dieses monumentalste Beispiel eines römischen Stadttors wurde im Mittelalter zur Kirche des Simeonsklosters umgebaut.

Rechts: Nordosttor und Decumanus von Volubilis (Marokko). Der zum Ehrenbogen des Caracalla führende Decumanus war vor der Residenz des Prokurators der Mauretania Tingitana von einem Portikus gesäumt. Im mittleren Bogen des Stadttors sind die Ruinen der severischen Basilika am Forum sichtbar.

störten Städte Karthago, Korinth, später auch Jerusalem als Kolonien; Kolonien in Spanien, Gallien, Britannien, am Rhein – Köln, Xanten –, im Balkanraum und im kleinasiatischen Taurusgebirge). Wenngleich sich die faktischen Unterschiede zwischen Kolonien und Municipien allmählich verwischten, galt der Status einer Kolonie wegen der genetischen Bindung an Rom immer als der höhere, als der höchste erreichbare überhaupt. Rom erkannte ihn dann seit dem 2. Jahrhundert n. Chr. auch schon bestehenden exponierten Städten zu (»Titularkolonien«), zum Beispiel der Hauptstadt der Provinz Syrien, Antiocheia.

Griechische Poleis

Vor neue und ganz andere Situationen gestellt sahen sich die Römer im Umgang mit den außeritalischen Griechenstädten, zunächst in Sizilien, dann im Ägäisgebiet. Was das Verhältnis größerer Gruppen von Poleis zu einer beherrschenden Macht angeht, hatten die Verhältnisse ihnen vorgearbeitet: Zwischen den hellenistischen Königen und Städten hatte sich ein Herrschaftsverhältnis mit Rechtskategorien und einem Verhaltenskodex herausgebildet, und damit hatten sich die Römer gestaltend auseinanderzusetzen. Diese Voraussetzungen bestimmten nach der Eliminierung der Königsherrschaften auch die neuen Provinzialordnungen mit, die den »fremden«, den peregrinen Poleis Pflichten auferlegten und unterschiedliche Rechte gewährten – von der uneingeschränkten Tributpflichtigkeit und Unterwerfung unter römische Rechtsprechung über die Garantie der uneingeschränkten Selbstverwaltung (Autonomie) bis zur Abgabenfreiheit (*immunitas*, Atelie); manchen Städten wurde nominelle vollständige Freiheit (*libertas*, Eleutherie) gewährt und bestimmten Heiligtümern sakrale Autonomie (Asylie). All das waren bereits Schlagworte des Hellenismus

gewesen. Die alte Praxis herrscherlichen »Wohltätertums« (Euergesie) Städten gegenüber wurde nun auch für die Römer zu einer Realität, und Wohlverhalten, Leistungen jeder Art gaben den Städten umgekehrt auf Dauer Chancen, ihre Lage und ihren Status zu verbessern. Die östlichen Poleis hatten aber zunächst mehrere Jahrzehnte lang vor allem unter zweierlei zu leiden: unter der Ausbeutungspraxis durch die Steuerpächter und teilweise auch die Statthalter selbst und unter den Kriegen des 1. Jahrhunderts v. Chr. (Mithradatische Kriege, Bürgerkriege), die viele Städte direkt und alle indirekt betrafen. Dies änderte sich grundsätzlich erst durch die Principatsherrschaft – die Kriege hatten ein Ende, und den Kaisern lag seit Augustus an Rechtssicherheit, korrekter und effizienter Provinzialverwaltung, an der Entfaltung der in den Städten angelegten wirtschaftlichen Potenzen und der Gewinnung der städtischen Oberschichten. Damit waren für den Osten die Weichen gestellt, die nach einer Zeit des Stillstands und vielerorts sogar des Ausblutens zu der von Aelius Aristides geschilderten Blüte führten, verstärkt durch eine nun ebenfalls geförderte Ausweitung des Städtenetzes.

Civitas und Vicus

In den lateinischen Westprovinzen ging »Städtepolitik« von ganz anderen Siedlungs- und Gesellschaftsverhältnissen aus; sie stand unter dem Hauptaspekt der Befriedung und der Erschließung der Länder für eine effektive Verwaltung, und sie war – in völligem Gegensatz zum Osten – gleichbedeutend mit einer zunehmend von beiden Seiten gewollten schrittweisen Romanisierung. Der Geschichtsschreiber Tacitus, ein Senator, drückt das um 100 n. Chr. im aktuellen Fall Britanniens so aus: »Damit die verstreut wohnenden, rauhen und deshalb leicht zum Krieg neigenden Menschen sich durch zivi-

lisatorische Annehmlichkeiten an Ruhe und Muße gewöhnten, ermunterte er (der Statthalter Cn. Iulius Agricola) sie persönlich und bot ihnen öffentliche Unterstützung dafür an, daß sie Tempel, öffentliche Plätze und Steinhäuser errichteten, und er lobte die Willigen und tadelte scharf die Säumigen; so trat der Wettbewerb um Ehre anstelle des Zwanges ... Bald kam unsere Kleidung zu Ehren, und häufig sah man die Toga. Allmählich ergab man sich der Verweichlichung und den Verführungen der Zivilisation; man baute Kolonnaden, Bäder und gab elegante Gastmähler. Und das nannten die Unkundigen kultivierte Lebensweise, während es doch ein Teil ihrer Knechtschaft war.«

Die Verhältnisse, auf die Tacitus Bezug nimmt, lassen sich vereinfachend auf weite Teile der europäischen Westprovinzen und teilweise auch auf Nordafrika übertragen: Es ging um die innere Auflösung der Stammesverbände *(civitates)* und den Entwicklungsdruck hin zur Entstehung urbanistischer Zentren (Zentralorte) der *civitates* und ihrer regionalen Gliederungen *(pagi)*. Dabei bildeten sich, wiederum generalisierend gesprochen, mehr oder weniger urbane *civitas*-Hauptorte, die man selbst *civitates* nannte, wie bei den Parisii Lutetia Parisiorum (das spätere Paris) oder bei den rheinischen Ubiern das Oppidum Ubiorum (das spätere Köln). Solche Siedlungen konnten auch nach Kaisern benannt werden, wie bei den Treverern an der Mosel Augusta Treverorum (Trier). Die *pagi* durchliefen eine analoge Entwicklung, hin zu protourbanen und später durchaus urbanen Siedlungen *(vici)*. Bei entsprechend gewachsener Bedeutung konnten dann aus *civitates* und *vici* sogar Kolonien oder Municipien werden.

Ein entscheidender Faktor bei diesem Prozeß blieb in Nordwest- und Mitteleuropa das römische Militär. Es vermittelte nicht nur urbanistische Technologien (Stadtanlage, Steinbauweise), sondern errichtete auch ein Netz

sie »schön«, ragten ihre Gebäude »zum Himmel«, hatte sie Mauern, einen Hafen und einen Burgberg – oder handelte es sich um einen kleinen *vicus*, ein *polichnion* (Städtchen), über das nicht viele Worte zu verlieren waren? Wie antike Städte tatsächlich aussahen, zeigte erst die Archäologie der Neuzeit. Sie hat – noch längst nicht bei allen Städten und bei den ergrabenen nicht in gleichem Maß – mit den individuellen Verhältnissen der Einzelstadt vertraut gemacht, vor allem aber die immer wiederkehrenden Charakteristika einer griechischen Polis und der römischen Provinzialstädte gelehrt.

Einwohnerzahlen

Die Größe kaiserzeitlicher Städte war selbstverständlich sehr verschieden. Von den Verhältnissen der Neuzeit her gesehen erscheinen sie im Durchschnitt vielleicht eher klein, aber die – atypischen – Verhältnisse des Industriezeitalters geben keinen geeigneten Maßstab ab. Grundsätzlich vergleichbar sind eher die Größenordnungen im europäischen Mittelalter bis hin zur frühen Neuzeit, wobei sich abzeichnet, daß die Einwohnerzahlen in der Antike – und die Zahl der Städte selbst – im Durchschnitt sogar höher lagen als noch im Spätmittelalter.

Bei allen schwierigen methodischen Problemen, die Einwohnerzahlen antiker Städte zu berechnen – die Schätzungen gehen nicht von ungefähr weit auseinander –, darf man etwa von folgendem ausgehen: Die Mehrzahl waren Kleinstädte von etwa 2000 bis 15 000 Einwohnern (unter anderem Pompeji, zahlreiche Städte Nordafrikas), eine größere Gruppe zählte zwischen 25 000 und 50 000 Einwohner (dazu gehörten etwa Ostia, Köln, Londinium/London, Narbo/Narbonne); 50 000 bis 100 000 Einwohner mögen zum Beispiel Ephesos, Pergamon, Smyrna (die Metropolen der Provinz Asia) und in der Spätantike die Reichsverwaltungszentren Lugdunum/Lyon, Trier,

Linke Seite und oben: Das römische Cuicul (Djemila, Algerien) wurde 97 n. Chr. unter Nerva an der Stelle eines namengebenden Berberdorfes als Veteranenkolonie gegründet. Die auf der Nordspitze eines Bergsporns angelegte Stadt dehnte sich schon nach der Mitte des 2. Jahrhunderts über die Südmauer aus. In dem Erweiterungsareal entstand unter den Severern ein zweites Forum als neues Stadtzentrum. Ein Tempel des Kaiserkults (oben) überragt den von Säulenhallen umgebenen Platz, den südwestlichen Eingang markiert der Ehrenbogen des Caracalla (linke Seite). Der kegelförmige Zierbrunnen (oben) hatte ein stadtrömisches Vorbild, die meta sudans. *Der Name bedeutet »überfließender Kegel«: Durch einen Schlitz am Konus verlief eine Steigleitung, so daß das Wasser von der Spitze in das runde Becken herabrieseln konnte.*

Vorhergehende Doppelseite: Die unter Traian gegründete Stadt Thamugadi (Timgad, Algerien) wurde um 100 n. Chr. von Militäringenieuren der 3. Legion Augusta geplant. Das Straßennetz des mauerbewehrten Gevierts von 328 x 357 m folgte dem strengen Rasterschema. Eine Erweiterung um 200 verdoppelte das ursprüngliche Areal. Die Verlängerung des Decumanus maximus nach Westen wurde als Säulenstraße ausgebaut und an der Grenze zwischen der traianischen Kolonie und der severischen Neustadt ein dreitoriger Bogen errichtet.

von festen Lagern, das nach Art eines Magnetfeldes die Entwicklung der Siedlungsgeographie maßgeblich bestimmte. So bildeten sich zum Beispiel in der Nähe der Legions- und der unzähligen Auxiliarfestungen regelmäßig Zivilsiedlungen *(vici)* mit Händlern und Veteranen, die im Fall der Siedlungen bei Legionslagern fast durchweg zu größeren Städten avancierten und teilweise sogar Kolonien wurden (Beispiel: Xanten). Auch die gewachsenen Siedlungen direkt vor den Lagermauern *(canabae)* nahmen stadtähnlichen Charakter an.

Das Erscheinungsbild der Städte

Der Reisende der Antike oder derjenige, der sich zu einzelnen Städten literarisch äußerte, ging naturgemäß auch vom äußeren Erscheinungsbild einer Stadt aus; er maß sie an einem Standard und beurteilte sie nach bestimmten Kategorien. War sie »volkreich«, war sie »groß«, war

Thysdrus (El Djem, Tunesien) baute am Anfang des 3. Jahrhunderts das größte Amphitheater der Provinz Africa. Nach der Lockerung hemmender Anbauvorschriften, die die Provinz zur Getreide-Monokultur gezwungen hatten, um die Versorgung Roms sicherzustellen, wurde Thysdrus inmitten weitläufiger Olivenplantagen bald zu einer der wohlhabendsten Städte Nordafrikas. Vorbild für das neben einer kleineren Arena aus dem 2. Jahrhundert errichtete Amphitheater war das römische Kolosseum, aber in dem dreigeschossigen Wandsystem der Außenfassade mit engen Bogenöffnungen dominiert die flächenhafte Mauersubstanz. Infolge der 238 ausbrechenden Krise blieb der Bau unvollendet.

Nach seinem Einzug in Rom, der Heimstatt des Reichs und aller Tugenden, kam der Kaiser (Julian Apostata, 361-363) zur Rednertribüne. Da setzte ihn das Forum, das die ehemalige Macht so deutlich erkennen läßt, in Erstaunen. Nach welcher Seite er auch den Blick wandte, blendete ihn die Menge der Wunderdinge ...
Dann besichtigte er zwischen den Gipfeln der sieben Berge die Teile der Stadt, die sich über Abhänge und Ebenen hinziehen, und ihre Umgebung. Er meinte, alles, was er gerade sah, rage über alles andere heraus: der Tempel des Jupiter Tarpeius, so erhaben, wie das Göttliche hoch über dem Menschlichen steht; die Bäder, so groß wie ganze Provinzen, der gewaltige Bau des Amphitheaters, festgefügt aus tiburtinischen Quadern, zu dessen höchstem Punkt kaum je der menschliche Blick hinreicht; das Pantheon, wie eine abgerundete Stadtgegend, gewölbt in hoher Schönheit; die hochragenden Säulen mit ihren im Innern nach oben führenden Wendeltreppen, die Standbilder früherer Kaiser tragen, der Tempel der Stadt, das Forum des Friedens, das Theater des Pompeius, das Odeon, das Stadion sowie andere Zierden der Ewigen Stadt.
Dann kam der Kaiser zum Traiansforum. Nach unserer Meinung läßt es sich mit keinem anderen Bauwerk unter dem Himmel vergleichen und verdient sogar nach der Meinung der Gottheiten Bewunderung. Da blieb er wie vom Donner gerührt stehen, und seine Gedanken schweiften um die gigantischen Konstruktionen, die Worte nicht schildern können und die von Menschen nicht noch einmal erreicht werden. Ihm schwand die Hoffnung, einen ähnlichen Versuch zu wagen; nur das Pferd Traians im Mittelpunkt des Atriums, das den Kaiser selbst trägt, wolle und könne er nachbilden, sagte er ...
Lange überlegte er, was er tun könne; endlich beschloß er, die Monumentalbauten dadurch zu vermehren, daß er im Circus Maximus einen Obelisken aufstellen ließ.

Ammianus Marcellinus, *Res gestae* 16, 10, 13-17

Mediolanum/Mailand gezählt haben. Gar mehrere hunderttausend Einwohner hatten einzelne Großstädte wie Alexandreia, Antiocheia, die spätantiken Metropolen Karthago und Konstantinopel, während Rom selbst als einzige Millionenstadt auch durch die Größe seine absolute und »irreguläre« Ausnahmestellung dokumentierte.

Stadtplanung

Äußeres Hauptkennzeichen eines Großteils der kaiserzeitlichen Städte und sogar der Siedlungen ohne »Stadtrecht« war ihr Grundriß: ein Gitterplan mit sich rechtwinklig kreuzenden Straßen, oft auch mit zwei rechtwinkligen Hauptachsen und gleichmäßigen rechteckigen bis quadratischen Siedlungsblöcken, sogenannten »Inseln« *(insulae)*; die öffentlichen Einrichtungen lagen im Zentrum. Dieses System hatte zwei Wurzeln. Einmal wiesen die Neusiedlungen der alten griechischen Kolonisation seit dem 8./7. Jahrhundert v. Chr. bereits diesen Grundriß auf; später hatte ein griechischer Stadtplaner des 5. Jahrhunderts v. Chr. namens Hippodamos das System perfektioniert (»hippodamisches System«). In allen möglichen Varianten entwickelte es sich, lange vor den Römern, zu dem Erfolgstyp im Städtebau schlechthin. Jede organisierte Neuanlage einer Stadt war nach diesem Muster erfolgt, jede Erweiterung oder Modernisierung einer unregelmäßig gewachsenen Stadt – davon gab es viele – übernahm Elemente dieses Systems. Zum anderen hatte der Plan römischer Militärlager eine ähnliche Struktur: Ein Quadrat oder annäherndes Quadrat war durch zwei rechtwinklige zentrale Hauptachsen (*cardo* und *decumanus*) in Viertel geteilt; in der Mitte befand sich die Kommandantur mit dem Heiligtum, in den Vierteln lagen die parallel angeordneten, durch rechtwinklige Gassen getrennten Kasernen; das Ganze war umgeben von Wall und Graben (Abb. S. 128). Dieses

Modell wurde bereits früh auf die Anlage von Kolonien übertragen, zum Beispiel in Alt-Ostia.
In den neuen Städten der Westprovinzen begegnen solche baukastenartigen Rasterpläne in allen möglichen Varianten – ob in Thamugadi/Timgad in Nordafrika, in Lilybaeum/Marsala auf Sizilien, in Verona, Autun, Trier, Xanten oder Köln, in Aventicum/Avenches in Helvetien oder Carnuntum in Pannonien; sie finden sich selbst in kleinen *vici*, wie etwa Schwarzenacker im Saarland. Derartige Stadtanlagen setzten eine zentrale Planung und eine reglementierte Bauausführung voraus, die wohl in aller Regel in den Händen römischer Behörden lag; zuständig war entweder der Statthalter oder ein Mandatar. Die Militärlager, auch die späteren Dauerfestungen aus Stein (Legions- und Kohortenlager) wurden vom Heer und seinen Baubetrieben selbst errichtet.

Öffentliche Bauten und Plätze

Zu jeder Stadt gehörte eine Grundausstattung an öffentlichen Bauten und Plätzen, die sich im Osten und im Westen nur in – freilich signifikanten – Teilen unterschied. Elementar wichtig waren Markt- und Versammlungsplatz (*forum*, griechisch *agora*) sowie Heiligtümer. Das Forum, ein viereckiger Platz, lag etwa in der Mitte der Stadt und nahm die Fläche einer oder mehrerer *insulae* ein. Als Herzstück einer Stadt war es für einen repräsentativen Ausbau prädestiniert. Man errichtete hier Tempel, Säulenhallen, prächtige Markt- und Gerichtshallen (Basiliken), Torbauten, Ehrenstatuen und andere Denkmäler. Der Ausbau wurde besonders in der Kaiserzeit überall mit Nachdruck betrieben; das Wirtschaftsleben verlagerte sich dabei teilweise von den Prachtforen weg.
Größere Städte besaßen mehrere *fora (agorai)* mit teils spezialisierten Funktionen. Rom selbst bietet das beste Beispiel für eine Vielzahl von Foren und ihren repräsentativen Charakter. Neben dem alten Forum (Romanum), das immer dichter bebaut und repräsentativer ausgestaltet wurde (Plan S. 103), entstand seit Caesar ein Ensemble großartiger Prachtforen (Abb. S. 69) mit riesigen Tempeln, Triumphbögen, Siegessäulen und Basiliken – gewaltige Monumente imperialer Selbstdarstellung. Einen schwachen Abglanz einer solchen Forumsgestaltung hatte noch das kleinste Städtchen zu bieten.
In jeder antiken Stadt gab es Heiligtümer, Kultstätten der Stadtgötter. Teils lagen die Tempel neben oder auf den Foren, teils in anderen Bezirken der Stadt, teils an traditionellen heiligen Stätten außerhalb. Nach altem Herkommen widmete man ihrer baulichen Gestaltung die größte Aufmerksamkeit. In den Westprovinzen setzte sich verständlicherweise weitgehend der römische Tempeltypus durch, der Podiumstempel mit frontaler Treppe; aber reichsweit hielten sich zäh auch einheimische Traditionen, etwa in Gallien, in Phönikien und Syrien, ganz

Linke Seite und oben: Das Theater von Leptis Magna in Libyen wurde unter Augustus errichtet und im 2. Jahrhundert prunkvoll ausgebaut. Wie im Theater des Pompeius in Rom befand sich auf der Galerie ein Tempel.

Folgende Doppelseite: Das Kapitol von Sufetula (Sbeitla, Tunesien), einer der flavischen Gründungsstädte in der Provinz Africa, weist nicht die übliche Form des Dreicellatempels auf, sondern besteht aus einer Dreiergruppe kleinerer Tempel, deren Säulenfronten die Rückwand einer geschlossenen Platzanlage bildeten. Portiken säumten die drei anderen Seiten. In den Hofbezirk führte ein Propylon mit der Weihinschrift für Antonius Pius und seine Adoptivsöhne Marc Aurel und Lucius Verus.

zu schweigen von Ägypten. Fast kanonisch wurde in der Kaiserzeit überall die Einrichtung einer Stätte für den Kaiserkult.

Die Amtsgebäude der lokalen Behörden befanden sich am Forum oder an anderen prominenten Stellen der Stadt. Das bedeutendste war das Tagungsgebäude des Stadtrats, die Kurie *(curia)* beziehungsweise im Osten das Bouleuterion, das meist wie ein Theater mit Sitzreihen ausgestattet war. Je nach Lage und Wirtschaftsverhältnissen gab es an weiteren öffentlichen Nutzbauten Brücken, Hafen- und Kaianlagen sowie große Warenspeicher *(horrea)*, besonders für Getreide. Stadtmauern und -tore konnten, mußten aber nicht unbedingt zu einer Stadt gehören. Rom selbst war in der Kaiserzeit eine offene Stadt; erst die Bedrohung durch die Germaneneinfälle führte unter Kaiser Aurelian (270–275) zum Bau der riesigen Mauer. Ähnlich war es auch anderswo; mit dem Grad der Gefährdung wuchs die Notwendigkeit, Städte zu ummauern, so daß in der Spätantike nahezu alle Orte der Grenzprovinzen einen Mauerring erhielten. Die berühmte Porta Nigra in Trier etwa – heute Inbegriff eines repräsentativen römischen Stadttors – und der zugehörige Mauerring gehörten nicht von Anfang an zur Treverstadt, sie entstanden erst am Ende des 2. Jahrhunderts n. Chr. Andererseits gab es viele alte Städte, die Mauern besaßen, man muß sagen, noch besaßen, denn sie waren schon lange bevor die Römer kamen erbaut worden, wie etwa die hellenistischen Mauerringe um Ephesos oder Side. Der Mauerverlauf war übrigens nicht immer identisch mit dem Siedlungsareal; er schloß häufig auch unbebautes Land mit ein, wie in Trier oder Ephesos.

Wichtige öffentliche Bauwerke waren die Anlagen zur Wasserversorgung, von der gerade die größeren Städte in elementarer Weise abhingen. Die fortgeschrittene Ingenieurkunst eröffnete die Möglichkeit, kontinuierlich reichlich Wasser aus weit entfernten Quellgebieten zu beziehen. Große, teils mehr als 100 Kilometer lange Aquädukte, die in oft kühnen Bogenkonstruktionen auf die Städte zuführten, leiteten das Wasser über zentrale Verteiler in die Stadtviertel, zu Brunnenhäusern (Nymphäen) und in die öffentlichen Badehäuser. Für den 132 Kilometer langen Aquädukt von Karthago hat man eine Kapazität von 32 Millionen Liter täglich errechnet.

Städtisches Leben bedeutete auch, Gemeinschaftserlebnisse und angenehmen Zeitvertreib zu haben. Die Lebensqualität in den Städten war durch Einrichtungen dieser Zweckbestimmung maßgeblich bedingt. So sind die ursprünglich aus Griechenland stammenden Theater *(theatron)* mit ihrer halbkreisförmigen Architektur in allen Griechenstädten zu finden und auch in den größeren mediterranen Städten des Westens verbreitet. In ihnen fanden szenische Aufführungen aller Art statt, Auftritte von Virtuosen des Worts und der Musik, im Osten auch die »musischen« Wettkämpfe; die Theater wurden aber auch für die Volksversammlungen genutzt.
Von einem anderen Zentrum aus, nämlich von Rom und Italien, traten die ovalen Steinarenen für Gladiatorenspiele und Tierhetzen ihren Siegeszug bis zu den nordwestlichen Grenzstädten an. Auch der griechische Osten fand Gefallen an dieser Art von Spektakel; steinerne Arenen sind dort allerdings selten. Der Typus der monumentalen Rennbahn für Wagenrennen (Circus, Hippodrom) blieb auf die großen Metropolen beschränkt.
Für Griechenstädte, ob groß, ob klein, waren zwei weitere Einrichtungen ein Muß: Gymnasion und Stadion. »Unsere lieben Griechen haben eine Schwäche für Gymnasien«, schrieb Kaiser Traian treffend an einen Statthalter. Diese Sportanlagen besaßen einen Übungsplatz (Palaestra), der von Säulenhallen, Übungsräumen und Bädern umgeben war. Bei den Stadien flankierten steinerne Sitzreihen für die Zuschauer die knapp 200 Meter lange Laufbahn (Längenmaß *stadion*). Theater, Stadion und Gymnasion, in allen Grabungsstätten des Ostens zu besichtigen, waren unerläßliche Elemente des verbreiteten griechischen Wettkampfbetriebs (Agonistik).
In den Westprovinzen erfreuten sich die dem privaten Vergnügen und der Kommunikation in luxuriösem Ambiente dienenden öffentlichen Bäder einer ähnlichen Beliebtheit. Thermen *(lavacra)* durften auch in einem

Linke Seite: Das Theater von Bosra im syrischen Hauran blieb so gut erhalten, weil es im Mittelalter zur Zitadelle ausgebaut wurde. Traian erhob die am Kreuzungspunkt wichtiger Karawanenwege gelegene Stadt, das Bosora der Bibel, zur Hauptstadt der Provinz Arabia, Philippus Arabs (244-249) verlieh ihr den Rang einer Metropole.

Oben: Die Arkadiane von Ephesos, eine 530 m lange Straße vom Theater zum Hafen, wurde nach Kaiser Arcadius (395-408) benannt, unter dem sie ein neues Marmorpflaster erhielt. Den Namen überliefert eine Inschrift, die auch die Säulenhallen auf beiden Seiten erwähnt sowie fünfzig Laternen zur Straßenbeleuchtung, eine sehr seltene Einrichtung.

Publius Marcius Quadratus, Sohn des Quintus, aus der Tribus Arniensis, Priester des vergöttlichten Augustus, Priester von Karthago, in die fünf Richterkurien durch den Imperator Antoninus Augustus Pius aufgenommen, hat wegen der Übertragung der Priesterwürde eines Flamen auf Lebenszeit seiner Heimatstadt den Zuschauerraum mit Kolonnaden, Säulengang und Promenade sowie die Bühne mit Vorhängen und allen Dekorationen auf eigene Kosten von Grund auf errichtet; und derselbe hat auch Bühnenspiele veranstaltet, Geschenke verteilt sowie eine öffentliche Bewirtung und ein Sportfest gegeben.

Weihinschrift am Theater von Thugga

vicus an der Grenze nicht fehlen. Wahre Paläste sind da oft gebaut worden, besonders in Rom und den Großstädten. Von der Größe ganzer *insulae*, bildeten diese Anlagen mit ihren Kuppeln einen dominierenden Akzent im Stadtbild. Auch den Osten ergriff die Badeleidenschaft, für puritanische Gemüter Synonym für Müßiggang. In Form der »türkischen Bäder« lebt die Thermenkultur im Orient bis heute weiter.

Zentren einer Provinz beherbergten Großbauten besonderer Bedeutung. Das waren einmal die Tempel oder Altarbezirke des provinzialen Kaiserkults, die als zentrale Kultstätten für die gesamte Provinz entsprechend repräsentativen Charakter hatten, im Westen etwa die Heiligtümer in Tarraco/Tarragona und Lugdunum/Lyon, in Kleinasien die riesigen erhaltenen Tempelanlagen in Kyzikos, auf dem Burgberg von Pergamon (für den Kult Traians) oder im kilikischen Tarsos, dort mit einem über 120 Meter langen und 50 Meter breiten Tempel. Zum an-

deren handelte es sich um Baukomplexe der römischen Provinzialverwaltung. Es konnten zwar erst wenige davon archäologisch nachgewiesen werden, zum Beispiel das Prätorium in Köln, aber bis zur Spätantike müssen sich mit der Vervielfachung des Verwaltungsapparats und seiner Spitzen solche Bauten gleichfalls vervielfacht haben. Dazu kamen jetzt mit der Schaffung ständiger kaiserlicher Residenzen in den Provinzen sogar große Kaiserpaläste nach dem Vorbild in Rom: so in Mailand, Trier, Thessalonike, Nikomedeia, Konstantinopel und Antiocheia. Trier bietet mit der Palastaula (Abb. S. 165) das beste Beispiel für einen imperialen Großbau dieser Art. Außerdem ist dort noch sehr gut zu sehen; wie die Residenzfunktion das Stadtbild veränderte: Ein ganzes Quartier wurde umgebaut und mit Palast, riesigen Thermen und zwei großen Kirchenbauten zu einem großartigen »Kaiserviertel« ausgestaltet. Viele Funktionen einer spätantiken Metropole erforderten zusätzliche Bauten: für die Gardetruppen, für die dezentralisierten Münzstätten, für die kaiserlichen Großmanufakturen (*fabricae*) usw.
Seit der Spätantike begann mit tatkräftiger Förderung durch die Kaiser ein neuer Typ von Großgebäuden allerorten einen bestimmenden Einfluß auf das Stadtbild zu gewinnen: die Kirche. Die großen Basiliken und memorialen Zentralbauten wurden nicht nur im Stadtgebiet errichtet, sondern auch an geheiligten Stätten außerhalb. Diesem Typus von öffentlichem Bau sollte auf lange Sicht die Zukunft gehören. Schon das Stadtbild einer spätantiken Stadt wie Ravenna war im 5. und 6. Jahrhundert wesentlich von christlichen Sakralbauten bestimmt.

Wohnbauten

Die Häuser der *insulae* bildeten den privaten Bereich der Stadtbewohner. Mauer an Mauer gebaut säumten sie die meist relativ breiten Straßen. Für geplante Stadtanlagen scheint der Bau von Einheitshäusern typisch gewesen zu sein; die Einheitlichkeit konnte aber durch Umbauten, Erweiterungen oder Verkleinerungen sowie durch unterschiedliche Ausstattung schnell verlorengehen.
Trotz vieler Varianten im Häuserbau sind doch einige durchgehende Charakteristika zu beobachten. Die Häuser waren in der Regel zweigeschossig, also nicht sehr hoch; große und entsprechend höhere »Mietskasernen« gab es offenbar nur in wenigen Metropolen, besonders natürlich in Rom. Als Baumaterial dienten Stein, gebrannter Ziegel und Holz, wobei die Bauweise von regionalen Gegebenheiten und vom jeweiligen Stand der Bautechnik abhing. Die Fassaden waren weitgehend schmucklos. Hochsitzende kleine Fenster gaben den Innenräumen Licht. Die mit flachgeneigten Ziegeldächern eingedeckten Häuser umschlossen in der Regel ein kleines Atrium; im rückwärtigen Teil befand sich oft ein umbauter Säulenhof. Im Obergeschoß lagen die Schlaf- und die Frauengemächer, im Untergeschoß befanden sich Speise-, Aufenthalts- und Repräsentationsräume sowie Nutzräume verschiedener Art: Vorratsräume, Stallungen für die unentbehrlichen Esel und Gewerberäume. An der Straßenseite waren den Häusern häufig Ladenzeilen mit zur Straße hin offenen kleinen Läden vorgebaut.
In der Innenaustattung der Häuser spiegelte sich der soziale Status der Besitzerfamilien und – in der Summe – auch der Grad der Prosperität einer Stadt. Prächtig ausgemalte Räume, kostbare Fußbodenmosaiken und gepflegte Säulenhöfe, wie man sie aus den verschütteten Vesuvstädten – kleinen Landstädten – kennt, waren überall erstrebenswerte Bestandteile der Wohnqualität. Man findet sie denn auch allerorts, selbst in den europäischen Grenzregionen, dort meist allerdings, dem noch nicht sehr hohen Grabungsstand bei Wohnquartieren entsprechend, in eher isolierten Beispielen. Ein Element des Wohnkomforts war freilich in allen klimatisch benachteiligten nördlichen Gebieten bis in den kleinsten *vicus* hinein verbreitet: die Hypokaust- oder Fußbodenheizung.

Nekropolen

Vor der Stadt lagen nicht Industriegebiete, sondern Gräberfelder, die Nekropolen (»Totenstädte«). Bestattungen im Stadtgebiet waren verboten und wurden nur in besonderen Fällen zugelassen; sie blieben »heroisierten« Personen vorbehalten, etwa einzelnen Kaisern in Rom oder im Osten besonderen »Wohltätern«. Häufig konzentrierten sich die Grabanlagen entlang den Ausfallstraßen. Wer sich einer Stadt näherte, kam erst einmal an teilweise sehr aufwendig gestalteten Grabdenkmälern vorbei und wurde dort von zahlreichen Grabinschriften direkt angesprochen. Katakomben, unterirdische Gräberstädte, sind übrigens nicht typisch für die Antike oder die Kaiserzeit. In Rom verdanken sie ihre Existenz dem großen Platzmangel sowie den besonderen geologischen Bedingungen; ihre Berühmtheit geht vor allem auf den christlichen Märtyrer- und Reliquienkult zurück.

Repräsentativer Ausbau

Sehr vieles, was zum Erscheinungsbild einer modernen Stadt gehört, fehlte den antiken Städten genauso wie denen des Mittelalters. Das Straßenbild bestimmten Fußgänger, Lastenträger, Eselreiter und Karren, verkrüppelte Bettler und ihr Kontrast zu den feinen Herrschaften. Buntheit und Lautstärke des Lebens auf den Straßen und Marktplätzen glichen sicher heutigen mediterranen Verhältnissen. Das Spektrum an Gerüchen und Geräuschen kann man sich gar nicht breit genug vorstellen: Unrat, Verbranntes, Schlachtergeruch, Gerbergestank und Bäkkerduft; Hämmern, Sägen, Tiergetrappel, Wagenrattern, Marktgeschrei und lautstarke Kommunikation. Nach Sonnenuntergang versank die Welt im natürlichen Dun-

Die Ruinen der Vesuvstädte und Ostias veranschaulichen besonders gut die Lebensverhältnisse in römischen Städten. Im Cardo III von Herculaneum (oben links) ragt ein Haus mit einem Erker und einem Balkon, die von drei Ziegelsäulen getragen werden, über den Gehsteig. Das kleine Haus, das wegen der Fachwerktechnik (opus graticium) *Casa a graticcio genannt wird, besitzt weder Atrium noch Peristyl, dafür aber zwei getrennte Wohnungen im Erdgeschoß und Oberstock. Die Casa del Larario am Decumanus maximus von Ostia (oben rechts), benannt nach einer Ädikula für Larenstatuetten, wurde im 2. Jahrhundert als Mietshaus gebaut. Im Erdgeschoß befanden sich Geschäfte, deren Eingänge um den Innenhof lagen, darüber zwei Wohngeschosse.*
In zahlreichen Läden wurden warme Speisen und Getränke verkauft. Solche Garküchen (thermopolia) *besaßen eine marmorverkleidete Theke mit runden tönernen Einsätzen. Das Thermopolium in der Via di Diana von Ostia (unten links), nicht weit vom Forum gelegen, verfügte auch noch über eine Bank mit Marmorstufen zum Ausstellen des Angebots. An der Wand darüber sind ein Teller, ein Glas und Obst gemalt. Eine gute Lage hatte auch das Thermopolium an der Ecke des Decumanus maximus und des Cardo IV von Herculaneum (unten rechts).*

kel der Nacht, schwach erleuchtet von funzeligen Öllampen und Pechfackeln.

Welchen Grad an Urbanität und an äußerem Glanz eine Stadt in der Kaiserzeit erreichte, hing nicht nur von ihrer regionalen oder überregionalen Bedeutung ab, sondern wesentlich auch von den Ausgangsvoraussetzungen. Diese waren, wie geschildert, im Westen und im Osten sehr unterschiedlich. Nicht einmal in Rom selbst konnte die in Augusteischer Zeit einsetzende Bewegung zur repräsentativen Ausgestaltung und Verschönerung von einem so hohen Niveau ausgehen wie in vielen östlichen Städten. Es dauerte freilich nicht lange, bis sie auch auf die kleineren Städte Italiens und in den befriedeten Westprovinzen übergriff.

Unter Augustus und seinen Nachfolgern wurde Rom zur »Marmorstadt« mit imperialen, die Kaisermacht und -ideologie dokumentierenden Prachtgebäuden. Prestigeobjekte von beträchtlichen Ausmaßen wurden nun allenthalben in den Städten in Angriff genommen: neue Theater- und Stadionbauten, Tempel- und Thermenanlagen, die Neugestaltung von Foren und Gymnasien, der Ausbau prächtiger Kolonnadenstraßen und so weiter. Gefördert wurden diese Unternehmungen von ehrgeizigen reichen Bürgern und sogar von den Kaisern. Jener Wettstreit der Städte, von dem Aelius Aristides spricht, tritt im archäologischen Material unübersehbar zutage. Die Pracht, die der Besucher von Ephesos, Aphrodisias und Side oder in den Ruinenstädten Nordafrikas bewundert, ist die Pracht einer kaiserzeitlichen Stadt. In den kleineren grenznahen Städten West- und Mitteleuropas konnte sie freilich nur in bescheidenem Maße zur Geltung kommen.

Die städtische Gesellschaft und Verfassung

Bürgerrecht

Bei antiken Städten definierte sich die Zugehörigkeit zu einer Stadtgemeinde nicht in erster Linie durch den Wohnsitz in der Stadt. Städte waren Siedlungsmittelpunkte eines Gemeinwesens, das immer auch ein größeres ländliches Territorium umfaßte. Die Zugehörigkeit zur Gemeinde drückte sich im Bürgerrecht der Stadt aus, das auch die Menschen auf dem Land mehrheitlich besaßen. Einwohnern der Stadt, sogar ganzen Gruppen konnte es dagegen fehlen. In den östlichen Poleis gab es beispielshalber vielerorts Gruppen von Italikern mit römischem Bürgerrecht, oft Händler, die auf Dauer in den Städten wohnten, aber nicht eigentlich zur Stadtgemeinde gehörten, und die eine eigene Gruppenorganisation entwickelten. Der Besitz des Bürgerrechts, erworben durch Geburt oder durch Verleihung, war Voraussetzung für die Teilhabe am öffentlichen Leben und an der Selbstverwaltung. Besonders im Osten besaßen promi-

In den Vesuvstädten fehlen noch die mehrstöckigen Mietshäuser, wie sie etwa in Ostia seit dem 2. Jahrhundert n. Chr. gebaut wurden. Hier herrscht noch die alte domus, *das Familienhaus. Einige Häuser von Reichen nehmen eine ganze Insula ein. Bei der Casa del Fauno in Pompeji (rechts) ist sie über 3000 m² groß. Das im 2. Jahrhundert v. Chr. erbaute Haus besitzt zwei Atrien und zwei Peristyle. Hinter dem Eingang befindet sich ein* atrium tuscanicum *ohne Säulen, umgeben von den zugehörigen Räumen* (tablinum, alae, cubicula). *Ein weiteres Raumensemble des Vorderhauses gruppiert sich um ein* atrium tetrastylum. *Den Boden der Exedra zwischen den beiden Säulenhöfen (Bildmitte) schmückte das berühmte Alexandermosaik. Hinter dem Haus des D. Octavius Quartio in Pompeji liegt ein Garten mit einem Kanal* (euripus), *den Wasserspiele speisten und Pergolen beschatteten (links oben). Der kleine Hof eines Hauses in Herculaneum (links Mitte) war als Nymphäum ausgestaltet, ein frühes Beispiel der Verwendung von Mosaik als Wandverkleidung. In der Casa del Cinghiale in Pompeji (links unten) sind die prächtigen Fußböden noch erhalten. Das Mosaik in den* fauces *(Eingang) stellt den Eber dar, der dem Haus seinen Namen gab. Das Becken im Boden des Atriums* (impluvium) *sammelte das Regenwasser, das durch die Lichtöffnung im Dach* (compluvium) *eindrang, und leitete es in die Hauszisterne.*

jedenfalls zu größeren Teilen – in Fortsetzung spätrepublikanischer Traditionen eigene umfangreiche Stadtrechte, in denen alle Einzelheiten des öffentlichen Lebens geregelt waren.

Solche Stadtrechte kennt man aus Inschriftenfunden, die besonders in Spanien gemacht wurden, etwa in Málaga und Urso; bedeutsame Funde langer Texte auf Bronzetafeln sind in neuerer Zeit hinzugekommen. Da geschriebenes Stadtrecht aus dem Osten nicht vorliegt, weiß man über die Einzelheiten städtischer Verfassungen in diesem Bereich viel weniger Bescheid.

Typus und Struktur der Stadtverfassungen ähnelten sich überall. Ob Kolonie, Municipium oder Polis, überall gab es das Volk *(populus, demos)*, den Rat *(curia, boule)* und eine Gruppe von gewählten, durch besondere Amtsinsignien ausgezeichneten Funktionsträgern (Magistrate), in etwas schiefer moderner Terminologie »Beamte« genannt. Durchweg nahmen am öffentlichen Leben nur die männlichen Bürger teil; das war immer so und wurde auch von niemandem und nirgends in Frage gestellt. Im Osten konnten sich allerdings auch reiche Frauen durch Leistungen öffentlich profilieren.

Die Verfassungen galten im Osten – der traditionellen Terminologie folgend – als »Demokratien«, im Westen waren sie im kleinen Abbilder der alten römischen *res publica*. De facto handelte es sich hier wie dort um Aristokratien. Zur Elite, zum städtischen Adel, stieg auf, wer über entsprechende finanzielle Leistungsfähigkeit verfügte; das System erwies sich hier ohne weiteres als durchlässig. Voraussetzung für die Mitgliedschaft im Rat, der in der Regel hundert Personen umfaßte, war ein Mindestvermögen. Es war nicht nur deswegen erforderlich, weil die *curia* oder *boule* für die Stadt haftete und die Ausgaben der Magistrate zu einem nicht geringen Teil aus eigener Tasche zu bestreiten waren, sondern allein schon deshalb, weil die Magistrate während der Amtszeit

Gerasa (Jerash, Jordanien), eine hellenistische Gründung und Mitglied der Dekapolis, wurde im 2. und 3. Jahrhundert mit den für eine Stadt der Kaiserzeit unerläßlichen Prachtbauten ausgestattet. Eine über 600 m lange Säulenstraße (oben) durchzieht in Nord-Süd-Richtung das Stadtgebiet. Sie wird an zwei durch Tetrapyla markierten Stellen von Decumani gekreuzt und mündet vor dem Südtor in ein ovales Forum. Dessen Form verschleiert die Achsenverschiebung des Südtors nach Osten, bedingt durch eine Anhöhe, auf der ein Zeus-Tempel und das Südtheater liegen (linke Seite).

nente Familien durch Bürgerrechtsverleihung ehrenhalber häufig das Bürgerrecht mehrerer Städte, etwa reiche Förderer, Redner und Sportler; dazu konnte noch das von den Römern, besonders den Kaisern, immer häufiger verliehene römische Bürgerrecht kommen.

Städtische Eliten

Innerhalb der Bürgerschaft gab es eine ausgeprägte soziale Auffächerung, nach Besitz, nach Ansehen und nach der Leistungsfähigkeit für öffentliche Belange. Die Selbstverwaltung einer Stadt basierte ganz und gar auf dem selbstverständlichen Vorhandensein von Reichen, von städtischen Eliten, die ihre sozial und finanziell exponierte Stellung in den Dienst der Stadt stellen konnten beziehungsweise mußten. Ihnen kam im Aufbau und Funktionieren des Imperiums eine erhebliche Bedeutung zu. Zum einen gewährleisteten sie eine funktionierende Selbstverwaltung ohne jeden zentralen Verwaltungsaufwand. Zum anderen waren sie, in der organisierten Form des Stadtregiments, den römischen Behörden gegenüber korporativ haftbar für die städtischen Leistungen gegenüber dem Staat, zum Beispiel die Erhebung von Steuern und Sonderabgaben. Und drittens bildeten die städtischen Eliten ein Reservoir für die Ergänzung der die Reichsverwaltung tragenden »Stände«, des Ritterstandes und in geringerem Umfang auch des Senatorenstandes. Der Anteil von Rittern und Senatoren aus den Provinzen, das heißt aus provinzialen Städten, wuchs kontinuierlich. Als exzeptionelle Beispiele mögen zwei Familien spanischer Herkunft stehen: die Annaei aus Corduba mit Seneca, dem berühmten Philosophen und Berater Neros, und die Aelii aus Italica, die sogar ein Kaisergeschlecht hervorbrachten, nämlich Hadrian und seine Nachfolger.

Stadtrechte

Wie eine Stadt zu verwalten war, konnte durch das Herkommen geregelt sein, ergänzt und modifiziert durch eine *lex provinciae*, durch statthalterliche oder kaiserliche Anordnungen. Solches Herkommen galt für die seit alters bestehenden Städte des griechischen Ostens, in denen sich in der Kaiserzeit durchweg noch die alten hellenistischen Verfassungen und Institutionen finden. Die neuen Städte der Westprovinzen erhielten dagegen –

von ihrer privaten Tätigkeit abkömmlich sein mußten. Von »Demokratie« konnte man bei den Poleis euphemistisch insofern sprechen, als die Magistratswahlen durch eine Volksversammlung erfolgten und Beschlüsse des Rats dem Volk zur Akklamation vorgelegt wurden.

Magistrate

Die Ratsmitglieder (*decuriones;* griechisch *bouleutai*) und die zum Rat gehörenden Magistrate bildeten als *ordo decurionum* beziehungsweise Kurialen einen eigenen Stand. Für die Wahl zu den Ämtern wie für die in der Regel darauffolgende Aufnahme in die *curia* oder *boule* galten bestimmte in den jeweiligen Stadtrechten festgelegte Voraussetzungen. Neben dem Besitz des städtischen Bürgerrechts und eines qualifizierenden Vermögens gehörten dazu freie Geburt, bürgerliche Unbescholtenheit und achtbares Gewerbe; ferner galten bestimmte Altersgrenzen. Diese lagen bei 25 oder bei 30 Jahren, wobei die Tendenz dahin ging, wegen des allmählich spürbar werdenden Mangels an willigen oder geeigneten Bewerbern die Altersgrenzen zu senken. Bei Aufnahme in die *curia* oder zum Antritt eines Amtes war die Entrichtung einer »Ehrensumme« *(summa honoraria)* obligatorisch, zu zahlen an die Stadtkasse.

In den Kolonien und Municipien bestand ein fester Kanon von wenigen, kollegial besetzten Ämtern, die den römischen Magistraturen nachgebildet waren. Es gab das »Zwei-Männer-Kollegium zur Rechtsprechung« *(duumviri iure dicundo, II viri iure dicundo)* und das »Zwei-Männer-Kollegium der Ädilen« *(II viri aediles)*, die zusammenfassend als »Vier-Männer« *(IV viri)* bezeichnet wurden. Dazu kamen in einigen Städten Quästoren oder andere spezielle Ämter. In Händen dieser jährlich wechselnden Magistrate lag der gesamte Bereich der kommunalen Selbstverwaltung.

Den *duumviri iure dicundo* oblagen die Einberufung und Leitung aller Versammlungen und Sitzungen, die städtische Rechtsprechung (ihre vornehmste Funktion), die Verpachtung der städtischen Liegenschaften sowie die Verwaltung der städtischen Finanzen, und zwar sowohl der Einkünfte wie der Ausgaben für die Belange der Stadt und des römischen Staates. Im Abstand von fünf Jahren hatten die *duumviri iure dicundo* als *duumviri quinquennales* zensorische Aufgaben zu übernehmen, das heißt, eine Neuaufstellung der Censuslisten vorzunehmen, in denen die Bürger nach Vermögensklassen eingeteilt waren, und den Gemeindehaushalt sowie die Zusammensetzung des Rats zu überprüfen.

Den Ädilen oblag als kaum minder wichtige Aufgabe die Aufsicht über die städtische Lebensmittelversorgung und das Marktwesen, über Straßen, Plätze und Gebäude, die öffentliche Ordnung und alle öffentlichen Großveranstaltungen (*ludi*, Spiele). Zu ihren Obliegenheiten gehörten also die Beschaffung und Einlagerung von Getreidevorräten ebenso wie die Kontrolle von Maßen und Gewichten und die Überwachung der Marktgeschäfte, außerdem die Sorge um die Instandhaltung und Sauberkeit der öffentlichen Gebäude, Straßen, Abwässerkanäle, Aquädukte und Bäder sowie die Aufrechterhaltung der öffentlichen Ordnung. Die Quästoren waren zuständig für die Kassenführung und die Archivierung der städtischen Urkunden.

Eine vollständige und ordnungsgemäße Durchführung aller städtischen Aufgaben durch die wenigen ehrenamtlichen Magistrate allein war nicht möglich. Sie benötigten einen zumindest kleinen Stab von Personal, das aus besoldeten »Helfern« *(apparitores)* und »öffentlichen«, das heißt der Stadt gehörenden Sklaven *(servi publici)* bestand. Dazu kamen an nichtmagistratischen Funktionen die Priesterschaften der Tempel *(flamines)*, die von Bürgern ausgeübt wurden und nicht etwa Privileg eines eigenen Priesterstandes waren, sowie verschiedene Spezialaufgaben *(curae)* zur Entlastung der *quattuorviri*, etwa eigene *curae* für Bäder oder Aquädukte.

In den Poleis des Ostens waren die anstehenden Aufgaben die gleichen, aber die Verteilung anders und die Ämter nicht so gleichförmig. Dort gab es jeweils ein städtisches Oberamt, nach dessen Inhaber in der Stadt datiert werden konnte (eponymes, »namengebendes« Amt). Je nach Tradition war dies das Amt des »ersten Archon«, des »Feldherrn« *(strategos)* – der längst keine militärische Aufgabe mehr hatte –, des »Reiterobersts« *(hipparchos)*, des »Kranzträgers« *(stephanephoros)* oder des Demiurgen. Zum Teil waren diese Ämter als Gremien organisiert, oder es lösten sich im Jahr mehrere Personen als Funktionsträger ab.

Im einzelnen weiß man über die mit den Oberämtern der Poleis verbundenen konkreten Aufgaben recht wenig. Anders ist das bei Ämtern, deren Bezeichnung ihre spe-

Linke Seite: »Marmorhof« des Gymnasions von Sardes. Die einstige Hauptstadt der lydischen Könige war in der Provinz Asia Hauptort eines Bezirks (conventus) *und Gerichtssitz des Statthalters. Tiberius förderte den Wiederaufbau nach dem großen Erdbeben des Jahres 17 n. Chr. Die in den 1970er Jahren restaurierte Säulenfassade des Gymnasions wurde laut einer Inschrift unter Geta und Caracalla erbaut.*

Oben: Die Celsus-Bibliothek in Ephesos wurde von Gaius Iulius Aquila zu Ehren seines Vaters, der 106/107 Statthalter der Provinz Asia war, gestiftet. Der 15 m hohe Raum hinter der wiederaufgebauten Säulenfassade war von dreistöckigen Galerien mit Nischen für die Bücher umgeben. In einer Grabkammer unter der Hauptnische wurde der Prokonsul Celsus bestattet. Das dreibogige Tor zur Agora entstand unter Augustus.

zielle Funktion verrät. Überall existierte das Amt des »Schreibers« *(grammateus)*, der für die Archivierung und Publikation von Beschlüssen verantwortlich war. Die ebenfalls überall anzutreffenden Agoranomen entsprachen als Marktbeamte den Ädilen, während die Limenarchen für den Hafen zuständig waren und die berittenen *paraphylakes* (»Wachen«) anscheinend für die öffentliche Ordnung, vielleicht auf dem Land, zu sorgen hatten. Besonders gut informiert sind wir über die Funktionen im Zusammenhang mit den Gymnasien, den öffentlichen Festen und den Tempeln. Für das Gymnasion war der Gymnasiarch zuständig, die typisch griechischen Agone leitete der Agonothet mit seinen Hilfsfunktionären, den religiösen Festen stand der Panegyriarch vor. Zur Ausübung der Kulte gab es überall eine Fülle von Priestern *(hiereus)* und Erzpriestern *(archiereus)*, Priesterinnen und Erzpriesterinnen.

Die hohen, kostspieligen Ämter wurden als besondere Auszeichnung auch von Kaisern übernommen, die sich dann natürlich vertreten ließen. Sogar Götter oder Verstorbene konnten erstaunlicherweise Oberbeamte sein; in diesem Fall heißt das, daß die Aufwendungen für die Amtsführung aus dem Tempelschatz oder einem Stiftungsvermögen bestritten wurden.

Jede Polis wies bei ihren Ämtern auch noch in der Kaiserzeit individuelle Züge auf. Bei allen Gemeinsamkeiten unterscheidet sich der alte griechische Osten also auch hier stark vom römischen Westen. Insbesondere haben die beiden Strukturprinzipien römischer Magistraturen – Annuität und Kollegialität, Jahresbefristung kombiniert mit Doppelbesetzung – im Osten nie Fuß gefaßt.

Gliederungen und Verbände

Traditionelle Formen hielten sich im Osten auch in der Gliederung der Bürgerschaft. So lebten in vielen Städten die alten Phylenordnungen weiter, nach denen die Bürgerschaft in Phylen aufgeteilt war. Verschiedentlich gab es Organisationen der männlichen Jugendlichen *(neoi)* und Gremien in Form von Altenräten *(gerousiai)*. In den Städten des Westens, besonders in Italien, begegnet man des öfteren Gremien von Freigelassenen, meist Sechser-

Links oben: Frigidarium der Forumsthermen von Ostia. Dieses größte der zahlreichen Bäder Ostias wurde im 2. Jahrhundert erbaut. Das Areal gestattete keine symmetrische Anlage, aber der Hauptsaal mit seinen Kolossalsäulen folgte dem in Kaiserthermen üblichen Schema.

Links Mitte: Öffentliche Latrine mit 20 Marmorsitzen gegenüber dem Eingang der Forumsthermen von Ostia. Für jedermann zugängliche Gemeinschaftstoiletten mit Wasserspülung gehörten in der Kaiserzeit zur Regelausstattung römischer Städte.

Links unten: Die Wasserversorgung von Thugga (Dougga, Tunesien) sicherten mehrere Großreservoire, die von Aquädukten gespeist wurden und als Kammersystem mit Tonnengewölbe konzipiert waren. Die Zisterne beim Bogen des Septimius Severus hat fünf Schiffe von 33 m Länge.

Rechts: Die Antoninischen Thermen von Karthago (145-162) waren wie die Kaiserthermen Roms ein riesiger symmetrischer Baukomplex. Erhalten haben sich die gewölbten Kellerräume, in denen sich die Heiz- und Bedienungsanlagen befanden, sowie Reste der Marmor-, Porphyr- und Granitsäulen, mit denen die Baderäume und Turnhöfe ausgestattet waren. Die drei Kreuzgewölbe der großen zentralen Halle wurden von acht Granitsäulen mit einem Durchmesser von 1,6 m getragen.

kollegien *(seviri)*, die ehrgeizigen und reichen Mitgliedern dieser Schicht die Möglichkeit einer angesehenen, magistratsähnlichen öffentlichen Betätigung boten; ihre Hauptaufgabe bestand seit Augustus in der Pflege des städtischen Kaiserkults *(seviri Augustales)*.
Daneben waren überall berufliche Verbände *(collegia)* verbreitet; es gab Kollegien der Seehändler, der Metzger, der Bäcker, der Lastenträger und so weiter, jeweils mit Vereinslokalen und gewählten Vorsitzenden *(magistri)*. Überhaupt kam dem öffentlich-rechtlichen Vereinswesen eine beträchtliche Bedeutung zu, nicht zuletzt für die soziale Absicherung, zu der auch die Vorsorge für ein würdiges Begräbnis gehörte. Als Gruppenorganisationen, deren Innenleben sich der öffentlichen Kontrolle entziehen konnte, stießen solche Vereine jedoch immer wieder auf das Mißtrauen römischer Behörden. Aus diesem Grund verbot zum Beispiel Kaiser Traian die Bildung einer freiwilligen Feuerwehr in der Stadt Nikomedeia.

Öffentliche Betätigung als »Ehre« und »Pflicht«

Das gesamte öffentliche Leben in den Städten basierte nach wie vor überall auf der Grundlage ehrenamtlicher Tätigkeit und zusätzlicher Leistungsbereitschaft. Dementsprechend wurden die Ämter wie in Rom *honores* genannt, »Ehren«. Sie boten dem einzelnen neben der Chance, vielleicht in den Reichsdienst aufzusteigen, die Möglichkeit, sich zu profilieren, öffentlich dokumentierte Ehrenbezeigungen, zum Beispiel durch Statuen, zu erlangen und Ruhm zu gewinnen – ein zentrales Motiv im antiken, im römischen wie besonders im griechischen Denken und Handeln. Andererseits erwartete man von den Begüterten, gerade wenn sie aus altangesehenen Familien stammten, daß sie sich den Aufgaben für die Allgemeinheit nicht entzogen, daß sie dafür auch ihr Vermögen einsetzten, was Reiche und besonders »Ehrlie-

bende« – so drückten sich die Griechen aus – in allen Formen exzessiv praktizierten, sei es mit Baufinanzierungen und Stiftungen, sei es mit Geld- und Lebensmittelspenden für die Bürger oder mit anderem.

Die obligaten Leistungen hießen *munera*, griechisch *l(e)iturgiai*. In der Kaiserzeit ging die Entwicklung tendenziell dahin, daß Ämter und *munera* wegen der steigenden Anforderungen an die Städte und teilweise auch infolge einer Abwanderung der städtischen Eliten in den Reichsdienst immer stärker zu einer Belastung wurden, der man sich durch Befreiung (Immunität) zu entziehen trachtete. Der römische Staat suchte dem durch effiziente Modifizierungen der städtischen Verfassungen und schließlich durch die Zwangsmitgliedschaft im Dekurionenstand entgegenzuwirken. Damit wandelten sich, bei gleichbleibender sozialer Schichtung, Zusammensetzung und Charakter der Spitze der Gesellschaftspyramide. Die freie Entfaltung der Kräfte ging zurück. Ab dem 2. Jahrhundert machte sich der verstärkte Druck durch die Erfordernisse der Reichsverwaltung auch in staatlichen Eingriffen in die Selbstverwaltung der Städte bemerkbar. Es kam zur Einsetzung kaiserlicher Kommissare aus dem Ritter- und Senatorenstand (*curatores*, griechisch *logistai*), die die Stadtverwaltung beaufsichtigten.

Patriotismus, Traditionalismus und Städterivalitäten im griechischen Reichsteil

Wie sahen sich die einzelnen Städte selbst? Wie dachten die Bürger über ihre Stadt, etwa im Vergleich mit anderen? In welchem Grad war das Ansehen einer Stadt Bezugspunkt der Gefühle und des Handelns ihrer führenden Bürger?

Generell läßt sich sagen, daß überall ein starkes Verbundenheitsgefühl mit der eigenen Stadt vorhanden war. Aber seine Intensität wies doch erhebliche Unterschiede

auf. Diese Unterschiede hatten mit der Tradition zu tun und entsprachen im großen und ganzen der alten Zweiteilung des Reichsgebiets. Im Westen hat sich Stadtbürgerstolz nie so weit entwickelt, daß er über das Normalmaß hinaus zu einer historisch relevanten Kraft geworden wäre. Nicht zuletzt deshalb wirken dort viele Städte relativ einheitlich-blaß und wenig individuell.

Anders im griechischen Osten. Dort traten Bürgerstolz, Patriotismus, das Pochen auf die große griechische Tradition und das Bemühen, der eigenen Stadt Unverwechselbarkeit zu verleihen, in allen denkbaren Erscheinungsformen zutage. Dies war geradezu ein Epochenmerkmal der Kaiserzeit. Dem modernen Betrachter mag sich der Eindruck aufdrängen, die griechischen Eliten hätten nichts Besseres zu tun gehabt, als unentwegt und wortreich sich selbst, ihre Verdienste und ihre Stadt, die »süßeste Heimat«, zu bespiegeln. Zu diesen schon von Zeitgenossen so bezeichneten »griechischen Schwächen« gehörten heftige Rivalitäten ebenso wie eine inbrünstige Wertschätzung klingender Stadttitulaturen. All das war besonders für das kaiserzeitliche Kleinasien symptomatisch, westlichen Städten jedoch fremd.

Das Phänomen hängt einerseits mit den historischen Voraussetzungen in diesem Raum zusammen, andererseits mit den Rahmenbedingungen der etablierten, die Städte fördernden römischen Herrschaft. Die Städte waren hier zuvor selbständige Kleinstaaten gewesen, hatten als solche selbst die Politik gemacht oder sich zumindest im politischen Geschehen behaupten müssen. Nicht zuletzt daher rührt das allgegenwärtige Verlangen nach Anerkennung der Leistungen des einzelnen für die Polis, ein Bedürfnis, dem durch vielfältige öffentliche Ehrungen Genüge getan wurde und das zur Folge hatte, daß sich die Plätze mit Inschriftentexten und Ehrenstatuen anfüllten. Die Praxis, sich beim Herrscher – jetzt dem Kaiser – um Vergünstigungen verschiedener Art zu bemühen und das Erreichte stolz öffentlich kundzutun, gehört in den gleichen Zusammenhang. Von daher wird auch die Bedeutung der städtischen Feste verständlich, bei denen sich die Bürger einer Stadt als Gemeinschaft erlebten, vereint im Dienste ihrer speziellen Schutzgottheiten.

Schließlich geht auf die lange griechische Geschichte das tiefe Bedürfnis nach Ruhm und Ansehen im Konzert der Griechenstädte zurück, das Sichmessen mit anderen, erlebten sich doch griechische Poleis seit jeher nicht als isolierte »Individuen«, sondern als Teil einer großen hellenischen Öffentlichkeit. Diese war nicht nur durch die Verflechtungen der Politik hergestellt worden, sondern auch durch die panhellenischen Feste, und sie hatte in jeder Art Literatur ihren Niederschlag gefunden. In der Kaiserzeit lebte im Grunde griechische Polispolitik fort; allerdings hatten sich die Energien nun in einem neuen und beschränkten Rahmen zu entfalten, von dem aus sich die Kategorien bestimmten.

Der Wettkampfbetrieb in den Griechenstädten des Ostens erforderte ein Stadion. Das von Aphrodisias an der Nordostgrenze Kariens (oben) ist im 1. Jahrhundert n. Chr. entstanden und der besterhaltene antike Bau dieser Art. Auf seinen steinernen Sitzreihen fanden etwa 30 000 Zuschauer Platz. Nur knapp die Hälfte faßte das Stadion der pamphylischen Stadt Perge (linke Seite).

Kriterien des Ansehens

Es gab ein ganzes Bündel solcher Kategorien. Sie sind vor allem aus Theorie und Praxis einer bestimmten Art der öffentlichen Rede ersichtlich, dem Städtelob, aber auch aus Inschriften, aus Zielen und Argumentationen städtischer Gesandtschaften und aus dem Programm der städtischen Münzprägungen. Anders als im Westen hatten nämlich die meisten östlichen Poleis auch in der Kaiserzeit das Recht, eigene Münzen zu prägen, wenn auch nur Kleingeld; die Rückseiten der Münzen – die Vorderseiten zeigten den Kaiser – entwickelten sich immer mehr zu einem Medium städtischer Selbstdarstellung.

Zum einen wurde die besondere Größe von Städten, etwa Alexandreia, Ephesos oder Tarsos, immer wieder hervorgehoben, auch von Lobrednern und in Äußerungen der Städte selbst. Dazu kam die »Schönheit«, die Menge der Prachtbauten. Städte wie Ephesos und Pergamon in der Provinz Asia, Tarsos und Anazarbos in Kilikien nannten sich im 3. Jahrhundert offiziell »die größte und schönste«, Smyrna »Juwel Asiens«. Ein weiterer Punkt war die Bedeutung einer Stadt, die sich an ihren überregionalen Funktionen bemaß. Für die Hauptsitze der Provinzialverwaltung verbreitete sich die Bezeichnung »Metropolis« (»Mutterstadt«), ein Prädikat, um das sich bis tief ins 3. Jahrhundert hinein erbitterte Auseinandersetzungen entzündeten. Nicht weniger heftig umstritten und dann entsprechend gepriesen war das Vorrecht, Tagungsort des Provinziallandtags *(koinon)* und Standort eines provinzialen Kaisertempels zu sein. Die letztgenannte Funktion brachte ebenfalls einen Titel hervor, den des »Tempelwarts« *(neokoros)*, der sich seit Domitian von der Provinz Asia aus mit Verzögerungen auch in andere Provinzen verbreitete. Mit der Vervielfachung der Kaisertempel ging dann eine Zählung der Neokorien einher: Die großen Städte wurden zwei-, drei-, ja sogar vierfache *neokoroi* und dokumentierten auch mit diesen Titeln ihre Ausnahmestellung. Privilegien wie Autonomie, Eleutherie oder Asylie stellte man ebenfalls groß heraus.

Feste und Großveranstaltungen

Zu einem besonderen Anliegen und zugleich zu einem Kriterium des Ansehens wurden überall die Einrichtung und Privilegierung großer kultischer Feste mit Wettkampfveranstaltungen (Agonen). Die Agonistik hatte im Osten eine eminente, identitätsstiftende und wirtschaftliche Bedeutung, ohne weiteres vergleichbar mit dem

modernen Leistungssportbetrieb. Selbst kleinere Städte wollten unbedingt über solche Veranstaltungen verfügen, die als private Stiftungen organisiert und vom Kaiser zu genehmigen waren. Wie heute gab es kleine und große, »international« bedeutende Wettkämpfe. Zu den letzteren gehörten vor allem die traditionellen Olympischen Spiele, die Pythischen Spiele von Delphi, die Actischen Spiele in Epirus und die Kapitolinischen Spiele in Rom. Immer mehr Städte bemühten sich bei den Kaisern um Veranstaltungen nach dem Muster dieser großen Vorbilder. Im Falle des Erfolgs konnten sie dann im Turnus von vier Jahren große »weltweite« Spiele ausrichten: »penteterische« (vierjährliche), »heilige«, »ökumenische«, »eiselastische« Agone (»eiselastisch« deswegen, weil die Sieger unter anderem das Recht hatten, in triumphaler Form in ihre Heimatstadt einzuziehen).
Neben dem »internationalen« Renommee, neben Rummel, Spannung und Kurzweil brachten solche Spiele auch erhebliche materielle Vorteile. Der Teilnehmer- und Besucherandrang bot glänzende Verdienstmöglichkeiten, zumal für die Dauer der Feste Zoll- und Abgabenfreiheit gewährt wurden, so daß sich richtiggehende Messen daraus entwickelten. Die Agone umfaßten musische und rhetorische Darbietungen, Leichtathletik, Ringen und Boxen, teilweise auch Pferdesportwettbewerbe. Für diese Veranstaltungen brauchte man die Palästren, Theater und Stadien, nicht zuletzt aber reiche Agonotheten. Die von Wettkampf zu Wettkampf reisenden Stars konnten neben Kränzen und Preiskronen, die den heutigen Pokalen und Medaillen entsprachen, auch reichlich Preisgelder gewinnen und vielerlei Ehrungen ernten, wie etwa Mitgliedschaften in den Stadträten.

Kaiserliche Förderung und Privilegien

Privilegierungen aller Art mußten vom Kaiser erwirkt werden. Erreichte eine Gesandtschaft das »Geschenk« *(dorea)* eines Privilegs, dann durfte sich die so ausgezeichnete Stadt der Gunst des Kaisers rühmen, wie sie sich umgekehrt auch zur besonderen Verehrung des Kaisers verpflichtet fühlte. Solche Nahverhältnisse kamen in vielfacher Weise zum Ausdruck, etwa indem man den Kaiser als »Wohltäter«, »Retter« und übertrieben als »Gründer« *(ktistes)* der Stadt feierte, indem man sich »kaiserliebend« *(philosebastos)* nannte oder sich darum bemühte, dem Stadtnamen den Namen des Kaisers hinzufügen zu dürfen. So nannten sich Poleis nach Hadrian »Hadriane«, nach Septimius Severus »Severiane«, nach Caracalla (Antoninus) »Antoniniane« und so weiter. Einige Städte sammelten geradezu derartige Beinamen. Als besonderer Gunstbeweis wurde es empfunden, wenn der Kaiser ein städtisches Amt übernahm; in Kilikien hat man jeden derartigen Fall stolz auf den Münzen verewigt. Kaiserbesuche *(adventus)* in der Stadt oder in der Provinz boten eine besondere Gelegenheit, sich um Vergünstigungen zu bemühen, und sie gaben den Städten die Gewißheit des besonderen herrscherlichen Augenmerks. Die Privilegierungspraxis hat verschiedene Aspekte: Sie förderte die gefühlsmäßige Bindung an Kaiser und Reich. Außerdem konnte sie die schweren Belastungen, die vor allem seit Ende des 2. Jahrhunderts auf die Städte zukamen, psychologisch lindern und überdecken. Das war der Grund dafür, daß gerade die Städte von Heeresdurchzugsgebieten oder Liefergebieten zur Heeresversorgung im 3. Jahrhundert diverse Auszeichnungen erhielten. Entsprechend kam auch die Berufung auf die »Treue« zu den Römern wieder zu Ehren; Städte durften sich »treu« oder »treuer Bundesgenosse der Römer« nennen.
Privilegierungen führten bei Nachbarn regelmäßig zu Neid und Mißgunst, so daß auch sie sich intensiv darum bemühten, ebenfalls bestimmte Vorteile zu erlangen, und seien es nur Äußerlichkeiten. In verschiedenen Regionen entstanden heftige Rivalitäten zwischen den großen Städten, denen von den Kaisern nicht einfach beizukommen war, denn Handeln wie Nichthandeln konnte Öl ins Feuer gießen. Seit Domitian war in Asia der Streit zwischen den Hauptstädten Smyrna und Ephesos (dazu Pergamon) sprichwörtlich; in Bithynien ging der Streit zwischen Nikaia und Nikomedeia, in Kilikien zwischen Tarsos und Anazarbos, in Pamphylien später zwischen Perge und Side. Von diesen Händeln wurden die gesamten Regionen angesteckt. Denn die anderen Städte versuchten ihrerseits, sich selbst entsprechend zu profilieren, und zwischen den großen und den kleineren konnten sich »Koalitionen« bilden. Jede Form der Anerkennung und des Ausgleichs, auch zwischen Rivalen, galt unter diesen Umständen geradezu als politischer Akt; eine solche *homonoia* (Eintracht) wurde denn auch auf den Münzen groß herausgestellt. Konsequenterweise ging man ferner

Vorhergehende Doppelseite: Das Heiligtum des Jupiter Helipolitanus in Baalbek (Heliopolis), auf der Hochebene zwischen den Bergketten des Libanon und Antilibanon, gehört zu den gewaltigsten Tempelanlagen des römischen Ostens. Es wurde als kaiserliche Stiftung an der Stelle eines älteren lokalen Kults in der Mitte des 1. Jahrhunderts begonnen und zwei Jahrhunderte später vollendet. Hellenistisch-römische Bauvorstellungen verbinden sich mit orientalischer Kulttradition. Das Photo zeigt die Ruinen des 135 x 113 m großen Altarhofs. Die Längsfluchten seiner Portiken rahmten die zehnsäulige Front des Haupttempels, der sich auf einem 7 m hohen Podium erhob. Sechs Säulen der Südseite des Peripteros stehen noch aufrecht. In der Mittelachse des Hofs ragten zwei Altartürme auf, ein kleinerer Opferturm und ein fünfgeschossiger Schauturm mit einer Hochterrasse. Betreten wurde der heilige Bezirk durch eine von Türmen flankierte Eingangshalle und einen sechseckigen Vorhof, den ebenfalls Säulenhallen umgaben.

Rechts: Unmittelbar am Südrand des Jupiter-Heiligtums von Baalbek steht der gut erhaltene sogenannte Bacchus-Tempel, der in der Mitte des 2. Jahrhunderts n. Chr. vollendet wurde. Ein fast 5 m hohes Podium trägt den korinthischen Peripteros mit 8 auf 15 Säulen. Die mit Arkadennischen, Ädikulen und einer korinthischen Kolossalordnung gegliederten Innenwände der Cella repräsentieren exemplarisch die reich instrumentierte Architektur der kaiserlichen Bauhütten in Baalbek.

modernen Leistungssportbetrieb. Selbst kleinere Städte wollten unbedingt über solche Veranstaltungen verfügen, die als private Stiftungen organisiert und vom Kaiser zu genehmigen waren. Wie heute gab es kleine und große, »international« bedeutende Wettkämpfe. Zu den letzteren gehörten vor allem die traditionellen Olympischen Spiele, die Pythischen Spiele von Delphi, die Actischen Spiele in Epirus und die Kapitolinischen Spiele in Rom. Immer mehr Städte bemühten sich bei den Kaisern um Veranstaltungen nach dem Muster dieser großen Vorbilder. Im Falle des Erfolgs konnten sie dann im Turnus von vier Jahren große »weltweite« Spiele ausrichten: »penteterische« (vierjährliche), »heilige«, »ökumenische«, »eiselastische« Agone (»eiselastisch« deswegen, weil die Sieger unter anderem das Recht hatten, in triumphaler Form in ihre Heimatstadt einzuziehen).
Neben dem »internationalen« Renommee, neben Rummel, Spannung und Kurzweil brachten solche Spiele auch erhebliche materielle Vorteile. Der Teilnehmer- und Besucherandrang bot glänzende Verdienstmöglichkeiten, zumal für die Dauer der Feste Zoll- und Abgabenfreiheit gewährt wurden, so daß sich richtiggehende Messen daraus entwickelten. Die Agone umfaßten musische und rhetorische Darbietungen, Leichtathletik, Ringen und Boxen, teilweise auch Pferdesportwettbewerbe. Für diese Veranstaltungen brauchte man die Palästren, Theater und Stadien, nicht zuletzt aber reiche Agonotheten. Die von Wettkampf zu Wettkampf reisenden Stars konnten neben Kränzen und Preiskronen, die den heutigen Pokalen und Medaillen entsprachen, auch reichlich Preisgelder gewinnen und vielerlei Ehrungen ernten, wie etwa Mitgliedschaften in den Stadträten.

Kaiserliche Förderung und Privilegien

Privilegierungen aller Art mußten vom Kaiser erwirkt werden. Erreichte eine Gesandtschaft das »Geschenk« *(dorea)* eines Privilegs, dann durfte sich die so ausgezeichnete Stadt der Gunst des Kaisers rühmen, wie sie sich umgekehrt auch zur besonderen Verehrung des Kaisers verpflichtet fühlte. Solche Nahverhältnisse kamen in vielfacher Weise zum Ausdruck, etwa indem man den Kaiser als »Wohltäter«, »Retter« und übertrieben als »Gründer« *(ktistes)* der Stadt feierte, indem man sich »kaiserliebend« *(philosebastos)* nannte oder sich darum bemühte, dem Stadtnamen den Namen des Kaisers hinzufügen zu dürfen. So nannten sich Poleis nach Hadrian »Hadriane«, nach Septimius Severus »Severiane«, nach Caracalla (Antoninus) »Antoniniane« und so weiter. Einige Städte sammelten geradezu derartige Beinamen. Als besonderer Gunstbeweis wurde es empfunden, wenn der Kaiser ein städtisches Amt übernahm; in Kilikien hat man jeden derartigen Fall stolz auf den Münzen verewigt. Kaiserbesuche *(adventus)* in der Stadt oder in der Provinz boten eine besondere Gelegenheit, sich um Vergünstigungen zu bemühen, und sie gaben den Städten die Gewißheit des besonderen herrscherlichen Augenmerks. Die Privilegierungspraxis hat verschiedene Aspekte: Sie förderte die gefühlsmäßige Bindung an Kaiser und Reich. Außerdem konnte sie die schweren Belastungen, die vor allem seit Ende des 2. Jahrhunderts auf die Städte zukamen, psychologisch lindern und überdecken. Das war der Grund dafür, daß gerade die Städte von Heeresdurchzugsgebieten oder Liefergebieten zur Heeresversorgung im 3. Jahrhundert diverse Auszeichnungen erhielten. Entsprechend kam auch die Berufung auf die »Treue« zu den Römern wieder zu Ehren; Städte durften sich »treu« oder »treuer Bundesgenosse der Römer« nennen. Privilegierungen führten bei Nachbarn regelmäßig zu Neid und Mißgunst, so daß auch sie sich intensiv darum bemühten, ebenfalls bestimmte Vorteile zu erlangen, und seien es nur Äußerlichkeiten. In verschiedenen Regionen entstanden heftige Rivalitäten zwischen den großen Städten, denen von den Kaisern nicht einfach beizukommen war, denn Handeln wie Nichthandeln konnte Öl ins Feuer gießen. Seit Domitian war in Asia der Streit zwischen den Hauptstädten Smyrna und Ephesos (dazu Pergamon) sprichwörtlich; in Bithynien ging der Streit zwischen Nikaia und Nikomedeia, in Kilikien zwischen Tarsos und Anazarbos, in Pamphylien später zwischen Perge und Side. Von diesen Händeln wurden die gesamten Regionen angesteckt. Denn die anderen Städte versuchten ihrerseits, sich selbst entsprechend zu profilieren, und zwischen den großen und den kleineren konnten sich »Koalitionen« bilden. Jede Form der Anerkennung und des Ausgleichs, auch zwischen Rivalen, galt unter diesen Umständen geradezu als politischer Akt; eine solche *homonoia* (Eintracht) wurde denn auch auf den Münzen groß herausgestellt. Konsequenterweise ging man ferner

Vorhergehende Doppelseite: Das Heiligtum des Jupiter Helipolitanus in Baalbek (Heliopolis), auf der Hochebene zwischen den Bergketten des Libanon und Antilibanon, gehört zu den gewaltigsten Tempelanlagen des römischen Ostens. Es wurde als kaiserliche Stiftung an der Stelle eines älteren lokalen Kults in der Mitte des 1. Jahrhunderts begonnen und zwei Jahrhunderte später vollendet. Hellenistisch-römische Bauvorstellungen verbinden sich mit orientalischer Kulttradition. Das Photo zeigt die Ruinen des 153 x 113 m großen Altarhofs. Die Längsfluchten seiner Portiken rahmten die zehnsäulige Front des Haupttempels, der sich auf einem 7 m hohen Podium erhob. Sechs Säulen der Südseite des Peripteros stehen noch aufrecht. In der Mittelachse des Hofs ragten zwei Altartürme auf, ein kleinerer Opferturm und ein fünfgeschossiger Schauturm mit einer Hochterrasse. Betreten wurde der heilige Bezirk durch eine von Türmen flankierte Eingangshalle und einen sechseckigen Vorhof, den ebenfalls Säulenhallen umgaben.

Rechts: Unmittelbar am Südrand des Jupiter-Heiligtums von Baalbek steht der gut erhaltene sogenannte Bacchus-Tempel, der in der Mitte des 2. Jahrhunderts n. Chr. vollendet wurde. Ein fast 5 m hohes Podium trägt den korinthischen Peripteros mit 8 auf 15 Säulen. Die mit Arkadennischen, Ädikulen und einer korinthischen Kolossalordnung gegliederten Innenwände der Cella repräsentieren exemplarisch die reich instrumentierte Architektur der kaiserlichen Bauhütten in Baalbek.

modernen Leistungssportbetrieb. Selbst kleinere Städte wollten unbedingt über solche Veranstaltungen verfügen, die als private Stiftungen organisiert und vom Kaiser zu genehmigen waren. Wie heute gab es kleine und große, »international« bedeutende Wettkämpfe. Zu den letzteren gehörten vor allem die traditionellen Olympischen Spiele, die Pythischen Spiele von Delphi, die Actischen Spiele in Epirus und die Kapitolinischen Spiele in Rom. Immer mehr Städte bemühten sich bei den Kaisern um Veranstaltungen nach dem Muster dieser großen Vorbilder. Im Falle des Erfolgs konnten sie dann im Turnus von vier Jahren große »weltweite« Spiele ausrichten: »penteterische« (vierjährliche), »heilige«, »ökumenische«, »eiselastische« Agone (»eiselastisch« deswegen, weil die Sieger unter anderem das Recht hatten, in triumphaler Form in ihre Heimatstadt einzuziehen).

Neben dem »internationalen« Renommee, neben Rummel, Spannung und Kurzweil brachten solche Spiele auch erhebliche materielle Vorteile. Der Teilnehmer- und Besucherandrang bot glänzende Verdienstmöglichkeiten, zumal für die Dauer der Feste Zoll- und Abgabenfreiheit gewährt wurden, so daß sich richtiggehende Messen daraus entwickelten. Die Agone umfaßten musische und rhetorische Darbietungen, Leichtathletik, Ringen und Boxen, teilweise auch Pferdesportwettbewerbe. Für diese Veranstaltungen brauchte man die Palästren, Theater und Stadien, nicht zuletzt aber reiche Agonotheten. Die von Wettkampf zu Wettkampf reisenden Stars konnten neben Kränzen und Preiskronen, die den heutigen Pokalen und Medaillen entsprachen, auch reichlich Preisgelder gewinnen und vielerlei Ehrungen ernten, wie etwa Mitgliedschaften in den Stadträten.

Kaiserliche Förderung und Privilegien

Privilegierungen aller Art mußten vom Kaiser erwirkt werden. Erreichte eine Gesandtschaft das »Geschenk« *(dorea)* eines Privilegs, dann durfte sich die so ausgezeichnete Stadt der Gunst des Kaisers rühmen, wie sie sich umgekehrt auch zur besonderen Verehrung des Kaisers verpflichtet fühlte. Solche Nahverhältnisse kamen in vielfacher Weise zum Ausdruck, etwa indem man den Kaiser als »Wohltäter«, »Retter« und übertrieben als »Gründer« *(ktistes)* der Stadt feierte, indem man sich »kaiserliebend« *(philosebastos)* nannte oder sich darum bemühte, dem Stadtnamen den Namen des Kaisers hinzufügen zu dürfen. So nannten sich Poleis nach Hadrian »Hadriane«, nach Septimius Severus »Severiane«, nach Caracalla (Antoninus) »Antoniniane« und so weiter. Einige Städte sammelten geradezu derartige Beinamen. Als besonderer Gunstbeweis wurde es empfunden, wenn der Kaiser ein städtisches Amt übernahm; in Kilikien hat man jeden derartigen Fall stolz auf den Münzen verewigt. Kaiserbesuche *(adventus)* in der Stadt oder in der Provinz boten eine besondere Gelegenheit, sich um Vergünstigungen zu bemühen, und sie gaben den Städten die Gewißheit des besonderen herrscherlichen Augenmerks. Die Privilegierungspraxis hat verschiedene Aspekte: Sie förderte die gefühlsmäßige Bindung an Kaiser und Reich. Außerdem konnte sie die schweren Belastungen, die vor allem seit Ende des 2. Jahrhunderts auf die Städte zukamen, psychologisch lindern und überdecken. Das war der Grund dafür, daß gerade die Städte von Heeresdurchzugsgebieten oder Liefergebieten zur Heeresversorgung im 3. Jahrhundert diverse Auszeichnungen erhielten. Entsprechend kam auch die Berufung auf die »Treue« zu den Römern wieder zu Ehren; Städte durften sich »treu« oder »treuer Bundesgenosse der Römer« nennen.

Privilegierungen führten bei Nachbarn regelmäßig zu Neid und Mißgunst, so daß auch sie sich intensiv darum bemühten, ebenfalls bestimmte Vorteile zu erlangen, und seien es nur Äußerlichkeiten. In verschiedenen Regionen entstanden heftige Rivalitäten zwischen den großen Städten, denen von den Kaisern nicht einfach beizukommen war, denn Handeln wie Nichthandeln konnte Öl ins Feuer gießen. Seit Domitian war in Asia der Streit zwischen den Hauptstädten Smyrna und Ephesos (dazu Pergamon) sprichwörtlich; in Bithynien ging der Streit zwischen Nikaia und Nikomedeia, in Kilikien zwischen Tarsos und Anazarbos, in Pamphylien später zwischen Perge und Side. Von diesen Händeln wurden die gesamten Regionen angesteckt. Denn die anderen Städte versuchten ihrerseits, sich selbst entsprechend zu profilieren, und zwischen den großen und den kleineren konnten sich »Koalitionen« bilden. Jede Form der Anerkennung und des Ausgleichs, auch zwischen Rivalen, galt unter diesen Umständen geradezu als politischer Akt; eine solche *homonoia* (Eintracht) wurde denn auch auf den Münzen groß herausgestellt. Konsequenterweise ging man ferner

Vorhergehende Doppelseite: Das Heiligtum des Jupiter Helipolitanus in Baalbek (Heliopolis), auf der Hochebene zwischen den Bergketten des Libanon und Antilibanon, gehört zu den gewaltigsten Tempelanlagen des römischen Ostens. Es wurde als kaiserliche Stiftung an der Stelle eines älteren lokalen Kults in der Mitte des 1. Jahrhunderts begonnen und zwei Jahrhunderte später vollendet. Hellenistisch-römische Bauvorstellungen verbinden sich mit orientalischer Kulttradition. Das Photo zeigt die Ruinen des 153 x 113 m großen Altarhofs. Die Längsfluchten seiner Portiken rahmten die zehnsäulige Front des Haupttempels, der sich auf einem 7 m hohen Podium erhob. Sechs Säulen der Südseite des Peripteros stehen noch aufrecht. In der Mittelachse des Hofs ragten zwei Altartürme auf, ein kleinerer Opferturm und ein fünfgeschossiger Schauturm mit einer Hochterrasse. Betreten wurde der heilige Bezirk durch eine von Türmen flankierte Eingangshalle und einen sechseckigen Vorhof, den ebenfalls Säulenhallen umgaben.

Rechts: Unmittelbar am Südrand des Jupiter-Heiligtums von Baalbek steht der gut erhaltene sogenannte Bacchus-Tempel, der in der Mitte des 2. Jahrhunderts n. Chr. vollendet wurde. Ein fast 5 m hohes Podium trägt den korinthischen Peripteros mit 8 auf 15 Säulen. Die mit Arkadennischen, Ädikulen und einer korinthischen Kolossalordnung gegliederten Innenwände der Cella repräsentieren exemplarisch die reich instrumentierte Architektur der kaiserlichen Bauhütten in Baalbek.

Links oben: Kolonnaden vor den Theaterthermen von Aphrodisias. Dank der nahe gelegenen Marmorbrüche konnte sich die Stadt in Karien besonders üppig mit Prachtbauten schmücken und gleichzeitig einen regen Export von Steinmetzarbeiten betreiben.

Links unten: Perge erhielt im Zuge der Stadterweiterung im 4. Jahrhundert eine neue Agora. Kolonnaden mit Ladenlokalen säumten den quadratischen Platz (65 x 65 m), in dessen Zentrum sich ein Rundbau erhob.

Rechts: Hadrian-Tempel in Ephesos. Der kleine korinthische Prostylos an der Südfront der Scholastikia-Thermen wurde von einem P. Quintilius mit Frau und Tochter dem Kaiser Hadrian gestiftet. Der architektonische Schmuck ist ganz auf die Straßenfassade konzentriert. Zwei Pfeiler rahmen ein Säulenpaar, über dem das reich ornamentierte Gebälk im Bogen geführt ist, mit einem ursprünglich übergreifenden Dreiecksgiebel das Schema des sogenannten syrischen Bogens bildend. Im Schlußstein des Bogens erscheint die Büste der Göttin Tyche, der Stadtbeschützerin. Die um 300 vor den Stützen aufgestellten Postamente trugen die Statuen der vier Tetrarchen. Nach einem Erdbeben in der Mitte des 4. Jahrhunderts wurde der Tempel restauriert. Damals wurde der Fries in der Vorhalle angebracht.

Wenn ich die Größe Deiner Stellung und Deines Geistes betrachte, scheint es mir am angemessensten, Dir Bauten vorzuschlagen, die, nicht weniger Deiner Unsterblichkeit als Deines Ruhmes würdig, ebenso schön wie nützlich sein werden ...
Als ich, o Herr, in Prusa Umschau hielt, wo das Bad, das Du gütigst gewährt hast, gebaut werden könnte, gefiel mir ein Platz, auf dem ein, wie ich höre, einst schönes, jetzt aber ganz verwahrlostes Haus steht. So werden wir nämlich erreichen, daß der häßlichste Ort der Stadt wieder ansehnlich und daß auch die Stadt selbst erweitert wird, ohne irgendwelche Gebäude abreißen zu müssen, sondern nur indem man die durch Alter baufälligen vergrößert und ausbessert ... Ich denke daran, mit Deiner Erlaubnis auf dem leeren Grundstück das Bad zu errichten, den Ort aber, wo die Gebäude standen, mit Sitzen und Säulenhallen zu umgeben und Dir, durch dessen Wohltat ein geschmackvolles und Deines Namens würdiges Werk entstehen wird, zu weihen.

Plinius der Jüngere an Kaiser Traian

daran, die den Rang einer Stadt begründenden Elemente in feste, offizielle Stadttitulaturen zu gießen, um damit sich selbst und den anderen zu zeigen, wer man war. Je mehr Titulaturen an Boden gewannen, desto leichter waren Städte mit begehrten Titeln abzuspeisen, so daß es schließlich im 3. Jahrhundert mancherorts zu einer wahren Inflation von Titulaturen kam. Das höchste Prädikat im »Titelkrieg« war *prote*, die »erste«; zwischen den Metropolen einer Provinz wurde erbittert darum gekämpft, bis es schließlich überall mehrere »erste« gab, deren Rang dann durch andere Elemente ausbalanciert wurde.

Der Mythos als Stadtgeschichte

Eine wesentliche Kategorie im Ansehen und Selbstverständnis einer Stadt war ihre Geschichte, vor allem ihre Ursprungsgeschichte. Für das griechische Mutterland zeigt eine große erhaltene Landeskunde aus der Feder des Kleinasiaten Pausanias sehr schön, wie verklärend und rückwärtsgewandt man sich mit den Städten beschäftigte. Sie wurden nicht nur als Orte realer historischer Vorgänge gesehen, sondern auch als Schauplätze des allgegenwärtigen Mythos. Zwischen Mythos und Geschichte gab es keinen grundsätzlichen, nur einen graduellen Unterschied. Die Anfänge lagen eben im Mythos, den man ernst nahm und zu dem es keine Alternativen gab. Überall im Osten, besonders in Kleinasien, spielten Ursprungsmythen eine zentrale Rolle, waren sie ein Stück lebendiger Wirklichkeit für die Städte. Man führte ihre Gründung auf Heroen zurück, auf Herakles, Perseus, Theseus, Lykaon, auf Amazonen oder auf kleinere, aus dem Ortsnamen erschlossene Heroen wie Tomos, Kyzikos, Pergamos (für Tomi, Kyzikos und Pergamon), sogar auf Götter. Man pflegte entsprechende Kulte für die Gründer, zeigte ihr Grab und sonstige Relikte und war auch überzeugt, die wahren Orte von Göttergeburten vorweisen zu können. Es entwickelte sich eine reiche (meist verlorene) Literatur über Lokal- und Heimatgeschichte, die in pseudowissenschaftlicher Form die Realitäten an die Mythen anschloß und aus ihnen erklärte. Durchsetzen konnte sich meist die Auffassung, die einer Stadt die meiste Ehre einbrachte. Aber auch hier kam es zu Rivalitäten, wenn nämlich andere Städte das gleiche beanspruchten. So gab es konkurrierende Lokalisierungen

der Geburten von Zeus, Artemis und Apollon, und auch für eine Gestalt wie Homer nahmen mehrere Städte das »Geburtsrecht« in Anspruch. Konkurrenzlos konnte dagegen Ilion (Troja) den trojanischen Sagenkreis für sich ausschlachten und auf die über Aeneas hergestellte »Verwandtschaft« zu den Römern und den Kaisern des Julisch-Claudischen Hauses verweisen.

Über den Mythos erwies eine Stadt nicht nur ihr Alter, sondern auch ihren »Adel« *(eugeneia)*, wenn sich etwa die Zugehörigkeit zu den »vornehmsten« Griechenstämmen ergab oder sonst eine Verbindung mit ihnen herstellen ließ, auf welchem konstruierten Weg auch immer. In diesen Fragen war eine rege Gesandtschaftstätigkeit im Gange, besonders unter Hadrian, der das Gremium eines »Panhellenion« einrichtete. Es wurden an Städte geradezu Zertifikate ausgestellt, Hellenen zu sein, wenn sie das aus dem Mythos glaubhaft machen konnten. So verdichtete sich das Netz von »Städteverwandtschaften« *(syngeneiai)*, das den Osten verband und in dem auch »Barbaren« ihren Platz fanden – sei es, daß man entdeckte, sie stammten doch von griechischen Heroen ab, sei es, daß umgekehrt »Barbaren« zu anerkannten Ahnen der Griechen und anderer geworden waren (wie das lydische Sardes als Heimat des Pelops und des etruskischen Stammvaters Tyrrhenos). Mit solchen mythischen Traditionen haben die Städte nicht zuletzt vor den Kaisern argumentiert. Und es versteht sich fast von selbst, daß daraus auch Elemente von Stadttitulaturen gewonnen werden konnten (die »älteste« des Landes, die »älteste der Welt«, die »adelige«, die »ehrwürdige«).

Als Perge gegen Ende des 3. Jahrhunderts von dem kurzlebigen Kaiser Tacitus den Titel »Metropolis« und einen dritten heiligen Agon verliehen bekam und damit die Rivalin Side ausstach, stimmte die Festgemeinde eine lange, byzantinisch anmutende Preislitanei auf die Stadt an, die inschriftlich festgehalten wurde: »Lebe hoch, Perge, du alleinige Stadt mit Asylie! Lebe hoch, Perge, dem Tacitus (seine Gunst erweist)! Lebe hoch, Perge, du Tempelwart sei Vespasian!...« Kaum etwas kann besser zeigen, welche Formen Polispatriotismus und Städterivalitäten im Osten annehmen konnten und wie beides mit der Reichspolitik zusammenhing. Im Westen, ob in Verona, in Córdoba, Nîmes, London, Augsburg oder Belgrad, wird man derartiges vergeblich suchen.

etwa 5525 Quadratkilometern, war also erheblich größer als Attika. Die frühe Republik war über die Dimension eines für die Antike typischen städtischen Gemeinwesens weit hinausgewachsen und verfügte schon in dieser Zeit über beachtliche wirtschaftliche Ressourcen.

Aufgrund der extrem schlechten Quellenlage für die römische Geschichte vor dem Zweiten Punischen Krieg (218–201) ist es kaum möglich, über die Agrarstruktur der frühen Republik, etwa über die Verteilung des Bodens, die Arbeitskräfte und die Anbaumethoden, genaue Aussagen zu treffen; doch einige relativ zuverlässige Zeugnisse wie das fragmentarisch überlieferte Zwölftafelrecht und das archäologische Fundmaterial erlauben es immerhin, die grundlegenden Merkmale der frühen römischen Landwirtschaft zu skizzieren.

Die wichtigsten Kulturpflanzen des mediterranen Raumes – Getreide, Wein und der Ölbaum – waren in Mittelitalien bereits im 7. Jahrhundert v. Chr. bekannt; sowohl der Wein als auch der Ölbaum waren aus dem Osten gekommen und sind vielleicht von den Griechen nach Italien gebracht worden. Die vorherrschende Getreidesorte war Emmer, eine Weizenart, die unempfindlich gegen Winterkälte ist, sich aber nicht zum Backen von Brot eignet; es war daher üblich, das Korn im Mörser zu zerstoßen und als Brei zu essen. Die Viehwirtschaft, die im Gründungsmythos Roms eine so große Rolle spielt, ist durch das Zwölftafelrecht gut belegt. Schweine und Schafe wurden in größerer Zahl auf den Höfen gehalten, während Rinder wohl eher selten gewesen sind. Wie aus einer Äußerung des griechischen Historikers Polybios hervorgeht, war Schweinefleisch in Italien – anders als in den übrigen Mittelmeerländern – ein wichtiger Bestandteil der menschlichen Ernährung. Die Bedeutung der Rinderzucht resultierte hingegen aus der Tatsache, daß Ochsen in der Landwirtschaft als Zugtiere unersetzlich waren; sie wurden von den Bauern vor allem beim Pflügen eingesetzt. Ackerbau und Viehzucht waren nicht strikt getrennt, und Vieh wurde auch in der Nähe der Höfe geweidet; dies zeigen die Bestimmungen des Zwölftafelrechts über die von Tieren verursachten Schäden.

Ein Teil des römischen Territoriums wurde von freien Kleinbauern bewirtschaftet, deren Existenz aus der römischen Heeresverfassung erschlossen werden kann; sie stellten im Heeresaufgebot die schwerbewaffneten Fußsoldaten, die in fester Schlachtreihe kämpften. Die soziale und wirtschaftliche Lage dieser Kleinbauern war eher schwierig, geprägt durch Verschuldung, ein die Schuldner stark benachteiligendes Schuldrecht und die Expansion des Großgrundbesitzes. Die bäuerliche Wirtschaft zielte primär auf Selbstversorgung und war aufgrund der geringen Größe der Höfe wenig resistent gegen Krisen, die etwa durch Mißernten verursacht wurden. Unter solchen Umständen sahen die Bauern sich oft gezwungen, bei Großgrundbesitzern, die ausreichende

Wirtschaft und Verkehr

Bereits in der Zeit der frühen Republik gehörte Rom zu den bedeutenden urbanen Zentren des Mittelmeerraumes. Nach der Zerstörung durch die Gallier im Jahre 390 v. Chr. erhielt die wieder aufgebaute Stadt eine neue Mauer, die eine Länge von elf Kilometern besaß und eine Fläche von 426 Hektar umschloß. Es gab während des 4. Jahrhunderts v. Chr. an den Küsten des Mittelmeeres nur wenige Städte, die größer waren als Rom, darunter etwa Athen mit dem Piräus, Tarent und Karthago. In der Stadt herrschte eine rege Bautätigkeit; sie läßt sich vor allem an der hohen Zahl der Tempel ablesen, die in den Jahren zwischen 302 und 264 v. Chr. errichtet wurden. Das römische Handwerk versorgte die reiche Oberschicht mit Erzeugnissen von hoher künstlerischer Qualität, und gleichzeitig entstand durch das Anwachsen der stadtrömischen Bevölkerung ein Absatzmarkt für Agrarerzeugnisse. Rom war zu dieser Zeit also keineswegs mehr eine kleine Ackerbürgerstadt, deren Senatoren noch selbst auf Feldern von bescheidener Größe arbeiteten, wie legendäre Berichte römischer Annalisten behaupten. Mittelitalien verfügte schon über zahlreiche Kontakte zu anderen Regionen der mediterranen Welt: Die Präsenz der Karthager in Südetrurien ist für die Zeit um 500 v. Chr. durch die in Pyrgi gefundenen Goldtäfelchen belegt (Abb. S. 45), und römische Kaufleute unterhielten Handelsbeziehungen mit Süditalien, Sizilien und Nordafrika; auf diese Weise kamen die Römer im 4. und 3. Jahrhundert v. Chr. in enge Berührung mit der Zivilisation der Städte Großgriechenlands.

Pflügen und Aussaat. Teil eines Bodenmosaiks aus einem römischen Haus in Vienne an der Rhône. Getreide war das wichtigste Grundnahrungsmittel der römischen Welt. Durch mehrmaliges Pflügen wurde der Acker für die Aussaat vorbereitet. Als Zugtiere gebrauchten die Bauern normalerweise Ochsen, die mit einem Joch angeschirrt wurden. Der Pflug war ein primitives Gerät, mit dem der Boden nur an der Oberfläche aufgebrochen werden konnte.

Saint-Germain-en-Laye, Musée des Antiquités Nationales

Die Wirtschaft in der Zeit der frühen Republik

Ungeachtet der Entwicklung von Handwerk und Handel blieb die Landwirtschaft der wichtigste Wirtschaftsfaktor der römischen Republik. Wie später im gesamten Imperium Romanum arbeitete weit mehr als die Hälfte der Bevölkerung im Agrarbereich, um für sich selbst und für die Einwohner der Städte Nahrungsmittel und Rohstoffe wie Wolle zu produzieren. Die wirtschaftliche und soziale Stellung der Oberschicht beruhte wesentlich auf dem Besitz umfangreicher Ländereien, durch deren intensive Bewirtschaftung hohe Einkünfte erzielt werden konnten. Auch für die öffentlichen Finanzen hatte die Landwirtschaft entscheidende Bedeutung, denn bis zu dem Sieg über den Makedonenkönig Perseus im Jahre 169 v. Chr. stammten die Einnahmen der Republik vornehmlich aus der Besteuerung des Bodens in Italien und aus der Verpachtung von öffentlichem Land *(ager publicus)*. Während der späten Republik und der Principatszeit hatte dann die Landbevölkerung der Provinzen faktisch den größten Teil der Steuerlast des Imperium Romanum zu tragen. Da beträchtliche Gütermengen und Geldsummen – teils Steuern und Pachtzahlungen, teils die Erträge des Großgrundbesitzes – vom Land in die Städte flossen und dort zumeist für öffentliche Zwecke oder für den privaten Konsum verwendet wurden, war der Glanz der urbanen Zentren weitgehend von der Produktivität des Agrarsektors abhängig.

Gegen Ende des 5. Jahrhunderts v. Chr. beherrschte Rom die weite Ebene, die sich vom Unterlauf des Tibers bis zu den Albaner Bergen erstreckte, und besaß so ein außerordentlich fruchtbares Gebiet, das hervorragend für den Ackerbau geeignet war. Durch die Eroberung der etruskischen Stadt Veji im Jahre 396 v. Chr. und durch den Sieg über die Latiner 338 v. Chr. konnten die Römer ihr Territorium beträchtlich erweitern; modernen Schätzungen zufolge hatte es nach dem Latinerkrieg eine Fläche von

Gallier viele Sklaven an römische Grundbesitzer, und die Aufnahme von Sklaven in die römische Armee nach der vernichtenden Niederlage von Cannae (216 v. Chr.) dokumentiert, welches Ausmaß die Sklavenarbeit im 3. Jahrhundert v. Chr. erreicht hatte.

Der technische und künstlerische Standard des stadtrömischen Handwerks ist eindrucksvoll belegt durch einzelne Fundstücke wie die Cista Ficoroni, eines jener Gefäße aus Kupfer, die reichen Frauen zur Aufbewahrung persönlicher Gegenstände dienten; eine Inschrift auf dem Deckel besagt, daß die Cista Ficoroni von einem Novios Plautios in Rom gefertigt wurde. Die auf dem Gefäß abgebildete Szene aus dem Mythos der Argonauten lehnt sich stilistisch eng an griechische Vorbilder an, wiederum ein Zeugnis für die frühen Beziehungen Roms zur griechischen Zivilisation. Römische Bronzeskulpturen aus dem 4. oder 3. Jahrhundert v. Chr. sind nicht erhalten, es existieren aber in der Literatur mehrere durchaus glaubwürdige Hinweise auf die Aufstellung von Standbildern aus Bronze in der Zeit um 300 v. Chr., darunter etwa die Reiterstatue des Q. Marcius Tremulus, der die Samniten besiegt hatte. 296 v. Chr. ließen die Ädilen Gnaeus und Quintus Ogulnius auf dem Forum Romanum ein Standbild jener Wölfin errichten, die der Sage nach Romulus und Remus gerettet haben soll. Einen Eindruck von der Steinmetzarbeit dieser Zeit vermittelt der Sarkophag des L. Cornelius Scipio Barbatus (Abb. S. 410). Im späten 4. und im 3. Jahrhundert v. Chr. vermochte das stadtrömische Handwerk durchaus den steigenden Ansprüchen reicher Auftraggeber zu genügen.

Für die Versorgung der stadtrömischen Bevölkerung mit Agrarerzeugnissen war der lokale Markt unentbehrlich; um den Güteraustausch zu erleichtern, wurden schon früh bestimmte Markttage festgelegt. Dabei setzte sich ein achttägiger (nach römischer Rechnung neuntägiger) Rhythmus durch, nach dem diese Markttage *nundinae* genannt wurden. Neben dem lokalen Güteraustausch existierte schon früh ein Überseehandel; die wichtigsten Dokumente hierfür sind die Verträge mit Karthago, deren Text in griechischer Übersetzung Polybios überliefert hat. Im zweiten Vertrag, der vermutlich aus der Zeit um 350 v. Chr. stammt, wird römischen Kaufleuten ausdrücklich

Der Sarkophag des Lucius Annius Octavius Valerianus vermittelt mit seinen ländlichen Szenen einen Eindruck vom römischen Getreideanbau. In dem Bildfeld links oben ist die Bearbeitung des Bodens mit Pflug und Hacke dargestellt. Durch das Hakken wurden Unkraut sowie Wurzeln beseitigt und Erdklumpen zerkleinert. Die Szene rechts davon zeigt die Ernte: Das Getreide wird mit der Sichel kurz über dem Erdboden geschnitten, so daß die Bauern gezwungen sind, in gebückter Haltung zu arbeiten. Der Transport des Korns ist im Bildfeld rechts unten zu sehen: Zwei Ochsen ziehen einen schwer beladenen Karren mit zwei großen Scheibenrädern. Da dieses Gefährt sich nur langsam vorwärtsbewegt, kann der Fuhrmann neben den Tieren hergehen. In der links unten abgebildeten Bäckerei wird schließlich das Korn gemahlen und Brot gebacken.
Rom, Musei Vaticani

Wenn jedoch Hacke und Pflug die Grasnarbe zerrissen haben, die Wälder mit dem Eisen gerodet sind und nicht mehr mit dem Laube ihre Mutter, die Erde, nähren, wenn vielmehr die alljährlich zur Herbstzeit von Büschen und Bäumen gefallenen und auf dem Boden verstreuten Blätter nun untergepflügt und mit tieferen, meist ärmeren Erdschichten vermischt und vergangen sind, dann hat das zur Folge, daß nach Wegfall der altgewohnten Nahrung der Boden verarmt. Nicht also infolge Erschöpfung ... und nicht infolge Alterns, sondern ... infolge unserer Untüchtigkeit bringt uns das Land weniger Erträge. Man kann nämlich mehr ernten, sofern durch häufige rechtzeitige und zweckmäßige Düngung der Boden aufgefrischt.
Wie der Aufseher vor diesen Dingen zu warnen ist, so soll man ihn andererseits dazu anhalten, für das gesamte Ackergerät einschließlich des eisernen so zu sorgen, daß er das doppelte dessen, was die Sklavenzahl erfordert, gebrauchsfähig und auf Lager hält ... man büßt nämlich dadurch, daß die Sklaven ihre Arbeit nicht tun können, mehr ein, als man für derartige Gegenstände zu bezahlen hat.

Columella, Über die Landwirtschaft 2, 1, 6; 1, 8, 8

Vorräte hatten anlegen können, Saatgut oder sogar Nahrungsmittel für ihre Familie zu leihen. Mit der Aufnahme eines Darlehens gerieten die Bauern in ein gesetzlich geregeltes Abhängigkeitsverhältnis zu den Gläubigern *(nexum)*; obgleich die Zinsnahme auf den zwölften Teil begrenzt war, konnten die Schuldner das Darlehen oft nicht zurückerstatten; unter diesen Umständen war es den Gläubigern sogar möglich, sie als Schuldsklaven in fremde Gemeinwesen zu verkaufen. Der Kampf gegen diese auf Verschuldung beruhende Form der Abhängigkeit endete schließlich mit der Aufhebung des *nexum* durch die *lex Poetelia* (326 oder 313 v. Chr.). Das Kleinbauerntum konnte sich vor allem deswegen behaupten, weil die ständige Ausweitung des römischen Territoriums in Mittelitalien es ermöglichte, immer wieder Land an besitzlose Bürger zu verteilen.
Die Expansion des Großgrundbesitzes ist am besten faßbar in der *lex Licinia* (367 v. Chr.), die es römischen Bürgern untersagte, mehr als 500 Morgen Land zu besitzen. Die großen Güter befanden sich meist im Besitz von senatorischen Familien. Unklar ist, welche Arbeitskräfte zur Feldbestellung eingesetzt wurden. Wahrscheinlich handelte es sich um Abhängige, Schuldner oder auch Klienten der reichen Familien; aber für die Zeit nach der Aufhebung der Schuldknechtschaft muß auch mit dem wachsenden Einsatz von Kaufsklaven gerechnet werden. Schon vor dem Zweiten Punischen Krieg verkauften die

zum erstenmal ein von der Stadt entferntes Wasservorkommen; bereits 272 folgte der Bau des Anio vetus, einer über 60 Kilometer langen Leitung, die bei Tibur dem Anio Wasser entnahm und nach Rom führte. Gleichzeitig setzte mit der Via Appia, die Rom mit Campanien verband, der gezielte Ausbau der Verkehrswege ein. Die Errichtung solcher Nutzbauten von vorher nicht bekannten Dimensionen zeigt, in welchem Umfang die Republik bereits materielle Mittel und Arbeitskraft für ihre Zwecke zu mobilisieren vermochte.

Die im 3. Jahrhundert v. Chr. zunehmende Integration Roms in den hellenistischen Wirtschaftsraum führte zur Übernahme der Münze als wichtigster Geldform. Zuvor waren als Tauschmittel unregelmäßig große Stücke von Bronze gebraucht worden, die zur Feststellung ihres Wertes jeweils gewogen werden mußten. Schließlich war die Republik dazu übergegangen, etwa fünf Pfund (1600 Gramm) schwere, mit einem Bild versehene Bronzebarren gießen zu lassen. Als während des Krieges gegen Pyrrhos römische Legionen in Süditalien kämpften und Rom seine politischen Beziehungen zu den griechischen Städten dieser Region wesentlich intensivierte, wurden in Campanien für die Republik die ersten Silbermünzen geprägt, die an das griechische Währungssystem angepaßt waren; es handelt sich um Didrachmen mit einem Gewicht von etwa sieben Gramm und der Legende ROMANO oder ROMA. Nach Plinius erfolgte 269 v. Chr. dann die Einrichtung einer Münzstätte in Rom; die Münzprägung wurde Aufgabe des Kollegiums der *tresviri monetales*. Neben den Silbermünzen wurden auch Bronzemünzen *(as)* gegossen, wobei seit dem Zweiten Punischen Krieg die Relation 1 Denar = 10 Asse galt. Mit der Münzprägung war weniger eine wirtschaftspolitische Zielsetzung verbunden als vielmehr die Intention, mit dem geprägten Geld die von der Republik benötigten Güter und Leistungen zu bezahlen; da das römische Münzgeld als allgemeines Zahlungsmittel rasch akzeptiert wurde, hat es dann aber den lokalen Austausch wie auch den überregionalen Handel erheblich erleichtert.

Expansion und wirtschaftliche Entwicklung in der Zeit der späten Republik

Die wirtschaftliche Entwicklung Roms und des Imperium Romanum war untrennbar mit der politischen Geschichte verbunden, denn die Politik schuf jene Rahmenbedingungen, die die Grenzen, aber auch die Chancen wirtschaftlicher Aktivität bestimmten. An erster Stelle ist in diesem Zusammenhang die Expansion der Republik über die Grenzen Italiens hinaus zu nennen: Die Tatsache, daß es den Römern in etwas mehr als 110 Jahren – zwischen 241 und 129 v. Chr. – gelungen war, ihre wichtigsten Konkurrenten im Kampf um die Hegemonie im Mittelmeerraum, Karthago und Makedonien, auszuschalten und weiträumige Gebiete in Spanien, Afrika, Griechenland und Kleinasien als Provinzen ihrer Herrschaft zu unterstellen, hatte eminente Auswirkungen auf die Wirtschaft der Republik und Italiens sowie des Mittelmeerraumes insgesamt.

Die römische Expansion endete keineswegs mit der Einrichtung der Provinz Asia im Jahre 129 v. Chr.; in der nachsullanischen Zeit hat der Ehrgeiz von Politikern wie Pompeius und Caesar zur Annexion fremder Länder im Westen (Gallien) wie im Osten (Pontos, Kilikien, Syrien) geführt. Erst unter Augustus, dessen Kriege die Schaffung sicherer Grenzen an Rhein und Donau zum Ziele hatten, wurde die Eroberungspolitik zuletzt weitgehend eingestellt; unter den späteren Principes kamen nur noch wenige neue Provinzen hinzu, so Britannien unter Claudius und Dakien unter Traian.

In den unterworfenen Gebieten erhob Rom Steuern, die in den meisten Fällen nicht höher als die zuvor von den

Rinderherde und Bauer mit Kuh. Relieftafeln aus dem 1. Jahrhundert n. Chr. Bei der Versorgung der Städte mit Nahrungsmitteln spielten die Kleinbauern eine nicht unerhebliche Rolle. Das eine Relief stellt einen Bauern dar, der seine wenigen Erzeugnisse in die Stadt bringt. Die Kuh trägt zwei Lämmer, der gebeugt gehende und dürftig gekleidete Mann hat ein weiteres Tier an einen Tragstock gebunden und hält in der rechten Hand einen Korb mit Früchten. Unverhüllt erscheint hier die Armut der Bauern. Ein bedeutender Zweig der römischen Landwirtschaft war die Viehzucht; in den Sommermonaten weideten große Rinderherden in den abgelegenen Gebirgsregionen. Die linke Relieftafel zeigt drei Kühe und einen Stier in einer felsigen Landschaft mit einem Heiligtum des Priapus. München, Glyptothek

Die wilden Tiere, die in Italien hausen, haben ihre Höhle, jedes weiß, wo es sich hinlegen, wo es sich verkriechen kann – die Männer aber, die für Italien kämpfen und sterben, sie haben nichts außer Luft und Licht. Heimatlos, gehetzt irren sie mit Weib und Kind durch das Land. Die Feldherren lügen, wenn sie in der Schlacht die Soldaten aufrufen, für ihre Gräber und Heiligtümer sich zu wehren gegen den Feind, denn von all diesen Römern besitzt keiner einen Altar, den er vom Vater ererbt, keiner ein Grab, in dem seine Vorfahren ruhen, vielmehr kämpfen und sterben sie für anderer Wohlleben und Reichtum. Herren der Welt werden sie genannt und haben nicht eine Scholle Landes zu eigen.

Plutarch, Gracchen 9
(Tiberius Gracchus über die Lage der Landbevölkerung)

das Recht eingeräumt, im karthagischen Teil Siziliens sowie in Karthago selbst Handel zu treiben, während ihnen Sardinien und Libyen verschlossen blieben. Als es nach dem Ersten Punischen Krieg in Afrika und Sardinien zu einem Aufstand der karthagischen Söldner kam (241–238), wurde Karthago zeitweise von Handelsschiffen aus Italien mit Lebensmitteln versorgt; und zu Beginn des Zweiten Punischen Krieges hat man den Senatoren durch die *lex Claudia* (218 v. Chr.) den Besitz größerer Handelsschiffe verboten, wahrscheinlich um jegliche Beeinflussung der Politik durch geschäftliche Interessen zu unterbinden. Ein solches Gesetz war nur sinnvoll, wenn Senatoren zuvor tatsächlich am Überseehandel beteiligt waren.

Das Anwachsen der stadtrömischen Bevölkerung erforderte in der Zeit um 300 v. Chr. auch erste Baumaßnahmen im Bereich der Infrastruktur. Da eine ausreichende Wasserversorgung durch die Brunnen in der Stadt nicht mehr gewährleistet war, mußte sie durch den Bau längerer Leitungen gesichert werden. Die Aqua Appia, die der Censor Appius Claudius 312 v. Chr. anlegen ließ, erschloß

Links: Da die Einwohner der größeren Städte in den engen Wohnungen keine Möglichkeit hatten, das Korn zu mahlen und Brot zu backen, entstanden Bäckereien, die die Bevölkerung mit Brot versorgten. In Rom arbeiteten Großbäckereien wie die des M. Vergilius Eurysaces in öffentlichem Auftrag. Eurysaces gelangte zu einem beträchtlichen Wohlstand, der es ihm erlaubte, das prächtige Grabmal an der Porta Maggiore in Rom zu errichten (Abb. S. 383). Davon stammt das Relief, auf dem rechts zwei von Eseln gedrehte Rotationsmühlen zu sehen sind.

Oben: In Pompeji wurden mehrere Bäckereien ausgegraben, in deren Räumen Rotationsmühlen aufgestellt waren. Links ist ein großer Backofen zu sehen, rechts die Mühlen. Das Holzgestell, an dem der obere Mühlstein so befestigt war, daß er leicht gedreht werden konnte, ist allerdings nicht erhalten.

Ich bin also, mit großen Hoffnungen erwartet ... in der ruinierten, für alle Zeiten völlig verwüsteten Provinz (Kilikien) angelangt ... Wir hörten immer wieder dasselbe: Unmöglich, die auferlegte Kopfsteuer zu zahlen; alle hätten ihre Habe verkauft; die Gemeinden jammern und stöhnen. Ungeheuerlichkeiten, wie sie kein Mensch, höchstens ein sagenhaftes Untier begehen kann. Und die Folge? Die Leute haben einfach keine Lust mehr zu leben ... Cicero, Atticusbriefe 5, 16, 2

ehemaligen Herrschern verlangten Abgaben waren. Für Rom war weniger die Höhe der den einzelnen Provinzen auferlegten Tribute entscheidend als vielmehr die sich nun bietende Möglichkeit, die wirtschaftlichen Ressourcen eines unvergleichlich großen Herrschaftsbereichs zu erfassen und gezielt zu nutzen. Da die Steuern teilweise als Naturalabgaben eingezogen wurden, kam das zur Versorgung der Legionen und der stadtrömischen Bevölkerung benötigte Getreide in steigendem Umfang aus den Provinzen, zunächst aus Sardinien und Sizilien, nach der Zerstörung Karthagos auch aus der Provinz Africa, dem heutigen Tunesien. Der ältere Cato konnte daher die Meinung äußern, Sizilien sei die Kornkammer der Republik und die Ernährerin der römischen Plebs. Die mittelitalische Landwirtschaft spezialisierte sich unter diesen Bedingungen zunehmend auf den Weinanbau und die Erzeugung von Olivenöl. Im Mittelmeerraum entstand damit in Ansätzen eine überregionale Arbeitsteilung, die

Links: Symbolisches Mosaik aus einer Gerberei (officina coriarorum) *in Pompeji. Häute hängen an den Enden eines Winkelmaßes mit Lot, unter dem ein Totenkopf, ein Schmetterling und ein Rad dargestellt sind.*
Neapel, Museo Nazionale

Rechts: Brotverkäufer. Wandgemälde aus Pompeji. Das Brot, das in Pompeji runde Form besaß und Kerben zum Abbrechen, wurde in einfachen Läden oder an Ständen auf der Straße an die Bürger verkauft.
Neapel, Museo Nazionale

Schuldentilgungen gar, was haben sie für einen Sinn, als daß du mit meinem Gelde Grund kaufst, du ihn besitzt, ich aber das Geld nicht habe? Darum muß man Vorsorge treffen, daß es keine Schulden gibt, die dem Gemeinwesen schaden können, wogegen man mit vielen Mitteln Maßnahmen treffen kann, damit nicht, wenn der Fall eintritt, die Begüterten das Ihre verlieren, die Schuldner das Fremde gutmachen. Nichts nämlich hält das Gemeinwesen fester zusammen als der Kredit, der nicht bestehen kann, wenn die Einlösung anvertrauter Dinge nicht nötig ist. Nie wurde heftiger als unter meinem Konsulat darum gekämpft, daß nicht gezahlt werden sollte. Mit Waffen und Kriegslager wurde die Sache von jeder Art Menschen und jedem Stande in Angriff genommen. Denen habe ich so widerstanden, daß dieses ganze Übel aus dem Staate beseitigt wurde. Nie gab es größere Schulden, und nie sind sie besser und leichter eingelöst worden. Da nämlich die Hoffnung auf Betrug beseitigt war, folgte die Notwendigkeit zu zahlen. Cicero, Über die Pflichten 2, 84

allerdings nicht nur politische, sondern auch geographische Voraussetzungen hatte. Während die für den mediterranen Raum so charakteristischen Gebirgszüge den Anbau von Nutzpflanzen nicht zuließen, gab es überaus fruchtbare Ebenen – etwa Campanien oder das Tal des Guadalquivir in Spanien –, die hohe Überschüsse an Agrarprodukten erzeugten und so Getreide, Wein und Öl teilweise über weite Distanzen nach Rom und später auch zu den Legionslagern am Rhein liefern konnten.

Neben den regulären Tributen gelangten im 2. und 1. Jahrhundert v. Chr. große Mengen an Edelmetall und Münzgeld als Kriegsbeute nach Rom – Schätze, die von den Städten oder Herrschern oft über einen längeren Zeitraum aufgehäuft worden waren. Bezeichnenderweise sah sich die Republik nach dem Sieg über Perseus in der Lage, auf die Besteuerung des Bodens in Italien zu verzichten. Obwohl diese Maßnahme zunächst die Kleinbauern vom Steuerdruck befreite, scheint sie langfristig die Expansion der großen Güter eher begünstigt zu haben; denn einzelne Großgrundbesitzer konnten sich seitdem große Landflächen selbst dann aneignen, wenn sie nicht imstande waren, diese sogleich zu bewirtschaften. Die wirtschaftliche Entwicklung der späten Republik darf aber keineswegs als zwangsläufige Folge der Expansion und des Zuflusses großer Edelmetallmengen angesehen werden, vielmehr war sie wesentlich durch die vorgegebenen sozialen und politischen Strukturen mitbedingt. Nicht alle sozialen Schichten Roms partizipierten in gleicher Weise an den Reichtümern aus den Provinzen, und nicht alle Bürger waren in gleicher Weise fähig, die wirtschaftlichen Möglichkeiten zu nutzen, die sich aus der römischen Herrschaft über weite Teile des mediterranen Raumes ergaben. Vor allem zwei soziale Gruppen vermochten materiellen Gewinn aus der Expansion zu ziehen: die Senatoren, die als Prätoren oder Konsuln Kriege führten oder Provinzen verwalteten, sowie jene Equites, die als Steuer- oder Zollpächter tätig waren. Während des 2. Jahrhunderts v. Chr. wurde es geradezu üblich, daß sich hohe Magistrate immens bereicherten, indem sie sich auf Feldzügen widerrechtlich, aber faktisch geduldet die Kriegsbeute aneigneten, den Provinzen besondere Abgaben auferlegten, sogar vor Erpressung und offenem Raub nicht zurückschreckten; in einer Reihe von Fällen haben Magistrate gegen den Willen des Senats Kriege provoziert, nur um Beute machen zu können. Die Einführung der Repetundengerichtshöfe, die die Ausplünderung der Provinzialen ahnden sollten, hat an diesen Verhältnissen prinzipiell wenig geändert.

Da mit der politischen Karriere die Aussicht auf sehr lukrative Kommanden oder Statthalterposten verbunden war, wurden die Wahlkämpfe immer heftiger, die Aufwendungen für Spiele und Spenden, durch die Politiker in Rom an Popularität gewinnen wollten, immer höher. Man kennt eine Reihe von Senatoren – unter ihnen C. Iulius Caesar –, die sich zu Beginn ihrer Laufbahn hoch verschuldeten und sich dann in den Provinzen nicht allein finanziell sanierten, sondern geradezu märchenhafte Reichtümer erwarben. Einflußreiche Politiker begannen zudem, sich für politische Entscheidungen zugunsten einzelner Herrscher – etwa der Ptolemäer – Beträge aus-

zahlen zu lassen, deren Höhe sich auf Summen bis zu 6000 Talenten (144 Millionen Sesterzen) belief. Fast ausnahmslos verdankten die extrem reichen Senatoren der letzten Jahrzehnte der Republik ihr Vermögen der Bereicherung im Krieg oder in den Provinzen sowie der politischen Bestechung.

Obgleich die Senatoren große Geldsummen für ihre politische Karriere und für eine standesgemäße Lebensführung aufzuwenden hatten, konnten sie dennoch einen erheblichen Teil ihres Vermögens in Landbesitz anlegen, der sozial geachtet war und gleichzeitig den Besitzern sichere Erträge einbrachte. Es kam so zu einer Konzentration von riesigen Ländereien in den Händen sehr weniger Senatoren. Diese Tendenz wurde durch die von Sulla befohlene Konfiskation der Güter seiner Gegner im Bürgerkrieg 82/81 v. Chr. noch verstärkt. Zu den Nutznießern der sullanischen Proskriptionen gehörten etwa M. Licinius Crassus, der einmal bemerkte, nur derjenige sei reich, der aus seinem Einkommen eine Armee unterhalten könne, und L. Domitius Ahenobarbus (Konsul 54 v. Chr.), der im Bürgerkrieg gegen Caesar jedem seiner Soldaten – immerhin mehreren tausend Mann – vier Morgen von seinen eigenen Ländereien versprach und kurz darauf sieben Kriegsschiffe mit eigenen Sklaven, Freigelassenen und Pächtern bemannte.

Die Equites, reiche römische Bürger mit einem Mindestvermögen von 400 000 Sesterzen, übernahmen in der späten Republik wichtige Funktionen in den Provinzen und erhielten dadurch die Möglichkeit, sich einen beträchtlichen Teil der von Rom eingezogenen Steuern und Zölle anzueignen. Durch ein Gesetz des C. Gracchus war ihnen 123/122 v. Chr. die Steuereinziehung in der reichen Provinz Asia übertragen worden; aber auch in anderen Provinzen waren sie als Steuer- oder Zollpächter tätig. Da einzelne Equites nicht in der Lage waren, der Republik bei Abschluß des Pachtvertrages genügend hohe Vermögenswerte als Sicherheit zu stellen, wurden Gesellschaften *(societates)* gegründet, für die eine größere Zahl von Equites – in der Regel wohl Anteilseigner – als Bürgen fungierten. Solche Publicanengesellschaften besaßen einen Verwaltungsapparat mit zahlreichem Personal; an seiner Spitze stand ein *magister*, der eng mit den Provinzstatthaltern und mit den für die öffentlichen Finanzen zuständigen Beamten zusammenarbeitete. Die Rolle dieser *societates* erschöpfte sich nicht in der Einziehung von Steuern und Zöllen: Sie verfügten über erhebliche Geldbeträge und konnten daher Provinzialen, die in Zahlungsschwierigkeiten waren, die aufzubringenden Summen leihen, wobei extrem hohe Zinssätze üblich waren, bis zu 48 Prozent. An diesem Geschäft beteiligten sich bald auch Senatoren, die ihre politischen Beziehungen dazu nutzten, römische Truppen bei der Eintreibung ihrer Außenstände einzusetzen. Die Provinzen gerieten dadurch in eine tiefe Verschuldung; teilweise sahen die Provinzialen sich sogar gezwungen, Familienangehörige oder Kinder in die Sklaverei zu verkaufen, um die Forderungen der Publicanen erfüllen zu können. Einige römische Politiker haben diese Verhältnisse durchaus als problematisch empfunden. So äußerte der Volkstribun C. Cornelius im Jahr 67 v. Chr. die Ansicht, die Provinzen würden durch Wucherzinsen ausgesogen und erschöpft. Die Publicanen beherrschten nach kurzer Zeit über die Grenzen der Provinzen hinweg die Kreditmärkte im hellenistischen Osten. Ihnen folgten in großer Zahl römi-

Linke Seite: Warenverkaufsszene. Relief vom sogenannten Zirkusdenkmal von Neumagen, einer der beiden Wendemarken (metae) *der Rennbahn in Neumagen bei Trier. An dem Ladentisch, auf dem zwei Schalen mit Münzen stehen, sitzt ein Mann, der Buch führt.*
Trier, Landesmuseum

Oben: In Italien und in den gallischen Provinzen ließen sich Handwerker oft auf Grabreliefs bei ihrer Arbeit darstellen. Vom Grab eines Schmiedes in Ostia stammen zwei Terrakottareliefs, die einen Mann beim Schleifen eines Messers sowie eine Werkstatt mit einer Vielzahl von Metallwerkzeugen zeigen. Deutlich sind unter anderem eine Bügelschere (für das Scheren von Tuch), Messer, Hacken, eine Schmiedezange und zwei Rahmensägen zu erkennen.

Meinen Besitzungen benachbarte und teilweise auch in sie eingesprenkelte Güter stehen zum Verkauf. An ihnen reizt mich manches, einige nicht weniger bedeutsame Umstände schrecken mich ab. Reizen würde mich einmal die schöne Gelegenheit zur Abrundung, sodann, was ebenso vorteilhaft wie angenehm ist, die Tatsache, daß ich mit demselben Aufwand an Mühe und Reisegeld beide Güter besuchen, sie mit ein und demselben Oberaufseher und beinahe der gleichen Zahl von Verwaltern bewirtschaften und das eine Landhaus bewohnen und ausschmücken könnte und das andere nur zu unterhalten brauchte...
Andererseits ist es vielleicht doch unvorsichtig, ein so großes Objekt denselben Witterungseinflüssen, denselben Zufälligkeiten auszusetzen; sicherer scheint es, den Launen des Geschicks durch verschiedene Lage der Besitzungen zu begegnen. Sehr reizvoll ist auch der Wechsel von Landschaft und Klima und überhaupt schon das Reisen von einem Besitz zum anderen.
Was schließlich der Hauptpunkt meiner Überlegungen ist: Die Ländereien sind fruchtbar, fett, gut bewässert, bestehen aus Ackerland, Weingärten und Waldungen, die Holz und damit ein zwar mäßiges, aber doch festes Einkommen gewähren.

Plinius der Jüngere, Briefe 3, 19

sche Geschäftsleute, die sich in den bedeutenden Städten und in Handelszentren wie dem Freihandelshafen Delos niederließen und dort schnell eine dominierende Stellung erlangten. Ähnliches gilt auch für die Provinzen im Westen; nach Aussage von Cicero wurde in der Provinz Gallia Narbonensis kein Geschäft ohne Mitwirkung eines römischen Bürgers getätigt, kein Sesterz soll dort den Besitzer gewechselt haben, ohne daß dies in römischen Rechnungsbüchern verzeichnet worden wäre. Viele der in den Provinzen tätigen Geschäftsleute kamen nicht direkt aus Rom, sondern aus den kleinen Städten Italiens. Auf diese Weise waren an der Ausbeutung der Provinzen auch Gruppen beteiligt, die nicht zu den sozialen und politischen Eliten der Republik gehörten.
Während Senatoren und Equites von der Expansion Roms profitierten und immer reicher wurden, hatte sie für die Kleinbauern verhängnisvolle Auswirkungen. Diese stellten den weitaus größten Teil des Heeres und mußten oft jahrelang Militärdienst leisten. Aber für die bäuerlichen Familien war die Arbeitskraft der als Soldaten dienenden Männer unentbehrlich; viele Höfe gerieten in Schulden und mußten aufgegeben werden. Die Situation verschlechterte sich noch dadurch, daß die Großgrundbesitzer bestrebt waren, ihre Ländereien zu vergrößern, und dazu übergingen, die Kleinbauern in ihrer Nachbarschaft entweder gewaltsam zu verdrängen oder ihre Höfe aufzukaufen. Da auf den großen Gütern zunehmend Sklaven eingesetzt wurden, besaßen Bauern, die ihre Äcker verloren hatten, kaum noch eine Chance, etwa als Pächter oder Tagelöhner in der Landwirtschaft Arbeit zu finden. Gleichzeitig wurden in Italien Koloniegründungen und Maßnahmen zur Landverteilung einge-

stellt, und so strömten besitzlose Menschen in großer Zahl vom Land in die Städte, vor allem nach Rom.
Der Versuch der Gracchen, durch eine Agrarreform diese Entwicklung rückgängig zu machen und das Kleinbauerntum wiederum zu stabilisieren, blieb aufgrund des Widerstandes der Senatoren nur eine Episode. In der späten Republik wurde das Agrarproblem vorwiegend unter dem Aspekt der Veteranenversorgung gesehen. Caesar und Augustus haben in den Provinzen zahlreiche Kolonien gegründet und Land an ihre Veteranen verteilt, diese Maßnahmen konnten aber an der äußerst ungleichen Verteilung des Bodens im Imperium Romanum nichts mehr ändern. Unter den Principes schritt die Expansion der großen Güter in Italien und den Provinzen weiter voran; ein extremes Beispiel hierfür ist die Provinz Africa, die in der Mitte des 1. Jahrhunderts n. Chr. zur Hälfte sechs Großgrundbesitzern gehört haben soll.
Im Zuge der Expansion sicherten die Römer sich den Zugang zu den wichtigsten Edelmetallvorkommen der mediterranen Welt. Die ertragreichsten Silberbergwerke dieser Zeit lagen im Südwesten Spaniens, ein Gebiet, das die Römer unmittelbar nach dem Zweiten Punischen Krieg annektierten. Sie organisierten sogleich den Abbau des Silbers und setzten dabei neue technische Geräte wie die Archimedische Schraube zur Wasserhaltung ein. Edelmetallvorkommen befanden sich grundsätzlich im Besitz der Republik oder später der Principes und wurden an Publicanen verpachtet, die dann die Bergwerke unter Aufsicht von Beamten betrieben. Die Gewinnung großer Mengen von Silber war die entscheidende Voraussetzung dafür, daß die Republik ständig Silbergeld (Denare) prägen konnte und die Geldmenge stark anwuchs. Man schätzt, daß um 150 v. Chr. etwa 35 Millionen Denare im Umlauf waren, für deren Prägung etwa 125 Tonnen Silber benötigt wurden; in den folgenden 70 Jahren hat sich die Zahl der im Umlauf befindlichen Denare auf 400 Millionen erhöht, also mehr als verzehnfacht. Die Expansion hatte in geradezu dramatischer Weise die Durchsetzung der Geldwirtschaft in den urbanen Zentren Italiens beschleunigt. In Rom gewann der Kreditmarkt schnell an Bedeutung, denn gerade die Senatoren liehen sich hohe Geldbeträge, um ihre politische Karriere oder ihren privaten Luxus zu finanzieren. Das Steigen der Zinssätze oder eine Verknappung des Geldes konnte daher zu erheblichen Liquiditätsschwierigkeiten führen, die politische Krisen zur Folge hatten. Die Verschwörung der Catilinarier etwa hat Cicero als Revolte der Schuldner gegen die Gläubiger interpretiert.

Die Wirtschaftsmentalität

Reichtum wurde in der römischen Oberschicht schon im 3. Jahrhundert v. Chr. positiv bewertet; so führte Q. Metellus in der Leichenrede für seinen 221 v. Chr. gestorbenen Vater L. Metellus den Reichtum unter den wünschenswerten Dingen auf, die sein Vater erworben habe. Der griechische Historiker Polybios, der ab 168 v. Chr. in Rom lebte, äußerte die Ansicht, die Römer schätzten den Reichtum sehr und seien daher normalerweise nicht bereit, Zahlungen vor dem vereinbarten Termin zu leisten, weil sie möglichst lange in den Genuß der Zinsen kommen wollten. Die Freigebigkeit des jüngeren Scipio Africanus wird bei Polybios besonders hervorgehoben, weil seiner Meinung nach sonst in Rom niemand freiwillig etwas von seinem Besitz abgab. Cato kennzeichnete die Einstellung der Senatoren mit den knappen Worten: »Von allem wollen wir mehr haben.« Generell waren die Senatoren daran interessiert, daß Ländereien wie städtischer Hausbesitz ihnen ein hohes Einkommen sicherten. Zu den wichtigsten Dokumenten, die Aufschluß über die römische Wirtschaftsmentalität gewähren, gehört die Einleitung von Catos Schrift über die Landwirtschaft.

Links: Wenn Getreide nach Rom transportiert werden sollte, mußte es im Hafen an der Tibermündung in kleinere Flußschiffe umgeladen werden, wie es eine Wandmalerei aus Ostia zeigt. Rom, Musei Vaticani

Oben: Puteoli am Golf von Neapel war in der frühen Principatszeit der wichtigste Hafen in Italien; erst durch die Fertigstellung des von Claudius begonnenen Hafens an der Tibermündung verlor die Stadt in Campanien als Handelszentrum an Bedeutung. Auf dem Wandgemälde aus Stabiae ist im Vordergrund die berühmte, 370 m lange und 15 m breite Mole von Puteoli gut erkennbar. Diese Mole war kein fester Steindamm, sondern bestand aus 15 mächtigen Pfeilern, die durch Bögen miteinander verbunden waren. Neapel, Museo Nazionale

Denselben Männern, die Strapazen, Gefahren, bedenkliche und schwierige Lagen leicht ertragen hatten, wurden Ruhe und Reichtum, sonst wünschenswerte Güter, zur Last und zum Verhängnis. So wuchs zuerst das Verlangen nach Geld, dann nach Macht: Dies war gewissermaßen die Wurzel allen Übels. Denn die Habsucht untergrub Treue, Redlichkeit und die übrigen guten Eigenschaften; dafür lehrte sie Hochmut und Grausamkeit, lehrte die Götter mißachten und alles für käuflich zu halten ...
Sallust, Catilinarische Verschwörung 10, 2

Daß Handel und Geldverleih für den Erwerb eines Vermögens vielleicht am besten geeignet seien, gesteht Cato zwar ein, aber gegen beide Tätigkeiten erhebt er Einwände. Den Handel hält er für zu gefährlich und die Zinsnahme für unehrenhaft. Es bleibt demnach allein die Landwirtschaft: Deren Gewinne seien rechtmäßig, dauerhaft und am wenigsten dem Neid ausgesetzt. In diesem Text werden die wirtschaftlichen Tätigkeiten nicht allein nach der Höhe der möglichen Einkünfte beurteilt, sondern an sozialen Normen gemessen; gleichzeitig wird verlangt, daß die Einkünfte möglichst sicher und nicht von Gefahren bedroht sind. Eine derartige Argumentation findet sich auch bei späteren Autoren. In der Schrift über die Pflichten entwirft Cicero eine Hierarchie der Berufe und qualifiziert diejenigen als schmutzig, bei denen eine Arbeitsleistung, nicht aber die berufliche Fertigkeit bezahlt wird; er lehnt die Arbeit der Tagelöhner ebenso ab wie Kleinhandel und Handwerk; eine Werk-

Links: Ebenso wie zuvor die Magistrate der Republik förderten die römischen Kaiser durch den Bau von Basiliken und Markthallen den innerstädtischen Handel und Austausch. Zu den beeindruckendsten Bauwerken dieser Art gehört die Halle der Traiansmärkte in Rom (oben). Die Läden liegen in zwei Geschossen auf beiden Seiten des breiten, von einem Gewölbe aus Gußmörtel überdachten Saales. In den Gebäuden an der Via Biberatica, die zu dem Komplex der Traiansmärkte gehörten, befanden sich ebenfalls zahlreiche Läden (unten).

Rechts: Während der Kaiserzeit erhielten viele Städte in den römischen Provinzen repräsentative Marktgebäude. So besaß das Macellum in Leptis Magna zwei architektonisch aufwendig gestaltete Marktpavillons (Tholoi), von denen der besser erhaltene Bau aus der Zeit der Flavier stammt. Die steinernen Verkaufstische standen zwischen den Säulen und den Eckpfeilern der oktogonalen Säulenhalle.

Als Cato sich ernstlicher auf den Gelderwerb zu legen begann, fand er, daß der Landbau mehr ein Zeitvertreib als eine ergiebige Geldquelle sei. Er legte darum sein Geld in sicheren, risikofreien Objekten an, kaufte Teiche, warme Quellen, freie Plätze für Walker, Pecherzeugungsanlagen, natürliche Weiden und Hutungen, woraus ihm reicher Gewinn zufloß, und denen, wie er selbst sagte, sogar Jupiter nichts anhaben konnte. Auch die anrüchigste Form des Geldverleihens, die gegen Seezins, verschmähte er nicht ... Ein noch stärkeres Stück Catos aber ist es, wenn er sich zu sagen unterfing, der müsse als ein bewundernswerter und göttlicher Mann gelten, aus dessen Büchern es sich erweise, daß er mehr Hinzuerworbenes als Ererbtes hinterlasse.

Plutarch, Cato der Ältere 21

statt könne nichts Freies an sich haben, lautet seine dezidierte Feststellung. Als ehrenhaft gelten ihm allenfalls Berufe, die Nutzen bewirken wie der des Mediziners oder Architekten. Der Fernhandel findet Billigung vor allem dann, wenn der Händler sich von den Geschäften zurückgezogen und auf dem Land niedergelassen hat. Uneingeschränktes Lob wird einzig der Landwirtschaft zuteil, von der es heißt, nichts sei »ergiebiger, nichts angenehmer, nichts eines Menschen, eines Freien würdiger«. Ein solcher Text darf nicht zur Annahme verleiten, die handwerkliche Arbeit sei in der römischen Gesellschaft allgemein verachtet worden. Cicero gibt den elitären Standpunkt der Oberschicht wieder, Angehörige anderer sozialer Schichten hatten andere Auffassungen und verliehen ihnen auch Ausdruck. Auf einer Vielzahl von Grabsteinen, die vornehmlich aus Italien und den gallischen Provinzen stammen, werden die Berufe der Verstorbenen angegeben, wobei in vielen Fällen die besonderen Fähigkeiten einzelner Handwerker gerühmt werden. Auf solchen Grabmonumenten finden sich häufig auch Reliefs mit Werkstattszenen, die den Verstorbenen bei der Arbeit zeigen. Aus diesen Zeugnissen geht hervor, daß die Handwerker durchaus ein soziales Selbstbewußtsein besaßen und daß ihnen von der städtischen Bevölkerung Achtung entgegengebracht wurde.

Die Senatoren sowie die meisten Equites standen Handel und Handwerk eher distanziert gegenüber. Auch in der

Principatszeit bestanden die großen Vermögen vorwiegend aus Landbesitz und städtischen Immobilien, während ein Engagement reicher Senatoren in der gewerblichen Produktion oder im Fernhandel nicht nachweisbar ist. Allenfalls hatten die Großgrundbesitzer ein Interesse daran, auf ihren Gütern vorhandene Rohstoffvorkommen – etwa Tongruben – ausbeuten zu lassen; so entstanden auf den Gütern Töpfereien oder auch Ziegeleien, als sich im späten 1. Jahrhundert n. Chr. der gebrannte Ziegel in Rom als wichtigstes Baumaterial durchsetzte.

Die Sklaverei

Ohne Zweifel gehört die Sklaverei zu den wichtigen strukturellen Merkmalen der römischen Wirtschaft; diese Feststellung impliziert aber keineswegs, daß die Sklavenarbeit in allen Epochen der römischen Geschichte und in allen Regionen des Imperium Romanum vorherrschend gewesen ist. Der Aufstieg der Sklaverei setzte in Italien im 3. Jahrhundert v. Chr. ein; ihren Höhepunkt erreichte die Verbreitung der unfreien Arbeit in der späten Republik und im frühen Principat; dann wurde sie in der Landwirtschaft zunehmend durch die Verpachtung ersetzt. In einzelnen Provinzen – etwa in Kleinasien oder in Ägypten – hatten sich vorrömische Formen abhängiger Arbeit erhalten, so daß sich die Sklaverei hier nie in einem solchen Ausmaß wie in Italien durchzusetzen vermochte. Aber selbst für Italien ist zu konstatieren, daß die Sklavenarbeit in der Landwirtschaft weitgehend auf die mittleren und großen Güter beschränkt blieb und in der kleinbäuerlichen Wirtschaft nur eine geringe Rolle spielte. Auch im Handwerk arbeiteten neben den Sklaven viele Freie. Die ärmeren Schichten der römischen Bürgerschaft konnten keineswegs von den Bestechungsgeldern und Spenden der Reichen leben, wie bisweilen behauptet wurde, sie waren vielmehr auf die eigene Arbeit angewiesen, um Geld für Nahrung, Kleidung und Miete zu verdienen.

Unverzichtbar war der Einsatz von Sklaven für jene Landgüter und Werkstätten, die für die überregionalen Absatzmärkte produzierten und die urbanen Zentren versorgten. Damit beruhte das städtische Wachstum mehrere Jahrhunderte lang wesentlich auf der Produktivität der Sklavenarbeit; auch das Einkommen der Oberschicht aus dem Landbesitz war in hohem Umfang von der Institution der Sklaverei abhängig, die so im römischen Wirtschaftsleben eine zentrale Position einnahm.

Das entscheidende Charakteristikum der Sklavenwirtschaft ist die Aneignung menschlicher Arbeitskraft durch den Kauf von Menschen. Die Sklaven galten als Sache und wurden von den Agronomen neben dem Gerät und den Arbeitstieren zum Inventar eines Landgutes gerechnet. Ökonomisch gesehen hatte die Sklaverei den Nachteil, daß der Kaufpreis eines Sklaven erheblich höher war

als der Jahreslohn eines Tagelöhners. Anders als in der modernen Wirtschaft gehörten die Kosten für die Arbeitskraft damit nicht zu den variablen Kosten, sondern weitgehend zu den Aufwendungen für das Sachvermögen. Die Sklaven waren rechtlos, der Ausbeutung ihrer Arbeitskraft daher kaum Grenzen gesetzt; allenfalls achteten die Besitzer darauf, daß Gesundheit und Arbeitsfähigkeit der Sklaven nicht gefährdet wurden. Die Effizienz der Sklavenwirtschaft ist nicht allein auf die repressive Arbeitsorganisation zurückzuführen, sondern ebenso auf die Tatsache, daß die Sklaven keine Familie hatten. Während in der bäuerlichen Familie auch solche Personen, die wenig oder gar nicht arbeiteten – kleine Kinder oder alte Menschen –, ernährt werden mußten, waren auf einem mit Sklaven bewirtschafteten Gut nur die Arbeitskräfte zu versorgen; damit konnte jener Teil der Erzeugnisse, den sonst die Angehörigen des Kleinbauern konsumierten, auf den Markt gebracht werden.
Die Sklaven stammten normalerweise aus Gebieten außerhalb des Imperium Romanum, in der Zeit der späten Republik etwa aus Gallien, dem Donauraum oder Kleinasien. Die Gallier verkauften ihre Kriegsgefangenen oder Schuldsklaven – meist ebenfalls Gallier – nach Italien, um so die Weinimporte bezahlen zu können. Welchen Umfang der Sklavenhandel im hellenistischen Osten angenommen hatte, verdeutlicht die Bemerkung Strabons, auf Delos würden an einem Tag bis zu 10 000 Sklaven verkauft. Durch die Sklaverei stieg folglich die Zahl der Arbeitskräfte in Italien innerhalb weniger Jahrzehnte stark an; allein aufgrund dieser Voraussetzung konnte die Republik einen beträchtlichen Teil der Landbevölkerung für die Armee rekrutieren, ohne damit einen Rückgang der Agrarproduktion in Italien heraufzubeschwören. Während die Sklaven aus fernen Gebieten nach Italien gebracht wurden, um dort zu arbeiten, gingen viele Kleinbauern als Soldaten in die Grenzprovinzen, um dort zu kämpfen.

Die Landwirtschaft

Das Kleinbauerntum wurde weder in Italien noch in den Provinzen vollständig vom Großgrundbesitz verdrängt; in abgelegenen, nicht besonders fruchtbaren Gegenden, die über keine guten Verkehrsverbindungen zu den bedeutenden Absatzmärkten verfügten, konnte es sich durchaus behaupten. Die kleinbäuerliche Wirtschaft produzierte vorrangig Güter für den Eigenbedarf; dazu gehörten neben den Nahrungsmitteln auch Textilien, denn es war traditionell Aufgabe der Frauen, Wolle zu verarbeiten und Kleidung herzustellen. Selbst kaum auf das städtische Handwerk angewiesen, brachten die Kleinbauern nur wenige Erzeugnisse auf den lokalen Markt. In den Provinzen wurden sie allerdings durch die Besteuerung gezwungen, stärker marktorientiert zu produzieren, denn nur durch Verkauf ihrer Produkte war es ihnen möglich, das Geld für die Steuern aufzubringen.
Produktion und Arbeitsorganisation auf den großen Gütern waren ausgerichtet am Interesse der Besitzer, möglichst hohe Gewinne zu erwirtschaften. Schon die Lage eines Gutes hatte dieser Zielsetzung zu entsprechen. Cato fordert in seiner Schrift über die Landwirtschaft, beim Kauf von Ländereien darauf zu achten, daß sie in der Nähe einer Stadt liegen oder aber am Meer, an einem schiffbaren Fluß oder einer guten Straße. Der nahe Absatzmarkt und gute Verkehrsverbindungen sollten den Verkauf der Ernten erleichtern. Nach Meinung Columel-

Links außen: Marktgewichte aus Kleinasien, Blei. Oben eine Unze (A = eins) und unten eine Litra (Pfund) nach römischem Standard. Auf den Rückseiten der Name des Marktbeamten; der kleine Bügel trägt eine Kontrollmarke.

Links innen: Getreidemarke aus Rom mit Getreidescheffel (oben links). Städtisches Siegel von Hadrumetum (Provinz Africa) auf einer Warenplombe; es zeigt ein Bild der Stadtgöttin, die ein Elefantenskalp trägt (oben rechts). Vorder- und Rückseite einer Bädermarke aus Rom für das Bad (balineum) *eines gewissen Germanus (unten).*

Rechts: Weintransport in Fässern auf einem Ruderschiff. Skulptur vom Grabmal eines Weinhändlers in Neumagen an der Mosel. Trier, Landesmuseum

las steigerte eine gut befahrbare Straße den Wert der geernteten Früchte. Auch die Entscheidung, welche Pflanzen angebaut werden sollten, richtete sich nach dem Erlös, der sich damit erzielen ließ. Bezeichnenderweise spielte dabei das wichtigste Grundnahrungsmittel, Getreide, nur noch eine untergeordnete Rolle. In Catos Rangfolge steht an erster Stelle der Weinanbau, gefolgt von bewässertem Gartenland, dem Weidengehölz, der Ölbaumpflanzung und dem Weideland; erst an sechster Stelle erscheint das Getreidefeld und zum Schluß noch der Wald. In den letzten Jahrzehnten der Republik spezialisierten sich eine Reihe von Villen auf die Geflügel- oder Fischzucht; sie lieferten für Gastmähler in Rom etwa Drosseln oder Pfauen, für die hohe Preise gezahlt wurden. Nach Varro brachte diese Kleintierzucht oft mehr ein als der traditionelle Ackerbau.

Da reiche Senatoren und Equites meistens mehrere Güter in verschiedenen Regionen Italiens – und in der Principatszeit auch in verschiedenen Provinzen – besaßen, konnten sie ihre Besitzungen nur relativ selten aufsuchen. Die Verwaltung lag deswegen in den Händen eines Aufsehers *(vilicus)*, der selbst Sklave war; zu seinen Aufgaben gehörte es, die notwendigen Arbeiten anzuordnen, ihre Durchführung zu überwachen und sich um die Versorgung der Sklaven sowie die Pflege der Ochsen zu kümmern. Seine privilegierte Stellung unter den Sklaven kam dadurch zum Ausdruck, daß es allein ihm erlaubt war, mit einer Sklavin zusammenzuleben.

Auf dem Großgrundbesitz wurden nicht nur Nahrungsmittel für den Markt produziert, sondern auch für den Eigenbedarf, insbesondere für die Versorgung der Sklaven. Angesichts der hohen Sklavenzahlen ist der Umfang dieser für die römische Gutswirtschaft charakteristischen Subsistenzproduktion nicht zu unterschätzen. In seiner exemplarischen Aufstellung des Personals und des Inventars von zwei Gütern geht Cato von 13 oder 16 Sklaven aus; um ihnen die vorgeschlagenen Rationen geben zu können, mußten mehr als 20 Morgen mit Getreide angebaut werden. Cato begründete die Produktion für den Eigenbedarf mit dem Grundsatz, ein Gutsbesitzer solle Verkäufer, nicht Käufer sein, und Plinius der Ältere formulierte später die Auffassung, ein Landbesitzer solle vermeiden, etwas zu kaufen, das auf dem eigenen Gut hergestellt werden könne.

Die römischen Agronomen haben bereits klar erkannt, daß bei der Bewirtschaftung eines Gutes nicht nur die Erträge, sondern auch die Kosten zu beachten waren. Daher gaben sie die Empfehlung, alle unnötigen Ausgaben zu vermeiden. So legte Cato genau fest, welche Rationen an Getreide und Wein die Sklaven erhalten sollten; wenn schwere Feldarbeit zu leisten war, wurden die Zuwendungen erhöht. Da der Sklave einzig unter dem Aspekt seiner Arbeitskraft gesehen wurde, war es nur konsequent, daß Cato forderte, alte und kranke Sklaven zu verkaufen. Die Gutsbesitzer suchten aber nicht nur die Kosten möglichst niedrig zu halten, ihre Sorge galt ebenso der Arbeitszeit und der Arbeitsdisziplin. Der Arbeitstag wurde nach Möglichkeit vom frühen Morgen bis zum Sonnenuntergang ausgedehnt; es war bis ins einzelne festgelegt, welche Arbeiten bei schlechtem Wetter im Hause ausgeführt werden sollten und welche an Feiertagen erlaubt waren. Ein Gutsbesitzer müsse immer bedenken, meint Cato, daß die Kosten blieben, auch wenn nichts getan werde. Columella hat dann gesehen, daß die Länge des Arbeitstages allein nicht entscheidend war, sondern daß es auch auf die Arbeitsgeschwindigkeit

Piazza delle Corporazioni (rechts) und Mosaiken (links) in Ostia. Nach dem Bau des Hafens an der Tibermündung unter Claudius und Traian brachten die Schiffe der Getreideflotte den Weizen, der in den Provinzen Africa (das heutige Tunesien) und Ägypten als Steuer eingezogen worden war, direkt nach Portus. In Ostia existierten große Speicher, in denen das Getreide gelagert wurde. Ein Mosaik in der Statio dei Mensores zeigt Beamte, die die Menge des gelieferten Getreides kontrollieren (links oben). Die Piazza delle Corporazioni (rechts) bot nach den baulichen Veränderungen des 2. Jahrhunderts n. Chr. Räume für Händler und Schiffsbesitzer, die im Fernhandel tätig waren und Agrarerzeugnisse sowie Handwerksprodukte aus allen Teilen des Mittelmeerraumes nach Mittelitalien brachten. An diesem Ort konnten geschäftliche Vereinbarungen getroffen und Informationen ausgetauscht werden. Die einzelnen Räume waren mit Bodenmosaiken ausgestattet, deren Motive aus der Welt der Schiffahrt und des Handels stammen. Auf einem dieser Mosaiken (links Mitte) sind zwei Segelschiffe und der Leuchtturm von Portus, dem Hafen an der Tibermündung, abgebildet. Der Ausschnitt aus dem Fußbodenmosaik eines Thermenraums (links unten) zeigt einen von Maultieren gezogenen zweiachsigen Wagen mit Speichenrädern.

In einer Bucht (von Centumcellae) wird eben jetzt ein Hafen angelegt, dessen linke Mole bereits auf solidem Fundament ruht, während an der rechten noch gearbeitet wird. Vor der Hafenausfahrt entsteht eine Insel, die als Wellenbrecher gegen die vom Wind herangetriebenen Wassermassen dienen und auf beiden Seiten den Schiffen ein sicheres Einlaufen gewähren soll. Die Anlage ist ein Meisterwerk der Technik. Ein breites Lastschiff bringt gewaltige Felsblöcke heran; diese werden einer nach dem anderen versenkt, bleiben durch ihr Eigengewicht an Ort und Stelle und fügen sich nach und nach zu einer Art Damm zusammen. Schon ragt ein steinerner Rücken sichtbar aus dem Wasser, der die anbrandenden Wogen bricht und weithin aufwallen läßt. Das gibt dort ein gewaltiges Getöse, und das Meer ringsum ist weiß von Schaum. Auf die Felsblöcke will man später noch Pfeiler setzen, die mit der Zeit dem Ganzen das Aussehen einer natürlichen Insel geben sollen. Dieser Hafen wird den Namen des Erbauers tragen, trägt ihn schon jetzt und wird sich als überaus nützlich erweisen, denn die auf weite Strecken hafenlose Küste wird sich seiner als Zufluchtsort bedienen. Plinius der Jüngere, Briefe 6, 31

ankam. Aus diesem Grund gibt er für eine Vielzahl von Arbeiten genau an, welche Zeit jeweils dafür aufgewendet werden solle. Damit war die Arbeitsgeschwindigkeit der Sklaven normiert, und durch eine vollständige Überwachung suchte man zu erreichen, daß diese Zeitvorgaben auch eingehalten wurden.

Auf den Gütern setzte man nur so viele Sklaven ein, wie für die normalerweise im Verlauf eines Jahres anfallenden Arbeiten erforderlich waren. Für die Erntearbeiten mußten daher zusätzliche Arbeitskräfte angeworben werden; dies konnten Tagelöhner aus der näheren Umgebung sein oder Erntearbeiter, die in Kolonnen aus den Gebirgsregionen kamen. Bereits im 2. Jahrhundert v. Chr. begannen die Gutsbesitzer, Getreide, Wein und Oliven vor der Ernte zu verkaufen. Die Durchführung der Erntearbeiten war dann Aufgabe des Käufers; damit hatte der Großgrundbesitzer zum einen sein Risiko vermindert, zum anderen brauchte er diese Arbeiten nicht mehr selbst zu organisieren. Für die Produktion von Wein und Öl kamen schon komplizierte Geräte – Pressen und Ölmühlen – zum Einsatz. Ihrer Qualität widmete man große Aufmerksamkeit, und gerade die Pressen sind zwischen dem 2. Jahrhundert v. Chr. und dem 1. Jahrhundert n. Chr. erheblich verbessert worden. Besonders interessiert an Innovationen im Agrarbereich war Plinius der Ältere, der in seinen Ausführungen über die Landwirtschaft neue Geräte und Agrartechniken beschreibt.

Das ökonomische Denken der Agronomen verdeutlicht eine Modellrechnung Columellas, der nachweisen will, daß der Weinanbau für einen Gutsbesitzer höchst lukrativ ist. Zwei Tatbestände sind hier beachtenswert: Die für die Anlage einer Weinpflanzung aufzubringende Summe wird für den Zeitraum von zwei Jahren, in denen die Weinstöcke noch nicht tragen, verzinst, und die Zinsen werden zur Investitionssumme als Kosten hinzugerechnet. Columella vergleicht sodann den Ertrag des Wein-

bergs mit dem Zinsertrag bei der Darlehensvergabe und stellt fest, daß dieser bei Annahme des üblichen Zinssatzes niedriger wäre als der Gewinn aus dem Verkauf des Weines. Überraschend deutlich behandelt Columella also Aufwendungen für die Landwirtschaft als Geldanlage, für deren Beurteilung er den Darlehenszins als Maßstab nimmt.

Ackerbau und Viehzucht waren in der römischen Landwirtschaft meist räumlich voneinander getrennte Aktivitäten. Stallviehhaltung war aus Mangel an Futterpflanzen nur in begrenztem Umfang möglich und wurde hauptsächlich bei Zugtieren praktiziert. So bildete sich in Italien – wahrscheinlich im frühen 2. Jahrhundert v. Chr. – die Transhumanz heraus; sie wird für die Zeit der Republik von Varro beschrieben und ist für die Principatszeit epigraphisch nachweisbar. Die großen Herden überwinterten in den Küstenebenen Süditaliens und wurden zu Beginn des Sommers zu den oft mehrere hundert Kilometer entfernten Weidegründen in den Bergregionen Mittelitaliens getrieben, die auf diese Weise wirtschaftlich genutzt werden konnten. Die Trennung von Anbau und Viehzucht war problematisch, weil den Gütern so der Mist nicht als Düngemittel zur Verfügung stand.

Obgleich in der römischen Landwirtschaft beachtliche Verbesserungen erzielt wurden, blieben die Erträge vergleichsweise gering. Für den Getreideanbau besitzen wir eine – allerdings sehr undifferenzierte – Aussage von Columella. Er behauptet, in Italien seien die Weizenernten nicht höher gewesen als das Vierfache der Aussaat, für die als Richtwert 33 Kilogramm Weizen pro Morgen angegeben werden. Da von der Ernte der vierte Teil für die nächste Aussaat benötigt wurde, lag der Ertrag, der konsumiert werden konnte, pro Morgen bei 99 Kilogramm Getreide, also bei knapp der Hälfte der Menge, die ein Erwachsener pro Jahr für seine Ernährung brauchte. Bedenkt man ferner, daß die römischen Bauern die Felder meist nach der Ernte ein Jahr brachliegen ließen, damit der Boden sich erholte, so wird deutlich, warum die Ernährung der Menschen im Mittelmeerraum nie als wirklich gesichert angesehen werden konnte.

Das Handwerk

Die Ausbildung eines spezialisierten Handwerks, das berufsmäßig ausgeübt wurde, hatte mehrere Ursachen: Die Herstellung von Qualitätserzeugnissen erforderte spezielle Kenntnisse und manuelle Fertigkeiten, die ein Handwerker nur durch eine längere Ausbildung erwerben konnte. Für die in der Metallurgie oder Keramik übliche Verarbeitung von Rohstoffen bei hohen Temperaturen benötigte man zudem fest installierte, aufwendige Einrichtungen wie Schmiede- und Töpferöfen. Den bäuerlichen Familien war es aus diesen Gründen kaum möglich, Geräte aus Metall oder Qualitätskeramik für den eigenen Bedarf selbst herzustellen. Die Urbanisierung trieb dann im 3. und 2. Jahrhundert v. Chr. die Entwicklung des Handwerks entscheidend voran. Da die ärmere Bevölkerung der Städte in den engen, schlecht ausgestatteten Mietwohnungen weder Getreide mahlen und Brot backen noch Wolle verarbeiten konnte, war sie zur Dekkung ihres Bedarfs an Brot und Kleidung auf das Gewerbe angewiesen.

Die Handwerker arbeiteten meist in kleinen Werkstätten, die mit einem Laden verbunden waren. Für die Arbeit verwendete man in der Regel einfache Werkzeuge; es gab weder komplizierte mechanische Geräte noch Maschinen, und damit fehlten die technischen Voraussetzungen für die Entstehung von Manufakturen oder Fabriken. Die kleinen Werkstätten produzierten primär für den lokalen Bedarf, wobei der Konsument die Erzeugnisse ohne Vermittlung eines Händlers direkt beim Produzenten kaufte.

Da für die Produktion von Qualitätserzeugnissen geeignete Rohstoffe vielfach nur in wenigen Regionen des Mittelmeerraumes zu finden waren, entstanden in der Umgebung bedeutender Rohstoffvorkommen Gewerbezentren, die ihre Produkte in alle Teile des Imperium Romanum lieferten. So lagen die Töpfereien, die in großen Mengen Terra Sigillata – ein reliefverziertes Tongeschirr – herstellten, in Gegenden, wo ein Ton abgebaut wurde, der das Formen dünnwandiger Gefäße zuließ und dessen natürliche Beimengungen beim Brand die erwünschte rote Färbung ergaben. Ebenso befanden sich die Werkstätten der Glasmacher in der Nähe von Quarzsandlagern. Der enge Zusammenhang von Standortwahl und Rohstoffvorkommen galt selbst für die Textilherstellung, denn Schafe mit Wolle von hoher Feinheit wurden nur in wenigen Landschaften gezüchtet.

Auch in den Produktionszentren von überregionaler Bedeutung herrschten kleine und mittlere Werkstätten vor. Daneben errichtete man allerdings auch Produktionsanlagen, die eine weitaus höhere Kapazität besaßen, als für eine normale Werkstatt erforderlich war: In Gallien gab es in den Zentren der Keramikherstellung große Töpferöfen, in denen mehrere tausend Gefäße gebrannt werden konnten; sie gehörten nicht zu einer einzigen Töpferei, sondern wurden von vielen Töpfern gleichzeitig zum Brennen ihrer Gefäße genutzt. Wahrscheinlich haben die Großgrundbesitzer, auf deren Ländereien die Tongruben lagen, solche Anlagen errichten lassen, um auf diese Weise die Ansiedlung von Töpfereien und damit eine möglichst effiziente Ausbeutung der Rohstoffvorkommen zu fördern.

Das Handwerk scheint nur geringe Chancen geboten zu haben, höhere Einkommen zu erzielen; viele Handwerker blieben arm. So berichtet Dion von Prusa, die Leinenweber von Tarsos hätten nicht einmal das für die Aufnahme in die Bürgerschaft geforderte Mindestvermögen besessen; und es gibt keine Anzeichen dafür, daß die gallischen Ortschaften, in denen Terra Sigillata hergestellt wurde, prosperierende Wirtschaftszentren waren. Immerhin gelangten zahlreiche Handwerker zu einem bescheidenen Wohlstand, der seinen Ausdruck vor allem in ihren Grabmonumenten fand. Die Einrichtung größerer Werkstätten erfolgte zumeist dann, wenn in öffentlichem Auftrag gearbeitet wurde und damit der Absatz der Produkte gesichert war. Beispiel hierfür war in Rom die Bäckerei des M. Eurysaces, in der über zwanzig Menschen tätig waren. Aus der Grabinschrift des Eurysaces geht eindeutig hervor, daß seine Bäckerei Brot an die römische Verwaltung lieferte.

Die innerbetriebliche Arbeitsteilung und die Zerlegung des Arbeitsprozesses in einzelne Arbeitsschritte war in den römischen Werkstätten wenig entwickelt, die Arbeit mit dem Werkzeug wurde nie durch die Bedienung von Geräten oder Maschinen ersetzt. Wie aus der bis zum 1. Jahrhundert n. Chr. ständig wachsenden Zahl römischer Berufsbezeichnungen deutlich hervorgeht, bestand allerdings eine starke Tendenz zu einer Spezialisierung der einzelnen Werkstätten auf bestimmte Produkte. Technischen Neuerungen standen die römischen Handwerker keineswegs generell ablehnend gegenüber: Die neue Technik des Glasblasens und die Produktion von farblosem Glas wurden schnell aus dem Osten übernommen und führten zu einem Aufschwung der Glasherstellung in Italien. Ähnliche Fortschritte sind auch in anderen Zweigen des Handwerks feststellbar: Die Töpfer begannen im 1. Jahrhundert v. Chr. nach dem Vorbild der hellenistischen Keramik reliefverziertes Geschirr mit der Formschüssel herzustellen, und im Bereich der Textilproduktion wurde der Webstuhl wesentlich verbessert.

Die Arbeits- und Lebensbedingungen der Sklaven, die im Handwerk tätig waren, unterschieden sich grundlegend von der Situation der Sklaven im Agrarbereich. Qualifizierte Sklaven arbeiteten oft relativ selbständig und konnten einen Teil ihrer Einkünfte für sich behalten; sie hatten

Terra Sigillata aus Arretium (Arezzo, Toskana). Terra Sigillata ist der moderne Sammelbegriff für ein feines rotglänzendes Geschirr, das im Römischen Reich über ein Jahrtausend lang in den verschiedensten Töpfereien Italiens und der Provinzen hergestellt wurde. Mit ihrer metallisch glänzenden Oberfläche, der teilweise sehr dünnen Wandstärke und dem plastischen Dekor ahmten die Sigillatagefäße getriebene Gefäße aus Edelmetall nach. Es waren zwei verschiedene Herstellungsverfahren in Gebrauch. Bei dem einen wurden Formschüsseln (unten links) verwendet, deren eingetiefte Verzierungen eingeschnitten oder mit Stempeln (unten rechts) eingedrückt waren. Die so modellierten Gefäße wurden anschließend mit der Formschüssel auf der Töpferscheibe nachgedreht, und dabei wurde auch der Rand hochgezogen, der unverziert blieb. Glatte Ware wurde auf der Scheibe frei gedreht, teilweise mit Hilfe von Schablonen. Auch solche Gefäße konnten dann durch eingekerbte Muster, aufgeklebten Dekor (Appliken) oder durch aufgetropften Tonschlicker (Barbotin) mit Ornamenten und Figuren versehen werden. Nach der Lufttrocknung wurden die Gefäße in mit Pflanzenasche versetzte Tonbrühe getaucht (Engobe). Nach erneuter Lufttrocknung erfolgte der Brennvorgang im Ofen. Arezzo, Museo Archeologico

Oben: Der Leuchtturm von La Coruña im Nordwesten Spaniens ist ein Indiz dafür, daß römische Schiffe zwischen Gibraltar und England den Atlantik befuhren.

Unten: Die Segelschiffe, die Güter über weite Distanzen beförderten, hatten neben dem Mast mit Rah- und Topsegel meist noch einen Vormast mit einem kleineren Segel und am Heck beidseitig ein Steuerruder. Die Takelage war so weit entwickelt, daß man gegen den Wind kreuzen konnte. Beirut, Nationalmuseum

Rechte Seite: Römischer Reisewagen. Kalksteinrelief aus Maria Saal in Kärnten.

innerhalb ihrer Stadt eine gewisse Bewegungsfreiheit und durften sogar damit rechnen, in einem Alter von etwa dreißig Jahren freigelassen zu werden. Um die Freilassung tatsächlich zu erlangen, mußten sich die Sklaven allerdings durch fleißige Arbeit das Wohlwollen ihres Besitzers bewahren. Die Aussicht, die begehrte Freiheit zu erlangen, motivierte also die Sklaven dazu, sich den Erwartungen ihres Besitzers entsprechend zu verhalten.

Redistribution und Markt

Ein großer Teil der im Imperium Romanum produzierten Güter war nicht für den Markt, sondern für den Eigenbedarf bestimmt. Im ländlichen Bereich spielte die Subsistenzproduktion eine überaus wichtige Rolle: Die bäuerlichen Familien versorgten sich weitgehend selbst und waren nur in geringem Umfang am Marktgeschehen beteiligt. Auf dem Großgrundbesitz herrschten insofern ähnliche Verhältnisse, als die Sklaven zu ihrer Ernährung vorwiegend Erzeugnisse des Gutes erhielten, auf dem sie arbeiteten. Für die Versorgung der Landbevölkerung war der Markt also nur von geringer Bedeutung. In Rom selbst wurde er durch eine bürokratisch organisierte Verteilung des Getreides partiell ausgeschaltet. Als es in der späten Republik wiederholt zu Getreidemangel und Preissteigerungen kam, erzwang der Protest der stadtrömischen Unterschichten ein Eingreifen der Magistrate. Ein Gesetz des C. Gracchus sah vor, daß jeder römische Bürger, der in Rom wohnte, monatlich eine ausreichende Menge Getreide zu einem subventionierten Preis erhielt. Gegen Ende der Republik wurde das Getreide dann kostenlos geliefert, gleichzeitig aber der Empfängerkreis auf die Bedürftigen – etwa 300 000 Menschen – beschränkt. Unter dem Principat hielt man an dieser Sozialleistung fest; das war leicht möglich, weil nach der Annexion des Ptolemäerreiches ägyptisches Getreide als Steuer eingezogen und in Rom verteilt werden konnte. Aneignung und Verteilung des Getreides wurden also durch eine politische Instanz aufgrund politischer Kompetenzen organisiert, eine Form der Güterverteilung, die als Redistribution bezeichnet wird. Die Verwaltung des Princeps hatte aber nicht nur sicherzustellen, daß genügend Getreide nach Rom gebracht wurde, sondern sie war auch für die Versorgung der an den Grenzen stationierten Legionen verantwortlich. Diese Aufgabe war nicht leicht zu bewältigen, denn in den Grenzprovinzen wurden weder Wein noch Öl produziert – Grundnahrungsmittel der römischen Bevölkerung und damit auch der Soldaten. Es war eine beachtliche Leistung, den Transport der benötigten Menge Olivenöl aus Südspanien zur Rheingrenze zu organisieren. Die stadtrömische Bevölkerung und die Soldaten waren politisch eminent wichtige Gruppen; für den Princeps waren sie Stützen der Macht. Man überließ daher ihre Versorgung nicht dem Markt, der erheblichen Schwankungen unterworfen

war, sondern schuf einen bürokratischen Apparat zur Bewältigung dieser Aufgabe.
Trotz Subsistenzproduktion und Redistribution hatten Markt und Handel wichtige Funktionen in der römischen Wirtschaft. In den Städten war die ärmere Bevölkerung, die keinen Landbesitz hatte, auf den Markt angewiesen, um Nahrungsmittel kaufen zu können. Die Bedeutung des Fernhandels resultierte aus der ungleichen regionalen Verteilung wichtiger Rohstoffe im Mittelmeerraum. So brachten in der Zeit der Republik römische Händler das für die Bronzeherstellung benötigte Zinn, das in Cornwall abgebaut und dann nach Nordgallien verschifft wurde, von dort mit Packpferden an die Mittelmeerküste. Produkte der für ihre Qualitätserzeugnisse berühmten Gewerbezentren gelangten in alle Teile des Imperium Romanum. Einzelne Kaufleute spezialisierten sich dabei auf bestimmte Waren oder auf bestimmte Routen; in vielen Fällen bildeten sie Zusammenschlüsse (*collegia* oder *corpora*), die es ihnen erleichterten, ihre Interessen zu vertreten und gemeinsam zu handeln. Für die römischen Magistrate waren diese *collegia* Verhandlungspartner bei der Organisation der Versorgung Roms oder der Legionen; so war es nicht notwendig, mit einer Vielzahl einzelner Schiffseigner und Händler in Kontakt zu treten.
Der Außenhandel hatte für das Imperium Romanum eine besondere Bedeutung. Nachdem die Monsunwinde entdeckt worden waren, segelte jedes Jahr eine Flotte römischer Handelsschiffe nach Indien; auf diesem Wege wurden nicht nur Erzeugnisse Indiens – etwa Gewürze – importiert, sondern auch Waren aus China, darunter Seidenstoffe. Im Westen befuhren römische Schiffe den Atlantik; der Leuchtturm von La Coruña in Galicien ist ein Indiz für die Präsenz römischer Schiffe auf dem Meer zwischen den Küsten Spaniens und Britanniens.
Der römische Handel beruhte stets auf der Tätigkeit einzelner Händler; es kam nicht zur Bildung von ständigen Unternehmen mit einem Unternehmensvermögen, das vom Privatvermögen des Händlers getrennt war. So beeindruckend die Kapazitäten des römischen Handels insgesamt auch gewesen sein mögen, die Primitivität seiner organisatorischen Struktur ist nicht zu übersehen.

Verkehr und Transportwesen

Die Schiffahrt war dem Landtransport aus mehreren Gründen überlegen: Sie benötigte als Antrieb keine tierische oder menschliche Muskelkraft, denn die Handelsschiffe wurden gesegelt; die Ladung eines Schiffes konnte erheblich schwerer sein als die eines Wagens. Außerdem benötigte dieses Transportmittel keine eigene Infrastruktur. Auf dem Lande hingegen war man auf ein gutes Wegenetz angewiesen. Unter diesen Umständen ist es nicht überraschend, daß der Seetransport in der Antike wesentlich kostengünstiger war als der Landtransport;

fast alle wichtigen Handelsrouten des mediterranen Raumes waren daher Schiffahrtswege.
Trotzdem begannen die Römer früh mit dem forcierten Ausbau eines Straßennetzes; dies hat seinen Grund in der Geographie Italiens. Während für die Griechen das Schiff im Ägäisraum das einzig mögliche Transportmittel war, weil viele ihrer Städte auf Inseln lagen, waren die Römer von Beginn an mit Gegnern aus dem Binnenland konfrontiert. Ihre Kriege waren bis zum Ersten Punischen Krieg Feldzüge zu Lande. Damit die Legionen aber schnell zu den Kriegsschauplätzen marschieren konnten, war es notwendig, gute Straßen zu bauen. Der Bau der Via Flaminia von Rom nach Rimini erfolgte nach der Annexion des Gebietes um Rimini. Eine Seefahrt von Rom zum neu eroberten Gebiet um Süditalien herum wäre erheblich länger gewesen als der Landweg, so daß man hier die Verbindung zu Lande vorzog. Auch in den Provinzen haben die Römer dann Fernstraßen angelegt, die eine schnelle Verbindung zwischen Rom und den beherrschten Gebieten ermöglichen sollten.
Wichtigstes Transportmittel zu Lande waren zunächst die Tragtiere. Erst als die Straßen an Qualität gewannen, setzten sich die von Zugtieren gezogenen schweren Wagen durch. Im mediterranen Raum waren es meist Ochsenkarren mit Scheibenrädern. Bildliche Darstellungen zeigen, daß die Fuhrleute neben den Wagen einhergingen, ein Indiz für die Langsamkeit dieser Fuhrwerke. In Gallien sind die Römer dann dazu übergegangen, Pferde zum Ziehen schwerer Lasten einzusetzen. Man experimentierte längere Zeit mit dem Geschirr, bis eine auch für Pferde günstige Form der Anspannung gefunden war. Diese Neuerung stellte einen wichtigen Fortschritt der Transporttechnik dar, denn Pferde sind schneller als Ochsen und ziehen ebenso schwere Wagen.
Die großen Handelsschiffe besaßen eine Tragfähigkeit von mehreren hundert Tonnen und ermöglichten auch den Transport von Massengütern wie Getreide und Öl über große Distanzen. Durch den Ausbau von Häfen wurden viele Verbindungen zur See sicherer. Das größte Projekt dieser Art war der Bau des Hafens von Ostia, der völlig neu angelegt werden mußte. Plinius nennt einige Fahrtzeiten für bestimmte Routen; so brauchte man bei günstigen Winden neun Tage für die Fahrt von Puteoli nach Ägypten und sieben Tage für die Strecke von Ostia nach Gades (Cádiz). Vergleicht man diese Fahrtzeiten mit der Langsamkeit der Reise zu Lande, dann wird deutlich: das Mittelmeer hat in der Antike die verschiedenen Regionen nicht getrennt, sondern verbunden.

Wandlungen in der Spätantike

Gravierende Veränderungen der wirtschaftlichen Struktur sind schon früh zu beobachten; bereits die Briefe des Plinius enthalten Hinweise auf den allmählichen Rück-

Linke Seite: Die Fähigkeit römischer Architekten, beim Bau von Brücken das Prinzip des Keilsteinbogens zu nutzen, machte es möglich, Brücken mit relativ großen Spannweiten zu errichten. In Rom wurden seit dem 2. Jahrhundert v. Chr. mehrere Tiberbrücken aus Stein gebaut, die die verschiedenen Stadtviertel miteinander verbanden und außerdem die Verkehrsverbindungen zum Umland entscheidend verbesserten. Im Vordergrund sind die Reste des Pons Aemilius aus dem 2. Jahrhundert v. Chr. zu erkennen, im Hintergrund die eleganten Bögen des Pons Fabricius, der aus dem Jahre 62 v. Chr. stammt.

Oben: Der Ausbau der Verkehrsinfrastruktur blieb nicht auf Italien beschränkt, auch die Provinzen erhielten leistungsfähige Verkehrswege, die häufig bis zum 19. Jahrhundert genutzt wurden. Die Brücke über den Tagus bei Alcantara im Westen Spaniens ist ein beeindruckendes Zeugnis für die Bestrebungen der römischen Verwaltung, die Provinzen verkehrsmäßig zu erschließen.

Schnurgerade zogen die Straßen durch das Land, teils mit behauenen Steinen gepflastert, teils mit aufgeschüttetem Sand bedeckt, der festgestampft wurde. Vertiefungen füllte man aus und baute Brücken, wo Gießbäche oder Schluchten das Gelände durchschnitten.

Plutarch, C. Gracchus 7

Während die Griechen dafür berühmt sind, daß sie ihre Städte sehr geschickt anlegen, dabei auf die schöne Lage, auf gute Befestigungen, Häfen und einen fruchtbaren Boden achten, sorgen die Römer am meisten für solche Anlagen, die von den Griechen vernachlässigt werden, etwa für den Bau von Straßen und Wasserleitungen sowie von Abflußkanälen, die den Schmutz der Stadt in den Tiber leiten. Sie haben überdies die Straßen, die das Land erschließen, durch Abtragen von Hügeln und Aufschütten von Tälern so angelegt, daß ihre Wagen ganze Bootsladungen transportieren können.

Strabon, Geographie 5, 3, 8

gang der Sklaverei in der Landwirtschaft und die zunehmende Verbreitung der Verpachtung. Die Quellenlage läßt es nicht zu, den Wandel von der Sklaverei zum Colonat genau zu verfolgen, aber es ist sicher, daß der Rechtsstatus der auf dem Lande arbeitenden Menschen sich in der Spätantike grundlegend geändert hat: Es kam zu einer Wiederherstellung der bäuerlichen Familie auf dem Großgrundbesitz. Gleichzeitig verloren viele Städte ihre wirtschaftliche Funktion; ihre Bevölkerung schrumpfte, Handwerker verließen die urbanen Zentren und gingen auf das Land. Das gleiche gilt für die Großgrundbesitzer, die nicht mehr als Ratsherren tätig sein wollten und die finanziellen Aufwendungen in den Städten nur noch als Belastung empfanden. Sie ließen sich auf ihren Besitzungen nieder, befestigten diese, um sich vor feindlichen Angriffen zu schützen, und begannen, wie Burgherren zu leben. Die alte Silberwährung war in den Wirren des 3. Jahrhunderts n. Chr. zusammengebrochen; nach einer Phase der Münzverschlechterung, bedingt durch die Erschöpfung der Silberbergwerke in Spanien, und extremer Preissteigerungen wurde mit dem Solidus wieder eine stabile Münze geschaffen; es handelte sich aber um eine Goldmünze von hohem Wert, die für die alltäglichen Transaktionen nicht geeignet war, so daß man allgemein wieder zum Naturaltausch überging. Diese Veränderungen kündigten bereits das feudale System des Mittelalters an.

Die römische Religion

Georg Wissowas Handbuch »Religion und Kultus der Römer« (1912) in der Neubearbeitung der »Paulyschen Realencyclopaedie der classischen Altertumswissenschaft« setzte einen Markstein in der römischen Religionsgeschichte, indem es im Titel den Begriff »Religion« einführte. Vordem hatte eine literarische und ästhetische Betrachtungsweise die Mythologieforschung in den Vordergrund gestellt, wie noch das von W. H. Roscher herausgegebene sechsbändige »Lexikon der griechischen und römischen Mythologie« (1884). Die Forschung auf dem Gebiet der römischen Religion profitierte in der Folgezeit von Untersuchungen der Religionssoziologie, mit E. Durkheim als hervorragendstem Vertreter, und von der vergleichenden Mythologieforschung, wie sie insbesondere die Arbeiten von G. Dumézil repräsentieren. Wichtige Beiträge erbrachten aber auch die Linguistik und die Archäologie dank der reichen Funde der letzten Jahrzehnte auf römischem Boden und in Latium.

Die römische Religion ist ein Komplex von Riten, Institutionen und Glaubensüberzeugungen, der sich in Latium in der Mitte des 8. Jahrhunderts v. Chr. herausgebildet hat. Die damit verbundenen Vorstellungen und Bräuche sind für die gesamte Italische Halbinsel bezeugt, mit Eigentümlichkeiten und Unterschieden, welche im Norden auf keltische, im Süden auf griechische Einflüsse zurückgehen; sie begleiteten die Eroberungszüge Roms, ohne die einheimischen Kulte auszulöschen, und hielten sich in der römischen Welt bis zum endgültigen Sieg des Christentums. Allerdings hatten die zu Beginn des ersten vorchristlichen Jahrtausends eingewanderten indogermanischen Völker eigene Glaubensvorstellungen und Kultformen nach Italien mitgebracht; diesem von Dumézil aufgezeigten Erbe muß die religionsgeschichtliche Forschung Rechnung tragen. Die religiöse Ordnung der Römer war im Rahmen des Stadtstaates entstanden; trotz ihres Konservativismus erwies sie sich im Verlauf ihrer zwölf Jahrhunderte währenden Dauer jedoch als offen und aufnahmebereit für fremde Gottheiten, zunächst für griechische, dann für orientalische. Aufgabe des Historikers ist es, die Grundzüge dieses religiösen Systems deutlich zu machen und die großen Linien seiner Entwicklung herauszuarbeiten.

Über der Anioschlucht von Tivoli (Tibur) steht auf steilem Felsrand ein Tempelpaar aus der Zeit um 100 v. Chr.; ein korinthischer Rundbau und ein ionischer Pseudoperipteros. Hohe Substruktionen tragen die künstlich erweiterte Terrasse, auf der sich die von 18 Säulen umschlossene Tholos erhebt. Sie ist aus Travertin und Tuff errichtet und war ursprünglich wohl ganz mit einer farbig gefaßten Stuckschicht überzogen. Der Rundtempel wird der Vesta zugeschrieben, in dem rechteckigen vermutet man das Heiligtum der tiburtinischen Sibylle.

Die religiösen Vorstellungen und Glaubensüberzeugungen

Der römische Mensch kann als *homo religiosus* definiert werden: Er lebt innerhalb eines komplexen Netzes von Beziehungen mit dem Heiligen und sucht jeden Makel, jede Unreinheit zu vermeiden, ist zielbewußt und pragmatisch in seinem Verhältnis zu den Göttern, auf daß zwischen dem Reich der Götter und der Welt der Menschen gutes Einvernehmen herrsche – die *pax deum*: Garant für ein einträchtiges Zusammenleben der Bürgerschaft, die *concordia civium*.

Das Substantiv *religio* ist eine Schöpfung der lateinischen Sprache. Bei den Griechen gibt es kein Äquivalent dazu; ihr religiöses Vokabular kennt die den Göttern schuldige Verehrung *(sébas)*, die Gottesfurcht *(eulábeia)* und den Gottesdienst *(threskeía)*. Dagegen findet sich die Besonderheit des Lateinischen in den abendländischen Sprachen wieder; sie haben das lateinische *religio* übernommen, um mit einem eigenen Wort Glauben und Kult von den anderen Formen des sozialen Lebens abzugrenzen. Merkwürdigerweise sind die Linguisten nicht in der Lage, eine gesicherte Etymologie für einen so wichtigen

Begriff zu liefern. Manche antiken Schriftsteller ordneten *religio* dem Verb *relegere* zu und betrachteten dabei das Präverbium als Intensivum: *relegere* bedeutet »sein Tun einer Prüfung unterziehen«, »sorgfältig überdenken«, »Achtsamkeit oder Bemühen steigern«. Nach dieser Hypothese steht *religio* für »skrupulöses Bedenken«, »gewissenhafte Beachtung«, »bange Beflissenheit«; das Wort beinhaltet den Vollzug des Kultus, die peinlich genaue Durchführung der Riten, aber auch inbrünstige Andacht und ängstliche Zurückhaltung. Zur Stützung dieser Hypothese wird eine archaische Form herangezogen, die Ciceros Zeitgenosse Nigidius Figulus verwendet (bei Aulus Gellius, *Noctes Atticae* 4, 9, 11): »Man soll religiös sein, aber nicht voll Bedenken« *(religentem esse opportet, religiosus ne fuas)*. Diese Hypothese wird zudem von der Autorität Ciceros getragen, der in *De natura deorum* (2, 72) das Substantiv *religio* auf das Verb *legere* (sammeln, lesen), genauer noch auf sein Kompositum *relegere* (sammeln, wieder durchgehen) oder *religere* zurückführt; allerdings ist diese Form allein durch das Partizip Präsens *religens* belegt, *religere* bleibt eine Rekonstruktion.
Andere Autoren jedoch wie Lactantius (*Divinae institutiones* 4, 28, 2) und Servius (Vergil-Kommentar 7, 349) leiten das Substantiv *religio* vom Verb *religare* ab, das »anbinden« oder »verbinden« bedeutet: *religio* wäre dann eigentlich eine den Göttern gegenüber eingegangene Bindung. Einen symbolischen Ausdruck dafür könnte man im rituellen Gebrauch der heiligen Stirnbinden sehen, einen literarischen Niederschlag in Wendungen wie »die Seele von den Fesseln der Religion befreien« (Lukrez 1, 931: *religionum animum nodis exsolvere*), »sich und die Seinen von einer religiösen Verbindlichkeit lösen« (Livius 5, 23, 10).
Nach dieser zweiten Herleitung hätte *religio* also den Sinn einer »den Göttern gegenüber eingegangenen Verpflichtung«, »Bindung« oder »religiöser Gewissenhaftigkeit«. Die Linguisten haben sich für keine der beiden Hypothesen einhellig zu entscheiden vermocht. Bei der ersteren bereitet das Element *-ligio* Schwierigkeiten, bei der zweiten wiederum die Ableitung auf *-io*, die – ausgehend von *religare* – als grammatikalisch unzulässig gilt. Sollte es eine Dublette zu *religere* gegeben haben?
Wie dem auch sei, jede dieser Herleitungen gibt Aufschluß über die Mentalität der Römer in religiösen Belangen: Sie war von der Vorstellung einigender Bande zwischen Göttern und Menschen ebenso geprägt wie vom Bemühen um gewissenhafte Beachtung all dessen, was der Kult gebot. Keine andere Gestalt veranschaulicht das Ideal des *homo religiosus* so gut wie der Held, dem Vergils Genie Leben eingehaucht hat: der *pius Aeneas*. Die Tugend der *pietas* geht als moralisches Ideal über den Rahmen des religiösen Lebens hinaus – sie bildet den Kern römischer Geisteshaltung. *Pietas* ist jene innere Kraft, welche den Menschen zur Erfüllung all seiner Auf-

Linke Seite: Der Rundtempel am Forum Boarium ist der älteste in Rom erhaltene Marmortempel (um 110 v. Chr.). Elf Säulen bestehen aus pentelischem Marmor, die übrigen aus Marmor von Luni; sie stammen von einer Restaurierung in der frühen Kaiserzeit. Der Tempel war Hercules Victor geweiht, dem Schutzherrn der Ölhändler. Die Inschrift eines Blocks, der wahrscheinlich die Kultstatue trug, nennt den Gott Hercules Olivarius. Der benachbarte ionische Pseudoperipteros, der sogenannte Tempel der Fortuna Virilis, war vermutlich Portunus, dem Beschützer des nahen Tiberhafens, geweiht.

Oben: Vorbild des Maison Carrée in Nîmes war der Apollo-Tempel hinter dem Marcellus-Theater in Rom. Der wohlerhaltene Tempel wurde um 15 v. Chr. von Agrippa der Kolonie Nemausus gestiftet, die ihn dann nach dem Tod der Söhne Agrippas, Gaius und Lucius Caesar, dem Gedächtnis der beiden Prinzen weihte.

gaben und Pflichten drängt: gegenüber den Göttern wie auch gegenüber dem Vaterland und ebenso gegenüber den Eltern, Freunden und anderen Bürgern. *Pius* ist vermutlich das Adjektiv für ein makelloses Wesen mit reinem Herzen, denn das davon abgeleitete Verb *piare* hat die Bedeutung von »reinigen«, »durch ein Opfer tilgen« sowie »rituell ehren«; der Instrumentalis *piaculum* bezeichnet zunächst ein Mittel zur Entsühnung (ein Sühnopfer), doch auch das, was Sühne erheischt (Verbrechen, Frevel, Gottlosigkeit). Auf diese Weise bestätigt sich im lateinischen Sprachkontext die grundlegende Ambivalenz des Heiligen, die R. Caillois in seiner Abhandlung *L'homme et le sacré* meisterhaft dargelegt hat. So kann das Adjektiv *sacer* im Lateinischen einerseits »geweiht, heilig« bedeuten und andererseits »den unterirdischen Gottheiten geweiht, verwünscht, verflucht«.

Die römische Religionsgeschichte sieht sich zunächst einmal mit dem Problem der Genese konfrontiert. Wie ist der Glaube der Römer entstanden? Wie sind sie zur Vorstellung von personifizierten Gottheiten gelangt? Diese Fragen wurden zuerst mit evolutionistischen Theorien beantwortet. Der Anstoß dazu kam von der Religionssoziologie, die Durkheim mit seiner Analyse der Grundformen des religiösen Verhaltens (1912) begründet hatte; von der traditionellen Historiographie ignoriert, wurde die vergleichende Methode durch die Ethnologie in die Forschung eingeführt. Man betrachtete
4 die frühen Bewohner Latiums als Primitive, vom Zivilisationsniveau her den Völkern Amerikas, Afrikas und Melanesiens vergleichbar, die Gegenstand ethnographischer Untersuchungen waren. Auch ihre Religion hätte demnach Formen aufgewiesen, die einhellig für primitiv gehalten wurden, und daraus hätte sich allmählich die Religion der Römer herausgebildet. Als ursprüngliche Form der Religion galt der Animismus, der Glaube, daß in der Natur Mächte wirken; davon ausgehend sei die Phase des Polytheismus erreicht worden und endlich eine höhere Religionsform bis hin zum Monotheismus. Beobachtungen bei den Melanesiern lieferten den Ausgangspunkt für die prädeistische oder dynamistische

Theorie. Die Vorstellungswelt der Melanesier ist nämlich beherrscht vom Glauben an eine Macht oder Wirkkraft übernatürlicher Art, die den Namen *mana* trägt. Fasziniert von dieser elementarsten Erscheinungsform des Heiligen, gelangte der englische Latinist H. J. Rose 1926 zur Auffassung, sie sei auch in der römischen Religion dominant und erkläre deren gesamte Entwicklung: von den Latinern sei die Macht des *mana* als *numen* bezeichnet worden. Die Theorie von Rose machte Schule: In Holland bekräftigte sie der Utrechter Gelehrte H.W. Wagenvoort, dessen grundlegendes Werk Rose selbst unter dem Titel *Roman Dynamism* ins Englische übersetzte, und in Frankreich A. Grenier; sein Werk *Les religions étrusque et romaine* erschien 1948 in der Reihe *Mana*. Später differenzierte Rose seine Position und zeigte auf, wie die Römer von dem vagen Begriff *numen – mana* aus zur Vorstellung von personifizierten Gottheiten gelangten (*Ancient Roman Religion*, 1956).

Dumézil unterzog die streng dynamistische Auffassung der römischen Religion einer scharfen Kritik; er ging dabei von der Deutung des Gottes Mars aus, auf dessen Lanze die primitivistischen Theorien basierten. Lateinische Geschichtsschreiber erwähnen häufig als *prodigium*, daß die Lanze des Gottes Mars von selbst vibrierte; außerdem erfahren wir, daß sich die Generäle, bevor sie ins Feld zogen, in die Regia begaben, um dort die heiligen Schilde und danach die Lanze der Statue des Mars zum Beben zu bringen, indem sie ausriefen: *»Mars, vigila!«* Für die Prädeisten hatte das Vorhandensein einer von *mana* durchdrungenen Lanze zu der Annahme geführt, daß ein Geist die Lanze bewohne; dieser habe sich später davon gelöst, und die Lanze sei zum Attribut eines Gottes mit menschlichen Zügen geworden. In der deistischen Theorie findet das Beben der Lanze indes eine ebenso schlüssige Erklärung: Sie bebt nicht durch menschliches Zutun, sondern auf Veranlassung des Gottes, der selbst unsichtbar bleibt. Die Lanze vertritt nur deshalb den Gott Mars, weil die Römer ursprünglich keine Götterbilder kannten, wie es Tacitus auch von den Germanen berichtet. Die Ursache dafür muß nicht Mangel an künstlerischer Reife oder das Fehlen einer anthropomorphen Gottesvorstellung gewesen sein; vielleicht verzichteten die Römer auf die Darstellung ihrer Götter in menschlicher Gestalt aus Ehrfurcht, aus dem Gefühl heraus, daß jegliche Abbildung die Macht der Götter einschränken könnte.

Mars steht auch im Zentrum des sogenannten Panagrarismus, den W. Mannhardt mit seinem Werk »Wald- und Feldkulte« (1875-1877) begründete. Unter dem Einfluß dieser Richtung dominierte in der Religionsgeschichte die Theorie der Vegetationsgottheiten, die J.G. Frazer in dem monumentalen Werk *The Golden Bough* (1890) untermauerte. Die Auffassung von Mars als Agrargott ist heute jedoch überholt; Mars ist vielmehr in seiner Eigenschaft als Kriegsgott Hüter der Fluren geworden.

Die römische Religion hat sich nicht aus einem primitiven Animismus heraus erst unter dem Einfluß des Hellenismus zu einem Polytheismus mit personifizierten Gottheiten entwickelt. Von Anbeginn an hat das theologische Denken der italischen Völker die Götterwelt organisiert, hat Strukturen entstehen lassen, die in den Riten ihren lebendigen Ausdruck fanden: Das *numen* wird hier als der Wille von Göttern erfahren, die handelnde Personen waren; es ist keine anonyme Macht, sondern ein persönlicher Wille, mit dem der Ritus einen Kontakt herzustellen sucht, um gegebenenfalls auf ihn einzuwirken.

Die Römer vervielfachten durch eine ins Extrem getriebene Aufgliederung die Träger göttlicher Willensäußerungen *(numina)*, die es in jeder Lebenssituation anzurufen galt. Es gab Listen dieser »Sondergötter«, die vom Priesterkollegium stets auf dem neuesten Stand gehalten wurden: die *indigitamenta*. Solche rein von ihrer Funktion her bestimmten Gottheiten tragen bei Varro, der 47 v. Chr. seine *Antiquitates rerum humanarum et divinarum* veröffentlichte, den Namen *di certi*; die Priester bezeichneten sie als *di proprii*.

Wir kennen dank Varro die zwölf Sondergötter des Ackerbaus, die der *flamen* der Ceres anrufen mußte, wenn er Tellus und Ceres opferte: Jeder Arbeitsgang, vom ersten Umbrechen des Bodens *(Vervactor)* bis zum Lagern des Getreides *(Conditor)* verfügte über sein besonderes numen. Dank Varro und Augustinus (*De civitate Dei* 4, 8) blieb auch die Liste der Sondergötter der Vegetation erhalten, die über das Getreide wachten, von dem Augenblick, wo das Samenkorn in die Erde gelegt wurde, bis zum Einfahren in die Scheune. Es gab *numina*, die dem Bauern bei seiner Arbeit halfen, andere förderten das Wachstum des Getreides. Augustinus hat die unzähligen Gottheiten, die Mutter und Kind bei der Geburt beistanden, und vor allem die für den Ablauf der Hochzeitsnacht zuständigen *di nuptiales* ins Lächerliche gezogen. Andere Götter hatten weniger genau umrissene Aufgaben. Zu diesen *di incerti* gehörten nach Varros Darstellung jene Gottheiten, deren Mangel an Eigenständigkeit in einer Pluralbezeichnung zum Ausdruck kommt: die Manen und Lemuren aus dem Jenseits, welche an die Seelen der Verstorbenen gemahnten, oder die Laren und Penaten, die über das Hauswesen wachten.

Die großen Götter bildeten laut Varro die Gruppe der *di praeci – pui atque selecti*; dies waren die zwölf großen Götter des Pantheons, die bereits beim *lectisternium* (Göttermahlzeit) von 217 v. Chr. in Erscheinung traten: Jupiter und Juno, Neptunus und Minerva, Mars und

Marc Aurel beim Opfer vor dem Tempel des Jupiter Capitolinus. Pietas-Relief von einem Ehrenbogen, um 170-180. Den Kopf mit einer Bahn der Toga bedeckt, streut der Kaiser mit einer Schale Weihrauch in die Flamme des Räucheraltars (foculus). *Flötenspiel begleitet sein Gebet. Ein* victimarius, *mit einem Schurz bekleidet, das Beil in der Linken und einen Kranz im Haar, hält den als Opfertier bestimmten Stier. Rom, Palazzo dei Conservatori*

Links oben: Das Kapitol am Forum von Ostia wurde unter Hadrian an der Stelle von zwei kleineren Heiligtümern aus republikanischer Zeit errichtet. Sechs Säulen und ein Giebel schmückten ursprünglich die Fassade, zu der die hohe Freitreppe hinaufführte. Die Cella war innen dreigeteilt für die Kultbilder der kapitolinischen Trias, Jupiter, Juno und Minerva. So hatte es das in der späten Königszeit erbaute Kapitol der Hauptstadt musterhaft für die Städte des Imperiums vorgebildet.

Links unten: Der als Area Sacra di Largo Argentina bezeichnete Grabungsbezirk in Rom war einst ein Teil des Marsfeldes. Hier wurden 1926-1928 vier republikanische Heiligtümer freigelegt. Eines davon war ein Rundbau (in der Abbildung vorne) und wahrscheinlich der Tempel der »Glücksgöttin des heutigen Tages« (Aedes Fortunae huiusce diei), *den Q. Lutatius Catulus, 101 v. Chr. zusammen mit Marius Konsul, nach seinem Sieg über die Kimbern bei Vercellae gestiftet hat. Bei dem nördlich davon gelegenen Peripteros handelte es sich entweder um den Tempel der Juno Curritis oder der Juturna.*

Rechts: Das Heiligtum der Fortuna Primigenia in Palestrina (Praeneste), das Sulla am steilen Westhang der Sabinerberge errichten ließ, war sicher das eindrucksvollste der großen römischen Terrassenheiligtümer. Die streng axialsymmetrisch aufgebaute Abfolge künstlicher Terrassen mit Hallen, Treppen und Rampen gipfelte in einem Exedraportikus und einem Rundbau, der das Kultbild barg. An ihrer Stelle steht heute ein Palast der Barberini. Der Kult der Schicksalsgöttin in Praeneste ist schon vor Sullas Tempelbau bezeugt. Von dem griechischen Philosophen Karneades wird anläßlich eines Besuchs des Heiligtums um die Mitte des 2. Jahrhunderts v. Chr. das lateinische Wortspiel überliefert: Nunquam Fortunam fortunatiorem vidi *(Niemals sah ich Fortuna mehr von Fortuna begünstigt). In den Auseinandersetzungen zwischen den Anhängern des Marius und Sulla ergriff Praeneste die Partei des Marius und mußte dafür nach der Eroberung durch Sulla im Jahre 82 v. Chr. schwer büßen: Ein großer Teil der Bürgerschaft verlor Besitz und Leben, und die Stadt wurde zur Veteranenkolonie. Das so gewaltig über ihr aufragende Heiligtum war also zugleich ein Siegesmal.*

Folgende Doppelseite: Der Tempel der Venus und Roma im Osten des Forum Romanum wurde in der Regierungszeit Hadrians über den Resten neronischer Palastanlagen errichtet, 283 durch einen Brand zerstört und unter Maxentius wieder aufgebaut. Seiner Funktion als Doppelheiligtum entsprechend, hatte der Ringhallentempel als Cella zwei Apsidensäle, der eine nach Osten, der andere nach Westen gerichtet.

Venus, Apollo und Diana, Volcanus und Vesta, Mercurius und Ceres. Zu dieser Reihe gesellten sich noch Janus, Saturnus, Genius, Sol, Orcus, Liber, Tellus, Luna.
Die im religiösen Leben Roms dominierenden Götter symbolisieren zum einen die elementaren Kräfte der Natur und der Fruchtbarkeit: Jupiter – das Licht des Tages; Diana – das Licht der Nacht; Apollo – die Sonne; Neptunus – die Gewässer; Volcanus und Vesta – das Feuer; Ceres – das Pflanzenwachstum; Venus – die Liebe; Juno – die Ehe; zum anderen verkörpern sie Sphären menschlichen Tuns: Mars den Krieg; Minerva und Mercurius das kluge und gewinnbringende Handeln. Doch haben die Römer auch mit besonderer Vorliebe Personifikationen abstrakter Begriffe verehrt, die moralische Werte vergöttlichten: So entstanden die Tempel des Salus (Heil) auf dem Quirinal (302 v. Chr.), der Libertas (Freiheit) auf dem Aventin (238 v. Chr.), der Victoria (Sieg) auf dem Palatin und dem Kapitol, der Fides (Treue) ebenfalls auf dem Kapitol (um 250 v. Chr.) und der Concordia (Eintracht) auf dem Forum (367 v. Chr.). Die Organisation des römischen Pantheons läßt noch andere Strukturen erkennen. Tief im Bewußtsein des Römers verankert war der Gegensatz zwischen den einheimischen Göttern, deren Verehrung in die Anfänge der Urbs zurückreichte *(di indigetes)*, und den später übernommenen Göttern *(di novensiles)*. Auf welche Weise die in Rom eingeführten Kulte zur religiösen Erneuerung und Entwicklung beitrugen, wird noch näher dargelegt werden. Die religiöse Praxis wiederum unterschied deutlich zwischen himmlischen und unterirdischen Gottheiten: Die uranischen *di superi* waren im allgemeinen wohlgesinnt, während die chthonischen *di inferi* bedrohliche Aspekte besaßen. Manche Philosophen wiederum erkannten in der Götterwelt ähnliche soziale Strukturen, wie in menschlichen Gesellschaften. Varro schied von den Göttern die Heroen oder Halbgötter, die wie Hercu-

les nach ihrem Erdenaufenthalt zu Gottheiten erhoben wurden. Nach der Auffassung Varros gab es drei Arten der Theologie: die mythische der Dichter, die physische oder natürliche der Philosophen und die Theologie der Bürger, wie sie im Kult praktiziert wurde.

Die Dreizahl kehrt wieder bei Dreiergruppen von Gottheiten, die in römischen Heiligtümern gemeinsam verehrt wurden. Jupiter, Juno und Minerva war der Tempel auf dem Kapitol geweiht, der bis zum Zerfall des Weltreichs als Symbol für die Größe Roms galt. Der monumentale Tempelbau mit dreifacher Cella wurde unter den Tarquinierkönigen errichtet und 509 v. Chr. von Marcus Horatius Pulvillus seiner Bestimmung übergeben. 493 v. Chr. ließ die Plebs kurz nach ihrem Auszug auf dem Aventin einen Tempel zu Ehren von Ceres, Liber und Libera errichten, einer Trias, die als plebejisch galt. Ursprung und Wesen solcher Dreiheiten sind noch großenteils ungeklärt, doch hat Dumézil auf die Bedeutung einer präkapitolinischen Trias hingewiesen, die Jupiter, Mars und Quirinus verband. Diesen drei Gottheiten dienten drei *flamines maiores*, die sich alljährlich im Heiligtum der Fides zusammenfanden. Laut einer altrömischen Überlieferung standen die Salier, Tanzpriester im Dienst des Kriegsgottes, unter dem Schutz von Jupiter, Mars und Quirinus (Servius, Vergil-Kommentar 7, 663); erbeutete Rüstungen wurden Jupiter *(spolia prima)*, Mars *(spolia secunda)* und Quirinus *(spolia tertia)* als Weihgaben dargebracht.

Die Regia auf dem Forum barg drei Kultstätten, die Jupiter und Mars sowie Ops Consiva, der Göttin der Fruchtbarkeit, geweiht waren. Diese Götterdreiheit verdeutlicht die drei Funktionen, nach denen das römische Pantheon gegliedert war. Seine Struktur findet sich mit leichten Abweichungen bei allen Indogermanen wieder: bei den Indern, Iranern, Kelten und den nordischen Völkern. In diesen Gesellschaften herrschte ein Denken in

drei Kategorien; es prägte die Weltsicht wie das sozioreligiöse Verhalten. Jupiter repräsentiert die oberste Funktion, das Heilige im höchsten Grade mit allen ihm innewohnenden magischen und rechtlichen Aspekten. Mars ist der Gott der kämpferischen Funktion, die sich in Stärke und Tapferkeit, Krieg und Sieg manifestiert. Die dritte Funktion bilden Fruchtbarkeit und Gedeihen; Wachstum, Nahrung und Wohlstand sind ihre Gaben. Trotz gemeinsamer Wurzeln haben die Mythen bei den verschiedenen indogermanischen Völkern unterschiedliche Ausformungen erfahren. Die Germanen haben große kosmische Dramen ersonnen, die Kelten Heldensagen, und die Griechen haben das mythische Erbe mit ihrer reichen Einbildungskraft beseelt. In Rom wurden die Mythen mit der eigenen Geschichte verwoben. Zahlreiche Episoden der altrömischen Geschichte, die Livius erzählt, lassen dies erkennen. So hat der Streit zwischen Römern und Sabinern nach dem Raub der Sabinerinnen sein Gegenstück in der nordischen Göttersage vom Krieg zwischen den Asen und den Vanen, Göttern der Fruchtbarkeit, des Wohlstands und der Wollust. Auch die berühmte Sage vom Kampf der Horatier gegen die Drillingsbrüder der Curiatier im Verlauf des Krieges gegen Alba Longa läßt einen alten Mythos in historischem Gewand erscheinen: die Initiation in den Stand des Kriegers, wie sie die Legende von dem irischen Helden Cuchulain ins Übernatürliche steigert. Dumézil hat das am 11. Juni in Rom begangene Fest der Matralia aufgrund vedischer Parallelen gedeutet: Im Tempel der Mater Matuta (Aurora) versammelten sich in erster Ehe verhei-

Opferschrein in Form eines Hauses mit Giebeldach und Reliefschmuck, 2. Jahrhundert n. Chr., gefunden in Mainz-Kastel. Die Seite rechts vom Tor (oben) zeigt Hercules im Kampf mit dem Höllenhund Cerberus, die Rückseite Juno, mit Lanze und Schale zwischen Vorhängen stehend. Auf der anderen Langseite (links) sind die beiden Dioskuren Castor und Pollux dargestellt. Der griechische Kult der Dioskuren war in der frühen Republik in Rom eingeführt worden, und die »Castores«, wie die Römer sie häufig nannten, galten als Schutzgötter der patrizischen Reiterei. In der Schlacht am Lacus Regillus (499 v. Chr.) sollen zwei geheimnisvolle Reiter erschienen sein, die die Römer zum Sieg über den vertriebenen König Tarquinius Superbus und seine latinischen Verbündeten führten. Kurz danach sah man die beiden, wie sie ihre Pferde an der Juturna-Quelle am Fuß des Palatin tränkten; sie verkündeten den Sieg in der Stadt und verschwanden sogleich wieder. Das Volk aber erkannte in ihnen die Dioskuren, und der Diktator A. Postumus Albinus gelobte ihnen einen Tempel, den sein Sohn 484 v. Chr. weihte.
Mainz, Landesmuseum

ratete Frauen und jagten eine Sklavin hinaus; sie wiegten dabei ein Schwesterkind im Arm. Die Sklavin verkörpert in diesem Ritus die Dunkelheit, die von Aurora, der Göttin der Morgenröte, vertrieben wird, auf daß der Sohn ihrer Schwester, der Nacht, erscheinen kann: die Sonne.

Der Kultus

Die großen Priesterkollegien

Das religiöse Leben Roms wurde von den großen Priesterkollegien geleitet, während den häuslichen Kulthandlungen der *pater familias* vorstand. Der Überlieferung nach galt Numa, der Nachfolger des Romulus, als Begründer der meisten religiösen Einrichtungen. In der

Tat übte der König einst sakrale Funktionen aus. Eine der ältesten lateinischen Inschriften, der 1899 auf dem Forum entdeckte Lapis niger vom Ende des 6. Jahrhunderts v. Chr., erwähnt einen *rex*, wobei nicht sicher ist, ob es sich um den König im vollen Wortsinn handelt oder um den *rex sacrorum*, der nach der Abschaffung des Königtums im Jahre 509 v. Chr. die religiösen Funktionen des Königs übernahm. Der *rex sacrorum* stand in der Hierarchie der Priester an erster Stelle, die tatsächliche religiöse Autorität hatte jedoch in historischer Zeit das Kollegium der *pontifices* inne. Dieser obersten Sakralbehörde oblag die Aufsicht über sämtliche Angelegenheiten der römischen Religion; es bestand ursprünglich aus drei, zu Ende der Republik aus sechzehn Mitgliedern, die im Wege der Kooptation bestimmt und später von eng begrenzten Komitien gewählt wurden. An ihrer Spitze stand der *pontifex maximus*: Er ernannte die *flamines* und die Vestalinnen und wohnte dem sakralen Ritus der Eheschließung bei, der *confarreatio*, bei der die Brautleute ein Speltbrot *(panis farreus)* opferten; er überwachte die häuslichen Kulthandlungen und den Totenkult, war für die laufende Gestaltung des Kalenders zuständig und für die Ansetzung der Feste. Die *pontifices* achteten besonders auf die Einhaltung der religiösen Bräuche bei der Einweihung von Gebäuden und bei der Durchführung von Spielen römischen Ursprungs; zu ihren Aufgaben gehörte auch, die Archive auf dem laufenden zu halten. In den *libri pontificii* war alles niedergelegt, was den öffentlichen wie privaten Gottesdienst betraf: Kultformeln, rituelle Vorschriften, Rechte und Pflichten der Priester. Die Großen Annalen *(annales maximi)* verzeichneten die Namen der Magistrate und der Priesterschaft sowie die wichtigeren Ereignisse des Jahres, etwa die Ehrung durch einen Triumph, Prodigien, Teuerungen.

Im Unterschied zu den *pontifices* standen die *flamines* im Dienst einer bestimmten Gottheit. Am wichtigsten waren die drei *flamines maiores* des Jupiter, Mars und Quirinus; die zwölf *flamines minores* versahen den Kult uralter Gottheiten, die in der Erinnerung historischer Zeit mehr und mehr verblaßten: Volturnus, Portunus, Volcanus, Palatua, Carmenta, Furina, Falacer... Tracht und Pflichten der *flamines* bezeugten das hohe Alter ihres Standes. Sie trugen eine aus dem Fell eines Opfertieres hergestellte Filzkappe, die ein mit Wolle befestigter Ölzweig überragte. Vor allem das Leben des *flamen Dialis* (Jupiter) unterlag einer Unzahl von Vorschriften: Da er stets zum Opferdienst bereit sein mußte, hatte er immer Priestertracht zu tragen; er durfte keinerlei Band am Leibe haben, nicht einmal einen Ring, und auch keine vergorenen Getränke oder Speisen zu sich nehmen; es war ihm nicht erlaubt, länger als drei Nächte von Rom abwesend zu sein.

In enger Verbindung mit dem Kollegium der *pontifices* versahen die Vestalinnen ihren Dienst in der Aedes Vestae, dem Rundtempel der Göttin Vesta, und im Atrium Vestae. Der *pontifex maximus*, dessen Amtssitz, die Regia, unmittelbar daneben lag, wählte die Vestalinnen unter den sechs- bis zehnjährigen Töchtern der Patrizierfamilien aus. Ihr Dienst währte dreißig Jahre: zehn Jahre Ausbildung, zehn Jahre Kultdienst, zehn Jahre Unterricht. Sie wohnten während dieser Zeit im Atrium Vestae und mußten ihre Jungfräulichkeit bewahren. Weiße Gewänder und Stirnbänder bildeten die Tracht der Vestalinnen. Ihre Hauptaufgabe war die Versorgung des heiligen Feuers des Staatsherdes, das niemals erlöschen durfte; nur mittels zweier Holzstücke von einem Baum, den günstige Vorzeichen bestimmten, konnte es wieder entfacht werden. Außerdem waren sie mit der Vorbereitung von Opfergaben betraut, etwa der *mola salsa*, einem Gemisch von Dinkel und Salz, mit dem die Stirn der Opfertiere bestrichen wurde. Verstieß eine Vestalin gegen das Keuschheitsgebot, so wurde sie nach altem Gesetz lebendig begraben oder vom Tarpeiafelsen gestürzt.

Neben den großen Priesterkollegien bestanden in Rom die vier alten Kultgenossenschaften oder Sodalitäten der *luperci*, *arvales*, *salii* und *fetiales*. Die *luperci* waren Priester des Faunus, des Gottes der Hirten und Herden. Nur mit einem Schurz aus Ziegenfell, der alten Hirtentracht, bekleidet, feierten sie das am 15. Februar begangene Fest der Lupercalia. Im Lupercal, einer Grotte am Fuß des Palatin, wurde ein Bock geopfert. Anschließend liefen die *luperci* um den Palatin und schlugen dabei mit Riemen aus dem Fell des geopferten Tieres den Boden und die ihnen Begegnenden. Die Berührung durch die Riemen verhieß Fruchtbarkeit und Wohlstand. Ursprünglich sollte dieser magische Ritus vermutlich Unheil vom Palatin, der Wiege Roms, abwehren. Der Name *luperci* enthält lupus, Wolf, und bedeutet vielleicht »Wolfsabwehrer«.

Den Arvalen oblagen die Riten zur Erflehung von Ackersegen; als Abzeichen trugen die Mitglieder dieser Bruderschaft einen durch weiße Binden zusammengehaltenen Ährenkranz. Ihre dreitägige Kultfeier fand im Mai statt, wobei Vorbereitungs- und Schlußtag in Rom begangen wurden, der Haupttag jedoch im heiligen Hain der Dea Dia, der stromab am rechten Tiberufer beim fünften Meilenstein der Via Campana lag. Am ersten Tag wurden Weihrauch- und Weinopfer dargebracht, dürre und frische Ähren geweiht sowie lorbeerbekränzte Brote; bei einem Festmahl genossen die *arvales fratres* die Erstlingsfrüchte des Feldes. Zu den Zeremonien des zweiten Tages gehörten Tieropfer, eine Prozession, die Segnung von Feldfrüchten in irdenen Töpfen, ein vegetarisches Mahl und die Salbung der Statue der Dea Dia; anschließend schlossen sich die Arvalen im Tempel ein,

Tensa Capitolina. Rekonstruktion eines römischen Kultwagens unter Verwendung von Bronzebeschlägen aus dem 3. Jahrhundert. In solchen Prozessionswagen fuhren die Götterbilder, wenn sie etwa am Beginn der »Großen Spiele« in feierlichem Zug vom Kapitol zum Circus Maximus geführt wurden. Rom, Palazzo dei Conservatori

sangen das uralte *carmen arvale* und tanzten dazu im Dreischritt *(tripudium)*. Der Tag klang aus mit Wagen- und Pferderennen, für die ein Circus im heiligen Hain zur Verfügung stand. Am dritten Tag versammelten sich die Arvalen im Haus ihres *magister* zu einem Opferfestmahl; sie erhielten Geschenke in Tongefäßen dargereicht, die wie alle bei diesem sehr alten Kult verwendeten Gefäße ohne Töpferscheibe geformt waren.

Die Salier versahen den Kult des Mars und waren die Hüter der zwölf heiligen Schilde des Kriegsgottes. Diese Schilde führten sie bei Umzügen mit, die vor Beginn der kriegerischen Jahreszeit im März und nach deren Abschluß im Oktober veranstaltet wurden. An den Haltepunkten erfolgte die Aufführung des Waffentanzes der Salier, dessen Figuren im *tripudium* ein Tanzmeister *(praesul)* vorgab. Die Salier schlugen dabei die Schilde mit einem lanzenartigen Stab und sangen nach Anweisung eines Chorleiters *(vates)* Lieder zu Ehren einzelner Götter *(versus)* oder aller Götter *(axamenata)*.

Die Fetialen, deren Kollegium aus zwanzig lebenslänglich bestellten Mitgliedern bestand, vollzogen die Riten im völkerrechtlichen Verkehr, vor allem bei Kriegserklärungen und Bündnisverträgen. Ohne religiöse Garantie und die Sicherheit, daß die Götter der Sache Roms gewogen seien, konnte Rom keinen Krieg erklären, der »recht und billig« war. Zu diesem Zweck rief der Wortführer der Fetialen *(pater patratus)* Jupiter zum Zeugen an für die Unbill, die Rom erlitten hatte, und wiederholte die Formel an der Grenze, gegenüber dem erstbesten Bürger der gegnerischen Gemeinde, am Stadttor und auf dem Marktplatz. Wurde die Genugtuung verweigert, erfolgte nach dreiunddreißig Tagen die Kriegserklärung, indem die Fetialen eine Lanze ins feindliche Gebiet schleuderten. In historischer Zeit wurde diese Zeremonie beim Tempel der Kriegsgöttin Bellona vollzogen, wo ein Areal zum Feindesland erklärt worden war. Bei Vertragsschlüssen opferte der *pater patratus* ein Ferkel, das er unter Anrufung Jupiters mit dem heiligen *silex* erschlug: »einen Vertrag schließen« läßt sich auf Lateinisch wiedergeben mit *ferire foedus*, »einen Vertrag schlagen«.

Bestimmten Priesterkollegien oblag die Deutung der Vorzeichen, mit denen die Götter ihren Willen zu erkennen gaben. Die Römer schritten zu keiner staatlichen Unternehmung, ohne sich des Beistands der göttlichen Mächte zu versichern. Besonders bezeichnend für Rom waren die Weissagungspraktiken der Auguren, die von Staats wegen mit den *auspicia* betraut waren. Die Auspizien beruhten ursprünglich im wesentlichen auf der Beobachtung des Vogelflugs, doch wurden sehr bald andere Naturerscheinungen einbezogen, die den göttlichen Willen kundtun mochten: Donner, Blitze, sogar der Appetit der heiligen Hühner, die man aufs Schlachtfeld mitnahm und vor Kampfbeginn fütterte. Solchen Omina meinte man eine positive oder negative Antwort auf eine rituell formulierte Frage entnehmen zu können. Die Vogelschau erfolgte innerhalb eines geweihten rechteckigen Bezirks, dem *templum*, dessen Grenzen mit Hilfe eines Krummstabs, des *lituus*, gezogen wurden. Der Augur wandte sich gen Osten und gen Süden und nannte insgeheim die Vogelart, von der er eine Antwort erwartete. Dabei kam es auf die Himmelsgegend an, auf die Höhe und Richtung des Fluges, aber auch auf das Verhalten der Vögel beim Flug oder ihr Geschrei. Zeichen von links hatten im allgemeinen ungünstige Vorbedeutung.

Die *haruspices* bildeten in Rom erst ein echtes Kollegium seit der Gründung des *ordo haruspicum* durch Kaiser

waren dem Priesterkollegium der *decemviri* anvertraut. Aus dieser Orakelsammlung in griechischer Sprache hoffte man bei Angst und Schrecken verbreitenden Prodigien die zur Rettung notwendigen Sühnemaßnahmen zu erfahren. Die Decemvirn haben bei der Einführung des *ritus Graecus* eine maßgebliche Rolle gespielt: auf ihre Empfehlung hin wurde 433 v. Chr. Apollo in Rom heimisch, 217 v. Chr. Venus Erycina und 204 v. Chr. die Magna Mater. Die Sibyllinischen Bücher gingen beim Brand des kapitolinischen Tempels im Jahre 83 v. Chr. zugrunde. In Erythrai wurde Ersatz gefunden. Augustus ließ die wiederhergestellte Sammlung in den Tempel des Apollo Palatinus überführen; Tiberius veranlaßte eine kritische Sichtung. Die letzte Befragung erfolgte im Jahre 363. Stilicho befahl 408 die Vernichtung der Bücher.

Gebete, Opfer, Gelübde

Wenn der Römer sich im Gebet an seine Götter wandte, tat er das stehend, den Kopf mit einer Bahn seiner Toga bedeckt, dem Tempel oder dem Götterbild zugewandt, sonst gen Osten gerichtet. Die Hände wurden dem Gott entgegengestreckt, um so einen Kontakt mit ihm herzustellen und seine Aufmerksamkeit auf den Beter zu ziehen; sie wiesen nach oben, wenn das Gebet sich an himmlische Götter richtete, nach unten, wenn chthonische Gottheiten angerufen wurden. Der Beter konnte aber auch die Statue der Gottheit berühren, den Altar umarmen oder den Gott gar mit Küssen bedenken. Unter dem Einfluß orientalischer Gebräuche fanden nach und nach auch das Niederknien und die *supplicatio* mit Wein- und Weihrauchopfer als Ausdruck inbrünstiger Frömmigkeit Eingang in das römische Ritual.

Beim Sprechen des Gebetes durfte kein Stocken, kein Fehler unterlaufen, sonst war die Gebetsformel von Anfang an zu wiederholen. Das Gebet wurde von Flötenspiel begleitet, um jedes Nebengeräusch zu übertönen. Bei öffentlichen Kulten assistierten dem Offizianten vier Personen, denen aufgetragen war, die Vorschriftsmäßigkeit der Rezitation sicherzustellen. Das Gebet endete mit einer rituellen Drehung. Die Formel umfaßte eine Anrufung und eine Bitte. Wurden mehrere Götter angerufen, begann die Reihe mit Janus und endete mit Vesta; die Bitte wurde im allgemeinen durch die Wendung *precor quaesoque* eingeleitet. Cato der Ältere überlieferte in seiner Abhandlung *De agricultura* Gebetsformeln des Ackerbaurituals, insbesondere ein Gebet an Mars, das anläßlich der Reinigung eines Feldes gesprochen wurde. Das Gebet ist im allgemeinen die Bitte um eine Gunst. Eine Sonderform stellt das *votum* oder Gelübde dar – für die Glaubenshaltung des Römers einer der bezeichnendsten Akte. Das *votum* war eine Art bindendes Rechtsgeschäft zwischen der Gottheit und dem Gläubigen: Dieser verpflichtete sich, dem Gott im Austausch für eine ganz bestimmte Gunst, die der Gott gewähren konnte, ein Opfer darzubringen, ihm zu Ehren einen Tempel zu bauen, Spiele zu veranstalten. Der vertragliche und mit Bedingungen verknüpfte Charakter war wesentlich für das *votum*, wenngleich der Römer auch selbstlose Formen der Frömmigkeit gekannt hat.

Unter griechischem Einfluß genügte es den Römern nicht mehr, einfache Gebete an die Götter zu richten, vielmehr ersannen sie Hymnen ihnen zur Ehre. So hat Horaz den offiziellen Hymnus der Säkularfeiern verfaßt, die Augustus 17 v. Chr. abhalten ließ: das *Carmen saeculare*, eine der großen Oden des Dichters.

Links: Der Viergötterstein aus dem 3. Jahrhundert war die Basis einer Jupitersäule. Dargestellt sind Juno mit dem Pfau, ein Rauchopfer darbringend, und Minerva mit Helm, Schild und Lanze; auf den beiden anderen Seiten Mercurius und Hercules. Mainz, Landesmuseum

Rechts: Die »Große Mainzer Jupitersäule« wurde zwischen 58 und 67 n. Chr. von den Bewohnern der canabae, *des Händlerdorfs neben dem Lager, geweiht, und zwar* pro salute Neronis *(für das Heil des Nero). In der Inschrift sind auch die Namen der beiden Männer genannt, die Kosten und Durchführung der Stiftung übernahmen. Die Säule trug eine Bronzestatue Jupiters, von der nur noch geringe Reste zu finden waren; sie ist wahrscheinlich eingeschmolzen worden. Sockel, Schaft und Kapitell waren zertrümmert und offenbar bewußt vergraben worden. Man hat sie in der Steinhalle des Mainzer Landesmuseums in drei Abschnitten wieder zusammengesetzt. Die insgesamt 28 Reliefs von Gottheiten, die das Denkmal schmücken, konnten noch nicht eindeutig bestimmt werden.*

Links: Relief eines Haruspex aus dem Hercules-Heiligtum von Ostia, 1. Jahrhundert v. Chr. Viele der Bildwerke, die als Kunstbeute aus Griechenland nach Italien gebracht wurden, sind bei Schiffbruch im Meer versunken. Eines Tages gingen den Fischern von Ostia eine Herakles-Statue und eine Truhe ins Netz. Sie zogen einen Haruspex über den ungewöhnlichen Fang zu Rate. Er veranlaßte, daß man für das Götterbild einen Tempel baute, in dem auch die Truhe aufgestellt wurde. Das von dem Orakeldeuter gestiftete Relief zeigt in der rechten Szene, wie die Fischer in zwei Dreiergruppen Statue und Truhe im Netz an Land ziehen. In der Mitte erscheint der Gott, auf dem Sockel vor ihm die Truhe; er reicht einem herantretenden Knaben zwei stabartige Gegenstände. Cicero berichtet in De divinatione, *daß Knaben bei Losorakeln die Lose mischten und zogen und daß diese Lose beispielsweise im Orakelheiligtum der Fortuna zu Praeneste aus Olivenholz bestanden. Vielleicht war die Verheißung, die Hercules damals gegeben hatte, in dem vor ihm dargestellten Diptychon aufgezeichnet. Links sieht man den Haruspex, wie er die Tafeln mit dem Götterspruch weitergibt. Vermutlich war die verlorene Gestalt ein Feldherr, den Victoria bekränzte. Ostia, Museum*

Oben: Relief mit Opferszene, 1. Jahrhundert n. Chr. Von einem Knaben mit Kanne assistiert, streut ein Mann Weihrauch aus seiner Büchse in die Glut eines Räucherständers. Daneben steht ein Kultbehältnis (cista) *auf einem dreibeinigen Untersatz. Die Frau mit verhülltem Kopf ist vielleicht eine Priesterin. München, Glyptothek*

Claudius; doch hatten sie schon ab dem 3. Jahrhundert v. Chr. zunehmend an Einfluß gewonnen. Diese Spezialisten der Wahrsagekunst wurden vom Senat herangezogen, wenn Prodigien außergewöhnliches Unheil ankündigten. Sie deuteten dann die Wunderzeichen und empfahlen den Priestern Mittel zur Wiederherstellung der *pax deum*. Ihr Wissen gründete sich auf die Untersuchung der Eingeweide von Opfertieren, insbesondere der Leber; von ihr wurde angenommen, daß sie den göttlichen Makrokosmos widerspiegle. 1877 entdeckte man in Piacenza ein Lebermodell aus Bronze, dessen konkave Oberseite 42 Inschriften mit 27 Götternamen aufweist. Wenn bei der Untersuchung einer Opferleber Verformungen, Einschnitte oder Flecken zutage traten, konnte der Haruspex mit Hilfe solcher Anleitungen das Zeichen einer bestimmten Gottheit zuordnen und dadurch ermitteln, welcher Gott bei drohendem Unheil versöhnt werden mußte.

In Krisenzeiten konnte der Senat auch die Befragung der Sibyllinischen Bücher anordnen, die zur Zeit der Etruskerkönige aus Cumae nach Rom gelangt sein sollen; sie waren dem Priesterkollegium der *decemviri* anvertraut. Aus dieser Orakelsammlung in griechischer Sprache hoffte man bei Angst und Schrecken verbreitenden Prodigien die zur Rettung notwendigen Sühnemaßnahmen zu erfahren. Die Decemvirn haben bei der Einführung des *ritus Graecus* eine maßgebliche Rolle gespielt: auf ihre Empfehlung hin wurde 433 v. Chr. Apollo in Rom heimisch, 217 v. Chr. Venus Erycina und 204 v. Chr. die Magna Mater. Die Sibyllinischen Bücher gingen beim Brand des kapitolinischen Tempels im Jahre 83 v. Chr. zugrunde. In Erythrai wurde Ersatz gefunden. Augustus ließ die wiederhergestellte Sammlung in den Tempel des Apollo Palatinus überführen; Tiberius veranlaßte eine kritische Sichtung. Die letzte Befragung erfolgte im Jahre 363. Stilicho befahl 408 die Vernichtung der Bücher.

Gebete, Opfer, Gelübde

Wenn der Römer sich im Gebet an seine Götter wandte, tat er das stehend, den Kopf mit einer Bahn seiner Toga bedeckt, dem Tempel oder dem Götterbild zugewandt, sonst gen Osten gerichtet. Die Hände wurden dem Gott entgegengestreckt, um so einen Kontakt mit ihm herzustellen und seine Aufmerksamkeit auf den Beter zu ziehen; sie wiesen nach oben, wenn das Gebet sich an himmlische Götter richtete, nach unten, wenn chthonische Gottheiten angerufen wurden. Der Beter konnte aber auch die Statue der Gottheit berühren, den Altar umarmen oder den Gott gar mit Küssen bedenken. Unter dem Einfluß orientalischer Gebräuche fanden nach und nach auch das Niederknien und die *supplicatio* mit Wein- und Weihrauchopfer als Ausdruck inbrünstiger Frömmigkeit Eingang in das römische Ritual.

Beim Sprechen des Gebetes durfte kein Stocken, kein Fehler unterlaufen, sonst war die Gebetsformel von Anfang an zu wiederholen. Das Gebet wurde von Flötenspiel begleitet, um jedes Nebengeräusch zu übertönen. Bei öffentlichen Kulten assistierten dem Offizianten vier Personen, denen aufgetragen war, die Vorschriftsmäßigkeit der Rezitation sicherzustellen. Das Gebet endete mit einer rituellen Drehung. Die Formel umfaßte eine Anrufung und eine Bitte. Wurden mehrere Götter angerufen, begann die Reihe mit Janus und endete mit Vesta; die Bitte wurde im allgemeinen durch die Wendung *precor quaesoque* eingeleitet. Cato der Ältere überlieferte in seiner Abhandlung *De agricultura* Gebetsformeln des Ackerbaurituals, insbesondere ein Gebet an Mars, das anläßlich der Reinigung eines Feldes gesprochen wurde.

Das Gebet ist im allgemeinen die Bitte um eine Gunst. Eine Sonderform stellt das *votum* oder Gelübde dar – für die Glaubenshaltung des Römers einer der bezeichnendsten Akte. Das *votum* war eine Art bindendes Rechtsgeschäft zwischen der Gottheit und dem Gläubigen: Dieser verpflichtete sich, dem Gott im Austausch für eine ganz bestimmte Gunst, die der Gott gewähren konnte, ein Opfer darzubringen, ihm zu Ehren einen Tempel zu bauen, Spiele zu veranstalten. Der vertragliche und mit Bedingungen verknüpfte Charakter war wesentlich für das *votum*, wenngleich der Römer auch selbstlose Formen der Frömmigkeit gekannt hat.

Unter griechischem Einfluß genügte es den Römern nicht mehr, einfache Gebete an die Götter zu richten, vielmehr ersannen sie Hymnen ihnen zur Ehre. So hat Horaz den offiziellen Hymnus der Säkularfeiern verfaßt, die Augustus 17 v. Chr. abhalten ließ: das *Carmen saeculare*, eine der großen Oden des Dichters.

Links: Der Viergötterstein aus dem 3. Jahrhundert war die Basis einer Jupitersäule. Dargestellt sind Juno mit dem Pfau, ein Rauchopfer darbringend, und Minerva mit Helm, Schild und Lanze; auf den beiden anderen Seiten Mercurius und Hercules. Mainz, Landesmuseum

Rechts: Die »Große Mainzer Jupitersäule« wurde zwischen 58 und 67 n. Chr. von den Bewohnern der canabae, *des Händlerdorfs neben dem Lager, geweiht, und zwar* pro salute Neronis *(für das Heil des Nero). In der Inschrift sind auch die Namen der beiden Männer genannt, die Kosten und Durchführung der Stiftung übernahmen. Die Säule trug eine Bronzestatue Jupiters, von der nur noch geringe Reste zu finden waren; sie ist wahrscheinlich eingeschmolzen worden. Sockel, Schaft und Kapitell waren zertrümmert und offenbar bewußt vergraben worden. Man hat sie in der Steinhalle des Mainzer Landesmuseums in drei Abschnitten wieder zusammengesetzt. Die insgesamt 28 Reliefs von Gottheiten, die das Denkmal schmücken, konnten noch nicht eindeutig bestimmt werden.*

Links: Relief eines Haruspex aus dem Hercules-Heiligtum von Ostia, 1. Jahrhundert v. Chr. Viele der Bildwerke, die als Kunstbeute aus Griechenland nach Italien gebracht wurden, sind bei Schiffbruch im Meer versunken. Eines Tages gingen den Fischern von Ostia eine Herakles-Statue und eine Truhe ins Netz. Sie zogen einen Haruspex über den ungewöhnlichen Fang zu Rate. Er veranlaßte, daß man für das Götterbild einen Tempel baute, in dem auch die Truhe aufgestellt wurde. Das von dem Orakeldeuter gestiftete Relief zeigt in der rechten Szene, wie die Fischer in zwei Dreiergruppen Statue und Truhe im Netz an Land ziehen. In der Mitte erscheint der Gott, auf dem Sockel vor ihm die Truhe; er reicht einem herantretenden Knaben zwei stabartige Gegenstände. Cicero berichtet in De divinatione, *daß Knaben bei Losorakeln die Lose mischten und zogen und daß diese Lose beispielsweise im Orakelheiligtum der Fortuna zu Praeneste aus Olivenholz bestanden. Vielleicht war die Verheißung, die Hercules damals gegeben hatte, in dem vor ihm dargestellten Diptychon aufgezeichnet. Links sieht man den Haruspex, wie er die Tafeln mit dem Götterspruch weitergibt. Vermutlich war die verlorene Gestalt ein Feldherr, den Victoria bekränzte. Ostia, Museum*

Oben: Relief mit Opferszene, 1. Jahrhundert n. Chr. Von einem Knaben mit Kanne assistiert, streut ein Mann Weihrauch aus seiner Büchse in die Glut eines Räucherständers. Daneben steht ein Kultbehältnis (cista) *auf einem dreibeinigen Untersatz. Die Frau mit verhülltem Kopf ist vielleicht eine Priesterin. München, Glyptothek*

Claudius; doch hatten sie schon ab dem 3. Jahrhundert v. Chr. zunehmend an Einfluß gewonnen. Diese Spezialisten der Wahrsagekunst wurden vom Senat herangezogen, wenn Prodigien außergewöhnliches Unheil ankündigten. Sie deuteten dann die Wunderzeichen und empfahlen den Priestern Mittel zur Wiederherstellung der *pax deum*. Ihr Wissen gründete sich auf die Untersuchung der Eingeweide von Opfertieren, insbesondere der Leber; von ihr wurde angenommen, daß sie den göttlichen Makrokosmos widerspiegle. 1877 entdeckte man in Piacenza ein Lebermodell aus Bronze, dessen konkave Oberseite 42 Inschriften mit 27 Götternamen aufweist. Wenn bei der Untersuchung einer Opferleber Verformungen, Einschnitte oder Flecken zutage traten, konnte der Haruspex mit Hilfe solcher Anleitungen das Zeichen einer bestimmten Gottheit zuordnen und dadurch ermitteln, welcher Gott bei drohendem Unheil versöhnt werden mußte.

In Krisenzeiten konnte der Senat auch die Befragung der Sibyllinischen Bücher anordnen, die zur Zeit der Etruskerkönige aus Cumae nach Rom gelangt sein sollen; sie

I O M

Das Opfer *(sacrificium, immolatio)* war der wichtigste Bestandteil des Gottesdienstes. Als sakrales Mahl vereinte es Götter und Menschen zum Wohle der Stadt. Die Opfertiere (Schafe, Rinder, Schweine) wurden zuvor einer Prüfung unterzogen *(probatio)*. Waren sie für makellos befunden worden, wurden sie von Opferdienern *(popae)* vor den Altar geführt, die Stirn geschmückt mit Blumenkränzen und Bändern *(infulae)*. Man streute die von den Vestalinnen bereitete *mola salsa* (daher *immolatio*) auf den Kopf des Tieres, schüttete Wein darüber *(libatio)* und verbrannte Weihrauch. Mit den Worten *hoc age!* befahl der Priester die Schlachtung: Ein Opferdiener *(victimarius)* betäubte das Tier mit einem Hammer, ein anderer stieß dann das Messer in die Schlagader.

Das Opfertier wurde sogleich geöffnet, und ein Priester oder Haruspex begutachtete die Eingeweide; aus ihrer Lage, Form und Farbe glaubte man ersehen zu können, ob die Götter das Opfertier guthießen und das Opfer annahmen. Ergab die Beschau ein günstiges Ergebnis *(litatio)*, so wurden die Eingeweide auf dem Altar verbrannt; andernfalls mußte das Opfer mit einem neuen Tier wiederholt werden *(instauratio)*. Das Fleisch wurde profanem Gebrauch zugeführt und zwischen Priester, Stifter und Helfern aufgeteilt. Bei Reinigungsriten, wie sie bei der Lustration des Heeres, eines Hains oder Ackers stattfanden, opferte man drei Tiere verschiedener Art: Eber, Widder und Stier *(suovetaurilia)*.

Der religiöse Kalender der Römer umfaßte zur Zeit der Republik 45 feste oder bewegliche Feiertage und etwa 60 Tage, die den Spielen vorbehalten waren. Im Januar wurden die Carmentalia, das zweitägige Fest zu Ehren der Nymphe Carmenta, gefeiert. Im Mai und im Oktober fanden die Pferderennen statt, die Beginn und Ende der Kriegszeit anzeigten (Equirria, October Equus). April war der Monat der Agrarfeste, insbesondere der Cerialia zu Ehren der Ceres; dabei wurden Füchse losgelassen, die eine Fackel am Schwanz trugen. Außerdem beging man am 21. April, dem Jahrestag der Gründung Roms, die Parilia zu Ehren der Pales, der Beschützerin der Herden. Anläßlich der Neptunalia am 21. Juli errichtete das Volk Laubhütten. Im Oktober wurde bei den Weinlesefesten, den Meditrinalia, der Most probiert. Bei den Saturnalia im Dezember setzten sich die Sklaven an die Stelle der Herrschaft, und man tauschte Geschenke aus. Mit all diesen Feiern gingen Opfer, Weihungen und Gebete einher. Die Spiele bestanden zum einen aus Umzügen von Masken, Tänzern und Reitern, zum andern aus athletischen Wettkämpfen, Pferde- und Wagenrennen; später kamen noch Theaterdarbietungen dazu: Die Komödien des Plautus und Terenz wurden zu diesen Gelegenheiten aufgeführt. Die *ludi Romani* oder *magni* zu Ehren Jupiters, die auf Tarquinius Priscus zurückgingen, fanden im September statt. Vom 12. bis zum 19. April veranstalteten die *aediles plebis* die Spiele zu Ehren der Ceres. Die *ludi*

Am 20. November 303 feierten Diocletian und Maximian ihr 20. Regierungsjubiläum, die Vicennalien. Gleichzeitig begingen ihre Mitregenten Galerius und Constantius Chlorus die Zehnjahresfeier ihres Amtsantritts, die Decennalien. Zur Erinnerung daran wurden auf dem Forum Romanum vier Säulen mit den Standbildern der Tetrarchen errichtet, eine fünfte in der Mitte trug eine Statue Jupiters. Auf dem erhaltenen Sockel einer Säule ist das Sühneopfer dargestellt, das beim Jubiläum vollzogen wurde. Ein Kaiser, wahrscheinlich Constantius Chlorus, bringt auf dem Räucheraltar das Voropfer dar (oben). Der Kriegsgott Mars ist selbst erschienen, um es entgegenzunehmen. Er trägt einen Helm und den Soldatenmantel über der linken Schulter. Vor ihm stehen ein Camillus mit dem Weihrauchkästchen, ein Flötenspieler und ein Flamen mit der typischen Kappe. Victoria bekränzt den Kaiser. Hinter ihm thront Roma, über der das Strahlenhaupt des Sonnengottes erscheint. Auf einer Nebenseite der Basis werden die drei Tiere der Suovetaurilien von Opferdienern herangeführt (links).

Apollinares zu Ehren von Apollo waren 212 v. Chr., mitten im Zweiten Punischen Krieg, eingerichtet worden. Seit 264 v. Chr. gab es in Rom Gladiatorenkämpfe. Zunächst waren dies Spiele, die vornehme Familien anläßlich von Begräbnissen auf dem Forum veranstalteten; sie führten die Tradition der einstigen Menschenopfer fort, mit denen die unterirdischen Götter besänftigt werden sollten. Auf Veranlassung der Sibyllinischen Bücher wurden 249 v. Chr. die *ludi saeculares* mit Opfern für Dis Pater und Proserpina eingeführt. Seither fand im Prinzip alle hundert Jahre eine Säkularfeier statt, um Roms Fortbestand zu sichern und seine Kräfte zu erneuern.

Als Zeremonie des *ritus Graecus* galt das *lectisternium*, die Götterbewirtung. Dabei legte man die Götterbilder auf Speiseliegen *(lecti)* und setzte ihnen eine Mahlzeit vor. *Lectisternia* für einzelne Götter fanden in deren Tempel statt, für mehrere auf öffentlichen Plätzen. Das erste Fest dieser Art wurde in Rom 399 v. Chr. anläßlich einer Seuche begangen; fünf weitere folgten im Lauf des 4. Jahrhunderts. Das bedeutendste wurde jedoch 217 v. Chr., im Jahr der Niederlage am Trasimenischen See, gefeiert: Es vereinte die zwölf großen Götter des römischen Pantheons. Schließlich konnte der Senat in Zeiten besonderer Bedrängnis oder Freude eine *supplicatio* anordnen, damit das Volk Rettung von den Göttern erflehe *(obsecratio)* oder ihnen für die Hilfe danke *(gratulatio)*. Für die Dauer der *supplicatio* waren die Tempel geöffnet. Männer und Frauen zogen dann aus allen Teilen der Stadt zu den Heiligtümern, um dort bekränzt ihre Wein- und Weihrauchopfer darzubringen.

Der private Kult wurde vom *pater familias* vollzogen und vom Kollegium der *sacerdotes* beaufsichtigt. Neben dem *Lar familiaris*, dem Gott des häuslichen Herdes, der den Bereich der *domus* beschützte, verehrte man die beiden Penaten, unter deren Obhut die Vorräte sowie das Wohlergehen der Hausbewohner standen. Ihre Verehrungsstätte war das *lararium*: eine *aedicula*, die Wachsstatuetten oder gemalte Bilder des *Lar familiaris* und der Penaten enthielt, und ein Altar, auf dem wie im Vesta-Tempel

Links: Larenheiligtum im Vettierhaus in Pompeji, zwischen 63 und 79 n. Chr. Das Lararium vieler Häuser Pompejis ist nicht mehr ein Schrein für plastische Figürchen, sondern eine stuckierte Ädikula, die ein gemaltes Bild umschließt. In der Mitte steht der Hausherr in der purpurgesäumten Toga, die er zum Opfer über den Kopf gezogen hat. In der Linken hält er ein Weihrauchkästchen, in der Rechten die Spendeschale. Neben ihm tanzen die Laren, Jünglinge in kurzer Tunika, einen Kranz im Haar. In der einen Hand schwenken sie ein hornartiges Trinkgefäß (Rhyton), in der anderen halten sie ein Körbchen. Am oberen Rand flattern die Bänder von Girlanden. Unten schlängelt sich mit mächtigen Windungen eine Schlange durchs Gras auf einen Altar zu; sie verkörpert den Genius des pater familias.

Rechts: Gemälde des Larariums in der Casa del Centenario in Pompeji. Neben dem üblichen Schlangensymbol erscheint hier der Gott Bacchus. Über und über mit Trauben bedeckt, hält er in der Linken den Thyrsosstab, während er mit dem Kantharos in der Rechten seinen Panther tränkt. Der mit Reben bewachsene Berg ist wohl der Vesuv.
Neapel, Museo Nazionale

beständig das heilige Feuer brannte. Der ursprüngliche Platz des *lararium* war das Atrium, aber im städtischen Haus, wo der Herd aus dem Atrium fortverlegt war, befand es sich oft in der Küche. Man grüßte die Laren, wenn man aus der Fremde zurückkam oder wegging, opferte ihnen bei allen Familienangelegenheiten und bedachte sie täglich mit Gaben vom Tisch. Hinzu kam der Kult der als *manes* verehrten Ahnen. Dem Stammvater der *gens* und den anderen Vorfahren wurden am Jahrestag ihrer Geburt Blumen und Speisen dargebracht. Der Totenehrung waren besonders die Parentalia im Februar und die Lemuria im Mai gewidmet. Man fürchtete, vernachlässigte Totengeister könnten zurückkehren und Unheil bringen. Solche Wiedergänger hatten den Namen *lemures* erhalten, während die Seelen von Verbrechern und deren Opfern als *larvae* bezeichnet wurden.
Zum häuslichen Kult gehörte schließlich die Verehrung des Genius, der dem Manne innewohnenden Macht und Persönlichkeit. Sein Fest war am Geburtstag. Dem oft in Schlangengestalt dargestellten Genius des Mannes entsprach die Juno der Frau.

Die Entwicklung der Religion

Auf dem Wege der *interpretatio* konnten die Römer ihre eigenen Götter in Gottheiten wiedererkennen, die von Nachbarvölkern, befreundeten wie feindlichen, verehrt wurden. So kam es zur Annäherung, Identifikation und Assimilation zwischen Gottheiten verschiedener Pantheons. Die vergleichsweise geringe Erfindungsgabe der Römer auf mythischem Gebiet sowie der funktionale Charakter ihrer Götter haben den Prozeß der *interpretatio* begünstigt, nicht allein bei griechischen Gottheiten, sondern auch bei Göttern der Etrusker und orientalischer Völker. Schon die Odyssee-Übersetzung des Livius Andronicus aus der Mitte des 3. Jahrhunderts v. Chr. belegt, daß jeder homerische Gott sein Gegenstück im römischen Pantheon gefunden hat: Im ersten Vers wird die Muse des Homer unter dem lateinischen Namen Camena angerufen; Zeus wird mit Jupiter gleichgesetzt, sein Vater Kronos mit Saturnus. Dieser Assimilationsprozeß setzte offenbar sehr früh ein; das belegen die zweisprachigen Inschriften der Goldplättchen aus dem Heiligtum von Pyrgi, dem Hafen von Caere, den Dionysios von Syrakus 384 v. Chr. plünderte. Die Göttin, der das Heiligtum geweiht war, heißt im etruskischen Text Uni, im phönikischen Astarte. Der etruskische Name Uni entspricht dem lateinischen Juno: Die große Göttin der Völker Mittelitaliens wurde also mit der großen Göttin des karthagischen Pantheons gleichgesetzt. Diese um 500 v. Chr. erfolgte Identifikation erklärt bestimmte Entwicklungen in der römischen Religion, insbesondere während der religiösen Krise im Zweiten Punischen Krieg; damals wurden in Rom Saturnus und Juno besonders verehrt, in denen man die karthagischen Götter Baal und Tanit-Astarte sah. Die Übernahme fremder Gottheiten durch die Römer war kein Ausnahmefall, sondern ein Wesenszug ihrer Religion. Begünstigt wurde sie durch die gemeinsame Herkunft und das indogermanische Erbe: Der Name Jupiter, der sich bei allen italischen Völkern findet, entspricht dem griechischen Zeus Pater und dem vedischen Diauh Pitâ. Allerdings ist die Übereinstimmung nur begrenzt: Der vedische Gott symbolisiert den Himmel und allumfassende Vaterschaft, während Zeus und Jupiter auch herrschende und blitzeschleudernde Götter

sind, Funktionen, die im Rigveda Indra beziehungsweise Varuna und Mitra ausüben.

Die Aufgeschlossenheit des religiösen Bewußtseins der Römer fremden Gottheiten gegenüber tritt im Ritual der *evocatio* deutlich zutage; es erlaubte römischen Feldherrn, vor dem Sturmangriff die Schutzgottheiten der feindlichen Stadt aufzufordern, sich in Rom niederzulassen, wo man ihnen Tempel errichten würde, die ihrer Größe würdiger seien. Die Formel des Gebets, das an die Götter der Feinde gerichtet wurde, damit sie sich für die Sache Roms entscheiden mögen, überliefert ein wichtiger Text der *Saturnalia* des Macrobius (3, 9); Ergänzungen finden sich bei Plinius dem Älteren (*Naturalis historia* 28, 17-18) und Servius (Vergil-Kommentar 11, 351 und 12, 841). V. Basanoff hat in einer eingehenden Untersuchung (*Evocatio*, 1947) das gleiche Ritual bei den indogermanischen Hethitern im zweiten vorchristlichen Jahrtausend nachgewiesen. Während orientalische Völker und Semiten auch die Schutzgötter ihrer Feinde bekriegten, suchten Hethiter und Römer den göttlichen Schutz vom Feind abzuziehen und ihrem eigenen Vorteil dienstbar zu machen. Die »evozierten« Götter wurden sogleich bei ihrer Aufnahme in die Urbs latinisiert und romanisiert, indem man sie mit einer bereits in Rom verehrten Gottheit verband. Dieses Ritual ist historisch belegt beim Fall von Veji im Jahre 396 v. Chr. und bei der Zerstörung Karthagos im Jahre 146 v. Chr. Die von der etruskischen Stadt übernommene Göttin erhielt den Namen Juno Regina, die der Punier den Namen Juno Caelestis: Es waren die beiden Göttinnen, die in den zweisprachigen Inschriften von Pyrgi jeweils an entsprechender Stelle erscheinen, die etruskische Uni und die punische Astarte. Inzwischen hatte in Karthago jedoch Tanit den Platz eingenommen, den in Phönikien und auf Zypern Astarte innehatte; Tanit ist also in Rom als Juno Caelestis verehrt worden.

Das römische Pantheon eignete sich von seiner Struktur her für solche Substitutionen und Assimilationen, fand doch der analytische Geist der Römer eine Vielzahl von Möglichkeiten, Gottheiten einander zuzuordnen. So konnte dem Namen eines Gottes der eines anderen beigefügt werden, wodurch ein Abhängigkeitsverhältnis entstand: Hercules Jovius, Venus Jovia, Numisius Martius, Ops Consiva. Die umbrischen Inschriften der Iguvinischen Tafeln, ein Lustrationsritual der Stadt Iguvium (Gubbio) und ihrer Bewohner, enthalten die Anrufung einer Göttin Prestota Serfia, die also von dem Gott Serfus abhängig war; da dieser seinerseits dem Gott Mars verbunden war, bestand hier eine zweifache Unterordnung.

Der Name einer niederen Gottheit konnte mit dem eines großen Gottes auch durch den Genitiv der Zugehörigkeit verbunden werden: Aulus Gellius überlieferte in seinen *Noctes Atticae* (13, 23) eine Aufstellung solcher Götternamen, die möglicherweise auf Beschwörungsformeln

Linke Seite: Zeus-Tempel von Euromos in Karien (Kleinasien). Der korinthische Peripteros mit sechs auf elf Säulen wurde in hadrianischer Zeit erbaut.

Oben: Tempel der Juno Caelestis in Thougga (Dougga, Tunesien). Die punische Göttin Tanit trug seit der Zerstörung Karthagos den Namen Juno Caelestis. Ihr Tempel in Thougga, einer unter karthagischer Herrschaft blühenden Stadt, wurde zur Zeit des Severus Alexander (222–235) errichtet.

Folgende Doppelseite: Bel-Tempel in Palmyra (Syrien). Der unter Tiberius geweihte Bau verschmilzt Elemente östlicher Heiligtümer mit Formen hellenistisch-römischer Tempel. Ein hohes Portal an der westlichen Längsseite der Säulenringhalle führt in der Querachse in die Cella, die eine doppelte Kultfunktion besaß: im Süden ein Adyton für das Kultbild des Bel, im Norden für die palmyrenische Trias. Über der Cella befand sich eine zinnengeschmückte Dachterrasse.

eines alten Kriegsritus zurückgehen: Lua Saturni, Salacia Neptuni, Hora Quirini, Virites Quirini, Maia Volcani, Heries Junonis, Moles Martis, Nerio Martis. In all diesen Fällen erfolgt die Unterordnung durch Verbindung eines *numen* mit dem Genitiv eines Götternamens. Eine dritte Art der Synthese ist die Apposition: Einer hohen Gottheit wird ein spezielles *numen* als Beiname zugegeben: Jupiter Fulgur (der den Blitz schleudert), Jupiter Lapis (ein Hinweis auf den beim Eid in der Hand gehaltenen Stein), Jupiter Stator (der die Feinde aufhält). Schließlich können die bei Götternamen häufig auftretenden Dubletten die gleiche Gottesvorstellung in männlicher und weiblicher Form zum Ausdruck bringen: Liber/Libera, Faunus/Fauna, Pomo/Pomona. Es ist also eine gegenläufige Entwicklung zu verzeichnen: einerseits eine Vermehrung der Zahl der Götter durch Übernahme fremder Gottheiten, andererseits die immer detailliertere Analyse der *numina* und gleichzeitig eine Konzentration der göttlichen Macht auf die großen Götter, die sich untergeordnete Gottheiten zueignen.

Die Hellenisierung der römischen Religion

Durch vielfältige Formen von Umwandlungen und Verbindungen hat sich die römische Religion trotz ihres Konservatismus und ihres betont rituellen Charakters weiterentwickelt. Am wichtigsten erwies sich dabei die Hellenisierung, die auf zwei verschiedenen Wegen vor sich ging: durch Übernahme griechischer Gottheiten, zu denen es in Rom kein Äquivalent gab, und durch Angleichung auf römischem oder italischem Boden bereits heimischer Gottheiten an griechische Vorstellungen. Übernommen wurden die griechischen Götter der Heilkunde und des Handels: ein Hinweis auf die Bedrohung durch Epidemien *(pestilentiae)* und auf die wachsende Bedeutung der Handelsreisen, vor allem auf dem Seeweg. Nach dem Sieg im Latinerkrieg wurde den Castores, den Dioskuren Castor und Pollux, die in Großgriechenland Schutzgottheiten des Adels waren, mitten im Forum ein Tempel erbaut; die Weihe fand 484 v. Chr. statt. 431 folgte

der Tempel des Apollo Medicus, 291 der des Aesculapius auf der Tiberinsel und 181 der Tempel der Hygieia, womit die Trias der Heilgötter vollständig vertreten war.

Die Rolle des Herculesmythos

Gravierungen auf Spiegeln belegen, daß der Heros bereits im 6. Jahrhundert v. Chr. bei den Etruskern unter dem Namen Hercle bekannt war. Aber der Kult des Herakles gelangte von Großgriechenland nach Rom, insbesondere von Kroton, Locri und Poseidonia aus. Dafür sorgten zum einen griechische Kaufleute, die eine Kultstätte bei der Porta Trigemina am Tiberufer unterhielten, zum anderen eine latinische *gens* (nach der historischen Überlieferung vielleicht auch zwei Familien, die Potitii und Pinarii), die den Heros an der Ara Maxima am Rande des Forum Boarium verehrte, also innerhalb des *pomerium*, der geweihten Stadtumgrenzung. Die offizielle Anerkennung des Herculeskults erfolgte in zwei Etappen: Bei dem 399 gefeierten ersten Lectisternium ruhte Hercules neben Diana auf einem Götterlager, um die Verehrung der Römer entgegenzunehmen, und 312 übernahm der Censor Appius Claudius Caecus die Ara Maxima in den Staatskult. Die jüngsten Forschungen heben die orientalischen Züge des Gottes hervor, seine Übereinstimmungen mit Baal-Melkart von Tyrus und den phönikischen Ursprung seines Kults. Doch fand der Kulturheros und Retter Herakles auch Eingang in den Gründungsmythos Roms: Der achte Gesang der Aeneis, in dem von der Ansiedlung der Trojer in Latium und ihrem Empfang durch den Arkadier Euander berichtet wird, enthält die Episode des Kampfs zwischen Hercules und dem Rinderdieb Cacus – der Versuch, eine römische Sage in den Zyklus der Taten des Hercules einzureihen.

Apollo, Minerva, Juno

Daß der Apollokult eine regulierende Wirkung auf die Gestaltung des *ritus Graecus* in Rom und auf die Verschmelzung griechischer und latinischer Götter ausübte, war vor allem den Sibyllinischen Büchern und den Decemvirn zu verdanken. Weder das Orakel von Delphi noch der Einfluß von Cumae erklären die Eigenschaften, derentwegen der Kult des Apollo anläßlich einer Epidemie im Jahre 431 v. Chr. in Rom eingeführt wurde; doch war den Etruskern von Caere und Veji Apollo (Aplu) als Heilgott bereits bekannt. Der 431 eingeführte Kult weist Züge auf, die teilweise latinisiert und stark von alten einheimischen Ritualen geprägt waren; erst später, unter dem Einfluß von Tarent und Delphi, näherte er sich der griechischen Tradition an.
Im 5. Jahrhundert v. Chr. hatte der griechische Einfluß in Rom tiefe Wurzeln geschlagen. Franz Altheims Vermutung einer frühen Hellenisierung Latiums, die zunächst auf Vorbehalte gestoßen war, wurde inzwischen durch

archäologische Funde weitgehend bestätigt. Ausgrabungen bei der Kirche San Omobono am Fuß des Kapitols brachten die Überreste eines archaischen Tempels aus dem 6. Jahrhundert v. Chr. zutage. Sein Akroterium bestand aus einer Statuengruppe mit Athena und Herakles. Die gewappnete Göttin stützt sich auf den Heros, der das Fell des nemeischen Löwen trägt. Stil und Ikonographie dieser Figuren sind unverkennbar griechisch beeinflußt und legen eine Datierung zwischen 525 und 500 nahe. Bei den Ausgrabungen in Lavinium (Pratica di Mare, südlich von Rom) wurden dreizehn Altäre, die Überreste eines archaischen Heiligtums und eine Anzahl von Terrakottastatuen entdeckt, darunter eine von zwei Meter Höhe mit der völlig ungewöhnlichen Darstellung einer Kriegsgöttin: Athena-Minerva ist mit einem Schwert bewaffnet (nicht mit der Lanze). Sie trägt Schild und Helm und um die Taille einen Schlangengürtel, während sich um ihren rechten Arm eine dreiköpfige Schlange windet. Die Wurzel *men* in Menrva, später Minerva, steht für alle geistigen Tätigkeiten. In Rom und im etruskischen Falerii war Minerva die Schutzherrin des Handwerks und der Künste, genau wie Athena Ergane in Griechenland. Wegen dieser Gemeinsamkeit wurden auch die übrigen Aspekte der Athena auf Minerva übertragen; in der kapitolinischen Trias erscheint sie dann an der Seite von Jupiter und Juno vor allem als gewappnete Stadtgöttin wie Athena Polias.

Besonders aufschlußreich verlief der Prozeß der *interpretatio* bei Juno. Zunächst war sie von ihrem griechischen Gegenstück Hera völlig verschieden: in Rom Regina auf dem Kapitol und dem Aventin, Lucina (Geburtsgöttin) auf dem Esquilin; in Lavinium gleichzeitig Sospita (Kriegsgöttin), Regina (Stadtherrin) und Mater (Schutzgöttin der weiblichen Fruchtbarkeit). Hera war nicht nur in Großgriechenland (Paestum, Metapont) und Sizilien (Selinunt), sondern auch in Etrurien präsent, wo die Griechen in Gravisca, dem Hafen von Tarquinia, ein Hera-Heiligtum errichten durften (zwischen 580 und 480 v. Chr.); ihr Name erscheint in Caere auf Vasen aus dem 4. und 3. Jahrhundert v. Chr.. Vor dem Sturm auf Veji im Jahre 396 v. Chr. wandte sich Camillus an Uni, um sie durch *evocatio* zur Übersiedlung nach Rom aufzufordern; auf dem Aventin wurde ihr als Juno Regina ein Tempel errichtet. Die Punischen Kriege verbanden Juno dann auch mit Tanit, der großen Schutzgöttin von Karthago, die 146 v. Chr. in Rom aufgenommen wurde und aufgrund ihres astralen Charakters den Namen Juno Caelestis erhielt.

Archaistische Statuen der Diana (links) und des Apollo (rechts) aus Pompeji. Im Zuge der religiösen Restauration des Augustus sollten archaische Formen den Götterbildern eine besondere sakrale Aura verleihen. Die beiden Statuen sind wahrscheinlich Nachbildungen damals neugeschaffener oder wiederverwendeter Kultbilder, dazu bestimmt, Zeugnis für die pietas *eines Villenbesitzers abzulegen.*
Neapel, Museo Nazionale

Bacchus

Dionysos oder Bakchos, der griechische Gott des Weines, des Weinstocks und der Ekstase, in dessen Gestalt und Kult viele orientalische Züge Eingang fanden, wurde in Rom heimisch, als der strikte Vollzug der offiziellen Riten die religiösen Bedürfnisse nicht mehr zu befriedigen vermochte. Die Römer verehrten ursprünglich die alte italische Gottheit Liber als Gott des Weinstocks; ihn erkannten sie in Dionysos wieder, dessen Kult sich von Großgriechenland und Campanien aus in Italien verbreitete. Der Dionysos-Kult verhieß seinen Anhängern Wiedergeburt und selige Unsterblichkeit, wie sie auch die Eingeweihten der Eleusinischen Mysterien der Demeter und Kore erhofften. Bei ihren geheimen Zusammenkünften versetzten sich die Teilnehmer der Bacchanalien in rauschhafte Verzückung, indem sie lärmend und tanzend die Bacchantinnen, Satyrn und Mänaden des dionysischen Gefolges nachahmten. Livius berichtet im 19. Buch mit Abscheu von den Auswüchsen dieses ekstatischen Kults im frühen 2. Jahrhundert v. Chr. Der Senat sah sich veranlaßt, gegen den »Bacchanalien-Skandal« einzuschreiten: 186 v. Chr. wurde die Abhaltung dionysischer Mysterien eingeschränkt; sie durften künftig nur nach vorheriger Genehmigung durch römische Beamte und nur in kleinen Gruppen stattfinden. Das Dekret ist in einer Bronzetafel überliefert.

Fünf Jahre nach diesem Senatsbeschluß entdeckte man am Fuß des Janiculus das »Grab des Numa«, das in einem steinernen Behältnis Schriften über das Priesterrecht und die pythagoreische Lehre barg. Damit sie nicht eine neue Welle des Mystizismus auslösten, ordnete der *praetor urbanus* die Vernichtung der Bücher des Numa an. Offenbar hatte die pythagoreische Sekte in exklusiven Zirkeln Roms bereits Anklang gefunden. Die Lehre des Pythagoras erklärte das Universum aus Zahlenverhältnissen und entwickelte eine wahre Zahlenmystik; der Glaube an die Seelenwanderung verpflichtete zu einem streng sittlichen Lebenswandel und zu vegetarischer Lebensweise. Trotz des Dekrets von 186 v. Chr. wurden die Dionysien in der Kaiserzeit allerorten gefeiert. Dionysos verschmolz mit großen orientalischen Gottheiten: dem thrakischen Sabazios, dem syrisch-phönikischen Baal, mit Osiris und Serapis. Daß die Heilserwartung der Gläubigen an diesem Kult mehr Genüge fand als an den rein griechischen Mysterien von Eleusis, zeigen die zahlreichen Sarkophage mit dionysischen Themen.

Politische Faktoren: die Einführung des Kaiserkults

Sulla erhielt bei seiner Rückkehr aus dem Orient 82 v. Chr. den Beinamen Felix. Seinen vollen Sinn erschließt der Begriff *felicitas* erst in Verbindung mit Venus, die Sulla zu seiner persönlichen Schutzgottheit erkoren hat-

Dionysos erscheint Ariadne (linke Seite), Ariadne wird durch eine Mänade und einen Silen in die Mysterien eingeführt (oben). Tafeln aus blauem und opakweißem Glas, das in Cameotechnik geschnitten ist. Die beiden Schmuckplatten aus dem Speisezimmer eines Hauses in Pompeji waren vielleicht in ein Ziermöbel eingesetzt. Neapel, Museo Nazionale

te. Auch Pompeius unterstellte sich ihrem Schutz und weihte der Venus Victrix einen Tempel in dem Theater, das er 55 v. Chr. erbauen ließ. Caesar führte sein Geschlecht über Aeneas auf Venus zurück und errichtete auf dem Forum Iulium den Tempel der Venus Genetrix, der Mutter des julischen Hauses wie auch des römischen Volkes. Caesar war der erste Römer, der nach seinem Tode 44 v. Chr. durch Apotheose zur Gottheit erhoben wurde. Augustus förderte den Kult seines Adoptivvaters und begründete damit den Kaiserkult. Im Jahre 27 v. Chr. war Octavian der Ehrentitel Augustus, »der Erhabene«, verliehen worden: Der Nimbus geradezu göttlicher Macht umgab seine Persönlichkeit. Da er den Sieg über Antonius und Kleopatra bei Actium dem Gott Apollo zuschrieb, förderte er dessen Kult und errichtete einen Apollo-Tempel auf dem Palatin. 17 v. Chr. veranstaltete Augustus außerhalb des regulären Zyklus eine Säkularfeier. Ein halbes Jahrzehnt später fiel ihm nach dem Tod des Lepidus das Amt des Pontifex Maximus zu. Die Erneuerung der römischen Staatsreligion war nun sein Ziel: Er nahm eine Reform der Priesterkollegien in Angriff und die Wiederherstellung von 82 Tempeln. Eine Vergöttlichung zu Lebzeiten lehnte Augustus ab; aber in den östlichen Provinzen des Imperiums verband sich sehr bald seine Verehrung mit dem Kult der Dea Roma. Die Mitgliedschaft in mehreren Priesterkollegien verlieh ihm sakrale Würde, und im Rahmen des Larenkultes wurde der Genius Augusti gemeinsam mit den Lares compitales, den Laren der Kreuzwege, verehrt. Im Jahre 7 v. Chr. wurden 265 Collegia Compitalia ins Leben gerufen, denen dieser Kult oblag.

Tiberius und Claudius hielten es hierin wie Augustus: Sie ließen dem verstorbenen Kaiser göttliche Ehren zukommen, lehnten diese aber für sich selbst zu Lebzeiten ab. Nach Deifikation trachteten Caligula und insbesondere Nero, der sich auf Münzen als Apollo darstellen ließ, sich im Amphitheater als Hercules zeigte oder als Helios auftrat. Domitian (81-96) beanspruchte dann die Bezeichnung *dominus* und *deus*; sie wurde aber erst seit Aurelian (270-275) üblich. Damals erreichte der Kaiserkult seinen Höhepunkt. In der Tetrarchie bezogen die beiden Augusti, Diocletian und Maximian, ihre Autorität direkt von Jupiter und Hercules; die beiden Caesares, Constantius Chlorus und Galerius, waren durch Adoption zu Nachfolgern bestimmt. Die Ausübung kaiserlicher Macht wurde somit zu einem göttlichen Amt, und ein stark ausgeprägtes Zeremoniell schützte die Majestät der Herrscher. Aber ihre Erhöhung vermochte nicht mehr zu verhindern, daß das Heidentum seinem Ende entgegenging. Unter Constantin wurde die Kaiserverehrung in eine Huldigung umgewandelt, an der auch die Christen teilnehmen konnten.

Die orientalischen Kulte

Schon sehr früh waren der Tiber und Roms Hafen von phönikischen Seeleuten angesteuert worden und auf diese Weise orientalische Einflüsse nach Rom gelangt. Doch standen die Römer den Mysterienreligionen des Orients mit ihren orgiastischen Praktiken lange Zeit mit Mißtrauen gegenüber. Das änderte sich erst gegen Ende des 3. Jahrhunderts v. Chr. Trotz der Niederlage der Karthager am Metaurus (207 v. Chr.) konnten sich Hannibals Truppen weiterhin in Süditalien halten. Nach einer Befragung der Sibyllinischen Bücher machte sich eine römische Abordnung auf den Weg nach Pessinus in Galatien, um von dort mit Unterstützung des befreundeten Königs Attalos I. von Pergamon den Stein oder *baitylos* der Göttin Kybele zu holen. Unter diesem Namen verehrten die Phrygier die große weibliche Fruchtbarkeitsgottheit vieler Völker des Mittelmeerraumes, die Große Mutter der Götter; ihr uraltes Kultbild im Tempel von Pessinus war jener schwarze Meteorstein, der im Jahre 204 feierlich in Rom empfangen und im Tempel der Victoria aufgestellt wurde, bis der gelobte Tempel der Magna Mater auf dem Palatin vollendet war (191 v. Chr.).
Der Kybelekult in Rom blieb Priestern und Priesterinnen phrygischer Herkunft vorbehalten. Mit der Göttin verbunden war ihr jugendlicher Geliebter Attis, der als Gott der wiedererstehenden Vegetation verehrt wurde; man erzählte von ihm, er sei in Raserei verfallen und habe sich selbst entmannt. Daher mußten die Priester der Kybele, die Galli, Eunuchen sein. Die Diener der Göttin setzten sich durch Musik von Flöten, Becken, Rasseln und Pauken, durch Tanz und blutige Praktiken in ekstatische Erregung – alles Dinge, die Anhänger altrömischer Strenge als skandalös empfinden mußten. Erst unter Kaiser Claudius wurden die Megalesia, das Frühlingsfest zu Ehren von Kybele und Attis, in den offiziellen Festkalender aufgenommen. Zur gleichen Zeit konstituierte sich das Kollegium der *dendrophoroi*, die so hießen, weil sie bei den Kultfeiern Zweige trugen. Ovids *Fasti* (4, 223-242) überliefern die mythologische Erklärung dafür: Die Göttin soll Attis in Gestalt einer Pinie wiedererweckt haben. Um den Kybelekult unter Kontrolle zu haben, schuf Antoninus Pius das Amt des Archigallus; es war einem römischen Bürger vorbehalten und von der Auflage befreit, daß die Galli Verschnittene sein mußten. Antoninus gestattete auch den öffentlichen Vollzug des *taurobolium*, ein kathartisches Ritual, bei dem der Myste vom Blut eines geschächteten Stieres benetzt wurde.
Um Tod und Auferstehung ging es auch in dem aus Ägypten stammenden Isiskult. Von Augustus und Tiberius wurde er in Rom verboten; aber Caligula ließ sich in die Isismysterien einweihen, und danach fanden sie in Domitian einen Schirmherrn. Innerhalb des *pomerium* erhielt die Göttin, allerdings erst unter Caracalla, auf dem Quirinal einen Tempel: das Serapeum. Isis war die Schwestergemahlin des Osiris, der als Herrscher im Jenseits und Vegetationsgott verehrt wurde; er war von seinem Bruder Seth ermordet und von Isis wiedererweckt worden. Seine Leiden, sein Tod und seine Auferstehung wurden in einer Art Mysterienspiel nachvollzogen. In weißes Leinen gekleidete Priester mit kahlrasiertem Schädel leiteten die Gläubigen, damit sie durch Gebet und die Beachtung strenger ritueller Vorschriften Reinheit und Heil erlangten.
Mithras verkörperte in der altiranischen Religion Sonne und Licht als Symbol des Guten. Sein Kult hatte sich zunächst in Kleinasien verbreitet; von dort brachten ihn römische Soldaten in den Westen, wo sich schon bald zahlreiche Gemeinden bildeten. Kein anderer Kult hatte in den Legionen mehr Anhänger. Die Mithrasreligion schildert den Kampf zwischen Licht und Finsternis, Gut und Böse in ähnlichen Begriffen wie die Lehre des Propheten Mani (216-276), der im Manichäismus eine nachhaltige Wirkung beschieden war. Wie im Kybelekult begingen die Gläubigen das Taurobolium: die Taufe durch das reinigende Blut eines geopferten Stieres nach langem Noviziat. Sie versammelten sich in kryptenartigen Heiligtümern, den Mithräen. Das Kultbild, meist eine Reliefstele, stellte das Hauptereignis des Mithrasmythos dar: Der Gott tötet den unter ihm in die Knie gebrochenen Stier, dessen verströmendes Blut die Erde tränkt und befruchtet. Als seine Gefährten erscheinen Cautes und Cautopates, der eine mit erhobener, der andere mit gesenkter Fackel. Sol und Luna am Himmel verweisen auf die kosmische Dimension des Geschehens. Das heilige Mahl der Kultgemeinde erinnerte an das gemeinsame Mahl von Mithras und Sol nach der Stiertötung. Ihre täglichen Gebete verrichteten die Gläubigen bei Sonnenaufgang, wenn die Sonne im Zenit stand und bei Sonnenuntergang.

Monotheistische Strömungen

Die orientalischen Mysterienreligionen begegneten einer wachsenden Sehnsucht nach Erlösung und Heil, die in der traditionellen Götterverehrung der Staatskulte keine Erfüllung fand. Gleichzeitig wirkten monotheisti-

Statue des Kaisers Claudius in Jupiterpose. Schon zu Lebzeiten konnten die Herrscher im Bild mit Göttern und Heroen verglichen werden. Es handelte sich dabei um panegyrische Vergleiche, wie sie in der höfischen Dichtung bereits unter Augustus aufkamen. Der Vergleich mit Jupiter rühmt die umfassende Herrschaft des Kaisers, liegt jedoch auf einer ganz anderen Ebene als Aussagen zum Herrschaftssystem und -stil. Die Principatsideologie wird dadurch nicht in Frage gestellt. Rom, Musei Vaticani

sche Strömungen auf die religiöse Haltung der Römer ein. Das philosophische Denken der Griechen kannte schon seit langem die Idee eines einzigen Gottes, der sich hinter den zahllosen Göttergestalten der Mythen verberge. Die ältere Stoa mit Zenon, Kleanthes und Chrysipp hatte den Gedanken der göttlichen Weltvernunft entwickelt, den Cicero von Vertretern der mittleren Stoa, Panaitios und Poseidonios, übernahm und der römischen Welt vermittelte. Dort wurden diese Anschauungen durch Seneca weiterverbreitet und schließlich durch Kaiser Marc Aurel gewissermaßen offiziell abgesegnet. Über die Gottesvorstellung des Judentums unterrichteten Werke wie das »Buch der Weisheit«, eine im 1. Jahrhundert v. Chr. verfaßte Apologie der mosaischen Religion. Der gegen 100 v. Chr. geschriebene »Brief des Aristeas« berichtete von der Übersetzung des Pentateuchs ins Griechische, für die der Hohepriester Eleazar 72 jüdische Schriftgelehrte nach Alexandreia entsandt hatte. Philon von Alexandreia (30 v. Chr. – 54 n. Chr.) versuchte, die Lehre der Bibel mit der griechischen Philosophie, insbesondere dem Platonismus, in Einklang zu bringen.

Die Vielzahl gnostischer Strömungen im 2. Jahrhundert n. Chr. hat ebenfalls dem Monotheismus den Weg bereitet. Die Gnosis verstand sich als Weisheitslehre, die ihren Adepten durch Erkenntnis Erlösung spendet; sie lehrte das Wissen um die Stufen des Aufstiegs der Seele aus der materiellen Welt ins Lichtreich des Logos und seines Urhebers, des transzendenten Gottes. Ähnliche Vorstellungen enthält das *Corpus Hermeticum*, das im 3. Jahrhundert n. Chr. in Alexandreia kompiliert wurde. Als Verfasser galt der ägyptische Gott Toth, den die Griechen unter dem Namen Hermes Trismegistos mit dem Götterboten und Seelengeleiter ihrer Religion identifizierten. In dieser synkretistischen Lehre steht ein Gott »Eins« unter dem höchsten Gott, dessen Name nicht genannt werden darf. Die babylonische Theologie fand ihren Niederschlag in den chaldäischen Orakelsammlungen; ihr zufolge war Hekate die große Gottheit der unterweltlichen Mysterien, die Gestirne bestimmten das Schicksal, und die Seelen durchwanderten die Planetensphären.
In der Sonnenreligion trat die Tendenz zum Monotheismus offen zutage: Sie sah in allen Gottheiten nur ver-

Linke Seite: Der Raub des Hylas. Marmorintarsie (opus sectile) *aus der Basilika des Junius Bassus, um 330. Der schöne Königssohn aus Mysien nahm am Argonautenzug teil; an einer Quelle wurde er von den Nymphen geraubt und so unsterblich. Die Szene der griechischen Mythologie umfaßt ein Fries mit Motiven des ägyptischen Götterrituals. Rom, Museo Nazionale*

Oben: Beginn einer Isisfeier. Gemälde aus Herculaneum, Anfang 1. Jahrhundert n. Chr. Die Kultgemeinschaft hat sich zu seiten des Altars aufgereiht. Vor der Tempeltür steht ein Priester in weißem Gewand und mit kahlrasiertem Kopf. Er trägt mit verhüllten Händen ein Gefäß, während eine Priesterin und ein dunkelhäutiger Priester mit dem Sistrum rasseln. Neapel, Museo Nazionale

schiedene Erscheinungsformen *eines* Gottes, der Sonne. Mit solchen Spekulationen suchten die gebildeten Anhänger des Heidentums die Widersprüche des Polytheismus zu lösen. Ansätze dazu fanden sich in der platonischen Philosophie, der pythagoreischen Lehre und im Stoizismus. Kaiser Aurelian erhob den Sol invictus zum obersten Reichsgott. Julianus Apostata betrieb im 4. Jahrhundert eine Erneuerung der Sonnenreligion im Geist des Neuplatonismus. Dessen Begründer Plotin (205–270) und vor allem Porphyrios und Iamblichos suchten die Idee eines transzendenten Gottes mit der Existenz einer Vielheit göttlicher Wesen durch den Begriff der Emanation in Einklang zu bringen: Aus dem vollkommenen »Ur-Einen« geht in einer Stufenfolge von Wesen alles Seiende hervor.

Diese Bemühungen um eine Versöhnung von Polytheismus und Monotheismus trugen dazu bei, daß die Werte des Heidentums weiterhin anerkannt wurden, besonders im einfachen Volk und auf dem Land. Ihren Fortbestand sicherten aber vor allem die heidnische Kultur und deren großartige Schöpfungen, das klassische Erbe. Zu Ende des 4. Jahrhunderts kam es in der römischen Aristokratie zu einer Renaissance des Heidentums, die sich in den *Saturnalia* des Macrobius manifestiert. Doch ein Erlaß des Kaisers Theodosius vom 24. Februar 391 verbot die heidnischen Kulte in Rom; dieses Gesetz wurde im folgenden Jahr auf das gesamte Imperium ausgeweitet und unter den Söhnen des Theodosius, Honorius und Arcadius, noch verschärft: 399 ordneten sie die Zerstörung aller Tempel an; die verschont blieben, wurden in Kirchen umgewandelt.

Das Christentum im Römischen Reich

Jesus von Nazareth lebte und wirkte in der Provinz Palästina am Rande des Römischen Reiches. Sein Lebenswerk gehört ganz in die jüdische Geschichte dieses Landes hinein. Mit seiner Predigt vom kommenden Gottesreich, mit seinem heilenden und helfenden Wirken stiftete Jesus eine Sammlungsbewegung, die in der Gemeinschaft mit ihm das baldige Kommen des Reiches Gottes erwartete. Das öffentliche Auftreten und Wirken Jesu dauerte nur zwei oder drei Jahre. Der gewaltsame Tod am Kreuz – vielleicht am 7./8. April des Jahres 30 – setzte ihm ein Ende.

Eine jüdische Sekte

Gemeinde Gottes, im Namen Jesu geeint

Der Glaube an die Auferstehung des Gekreuzigten führte die Jüngergemeinde Jesu neu zusammen. Sie wurde zur »Gemeinschaft Gottes«, die sich im Namen Jesu versammelte. Sie lebte in der Erinnerung an das, was Jesus verkündigt und getan hatte, und machte sich seine Verkündigung und sein Wirken selbst zu eigen. Sie lebte aber auch in der Erwartung der Wiederkunft des Herrn: »So wie er zum Himmel aufgefahren ist, so wird er wiederkommen« (Apg 1,11). Denn die Predigt vom nahen Gottesreich war mit der Erfahrung des Todes Jesu nicht aufgegeben worden. Sie wurde weitergetragen und lebte von der festen Überzeugung, daß der Auferstandene, der erhöhte Herr, bald aus der Herrlichkeit Gottes wieder herabsteigen werde, um seine Gemeinde in das ewige Reich des Vaters heimzuholen.

All das geschah innerhalb des Judentums. Die »Gemeinde Gottes, im Namen Jesu geeint«, verstand sich nicht als neue Religion. Sie verstand sich als neues, wahres Israel, an dem Gott seine Verheißungen jetzt schon wahrgemacht hat und weiter erfüllen wird. Innerhalb des Judentums waren die frühen Christengemeinden eine Sekte. Wir kennen sie in Jerusalem – die sogenannte »Urgemeinde« – und auch in den Städten und Dörfern Galiläas. Sie tauchten bald in Antiochien auf, wo sie zum erstenmal als Christen bezeichnet wurden. Die Trennung von der Synagoge setzte ein und mit ihr der Prozeß einer Verselbständigung zur eigenen Kirche Jesu Christi.

Dieser Prozeß schloß eine andere Klärung ein: Jesus hatte seine Heilsbotschaft an Israel gerichtet. Mußte sie an die Grenzen des alttestamentlichen Gottesvolkes gebunden bleiben? Die Antwort ist den ersten Christusgläubigen nicht leichtgefallen. Freilich hat die Synagoge schon missionarisches Wirken gekannt – »Gott liebt auch den Fremdling« (Dt 10, 18) – und Proselyten (»Hinzugekommene«) gewonnen (vgl. Mt 23, 15). Außerdem gab es den weiten Kreis der »Gottesfürchtigen«, die vom jüdischen Glauben, seinen Geboten und den frommen Bräuchen des Judentums angezogen wurden und sich den Synagogengemeinden anschlossen, ohne zum Judentum überzutreten.

Gerade in diesen Kreisen muß früh die christliche Prägung des jüdischen Glaubens bekannt geworden sein. Damit war den christlichen Gemeinden die Frage nach der Heilsmöglichkeit dieser Nichtjuden gestellt. Mußten sie zuerst Juden werden, um dann Christen werden zu können? Oder konnten sie ohne Umweg in die christ-

Christus Pantokrator aus dem Apsismosaik der Kirche Santi Cosma e Damiano am Forum Romanum. Papst Felix IV. (526–530) ließ das rechteckige Gebäude an der Rückseite des sogenannten Tempels des Romulus, vermutlich die Bibliothek des Forum Pacis, in eine Kirche umwandeln und weihte sie den Heiligen Kosmas und Damian. Die als Ärzte tätigen Zwillingsbrüder aus Aegea in Kilikien hatten in der diocletianischen Verfolgung den Märtyrertod erlitten. Die Märtyrerkrone in den Händen tragend, werden sie in dem Apsismosaik von den Apostelfürsten Petrus und Paulus dem Herrn zugeführt. Christus steht in purpurverbrämter, golddurchwirkter Tunica und Toga vor tiefblauem Himmel, in dem gerötete Wolken aufsteigen, und verkündet mit hocherhobener Rechter und der Gesetzesrolle in der Linken das neue Zeitalter.

Oben: Der Gute Hirte, 3. Jahrhundert. Das idyllisch-bukolische Motiv des Widderträgers ist früh zum Christusbild geworden: »Ich bin der gute Hirte; ich kenne die Meinen, und die Meinen kennen mich« (Joh 10,14). Rom, Priscilla-Katakombe

Unten: Fisch und Brot wurden zu einem der häufigsten Christussymbole in der frühchristlichen Kunst. Christus ist das »Brot des Lebens« (Joh 6), und das griechische Wort für Fisch, ichthys, *enthält die Anfangsbuchstaben von »Jesus Christus, Gottes Sohn, Erlöser«. Darüber hinaus ergab sich ein Bezug zur Taufe: »Wir aber sind die Fischlein, nach dem Fisch, unserem Jesus Christus, die im Wasser geboren werden« (Tertullian, Über die Taufe 1). Rom, Domitilla-Katakombe*

Rechte Seite: Christlicher Sarkophag, Mitte 3. Jahrhundert. Ein lesender Philosoph und eine Beterin (orans) *nehmen die Mitte der Sarkophagfront ein. Ihre in der Bosse gelassenen Gesichter sollten die Porträts der Grabinhaber aufnehmen. Auf der rechten Seite sind der Gute Hirte und die Taufe Jesu dargestellt, links ruht Jonas unter der Kürbislaube. Zu seinen Füßen sieht man das Ungeheuer, das den Propheten ausgespien hat, und auf der abgerundeten Schmalseite das Schiff, von dem er ins Meer geworfen wurde. Rom, Santa Maria Antiqua*

lichen Gemeinden aufgenommen werden? Die Frage spitzte sich auf die Notwendigkeit der Beschneidung und der Gesetzesbeobachtung zu. Die Apostelgeschichte (10–11) erzählt von dem heidnischen Hauptmann Cornelius, der »fromm und gottesfürchtig war« und Christ werden wollte. Petrus vermag ihn erst nach einem wunderbaren Eingreifen Gottes zu taufen. Die erbauliche Geschichte verdeckt eine lange innergemeindliche Diskussion. Die Lösung brachten erst die späten vierziger Jahre (Apg 15; Gal 2). Da wurde die Mission unter den Heiden vorbehaltlos anerkannt und die Botschaft Jesu als universales Heilsangebot begriffen: »Geht nun und macht zu Jüngern alle Völker« (Mt 28,19). Den Heiden wurde der Zugang zur Kirche Christi unmittelbar geöffnet, die Beschneidung und die Beobachtung des Gesetzes wurden von ihnen nicht verlangt.

An dieser weitreichenden Entscheidung war vor allem der jüdische Schriftgelehrte Paulus aus Tarsos beteiligt. Er hat das Evangelium als Befreiung von der drückenden Last des alttestamentlichen Gesetzes begriffen und die Frohe Botschaft als vertrauenden Glauben an die Erlösung durch Christus verkündet. Für dieses gesetzesfreie Evangelium setzte er sich kompromißlos ein und baute unermüdlich die »Kirche aus den Heiden« auf. Weitere Missionsreisen führten ihn durch die Länder des östlichen Mittelmeerraumes. Mit seinen Gemeinden blieb er durch eine rege Korrespondenz verbunden. Um das Jahr 58 sah Paulus seine Arbeit im östlichen Mittelmeerraum getan; er wollte nach Rom reisen und von dort weiter nach Spanien (Röm 15,23f). Seine Verhaftung in Jerusalem (Apg 21, 27–40) machte diese Pläne zunichte. Als Gefangener kam er im Jahr 61 in die Reichshauptstadt, wo er zwei Jahre in milder Haft lebte (Apg 28, 16–31). Nach altkirchlicher Überlieferung soll er noch unter Kaiser Nero (54–68) dort seines Glaubens wegen hingerichtet worden sein, zusammen mit dem Apostel Petrus.

Im Licht der Öffentlichkeit

Ich fand nichts anderes als einen verkehrten, maßlosen Aberglauben (Plinius an Kaiser Traian)

Das Christentum hat sich seit den fünfziger Jahren rasch im weiten Römerreich ausgebreitet. Schon vor dem Jahr 50 mag es Christen in Rom gegeben haben. Doch die Reichsöffentlichkeit nahm zunächst wenig Notiz von dieser neuen jüdischen Sekte. Zum erstenmal erscheinen die Christen als eigene religiöse Gruppierung unter Kaiser Nero. Als nach dem Brand Roms im Juli 64 der Kaiser selbst als Brandstifter verdächtigt wurde, habe er diesen peinlichen Verdacht auf die Christen Roms gelenkt. So erzählt es der römische Historiker Tacitus, der für Nero wenig Sympathie empfand und die Christen auch nicht mochte: »Nero schob andere als Schuldige vor, Menschen, die bei der ungebildeten Menge wegen ihrer

Schandtaten verhaßt waren und Christiani hießen...« Eine große Menge sei dann aufgrund ihres »Hasses auf das Menschengeschlecht« in einer Volksfesthinrichtung umgebracht worden (Annalen 15, 44, 2–5).
Tacitus wußte nicht viel von diesen Christen: Ihren Namen leiten sie von Christus her, ihre Religion ist verderblicher Aberglaube, man traut ihnen allerhand Schandtaten zu. Ihre Distanz vom öffentlichen Leben mag ihnen den Vorwurf des allgemeinen Menschenhasses eingebracht haben. Vielleicht gab Tacitus die öffentliche Meinung über die Christen zu Anfang des 2. Jahrhunderts wieder. Die christenfeindliche Aktion Neros war zwar auf Rom beschränkt geblieben, aber das kaiserliche Vorgehen und jene öffentliche Meinung müssen sich zu einem Urteil verdichtet haben: Christsein paßt nicht zum Römersein. Das führte zwar nicht zu einer generellen Verfolgung der Christen, aber offensichtlich zu einem Verbot des Christseins (Kaiser Traian an Plinius den Jüngeren; Pliniusbriefe 10, 96–97).
Die Christen wußen, daß sie zu einer verdächtigten und verbotenen Gemeinschaft zählten, daß ihr Christsein sie das Leben kosten konnte. Andererseits brauchten sie willkürliche Strafexpeditionen nicht zu fürchten. Aber sie mußten auf der Hut sein: Ein neidischer handwerklicher Konkurrent konnte seinen christlichen Berufskollegen, Metzger, die das Opferfleisch nicht loswurden, konnten christliche Kunden anzeigen. Wo ein Christ das familiäre Leben störte, konnte eine Anzeige erfolgen. Die Christen mußten die Rolle der ungeliebten Minderheit tragen, sie wurden zum Sündenbock gemacht, der an allem schuld war: »Wenn der Tiber die Mauern überflutet, wenn der Nil die Felder nicht überflutet, wenn der Himmel sich nicht rührt, wenn die Erde sich bewegt, wenn eine Hungersnot, wenn eine Seuche wütet, gleich schreit man: »Die Christen vor den Löwen!« So viele vor einen einzigen?« (Tertullian, *Apologeticum* 40, 2).
Diese Unsicherheit bestimmte die Lage der Christen bis weit in das 3. Jahrhundert hinein. Sie führte in dieser Zeit jedoch nicht zu großen Verfolgungsaktionen. Es waren einzelne Christen oder größere Gruppen von Christen, die einzelnen, lokal begrenzten Verfolgungen zum Opfer fielen: Polykarp von Smyrna (um 160); Justin, der Philosoph und Märtyrer in Rom (um 165); die Christen von Lyon-Vienne (um 177/178); eine Gruppe von Christen in Scili/Nordafrika (Juli 180); Perpetua und Felicitas mit anderen Christen aus Karthago (um 202). Mancher Vertreter der Staatsgewalt mag den Christenprozeß nur mit Widerwillen durchgeführt und die Möglichkeiten einer Rechtsprechung zugunsten der Christen voll ausgeschöpft haben (Tertullian, *Ad Scapulam* 4–5). Die Christen wandten sich von der sie verfolgenden römischen Staatsmacht nicht ab. Sie beteten für die Obrigkeiten und betonten ihre Loyalität und ihre Bedeutung für das Imperium: »Daß unsere Lehre zugleich mit dem Reiche, das glücklich begonnen hatte, zu dessen Wohle erblühte, ergibt sich am deutlichsten daraus, daß ihm von den Zeiten des Augustus an nichts Schlimmes widerfahren ist, daß es im Gegenteil – wie es aller Wunsch ist – lauter Glanz und Ruhm geerntet hat« (Melito von Sardes, um 160–180, nach Eusebius, Kirchengeschichte 4, 26, 8).

Die Ausbreitung des Evangeliums und die frühchristliche Gemeinde

Gestern sind wir erschienen, und schon haben wir alles, was euer ist, überflutet (Tertullian, *Apologeticum* 37, 4)

Trotz der Gefährdung konnte sich das Christentum im Römischen Reich weiter ausbreiten. Das Neue Testament belegt schon für das ausgehende 1. Jahrhundert eine überraschende christliche Präsenz in den einzelnen Reichsteilen. Auf gut ausgebauten Verkehrswegen konnten die Missionare von Stadt zu Stadt ziehen. Mit der griechischen Sprache *(koine)* wurden weite Bevölkerungsteile erreicht. Freilich, was abseits der großen Verkehrsstraßen, was außerhalb der griechischen Sprache lag, wurde vom christlichen Evangelium nicht erreicht. Latein wurde erst gegen Ende des 2. Jahrhunderts zur Sprache der Christen. Verkündigung des Evangeliums wurde dabei keineswegs nur von berufsmäßigen Missionaren gelei-

Links: Himmelfahrt des Elias. Relief der Holztür von Santa Sabina in Rom. Die Basilika Santa Sabina auf dem Aventin erhielt um 430 als Hauptportal eine zweiflügelige Tür aus Zypressenholz mit 28 Bildfeldern, von denen 18 erhalten blieben. Ihre Themen sind teils dem Alten, teils dem Neuen Testament entnommen. Die auch in der Katakombenmalerei und auf frühchristlichen Sarkophagen dargestellte Himmelfahrt des Elias weist als alttestamentlicher Antitypus auf die Himmelfahrt Christi voraus. Diese ist das Thema einer anderen Tafel der Tür, mit analog gestalteter Komposition: Christus wird vor den Augen der Apostel von Engeln in den Himmel aufgenommen: »Dieser Jesus, der von euch ging und in den Himmel aufgenommen wurde, wird ebenso wiederkommen« (Apg 1, 11).

Rechts: Allegorien der Juden- und der Heidenkirche. Mosaiken seitlich der Dedikationsinschrift an der Eingangswand der Basilika Santa Sabina in Rom, zwischen 422 und 432. Die erfolgreiche Mission unter den Heiden ließ neben der Judenkirche (ecclesia ex circumcisione, *die Kirche aus der Beschneidung) die Heidenkirche* (ecclesia ex gentibus, *die Kirche aus den Völkern) entstehen. Die beide Kirchen verkörpernden Frauengestalten sind in ein dunkles Maphorion gekleidet und verweisen im Redegestus auf die geöffnete Heilige Schrift. Die Personifikation der Heidenkirche hält eine* mappa *in der Linken.*

stet. Die starke Mobilität der Reichsbevölkerung hatte einen erheblichen Anteil an der frühen Ausbreitung des Evangeliums. Gläubige, die aus beruflichen oder familiären Gründen durch das weite Reich zogen, wurden zu »Missionaren im Nebenberuf«; sie brachten mit ihrem Reisegepäck und ihrem Hausrat auch ihren christlichen Glauben mit und lebten danach in ihrer neuen Umgebung. So entstanden die ersten Christengemeinden im gallischen Rhônetal durch Einwanderer aus Kleinasien. Erzgruben, Glas-, Keramik- und Textilindustrie boten ihnen Arbeit und Lebensunterhalt.

Gebildete Christen eröffneten Schulen wie die heidnischen Philosophen und lehrten da »christliche Philosophie«: Justin in der Mitte des 2. Jahrhunderts in Rom – »ich wohne über dem Bad des Myrtinus, und wer zu mir kommen will, den lehre ich dort das Wort der Wahrheit« (Märtyrerakte Justin) –, Pantaenus und Clemens gegen Ende des Jahrhunderts in Alexandrien und nach ihnen Origenes (gest. um 254). Sie lehrten ein anspruchsvolleres Christentum, das alles philosophische Suchen und Fragen nach der Wahrheit und nach Gott zufriedenstellen sollte, und griffen dafür auch zur Feder. Sie bauten auf eine heimliche Übereinkunft zwischen den hellenistischen Philosophen und Dichtern und ihrem christlichen Glauben. In ihnen sahen sie schon das göttliche Wort des Logos am Werk, der sie Teile und Spuren der Wahrheit finden ließ: »Trefflich, Platon, du kommst der Wahrheit nahe« (Clemens von Alexandrien, *Protrepticus* 68, 2). Da konnte die alte Philosophie zu einer Vorhalle des Christentums werden, ihr sogar ein Bündnis mit Gott zuerkannt werden, in dem die guten Philosophen »durch die Philosophie gerechtfertigt wurden« (ders., *Stromata* 6, 67, 1; 1, 27, 3). Der Weg zum Christentum schien seit langer Zeit vorbereitet und der letzte Schritt zum christlichen Glauben von innerer Folgerichtigkeit: »Schön ist das Wagnis, zu Gott überzulaufen« (ders., *Protrepticus* 93, 2). Auch auf einfachere Weise konnte diese innere Verwandtschaft erklärt werden: »Was wir verehren, ist der eine Gott, von dem dieser ganze Weltenbau stammt... Soll ich ihn euch aus seinen eigenen vielen und großen Werken, durch die wir bewahrt, durch die wir erhalten, durch die wir erfreut und durch die wir auch erschreckt werden, soll ich ihn euch aus dem Zeugnis der Seele selbst beweisen« (Tertullian, *Apologeticum* 17, 1–6). Tertullian (gest. nach 220) wollte aus der menschlichen Seele das Zeugnis einer natürlichen Christlichkeit *(testimonium animae naturaliter christianae)* lesen. Denn die unverdorbene Seele weiß um Gottes Dasein, um seine Wohltaten, um sein Richten und Vergelten! Was der Nordafrikaner so formulierte, ist freilich kein Zeugnis für eine »von Natur aus christliche Seele«, wohl aber für eine natürliche Religiosität. Da konnte der christliche Schriftsteller an gute römische Überzeugung anknüpfen: »Wie guter Meinung wir auch von uns selbst sind (obwohl viele Völker uns in vielem übertreffen), so übertreffen wir doch alle Völker an Religiosität und durch diese einzige Weis-

heit, daß wir zur Einsicht gelangt sind, daß alles der Regierung und Lenkung durch die Götter unterstellt ist« (Cicero, *De haruspicum responso* 9, 19). Diese natürliche Religiosität, die um die Abhängigkeit von den Göttern und um die ihnen geschuldete Verehrung wußte, konnte im Römischen Reich vorausgesetzt werden. Ein mühevoller, angestrengter Diskurs über die Plausibilität von Religion brauchte da nicht geführt zu werden. Das Christentum stand keiner religiösen Leere gegenüber; es trat als wahre Religion gegen die falsche Religion auf.
Wir wissen nicht, wie weit solche Überlegungen zur Annahme des christlichen Glaubens führten. Die Breitenwirkung christlicher Literatur war sicher nicht groß. Das christliche Buch kam fast nur in christliche Hände (Tertullian, *De testimonio animae* 1, 4). Die stärkere Anziehungskraft ging von der christlichen Gemeinde und ihren Mitgliedern am Ort aus. Sie mag manchen wie ein Mysterienkult erschienen sein, der seinen Mitgliedern ewiges Leben und ewiges Heil versprach: »Komm, ich will dir den Logos und die Mysterien des Logos zeigen und sie dir mit Bildern erklären, die dir vertraut sind« (Clemens von Alexandrien, *Protrepticus* 119, 1). Auf andere mag sie wie eine der vielen Vereinigungen *(collegia)* gewirkt haben. Tertullian stellte die christliche Gemeinde in korporationsrechtlichen Begriffen vor: Eine Gruppierung zum gemeinsamen Handeln *(factio)*, eine religiöse Körperschaft *(corpus)*, geeint durch den Glauben, die Einheit der Lehre und den Bund der Hoffnung (*Apologeticum* 39, 1). Die Körperschaft, jetzt geleitet vom Klerus, führte Frauen und Männer zu einer Einheit zusammen. Das »eins in Christus« ging über die sozialen Schranken hinweg, auch wenn die realen Standesunterschiede weiter bestehen blieben.
Die Gemeinde versammelte sich zum Gottesdienst. Der wurde zunächst im Hause eines begüterten Christen gefeiert, der einen Versammlungsraum zur Verfügung stellen konnte. Dann kam die Gemeinde selbst in den Besitz einer eigenen Versammlungsmöglichkeit in der *domus ecclesiae*, der Hauskirche. Es war das räumliche Zentrum der Gemeinde, das unauffällig irgendwo in einem Wohnviertel der Stadt lag. Das war kein Tempel, aber doch durch die Feier des Gottesdienstes, die Spen-

Oben: Sarkophag mit dem Guten Hirten und Lehrszenen, 3. Jahrhundert. Die antike Philosophen- und Lehrerdarstellung wurde von der frühchristlichen Kunst auf Christus, die Apostel und die Evangelisten übertragen. Striegelförmige Riefelung war ein beliebtes Dekorationsmotiv für einfachere Sarkophage.
Rom, Palazzo dei Conservatori

Rechts: Taufraum einer Hauskirche in Dura-Europos am Euphrat. Die Adaption eines Wohnhauses für die Bedürfnisse einer christlichen Gemeinde erfolgte vor 256. Für den Versammlungsraum wurde eine Zwischenwand herausgebrochen, im Taufraum eine Ritualwanne mit Ziborium errichtet.
New Haven, Yale Gallery

dung der Sakramente, das gemeinsame Beten und die Versammlung der Gemeinde ein geheiligter Ort, ein »Ort des Übernatürlichen«. Die Gläubigen sollten zu diesem Ort eilen, »denn dort sprießt der Heilige Geist«; wer dort betet, »den trifft kein Übel des Tages« (Hippolyt von Rom, *Traditio apostolica* 41).
Die Gemeinde lebte von freiwilligen Spenden und Zuwendungen, und nach und nach stand ihr auch eigener Besitz zur Verfügung. Die finanziellen Mittel erlaubten eine beachtliche karitative Tätigkeit: Unterstützung der Armen, Kranken, Witwen und Waisen, Gastfreundschaft, Hilfe in besonderen Notlagen. »Von Anfang an hattet ihr den Brauch, allen Brüdern auf mannigfache Weise zu helfen und vielen Gemeinden in allen Städten Unterstützung zu schicken. Durch die Gaben, die ihr von jeher geschickt habt, da ihr als Römer einen überlieferten Brauch festhaltet, erleichtert ihr die Armut der Bedürftigen und unterstützt ihr die in den Bergwerken lebenden Brüder« (aus einem Brief des Bischofs Dionysius von Korinth an die römische Christengemeinde, um 170, nach Eusebius, Kirchengeschichte 4, 23, 10). Cyprian von Karthago (gest. 258) hat in einer großen Hilfsaktion die finanziellen Mittel aufgebracht, um Christen aus nordafrikanischen Gemeinden, die von räuberischen Barbaren geraubt worden waren, wieder loszukaufen (Brief 62).
Besondere Sorge galt den Toten. Die Gemeinden unterhielten eigene Friedhöfe; in Rom sind es die »Katakomben«, in denen im 3. Jahrhundert ein bescheidenes christliches Kunstschaffen anfing. Sie kümmerten sich um die Bestattung ihrer verstorbenen Mitglieder und schenkten ihnen fürbittendes Gedenken über den Tod hinaus. In all diesen Aktivitäten äußerte sich die Christengemeinde als »Gemeinde der Heiligen«, als »heilige Kirche« und damit noch einmal als ein »Ort des Übernatürlichen«, in dem sich Gott und Mensch begegnen durften.

Die Entstehung der frühchristlichen Großkirche

Was die Seele im Leibe ist, das sind die Christen in der Welt

Dieses stolze Wort wurde von einem Christen im 2. Jahrhundert geschrieben (An Diognet 6, 1). Ähnliche Aussagen finden sich bei anderen Autoren: »Ich hege keinen

Zweifel, daß nur durch das bittende Gebet der Christen die Welt fortbesteht« (Aristides, Apologie 16, 6). In diesem überraschenden Selbstbewußtsein ist Verantwortung für die Welt ausgedrückt. Ein »neues Volk« fand sich da zusammen: nach Juden, Griechen/Römern ein »drittes Geschlecht«. Das wurde mit Argwohn beobachtet: »Wie lange noch, dieses drittes Geschlecht?« (Tertullian, *Scorpiace* 10). Die kühne Selbstbehauptung stand auch in keinem Verhältnis zur wirklichen Bedeutung der Christen, wie sie die einzelnen Gläubigen erlebt haben mögen.

Dazu überdeckte sie Unklarheiten und Schwierigkeiten im eigenen Haus. Das Christentum war ja keine einheitliche Größe. Von Anfang an gab es unterschiedliche Ausdeutungen der Lehre und ebenso eine unterschiedliche Praxis im christlichen Leben. »Seitdem die Christen zu einer Menge angewachsen sind, spalten sie sich und trennen sie sich voneinander, und ein jeder will sich seine eigene Partei schaffen. Weil sie so zahlreich geworden sind, trennen sie sich wieder voneinander und verdammen sie sich gegenseitig. So haben sie in Wirklichkeit nur noch eines gemeinsam – wenn sie es überhaupt noch gemeinsam haben – nämlich den bloßen Namen. Dieser ist das einzige, das aufzugeben sie sich schämen. Im übrigen aber hält es von den Parteien die eine so und jene anders« (Origenes, Gegen Celsus 3, 12). Celsus (um 180), der scharfe Kritiker des Christentums, hat richtig beobachtet. Vielerlei Christentümer standen neben- und gegeneinander: ein strenges Judenchristentum, das gnostische Christentum, das sich in verschiedenen Schulen zeigte, der radikale Dogmatiker Marcion (im Jahr 144 aus der römischen Gemeinde ausgeschlossen, was zur Gründung einer eigenen Kirche führte), die montanistische Erweckungsbewegung und enkratitische Gemeinden, die wirkliches Christsein nur in weltverneinender Askese verwirklicht sehen wollten.

Die harte Auseinandersetzung zwischen den widersprüchlichen Verkündigungen führte zur Klärung und Stärkung einer rechtgläubigen Position und zur Ausgrenzung abweichender Formen. Ihr Ergebnis ist eine frühchristliche Großkirche, die sich am Ende des 2. Jahrhunderts fassen läßt. In ihrer Ausbildung wurden die ältesten Schriften der beginnenden Kirchenzeit zur Heiligen Schrift des Neuen Testaments. Als schriftlicher Niederschlag der Apostelpredigt wurden sie zur verbindlichen, normativen Glaubensurkunde, die eingebettet war in den Strom der ebenso verbindlichen lebendigen Überlieferung: »Hätten die Apostel nichts Schriftliches hinterlassen, so müßte man eben der Ordnung der Tradition folgen, die sie den Kirchen übergeben haben« (Irenäus, Gegen die Häresien 3, 4, 1).

Diese lebendige Überlieferung wurde als Glaubens- oder Wahrheitsregel bezeichnet. Es geht hierbei um den unverzichtbaren Kern der christlichen Botschaft, um die

immer gleichbleibende Substanz der Überlieferung (Irenäus, Gegen die Häresien 1, 10, 2). Der Begriff der Regel (*regula* oder Kanon) verweist auf die Verbindlichkeit, die in ihrer Identität mit der apostolischen Predigt begründet ist. Wie im römischen Recht – »Nicht aus der Regel wird das Recht genommen, sondern aus dem bestehenden Recht wird die Regel abgeleitet« (Digesten 50, 17, 1) – wurde hier aus der Überlieferung die Glaubensregel entnommen.

Verantwortlich für die rechte Lehre und die rechte Praxis war der Bischof, der die einzelne christliche Gemeinde leitete. Seit der Mitte des 2. Jahrhunderts hatte sich diese Verfassungsform in den meisten Gemeinden durchgesetzt. Der Einzelbischof *(monepiskopos)* galt als Garant der Treue in der Überlieferung; als Nachfolger der Apostel trug er jetzt alle apostolische Vollmacht. In der apostolischen Nachfolge war er der Garant der Identität mit den Anfängen und der Kontinuität in der unverfälschten Überlieferung.

Diese selbstbewußte, gut organisierte Kirche bestimmte die Gestalt des Christentums im 3. Jahrhundert. Konkurrierendes Christentum gab es auch da weiterhin, Spaltungen einzelner Christengemeinden ebenso. Aber die frühchristliche Großkirche konnte ihre Position ausbauen. Sie schuf eine überregionale Organisation, bei der sie sich an die Ordnung des Römischen Reiches hielt. Die selbständigen Ortsgemeinden, mit ihrem führenden Bischof und dem Klerus, standen in engem Verkehr miteinander, ebenso die Bischöfe einer Reichsprovinz. Dem Bischof der Provinzhauptstadt wuchs größere Autorität zu. Ihm oblag die Weihe eines neuen Bischofs in der Provinz. Er berief die Bischöfe seiner Provinz zur Bischofsversammlung, der Synode, zusammen, auf der kirchliche Angelegenheiten verhandelt und nach gemeinsamen Lösungen gesucht wurden. Ein besonderer Vorrang kam den Bischöfen von Rom, Alexandrien und Antiochien in ihren jeweiligen Gebieten zu. Das Konzil von Nizäa im Jahre 325 bestimmte diesen Vorrang als »altem Brauch« entsprechend (Kanon 6). Die kirchliche Geographie schloß sich an die politische an. Freilich fügte die innerkirchliche Begründung die eigene Qualität des apostolischen Ursprungs hinzu: Die Gemeinde von Rom sei von Petrus und Paulus gegründet worden, die von Alexandrien vom Petrus-Schüler Markus; Antiochien war durch die Apostelgeschichte als Christengemeinde in apostolischer Zeit ausgewiesen.

Die großen Christenverfolgungen

Verfemen und ausrotten sollte man diese Bande
(Minucius Felix 9, 1)

Die Kirche konnte in der ersten Hälfte des 3. Jahrhunderts kontinuierlich wachsen. Von einigen lokalen Verfolgungen abgesehen, kam ihr die Gunst der Zeit entgegen. Doch dann brachte die Jahrhundertmitte eine gefährliche Wende. »Von da an liefen die Verfolgungen nicht mehr vereinzelt wie zuvor, sondern allgemein und überall« (Origenes, Matthäus-Kommentar, *Series* 39). Die erste große Kirchenverfolgung ist mit dem Namen des Kaisers Decius verbunden. Er übernahm im Jahre 249 die Regierung des außenpolitisch gefährdeten und innenpolitisch instabilen Reiches. Mit einer umfassenden Restaurationspolitik versuchte er der Lage Herr zu werden. Dazu gehörten vor allem die Wahrung und Erneuerung der bewährten römischen Tradition und ihrer Religion. Die rechte Verehrung der Götter mußte doch den römischen Staat in seine frühere Stabilität versetzen und ihm sein altes Ansehen wieder verleihen. »Die Leiden all, den Jammer brachte Götterverachtung Hesperiens Land« (Horaz, *Carmina* 3, 6). Verachtung der Götter war eine gefürchtete Verfehlung in der römischen Geschich-

Links: Christus als Lehrer im Kreis der zwölf Apostel. Fresko in einem Arkosol der Domitilla-Katakombe in Rom, 4. Jahrhundert. Die an der Wölbung dargestellte Weinlese, schon in der heidnischen Ikonographie Sinnbild ewigen Lebens, verweist auf die Eucharistie.

Oben: Goldgläser aus römischen Katakomben. Bei solchen Gläsern überfängt eine Schicht farblos-durchsichtigen Glases eine Blattgoldauflage, aus der Inschriften, Ornamente und figürliche Darstellungen ausradiert sind. Die Technik stammt vermutlich aus Alexandrien, gelangte etwa im 2. Jahrhundert n. Chr. nach Rom und erreichte dort einen Höhepunkt im 4. Jahrhundert in zahlreichen Exemplaren mit christlichen Darstellungen. Die meisten wurden im Stuck der Katakomben gefunden. Oft sind die Bilder in Tondoform in den Boden von Schalen oder Kugelgläsern eingelassen. An Münzbilder erinnern die im Profil einander zugekehrten Köpfe der Apostel Petrus und Paulus, der Eichenkranz an die corona civica *(unten links). In entsprechender Weise sind zwei im Gespräch einander gegenübersitzende Heilige dargestellt, denen Christus vom Himmel herabschwebend die Märtyrerkrone reicht (oben links). In einer symbolischen Darstellung schlägt Petrus als Moses des Neuen Bundes Wasser aus dem Felsen (oben rechts).*
Rom, Biblioteca Vaticana

te. Ließ man die unübersehbare Gruppe der Christen gewähren, die sich vom römischen Götterkult fernhielten, in den Augen der Römer also die anerkannten Götter verleugneten – mußte dies nicht als Verachtung der Götter gewertet werden? Die größere Angst des Kaisers Decius vor einem neuen Bischof in Rom als vor einem Usurpator im Reich (Cyprian, Brief 55, 9) ist in dieser religiösen Sorge begründet. Der Kaiser rief im Sommer des Jahres 250 die gesamte Reichsbevölkerung zu einem Bittopfer *(supplicatio)* für das Wohl des Staates auf. Das ganze Reich sollte den Göttern die Ehre erweisen, das ihnen Geschuldete öffentlich leisten. Eigene Opferkommissionen überwachten den Vollzug des Opfers. Im Opfer brachte die Bevölkerung ihre Sorge um den Bestand des Reiches und ihre Loyalität dem Kaiser gegenüber zum Ausdruck.

Für die Christen bedeutete der kaiserliche Opferbefehl eine ernste Herausforderung. Das Gebet für den Kaiser

Oben: Das um 300 entstandene Mosaik aus der Vatikannekropole stellt Christus als Helios auf dem Sonnenwagen dar: »Erleuchten wird dich Christus, der Herr, die Sonne der Auferstehung, gezeugt vor dem Morgenstern, die Leben spendet mit ihrem Strahl« (Clemens von Alexandrien).

Unten: Jerusalem aus der sogenannten Palästinakarte von Madaba. Fußbodenmosaik in einer Kirche von Madaba (Jordanien), 6. Jahrhundert. Der Cardo maximus durchzieht als Säulenstraße in Nord-Süd-Richtung die Stadt, in deren Mitte die von Constantin erbaute Grabeskirche steht (Fassadengiebel und Kuppel sind nach unten gerichtet).

Rechte Seite: Stiftermosaik der Hagia Sophia in Istanbul, 10./11. Jahrhundert. Constantin bringt der thronenden Gottesmutter die Stadt dar, Justinian die von ihm erbaute Kuppelkirche.

und das öffentliche Wohl war ihnen durchaus selbstverständlich, es gehörte von Anfang an zu ihrem Gottesdienst. Aber der Gott ihrer Gebete hatte im römischen Götterhimmel keinen Platz. Mit ihren Gebeten konnten sie keine Loyalität demonstrieren. Das Opferedikt mußte deshalb zu einer christenfeindlichen Aktion werden. Wer das Opfer verweigerte, wurde mit Gefängnis, Vermögensverlust, Verbannung, auch mit dem Tode bestraft. Die Christen reagierten unterschiedlich: Viele vollzogen das geforderte Opfer, andere wußten sich die Opferbescheinigung zu erschleichen, und dann gab es auch standhafte Opferverweigerung und Ertragen der verfügten Strafen.

Mit dem raschen Tod des Kaisers im Juni 251 fand das Unternehmen ein Ende. »Der Friede ist der Kirche wiedergegeben ... und unsere Sicherheit ist wiederhergestellt« (Cyprian, Über die Gefallenen 1). In der Tat war der äußere Frieden der christlichen Kirche wiedergeschenkt. Die Nachwehen der Verfolgung bescherten ihr jedoch inneren Unfrieden. Die in großer Zahl Abgefallenen – man nannte sie die »Gefallenen« – drängten nach der Verfolgung wieder in die kirchliche Gemeinschaft zurück. Hier half das kirchliche Bußinstitut mit seiner bischöflichen Vergebungsvollmacht. Cyprian von Karthago war einer der großen Wortführer in diesem pastoralen Streit. Er setzte sich mit seiner kontrollierten Wiederaufnahme der Gefallenen durch. Diese pastorale Entscheidung, in der das kirchliche Bußverfahren sich als Heilmittel in der Krise erwies, stieß auch auf Widerstand. Rigoristische Kreise lehnten die milde Praxis ab und gründeten eine eigene Kirche, dem Ideal einer »reinen und heiligen« Kirche verpflichtet.

Im Jahre 257 nahm Kaiser Valerian (253–260) mit neuen Edikten die Verfolgung wieder auf. Gezielt begann er mit einer Verfolgung des Klerus und der höhergestellten Christen, dehnte sie dann im folgenden Jahr auf alle Christen aus. Jetzt war der Widerstand der Christen entschiedener, waren die Opfer größer. In Rom starb Bischof Xystus mit seinen Diakonen den Märtyrertod. In Karthago wurde am 13. September 258 Bischof Cyprian »als Feind der römischen Götter und der heiligen Religion« hingerichtet.

Das ruhmlose Ende des Kaisers in der persischen Gefangenschaft beendete die Verfolgung. Der Nachfolger Gallienus (260–268) ordnete die Rückgabe entzogener Christengüter an und wollte die Christen nicht mehr belästigt wissen (Edikt des Kaisers bei Eusebius, Kirchengeschichte 7, 13). Die »Wohltat des kaiserlichen Gnadenerlasses« kam nicht ganz ohne Berechnung. Gallienus sah seine Position innenpolitisch gefährdet und wollte sie durch einen Kirchenkampf nicht noch mehr belasten. Die Kirche, die sich in der Verfolgung bewährt hatte und daraus gestärkt hervorgegangen war, wurde zum Objekt des politischen Kalküls. Römisches Reich und christliche Kirche fanden wieder zu erträglicher Koexistenz.

Vier Jahre währte dieser Zustand. Dann führte die strenge Restaurationspolitik Kaiser Diocletians (285–305) zu einem Umschwung in der kaiserlichen Religionspolitik und zu erneuter Verfolgung der christlichen Kirche. Das rasche Anwachsen und Erstarken der Kirche – nach Eusebius sollen Christen höchste Staatsämter bekleidet haben und ungehindert in den kaiserlichen Palästen aus und ein gegangen sein – hatte im Reich die christenfeindliche Stimmung verstärkt. Der Neuplatoniker Porphyrius schrieb um 270 sein großes Werk »Gegen die Christen«; andere literarische Angriffe reihten sich in eine Opposition gegen die Christen ein. Schließlich schwenkte auch die kaiserliche Religionspolitik auf diesen Kurs um. Im Jahr 299 wurden die Christen aus dem Militär entlassen. Vier Jahre später erging ein erstes Edikt gegen die Christen: Die christlichen Gotteshäuser sind zu zerstören, die heiligen Bücher auszuliefern und zu verbrennen; jede Versammlung der Christen wird verboten; die Christen verlieren ihre Rechtsfähigkeit, die Höhergestellten ihre Ämter, Würden und Privilegien. Weitere Edikte dieser Art folgten. Sie zielten auf die vollständige Zerstörung der christlichen Kirche.

Der Verfolgung fielen zahlreiche Christen zum Opfer. Sie ist allerdings mit unterschiedlicher Intensität durchgeführt worden: am stärksten im Osten, in Ägypten und Nordafrika, am wenigsten rigoros in den westlichen Reichsteilen. Hier war die Verfolgung mit dem Abdanken Kaiser Diocletians im Jahre 305 auch zu Ende, während sie im Osten von Galerius (305–311) fortgeführt wurde. Am 30. April 311 gestand dieser Kaiser das Scheitern der bisherigen Religionspolitik ein und beendete die Verfolgung: »Sie dürfen also wieder Christen sein und ihre Versammlungsstätten wieder herrichten.« Gleichzeitig wurde von der christlichen Religion die gebührende Leistung verlangt: »Sie sollen zu ihrem Gott beten für unser Heil, für das des Staates und ihr eigenes, damit das Staatswesen in jeder Hinsicht unversehrt bleiben und sie selbst sicher in ihren Wohnsitzen leben können« (Lactantius, Todesarten der Verfolger 34; Eusebius, Kirchengeschichte 7,17,3–10). Das Christentum war nun offiziell in der Kategorie der politischen Religiosität definiert. Der christliche Gottesdienst konnte jetzt Ausdruck loyaler Haltung zum römischen Staat sein. Der »Gott der Christen« stand neben den alten römischen Staatsgöttern.

Das christliche Römerreich

Kaiser Constantin

Als Kaiser Galerius sein denkwürdiges Toleranzedikt verkündete, war Constantin Herrscher im westlichen Römerreich. Im Jahr 306 war der Sohn des Constantius Chlorus und der Helena von den Soldaten seines Vaters zum Kaiser ausgerufen worden. Der illegitime Griff nach

der Herrschaft störte zwar die vorgesehene Herrscherfolge, aber der politisch-militärische Erfolg verschaffte Constantin schließlich auch die Anerkennung durch die legitimen Herrscher. Constantin war von religiösem Sendungsbewußtsein erfüllt und hatte sich unter den Schutz des unbesiegten Sonnengottes *(Sol invictus)* gestellt. Im Jahr 312 fiel er in Italien ein und marschierte nach Rom, wo Maxentius die Herrschaft beanspruchte. Am 28. Oktober 312 schlug er ihn in der Schlacht an der Milvischen Brücke und hatte damit die Alleinherrschaft über den Westen des Reiches erreicht.

Die entscheidende Schlacht ist von den christlichen Schriftstellern Lactantius (Todesarten der Verfolger 44) und Eusebius (Leben Constantins 1, 28) christlich interpretiert worden: Constantin habe vor der Schlacht »Christus zum Bundesgenossen« angerufen. In der Anrufung eines göttlichen Beistandes für die Schlacht folgte Constantin guter antiker Kriegstradition. Neu jedoch war, den Gott der Christen als Helfer in der Schlacht zu beanspruchen. Constantin war zuvor schon mit Christen bekannt geworden. Unter christlichem Einfluß mag er aus seiner bisherigen religiösen Bindung herausgetreten sein und sich an den Gott-Christus gebunden haben. Der Erfolg in der Schlacht bestätigte diese Entscheidung: Constantin hatte die Hilfe eines stärkeren Gottes erfahren! Er bewahrte sich diese Erfahrung. »Bei so vielen Gelegenheiten haben wir das göttliche Wohlwollen erfahren«, diese Überzeugung des Kaisers läßt sich vom Frühjahr 313 an belegen. Auch der Sieg über seinen Mitkaiser und Rivalen Licinius im Jahr 324 war ihm Beweis dieses göttlichen Wohlwollens. Er wußte, daß die »Pflege der Religion« dem Staat größtes Glück bringt, ihre Mißachtung aber Gefahr und Unglück. Mit solchen Äußerungen stand Constantin wieder ganz in der antiken Tradition. Ohne Schwierigkeit übertrug er diese Tradition auf die christliche Religion. Sie wählte er zum Garanten seines Regierungsglücks, seiner politischen und militärischen Erfolge. Das Heidentum ließ er – von geringen Beschränkungen abgesehen – gewähren. Der christlichen Religion galt seine besondere Aufmerksamkeit und Anteilnahme. Sein kaiserliches Amt hatte ihn auch zum Herrn der Religion bestellt. Die Religion gehörte für den Römer in den Bereich des öffentlichen Rechts, zu den Dingen, die unmittelbar den römischen Staat betrafen. Dafür aber war der Kaiser zuständig. Darauf beruhte seine Privilegisierung des katholischen Klerus: »Bringen die Kleriker der Kirche doch sichtlich dadurch, daß sie ihres höchsten Amtes walten, unermeßlichen Segen über den Staat« (Eusebius, Kirchengeschichte 10, 7, 2). Daraus ergab sich seine Förderung des Kirchenbaus: Wie die Kaiser vor ihm Tempel stifteten und deren Unterhalt sicherten, so stiftete Constantin jetzt große Kirchen, vor allem in Rom und in Palästina, und sicherte ihnen feste Einkünfte zu. Den Sonntag, »den Tag des Erlösers«, machte er zum arbeits-

Linke Seite: Inneres von San Giovanni in Laterano, der von Kaiser Constantin als Basilica Salvatoris gestifteten Bischofskirche in Rom, vor dem Umbau durch Borromini (1647–49). Fresko aus der Lateranbibliothek, vor 1650, heute im linken Seitenschiff von San Martino ai Monti, Rom.

Oben: Inneres von Sankt Peter in Rom, der von Constantin gestifteten Grabeskirche des Apostelfürsten Petrus. Das viele Jahre nach dem Beginn des Neubaus unter Papst Julius II. entstandene Fresko in San Martino ai Monti gibt den mittelalterlichen Zustand wieder, den der anonyme Maler alten Bilddokumenten entnahm.

freien Tag, der christlichen Gottesverehrung war damit Raum und Zeit gegeben.

Die Religion, wie Constantin sie verstand, war vor allem Gottesverehrung. Er wollte selbst in rechter Weise Gott verehren und alle Menschen zu Gottesverehrern machen. Das ist wiederum traditionelles römisches Religionsverständnis. Mühelos hat der Kaiser so auch die christliche Religion verstanden, und sicher nicht nur er. Lactantius, der christliche Lehrer und Schriftsteller, seit 317 am Hofe Constantins, hat sein christliches Bekenntnis in die Worte gefaßt: »Dazu ist die Welt geschaffen, damit wir geboren werden. Dazu werden wir geboren, damit wir den Schöpfer der Welt und unseren Gott erkennen. Dazu erkennen wir, damit wir verehren. Dazu verehren wir, damit wir die Unsterblichkeit als Lohn für die Mühen erlangen. Die größte Mühe ist die Verehrung Gottes« (*Divinae institutiones* 7, 6, 1).

Die Gottesverehrung geschah für den Kaiser allein in der christlichen Kirche. Sie war jedoch zur Zeit Constantins keine einträchtige Gemeinschaft. In Nordafrika stieß er auf eine tief zerstrittene und gespaltene Kirche. In welcher Kirche wurde nun Gott die geschuldete Verehrung dargebracht? Der Kaiser sollte es entscheiden. Die nach ihrem späteren Anführer Donatisten Genannten unterlagen im kaiserlichen Gericht. Sie traf des Kaisers Ungnade: »Vernachlässigung der heiligsten Religion« stellte er bei ihnen fest. Mit harten Strafen ging er gegen die Donatisten vor. Die Spaltung der nordafrikanischen Kirche blieb freilich bestehen.

Als Constantin nach 324 Alleinherrscher des ganzen Reiches wurde, fand er auch im Osten eine gespaltene Kirche. Hier ging es um Lehrstreitigkeiten, genauer um die Einheit von Gott-Vater und Gott-Sohn. Über die Einheit Gottes war in der vorausgegangenen Kirchenzeit schon viel nachgedacht und nach begrifflichen Klärungen gesucht worden. Jetzt war in Alexandrien Arius aufgetreten und hatte die Einheit zerrissen, indem er Gott-Sohn als Geschöpf des Vaters verkündete. Der Kaiser stand hilflos vor dem Geheimnis des Christenglaubens. Ihm ging es um den Glauben an den einen Gott und die Einheit der diesen Gott verehrenden Gemeinschaft. Der Theologenstreit betraf deshalb unmittelbar das Reich, dessen Sicherheit, Friede und Wohlergehen auf dieser Gottesverehrung beruhten. Also war der Kaiser wiederum zur Entscheidung herausgefordert. Im Mai 325 versammelte er die Bischöfe des Reiches zu Nizäa (Bithynien). Der kaiserliche Palast war zum Tagungsort bestimmt worden. Die Versammlung von etwa dreihundert Bischöfen ging als »Konzil von Nizäa« in die Geschichte ein – es ist das erste in einer langen Reihe solcher vom Kaiser einberufenen Bischofsversammlungen – und fand zu der vom Kaiser geforderten kirchlichen Einheit zurück. Das Glaubensbekenntnis von Nizäa, das sich zur Einheit von Gott-Vater und Gott-Sohn bekannte, sollte alle Christen im Reich vereinen. Für den Augenblick hatte der Kaiser sein Ziel erreicht. Zum Abschluß des Konzils feierte er sein zwanzigjähriges Regierungsjubiläum. Die Bischöfe wurden an die festliche Tafel im kaiserlichen Palast geladen: »Da lagen nun die einen auf demselben Polster zu Tisch wie der Kaiser, während die anderen auf Polstern zu beiden Seiten ruhten. Fast hätte man das für ein Bild vom Reiche Christi halten können, und man wähnte, alles sei nur ein Traum und nicht Wirklichkeit« (Eusebius, Leben Constantins 3, 15).

Der Kirchenfriede war freilich nicht von langer Dauer. Die Entscheidung von Nizäa legte den Grund für ein rund fünfzigjähriges kirchliches Ringen und Streiten. Der Kaiser hat an der christlichen Kirche keineswegs nur Freude gehabt. Trotzdem ist er ein christlicher Gottesverehrer geblieben und ließ sich kurz vor seinem Tode (22. Mai 337) taufen.

»Was hat der Kaiser mit der Kirche zu tun?«

Daß der Kaiser für den religiösen Bereich zuständig ist, hat niemand im Altertum in Frage gestellt, auch die christlichen Bischöfe des frühen 4. Jahrhunderts nicht. In Constantin erlebten sie zum erstenmal einen Kaiser, der sich zu ihrer eigenen Religion bekannte, und hier erlebten sie auch zum erstenmal, daß der innerkirchliche Konflikt zur Sache des Kaisers und zur Reichsangelegenheit wurde. Es waren die Unterlegenen, die nach dem Verhältnis des Kaisers zur Kirche fragten. Das waren zuerst die Donatisten in Nordafrika. Sie hatten im Jahr 313 nach einem Urteil des Kaisers gerufen, also seine Hoheit auch in Kirchensachen anerkannt. Nachdem das Urteil gegen sie ausgefallen war und sie unter kaiserlicher Verfolgung zu leiden hatten, formulierte Donatus die entscheidende Frage: »Was hat der Kaiser mit der Kirche zu tun?« (Optatus, *De schismate Donatistorum* 3, 3). Die gleiche Frage kam auch von anderer Seite. Als die kaiserliche Religionspolitik sich vom Nizänischen Glaubensbekenntnis abwandte und einer neuen theologischen Richtung folgte, formierte sich eine entschiedene Oppostition, die von Athanasius, dem mächtigen Bischof von Alexandrien, angeführt wurde und das nizänische Bekenntnis verteidigte. Auch sie fragte, was den Kaiser der Glaube der Kirche angehe. Die Frage war aufgeworfen, aber sie war eigentlich nicht grundsätzlich gestellt. Sie kam jeweils aus dem kirchlich-theologischen Lager, das mit dem kaiserlichen Bekenntnis nicht übereinstimmte. Der mutige Protest von Bischöfen gegen Constantins Sohn Constantius II. (337–361) klingt durchaus wie der Ruf nach einer Freiheit der Kirche. Aber der Protest muß relativiert werden. Denn im Grunde wollten auch die protestierenden Bischöfe treu kaiserlich sein, und wo sie gegen die kaiserliche Kirchenpolitik keine Bedenken hatten, waren sie es auch! Erst am Ende des 4. Jahrhunderts ging Ambrosius von Mailand (gest. 397) an grundsätzlichere Überlegungen. Unter seinem Einfluß legte Kaiser Gratian (375–383) den alten Kaisertitel des Pontifex Maximus ab. Sein Nachfolger Valentinian II. (383–392) vernahm dann aus dem Mund des Mailänder Bischofs eine Platzanweisung für den christlichen Kaiser: »Der Kaiser steht nicht über der Kirche, sondern in der Kirche; er ist Sohn der Kirche« (Gegen Auxentius 36). Der Kaiser ist wie jeder andere Christ durch die Taufe zum Sohn der Mutter Kirche geworden: Von ihr hat er den Glauben und die Zusage ewigen Lebens empfangen. Diese Innenseite der Kirche ist seiner Macht entzogen. Die Außenseite der Kirche hat er als kaiserlicher Sohn zu schützen und zu fördern. »Ein guter Kaiser will der Kirche helfen, nicht sie bekämpfen« (Ambrosius, ebd.).

Gut hundert Jahre später hat der römische Bischof Gelasius (492–496) diese Platzanweisung wiederum formuliert: »Zwei Dinge sind es, erhabener Kaiser, durch die an oberster Stelle die Welt regiert wird: die geheiligte Autorität der Bischöfe und die kaiserliche Gewalt. Von diesen beiden ist die Last der Priester um so schwerer, da sie auch selbst für die Könige der Menschen vor Gottes Gericht Rechenschaft abzulegen haben. Denn ihr wißt es, allergnädigster Sohn, ihr überragt wohl an Würde das ganze Menschengeschlecht, dennoch beugt ihr fromm den Nacken vor den Amtswaltern der göttlichen Dinge und erwartet von ihnen die Mittel zum Seelenheil« (Brief 12, 2 an Kaiser Anastasius I., 491–518). Ein weströmischer Kaiser konnte sich gegen diese Zuordnung nicht wehren – den gab es nicht mehr. Der oströmische Kaiser setzte seine Sicht der Weltordnung dagegen. In ihr stand das Kaisertum an erster Stelle, und des Kaisers »Sorge gilt zuerst den wahren göttlichen Lehren und der Ehre der Geistlichkeit« (Kaiser Justinian, 6. Novelle von 535). In dieser Zuordnung steckte der Ansatz der »politischen Orthodoxie« (H.-G. Beck), die für das oströmische Recht galt und einer kirchlichen Selbständigkeit und dogmatischen Freiheit enge Grenzen setzte.

Kathedra des Erzbischofs Maximian. Der elfenbeinerne Bischofsthron wurde in der Mitte des 6. Jahrhunderts für San Vitale in Ravenna geschaffen. An der Vorderwand des Sitzes steht in der oberen Zierleiste das Monogramm des Erzbischofs. Darunter sind Johannes der Täufer und die vier Evangelisten dargestellt, auf den Flanken Szenen aus der alttestamentlichen Josephsgeschichte. In die Rückenlehne wurden beidseitig gearbeitete Platten mit Szenen aus dem Leben Jesu eingelassen. Ravenna, Museo Arcovescovile

Das Reichsvolk wird zum Kirchenvolk

Die Entscheidung Kaiser Constantins für die christliche Religion zog keineswegs sofort die Bekehrung der Reichsbevölkerung nach sich. Zu seiner Zeit mag ein Viertel der Bevölkerung christlich gewesen sein. Der Kaiser konnte trotz aller Förderung des Christentums nicht übersehen, daß er Herr über ein noch nicht christliches Reich war: »Die Heiden sollen die Tempel ihres Truges nach ihrem Willen haben. Wir haben das strahlende Haus der Wahrheit Gottes ... Dieses wünschen wir auch jenen, damit nämlich durch die gemeinsame Eintracht auch sie sich Herzensfreude erwerben« (Eusebius, Leben Constantins 2, 56). Die »Tempel des Truges« wurden nur langsam verlassen. Constantins Söhne gaben zwar das Zuwarten ihres Vaters auf und versuchten, das Heidentum aus der Öffentlichkeit zu verdrängen: »Der Aberglaube muß aufhören, und die törichten Opfer müssen abgeschafft werden« (Constantius II., Gesetz von 341). Die Intoleranz wurde von der Kirche bejaht: »Mitleid mit den Irrenden wäre Grausamkeit, Grausamkeit ihnen gegenüber ist wahres Mitleid« (Firmicus Maternus). Doch starke Worte und auch gesetzliche Maßnahmen konnten das Heidentum nicht von heute auf morgen überwinden. Die »Tempel des Truges« standen immer noch an ihren Plätzen. Die staatlichen Zuwendungen wurden zwar beschränkt, aber die Priester waren noch da, und die Feiern und Feste der Tempel wirkten weiterhin anziehend. Wohl wuchsen jetzt überall die christlichen Kirchen – in denen »das strahlende Haus der Wahrheit Gottes« sichtbar und greifbar war – aus dem Boden. Auch sie hatten ihre Anziehungskraft. Nach der Jahrhundertmitte setzte deutlich die große Bekehrungswelle der Massen ein. Viele Bekehrte zeigten echte Gläubigkeit und überzeugendes Christenleben. Daneben gab es die nur äußerlich Bekehrten, die sich zwar zur Taufe anmeldeten, den Empfang der Taufe aber weit hinausschoben. Sie blieben gleichsam im Vorhof der Kirche stehen, waren »Christen nur dem Namen nach«.

In Kaiser Julian (361–363) fand das Heidentum plötzlich einen neuen Beschützer und Förderer. Der Kaiser, ein Neffe Constantins des Großen, wollte das Römische Reich wieder zu seinen alten Göttern führen. Tief überzeugt von persönlicher göttlicher Berufung, ging er mit rastlosem Eifer an eine Restauration des Heidentums: »Wir verehren die Götter offen. Das gesamte Heer, das mir folgt, ist gottesfürchtig. Wir haben den Göttern Hekatomben von Dankopfern dargebracht, und ich gehorche ihnen bereitwilligen Sinnes. Sie verheißen, daß sie die Arbeit mit reicher Frucht vergelten werden, wenn ich nicht verzage« (Brief 8). Die kaiserliche Religionspolitik gab alle bisherige Förderung der christlichen Kirche auf und griff zu christenfeindlichen Maßnahmen. 362 verbot der Kaiser den Christen jede Lehrtätigkeit in den Schu-

Mosaikfriese mit einem Zug von Märtyrern und einem Zug von Märtyrerinnen schmücken die Hochschiffwände der als Palastkirche Theoderichs erbauten Basilika San Apollinare Nuovo in Ravenna. In festlichem Gewand, die Märtyrerkrone in Händen, ziehen die Märtyrer zum Thron Christi, die Märtyrerinnen zum Thron Mariens. Die eine Prozession geht von Hafen und Stadt Classe aus, die andere vom Palast Theoderichs. Diese beiden Architekturbilder stammen noch vom arianischen Bildprogramm, die Heiligenfiguren entstanden nach 560.

len. Ausschreitungen und Gewalttätigkeiten gegen Christen blieben ungestraft: »Was bedeutet es schon, wenn eine Hellenenhand zehn Galiläer niedergemacht hat?« (Brieffragment 9). Julian, »der letzte Heilige der griechischen Götter«, scheiterte mit seinem missionarischen Eifer. Seine Vorstellung von einem kirchlich organisierten Heidentum nach dem Vorbild der verhaßten christlichen Kirche fand wenig Anklang. Sein früher Tod im Perserkrieg beendete das unzeitgemäße Unternehmen.

Die heidnische Opposition im Reich hatte dadurch kurzfristig politische Unterstützung erhalten. Danach war sie wieder auf sich selbst verwiesen. Sie wurde immer noch von aristokratischen und intellektuellen Kreisen getragen. Wenn schon keine Rückkehr zu den alten religiösen Zuständen, dann sollte wenigstens die Liberalität der Herrscher dem Heidentum Lebensrecht und Duldung gewähren: »Auf einem einzigen Weg kann man doch nicht zu dem so hohen Geheimnis Gottes gelangen« (Symmachus, *Relatio* 10, aus dem Jahr 384). Die heidnische Opposition war immer noch der Meinung, Jupiter könne neben Christus existieren, und erinnerte daran, daß es die alten Götter und ihre Verehrung waren, die Rom groß gemacht hatten. Den christlichen Absolutheitsanspruch konnten sie nicht verstehen.

Dieser Anspruch aber setzte sich mit der immer stärker werdenden Kirche und mit kaiserlichen Gesetzen durch. Am 28. Februar 380 erließ Kaiser Theodosius I. (378–395) sein berühmtes Religionsedikt *Cunctos populos*. Es sorgte für eine Flurbereinigung innerhalb der christlichen Kirche. Nur das Bekenntnis von Nizäa gilt als rechtmäßiger Christenglaube. Alle Christen haben sich an dieses Bekenntnis – Theodosius nennt es ein »Gesetz« – zu halten. Wer sich nicht daran hält, ist kein katholischer Christ, an ihm hängt die Schande der Ketzerei, die von Gott und auch vom Kaiser bestraft werden wird (*Codex Theodosianus* 16, 1, 2).

In den nächsten Jahren folgten Gesetze gegen das Heidentum: Verbot der heidnischen Kulte (*Codex Theodosianus* 16,10,10), Ausschluß der Heiden vom Militärdienst und höheren Staatsdienst (16, 10, 21), am 8. November 392 schließlich das generelle Verbot des Heidentums (16,10,12). Heidesein paßte jetzt nicht mehr zum Römersein! Die Gesetze führten nicht zu blutiger Verfolgung der Heiden. Sie führten allerdings zu Ausschreitungen und Gewalttätigkeiten; die Ermordung der alexandrinischen

Oben: Alahan Monastir (Kilikien). Die im 6. Jahrhundert errichtete dreischiffige Emporenbasilika war mit einem hölzernen Dachstuhl eingedeckt.

Unten: Taufbecken (piscina) *im Baptisterium der Vitaliskirche von Sufetula (Sbeitla, Tunesien), 5. Jahrhundert.*

Rechte Seite: Martyrion des heiligen Symeon Stylites in Qal'at Sim'an (Nordsyrien). Die Säule des 459 gestorbenen »Säulenstehers« Symeon wurde um 480 mit einem Oktogon umbaut, von dem vier dreischiffige Kreuzarme ausgehen. Der Ort wurde zu einem Wallfahrtszentrum mit mehreren Klöstern und Pilgerherbergen.

Philosophin Hypateia im Jahr 415 ist ein trauriges Beispiel. Christen zerstörten mutwillig heidnische Tempel. Der heidnische Rhetor Libanius raffte sich zu einer Verteidigungsrede auf: »Welchen Vorteil hat man von einem Bekenntnis, das nur in Worten und nicht in der Tat besteht? In solchen Fragen muß man überzeugen und nicht Zwang ausüben... Wenn man durch Tempelstürmen Menschen bekehren könnte, dann wären die Tempel schon längst auf deinen (des Kaisers) Befehl hin zerstört worden...« (Rede 30: *Pro templis*). Der fromme Vandalismus wurde dadurch nicht abgestellt. In Nordafrika zerstörten christliche Bilderstürmer 399 ein Hercules-Heiligtum. Die Heiden schlugen zurück und töteten sechzig Christen. Augustinus, der Bischof von Hippo, protestierte und schrieb in überlegener Ironie: Er wolle den Hercules ersetzen; Metall sei vorhanden, an Steinen und Marmor fehle es nicht – »wir wollen eine Sammlung veranstalten und euch wieder einen Gott kaufen. Dann müßt auch ihr uns wieder die Seelen geben, die durch eure Grausamkeit ins Jenseits befördert wurden« (Brief 50). Das Heidentum war zählebig und immer noch widerstandsfähig. Die kaiserlichen Verbote löschten es nicht mit einem Schlag aus; bis weit ins 5. Jahrhundert hinein mußten die antiheidnischen Gesetze wiederholt werden.

»Also schwierig war's, ein christlich Volk zu gründen«

Am Ende des 4. Jahrhunderts war das Römische Reich ein christliches Reich. Die christliche Religion war die einzig anerkannte, staatlich geschützte und geförderte Religion. Die Kirche war zu einer gut organisierten Gemeinschaft herangewachsen, grundsätzlich geeint, aber doch in großen Teilkirchen lebend. Der Schwerpunkt lag immer noch im Osten. Die alten kirchlichen Vororte – Alexandrien und Antiochien – waren zu Zentren der theologischen Arbeit geworden. Konstantinopel war – seit 381 beziehungsweise 451 – als neues kirchliches Machtzentrum hinzugekommen. Die Lehrstreitigkeiten des 5. Jahrhunderts spalteten die griechische Kirche tief. Große Teile der östlichen Kirchen verweigerten sich den Lehrentscheidungen der Konzile von Ephesus (431) und Chalcedon (451). Die konfessionelle Trennung verband sich mit nationalen politischen Tendenzen und führte zu neuen, selbständigen christlichen Kirchen, den sogenannten Nestorianern und Monophysiten.

Die westliche, lateinische Kirche, angeführt von Rom, hatte unter diesen Lehrstreitigkeiten zwar weniger zu leiden; aber hier zerbrach die alte politische Ordnung. Germanische Völker setzten sich hier fest und gründeten eigene Reiche. Einige von ihnen hatten in den ersten Begegnungen mit dem Römerreich den christlichen Glauben angenommen, jedoch in einer arianisierenden Form. Ihre Konversion zum katholischen Glauben war ein lang andauernder Prozeß, der erst im 6. und 7. Jahrhundert zum Abschluß kam; bei den Vandalen in Nord-

afrika wurde sie nie erreicht. Andere Stämme nahmen auf dem Boden des alten Reiches das katholische Bekenntnis an. Von besonderer Bedeutung war die Bekehrung des Merowingerkönigs Chlodwig. Unter dem Einfluß seiner katholischen Frau Chrodechilde und nach seinem Sieg über die Alemannen ließ er sich wohl 499 von Bischof Remigius in Reims taufen. Fast hundert Jahre später hat Gregor von Tours die Bekehrungsgeschichte nacherzählt. Da habe Chlodwig während der Schlacht gebetet:

»Jesus Christus, Chrodechilde verkündet, du seiest der Sohn des lebendigen Gottes; Hilfe, sagt man, gebest du den Bedrängten, Sieg denen, die auf dich hoffen. Ich flehe dich demütig an um deinen mächtigen Beistand: Gewährst du mir jetzt den Sieg über diese meine Feinde, und erfahre ich so jene Macht, die das Volk, das deinem Namen sich weiht, an dir erprobt zu haben rühmt, so will ich an dich glauben und mich taufen lassen auf deinen Namen. Denn ich habe meine Götter angerufen, aber wie ich erfahre, sind sie weit davon entfernt, mir zu helfen. Ich meine daher, ohnmächtig sind sie, da sie denen nicht helfen, die ihnen dienen. Dich nun rufe ich an, und ich verlange, an dich zu glauben. Nur entreiße mich aus der Hand meiner Widersacher« (Frankengeschichte 2, 30).

Gregor hat sich in dieser Schilderung an die Bekehrung Kaiser Constantins erinnert. Auch Chlodwig – »ein neuer Constantin« – erfuhr im Schlachtenglück den »stärkeren Gott« und setzte in seiner weiteren Politik auf die Hilfe dieses Gottes. Deshalb wandte er sich von seiner heidnischen Religion ab. Bischof Remigius soll zu dem königlichen Täufling gesagt haben: »Beuge sanft dein Haupt; verehre, was du verfolgt hast; verfolge, was du verehrt hast« (Frankengeschichte 2, 31). Die neue Gottesverehrung bedeutete jetzt Aufbau und Förderung der katholischen Kirche. Die Bekehrung des Königs führte zur kollektiven Taufe der Großen seines Reiches. Die Mission

ging jetzt den Weg von oben nach unten, das heißt, die Bevölkerung schloß sich der Religion ihrer Herren an. Um 200 hatte Tertullian gemeint: »Man wird Christ, man wird nicht als Christ geboren« (*Apologeticum* 18, 4) und mag dabei an ein Wort Senecas gedacht haben: »Niemand wird zum Weisen geboren, man wird zum Weisen« (*De ira* 2, 10, 6). Mit der Zugehörigkeit zu einem christlichen Reich war man jetzt eben Christ. Aber war man es wirklich? Die Seelsorge stand vor der gewaltigen Aufgabe, ein christliches Volk zu schaffen. Das altkirchliche Katechumenat zerfiel in spätantiker Zeit. Unterweisung im christlichen Glauben und Hinführung zu christlichem Leben geschahen vor allem in der Predigt. Die Kirche des 4. und 5. Jahrhunderts kannte eine große Zahl hervorragender Prediger. Im Osten waren es: Basilius von Caesarea (gest. 379), Gregor von Nazianz (gest. um 390), Gregor von Nyssa (gest. 394), Johannes Chrysostomus (gest. 407); im Westen: Hilarius von Poitiers (gest. 367), Ambrosius von Mailand (gest. 397), Chromatius von Aquileia (gest. 407), Petrus Chrysologus von Ravenna (gest. um 450), Papst Leo der Große (gest. 461). In Nordafrika war es vor allem Augustinus (354–430), der als Bischof von Hippo mehr als dreißig Jahre lang lehrte und predigte. Diese Prediger waren mit der klassischen Rhetorik vertraut und stellten sie in den Dienst der christlichen Verkündigung. Sie konnten sich von den angelernten Formen auch trennen und eine neue, christliche Beredsamkeit demonstrieren und begründen. Augustinus hat sie praktisch vorgeführt und in seiner Schrift *De Doctrina christiana* ausführlich erklärt.

In den Predigten wurde der christliche Glaube verkündet: Das war der Glaube an den Dreifaltigen Gott und an den menschgewordenen Gottessohn, wie er von den großen Konzilien – Nizäa (325), Konstantinopel (381), Ephesos (431), Chalcedon (451) – formuliert und festgelegt war. Das war der Glaube an das neue Leben in und mit Christus, das in der Taufe geschenkt und in den Sakramenten gestärkt wurde und in der Auferstehung zu seiner ganzen Entfaltung kommen sollte. Die Predigten deuteten die Feste des kirchlichen Jahres, verherrlichten die Heiligen, besonders die Märtyrer der vergangenen Zeit, und stellten diese den Gläubigen als Vorbilder vor Augen. Bei allem wollten die Predigten zu einem christlichen Leben anleiten und zu einem rechten Christenleben motivieren. Deshalb waren sie überraschend praktisch, freilich auch endlos moralisierend: Sie forderten Gerechtigkeit im öffentlichen Leben, Ehrlichkeit im Geschäftsleben, belehrten über das Ehe- und Familienleben; sie schimpften über den Theaterbesuch, über Ausgelassenheit bei Heiligen- und Märtyrerfesten, räsonnierten über Modetorheiten und Luxus im Essen und Trinken. Sehr ernst wurden die Worte der Prediger beim Thema »arm und reich«. Sie wollten dem reichen Christen seinen Besitz nicht wegnehmen, aber sie erinnerten ihn ein-

Oben: Griechische und lateinische Kirchenlehrer, in deren Mitte Christus thront. Fresko im linken Seitenschiff von Santa Maria Antiqua auf dem Forum Romanum, 8. Jahrhundert.

Vorhergehende Doppelseite: Santa Sabina in Rom, unter Papst Coelestin I. (422–432) von einem Priester aus Illyrien gestiftet, bietet in seltener Reinheit das Bild einer frühchristlichen Basilika.

dringlich an seine Verantwortung: »Die Erde ist für alle gemeinsam da, für die Reichen und für die Armen. O ihr Reichen, warum maßt ihr euch allein das Recht auf Eigentum an? Die Natur kennt keine Reichen. Sie bringt alle gleich arm zur Welt. Nicht mit Kleidern, nicht mit Gold und Silber werden wir geboren. Nackt bringt uns die Erde hervor ... nackt nimmt uns auch die Erde wieder auf« (Ambrosius, *De Nabuthae* 1, 2). In diesen Predigten steckte ein gerüttelt Maß an Gesellschaftskritik, die auf eine humanere Welt zielte, auf ein Zusammenleben der Menschen unter dem Anspruch des Evangeliums Christi. Aber was erreichten die Prediger? Ein engagierter Kirchenreformer gab mit einiger Resignation die öffentliche Meinung wieder: Christus sei eben nicht gekommen, die Verhältnisse zu ändern (Pelagius, Epheserkommentar 3, 5).

Christliche Unterweisung blieb nicht auf die Predigt beschränkt. Sie schlug sich in reicher literarischer Produktion nieder. Da gab es eine Fülle von Anregungen zum christlichen Leben, und sehr anspruchsvolle dazu. Individuelle Anleitung geschah vor allem im persönlichen Brief: Die großen Lehrer der Kirche des 4. und 5. Jahrhunderts waren meistens auch begeisterte Briefschreiber. Einzelne Christinnen und Christen wurden angesprochen, in konkreten Fragen beraten und individuell belehrt. Hieronymus füllte in seiner Korrespondenz mit Briefpartnerinnen viele Seiten mit biblischen Erklärungen und theologischen Ausführungen. Einer befreundeten Familie in Rom schrieb er über die christliche Erziehung ihrer Tochter: »Besorge ihr Buchstaben aus Buchs oder Elfenbein und lasse sie deren Namen lernen. Sie soll damit spielen, und sie wird aus dem Spiel Belehrung schöpfen.« Dann soll das Kind schreiben und lesen lernen; auch ein Privatlehrer soll ins Haus geholt werden. Ein eigenes Leseprogramm wird vorgelegt: »Zuerst lerne sie das Psalterium, dessen Gesänge sie zerstreuen mögen; dann bilde sie ihr Leben an den Sprüchen Salomons. Aus dem Prediger lerne sie die Dinge der Welt verachten. Nach dem Beispiel Hiobs übe sie Tugend und Geduld. Danach gehe sie über zu den Evangelien, die sie eigentlich nie aus der Hand legen sollte ...« Die Bibel ist zum universalen Lehrbuch geworden, das das nötige Wissen vermittelt und zur rechten Praxis anleitet. Hieronymus fügte dem biblischen Lesestoff noch ein paar Kirchenväterschriften hinzu – ein erstaunliches Bildungsprogramm für das römische Mädchen (Brief 107).

Die sonst bekannten Erziehungsvorschläge bewegen sich auf der gleichen Linie. Und die individuelle seelsorgerli-

che Beratung zielte in eine ähnliche Richtung. Sie stellte ein christliches Ideal vor Augen, das außerhalb der vertrauten, alltäglichen Gesellschaft verwirklicht wurde: das asketisch-monastische! Seit dem späten 3. Jahrhundert sind Christen aus ihren Gemeinden ausgezogen, um am Rand der bewohnten Welt ein asketisch geprägtes Christenleben zu führen. Das waren zunächst wenige und einzelne, wie der Ägypter Antonius (um 250–356). Der Bischof Athanasius von Alexandrien hat das Leben dieses Eremiten beschrieben und in seinem »Antoniusleben« diesen fast unbekannten Mönch zum Prototypen des christlichen Mönchtums gemacht. Im Laufe des 4. Jahrhunderts zog dieses asketisch-monastische Leben zahlreiche Christen in Ost und West an. Sie lebten in Einsiedlerkolonien oder in fest geordneten Gemeinschaften. Der Ägypter Pachomius (gest. 346) hat für solche Gemeinschaften die ersten Regeln geschrieben. Bischof Basilius von Caesarea tat ein Gleiches für das Mönchtum in Kleinasien. Augustinus, der seine Bekehrung im Jahr 386 auch unter den Einfluß dieser mächtigen Bewegung stellte, ordnete das klösterliche Leben in Nordafrika. In Gallien zählte Martin von Tours (gest. 397) zu den Propagatoren des monastischen Lebens. In Rom wirkte wieder Hieronymus als eifriger Propagandist; in drei Mönchsleben – eines Paulus, Malchus und Hilarion – bot er unterhaltsamen Lesestoff und förderte die Bewunderung der eigenwilligen Heiligen in der Wüste. In zahlreichen Briefen warb er für das asketische Leben, begeisterte vor allem vornehme Frauen für die »Ehelosigkeit um Christi willen« und verkündete das klösterliche Leben als Form einer neuen Nobilität – *nobilitas christiana*, deren Adel nicht in der Familie, sondern in der Heiligkeit begründet ist. Bischöfe und adelige Familien förderten diese neue christliche Lebensart, die zu einer anerkannten christlichen Institution wurde: In »Kirchen und Klöstern« ist das »Haus Gottes« in dieser Welt gegenwärtig (Magisterregel 11, 8). Unter den lateinischen Regeln für das klösterliche Haus Gottes war der des Benedikt von Nursia (6. Jahrhundert) ein besonderes Geschick beschieden: Sie wurde in karolingischer Zeit zur einzig gültigen und anerkannten Mönchsregel.

Die weite Verbreitung des asketischen Lebens und seine literarische Verherrlichung begründeten freilich auch eine folgenreiche Entwicklung. In den Einsiedeleien und Klöstern sah man das Christenleben in seiner Reinheit und Vollkommenheit verwirklicht. Die Mönche und Nonnen mochten sich dagegen wehren, und besorgte Seelsorger versuchten auch die »Weisheit der Wüste« in die Welt zu tragen. Das half wenig. Der Maßstab für christliche Vollkommenheit und Heiligkeit war mit dem asketisch-monastischen Leben gesetzt. Eine Kluft zwischen vollkommenem und weniger vollkommenem Christenleben war aufgetan.

Leichter hatte es die Kirche mit monumentaler Selbstdarstellung. Was mit Kaiser Constantin begann, setzte sich ungebrochen fort. Die Christengemeinde erhielt und baute sich selbst ihre stattlichen Gotteshäuser. Basiliken wurden sie genannt und damit ihre öffentliche Bedeutung bestimmt. Eine einheitliche Bauform war damit nicht gegeben. Als dominante Gestalt erscheint der längsgerichtete, mehrschiffige Raum, wobei das Mittelschiff überhöht ist, und das Halbrund der Apsis den östlichen Abschluß bildet. Bei großen Bauten wurde zwischen Langhaus und Apsis das Querschiff eingeschoben. Diese Grundform zeigte jedoch regionale Unterschiede. Daneben wurden besonders für Gedächtniskirchen der heiligen Märtyrer, aber auch für Baptisterien Zentralbauten mit einer Kuppel errichtet.

In diesen Gotteshäusern versammelten sich die Gemeinden zum Gottesdienst. Das war die Feier der Eucharistie, waren aber auch Predigt- und Gebetsgottesdienste. Die Liturgie wurde reich ausgestaltet, ihre Hochform nahm Elemente des höfischen Zeremoniells auf. Die Ordnung der Liturgie wurde von den kirchlichen Vororten aus besorgt beobachtet. Die Patriarchate suchten in ihren Gebieten die gottesdienstliche Einheit zu sichern. Daraus ergaben sich große liturgische Familien im Osten. Im Westen nahm wohl Rom eine dominierende Stellung ein. Aber auch hier gab es regionale Eigenständigkeiten. Die westlichen Liturgien waren immerhin geeint in der einen lateinischen Kultsprache. Sie begründete ein feierliches Einheitsband, das auch die Kirchen in den germanischen Ländern einte, freilich den Landessprachen den Eingang in den Gottesdienst verwehrte.

Mitten in der Dekomposition des westlichen Römerreiches zeigte sich die Kirche als erhaltende und gestaltende Kraft. Sie baute ihre Organisation auf und auch weiter aus. Deren Rückgrat waren die Bischöfe, die in den alten römischen Städten ihre Gemeinden leiteten und mit der Missionierung des Landes ihre Sprengel dorthin ausdehnten. Mit der Auflösung der staatlichen Verwaltung wuchsen ihnen vielfach zivile Aufgaben zu; der Bischof wurde zum *defensor* und *patronus* seiner Leute.

Eine Sonderstellung nahm der Bischof von Rom ein. Seine Bischofsstadt war doppelt ausgezeichnet: Es war die Hauptstadt des Imperium Romanum, die als »Haupt der Welt« *(caput mundi)* gefeiert wurde, und seine Christengemeinde galt als von den beiden Apostelfürsten Petrus und Paulus gegründet. Diese beiden Vorzüge wurden von den römischen Bischöfen seit dem 3. Jahrhundert ins Spiel gebracht und sicherten dem Bischof von Rom einen Ehrenvorrang vor allen anderen Bischöfen.

Die römische Eucharistiefeier. Elfenbeinplatten, 10. Jahrhundert. Der zelebrierende Priester, ein Erzbischof, begrüßt vor der Feier die Gemeinde, der Chor singt den Eingangspsalm, und die begleitenden Kleriker haben sich im Apsidenrund aufgestellt (linke Seite; Cambridge, Fitzwilliam Museum). Der Zelebrant steht am Altar, auf dem sich Kelch, Patene, Meßbuch und Evangeliar befinden; hinter ihm die assistierenden Kleriker, davor der Chor (rechts; Frankfurt, Stadt- und Universitätsbibliothek).

Als im 4. Jahrhundert die politische Bedeutung der Stadt schwand, rückten die römischen Bischöfe geschickt die doppelte Apostolizität in den Vordergrund und beanspruchten die anerkannte Größe des apostolischen Stuhles in ausschließlichem Sinn für sich. Petrus, der erste Bischof von Rom, lebte im jetzigen Bischof von Rom fort. Wenn man Hilfe beim Bischof von Rom suchte, ehrte man das Gedächtnis des heiligen Petrus. Wenn der Bischof von Rom Weisungen und Anordnungen gab, sprach der heilige Petrus. Wenn er die Sorge für alle Kirchen teilte und ihre Lasten trug, dann trug sie der heilige Petrus in ihm. Alle Vollmacht, die Christus dem Petrus übertragen hatte (Mt 16, 18–19), empfing der Bischof von Rom als Erbe des heiligen Petrus. Wie Petrus der Erste unter den Aposteln war, so war der römische Bischof zum Ersten aller Bischöfe geworden, zum Haupt, dessen Glieder über die ganze Welt zerstreut waren: »Durch die Hirtenehre ist der römische Sitz des Petrus zum Haupt der Welt geworden; was er nicht durch Waffengewalt besitzt, das hält er fest durch die Religion« (Prosper von Aquitanien, *De ingratis* 40–42).

Die römischen Bischöfe der Jahre 380–450 haben diese Ansprüche formuliert und darin eine römische »Petrinologie« (W. Ullmann) entwickelt, mit der das christliche Rom zum Haupt der Welt werden sollte; tatsächlich gaben sie der »ewigen Stadt« neuen Inhalt und neue Bedeutung. Der römische Machtanspruch wurde von den Kirchen des Ostens nie angenommen. Sie gestanden dem Nachfolger Petri wohl den Ehrenvorrang zu, aber im Gesamtgefüge der Kirche blieb er für sie der Reichspatriarch des Westens, und sie beschränkten seine Zuständigkeit auf die lateinische Kirche. Auch im Westen regte sich im Konfliktfall einiger Widerspruch – »wir sind Christen, nicht Petriner« (Augustinus, Auslegung der Psalmen 44, 23) –, aber hier war eine Saat ausgesät, die in späterer Zeit aufgehen sollte.

»Die Welt bricht zusammen ...«

Am 14. August 410 fiel der Westgote Alarich in Rom ein. Barbarische Truppen, zerstörend und plündernd in Rom, das hatte es seit 387/386 v. Chr. nicht mehr gegeben! Die Heiden lästerten: Die christliche Religion vermag das »ewige Rom« nicht zu beschützen! Und die Christen waren hilflos und verängstigt. Hieronymus, im fernen Bethlehem, klagte: »Die Welt bricht zusammen ... Unsere berühmte Stadt, das Haupt des römischen Reiches, fiel einer einzigen Feuersbrunst zum Opfer« (Brief 128, 5). Zuvor schon hatte er verzweifelt gefragt, was dann noch bleiben kann, wenn Rom untergeht (Brief 123, 16). Und er meinte es zu wissen: Mit der einen Stadt wird der Erdkreis verschwinden (Ezechielkommentar, Prolog). Augustinus, der Bischof im nordafrikanischen Hippo, teilte in seinem distanzierten Verhältnis zu Rom diese

Links: Christliches Familiengrab der Januarius-Katakombe in Neapel, 6. Jahrhundert. Der Vater Theotecnus, die Mutter Hilaritas und das Kind Nonosa sind in vornehmer Kleidung zwischen brennenden Kerzen stehend dargestellt. Durch ihre Gebetshaltung bekennen sie sich zum Christentum. Den Grabplatz beim Grab des Märtyrers Januarius haben sie sich in der Hoffnung auf dessen Fürsprache gewählt.

Rechts oben: Der heilige Hieronymus. Miniatur eines ottonischen Evangeliars aus der Stiftskirche Maria ad Gradus in Köln. Die Darstellung folgt dem Typus des antiken Autorenbildes. Hieronymus sitzt in priesterlicher Kleidung auf einem Stuhl mit Fußbank und diktiert einem Schreiber in Mönchskleidung.
Köln, Dombibliothek

Rechts unten: Die kirchliche Hierarchie. Miniatur des Ragnaldus-Sakramentars, 9. Jahrhundert. In der Mitte der oberen Bildhälfte sitzt der Bischof als Lehrer, rechts sitzt der Priester, links steht der Diakon. Unten stehen die Vertreter des niederen Klerus mit ihren Amtszeichen: der Subdiakon mit Kelch und Wasserkrug, der Lektor und Exorzist mit Buch, der Ostiarier mit den Schlüsseln, der Akolyt mit dem Leuchter. Alle Personen tragen die Tonsur als Standeszeichen des Klerus und den Nimbus als Zeichen der Amtsheiligkeit.
Autun, Bibliothèque Municipale

Christi Antlitz kennen wir nicht; sein leibliches Angesicht wird in einer unendlichen Vielfalt von Phantasien variiert. Dennoch gab es, wie dem auch sei, nur eins. Das aber kennen wir nicht, ebensowenig wie das Antlitz der Jungfrau Maria. Aber in unserem Glauben über unseren Herrn Jesus, den Gesalbten, ist nicht so sehr heilsam, was unsere Phantasie sich ausdenkt, und vielleicht wirklichkeitsfern ausdenkt, sondern vielmehr, was wir rein abstrakt über Ihn denken ... Wir wissen nicht, wie Er oder seine Mutter aussahen, wohl aber, daß Er Mensch war und von einer Jungfrau geboren.

Augustinus, *De trinitate* 8, 4, 7 und 5, 7

düstere Stimmung nicht. In seinem großen Werk *De civitate Dei* (Über den Gottesstaat, geschrieben 413–426) wollte er Antwort auf das schreckliche Ereignis geben: Irdische Reiche sind nichts Beständiges; Gott gibt sie an Gute und Böse. Ihr Untergang ist keine Katastrophe. Sie betreffen den verborgenen Gang der Geschichte nicht. Der ist bestimmt vom beständigen Gegensatz zwischen Gottesstaat und Erdenstaat. Die beiden Staaten oder Bürgerschaften sind hier untrennbar miteinander verbunden und auch aufeinander angewiesen. Sie können nicht einfach auf Kirche und Römerreich verteilt werden. Die Zugehörigkeit zur einen oder anderen Bürgerschaft wird von der Liebe bestimmt: »Die Gottesliebe bis zur Verachtung seiner selbst« bestimmt die Bürger des Gottesstaates, »die Selbstliebe bis zur Verachtung Gottes« bestimmt die des Erdenstaates (*De civitate Dei* 14, 28). Das Bleiben ist allein der Liebe und der von ihr bestimmten Bürgerschaft zugesagt. Augustinus konnte damit die Schuldzuweisung abwehren: Der christliche Gott ist kein Garant irdischen Wohlergehens und braucht nicht einzustehen für ein »ewiges Rom«. »Geblieben ist der Staat, der uns fleischlich hervorgebracht hat. Wenn er doch eine geistliche Geburt erführe und mit uns in die Ewigkeit hinüberwechseln könnte! Da aber jene Bürgerschaft keinen Bestand hat, die uns fleischlich erstehen läßt, hat nur das Bestand, was uns geistlich erzeugte« (Augustinus, Predigt 105, 7, 9).

Oben links: Römischer Meilenstein bei Wengen im Allgäu, aufgestellt an der Via Decia, die von Augsburg (Augusta Vindelicum) über Kempten (Cambodunum) und Bregenz (Brigantium) nach Chur (Curia) führte.

Oben rechts: Sonnenuhr (solarium ad hemicyclium) *vor dem Apollo-Tempel in Pompeji. Die hohle Halbkugel ist in Sektoren eingeteilt, die von dem als Gnomon dienenden Metallstift im Zentrum ausgehen. Die Lage seines Schattens gibt die Stunde an. Eine Inschrift am Säulenschaft nennt zwei Duumvirn als Stifter.*

Rechte Seite und unten: Der ägyptische Obelisk vor dem Palazzo Montecitorio in Rom war Gnomon (Schattenwerfer) der Sonnenuhr, die Augustus im Nordteil des Marsfeldes anlegen ließ. Er konnte auf dem über 100 m breiten Liniennetz, das aus Bronze in Steinplatten eingelassen war, nicht nur Tages-, sondern auch Jahreszeiten anzeigen (unten Rekonstruktion von E. Buchner). Die östliche Schmalseite des Liniennetzes war der ursprüngliche Standort der Ara Pacis.

Folgende Doppelseite: Die Tabula Peutingeriana ist eine im 12. Jahrhundert verfertigte Kopie einer spätantiken Weltkarte. Das ungewöhnliche Format (6,75 x 0,34 m) erklärt sich aus der Funktion als Straßenkarte, deren Zweck die Kennzeichnung der Itinerarien und Entfernungen war; dabei konnte auf eine geographisch richtige Projektion verzichtet werden. Der Anfang der jetzt in elf Segmente eingeteilten Pergamentrolle mit Britannien, der Iberischen Halbinsel und Marokko ist verloren. Abgebildet ist Segment IV mit Mittelitalien bis Rom, dem Gebiet jenseits der Adria (oben) und Afrika bis Karthago (unten). Straßenzüge sind mit roten Linien eingetragen und die Längen der Wegstrecken von Knick zu Knick in römischen Ziffern angegeben. Neben Entfernungsangaben in römischen Meilen (1,5 km) erscheinen auch solche in gallischen Leugen (2,2 km), persischen Parasangen (6 km) und im indischen Längenmaß zu 3 km. Kleinere Orte sind nur mit dem Namen, größere durch Gebäude angedeutet. Bei Rom ist die Stadtgöttin dargestellt.
Wien, Nationalbibliothek

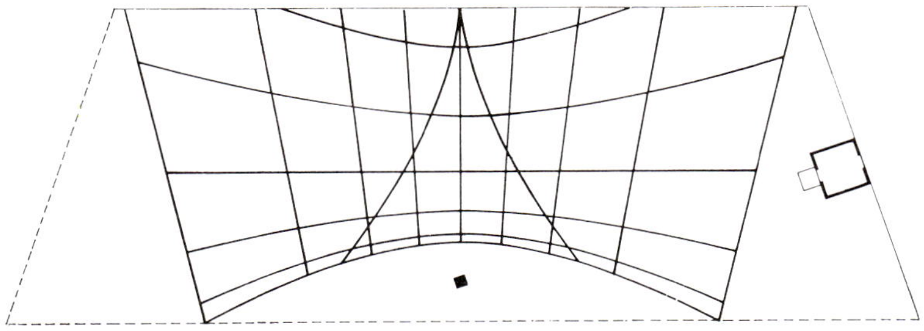

durch die Rezeption in Rom zur Wissenschaft der ganzen Ökumene.

Die Erforschung des naturwissenschaftlich-technischen Bereichs der römischen Antike wurde lange Zeit durch zwei Umstände gehemmt: Zum einen mangelte es an interdisziplinärer Zusammenarbeit, zum anderen fehlten von vielen Texten übersetzte und gut kommentierte Ausgaben. Das hat sich inzwischen geändert, vor allem durch den enormen Aufschwung der historischen Hilfswissenschaften, die seit einigen Jahren ein besseres Verständnis und eine adäquate Kommentierung des Schrifttums ermöglichen. Dazu kommt die rasche Entwicklung neuer Grabungstechniken und Untersuchungsmethoden in der modernen Archäologie. Unterwasser- und Luftbildarchäologie sowie die mehr und mehr zum Einsatz kommenden Labortechniken erbrachten bereits eine Vielzahl neuer Erkenntnisse über Technik und Wissenschaft der römischen Antike.

Die Römer waren für ein riesiges Reich verantwortlich; sie mußten daher der Beherrschung von Zeit und Raum besonderes Augenmerk zollen: Verwaltung und Verteilung machten mathematische Kenntnisse erforderlich, ebenso die Speicherung und Weitergabe von Wissen. Das alte Vorurteil, wonach mit den römischen Ziffern nur schwer zu rechnen gewesen sei, konnte widerlegt werden. Man braucht nicht nur an den *digitorum computus* zu denken, das in Schriften und Darstellungen überlieferte Rechnen mit den Fingern; Fachleute verfügten darüber hinaus über Rechenbretter, den Abakus. Bei Vitruv finden sich Beispiele für mathematische Formeln (Verdoppelung von Quadrat und Würfel, pythagoreischer Lehrsatz) und für eine Weiterentwicklung der architektonischen Moduln, ebenso Anleitungen für Konstruktionszeichnungen. Die bemerkenswerte Genauigkeit der römischen Buchführung geht aus dem hervor, was wir über das Bankwesen, die Staatsfinanzen und das Amt für Getreideversorgung in Rom *(annona)* wissen: etwa aus dem epigraphischen Kataster von Orange oder aus dem *mensores*-Mosaik von Ostia, das empirische, aber effiziente Rechenmethoden aufzeigt.

Die Römer verfügten über Präzisionswaagen; die »römische Waage«, die *statera*, hat eine Waagschale und ein Laufgewicht, die an einem ungleicharmigen Waagebalken mit Skala aufgehängt sind. An römischen Straßen wurden systematisch Meilensteine gesetzt: Das Taxameter berechnete durch Zählung der Radumdrehungen die zurückgelegte Wegstrecke in römischen Meilen (*mille passus* = 1000 Doppelschritt, rund 1,5 Kilometer).

C. Moatti hat in seinen Arbeiten über die römischen Archive nachgewiesen, daß die Römer in ihren Dokumenten kodifizierte Formeln und Zeichen verwendeten, zum Beispiel in Urkunden, die bei der Landaufteilung erstellt wurden. Stenographische Methoden, etwa die Tironischen Noten, erleichterten das Schreiben. Das Lesen wurde vereinfacht durch die Ersetzung der recht

Wissenschaft und Technik

Die Naturalis historia des Plinius zählt zu den wichtigsten Quellen unseres Wissens über die naturwissenschaftlichen Kenntnisse der Römer. Aber einige Bearbeiter sparten nicht mit Kritik an diesem Werk: »Plinius der Ältere verwechselt in aller Unschuld Beobachtung mit Phantasieerscheinung, rationale Erklärung mit geheimnisvoller Deutung, wissenschaftliche Untersuchung mit ausufernden Hirngespinsten und medizinische Heilverfahren mit Rezepten von Hexenmeistern.« Die Einwände gegen Plinius' Abhandlungen über die Tiere lauten: »Unkritische, fast gänzlich ohne eigene Beobachtung erstellte Kompilation, völliges Fehlen einer wissenschaftlichen Klassifizierung, nicht einmal der Ansatz zu einer Ordnung, Irrtümer und Ungereimtheiten in Hülle und Fülle.« Die *Histoire générale des Sciences* (1957) kommt sogar zu dem Schluß: »Unbestreitbar haben die Römer zum Fortschritt in den Naturwissenschaften ebenso wenig beigetragen wie die Etrusker... Die wissenschaftlichen Leistungen des lateinischen Westens beschränken sich auf Adaptationen ... der griechischen Naturwissenschaft, auf Kompilationen in der Art der *Naturalis historia* des Plinius und Arbeiten auf dem Gebiet der Agrartechnik oder der angewandten Kunst. Eine römische Naturwissenschaft gibt es also nicht.«
Es ist heute an der Zeit, dieses Verdikt zu überdenken. Sicher hat der gebildete Römer der Beschäftigung mit Literatur, Moral, Philosophie und Religion einen höheren Wert beigemessen als dem Studium der Naturwissenschaften. Dazu genügt es, Seneca zu zitieren, der den Poseidonios allein deshalb rügte, weil jener handwerkliche Techniken beschrieben hatte: »Dies sind Erfindungen der niedrigsten Sklaven. Die Weisheit sitzt tiefer; sie unterrichtet nicht Hände, sie ist eine Lehrerin der Seelen... Sie verfertigt keine Gerätschaften zum nötigen gemeinen Gebrauch« (*Epistulae morales* 90, 20). Aber Autoren wie Lukrez, Cicero, Vergil und Plinius der Ältere wußten sehr wohl die Naturwissenschaft zu würdigen. Gerade für Plinius wird sich im folgenden mehrfach erweisen, daß er uns einen wahren Schatz an Beobachtungen überliefert hat und dazu manche authentische Bemerkungen, die durchaus sein kritisches Denken unter Beweis stellen. Freilich ist ein Großteil der fachtechnischen Abhandlungen in lateinischer Sprache verloren – überwiegend späte Sammelwerke sind erhalten geblieben, wie die *Origines* des Isidor von Sevilla, die sich vor allem mit Curiosa befassen.
Die Forschung war lange Zeit auf die griechischen Vorbilder fixiert und sah dies durch die Tatsache gerechtfertigt, daß das Fachvokabular des Lateinischen in Bereichen wie Marine, Maschinenbau und Medizin, von einigen Übersetzungs- oder auch Neuschöpfungsversuchen abgesehen, dem Griechischen entlehnt ist. Gewiß haben die Römer das wissenschaftliche Erbe des Orients und Griechenlands übernommen und sich dabei mehr für praktische Anwendungsmöglichkeiten als für theoretische Durchdringung interessiert. Die griechischen Gelehrten setzten jedoch ihre Arbeit in der Epoche der römischen Herrschaft fort. Galen (129–199) ließ sich in Rom nieder und war der römischen Welt ebenso zugehörig wie andere Gelehrte aus Griechenland und dem Orient, die sich als Träger der *tria nomina*, der drei Bestandteile des römischen Namens, gewiß als Bürger des Imperium Romanum fühlten. Die griechische Wissenschaft wurde

Baukran neben einem tempelförmigen Mausoleum. Relief vom Grabmal der Haterier an der Via Labicana in Rom. Der Kran ist ein pentaspastos *mit fünf Flaschenzügen und einem Tretrad, das fünf Mann in Gang setzen. Zwei Arbeiter sind damit beschäftigt, die frei werdenden Seile aufzuschießen, zwei weitere sind auf die Spitze des durch Standseile abgespannten Auslegers geklettert und verknoten dort ein Seil. Über dem Grabhaus ist der Verstorbene, auf einem Ruhebett liegend, dargestellt. Er war wohl der Besitzer des Krans und hat als Bauunternehmer die in anderen Reliefs wiedergegebenen Bauwerke ausgeführt. Es handelt sich um identifizierbare Monumente, die unter Vespasian und Titus in Rom errichtet worden sind.* *Rom, Musei Vaticani*

unhandlichen Schriftrollen, der *volumina*, durch das Buch, den *codex*. Texte, Inschriften und archäologische Funde belegen, daß es zahlreiche Bibliotheken gab. Es finden sich auch einige Hinweise auf einen geregelten Fachunterricht: Vitruv schreibt über die Ausbildung der Architekten und Ingenieure für das Militärwesen; Juvenal spricht von »dem, der lehrt, die Wolle mit einem Schrägeisen zu zerfasern«; Columella erwähnt, »Schulen für Rhetorik, Geometrie, Musik«; die Digesten behandeln die Ausbildung der Schreiber. In diesen Zusammenhang gehören auch Begriffe wie *doctor librarius*, *notaria graeca*, *schola notariorum*, die in Inschriften erscheinen. Der Kaiserpalast und die großen *domus* besaßen ein *paedagogium*, wo entsprechend begabte Sklaven für Spezialaufgaben herangebildet wurden. Die *artes liberales* waren jene Studien, die den Freien anstanden, da sie keine schwere Handarbeit erforderten: Grammatik, Rhetorik, Dialektik, Arithmetik, Geometrie, Geographie, Astronomie, Musik. Ihre Siebenzahl bildete sich allerdings erst allmählich heraus. Vermittelt durch die Enzyklopädie des Martianus Capella (5. Jahrhundert n. Chr.), prägte diese Einteilung der Lehrgegenstände das mittelalterliche Bildungswesen.

Papyrusfunde wie die aus dem unterägyptischen Arsinoe dokumentieren Art und Niveau der wissenschaftlichen Kenntnisse, die Verbreitung des Wissens und die Qualität der Lehre wie auch der Forschung. Gelehrt wurden Schriftkunst, Arithmetik und Geometrie, der Gebrauch von Multiplikations- und Brüchetabellen für die Buchhaltung, Medizin (Bibliothek eines Arztes mit Werken des Hippokrates) und Botanik (Blätter eines Herbariums). Natürlich wurde der Unterricht in diesem Bereich auf Griechisch erteilt, doch waren die Schreiber zweisprachig, und der gesamte Wissensstoff zeugt von einer bemerkenswerten Verschmelzung ägyptischer, griechischer und lateinischer Kultur. Hier tritt zutage, was die römische Synthese gewesen ist.

Astronomie und Zeitmessung

»Angesichts der griechischen Astronomie kann man von einer römischen Astronomie eigentlich nicht sprechen ... Einen echten römischen Astronomen zu nennen, fiele reichlich schwer... Dennoch stieß die Astronomie in Rom stets auf Interesse, ja sie fand in weiten Kreisen begeisterte Resonanz ... von Varro *(Disciplinae)* bis Martianus Capella« (J. Soubiran, 1979). Ein Anstoß zur Beschäftigung mit der Astronomie ging von ihren Beziehungen zur griechischen Philosophie aus: Bei Lukrez war es der Epikureismus, bei Seneca die Stoa, bei Apuleius die platonische und aristotelische Philosophie. Seneca bewunderte die Schönheit des regelmäßigen Laufs der Gestirne (*Quaestiones naturales* 7, 1) und stellte über die Kometen eine Theorie auf, die der Wirklichkeit ziemlich nahe kommt. Didaktiker, Elegiker und Epiker, wie Sene-

Brigantio
Lepanist
Arrabo
Sabarie
Arrabone
Aduicesimum
Celeia
Ragandone
Petauione
Remista
Aquauiua
Populos
Romula
Crucio
Nouiodum
Senia
Auendone
Arupio
Epidotio
Ancus
Ausancalione
Clambetis
Iadera
Port Senia
Pisauro
fano furtune
Ad pirum filumenti
Sena Galli
Ancone
Numana
Ausimo
Ricina
Vrbesaluia
Asclopiceno
Ad aquas
Foro Semproni
Ad intercisa
Ad calem
Iouis penninus
Agubio
Ad ensem
Helurri
Castello amerino
Faleros
Sabate
Foro clodo
Sutrio
Nepe
Ad nonas
Tarquinis
Lacus et mons ciminus
Aquas tauri
Castro nouo
Aquas Apollinaris
Pumeum
Meuanie
Foro flamini
Spletio
Vacanas
Fano fugitiui
Vtica colonia
Membrone
Vico Augusti
Teglata
Clefantaria
Thacia
Tichilla
Membrissa
Aquis
Ad atticille
Issvres
Veresvos
Speculum

Aquinco
Vetusallo
Altaripa
Bolentio
Ad pretorium
Ad fines
Siscia
Burnomilia
Sardona
P
N O N
V
Castello firmani
Cupra Maritima
Castro truentino
Pinnum
Priferno
Firmo viceno
Aque citillie
Reate
Ad nouas
Fidenis
Nomento
Tibur
Interamnio
Aequo falisco
Faleris
Aqua uiua
Ad vicesimum
Ad sextum
Via clodia
Ponte adriani
Veios
Turres
Ad sco Petrum
Via aurelia
Bebiana
Lorio
Alsium
Roma
Via salaria
Via tyburtina
Via prenestina
Via lauicana
Via latina
Via appia
Via hostensis
Hostis
Gallum gallinatium
A
Thuburbiminus
Thuraria
Ad mercurium
Ad pertusa
Carthagine colon
Inuca
Sicilibba
Tuburbomaius
Vthica
Bibae
Avitta
Vbapa
Thasarte
Athasartho
Thiges
Thusuros

cas Neffe Lucan, befaßten sich mit der Sternkunde wegen ihrer Berührungspunkte mit der Mythologie.
Auf konstantes Interesse stießen Arats *Phainomena*, die von Cicero, Germanicus (15 v. Chr. – 19 n. Chr.) und Avienus (um 360–380) übersetzt wurden. Nigidius Figulus, ein Freund Ciceros, behandelte in der nur in Bruchstükken überlieferten Schrift *Sphaera* die Sternbilder, die Sternsagen und die Bedeutung der Konstellationen für die Horoskopie; Hyginus, wahrscheinlich der Bibliothekar des Augustus, verfaßte ein astronomisch-mythologisches Handbuch, Manilius das dem Kaiser Tiberius gewidmete Lehrgedicht *Astronomica*. Abhandlungen über die Sternkunde finden sich außerdem bei Vitruv, Plinius dem Älteren und in der Enzyklopädie des Martianus Capella.
Im großen und ganzen handelt es sich bei diesen astronomischen Texten um populärwissenschaftliche Darstellungen. Man war eher an Astrologie als an Astronomie interessiert. »Inwieweit der Himmel und seine Erscheinungen ins tägliche Leben eines Durchschnittsrömers der Antike tatsächlich eingegriffen haben, und was davon vielleicht noch heute lebendig ist«, hat A. Le Bœuffle aufgezeigt (1989). Er hebt darüber hinaus die Beziehungen zwischen Astronomie und Architektur hervor: Die Ausrichtung spielt eine wesentliche Rolle bei so unterschiedlichen Bauwerken wie Varros Vogelhaus, der Domus Aurea Neros, dem Pantheon, dem Septizonium (Schaufassade auf dem Palatin) oder den Amphitheatern.
Wie auf allen Gebieten ging es den Römern auch bei der Astronomie vor allem um Nutzanwendung und politische Signifikanz. Sulpicius Gallus erklärte in der Schlacht bei Pydna (168 v. Chr.) seinen Truppen das Zustandekommen einer Finsternis, um ihnen wieder Mut zu machen, und Scipio zog sich als *caeli civis* (Bürger des Himmels) des Nachts in die Cella des Jupiter Capitolinus zurück. Das Wissen um die Himmelserscheinungen aufgrund astronomischer und kalendarischer Kenntnisse verlieh dem Feldherrn den Nimbus göttlicher Überlegenheit. Darüber war sich auch Julius Caesar im klaren, als er den alexandrinischen Mathematiker Sosigenes mit einer Kalenderreform beauftragte. Der Julianische Kalender war den früheren Formen der Zeitrechnung so überlegen, daß er die Welt eroberte und mit einer Abänderung durch Papst Gregor XIII. bis heute gilt.
Zu Ehren des Augustus ließ Maecenas von Mathematikern und Astronomen aus Alexandria eine Sonnenuhr, das *horlogium solarium Augusti*, auf dem Marsfeld errichten; als Gnomon diente ein aus Ägypten importierter Obelisk (Abb. S. 321). Neben feststehenden Sonnenuhren *ad hemicyclium* (Abb. S. 320) kannten die Römer auch tragbare Sonnenuhren. Die erste Sonnenuhr erhielt Rom 293 v. Chr., und der Censor Scipio Nasica ließ 159 v. Chr. die erste Klepshydra oder Wasseruhr aufstellen.
Die römischen Bauern richteten sich bei der Feldbestellung nach Kalendern mit Wetterangaben, sogenannten Parapegmen, die von Varro, Plinius dem Älteren und Columella erwähnt werden und auch durch archäologische Funde belegt sind.

Geographie, Kartographie, Vermessungstechnik

Reisen zum Zweck der Erderkundung, wie sie etwa der griechische Seefahrer und Geograph Pytheas von Massalia im 4. Jahrhundert v. Chr. unternahm, sind von Römern nicht bekannt: Für Rom gingen Entdeckung und Eroberung Hand in Hand, bis sich das geographische Gesichtsfeld schließlich über die gesamte Ökumene erstreckte.
Wir kennen nur eine einzige geographische Karte römischer Zeit: die Tabula Peutingeriana (Abb. S. 322/323). Sie läßt keine allgemeinen Schlüsse auf den Stand der Kartographie bei den Römern zu, denn es handelt sich um ein schematisches Schaubild, das die Funktion eines

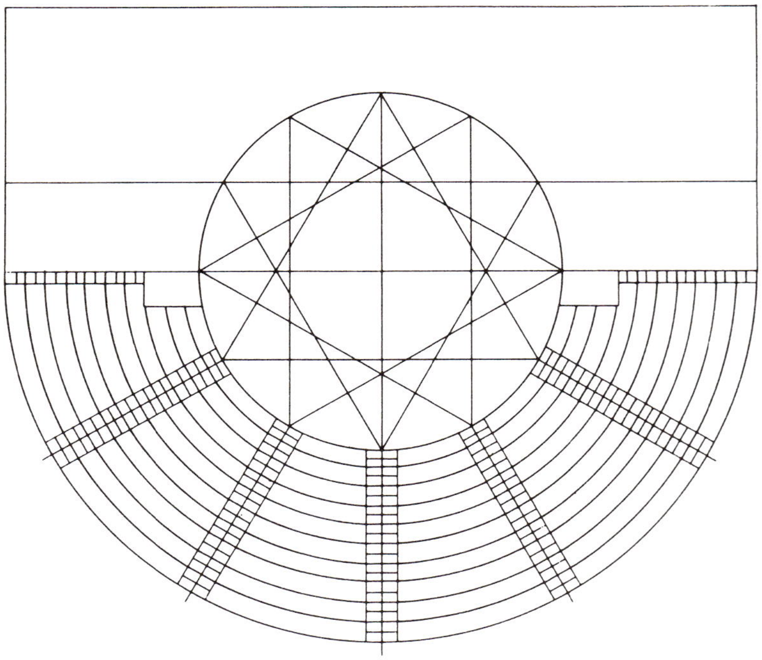

Pompeius errichtete 61-55 v. Chr. auf dem Marsfeld den ersten festen Theaterbau Roms. Sein Grundriß ist im severischen Marmorplan (forma urbis) *überliefert (linke Seite, außen). Die Rekonstruktion im Modell von I. Gismondi (oben) zeigt auch den großen Portikus hinter dem Bühnenhaus, der sich bis zur »Area Sacra« (Abb. S. 262) erstreckte. Das Pompeius-Theater verwirklichte den Typus des* theatrum latinum, *das die von Substruktionen getragene Zuschauercavea mit dem Bühnenkomplex zu einem geschlossenen Baukörper verband (Konstruktionsschema nach Vitruv linke Seite, innen). Vitruv empfiehlt bestimmte Abmessungen beim Theaterbau und eine Reihe von Vorrichtungen, mit denen sich optimale akustische Bedingungen erzielen lassen.*

Der Schall aber ist ein fließender Hauch von Luft, infolge der Berührung für das Ohr wahrnehmbar. Er bewegt sich in Kreislinien, wie wenn, nachdem in ein stehendes Gewässer ein Stein geworfen ist, unzählige Wellenkreise entstehen, die vom Mittelpunkt aus wachsen und sich möglichst weit fortpflanzen, wenn nicht die Enge des Ortes sie stört oder irgendein Hindernis nicht zuläßt, daß die Kreislinien der Wellen auslaufen. Also, wenn die ersten Wellenkreise durch Hindernisse gestört werden, dann wenden sie sich zurück und bringen die Kreislinien der folgenden Wellen in Unordnung. Vitruv 5, 3, 6

Itinerars oder einer Wegekarte und nicht einer Landkarte hatte; daher erklärt sich die verzerrte Darstellung, die ja auch heute noch in Verkehrsnetzplänen gebräuchlich ist. Es ist schwer vorstellbar, daß die Römer einen großen Teil der damals bekannten Welt beherrschten und dabei die Karte, dieses Instrument militärischer Planung und Strategie, vernachlässigt haben sollten. Eine Stelle der *Epitoma rei militaris* des Vegetius (Ende 4. Jahrhundert n. Chr.) genügt, um das Gegenteil zu beweisen. Wenn wir über diesen Bereich nur lückenhaft informiert sind, so mag das durch die Geheimhaltung militärischer Angelegenheiten bedingt sein. Die zwar knappen, aber zahlreichen Hinweise in der Literatur lassen jedoch keinen Zweifel daran, daß die Führungsstäbe über Militärkarten verfügten. Eine Inschrift nennt einen Militärgeometer und Bildstecher *(chorographiarius, item caelator)*. Solche Fachleute waren es, die Felder, Ansiedlungen, Lager, Truppenterritorien und Straßen abgesteckt und die Kata-

ster ganzer Provinzen erstellt haben. Das Visiergerät *(groma)*, das die römischen Feldmesser *(agrimensores, gromatici)* verwendeten, ist durch Beschreibungen, Abbildungen und ein rekonstruiertes Exemplar aus Pompeji belegt. Die damit erzielte Präzision der Vermessung, selbst in hügeligem Terrain, findet noch die Anerkennung heutiger Vermessungsingenieure. Mittels der Technik der *cultellatio* (Nivellierung) konnte bei der Anlage von Wasserleitungen das Gefälle über Dutzende von Kilometern optimal ausgenutzt werden.
Vermessungskundliche Abhandlungen sind in größerer Zahl überliefert. Die Handschriften enthalten Zeichnungen, die zum Beispiel demonstrieren, wie sich mit Hilfe einer einfachen geometrischen Konstruktion die Höhe eines Berges messen läßt.
Die griechischen Geographen suchten die Erdgestalt mit mathematisch-astronomischen Methoden zu erfassen. Wie aus den *Quaestiones naturales* von Seneca und den Ausführungen Plinius' des Älteren hervorgeht, war den Römern diese Fragestellung durchaus vertraut; aber ihnen lag mehr am praktischen Einsatz der Kartographie zur Kontrolle und Nutzung ihres Herrschaftsbereichs. Wenn Agrippa die Herstellung einer Erdkarte anordnete, dann verfolgte er dabei einen politischen Zweck. Die römische Geographie diente der administrativen Inbesitznahme der Provinzen durch Volkszählungen und Katastrierung, und sie untermauerte den Anspruch auf Weltherrschaft. Für Rom stellten die eroberten Länder ein Chaos dar, das es zu organisieren, in Verwaltungsbezirke einzuteilen, zu urbanisieren galt, mit dem Ziel der Befriedung und Romanisierung. In einem wohlgeordneten *orbis terrarum* konnten Menschen und Erzeugnisse aus der ganzen Welt in die Hauptstadt und aus einer Provinz in die andere gelangen. Der Hinweis darauf fehlt in

Schwarzgrundige Malereien im Gartensaal des Vettierhauses in Pompeji stellen verschiedene Gewerbe dar, die von Amoretten betrieben werden. In der Goldschmiedewerkstatt (oben) sieht man rechts einen Ofen, den ein Amor mit dem Blasrohr anfacht, um ein Stück Metall an der Zange zu erhitzen. Ein anderer bearbeitet an der Rückseite des Ofens mit dem Meißel eine große Metallschale, ein dritter hämmert auf einem Amboß. In der Mitte steht ein Ladentisch mit offenen Schüben und zwei Standwaagen. Eine Kundin sitzt davor und läßt sich auf der Handwaage ein Schmuckstück abwiegen. Links schwingt ein Amor beidhändig einen schweren Hammer, während sein Gehilfe das Metallstück mit der Zange auf den Amboß hält. Wie die Arbeit der Goldschmiede (aurifices) *wird auch die der Tuchwalker* (fullones) *geschildert, das Treten der Tuche in Kufen, das Rauhen, Prüfen und schließlich das Falten der fertigen Ware. Die Parfümhersteller* (unguentarii) *bereiten in einer Ölpresse besonderer Art eine Spezialsorte feinen Olivenöls (unten rechts). Das Öl wird in Kesseln erhitzt und mit Essenzen gemischt. Der an einem Tisch sitzende Werkstattleiter kontrolliert den Verbrauch der kostbaren Extrakte. Links bemüht sich ein Verkäufer um eine Kundin, die mit ihrer Sklavin zum Parfümkauf gekommen ist.*

keinem Preis der *pax Romana*. So ist für Plinius den Älteren das »größte aller Wunder« der immerwährende Austausch zwischen den verschiedenen Ländern und Völkern der Erde: »Wir verdanken dies der unermeßlichen Herrlichkeit des römischen Friedens«. Und der 297 gehaltene Panegyricus des Eumenius schließt mit den Worten: »Nun freut es uns, die Weltkarte zu betrachten, nun endlich, wo wir darauf kein fremdes Land mehr sehen.«

Geologie, Physik, Chemie

Kein anderes geologisches Phänomen beunruhigt und beschäftigt die mediterrane Welt so sehr wie der Vulkanismus und die damit zusammenhängenden Erdbeben. Seine Auswirkungen wurden im Altertum mehrfach beschrieben; berühmt ist der Brief des jüngeren Plinius an Tacitus über den Ausbruch des Vesuv, bei dem sein

Onkel ums Leben kam. Bei Lukrez, in der pseudovergilischen Lehrdichtung *Aetna*, in Senecas *Quaestiones naturales* und im zweiten Buch der Naturgeschichte des älteren Plinius werden die verschiedenen antiken Theorien über vulkanische Tätigkeit und seismische Bewegungen erörtert. Lukrez' *De rerum natura*, eine der großartigsten lateinischen Dichtungen, enthält eine Darstellung der epikureischen Physik und ihrer Atomlehre. Die auf Demokrit und Leukipp zurückgehende Lehre vom Aufbau der Welt aus Atomen bildet den materialistischen Gegenentwurf zum idealistischen System Platons. Kein anderes Werk hat die antike Atomlehre ausführlicher behandelt als das Lehrgedicht des Lukrez. In diesem »gottlosen, aber göttlichen Dichter« (G. Hermann) vereinigten sich bohrender Erkenntnisdrang und entmythisierende Aufklärung mit ehrfürchtiger Liebe zur Natur und ihrem Gesetz. Lukrez steht freilich allein: für andere römische Autoren war die Physik, ein Schwerpunkt griechischen Denkens und Forschens, kein beherrschendes Thema.

Allerdings war die antike Physik etwas anderes als das, was heute unter der exakten Wissenschaft der Physik verstanden wird; sie ist allenfalls mit der theoretischen Physik vergleichbar, nicht mit der modernen Experimentalphysik. Die Anwendung von Apparaturen, sei es zu praktischen, sei es zu wissenschaftlichen Demonstrationszwecken, wie sie etwa bei Vitruv und Heron (1./2. Jahrhundert n. Chr.) beschrieben wird, rechnet nach dem Kanon des Aristoteles nicht zur Physik. Aber gerade aus den technischen Anwendungen der Mechanik, des ältesten und grundlegenden Zweigs der Physik, geht hervor, über welches mathematisch-physikalische Rüstzeug die römischen Ingenieure verfügten.

In das Gebiet der Optik gehören die Bemerkungen Plinius' des Älteren über Vexierspiegel im 23. Buch der *Naturalis historia*. Gründlicher befaßt sich damit die *Katoptrik* Herons, in der die optischen Gesetze des ebenen, konvexen und konkaven Spiegels dargestellt werden sowie eine Reihe von Vexierspiegelanordnungen, die

Die Einführung der Glaspfeife im 1. Jahrhundert v. Chr. vereinfachte die Glasherstellung gegenüber den älteren Methoden beträchtlich. Geblasene Gläser konnten mit Keramik- und Metallgefäßen konkurrieren. Schon bald etablierten sich in vielen Teilen des Imperiums Glasmanufakturen. Neben Massenartikeln entstanden aber auch Luxusgläser, die mit ihren vielfältigen Dekortechniken das hohe technische Niveau der römischen Glasmacher dokumentieren. Der Becher mit ägyptischen Szenen (links oben) wurde aus entfärbtem Glas geblasen und dann aus dem Rohling geschliffen. Sein Dekor zeigt Facettenschliff, schliff, eingeschnittene Linien und gravierte Details. Der Portland-Diskus (links Mitte) besteht aus blauem und opakweißem Glas, das in zwei Schichten gegossen wurde. Die weiße Schicht wurde teilweise abgeschliffen, so daß nur das Reliefbild weiß auf blauem Grund stehenblieb. In den eiförmigen Silberbecher (links unten) wurde blaues Glas geblasen, das sich aus den ovalen Öffnungen in der Wandung nach außen vorwölbt. Der plastische Dekor des Lykurgosbechers aus formgegossenem opakgrünen Glas (rechts) ist in der komplizierten Unterschlifftechnik ausgeführt.
London, British Museum

an das Automatentheater des alexandrinischen Mathematikers und Ingenieurs erinnern. Seneca und Plinius erwähnen »geschliffene Edelsteine, die die Bilder von unten nach oben zurückwerfen, wie es Spiegel tun«. Nero soll einen Smaragd als Sehlinse und Augenschutz benutzt haben; das Berliner Antikenmuseum besitzt einen Ring, dessen Stein derartigen Zwecken gedient haben könnte. In seinen Ausführungen über die Säulenproportionen geht Vitruv auf das Problem der optischen Täuschung ein, die durch »Berechnung künstlich ausgeglichen werden« müsse, und in den Kapiteln über den Theaterbau befaßt er sich eingehend mit Fragen der Akustik; er referiert die Klangtheorie des Aristoxenos (4. Jahrhundert v. Chr.) und empfiehlt den Einbau von schallverstärkenden Gefäßen. Von der Verwendung schalldämmender Materialien erfahren wir aus der *Naturalis historia* (11, 270).
Das Altertum kannte zwar keine Chemie im Sinne der modernen exakten Naturwissenschaft von den Eigenschaften, Zusammensetzungen und Umwandlungen der Stoffe, aber es verfügte bereits über eine Fülle chemisch-technischer Kenntnisse aus der Praxis mannigfaltiger Gewerbe: Gewinnung, Legierung und Bearbeitung von Metallen, Herstellung von Tonwaren und Glas, Kunst des Gerbens, Bereitung der Farbstoffe für Färber und Maler, dazu die Erfahrungen mit mineralischen und pflanzlichen Heilmitteln, mit Giften und Konservierungsmitteln. Vitruv beschreibt im siebten Buch ausführlich die Gewinnung natürlicher und künstlicher Farbstoffe, auch Methoden zur Fälschung kostbarer Farben wie Purpur, Berggrün und Indigo. Die *Naturalis historia* behandelt die Malerfarben und bei der Glasverarbeitung verwendeten Färbemittel in den Büchern über Metall- und Steinkunde. Max von Pettenkofer konnte auf dem von Plinius angegebenen Wege etwa das blutrote Hämatinon oder Obsidianglas der Römer wieder herstellen. Plinius hat offenbar Untersuchungen in der Art von Laborversuchen angestellt, wie seine Bemerkungen über das Wasser von Spa erkennen lassen (31, 12): »Die gallische Stadt Tongern ist im Besitz einer bemerkenswerten Quelle: Ihr Wasser perlt von einer Menge glänzender Kügelchen; es hat einen deutlichen Eisengeschmack, aber erst, wenn man aufhört zu trinken ... Dasselbe Wasser wird, wenn man es auf das Feuer setzt, trüb und schließlich rötlich.«

Pflanzen- und Tierkunde

Die der Pflanzenkunde gewidmeten Bücher 12-19 der *Naturalis historia* fußen letztlich auf dem Aristoteles-Schüler Theophrast, von dem zwei botanische Werke erhalten sind: *Historia plantarum* und *Causae plantarum*. In den ersten beiden Büchern behandelt Plinius exotische Pflanzen, insbesondere Gewürzbäume und Papyrus, mit Exkursen über Salben und die Geschichte der Beschreibstoffe, in Buch 14 den Weinstock und im folgenden die Fruchtbäume: zuerst den Olivenbaum einschließlich historischer Anmerkungen über Öl, dann die Nuß- und Obstbäume sowie Myrte und Lorbeer. Eine allgemeine Botanik der Bäume findet sich in Buch 16 über die Waldbäume. Hier vermischen sich Beobachtungen über Standorte, Blattwuchs, Fruchtbehang, Höchstalter, Parasiten mit Ausführungen über Holzkohle, Schindeln, Baumpech, Bauholz und Zimmermannskunst; über die Verwendung von Rohr als Schreib-, Musik- und Fanggerät, den Gebrauch der Eicheln und die Geschichte der Ehrenkränze. Thema von Buch 17 ist die Kultivation der Nutzbäume: Pflanzung, Veredelung, Schnitt, Krankheiten. Buch 18 handelt vom Ackerbau; als Hauptquelle benutzte Plinius hier ein verlorenes Werk des Enzyklopädisten Celsus. Nach geschichtlichen Vorbemerkungen beschreibt er die Getreidearten und ihre Verarbeitung bis hin zum Brotbacken; dann folgen Ausführungen über Hülsenfrüchte, Bodenbearbeitung und Sämethoden,

Links: Nillandschaft mit Krokodil und Nilpferd. Mosaik aus der Casa del Fauno in Pompeji. Neapel, Museo Nazionale

Oben: Meeresfauna mit einem Kraken, der eine Languste fängt. Mosaik aus Pompeji. Neapel, Museo Nazionale

über Bauernkalender, Ernte, Fruchtlagerung, Weinlese und Kelterverfahren sowie Wetterprognosen. Ansätze eines ökologischen Problembewußtseins verrät ein Satz im dritten Kapitel: »Wir vergiften sogar die Flüsse und die Bestandteile der Natur.« Das abschließende 19. Buch seiner Pflanzenkunde hat Plinius Flachs und Leinen sowie den Gartenpflanzen vorbehalten, wobei nicht nur die Gemüsearten behandelt werden, sondern auch die Geschichte des Gartenbaus und die Gartenpflege.

Die auf Aristoteles aufbauende Tierkunde in den Büchern 8–11 der *Naturalis historia* ist nach Lebensbereichen gegliedert. Buch 8 beschreibt die Landtiere: exotische Großtiere, Echsen, Kleintiere und Haustiere; Buch 9 die Wassertiere: Seeungeheuer, Großfische, Schildkröten, Speisefische, Schaltiere, darunter die Purpurschnecke; Buch 10 die Vögel und die eierlegenden Nichtvögel. Im Anhang diese Teiles werden Fragen der zoologischen Genetik und Physiologie erörtert. Buch 11 handelt von den Insekten: Bienen, Seidenraupen, Spinnen, Fluginsekten, Ameisen; Plinius beschließt es mit einem Anhang über allgemeine Zoologie, Sonderformen, Anatomie der Tiere, auch im Hinblick auf die Haruspizin, über Laktation, Milchprodukte und Fleischerzeugung.

Medizin und Pharmazie

Heilkundige standen in Rom lange Zeit in schlechtem Ansehen, will man den von Plinius dem Älteren zitierten Ratschlägen glauben, die Cato seinem Sohn erteilte; bei dem Satiriker Martial findet sich ähnliches. Plinius wendet sich vor allem gegen die Magier und Marktschreier

(circulatores), die ihre Wundermittel an den Mann brachten. Auch ein großer Arzt wie Galen ereiferte sich über die in Rom in großer Zahl auftretenden Scharlatane. Die wissenschaftliche Medizin der Griechen wurde im 1. Jahrhundert v. Chr. in Rom heimisch. Bis dahin war dort die *medicina domestica*, eine auf empirisch gewonnenen Kenntnissen und religiös-magischen Praktiken beruhende Hausmedizin, die herrschende Form der Heilkunde gewesen. Cato propagierte noch die altüberkommenen medizinischen Vorstellungen, doch setzte sich schon bald die Einsicht durch, daß man sich nur selbst schadete, wenn man sich der therapeutischen Möglichkeiten begab, die die griechische Medizin zu bieten hatte. So konnte Asklepiades von Prusa, der wohl in den letzten Jahren vor der Zeitwende nach Rom kam, dank seiner großen Heilerfolge die Gunst der vornehmsten Römer gewinnen. Asklepiades wurde zum Ahnherrn der neuen medizinischen Schule der Methodiker. Ausgehend von der epikureischen Korpuskulartheorie, vertrat er die Auffassung, daß der menschliche Körper aus »lose verbundenen Masseteilchen« bestehe, die sich in leeren Räumen, den Porengängen, bewegen. Krankheit resultiere aus einer Störung dieser Bewegung, und Aufgabe der Therapie sei es, sie wieder zu normalisieren. Geeignet dafür waren nach Ansicht des Asklepiades vorzugsweise mechanische und diätetische Maßnahmen, Bewegung und physiotherapeutische Anwendungen. Themison von Laodikeia, ein Schüler des Asklepiades, entwickelte dann die diagnostische und therapeutische Methode dieser Ärzteschule. Ihr letzter bedeutender Vertreter war der um 100 n. Chr. in Rom tätige Arzt Soranos aus Ephesos, dessen *Gynaikeia* erhalten ist, während sein Werk »Über akute und chronische Krankheiten« nur in einer lateinischen Bearbeitung des Caelius Aurelianus (5. Jahrhundert n. Chr.) vorliegt.

Bereits in der Mitte des 1. Jahrhunderts v. Chr. hatte sich die Richtung der Pneumatiker von den Schulen der Dogmatiker und Empiriker abgesetzt. Ihr Gründer war Athenaios von Attaleia, der den stoischen Begriff des *pneuma* als alles durchwaltendes Lebensprinzip in den Mittelpunkt seiner medizinischen Lehre stellte, ohne damit die hippokratische Viersäftelehre aufzugeben. Zur pneumatischen Schule zählte der im 1. Jahrhundert n. Chr. tätige Arzt Aretaios von Kappadokien, von dem acht Bücher über Ätiologie, Diagnose und Therapie von akuten und chronischen Krankheiten erhalten sind.

Keiner bestimmten Schule zuzuweisen sind die beiden römischen Ärzte A. Cornelius Celsus und Scribonius Largus. Celsus lebte zur Zeit des Tiberius und hat das enzyklopädische Werk *Artes* verfaßt; die erhaltenen acht Bücher *De medicina* behandeln Diätetik, innere Erkrankungen, Pharmakologie und sonstige Therapie, äußere Krankheiten und Chirurgie. Scribonius Largus gehörte zeitweise zum Gefolge des Kaisers Claudius; er hinterließ eine Rezeptsammlung *(Compositiones)*. Der unter Traian tätige Rufus von Ephesos erweist sich in seinen Schriften als selbständiger Hippokratiker von Rang. Er war vor allem als Anatom berühmt, aber ein ebenso bedeutender Kliniker. Viele seiner Werke sind leider verloren, auch das über Melancholie; erhalten blieben nur kleine Schriften über Körperteile, urologische und Gelenkkrankheiten, über Pulslehre und Anamnese.

Als der letzte wirklich große Arzt der Antike gilt Galenos von Pergamon (129–199). Nach der Ausbildung in Alexandreia praktizierte er zunächst in seiner Heimatstadt als Gladiatorenarzt und ging 161 nach Rom, von wo ihn je-

Linke Seite, außen: Terrakottarelief vom Grab einer Hebamme in der Isola Sacra von Ostia, 2. Jahrhundert n. Chr. Von einer Helferin gehalten, sitzt die Kreißende in einem Sessel, während die Hebamme dem Kind ans Licht hilft. Diese Berufsdarstellung war an der Außenseite des Grabhauses angebracht.

Linke Seite, innen: Instrumentenschrank eines Arztes. Wandrelief im Tempel von Kom Ombo (Oberägypten), um 100 n. Chr.

Rechts: Ärztliche Instrumente aus dem sogenannten Haus des Chirurgen in Pompeji. Uterusspiegel (speculum vaginae) *mit Schraubmechanismus zur Dehnung und Schneidezange* (forceps) *zum Herausoperieren von Knochensplittern oder auch von Pfeilspitzen. Neapel, Museo Nazionale*

doch die große Pest des Jahres 166 wieder vertrieb. Wenig später von Marc Aurel und Verus zum Leibarzt berufen, blieb er dann bis zu seinem Tode in Rom und stand dauernd bei Hofe in hoher Gunst. Galen sah sich vor die Aufgabe gestellt, der in sektenartige Schulen und teilweise in resignierende Skepsis verfallenen Medizin seiner Zeit noch einmal eine verbindliche wissenschaftliche Basis zu geben. Er griff dafür auf die Humoralpathologie des Hippokrates zurück und suchte ihr die jüngeren Erkenntnisse und Theorien anzugleichen. Galen hinterließ ein gewaltiges Œuvre; bis in die frühe Neuzeit war er *die* medizinische Autorität.

In Rom bestand offenbar allgemeines Interesse an medizinischen Fragen, und viele Autoren befaßten sich damit. Varro rechnete in den *Disciplinae* die Medizin zu den *artes liberales*, zur Allgemeinbildung des freien Mannes; auf der Grundlage epikureischer Vorstellungen entwikkelte er eine Theorie der »Mikroben«. Das Problem der Krankheitsursachen und der Epidemien beschäftigte Lukrez, Vergil, Ovid und Tibull. Besondere Aufmerksamkeit brachte Seneca, ein »großer Kranker«, der Medizin entgegen, aus der zahlreiche Bilder in seinen Schriften entlehnt sind. Vitruv verlangte von den Architekten medizinische Kenntnisse, damit sie für ihre Gebäude die Lage und Bauweise wählen können, die der Gesundheit am zuträglichsten sind. Plinius hat dreizehn Bücher seiner *Naturalis historia* den Heilmitteln gewidmet und auch eine Geschichte der Medizin bei den Griechen und Römern beigefügt. Ein im 4. Jahrhundert gefertigter Auszug, die *Medicina Plinii*, war für Laien als Hilfe bei der Selbstbehandlung gedacht. Einen Hinweis auf die Rolle der Laien- und Hausmedizin gibt eine Stelle den *Parentalia* des Ausonius (um 310–394), der von seiner Tante sagt, sie habe sich »wie die Männer an der ärztlichen Kunst« versucht.

Außer dem Schrifttum gibt es noch weitere Quellen zur römischen Medizin. Inschriften enthalten Namen von Ärzten, geben Hinweise auf ihre Herkunft und auf den von ihnen praktizierten fachärztlichen Zweig. Allein für Gallien sind auf diese Weise mehr als vierhundert Ärzte bezeugt. Aus den administrativen Papyri Ägyptens erfahren wir von approbierten Ärzten, die im Auftrag der Behörden schriftliche Atteste über den Zustand von Kranken oder Verwundeten und Totenscheine ausstellten. Die Untersuchung von Kranken mit unterschiedlichen Gebrechen ist auf einer Reihe von Reliefs dargestellt, und ein Fresko in der Katakombe an der Via Latina zeigt einen Arzt inmitten seiner Schüler beim Anatomieunterricht.

Die Archäologie schließlich förderte ein vielfältiges medizinisches und chirurgisches Instrumentarium zutage: Exzisoren, Skalpelle, Trepane, Wundhaken, Nadeln, Kauter, Knochensägen, Seziermesser, Spateln, Zangen, Pinzetten, Löffelsonden, Uterusspiegel, Katheder, Schröpfköpfe; ebenso Mörser, Waagen und Näpfe zur Bereitung von Medikamenten. Fundstätten waren Gräber, Militärlager, Thermen oder auch Schiffswracks. In Gallien wurden in großer Zahl Siegel von Augenärzten gefunden: Steinplaketten mit Inschriften in Spiegelschrift, mit denen Augensalben gesiegelt werden konnten. Sie enthalten den Namen des Arztes, des Apothekers oder Erfinders sowie eine Bezeichnung der Salbe, die auf ihre Zusammensetzung und Indikation hinweist: *ad aspritudines* – ein Mittel gegen die Körnerkrankheit, *chemosis* – gegen Hornhautentzündung. Ein Grab in Tongern aus der Mitte des 3. Jahrhunderts barg Instrumente zur Behandlung von Augenkrankheiten sowie eine Augen-

salbe, die aus Zinkoxid und Silicium zusammengesetzt war – die Formel des *spodiacon* gegen das Trachom.
Die römischen Mediziner haben nicht nur Knochenbrüche eingerichtet, sondern auch schwierige chirurgische Eingriffe vorgenommen: Schädelbohrung, Extraktion von Pfeilen und anderen Fremdkörpern, Amputation, Kauterisation, Tracheotomie, Verödung von Krampfadern, Abtragung der Mandeln, Abbinden von Gefäßen, Entfernung von Steinen. Die von Galen und Antyllos beschriebene Operation des grauen Stars ist auf dem Pfeiler von Mavilly und dem Sarkophag des C. Sosius Iulianus in Ravenna dargestellt; zudem wurden in Montbellet (Saône-et-Loire) hohle Nadeln gefunden, mit denen die Kristallinse durch Aussaugen entfernt werden konnte. Schönheitschirurgie war ebenso bekannt wie Akupunktur und die Versorgung Amputierter mit Prothesen. Die Zahnheilkunde zählte zu den fachärztlichen Disziplinen, und ihre Mittel reichen von der Zahncreme bis zum Zahnersatz. Man diskutierte auch ethische Fragen der Medizin wie Abtreibung, soziale Medizin und Krankenversicherung, und es wurden kühne Hypothesen aufgestellt wie der Gedanke der Spezialisierung der Hirnhälften bei Diokles von Karystos (4. Jahrhundert v. Chr.) und Soranos von Ephesos.
Das heutige Interesse für »sanfte Medizin« und alternative Heilkunde ließ antike Therapien wieder zu Ehren gelangen. So liest man voller Neugier, was die antiken Ärzte und Enzyklopädisten über die psychosomatische Seite von Krankheiten zu sagen haben, über die Bedeutung des Vertrauensverhältnisses zwischen Arzt und Patient, über die Heilwirkung von Musik, Gymnastik, Diäten und Bäderkuren, über Atmung und Sprechübungen oder über die Beziehungen zwischen Mensch und Umwelt. Die von Hippokrates begründete und von Galen vertiefte Lehre von den Körpersäften vermutete einen Zusammenhang zwischen dem menschlichen Mikrokosmos und dem Makrokosmos: Die vier Säfte *(humores)* entsprechen den vier Temperamenten des Menschen und den vier Elementen und verbinden so die inneren Bewegungen mit den kosmischen Rhythmen. Neue Beachtung finden auch bestimmte Medikamente der antiken Heilkunst, deren Wirkung empirisch und zuweilen deduktiv festgestellt worden ist. Plinius schätzt besonders »einfache Heilmittel, in denen sich die Natur zeigt«: Wein, Öl, Honig, Wachs, Salz.
Die medizinische Ausbildung erfolgte in Ärzteschulen. Die 14 v. Chr. in Rom gegründete *schola medicorum* bestand bis in die Zeit des Theoderich; weitere Schulen gab es in Avenches, Bordeaux, Marseille, Metz, Saragossa und natürlich in den großen hellenistischen Zentren wie Ephesos. Martial mußte eine Krankenvisite über sich ergehen lassen, bei der hundert Studenten den »großen Meister« begleiteten. Erbittert ausgetragener Richtungsstreit zwischen Schulen und Autoritäten war ebenso an der Tagesordnung wie das Ausfechten persönlicher Rivalitäten, etwa zwischen Galen und dem Archiater Attalos von Herakleia Salbake. Das von der hippokratischen Schule entwickelte ärztliche Berufsethos galt auch für die römischen Mediziner. Plinius schreibt, er wolle lehren, wie man Menschenleben rettet, und in einer Grabinschrift heißt es: »Die Aufgabe, die mir in dieser niedrigen Welt zugewiesen wurde, war die Ausübung der Medizin: Ich konnte die Schmerzen vieler Kranker lindern, doch konnte all meine Kunst nicht meine eigene Krankheit besiegen.«

Maschinen

Im letzten Buch des Werkes über die Baukunst beschreibt Vitruv die Konstruktion und Funktionsweise einer Reihe von Maschinen. Ph. Fleury unterscheidet in seinem Kommentar (1986) zwei Gruppen: zum einen Maschinen, die Vitruv nur aus Büchern kannte, zum anderen solche, die ihm aus eigener Erfahrung vertraut waren. Zur ersten Gruppe gehören das Wasserdruckwerk des Ktesibios (3. Jahrhundert v. Chr.), die wohl ebenfalls von Ktesibios konstruierte hydraulische Orgel, die »geniale Erfindung« des Chersiphron (6. Jahrhundert v. Chr.) zum Transport von Säulentrommeln für den Artemis-Tempel in Ephesos, das Taxameter oder Hodometer und verschiedene Belagerungsmaschinen, wie sie Diades, Hegetor und andere Militärtechniker entwickelt hatten. Aus seiner Berufstätigkeit oder von seiner Ausbildung durch die *praeceptores* kannte Vitruv hingegen mehrere Arten von Hebewerken und Wasserpumpen, das Wasserrad und die gebräuchlichen Katapulttypen.

Hebezeuge und Baukrane

Die römischen Krane hatten die Form eines durch Seile abgespannten Auslegers mit Flaschenzug und Winde. Der Ausleger bestand meist aus zwei Balken, die wie ein umgekehrtes V am Boden standen (daher der moderne Name »Scherenkran«). Nach der Anzahl der Flaschen unterscheidet Vitruv: Dreirollenzug *(trispastos)*, Fünfrollenzug *(pentaspastos)* und Vielrollenzug *(polyspastos)* mit Doppel- oder Dreifachflaschen. Bei größeren Lasten wurde mit einem Vorgelege gearbeitet. Das konnte eine Welle mit Seiltrommel als Untersetzung sein oder ein Tretrad anstelle der Handspeichen. Der Tretradkran hob bis zu sechs Tonnen. Man verwendete ihn vor allem auf Großbaustellen (Abb. S. 318) und als stationären Werkstattkran. Außerdem beschreibt Vitruv einen Kran mit einem einzelnen Balken als Ausleger, der also auch seitwärts geschwenkt werden konnte und nicht nur nach vorn wie der gabelförmige Ausleger. Die drei Lastseile, jedes mit einem Fünfrollenzug, wurden nicht zu einer Haspel geführt, sondern liefen über Rollen am Fuß des Auslegers und wurden von drei verschiedenen Mannschaften bedient.

Schließlich erwähnt Vitruv am Schluß des Kapitels über Zug-Hebemaschinen, daß noch andere Arten von Kranen für verschiedene Zwecke, speziell an Anlegeplätzen zum Be- und Entladen von Schiffen, verwendet würden; einige davon seien »aufrecht andere waagerecht in sich drehende *carchesia* gelegt«, womit vielleicht der Kragen einer Gaffel oder ein Drehzapfen gemeint ist.
In vielfältiger Weise kamen Hebezeuge auch im Theater und Amphitheater zum Einsatz: Zugvorrichtungen für Kulissen, Vorhang und Sonnensegel *(velum)*, für Versenkungsmechanismen und Aufzüge, mit denen die wilden Tiere durch Falltüren aus den Kellerräumen in die Arena geschafft wurden.

Wasserhebewerke

In den Mittelmeerländern war seit jeher die Bewässerung von Gartenpflanzen das wichtigste Anwendungsgebiet von Wasserpumpen. Sie wurden in römischer Zeit aber auch für die Wasserhaltung in Bergwerken und für das Auspumpen des Schlagwassers in Schiffen verwendet. Die einfachste Anlage zur Wasserhebung, der Schwingbalken oder die Wippe, war im Vorderen Orient schon seit langem in Gebrauch und taucht im 6. Jahrhundert v. Chr. auf griechischen Vasenbildern auf. Der lateinische Name lautet *ciconia*, »Storch«, denn an diesen Vogel erinnert die Vorrichtung. Vitruv erwähnt sie nicht, er beschränkt sich auf die Beschreibung komplizierterer und leistungsfähigerer Wasserschöpfmaschinen: Wasserschraube *(cochlea)*, Trommelpumpe *(tympanum)* oder Kammerrad, Schöpfrad mit Eimern und Eimerkette. Für die beiden letzten sind keine lateinischen Namen angegeben; auf Griechisch hießen sie *polykadia* (»Viel-Eimerwerk«) und *halysis* (»Kette»). Erfinder der Wasserschraube soll Archimedes gewesen sein. Wie ein Wandbild der Casa dell' Efebo in Pompeji zeigt, wurde sie durch einen Tretvorgang in Bewegung gesetzt. Reste solcher Pumpen kamen in spanischen Bergwerken zutage. Funde in den Bergwerken von Rio Tinto belegen, daß dort mit Schöpfrädern entwässert wurde. Bei einer Anlage förderten acht Paare solcher Räder das Wasser über eine Höhe von fast 30 Meter. Die Schöpfräder wurden dabei wie Tretmühlen bewegt. Daß sie auch durch Tierkraft gedreht wurden, geht aus ägyptischen Papyri des 2. Jahrhunderts n. Chr. hervor. In diesem Fall mußte der senkrechte Antrieb des Göpels durch ein Getriebe auf die waagerechte Welle des Rades übertragen werden; vermutlich bestand das Getriebe aus Kammrad und Kammwalze. Zur Frage des Antriebs von Pumpen sagt Vitruv lediglich, daß Schöpfräder in Flüssen keine Tretvorrichtung benötigten, sondern mit Schaufeln versehen und durch die Strömung in Bewegung gesetzt würden. Ein eigenes Kapitel widmet Vitruv der Beschreibung der Druckpumpe des Ktesibios mit Zylindern, Kolben und Ventilen. Die beiden Zylinder und Kolben aus Bronze

Oben: Baiae am Golf von Neapel war das bedeutendste antike Heilbad auf italischem Boden. Den Mineralquellen und Dämpfen, die aus dem vulkanischen Boden traten, wurden vielfältige therapeutische Wirkungen zugeschrieben. Die weitläufige Terrassenanlage hatte neben großen Thermensälen auch Trakte mit Badezellen.

Unten: Das Asklepieion von Pergamon erlebte im 2. Jahrhundert n. Chr. eine Blütezeit und wurde damals mit neuen Gebäuden ausgestattet. Ein 80 m langer Kryptoportikus führte von der heiligen Quelle zu einem zweistöckigen Rundbau mit sechs Exedren, der vermutlich ein Haus für ärztliche Behandlung war.

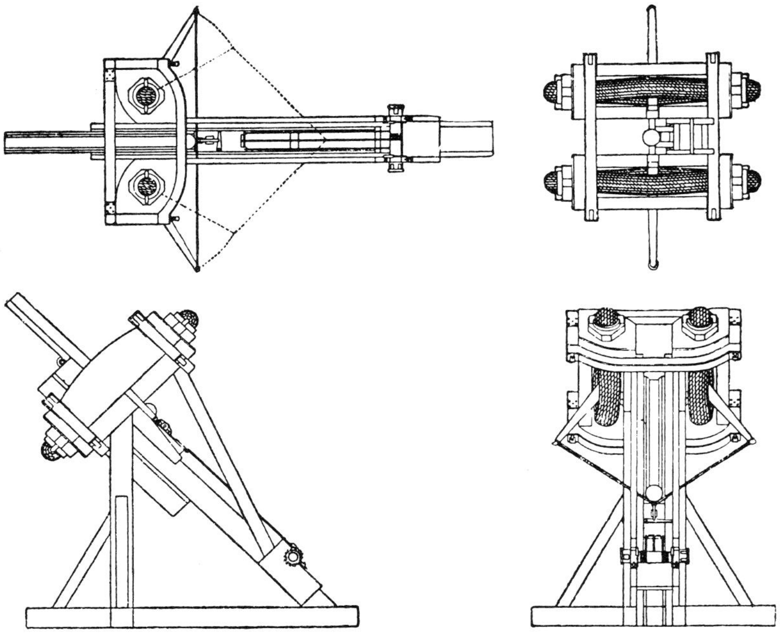

Links: Rekonstruktion eines Katapults mit Torsionsfedern. Die Beschreibung Vitruvs, Darstellungen und erhaltene Reste ermöglichten funktionsfähige Nachkonstruktionen solcher Pfeil- und Kugelgeschütze. Reste römischer Katapulte wurden in Cremona, Lyon, Mahdia (Tunesien) und Gournea (Rumänien) gefunden.

Rechts: Obeliskentransport. Sockelrelief des ägyptischen Obelisken, den Theodosius I. 390 im Hippodrom von Konstantinopel aufstellen ließ. Der knapp 20 m lange Granitmonolith liegt auf einer Schleife und wird mit Hilfe von Winden bewegt. Eine Inschrift auf dem Sockel besagt, daß man 30 Tage für die Aufrichtung benötigte. Der Obelisk aus der Zeit Thutmosis' III. (1480-1448) ist an der Annalenwand des Tempels von Karnak abgebildet und war ursprünglich etwa 8 m höher.

Einen Ingenieur, der ihm (Kaiser Vespasian, 69–79) versprach, für wenig Geld riesige Säulen aufs Kapitol zu schaffen, beschenkte er für seine Erfindung mit einer beträchtlichen Summe, ließ dann aber die Ausführung des Projektes fallen mit der Bemerkung, er möge ihm gestatten, auch das arme Volk verdienen zu lassen.

Sueton, Vespasian 18

wurden auf der Drehbank gedreht. Ein Kipphebel diente dazu, die Kolben auf und ab zu bewegen. Heron konstruierte nach diesem Prinzip eine Feuerspritze (*Pneumatica* 1, 28). Eine Reihe von Funden bestätigt, daß solche Druckpumpen tatsächlich eingesetzt wurden. Die 1889 im Bergwerk von Sotiel Coronado entdeckte »Pumpe von Valverde Huelva« besitzt eine schwenkbare Düse, wie sie Heron beschreibt. Im Wrack der »Dramont D«, eines römischen Handelsschiffs aus der Mitte des 1. Jahrhunderts n. Chr., befanden sich vier Bronzepumpen; allerdings ist ungeklärt, ob sie als Lenzpumpen gedient haben oder Teil der Ladung waren. Bei mehreren Schiffsfunden kamen jedoch Reste von Eimerketten zutage, die mit Sicherheit zum Heben von Bilgenwasser gedient haben.

Wassermühlen

Arbeit wurde im Altertum überwiegend durch Menschen- und Tierkraft verrichtet. Als weitere Energiequelle wurde die Wasserkraft genutzt, aber vielleicht erst seit dem ersten vorchristlichen Jahrhundert. Die früheste Wassermühle, von der wir wissen, entstand im Königreich des Mithradates von Pontos (Strabo 12, 3, 40). Vitruv behandelt die Wassermühlen im Anschluß an die Becherwerke mit Schaufelrad und sagt, sie würden nach dem gleichen Prinzip getrieben, »nur ist an dem einen Ende der Welle ein Zahnrad *(tympanum dentatum)* angebracht. Dies ist senkrecht auf die hohe Kante gestellt und dreht sich gleichmäßig mit dem Rad *(rota)* in derselben Richtung. Anschließend an dieses größere Zahnrad ist ein (kleineres) Zahnrad horizontal angebracht, das in jenes eingreift. So erzwingen die Zähne jenes Zahnrades, das an der Welle (des Schaufelrades) angebracht ist, dadurch, daß sie die Zähne des horizontalen Zahnrades in Bewegung setzen, eine Umdrehung der Mühlsteine« (*Architectura* 10, 5, 2). Was Vitruv hier beschreibt, ist ein Winkelgetriebe mit zwei Kammrädern. Daß die Römer auch die Triebstockverzahnung mit zwei Scheiben kannten, ist durch einen Fund belegt. Ebenso gibt es Hinweise darauf, daß sie neben dem unterschlächtigen Wasserrad Vitruvs auch das weitaus wirksamere oberschlächtige Wasserrad einsetzten. Eine besonders eindrucksvolle Mühlenanlage wurde in Berbégal bei Arles ausgegraben: In zwei Reihen waren je acht Wasserräder angeordnet, die jeweils Mühlsteine in einer Mühlenkammer neben dem Radgehäuse antrieben. Das Wasser wurde über ein Aquädukt herangeführt. Um 300 n. Chr. errichtet, ist diese Großmühle wahrscheinlich ein Jahrhundert lang in Betrieb gewesen.

Schöpfen von Wasser und Kornmahlen blieben nicht die einzigen Anwendungen der Wassermühle. In der *Mosella* des Ausonius heißt es von dem Fluß Erubus (die Ruwer): »Er dreht die Mühlsteine mit schneller wirbelnder Bewegung und zieht die kreischenden Sägen durch glatte weiße Steine; so dröhnt von beiden Ufern ihm ständig nur der Arbeit Lärm entgegen.« Wir wissen allerdings nicht, wie diese Sägen *(serrae)* funktionierten. Da der Dichter das Wort *trahere*, ziehen, verwendet, dürfte kaum von Kreissägen die Rede sein. Vielleicht hat das Rad die Säge mittels einer Nockenwelle oder einer Kurbel mit Verbindungsstange vorwärts und rückwärts bewegt.

Die Windkraft wurde zwar in der Schiffahrt als Energiequelle genutzt, aber nicht für Windmühlen. Allerdings konstruierte Heron ein Windrad als Antrieb eines Orgelgebläses (*Pneumatica* 1, 43). Er überliefert auch als einziger antiker Autor etwas über Anlagen, die von Dampfkraft getrieben worden sind. Eine davon ist »eine Kugel, die auf einem Zapfen rundläuft, wenn ein großer Kessel geheizt wird« (*Pneumatica* 2, 11). Bei diesem Reaktionsdampfrad verursacht der durch die Öffnungen gebogener Röhren austretende Dampf einen Rückschub und bringt dadurch die Kugel zum Drehen.

Katapulte

Die römischen Militärtechniker haben die Errungenschaften des hellenistischen Kriegswesens aufgegriffen, perfektioniert und durch Neuerungen vervollständigt. Neben dem armbrustartigen Bogenkatapult war seit der Mitte des 4. Jahrhunderts v. Chr. das Katapult mit Torsionsfedern entwickelt worden, das zum wichtigsten Geschütz der antiken Artillerie werden sollte (Abb. S. 336). Die beiden aus Sehnen oder Haar gedrillten Torsionsfedern waren senkrecht montiert und in der Mitte jeweils die Spannarme der Sehne durchgesteckt. Gespannt wurde durch eine Haspelwelle oder einen Flaschenzug. Geschütze dieses Typs waren auf einem dreifüßigen Fundament befestigt; sie konnten Pfeile und Steinkugeln verschießen. Die Pfeilgeschütze nennt Vitruv »Skorpione«, die Kugelkatapulte »Ballisten«. Er gibt genau die Maße der einzelnen Bauteile an, die jeweils vom Kaliber der Munition abhängen, der Länge der Pfeile oder dem Gewicht der Kugeln. Daher sei »die Berechnung nicht für jeden ausführbar, sondern nur für die, welche aus geometrischen Rechnungen die Zahlen und ihre Vervielfältigungen kennen« (*Architectura* 10, 11, 1). Schießversuche mit Nachkonstruktionen haben die Leistungsfähigkeit solcher Geschütze hinsichtlich Feuergeschwindigkeit, Durchschlagskraft und Treffsicherheit unter Beweis gestellt und die Angaben antiker Gefechtsberichte bestätigt.
Das Katapult mit nur einer waagerechten Feder und einem Spannarm, der sich aufwärts bewegt, war wohl eine spätere Entwicklung. Weder Vitruv noch Philon und Heron erwähnen dieses Steilfeuergeschütz; Einzelheiten darüber finden sich erst in den *Res gestae* des Ammianus Marcellinus aus dem 4. Jahrhundert. Die Soldaten nannten es Onager, Wildesel, weil der Rückstoß so heftig war, daß das ganze Geschütz beim Schuß sprang und bockte.

Wasserversorgung und Wasserbau

»Bedenkt man eingehend die Menge an Wasser für den öffentlichen Bedarf, für Bäder, künstliche Teiche und Wassergräben, für Wohnhäuser, Gärten und Villen, bedenkt man die Entfernung von den Quellen, die errichteten Bogenstellungen, die durchtunnelten Berge und Überbrückungen von Tälern, so wird man zugestehen, daß es auf dem ganzen Erdkreis nichts Bewunderungswürdigeres gegeben hat.« Mit diesen Worten rühmt Plinius der Ältere die Wasserversorgung seiner Zeit. In der Tat gilt sie auch heute noch als die größte Ingenieurleistung der Römer.
Die ersten zusammenhängenden Darlegungen zu diesem Gegenstand verdanken wir Vitruv, der ihm das ganze zehnte Buch seines Werkes über die Baukunst gewidmet hat. Er behandelt zunächst die Wasserarten, dann die Methoden zur Prüfung der Wasserqualität und zur Suche von Wasservorkommen und schließlich den Leitungsbau. Einen genauen Einblick in das stadtrömische Leitungswesen vermittelt die Fachschrift *De aquaeductu urbis Romae* von Sextus Iulius Frontinus, dem Kaiser Nerva im Jahre 97 das Amt des *curator aquarum* von Rom anvertraut hat.

Aquädukte

Das Wasser wurde in vielen Fällen über weite Strecken in die Städte befördert. Die elf nach Rom führenden Wasserleitungen waren zwischen 16,4 und 90,7 Kilometer lang; die Eifelwasserleitung nach Köln erreichte 73, die Gier-Leitung nach Lyon 75, die Serino-Leitung nach Misenum 96 und der Zaghouan-Aquädukt nach Karthago 132 Kilometer. Meist waren diese Überlandleitungen drucklose Gefälleleitungen. Sie führten das Wasser von der mit einer Klär- und Absetzanlage *(piscina liminaria)*

versehenen Quellfassung in einem Gerinne zum Verteilerbecken an einem hochliegenden Punkt am Rand oder in der Stadt. Um ein gleichmäßiges Gefälle zu erhalten, wurde die Leitung bei Anhöhen um den Hang herumgeführt oder ein Stollen *(specus)* dafür angelegt; wo Tiefgelände zu durchqueren war, wurde das Gerinne von einer *substructio* getragen, wobei es ab etwa zwei Meter Höhe wirtschaftlicher war, anstatt einer kompakten Trasse eine *arcutatio* zu bauen. Diese oft monumentalen Bogenkonstruktionen wurden zum Wahrzeichen römischer Wasserleitungen. Sie bildeten jedoch nur einzelne Abschnitte der ausgedehnten Aquädukte. Auf dem weitaus größten Teil der Strecke floß das Wasser in unterirdischen Kanälen. So blieb es im Sommer frisch und kühl, im Winter war es frostgeschützt. Auch Rinnen auf einer *substructio* oder *arcutatio* wurden mit Steinplatten abgedeckt, um das Wasser vor Verschmutzung und Sonneneinstrahlung zu schützen.

Um aufwendige Brückenbauwerke zu vermeiden, haben die römischen Techniker gelegentlich auch Druckleitungen gebaut, etwa beim Gier-Aquädukt. An der Stelle des Systemwechsels zwischen Kanal- und Druckstrecke war dort ein Überleitungsbecken *(castellum)* installiert, von dem das Wasser in neun parallelen Rohrsträngen auf der Ablauframpe ins Tal geführt wurde. Bereits die Griechen kannten das Gesetz vom Gleichstand von Flüssigkeiten in kommunizierenden Röhren. Vitruv nennt den U-Bogen geschlossener Systeme *venter*, »Bauch«. Man verwendete dafür meist Rohre aus Keramik oder Blei; es wurden aber auch Druckleitungsrohre aus Stein, Gußstein, Holz oder Bronze gefunden. Vitruv gibt Tonrohren *(tubuli fictiles)* den Vorzug gegenüber Bleirohren, denn bei diesen bestehe die Gefahr von Bleivergiftungen durch die Bildung von Bleioxid; als Beweis führt er die gesundheitsschädliche Arbeit in Bleischmelzen an. Außerdem konnten irdene Leitungen von gewöhnlichen Maurern verlegt werden, während man für Bleileitungen Facharbeiter *(plumbarii)* benötigte. Schließlich waren Tonrohre billiger als Bleirohre. Diese fertigte man aus rechteckigen Blechen, deren einfache oder gefaltete Überlappung an der Naht mit Zinn gelötet wurde. Die übliche Länge von Bleirohren war zehn römische Fuß (2,95 Meter). Es gab zehn genormte Größen, wobei nicht der Durchmesser, sondern die Breite der verwendeten Bleiplatte gemessen wurde (*in digiti*, »Fingern«). Verbunden wurden die einzelnen Bleirohre mit übergezogenen und verlöteten Muffen aus Blei. Die auf der Töpferscheibe hergestellten Tonrohre waren mit einer Feder versehen. Als Abdichtung empfielt Vitruv hier »ungelöschten Kalk, der mit Olivenöl angerührt ist«, und zum »Stopfen« des fertigen Systems sollte man dem Wasser Holzasche beigeben.

Geschlossene Systeme erwiesen sich in mehrfacher Hinsicht als problematisch. Stieg nämlich der Druck über den Wert von 3,5 bar (1 bar für je 10 Meter Wassersäule), be-

Linke Seite: Die Reliefs der Traianssäule enthalten detaillierte Darstellungen römischer Militärtechnik. Vor einer Lagermauer fährt die Feldartillerie auf (außen, untere Szene). Ein Maultiergespann zieht den Karren mit einem Pfeilgeschütz zu einem Bollwerk aus kreuzweise geschichteten Rundhölzern, in dem bereits ein Katapult in Stellung gebracht ist. Beim Sturmangriff auf eine dakische Festung (außen, obere Szene) gehen die Soldaten in geschlossener Formation vor und bilden mit ihren Schilden ein Schutzdach (testudo, *»Schildkröte«). Nach dem ersten Feldzug wird das Heer mit Schiffen in eine Stadt an der Donau verlegt (innen, untere Szene). Verwundete werden auf den Verbandsplatz getragen und dort von Sanitätern versorgt (innen, obere Szene).*

Oben: Das Reliefband der Marc-Aurel-Säule beginnt wie das der Traianssäule mit dem Übergang des Heeres über die Donau auf einer Schiffsbrücke.

gann er die Lötverbindung von Bleileitungen zu sprengen und bei irdenen Leitungen Risse hervorzurufen. Dem suchte man nicht nur durch eine starke Auslegung der Wandung, sondern auch durch eine stabile Bettung der Rohre entgegenzuwirken. So rät Vitruv, das Knie *(geniculus)* zwischen den senkrechten und waagerechten Abschnitten des »Bauches«, wo die Gefahr des Berstens besonders groß ist, mit einem Steinblock zu ummanteln. Die Bleirohrstränge der Gier-Leitung waren in dicke Mörtelpackungen verlegt.
Ein weiteres Problem waren die Ablagerungen. Auch wenn Absetzbecken am Einlauf die Durchlaufgeschwindigkeit des Wassers verlangsamten und dadurch Schwebestoffe zum Sinken brachten, verstopften die Rohre nach einiger Zeit. Sie mußten dann vollständig auseinandergenommen und neu verlegt werden. Die begehbaren offenen Gerinne ließen sich dagegen jederzeit inspizieren und reinigen. Für Frontinus hatten diese Anlagen auch noch den Vorzug, daß man abschnittsweise Umleitungen vornehmen und so Reparaturen ausführen konnte, ohne den gesamten Wasserfluß zu unterbrechen. Schließlich erforderten Druckleitungen komplizierte Vorrichtungen zur Entlüftung, damit Luftansammlungen und -stauungen den Durchfluß nicht beeinträchtigten.
Die technischen Schwierigkeiten von Druckleitungen, ihre Reparaturanfälligkeit und die hohen Instandhaltungskosten machen es verständlich, daß die Römer Gefälleleitungen bevorzugten. Es bestand aber offenbar auch das Bedürfnis, die gute Wasserversorgung einer Stadt sichtbar zu dokumentieren und durch eindrucksvolle Aquädukte ihr Prestige zu mehren.

Innerstädtische Wasserversorgung

In Pompeji läßt sich das System der innerstädtischen Wasserversorgung weitgehend rekonstruieren. Sie erfolgte hier seit augusteischer Zeit durch ein Druckleitungsnetz. Der unterirdische Zuleitungskanal der von Agrippa erbauten Serino-Leitung mündete in den Hauptverteiler *(castellum dividiculum)* nahe der Porta di

Vesuvio, ziemlich genau am höchsten Punkt der Stadt. Das runde Becken war mit einem Grobrechen und einem Feinrechen ausgestattet und hatte drei Ausflüsse, die mit Schiebern reguliert werden konnten und in drei Bleirohre von 25 und 30 Zentimeter Durchmesser mündeten. Diese drei Stränge bildeten die innerstädtischen Hauptleitungen. Sie führten das Wasser über Steigleitungen zu mindestens vierzehn Wassertürmen und neun weiteren Hochbehältern, die als Endverteiler fungierten.

Solche Verteilerkastelle zweiter Ordnung *(castella secundaria)* waren auch in Rom unerläßlich, um eine flächendeckende Wasserverteilung in den hügeligen Stadtteilen zu gewährleisten, sind dort aber nur in wenigen Fällen erhalten geblieben. Von Frontinus erfahren wir, daß es zu seiner Zeit insgesamt 247 *castella* in Rom gab. Beim Wasserverbrauch unterscheidet er drei Sektoren: im Namen des Kaisers *(munera in nomine Caesaris)*, Privatbezug *(usus privatus)* und öffentliche Zwecke *(opera publica)*. Dazu zählten Thermen, Schul- und Sportstätten, Nymphäen, Theater, Arenen und künstliche Seen für Naumachien sowie die Straßenbrunnen, an denen die Bevölkerung Wasser holte. Dies waren entweder Becken *(lacus)*, in die der Verbraucher seinen Eimer eintauchte, oder Laufbrunnen *(salientes)*. Ein Senatsbeschluß verpflichtete »die Kuratoren der Wasserversorgung, dafür Sorge zu tragen, daß aus den Laufbrunnen möglichst ohne Unterbrechung bei Tag und Nacht für den Bedarf des Volkes Wasser fließe« (Frontinus 106) – ein Luxus, den sich keine moderne Stadt leistet.

Wer sich einen privaten Hausanschluß legen ließ, mußte eine Wassersteuer *(vectigal)* bezahlen. Deren Höhe richtete sich nach dem Querschnitt einer Düse *(calix)*, die der Zuleitung vorgeschaltet wurde, um die genehmigte Wassermenge zu dosieren. Bei der Messung des Verbrauchs blieb also die Geschwindigkeit des Wasserflusses unberücksichtigt. Es gab 25 verschiedene Größen von Normdüsen zur Bestimmung der Tarifgruppe. Sie waren aus Bronze gegossen, denn sie sollten weniger leicht verformbar sein als Bleirohre, mußten den Stempel eines Eichbeamten tragen und durften nur von konzessionierten Installateuren eingebaut werden. Trotzdem grassierte die illegale Wasserentnahme. Ihre Eindämmung war ein vordringliches Anliegen der Amtsführung des Frontinus. Auch gewerbliche Wassernutzung war gebührenpflichtig. Man sorgte dafür, daß Betriebe mit hohem Wasserverbrauch wie Walkereien, Gerbereien und Färbereien sowie Waschplätze mit Brauchwasser beschickt wurden und nicht kostbares Trinkwasser vergeudeten. Der Nutzwasserbedarf konnte zum Teil durch das aus den Straßenbrunnen auslaufende Wasser gedeckt werden, es wurden zu diesem Zweck aber auch eigene Leitungen angelegt, wie die Aqua Anio Novus, die Flußwasser beförderte, während die gleichzeitig erbaute und parallel geführte Aqua Claudia Quellwasser lieferte (Abb. S. 344).

Linke Seite: Der Aquädukt von Tarragona überbrückt mit zwei Bogenreihen ein Tal von über 200 m Breite. Die unter Augustus erbaute Wasserleitung wurde im 18. Jahrhundert erneuert.

Oben: Aspendos in Pamphylien erhielt im 3. Jahrhundert eine Wasserleitung mit Druckstrecke. Die Abbildung zeigt einen hydraulischen Turm, der zwischen zwei Siphonbrücken auf Arkaden vermittelt.

Vorhergehende Doppelseite: Pont du Gard (Provence), 3. Viertel des 1. Jahrhunderts v. Chr. Die 50 km lange Wasserleitung vom Quellteich der Eure nach Nîmes (Nemausus) mußte das Felstal des Gardon überqueren. Der 49 m hohe Brückenbau mit 24,5 m weiten Öffnungen über dem Flußlauf trägt im 275 m langen dritten Arkadengeschoß den 1,85 m hohen und 1,20 m breiten Kanal. Das Gefälle zwischen Quelle und Verteiler beträgt 17 m (0,342 m/km).

Wasservorratsanlagen

Auch mit zunehmender Verbesserung der Wasserversorgung durch den Leitungsbau blieben in vielen römischen Städten Hofzisternen zum Sammeln und Speichern von Regenwasser in Gebrauch. Die Bewohner von Häusern ohne Anschluß an das Leitungsnetz ersparten sich so den Weg zur öffentlichen Verteilerstelle, zumindest für Brauchwasser, und Anwesen mit Privatanschluß konnten sich dadurch wenigstens teilweise autark halten. Die öffentliche Wasserversorgung wurde durch Leitungsreservoire sichergestellt. Rom verfügte in der Kaiserzeit über Wasserspeicher von riesigen Ausmaßen. Die größte Speicherkapazität besaß das Reservoir auf dem Areal der Caracalla-Thermen, in das die Aqua Antoniniana, ein Strang der Aqua Marcia, mündete; es konnte bis zu 80000 Kubikmeter Wasser aufnehmen. Ähnliche Großreservoire gab es in Misenum (Abb. S. 345), Albano Laziale, Aosta, Lyon, Dougga (Abb. S. 220), Tabarka und Karthago. Auch die berühmten »Zisternen« von Konstantinopel (Abb. S. 436) waren Endreservoire von Aquädukten. Zu den Zisternen und Reservoiren trat in der mittleren Kaiserzeit die Wasserbevorratung durch Talsperren. In den trockenen Zonen des Orients hatte man schon früh begonnen, Flüsse aufzustauen, um deren Wasser für niederschlaglose Zeiten zu horten. Ebenso wurden Talsperren als Hochwasserschutz oder zur Umleitung von Flußläufen gebaut. Die Mehrzahl der vorrömischen Talsperren wurde in Form von Erddämmen angelegt, die allein aufgrund ihrer enormen Mächtigkeit dem Wasserdruck standhielten. Nur gelegentlich wurden sie durch Steinauflagen verstärkt und abgedichtet. Die Urartäer errichteten erstmals Zweischalenmauern, und zwar als Trokkenmauern mit einem Kern aus eingestampfter Erde. Die römischen Ingenieure verbesserten diese Staumauerkonstruktion durch eine Betonfüllung *(opus caementitium)*. Ein Beispiel ist die Proserpina-Sperre bei Mérida, deren Standfestigkeit eine mächtige Erdanschüttung gewährleistet. Während es sich hier immer noch um eine Gewichtssperre handelt, deren Wirkung auf Masse beruht, übernehmen bei der ebenfalls für die Wasserversor-

Oben: Doppelstöckige Kanalführung der Aqua Claudia und Anio Novus bei der Porta Maggiore in Rom. Der später als Tor in die Aurelianische Mauer einbezogene Straßenbogen (Abb. S. 383) führte die beiden Leitungen über die Via Labicana und Via Praenestina. Die Aqua Claudia lieferte Quellwasser, die Aqua Anio Novus Brauchwasser aus dem Fluß Anio. Der abgesetzte Sinter markiert den Wasserstand.

Unten: Brunnen am Decumanus in Herculaneum. Solche gebührenfreien Laufbrunnen versorgten in den Vesuvstädten ein Gebiet von etwa 50 m im Umkreis.

Rechte Seite: Der römische Kriegshafen von Misenum im Golf von Neapel erhielt im frühen 1. Jahrhundert n. Chr. ein Süßwasserreservoir mit einem Fassungsvermögen von 12600 m³ Gefüllt wurde es durch den Serino-Aquädukt, der auch das nahe gelegene Baiae, Neapel und andere Städte Campaniens versorgte. Die 25,5 x 70 m große und 15 m hohe Zisterne ist als fünfschiffige Pfeilerhalle mit dreizehn quergespannten Tonnengewölben angelegt und bis zum Gewölbeansatz mit wasserdichtem Zement (opus signinum) *verputzt. Eine Vertiefung im mittleren Querschiff diente als Klärbecken.*

gung Méridas errichteten Esparragalejo-Sperre Strebepfeiler an der Luftseite der Staumauer die statische Funktion der Erdanschüttung. Schließlich fanden römische Wasserbautechniker mit der Konstruktion von Staumauern in Bogenform die noch heute angewandte Lösung des Problems der Schub- und Zugspannungen. Prokop beschreibt eine Talsperre bei Dras in Syrien, die »nicht geradlinig, sondern in der Form eines Halbmondes erbaut wurde, auf daß ihr Bogen, der gegen die Wasserströmung gekehrt ist, besser imstande sei, deren Gewalt zu widerstehen« (*Aedificia* 2, 3). Eine Zeichnung aus dem 18. Jahrhundert dokumentiert die inzwischen verschwundenen Reste einer bogenförmigen Zweischalenmauer im Vallon-de-Baume in der Provence, einer Talsperre, die Glanum mit Wasser versorgte.

Kanalbauten

In Ägypten und Mesopotamien waren schon früh neben Bewässerungskanälen auch künstliche Wasserstraßen für den Schiffsverkehr gebaut worden. Am bekanntesten ist der Kanal vom Nil zum Roten Meer, der erstmals unter den Herrschern der 12. Dynastie angelegt worden sein soll, noch in der Römerzeit benutzt und mehrfach von Versandungen befreit wurde. Die Reihe römischer Kanalbauten eröffnen die Fossae Marianae. Als Marius im letzten Jahrzehnt des 2. Jahrhunderts v. Chr. seine Truppen in der Provence für den Feldzug gegen die Kimbern und Teutonen sammelte, ließ er die Sumpfteiche des Rhônedeltas zu einem Kanal zusammenschließen, der eine direkte Verbindung zwischen Arles und der Küste bei dem späteren Fos-sur-Mer herstellte. Der ältere Drusus ließ die Fossa Drusiana zwischen Rhein und Nordsee graben, Corbulo vor seiner Abberufung durch Claudius einen Kanal zwischen Maas und Rhein, »durch den man die Wagnisse einer Fahrt auf dem Ozean vermeiden konnte« (Tacitus, *Annalen* 11, 20). Andere kühne Kanalprojekte blieben unausgeführt: die Verbindung zwischen Rhein und Rhône über Mosel und Saône, die L. Antistius Vetus, 55/56 n. Chr. Legat in Obergermanien, in Angriff nehmen wollte, der unter Nero begonnene Durchstich des Isthmus von Korinth und der ebenfalls von Nero geplante Kanal von Ostia zum Averner See in Campanien. Dort hatte Agrippa 37 v. Chr. den Portus Iulius geschaffen, die Landengen zwischen dem Avernus, Lucrinus und dem Meer durchstochen und den Kratersee durch einen Tunnel durch den Monte Grillo auch mit der Küste von Cumae verbunden.
Ähnliche Kanaltunnel wurden zur Regulierung des Wasserstandes im Albaner und Fuciner See angelegt. Der über 5,5 Kilometer lange Claudius-Tunnel zur Ableitung des Fuciner Sees weist die Stollen-Schacht-Bauweise auf, wie sie im Bergbau und bei untertägigen Wasserleitungen üblich war: In regelmäßigen Abständen wurden mehr als vierzig Schächte durch das rund 100 Meter

Caracalla-Thermen in Rom, etwa 212-217. Rechts: Modell der Gesamtanlage von I. Gismondi; links oben: Blick von Süden auf die Ruinen des großen Kuppelsaals (caldarium) *und des dahinterliegenden großen Saals mit Kreuzgewölben* (frigidarium)*; links unten: der offene Raum des Kaltwasserschwimmbeckens* (natatio). *Ein Platzgeviert von 337 x 328 m, an dem sich Palästren und Saalbauten reihen, umgibt das zentrale Thermengebäude mit 220 x 114 m langen Fronten. Sein Plan ist streng axialsymmetrisch entwickelt. Die nach dem Hypokaustensystem mit tubulierten Wänden beheizten Räume waren auf der Symmetrieachse wärmestauend zusammengefaßt. Die Heizungsanlage wurde durch ein verzweigtes Netz unterirdischer Gänge versorgt.*

starke Deckgebirge geteuft. Soldaten der in Syrien stehenden Legionen schufen unter Vespasian in Seleukeia in Pieria, dem Hafen der Provinzhauptstadt Antiocheia, einen 1,3 Kilometer langen Felskanal, um einen Bach umzuleiten, der bei Hochwasser die Stadt gefährdete und das Hafenbecken zuschwemmte. Über 130 Meter der Kanalstrecke sind als Tunnel von sieben Meter Höhe in das Gestein gesprengt.

Bautechnik

An römischen Großbauten beeindrucken nicht nur die gewaltigen Ausmaße, sondern auch der oft gute Erhaltungszustand von Mauern und Gewölben dank einer perfekten Bautechnik. Die frühen römischen Häuser wurden noch aus Holz und Lehmziegeln erbaut, und die Tempel waren bis zur Mitte des 2. Jahrhunderts v. Chr. Holzbauten mit Terrakottaverkleidung nach etruskischem Vorbild. Hingegen wurden Befestigungsmauern in Latium wie in Etrurien aus Stein aufgeführt, wobei die rechteckigen oder polygonal behauenen Blöcke ohne Bindemittel versetzt wurden. Eine neue Ära des Bauwesens eröffnete die Einführung des Gußmauerwerks *(opus caementitium)* in der Spätzeit der Republik. Bei dieser Mauertechnik füllte man den Hohlraum zwischen Schalwänden mit einem Gemenge aus Bruchsteinen und Mörtel. Eingeschossene Schichten aus Ziegelplatten sollten die Festigkeit des Verbandes erhöhen. Außen wurden die Wände dick verputzt, mit Steinen oder Ziegeln verblendet. Bindemittel war zunächst der aus gebranntem Weißkalk bereitete Luftmörtel, der nur geringe Härte hatte und nicht wetterbeständig war. Diese Mängel konnten dadurch behoben werden, daß dem Kalk Puzzolanerde beigemengt wurde. Puzzolan ist eine vulkanische Asche. Man fand sie in Campanien (der Name kommt von Puteoli) und anderwärts, etwa in der Eifel. Auch gestoßenes und gemahlenes Ziegelklein hat schwache puzzolanische Eigenschaften und wurde häufig verwendet. Vitruv spricht von den »wunderbaren Ergebnissen« *(res admirandas)*, die dieser hydraulische Mörtel als Bindemittel hervorbringt: Der dem modernen Beton recht ähnliche Baustoff hatte eine hohe Härte, war wasserdicht und band unter Wasser ab. Er wurde daher vor allem im Wasserbau eingesetzt. Man schuf damit Hafenmauern, Molen, Kaianlagen und Brückenpfeiler. Ebenso gut geeignet war der hydraulische Mörtel zur Auskleidung der Aquädukte, Wasserspeicher und Badebecken. Aber auch bei trockenen Großbauten aller Art kam er als Stampf- und Gußbeton zur Verwendung. Die Entwicklung des römischen Gewölbebaus zu großen Spannweiten wurde durch diesen Baustoff ermöglicht.

Beim Mauerwerk zur Verblendung des *opus caementitium* unterscheidet Vitruv zwei Arten: das »altertümliche« *opus incertum* aus unregelmäßigen Bruchsteinen und das *opus reticulatum*, »das jetzt alle verwenden«. Bei diesem Mauerwerk wurden pyramidenförmig zugeschnittene Steine mit der Spitze nach innen und mit der quadratischen Unterseite nach außen verlegt, so daß ein Netzmuster entstand. Seit augusteischer Zeit wurden in großem Umfang auch gebrannte Ziegel *(opus testaceum)* verwendet, die die luftgetrockneten Ziegel *(opus latericium)* abgelöst hatten. Formsteine imitierten dabei Pro-

file und andere Zierformen der Steinarchitektur. Wegen ihrer Feuerfestigkeit eigneten sich Backsteine außerdem zum Ausbau der Heizungen in Thermen und Wohnhäusern, der Feuerstelle in der Vorkammer *(praefurnium)* wie des hohlliegenden Fußbodens *(hypocaustum)*, durch den die heißen Abgase zogen.

Trotz der Anwendung neuer Bautechniken und -materialien erhielten repräsentative Bauten als Dekoration eine Säulenarchitektur nach griechischer Art. Für Heiligtümer, Basiliken, Fassaden von Bühnenhäusern, Portiken von Foren, Straßen und Höfen wurden Unmengen von Säulen und Quadern benötigt. Die Größe mancher Werkstücke vermittelt eine Vorstellung von der Leistungsfähigkeit römischer Transport- und Hebetechnik: Ein für Baalbek bestimmter Gebälkblock wiegt etwa 1500 Tonnen. Wie solche Monolithe gewonnen wurden, zeigen Bearbeitungsspuren in Steinbrüchen wie dem Mons Claudianus in Ägypten oder dem Felsberg im Odenwald, der die gewaltigen Blöcke und Säulen für die Trierer Monumentalbauten lieferte. Mit Meißeln wurde eine Reihe von keilförmigen Spalten in das Gestein eingetieft, in die man eiserne Keile trieb. So wurde der Block sauber längs der Keillochlinie abgesprengt. In den beiden genannten Granitsteinbrüchen liegen noch Säulentrommeln, die bereits vollständig rundgemeißelt sind. Säulen aus weicherem Stein wie Kalk- oder Sandstein wurden von Hand in Rohform gebracht und dann auf der Drehbank bearbeitet. Bei gut erhaltenen Stücken sind die Drehriefen noch erkennbar.

Im Gegensatz zur Repräsentationsarchitektur mit ihrem Säulenprunk blieben bei römischen Ingenieurbauten Konstruktion und Funktion formbestimmend. Die Begabung der Römer für die Bewältigung praktischer Bedürfnisse hat hier Lösungen gefunden, die technisch ebenso überzeugen wie ästhetisch und Maßstäbe für Aufgaben dieser Art gesetzt haben.

Bilderwelt und Gesellschaft im Imperium Romanum

Römische Kunst? Die Kunst der Römerzeit stand seit je im Schatten der großen Griechen. Für Winckelmann war sie einfach die Spätzeit der griechischen Kunst, als solche zwar immer noch fähig, gelegentlich Meisterwerke wie die Statuen des Antinoos (Abb. links) hervorzubringen, aber eben doch eine Periode des Abstiegs, geprägt vom »Stil der Nachahmer«, in dem man ein Symptom für das Versiegen der schöpferischen Kräfte sah. Erst spät, um 1900, versuchten sich die Kunsthistoriker A. Riegl und F. Wickhoff von diesem klassizistischen Urteil freizumachen und – letztlich der romantischen Überzeugung vom unverwechselbaren Charakter der Kultur jedes Volkes folgend – auch in der »römischen Kunst« das eigentlich »Römische« auszumachen und dieses von der sogenannten Kopistenkunst zu unterscheiden. Man fand das Eigene vor allem in der Architektur mit ihren großartigen Substruktionen, Gewölben und Ingenieurbauten, im realistischen Individualporträt und in Monumenten der Staatskunst wie den sogenannten historischen Reliefs. Eine solche nationale Kunst der »Römer« mußte auch eine Geschichte haben und von Anfang an mit dem Volk in Erscheinung getreten sein. Deshalb rekonstruieren fast alle »Darstellungen der römischen Kunst« mangels Material wenigstens eine bis in die Frühzeit zurückreichende Geschichte der italischen Kunst, wobei die Kohärenz gewöhnlich mit Hilfe bestimmter ästhetischer und inhaltlicher Konstanten, wie einem spezifischen Verhältnis zum Raum oder zur Realität, nachzuweisen versucht wird.

Wozu dienten die Bilder? Neuere Ansätze gehen dagegen wie in anderen Disziplinen der Humanwissenschaften von der Frage nach den Funktionen der Kunstwerke aus. Wer brauchte Bildwerke, und an wen wandten sie sich? In welchen Räumen und Lebensbereichen entfalteten sie einst ihre Wirkung? Es geht also nicht mehr so sehr um das einzelne Kunstwerk und die »römische Kunst« als ästhetisches Phänomen als um die Gesamtheit der verwendeten »Bilder« und ihre »Sprache«. Mit »römisch« werden dabei nur noch der geographische Raum, das Imperium Romanum, und die Zeit der zentralen römischen Vorherrschaft vom 2. Jahrhundert v. Chr. bis zum Beginn der Spätantike mit Constantin dem Großen bezeichnet. Wie die früheren Fragen nach einer mehr oder weniger autonomen Kunst, so ist auch die nach den Bildern als gesellschaftliches Kommunikationsmittel zeitgebunden. Sie wird wie alle fruchtbare Forschung von unseren gegenwärtigen Erfahrungen und Interessen bestimmt und ist entsprechend einseitig.

Klassizismus als Schicksal? In der folgenden Skizze wird versucht, das »System« der römischen Bildersprache und ihrer Eigenarten in drei zentralen Funktionseinheiten zu beschreiben. Bei einer solchen an Funktionen und Räumen orientierten Beschreibung entfällt zwar die Aufspaltung in »Kopistenkunst« und mehr oder weniger »eigenständig römische« Gattungen von selbst. Aber die Frage, warum in der Römerzeit so viel kopiert wurde und weshalb die römische Bildersprache auch dort, wo sie »eigene« Modelle entwickelte, sich wo immer möglich griechischer Bildformen und Stilelemente bediente, bleibt das zentrale Problem. Ausgangspunkt ist hier die These, daß die Strukturen des »Systems« der römischen Bildersprache sich in den letzten Jahrhunderten der Republik, im 2. und 1. Jahrhundert v. Chr., herausgebildet

Antinoos Mondragone, um 140 n. Chr. Der tragisch gestorbene junge Freund des Kaisers Hadrian wird hier in einem überlebensgroßen, wahrscheinlich in der Art der berühmten klassischen Gold-Elfenbein-Statuen aus verschiedenen Materialien gefertigten Götterbild gefeiert. Das Bildnis des Knaben wird durch die klassische Stilisierung ins Zeitlose gehoben. Sowohl das Gesicht als die schweren Lockengehänge zitieren eklektisch griechische Meisterwerke verschiedener Entstehungszeit. Der Antinooskult stellt einen Höhepunkt des »Kulturkultes« der Kaiserzeit dar: In der Gestalt des schönen Knaben aus Bithynien gewinnen die jugendlichen Heroen und Götter des griechischen Mythos neues Leben. *Paris, Louvre*

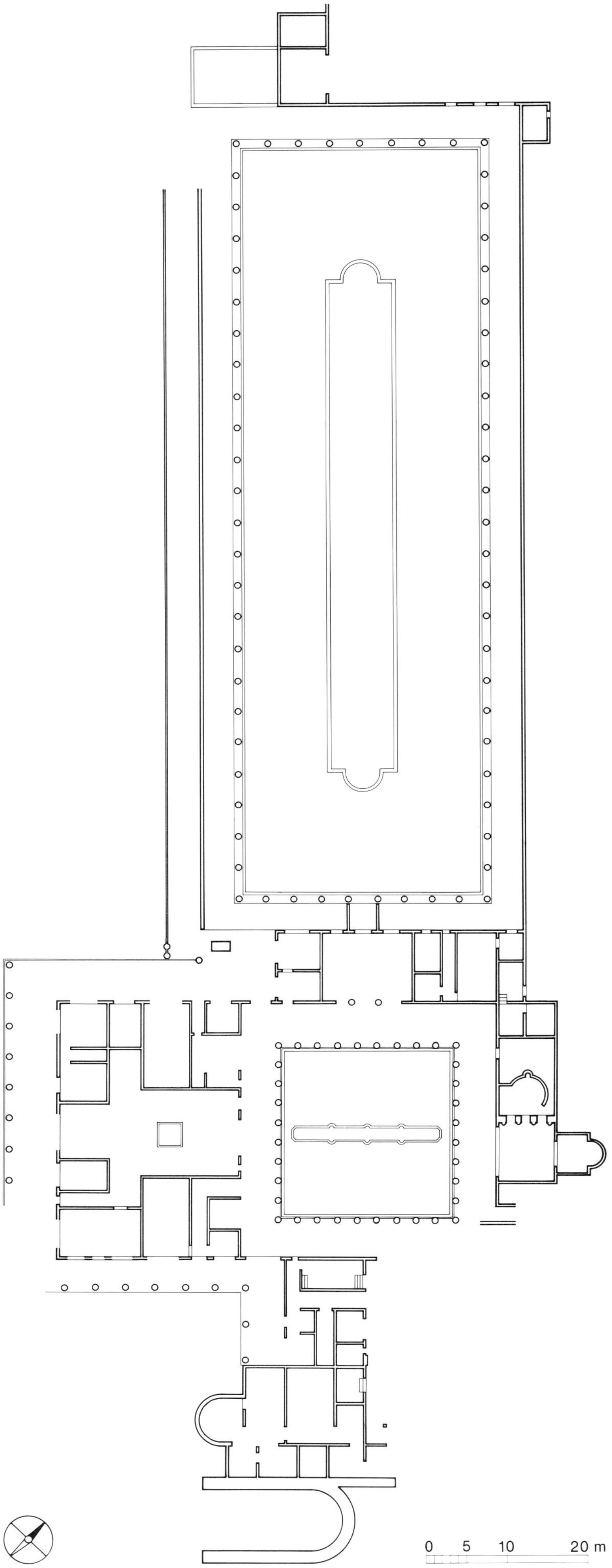

Links: Grundriß der Villa dei Papiri bei Herculaneum. Die Raumeinheiten sind um ein (seiner ursprünglichen Funktion beraubtes) Atrium und einen quadratischen Peristylhof angeordnet. Ein Teil ist zu einer Aussichtsterrasse hin ausgerichtet, ein anderer zu dem langgezogenen, ebenfalls von Säulenhallen gesäumten Garten, in dessen Mitte ein langes Wasserbecken angelegt war. In diesen zentralen Durchgangsbereichen waren die meisten der in der Villa gefundenen Skulpturen aufgestellt.

Rechts: J. Paul Getty Museum, Malibu, Kalifornien. Wesentliche Teile des Museums sind als genaue Rekonstruktion der im 18. Jahrhundert ausgegrabenen Villa dei Papiri bei Herculaneum erbaut. Vor allem in dem Säulenhof (Peristyl) und in den langen Säulengängen des Gartens, dessen Mitte ein langes Wasserbecken einnimmt, bekommt man eine authentische Vorstellung von der einstigen Raumwirkung und auch von den Bedingungen, unter denen die Skulpturen einst betrachtet wurden.

haben, zu der Zeit, als sich die Römer und ihre italischen Bundesgenossen mit ihrem imperialistischen Ausgreifen nach dem hellenistischen Osten einem umfassenden Akkulturationsprozeß aussetzten, der sie in der Folge zwang, ihre Identität neu zu definieren. Als Herrschaftsvolk wurden sie Erben einer großen Kultur von überwältigender Autorität. Diese bot sich ihnen als ein abgeschlossenes Ganzes dar und wurde auch schon von den zeitgenössischen Griechen als klassisch, das heißt vorbildlich und verbindlich angesehen. Die bei diesem Aneignungsprozeß durch die römische Führungsschicht entwickelten Verfahrensweisen und Muster in der Benutzung der griechischen Kunst als eigene »Sprache« bewährten sich und legten den Grund für die im ganzen Imperium benutzte Bildersprache der Kaiserzeit. Der Klassizismus der römischen Kunst wäre nach dieser These durch eine spezifische historische Situation gleichsam schicksalhaft vorgegeben gewesen und mit ihm auch die eigenartige symbolische Verwendungsweise der griechischen Bildformen und Stile.

Kultur und Lebensgenuß im »otium«
Die Bilderwelt des Hauses

Die spezifischen Eigenarten der römischen Bilderwelt haben sich seit der Mitte des 2. Jahrhunderts v. Chr. zuerst im nichtöffentlichen Bereich des Hauses, vor allem in den Luxusvillen der Aristokratie am Golf von Neapel und an den Berghängen von Tusculum und Tibur, herausgebildet. Der Grund dafür liegt in der widersprüchlichen Einstellung der römischen Führungsschicht zur Aneignung der griechischen Kultur und des luxuriösen Lebensstils der hellenistischen Höfe und Städte. Während man diese im öffentlichen Leben Roms, vor allem beim Umgang mit der *plebs*, unter dem Schlagwort *luxuria* aus Furcht vor einer zerstörerischen Wirkung auf Sittlichkeit und Religion noch perhorreszieren zu müssen glaubte, konnten sich die neuen Bedürfnisse der von der griechischen Kultur faszinierten und sich selbst immer intensiver hellenisierenden großen Adelsfamilien in »Ferien-

häusern« frei entfalten. Es ist für das Verständnis der Rezeption griechischer Kunst in der römischen Villa wesentlich, daß die für die spätere europäische Geschichte so folgenreiche Trennung von privatem und öffentlichem Lebensraum, von *otium* und *negotium*, damals durch selbstgesetzte kollektive Verhaltensnormen der Aristokratie als etwas »Römisches« sanktioniert worden ist. Dem Lebensbereich der Pflichten wurde ein Bereich der Erholung und des Genusses gegenübergestellt.
Diese »private« Bilderwelt hat sich seit der Mitte des 2. Jahrhunderts v. Chr. in einem langsamen Prozeß herausgebildet, aber in einem um 90 v. Chr. vor der tunesischen Küste bei Mahdia gesunkenen griechischen Schiff befand sich bereits eine Ladung verschiedenartiger Ausstattungsgegenstände, die offensichtlich für römische Villen und Hausbesitzer bestimmt waren: Marmor- und Bronzestatuen, Kandelaber und Gefäße, Betten mit kostbaren Bronzeappliken und anderes mehr. Die Schiffsladung läßt dieselbe Art der Auswahl erkennen, die man seit der Mitte des 1. Jahrhunderts v. Chr. in ausgegrabenen Villen nachweisen kann, weist also auf eine frühe Standardisierung der neuen Bilderwelt des Hauses hin.

Villa dei Papiri und J. Paul Getty Museum

Man kann in die Sinnstrukturen dieser Bilderwelt nur eindringen, wenn man nicht vom einzelnen Kunstwerk, sondern vom Gesamten der Bildausstattung ausgeht und dabei die architektonischen Räume, in denen die Bilder einst ihre Wirkung entfalteten, und die Lebensrituale, die sich in den Räumen abspielten, mit in die Betrachtung einbezieht. Das kann nur in idealtypischer Weise geschehen, denn in keiner ausgegrabenen Villa ist die ehemalige Ausstattung auch nur annähernd vollständig erhalten. Den bislang immer noch umfassendsten Eindruck vermittelt die beim Vesuvausbruch im Jahre 79 n. Chr. vom Lavastrom überschwemmte und im 18. Jahrhundert in Bergwerksmanier mit Stollen ausgegrabene Villa dei

Papiri vor den Toren von Herculaneum. Im J. Paul Getty Museum in Malibu (Kalifornien) kann man heute eine gute Vorstellung von Größe und Wirkung der Räume gewinnen, denn wesentliche Teile der Villa dei Papiri sind hier um 1970 maßstabsgetreu rekonstruiert worden. Viele der insgesamt rund 75 Marmor- und Bronzeskulpturen scheinen bei der Auffindung noch an ihrem ursprünglichen Aufstellungsort gestanden zu haben. Obwohl ein großer Teil dieser Skulpturen gleichzeitig erworben worden sein muß, ist in der Art der Aufstellung kein differenziertes Bildprogramm zu erkennen. Von wenigen Porträts der Familie des Hausherrn abgesehen, handelt es sich bei allen Skulpturen um Kopien oder Teilkopien (Hermen) griechischer Bildwerke aus allen Epochen und allen Gattungen der Kunstgeschichte, von der Archaik bis zum Hellenismus. Offensichtlich sollten sie an die verschiedenen Bereiche der griechischen Kultur und Geschichte erinnern. Entlang des Wasserbeckens standen zum Beispiel Porträtbüsten berühmter Dichter, Philosophen und Redner neben solchen von Feldherren und hellenistischen Königen. Im Garten lag ein lachender und trinkender Satyr, unweit von diesem saß ein ausruhender Hermes, und zwischen den Büschen vernügte sich Pan mit einer Ziege. Neben diesem sah man ein Paar von Wettläufern, zwischen den Säulen der Portiken die vielfigurige mythologische Gruppe der Danaiden. Im *tablinum* stand eine archaistische Athenastatue zwischen den Familienporträts, anderswo Herakles neben Dionysos und Doryphoros/Achill neben einer Amazone.

Die Statuen wollen im Betrachter griechische Räume und »Bildungslandschaften« evozieren

Indem der Besitzer für seine Statuenausstattung überwiegend Hermenkopien kaufte, erreichte er eine dichte Fülle von Bildern und Botschaften. Es ging ihm dabei offenbar nicht primär um Kopien berühmter griechischer Kunstwerke, sondern um vielfältige Assoziationsanreize. Jede dieser Skulpturen vergegenwärtigte einen Aspekt der griechischen Tradition: Philosophie und Literatur, klassische Schlachten und hellenistische Höfe, Götterbilder und Mythos, Gymnasium, Palästra und Heiligtum. Wenn ein Villenbesitzer wie Cicero seinen Peristylgarten *gymnasium* oder noch spezifischer *academia* oder *lykeion* nannte und für die Ausstattung mit Bildwerken eine entsprechende Thematik bevorzugte, zeigte das, daß er sich eine ganz und gar griechische Umgebung schaffen wollte: ein Griechenland im Kleinen, als Ferienwelt.

Hermenbüsten aus der Villa dei Papiri, um 30 v. Chr. Die Skulpturen sollten die verschiedensten Aspekte griechischer Kultur und Geschichte vergegenwärtigen. Die beiden als Beispiele abgebildeten Marmorhermen stellen den bedeutenden König Ptolemaios II. von Ägypten dar (linke Seite, außen) und den wenig bekannten Dichter Panyassis aus Halikarnassos, der im 5. Jahrhundert v. Chr. lebte (linke Seite, innen). Die Bronzehermen (oben) sind Kopfrepliken des Doryphoros, der Musterstatue des klassischen Bildhauers Polyklet, die den Helden Achill darstellte, und einer ebenfalls berühmten Amazonenstatue. Die Gegenüberstellung im Peristyl der Villa sollte vermutlich an den Mythos von Achill und Penthesileia erinnern.
Neapel, Museo Nazionale

Wandmalerei und Phantasie

Die Wandmalereien zeugen von dem gleichen Bedürfnis, sich in eine griechische Kulturwelt zu versetzen. Viele Wände des sogenannten zweiten Stils öffnen sich zu Architekturprospekten (Abb. S. 357). Man sieht in heilige Bezirke mit Säulen und Tempeln aus den kostbarsten Marmorsorten, verziert mit aufwendigsten Ornamenten. Überall stehen und hängen reiche Opfergaben. Aber man sieht keine Menschen. Die Architekturen sind nur für die Phantasie des Betrachters bestimmt, sie bilden keine konkrete Wirklichkeit ab, wollen im Gegensatz zu ähnlichen Phänomenen in der Neuzeit weniger das Zimmer optisch erweitern als in der Phantasie des Betrachters geistige Räume öffnen.

Wie bei den Skulpturen können Bilder ganz unterschiedlicher Thematik unmittelbar nebeneinander stehen: Im Schlafraum der kleinen Villa von Boscoreale (Abb. 358/359) sah man neben dem städtischen Heiligtum eine Nymphengrotte im verlassenen Winkel eines Parks, im Speisesaal neben einem Fürstenpaar und der Verkörperung hellenistischer Königreiche einen strengen Philosophen und die bekannte Gruppe der drei Grazien.

Im Gegensatz zu den späteren Wanddekorationen kam es in der Wandmalerei dieses sogenannten zweiten Stils auf unmittelbare Vergegenwärtigung an. Dionysos und seine Trabanten erscheinen im Speiseraum der Villa dei Misteri (Abb. S. 360) ebenso greifbar nahe wie die Säulen und kostbaren Geräte im Ruheraum. Der Betrachter sieht sich den Visionen, die wie auf einem Bildschirm vor ihm auftauchen, ganz direkt, in einer für den heutigen Betrachter teilweise fast bedrängend wirkenden Weise ausgesetzt. Ob man daraus eine gewisse Tendenz zur Flucht aus der Gegenwart oder zumindest das Bedürfnis nach einer alternativen »Wirklichkeit« deduzieren darf?

Es ist jedenfalls auffällig, daß sowohl in der Thematik der Skulpturen wie der Wandmalerei Bilder spezifisch »rö-

mischer« Thematik wie Kriege, große Römer der Vergangenheit, römische Mythen oder Götterbilder, aber auch Szenen aus dem öffentlichen Leben in Rom völlig fehlen. Das gleiche gilt nun aber auch für das so gepriesene Landleben auf der Villa. Anders als etwa in den venezianischen Villen auf der Terra ferma spielen weder die Arbeit der Bauern noch das reiche gesellschaftliche Leben in der Villa die geringste Rolle in der Wandmalerei. Alles scheint vielmehr darauf angelegt, das Leben im Haus durch ständige Kulturassoziationen zu überhöhen, im *otium* in einer anderen, »höheren« Welt zu leben.

Freizeitrituale

Dem entsprechen denn auch die für das Villenleben der Oberschicht überlieferten gesellschaftlichen Rituale. Griechische Bildung wurde schnell zu einer Qualität, mit der man bei seinesgleichen gesellschaftliche Distinktion erlangen konnte. Das gelehrte Gespräch mit Freunden oder mit dem hauseigenen Philosophen (Abb. S. 361) gehörte ebenso zur Villeggiatur wie griechische Unterhaltungsthemen bei Mahl und Gelage. Es scheint durchaus üblich gewesen zu sein, sich dabei mit einem griechischen Mantel zu verkleiden und griechische Sandalen anzuziehen. Die Bilder waren dabei gelegentlich sogar direkt auf Situationen dieser Bildungsrituale bezogen. So läßt sich etwa Cicero zu Beginn des Dialoges *Brutus* mit seinen Freunden auf einer Wiese zu Füßen einer Platon-Statue nieder, um sich so für das folgende Gespräch gleichsam in dessen Akademie zu versetzen. Die Klinen der beim Gelage Liegenden waren mit mythologischen Gestalten (meist dionysischer oder aphrodisischer Art) verziert. Auf den beim Trinken benutzten Silbergefäßen, wie man sie zum Beispiel in der Villa von Boscoreale (Abb. S. 362/363) gefunden hat, wird nicht selten ein reiches ikonographisches Programm entfaltet. Auf den beiden berühmten Skelettbechern (Abb. S. 364) setzte man sogar den beliebten Intellektuellenspott geistreich ins Bild um. Unter dem beweglichen Mobiliar konnten sich Meisterwerke eklektischer Kunst befinden wie der in Pompeji gefundene bronzene Leuchterknabe, in dessen reizvoll androgyner Gestalt gleichsam ein klassischer Ephebe als Diener in den Raum trat (Abb. S. 364).

Statuen aus der Villa dei Papiri, um 30 v. Chr.: Athena im Schema der Promachos, der »Vorkämpferin« (rechts oben), sitzender Hermes (links), trunkener Satyr (rechts unten). Alle drei Statuen sind Kopien oder Umbildungen griechischer Vorbilder von der Zeit der Archaik bis in den Hellenismus, und alle weisen über das unmittelbar Dargestellte hinaus auf bestimmte Bereiche oder Einrichtungen der klassischen Kultur hin. Athena ist nicht nur die große Schlachthelferin, sondern auch die Göttin der Gelehrsamkeit und der Kultur überhaupt. Der unruhige Götterbote Hermes beschützt Gymnasium und Palästra. Der Satyr ist ein Bild glücklichen Lebensgenusses, während die Gruppe des sich mit einer Ziege vergnügenden Pan an »Natürlichkeit« in mythischer Landschaft erinnert. Neapel, Museo Nazionale

Alte Kunst in neuer Funktion

Obwohl die einzelnen Elemente dieser privaten Bilderwelt allesamt aus der griechischen Kunst entlehnt sind, ist hier im Ganzen doch etwas völlig Neues entstanden, das neuen Funktionen entsprach und ganz anders rezipiert wurde als einst die Originale in Griechenland. Während diese als Weihgeschenke und Ehrenstatuen im öffentlichen Raum gestanden hatten und Ausdruck religiöser und sozialer Dialoge gewesen waren, evozierten die Kopien und Umbildungen kulturelle Horizonte, die natürlich je nach Bildung des Betrachters ausfielen. Das einzelne Bildwerk weist in der römischen Bildersprache immer über das unmittelbar Dargestellte hinaus. Diese Eigenart, an die noch mehrfach zu erinnern sein wird, finden wir in der Bilderwelt der Villa zum erstenmal ausgeprägt. So erinnern zum Beispiel Hermes und die Wettläufer im Garten der Villa dei Papiri an Gymnasium und Palästra als Institutionen der griechischen Erziehung, Dionysos und seine Trabanten stehen für die Vorstellung von einem genußreichen Leben, Athena für Bildung und Wissenschaft. Der so häufige Blick in die abgeschlossenen heiligen Bezirke (später auf den Wänden des sogenannten dritten Stils auf die bukolischen Sakrallandschaften, Abb. S. 427) verweist nostalgisch auf die Werte der Frömmigkeit, die Bilder der hellenistischen Fürsten mögen als Hinweise auf Staatskunst, das Schicksal großer Reiche und auch auf den Herrschaftsanspruch Roms verstanden worden sein.

Entscheidend für die Situation des Rezipienten war, daß die einzelnen Bilder in einem größeren Kontext und in einem bestimmten Bildraum wahrgenommen wurden. Die Fülle der Bilder vergegenwärtigte den Reichtum der kulturellen Tradition und des mit dieser verbundenen genußreichen Lebensstils des im *otium* von allen Pflichten freien Betrachters. Sein Blick wird dabei nicht geführt, er nimmt je nach Laune zufällig, selektiv oder enzyklopädisch, flüchtig oder aufmerksam wahr. Kein ausgeklügeltes »Programm« drängt sich ihm auf, er kann frei

Links: Marmorkandelaber aus dem Schiffsfund von Mahdia, um 100 v. Chr. Das fast 2 m hohe »Marmormöbel« ahmt die Form kleinerer griechischer Leuchterständer aus Bronze nach. Es war wie die großen Marmorgefäße vermutlich nicht zur praktischen Benutzung bestimmt, sondern sollte als repräsentativer Ausstattungsgegenstand dienen. Tunis, Musée National du Bardo

Rechts: Wandmalerei in einer großen Villa in Torre Annunziata (Oplontis). Der Betrachter sieht in ein Heiligtum der Artemis, deren Statue in einem Rundtempelchen erscheint, aber der heilige Bezirk ist verschlossen durch ein Eingangstor (Propylon) aus Säulen, die mit metallenen Ranken und sogar Juwelen aufs kostbarste geschmückt sind. Unter den Weihgeschenken sieht man auch einen bronzenen Kandelaber der Art, wie er in Marmor nachgeahmt wurde. Der Blick von außen, durch den die Phantasie des Betrachters gereizt werden soll, ist charakteristisch für diese unmittelbar in den Raum stehenden Architekturprospekte des 1. Jahrhunderts v. Chr. (sogenannter zweiter Stil der römischen Wanddekoration).

über die Fülle verfügen. Dank der Dichte des Bildernetzes gab es aber auch kein Entkommen aus diesen Bildungslandschaften.

Der Klassizismus der römischen Kunst

Der Klassizismus der römischen Bildersprache war durch die spezifische Akkulturationssituation vorgegeben. Indem man den gesamten repräsentativen Wohnbereich (die Wirtschafts- und Sklaventrakte waren übrigens nur mit einfachen Tapetenmustern oder auch gar nicht verziert) in eine griechische Kulturwelt verwandelte, brachte man seine Zugehörigkeit zur »Welt« zum Ausdruck. Gleichzeitig aber überhöhte man die alltägliche Lebenswelt mit diesen griechischen Bildern. Ihre Autorität war so unantastbar »klassisch« wie die des ganzen kulturellen Erbes der Griechen. Es gab keine Alternative zu den griechischen Bildern und den griechischen Künstlern, in deren Händen die »römische« Kunstproduktion ja von Anfang an lag. Neben ihnen konnte sich keine andersartige »eigene« Bildersprache entwickeln. An eine solche Alternative einer »nationalen« Kunst haben die Zeitgenossen offenbar auch nie gedacht. Sie empfanden diese klassische Kunst als ein gemeinsames Erbe der kultivierten Menschheit. Manche der führenden Häuser Roms hatten sich ja sogar Stammbäume konstruiert, die ihre Abkunft von griechischen Heroen belegen sollten, und dieses mythologische Gesellschaftsspiel wurde immerhin so ernst genommen, daß Mitglieder solcher Familien als Münzmeister entsprechende Bilder sogar auf ihre Münzen prägen ließen.
Die Festlegung auf einen sanktionierten Bestand von Bildern, Zeichen und Stilformen konnte nicht auf den privaten Bereich des Hauses beschränkt bleiben. Man wollte auf diese Hochsprache mit ihrer kulturellen Aura natürlich auch in den Bereichen der staatlichen und bürgerlichen Selbstdarstellung nicht verzichten. Das bedeutet aber, daß die gesamte Bildersprache der Römer im umfassenden Sinn des Wortes »klassizistisch« wurde. Auch dort, wo künftig auf keine festgeprägten griechischen Modelle zurückgegriffen werden konnte – wie zum Beispiel im Faltenwurf einer Togastatue –, bediente man sich klassischer oder hellenistischer Stilformen. Die Verwendung dieser griechischen Bild- und Stilformen bedeutete für sich genommen bereits eine Nobilitierung des jeweils Dargestellten. Auch unter diesem formalen Aspekt wäre deshalb eine grundsätzliche Unterscheidung zwischen »Kopistenkunst« und anderen mehr »römischen« Gattungen nicht sachgemäß.
Daß diese klassizistische Bildersprache bei sich verändernden Bedürfnissen anpassungsfähig blieb, ist vor allem auf zwei Eigenschaften zurückzuführen. Zum einen ermöglichten die reichen eklektischen Kombinationsmöglichkeiten von Bildelementen und Stilformen immer

Vorhergehende Doppelseite: Blick in den Ruheraum einer kleinen Villa bei Boscoreale, um 40-30 v. Chr. Ganz verschiedenartige Ausblicke sind in den vollständig ausgemalten Räumen unmittelbar nebeneinandergesetzt. Auf den Langseiten bickt man in ein Heiligtum und auf eine an steilem Abhang gebaute Stadt. An der Schmalseite hinter dem Ruhelager (zu seiten des erst nachträglich eingebrochenen Fensters) in einen Park mit marmorner Ruhebank und Nymphengrotte.
New York, Metropolitan Museum

Linke Seite: Wandmalerei in einem Gesellschaftsraum der Villa dei Misteri in Pompeji, um 40-30 v. Chr. Dargestellt sind neben Dionysos, einem Initiationsritual und mythischen Gestalten aus dem Gefolge des Gottes Frauen und Kinder, die zur Familie des Villenbesitzers gehören könnten. Die unmittelbare Verbindung von Lebenswelt und Mythos entspricht dem, was die griechische Bilderwelt im Haus insgesamt in der Vorstellung und Phantasie der Betrachter evozieren will.

Oben: Wandmalerei aus dem Speiseraum der Villa von Boscoreale, um 50 v. Chr. Das Bild eines griechischen Philosophen, vielleicht eines Stoikers, war mit der Darstellung eines hellenistischen Fürsten, höfischen Szenen und allegorischen Bildern verbunden. Es könnte sich deshalb um einen königlichen Ratgeber und Lehrer handeln. In der Lebenswelt der Villa wird er aber zum Sinnbild für die intellektuellen Ambitionen des Villenbesitzers und zum Modell für den eventuell ebenfalls in der Villa wohnenden »Hausphilosophen«.
Neapel, Museo Nazionale

Folgende Doppelseite: Sammelaufnahme mit Stücken aus dem Silberschatz von Boscoreale. Der Schatzfund ist einer der reichsten aus der Römerzeit überhaupt. Die meisten Stücke stammen aus dem 1. Jahrhundert v. Chr. Manche der kostbaren Objekte wie der Teller mit der Büste einer Personifikation im Zentrum der Abbildung (Afrika oder Alexandrien) waren reine Schaustücke, andere wurden beim Gelage benutzt.
Paris, Louvre

wieder neue Lösungen. Zum anderen konnten die Künstler beim Betrachter die Fähigkeit zu abstrakten Konnotationen voraussetzen, denn diese waren ja seit dem Entstehen der neuen Bildersprache eingeübt worden.

Kultur und Luxus

Die in der späten Republik entstandene spezifische Bilderwelt des privaten Lebensbereiches erwies sich auch in der Kaiserzeit als konstant. Der Wohngeschmack der aristokratischen Villenbesitzer wurde für das Haus überhaupt verbindlich und auch später von breiteren Schichten der Bevölkerung übernommen – auch wenn dies natürlich nur in Miniaturformaten und Surrogaten möglich war, wie man in den pompejanischen Häusern sehen kann. Die in der frühen Kaiserzeit entstandenen Dekorationsstile der Wandmalerei (sogenannter dritter und vierter Stil) ersetzen zwar die unmittelbare Präsenz der Säulenprospekte und Gestalten durch manieristische Formen und »abstraktere« Systeme, aber das Bildrepertoire verliert dabei seinen ursprünglichen Charakter nicht. Im Gegenteil, die vielen mythologischen Bilder an den pompejanischen Wänden (Abb. S. 424, 425), nicht selten wieder Kopien von berühmten griechischen Tafelbildern, und später auf den Mosaikböden in vielen Provinzen geben selbst einfacheren Häusern eine Aura von höherem Lebensstil. Und wie früher in den Luxusvillen hiel-

ten auch die Bilder von Dionysos und Aphrodite die Bewohner weiterhin dazu an, tägliche Lebensvollzüge vor diesen mythischen »Hintergründen« als genußreich und vom mühseligen Alltag abgehoben zu erleben (Abb. S. 365). Die Beschwörung der klassischen Kultur war ja von Anfang an untrennbar mit dem Bekenntnis zu einem genußreichen Leben im Stil der hellenistischen *tryphe* verbunden gewesen.

Villa Hadriana

Wie sehr es sich bei dieser Definition der häuslichen Lebenswelt um eine allgemeingültige Konstante der kaiserzeitlichen Kultur handelte, zeigt die hochartifizielle Villenlandschaft, die sich Kaiser Hadrian in dem Jahrzehnt zwischen 130 und 140 n. Chr. bei Tibur/Tivoli erbaut hat (Abb. S. 366).
Hatte in den Villen der späten Republik der Ausblick in die Landschaft, auf das Meer oder in einen Park eine wesentliche Rolle bei der architektonischen Konzeption gespielt, so sind die einzelnen Trakte der Villa Hadriana zur Außenwelt hin fast vollständig abgeschlossen. Der Blick wird jetzt ganz auf die hier nicht gemalten, sondern gebauten Architekturprospekte gerichtet. Der Skulpturenschmuck bestand aus Hunderten von Statuen, meist Kopien griechischer Meisterwerke; sie definierten auch hier die Räume. Einzelne Bereiche der Villa waren wie früher nach berühmten Orten oder Landschaften der klassischen Welt benannt. Thermen und Portiken hatten allerdings zum Teil die Ausmaße städtischer Architekturen. Aber die klassische Säulenphysiognomie der Räume und das Bildrepertoire standen völlig in der Tradition der Bilderwelt der spätrepublikanischen Villen.
Auch in der kaiserlichen Villa blieben Politik, Staat und Herrschaft ausgeblendet, auch der Herrscher legte Wert

Links oben: Bronzener Leuchterträger aus einem Haus in Pompeji, um 30 v. Chr. Die Statue ist ein Meisterwerk des eklektischen Stils der frühen Augustuszeit. Während der Kopf einer Mädchenstatue aus der Zeit des sogenannten Strengen Stils nachgebildet ist (460 v. Chr.), wiederholt der Körper eine Ephebenstatue des Polyklet (um 420 v. Chr.). In die Hände waren Bronzeranken als Lampenhalter gesteckt. Neapel, Museo Nazionale

Links unten: Silberner Skelettbecher aus dem Schatz von Boscoreale, 1. Jahrhundert v. Chr. Einer von zwei Bechern mit Darstellungen berühmter griechischer Philosophen und Dichter als Skelette. Die geistreiche Bildungspersiflage setzt erhebliche Kenntnisse bei den Benutzern der Becher voraus. Auf der hier abgebildeten Szene stehen sich Epikur und Zeno gegenüber, die sich um einen Kuchen streiten. Der Stoiker zeigt voller Verachtung auf Epikur, der bereits gierig nach dem Kuchen greift. Über dem Kuchen liest man: Ziel ist die Lust! Alle Inschriften sind griechisch. Paris, Louvre

Rechts: Fußbodenmosaik aus Antiocheia, 3. Jahrhundert n. Chr. Dargestellt sind Herakles und Dionysos beim fröhlichen Gelage. Eine tanzende Mänade mit Kymbeln unterhält die Zecher. In einem Speiseraum ausgelegt, überhöhte das Bild in sehr unmittelbarer Weise die Lebenswelt. Princeton, University Art Museum

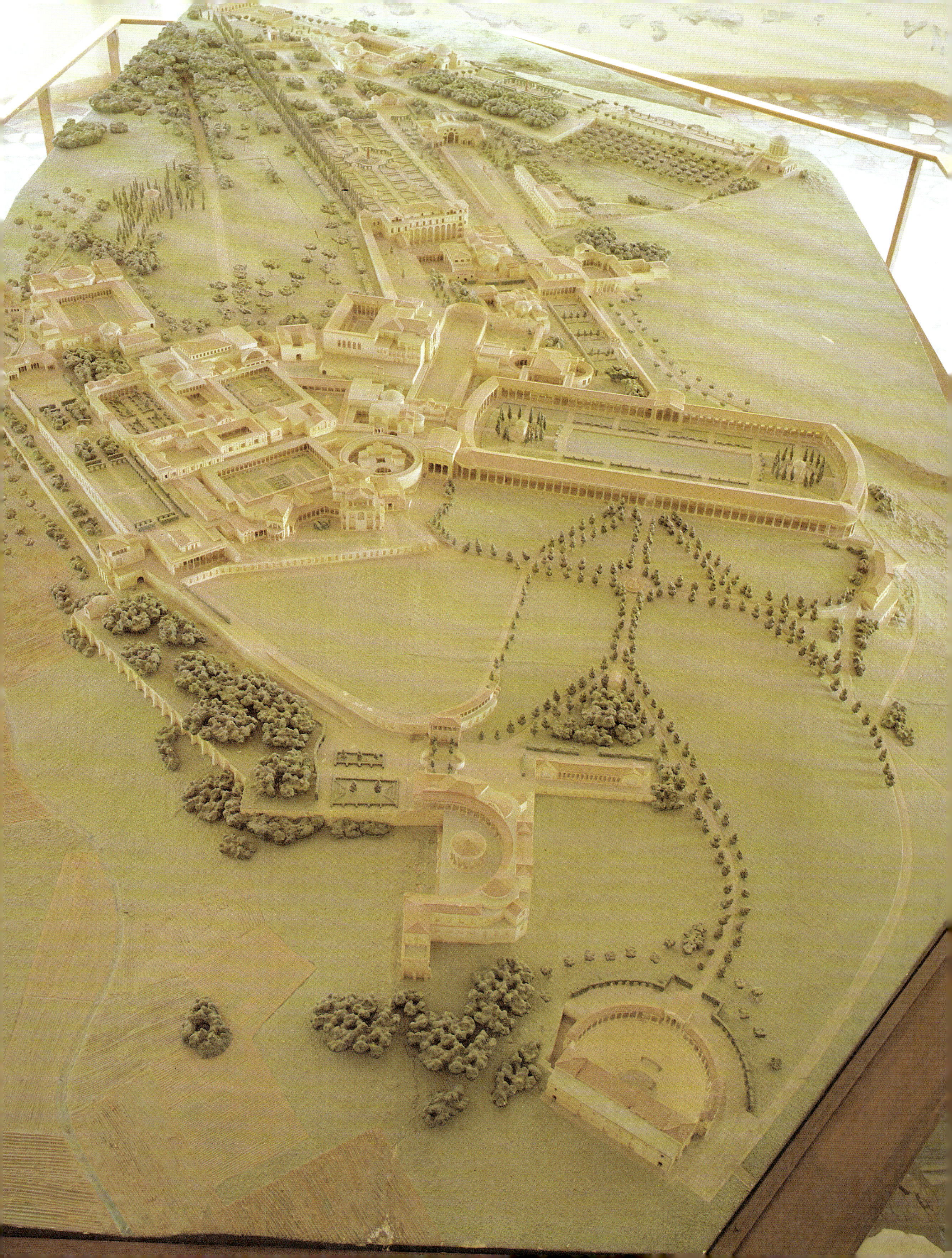

auf eine alternative private Welt, in der er sich von den Pflichten zurückziehen und in jener »höheren« Kulturwelt leben konnte. Daß er in Wirklichkeit natürlich auch aus dieser abgehobenen Welt des *otium* heraus Regierungsgeschäfte wahrnehmen mußte, war kein Widerspruch zu diesem Stil und Selbstverständnis.

Die Bilder der Macht

Anders als die Griechen der klassischen Zeit haben die Römer eine ausgeprägte Bildersprache der Macht entwickelt. Diese hat sich allerdings erst in der Kaiserzeit voll entfalten können, denn in den letzten Generationen der Republik konnte sich wegen der ständigen Antagonismen der um die Vorherrschaft im Staat kämpfenden Großen noch keine allgemein verbindliche Bildersprache der Macht herausbilden. Solange die auf einen Stadtstaat zugeschnittene republikanische Herrschaftsform mit ihren Jahresbeamten und der gegenseitigen Kontrolle der Aristokratie funktioniert hatte, war man in Rom mit einer vergleichsweise einfachen Sprache von Ritualen, Ehrungen und Weihgeschenken an die Götter ausgekommen. Aber schon seit dem späten 4. Jahrhundert v. Chr. wurden auch in Rom verdiente Politiker nach griechischem Vorbild mit Ehrenstatuen auf dem Forum, besonders an der Rednerbühne, den *rostra*, geehrt und machten durch entsprechende Statuenweihungen auf dem Kapitol oder in anderen Heiligtümern auf ihre Taten und Verdienste aufmerksam. Leider sind diese Denkmäler allenfalls durch literarische Quellen oder durch spätere Münzprägungen bekannt. Der berühmte Bronzekopf des »Brutus« im Konservatorenpalast (Abb. S. 49) kann eine Vorstellung von den Bildnissen geben, die auf den Statuen dieser Zeit saßen.

Bilderkonkurrenz

Eine neue Situation entstand in Rom erst, als sich die miteinander rivalisierenden großen Politiker und Heerführer mehr und mehr der griechischen Kunst und Architektur zu bedienen begannen, um ihre persönlichen Verdienste und Leistungen zu propagieren (und damit die Regeln der Gleichrangigkeit in der alten Aristokratie zu verletzen). Die griechischen Bilder und Formen wurden in der sich immer schärfer zuspitzenden Konkurrenz als Mittel benutzt, den jeweiligen Gegner auszustechen. Dabei bildeten sich bestimmte formale Eigenheiten einer neuen, wenn man so will »politischen« Bildersprache heraus. So griff man zum Beispiel zu möglichst eindrucksvollen statuarischen Schemata, wie sie sich vor allem in der Repräsentationskunst der hellenistischen Könige herausgebildet hatten, und ließ Reiterstandbilder oder nackte heroische Statuen (Abb. S. 413) aufstellen. Oder man bediente sich kolossaler Formate und kombinierte verschiedenartige Formen, um den Effekt durch

Villa Hadriana bei Tivoli: Modell der Gesamtanlage (linke Seite) und sogenannter Kanopus (oben und unten). Die zwischen 130 und 140 n. Chr. für Kaiser Hadrian erbaute Villa besteht aus locker in der Landschaft verteilten, in sich geschlossenen Gebäudegruppen oder Gartenanlagen. Auch hier gab es keine durch die Konzeption vorgegebene Führung durch eine festgelegte Raumabfolge. Die Architektur zielte vielmehr auf vielfältige Wahlmöglichkeiten, überraschende Perspektiven, eindrucksvolle Dimensionen und großartige Ausstattung. Der Ausblick in die Natur spielt im Gegensatz zu den frühen Villen kaum noch eine Rolle. Man suchte »Bildungslandschaften« in den von den griechischen Architekturformen definierten Räumen. Ein talartiger Gartenbezirk, den ein langes Wasserbecken durchzieht, erhielt den Namen Kanopus. Dieser erinnerte an eine alte ägyptische Hafenstadt, die durch einen Kanal mit Alexandrien verbunden war und von den Alexandrinern als Vergnügungsort gerne besucht wurde. Der reiche Statuenschmuck, der zum Teil rekonstruiert werden konnte, evozierte aber nicht nur ägyptische Assoziationen. Kopien der Erechtheion-Koren von der Akropolis in Athen standen neben hellenistischen Silenen sowie Statuen von Mars, Hermes und einer Amazone in hochklassischem Stil.

Häufungen zu erhöhen, wie man es sehr eindrucksvoll an den großen Repräsentationsbauten des Pompeius, Caesar und Octavian, aber auch an den Grabmonumenten der führenden Familien bis hin zum alles übertrumpfenden Mausoleum des Augustus (Abb. S. 59) beobachten kann. Aber auch Versuche, durch Frontalität, Symmetrie und Größendifferenzierung Bildinhalte leichter ablesbar zu machen und schlagwortartig zu verstärken, fallen in diese Zeit.

Undeutlichkeit und Ambivalenz in der Selbstdarstellung des Adels

Aber im Gegensatz zur Kaiserzeit konnte sich damals noch keine allgemeinverständliche Ordnung herausbilden. So blieben zum Beispiel die Reiterstatue und auch die »heroische« Form der nackten Statue nicht nur den großen Triumphatoren vorbehalten, auch die Honoratioren der italischen Städte ließen sich in dieser Form ehren, und es dauerte nicht lange, bis sogar einfache Soldaten auf ihren Grabsteinen mit nacktem Körper dargestellt wurden (Abb. S. 170). Das bedeutet, daß selbst eine so hochgreifende griechische Bildform allein gesellschaftlichen Rang und Verdienst nicht hinreichend bezeichnen konnte. Wenn am Versammlungsplatz der Italiker auf Delos einem römischen Händler, der nie etwas mit dem Militär zu tun gehabt hatte, bereits um 100 v. Chr. eine nackte Ehrenstatue mit Schwert errichtet werden konnte, dann bedeutet das, daß die griechische Bildform bereits in diesem frühen Stadium »abstrakt« verstanden wurde und nicht mehr »hervorragend«, »überaus verdienstvoll und tüchtig« bedeutete.

Diesen Mangel an Deutlichkeit kann man auch in anderen Bereichen der Repräsentationskunst feststellen. Er hängt zum einen damit zusammen, daß die griechischen Bildzeichen in einem völlig andersartigen politischen und sozialen System nur übertragen verwendet werden konnten und dabei zwangsläufig vieldeutig werden mußten. Zum anderen aber stellten die Protagonisten und ihre Familien oft lediglich ihre persönlichen Leistungen und Traditionen (statt der des Staates und ihrer Amtsführung) heraus und versuchten, diese zum Beispiel auch noch mittels griechischer Mythen zu überhöhen, wie etwa ein Censor um 100 v. Chr. (Abb. S. 368/369). Es ist symptomatisch, daß gleichzeitig viele der römischen Aristokraten ihr Jahresamt als Münzmeister dazu benutz-

Reliefs vom Sockel eines Ehrenmonuments für einen Censor, um 100 v. Chr. Paris, Louvre (oben); München, Glyptothek (unten). Eine Seite der Basis zeigt den Censor (inmitten von Szenen mit der Durchführung des Census) als Beamten beim Abschlußopfer. Auf den anderen drei Seiten aber ließ der strenge Römer den fröhlichen Hochzeitszug des Poseidon und der Amphitrite mit vielen nackten Meermädchen und Hippokampen darstellen. Und dies nur, um in hellenistisch gebildeter, hochstilisierter Art von einem Seesieg oder von der Verwandtschaft seiner Familie mit dem Meergott zu sprechen – so viel bedeutete es ihm, sich als weltläufig und griechisch kultiviert zu zeigen.

ten, die Höhepunkte ihrer Familiengeschichte auf den kleinen Münzen zu verewigen. Sie überfrachteten die Zeichensprache dabei mit Kürzeln bis zur Unverständlichkeit, ein symptomatisches Beispiel für den Zustand der politischen Repräsentationskunst in den letzten Jahrzehnten der Republik.

Das realistische Individualporträt

Nun hat sich aber gerade in dieser Zeit das zu Recht seit je als große Leistung der römischen Kunst bewunderte »realistische« Porträt herausgebildet (Abb. S. 407, 428). Die für die Römer arbeitenden griechischen Bildhauer konnten freilich auch auf diesem Feld auf eine große Tradition der hellenistischen Kunst zurückgreifen. Aber daß sich der wirklichkeitsnahe, ganz auf die Erfassung der unverwechselbaren individuellen Züge ausgerichtete (und auf pathetische und verschönende Züge in griechischer Manier immer mehr verzichtende) Porträtstil jetzt allgemein durchsetzte, muß mit Zuständen und Bedürfnissen in der spätrepublikanischen Gesellschaft zusammenhängen.

Die konkurrierenden Großen Roms präsentierten sich – anders als die Bürger der griechischen Poleis – als unverwechselbare Individuen, die aufgrund ihrer eigenen besonderen Verdienste eine herausragende Position im Staat beanspruchen konnten. Aber auch in anderen Schichten der Gesellschaft herrschte eine ungewöhnliche Mobilität und in der Folge ein elementares Bedürfnis nach Repräsentation des gesellschaftlichen Erfolges. Die vielen Porträts an den Grabdenkmälern sind als stolze Bekundungen individueller Lebensleistungen zu verstehen. Der realistische Bildnisstil verhalf also nicht nur dem Adel in Rom und in den Städten, sondern auch den vielen Aufsteigern, die nicht mit einer öffentlichen Ehrung rech-

nen konnten, dazu, sich der Gemeinschaft zu präsentieren und dabei in neuer Weise »ich« zu sagen. So spricht manches dafür, im sachlich-deskriptiven Stil des spätrepublikanischen Individualporträts einen Ausdruck der allgemeinen Konkurrenz und Mobilität in der Gesellschaft – bei gleichzeitigem Fehlen allgemein verpflichtender Vorbilder und Wertmaßstäbe – zu sehen und die volle Entfaltung und allgemeine Verbreitung dieses Stils vor einem solchen Hintergrund zu verstehen.

Das Entstehen einer Kaiserkunst

Mit der Errichtung der Monarchie änderte sich das System der Bildersprache von Grund auf. Die Machtfrage war jetzt endgültig entschieden, und in Kaiserehrung und Kaiserkult entwickelte sich ein Bildersystem, das man als »Kaisermythos« bezeichnen könnte und das seinerseits nicht unwesentlich zur Festigung der neuen politischen Ordnung beitrug. Aber die neue politische und soziale Ordnung wirkte sich nicht nur auf die Bilder der Macht, sondern auf die gesamte Ordnung der Bilder aus. Rom wurde erst jetzt auch zum kulturellen Zentrum des Reiches, die kaiserliche Familie und der Kaiserhof zum Vorbild für Mode, Geschmack und Stil. Damit waren die Voraussetzungen für eine »Reichskunst«, deren Modelle in Rom geprägt wurden, geschaffen. Der Klassizismus, der unter den besonderen Voraussetzungen der Akkulturation zunächst als ein spezifisches Phänomen der spätrepublikanischen Kultur entstanden war, entwickelte sich jetzt zu einer in allen Provinzen des Reiches verstandenen »Sprache«, mit der nicht nur die Bilder der Macht verbreitet wurden, sondern in der sich die Bewohner des Reiches – bei aller Verschiedenheit ihrer Traditionen – auch über ihre gemeinsamen Wertvorstellungen verständigen konnten. Da sich das politische und soziale System in der Folge über den langen Zeitraum von mehr als zwei Jahrhunderten nicht mehr veränderte, blieb auch die Ordnung der Bilder weitgehend konstant. Darauf beruhten das hohe Maß von Standardisierung und das weitgehende Fehlen innovativer Elemente, die von Kritikern der kaiserzeitlichen Kunst gerne beklagt werden.

Dialog zwischen Herrscher und Untertanen

Die neuen Bilder der Macht entstanden im Dialog zwischen Herrscher und Untertanen, der sich auf der Grundlage der von Augustus geschaffenen Principatsideologie entwickelte. Der Herrscher stellt sich dar durch sein Auftreten, durch seinen Herrschaftsstil, durch seine Taten in Krieg und Frieden, kurz: durch seine Selbstdarstellung in Wirklichkeit und Bild. Hierin hält sich der »gute« Kaiser an die Regeln des Principats, das heißt, er tritt in seinen Eigenschaften als Beamter und Heerführer als *primus inter pares* auf, läßt sich in seinem Bildnis entsprechend

Links und rechts: Drei Porträts führender Politiker aus den letzten Jahrzehnten der Republik: Crassus (links außen; Paris, Louvre), Caesar (links innen; Turin, Museo Archeologico), Pompeius (rechts; Kopenhagen, Ny Carlsberg Glyptotek). Die Künstler versuchten nicht nur die unverwechselbaren Züge der Physiognomie, sondern auch etwas vom jeweiligen Charakter dieser Männer wiederzugeben. Dagegen fehlen, sieht man von dem realistischen Stil ab, Eigenarten, die auf gemeinsame Wertvorstellungen schließen ließen.

Folgende Doppelseite: Fünf Kaiserporträts: Augustus (linke Seite, oben links; London, British Museum), Nero (oben rechts; München, Glyptothek), Vespasian (unten links; Kopenhagen, Ny Carlsberg Glyptotek), Hadrian (unten rechts; Houghton Hall), Caracalla (rechte Seite; Kopenhagen, Ny Carlsberg Glyptotek). Während Augustus seine Züge mittels klassischer Stilformen gleichsam entpersönlichen ließ und ihnen dadurch eine höhere Aura zu verleihen versuchte, trägt Nero eine kompliziert mit der Brennschere hergestellte Künstlerfrisur. Vespasian läßt sein altes Gesicht und seinen zahnlosen Mund ungeschönt »realistisch« darstellen und verspricht mit seinem Porträt gleichermaßen Volksnähe und Energie. Die Kaiser des 2. Jahrhunderts geben sich als Aristokraten. Seit Hadrian tragen sie einen von der Haartracht der klassischen Griechen abgeleiteten (im Laufe der Zeit immer länger werdenden) »Bildungsbart«. Darin kommt die überragende Bedeutung der klassischen Kulturtradition für Selbstverständnis und Wertordnung zum Ausdruck. Caracalla bricht in seinem letzten Porträttypus mit dem Bild des aristokratisch vornehmen, gebildeten Herrschers und läßt sich im Unterschied zu seinen Vorgängern mit betont ungepflegtem Haar und Bart und mit strengem, finsterem Blick darstellen. Aus literarischen Quellen erfahren wir in diesem Falle, daß er sich tatsächlich schmeichelte, mit seiner wütenden Miene einen furchterregenden Eindruck zu machen: Das Zeitalter der Soldatenkaiser hatte begonnen.

darstellen und überschreitet auch in den Bildprogrammen seiner Repräsentationsbauten nicht die entsprechenden Grenzen, im Gegensatz zu den »schlechten« Kaisern (zum Beispiel Nero mit der Errichtung seiner *domus aurea* und dem Koloß des Sonnengottes, der seine eigenen Porträtzüge trug, oder Domitian mit seinem *equus* mitten auf dem Forum oder mit seinem Palast auf dem Palatin). Die Untertanen aber antworteten – ähnlich wie die hellenistischen Städte und wie Senat und Volk in der Republik es getan hatten – auf die Taten und Verdienste des Herrscherhauses mit Ehrenbeschlüssen, zu denen die Errichtung von Monumenten, das Feiern von Festen und als höchste Ehrung die Aufnahme des Herrschers unter die Staatsgötter gehörten. Aber anders als der Princeps waren die Untertanen in der Wahl ihrer Bilder weitgehend frei. Sie konnten sich der traditionellen Formen bedienen, der Toga- (Abb. S. 374) und der Schemata der Beamten- und Feldherrnstatuen, oder aber auch zu panegyrischen Überhöhungen greifen und den Herrscher dabei mit Gottheiten vergleichen (Abb. S. 287), seine Taten wie die der alten Heroen feiern. So entstanden nebeneinander traditionelle, wenn man so will »republikanische«, und neue »monarchische« Bilder. Sie gehören zusammen und machen gemeinsam die neue Bildersprache von der kaiserlichen Macht und Herrschaft aus.
Die Unterscheidung zwischen herrscherlicher Selbstdarstellung und Ehrung durch die Untertanen ist keine Formalie, sie bildet eine wesentliche Voraussetzung zum Verständnis des »Systems«. Der Kaiser ist im Rahmen der Principatsherrschaft auf den ständigen Beifall der Untertanen (das heißt in der Praxis: der einzelnen Gruppen und vor allem der ja autonomen Städte) angewiesen, in ihm manifestiert sich die allgemeine Anerkennung seiner Herrschaft. Aber auch die verschiedenen Gruppen der Bevölkerung und der Gemeindem im Reich brauchten die Sprache der Ehrungen, um ihren Status innerhalb der jeweiligen Hierarchie durch solche Bekundungen der Loyalität und Kaisernähe zu manifestieren.

Das Herrscherbild als Medium der Selbstdarstellung

Interessante Hinweise auf den persönlichen »Stil« eines Kaisers kann man nicht selten seinem »offiziellen« Bildnis entnehmen. Leider verfügen wir über keine literarischen Nachrichten darüber, wie ein Kaiserporträt entstand und verbreitet wurde. Aber aufgrund der vielen Wiederholungen der entsprechenden Bildnistypen nicht nur in der Rundplastik, sondern auch auf den Reichsmünzen kann man den Schluß ziehen, daß hier der Kaiser selbst involviert war. Bei einzelnen Kaisern ist die mit dem Bildnis verbundene »Programmatik« unverkennbar. Es entspricht der *pietas*-Programmatik des ersten Princeps, wenn die meisten Ehrenstatuen Augustus in der Toga mit zu Opfer und Gebet verhülltem Haupt zeigen.

Aber auch die anderen, schon in der späten Republik üblichen Statuenschemata, das Reitermonument, die Darstellung im Panzer und mit nacktem Körper (Abb. S. 287), wurden gleichermaßen für ihn errichtet und auch auf den Münzen (Abb. S. 376) abgebildet. Dazu kamen in steigendem Maße größere Siegesmonumente, vor allem die Darstellung des Triumphators in der Quadriga auf einem Ehrenbogen. Das Neue bestand – sieht man von den Statuen im Jupiterschema (Abb. S. 287) ab, mit denen die Herrschaft des Kaisers auf Erden mit der des Göttervaters verglichen wurde – nicht im Schema der einzelnen Statue, sondern in der Vielzahl und zum Teil auch in der Größe der Monumente.

Das Kaiserhaus beherrscht den öffentlichen Raum

Der öffentliche Raum in den Städten, vor allem die Fora, die Stadttore und die mehrstöckigen Bühnenfronten der Theater, füllten sich im Laufe der frühen Kaiserzeit mit Statuen und Ehrenmonumenten des Kaiserhauses. Auf den Plätzen blieben jetzt die zentralen Bereiche und die auffälligsten Positionen für Kaisermonumente reserviert. Ehrenstatuen für andere Beamte oder lokale Wohltäter wurden in die Randzonen verdrängt. So entstanden zumindest im Westen des Reiches überall eindrucksvolle Bilder der neuen hierarchischen Ordnung. Seit der frühen Kaiserzeit erfreuten sich Denkmäler in Form von Familiengruppen besonderer Beliebtheit, in denen die verschiedenen Mitglieder des Herrscherhauses nebeneinander gezeigt wurden. Diese teils gleichzeitig, teils nach und nach entstandenen Gruppen feierten nicht nur die Dauerhaftigkeit der Dynastie, sie gaben auch Gelegenheit, mehrere Aspekte des Herrscherlobes nebeneinander zu entfalten (Abb. S. 376).

Links: Statue des Augustus in der Toga. Augustus wird in diesem traditionellen Statuentypus als Princeps geehrt, wobei das verhüllte Haupt und der vermutlich einst in der Rechten gehaltene Gegenstand (Opferschale oder Augurstab) auf seine exemplarische Frömmigkeit hinwiesen. Rom, Museo Nazionale Romano

Rechts: Panzerstatue des Augustus aus der Villa der Livia bei Prima Porta. Auch diese Statue entspricht einem traditionellen Schema, jedoch wird hier durch den auf einem Delphin reitenden Eros, der als Stütze dient, spielerisch auf die Abstammung des Herrschers von Venus hingewiesen. Auch die nackten Füße sind ein der klassischen Kunst entlehntes erhöhendes Zeichen. Die Reliefs auf dem Metallpanzer feiern den Parthersieg des Princeps. Im Zentrum gibt der Partherkönig die einst von Crassus verlorenen Feldzeichen an einen Römer zurück. Daneben sitzen zwei trauernde Personifikationen, die eine entwaffnet, mit leerer Schwertscheide, die andere mit Schwert. Sie verkörpern die unterworfenen beziehungsweise botmäßig gemachten und zum Grenzschutz eingesetzten Völker. Darunter weist die Erdgöttin auf den Beginn des Goldenen Zeitalters hin. Es wird unter dem Zeichen der kaiserlichen Schutzgötter Artemis und Apollon stehen, die an den Seiten auftauchen. Oben hält Caelus das Himmelszelt, während der Sonnengott und die Mondgöttin mit ihrer endlosen Wiederkehr den ewigen Bestand des neuen Zeitalters garantieren. Rom, Musei Vaticani

Die Statuen des Kaisers und seiner Familie waren häufig mit Statuen von Göttern verbunden, zu denen das Herrscherhaus eine besondere Beziehung hatte oder die Qualitäten, Tugenden oder Leistungen verkörperten, wie die »Begriffsgottheiten« *pietas, concordia, spes* oder *victoria* (Abb. S. 61). Weibliche Tugendgottheiten dieser Art wurden gern mit den Porträtzügen der Gemahlin des Kaisers oder einer Prinzessin versehen (Abb. S. 389). So brachten die Ehrenstatuen auf verschiedene Weise die Nähe des Herrschers und seines Hauses zu den Göttern zum Ausdruck – auch dies im übrigen wieder, indem man sich dafür der ehrwürdigsten Bildformen der klassischen Kunst bediente. Die Wirkung dieses Bezugs auf die Götter wurde durch die räumliche Verbindung der Statuen mit Tempeln, Altären und dem tatsächlich auf den Foren stattfindenden Herrscherkult ständig aktiviert.

Kaisermythos

Schon unter Augustus war die Herrschaft des Princeps in Wort und Bild als gottgewollte Weltordnung gerühmt worden. So wird zum Beispiel auf dem Panzer der berühmten Statue aus Prima Porta die Rückgabe der einst von Crassus verlorenen römischen Feldzeichen und Legionsadler als Wiederherstellung der kosmischen Ordnung gefeiert (Abb. S. 375), und auf der Ara Pacis schildert das berühmte Pax-Relief die Segnungen des von Augustus herbeigeführten Friedens als paradiesischen Zustand der Welt (Abb. S. 115). Im Frieden eines neuen Goldenen Zeitalters herrschen Fruchtbarkeit und Fülle, die Natur selbst steht im Bund mit dem Herrscher. Die Sicherheit dieser Welt bedarf jedoch der ständigen Fürsorge. Durch Frömmigkeit und militärische Stärke wird der Erhalt der Weltordnung gesichert. Als Pendant zur mütterlichen Friedensgöttin sah man bezeichnenderweise die siegreiche Roma auf erbeuteten Waffen sitzen.

In ihren Fähigkeiten, als Feldherr Sicherheit und Ordnung zu garantieren, hatten der Kaiser und seine Helfer, allen voran die Prinzen und präsumptiven Nachfolger, ihren Herrschaftsanspruch immer wieder zu legitimieren. Deshalb waren die Kaiser fortwährend bemüht, sich als Sieger zu erweisen und als Triumphator aufs Kapitol zu ziehen, unabhängig von der tatsächlichen Bedeutung oder Notwendigkeit des jeweiligen Krieges. Auf der Gemma Augustea (Abb. S. 378) thront Augustus als Weltherrscher neben Roma, während einer der Prinzen als siegreicher Feldherr gerade vom Triumphwagen steigt, der andere gerüstet für die nächste Aktion bereitsteht. Nach und nach entwickelte sich ein kohärentes System ikonographischer Schemata, in denen die Aktionen des Herrschers in festgelegter Folge wie Rituale geschildert wurden: sein Auszug zum Krieg *(profectio)* (Abb. rechts unten), sein Umgang mit dem Heer und mit den Barbaren (Abb. S. 126), der Sieg, die feierliche Rückkehr nach Rom *(adventus)* (Abb. S. 124) und endlich der Triumphzug (Abb. S. 127). Ähnliche Bildtypen schilderten die Friedensherrschaft im Innern, vor allem die außerordentlichen, ebenfalls hochgradig ritualisierten Gnadenerweise an das Volk, wie Schuldenerlaß oder Geldschenkungen (Abb. S. 125). An den großen Triumphbogen des 2. Jahrhunderts v. Chr. waren viele solcher Kaiserbilder wie auf riesigen Plakatwänden angebracht (Abb. S. 133).

Ritual und Bild

Die Bilder, in denen die kaiserlichen Taten geschildert wurden, waren durch entsprechende Rituale in die Wirklichkeit eingebunden. *Profectio* und *adventus* ereigneten sich tatsächlich, waren zumindest für die Bevölkerung Roms, bei Kaiserbesuchen auch in anderen Städten, »erlebbar«. Die Bilder interpretierten und überhöhten die Wirklichkeit des Rituals, indem sie den Kaiser zum

Linke Seite, außen: Relief von der Basis eines Kaisermonuments aus claudischer Zeit. Dargestellt ist ein Teil einer jener »Statuengalerien« des julisch-claudischen Hauses, wie sie auf Plätzen, in Basiliken, Theatern und anderen öffentlichen Gebäuden zu Ehren der Kaiser errichtet wurden. Im Zentrum des Relieffragments steht Augustus, durch den Jupiterkörper als Weltherrscher gekennzeichnet, neben ihm ein weibliches Mitglied des Kaiserhauses, wahrscheinlich Livia, im Schema einer klassischen Aphroditestatue, ein Hinweis auf die Abstammung der Julier von Venus. Es folgen ein verstorbener Prinz im heroischen Schema mit nacktem Oberkörper (der Stern im Haar weist auf seine »Verstirnung« hin) sowie die Panzerstatue eines weiteren Familienangehörigen. Ganz links sind noch die Reste einer thronenden Göttergestalt erhalten geblieben. Ravenna, Museo Archeologico

Linke Seite, innen: Augustusstatuen auf einer Serie von Silbermünzen. Diese ungewöhnlich kunstvollen Bilder auf einer Gruppe von Denaren wurden noch vor der Schlacht bei Actium geprägt, um die militärischen Qualitäten und die Sieghaftigkeit des künftigen Alleinherrschers zu propagieren. Auf der Gegenseite war jeweils eine Schutzgottheit Octavians dargestellt (oben links). Eine der beiden nackten Heroenstatuen (unten rechts) steht auf einer Siegessäule (columna rostrata), *die nach einer Seeschlacht errichtet und mit den Schiffsschnäbeln der erbauteten Schiffe geschmückt wurde. Die andere nackte Statue (unten links) zitiert den Körper einer klassischen Poseidonstatue, aber als Zeichen für den Anspruch auf Weltherrschaft ist der Fuß auf eine Weltkugel gesetzt. Der Gestus der Panzerstatue (oben rechts) bezieht sich auf eine Ansprache an die Truppen* (adlocutio). *Paris, Bibliothèque Nationale*

Oben: Aufstellung von Kaisermonumenten auf dem Forum von Thamugadi (Timgad, Algerien). Diese Rekonstruktion aufgrund der erhaltenen Statuenbasen durch den Archäologen G. Zimmer gibt eine Vorstellung von der gedrängten Fülle, mit der die Kaisermonumente – in diesem Falle vor allem Siegesquadrigen – die öffentlichen Plätze beherrschten.

Unten: Auszug des Kaisers Domitian in den Krieg (profectio). *Das Relief stammt von einem Monument Domitians (81–96), das unter dem Cancelleria-Palast gefunden wurde. Der Kaiser wird vom Kriegsgott Mars, von seiner Schutzgöttin Minerva und von Virtus, der Verkörperung der Tapferkeit, begleitet. Auch der Genius des Senats, ein würdiger Greis mit Zepter, und der Genius des römischen Volkes, ein Jüngling mit Füllhorn, geben ihm das Geleit. Nach dem Sturz Domitians wurde sein Bildnis durch das des Nachfolgers Nerva ersetzt. An vielen Monumenten gestürzter Kaiser ist diese Form der* damnatio memoriae *(Tilgung des Andenkens) festzustellen. Man sieht daran, wie sehr der Kaiser eine bestimmte Rolle zu spielen hat und wie falsch es wäre, solche Bilder »historische Reliefs« zu nennen. Rom, Musei Vaticani*

Beispiel in Gesellschaft der Götter, gleichsam als deren Agenten, vorführten. Dank der schlagwortartigen Vereinfachungen des Geschehens, der einfachen, klassischen Bildformeln und der leicht übersehbaren, den Kaiser immer als bewunderte Erscheinung im Zentrum des Geschehens zeigenden Kompositionen müssen sie für jedermann leicht verständlich gewesen sein.

Kaisermythos und Göttermythos wachsen zusammen

Man kann das System der Kaiserbilder wie einen Mythos ausbreiten, der wie im Falle von Herakles und Romulus mit der Apotheose des guten Herrschers als Belohnung seiner Taten endet. Auch dieses Bild, das bereits auf dem Grand Camée de France (Abb. S. 379) vollständig ausgeprägt vorliegt und später zum Beispiel am Sockel der Ehrensäule für Antoninus Pius als Doppelapotheose des Kaiserpaares (Abb. S. 390/391) erscheint, war ebenfalls durch ein entsprechendes Ritual an die Wirklichkeit gebunden: Bei der Verbrennung der kaiserlichen Leiche ließ man zumindest seit dem späten 2. Jahrhundert n. Chr. einen Adler aufsteigen, und im Senat wurde daraufhin aufgrund von Zeugenaussagen die Aufnahme des verstorbenen Herrschers unter die Staatsgötter einschließlich eines neuen Kultes mit Priestern, Opfern und Festen in aller Form beschlossen. Wie auf dem Forum Romanum und später auf dem Marsfeld standen in allen größeren Städten die Kaisertempel neben denen der alten Götter (Abb. S. 96), die vergöttlichten Herrscher waren zu Kultgenossen der Olympier geworden und umgekehrt. Auch deshalb kann man die Bilder der bislang als »historische Reliefs« bezeichneten Kaiserkunst als Bilder des Kaisermythos bezeichnen. Auf den erst vor wenigen Jahren in Aphrodisias in Kleinasien entdeckten Reliefserien (Abb. S. 380), die dort ein Gebäude der Kaiserverehrung schmückten, sind die Kaisermythen Darstellungen aus der klassischen Mythologie direkt gegenübergestellt, waren also wie deren Fortsetzung in die Gegenwart hinein zu lesen.

Wie bei Mythen veränderten sich auch in der Kaiserkunst die dargestellten Szenen kaum. Aber im Laufe der Generationen und mit den individuellen Programmen der kaiserlichen Selbstdarstellung verschoben sich doch gelegentlich die Akzente. So wenn sich Hadrian in der berühmten Serie von Relieftondi, die später zu Ehren Constantins in dessen Bogen eingesetzt wurden, zusammen mit seinem Freund Antinoos und anderen Begleitern wie Alexander oder einer der großen mythischen Jäger feiern läßt (Abb. S. 381). Der ganze Antinoos-Kult läßt sich am ehesten als eine bewußte Form der Selbstmythisierung Hadrians im Rahmen seiner griechischen Kulturpolitik verstehen (Abb. S. 348). Wenn im Laufe des 2. Jahrhunderts n. Chr. die Darstellung der Kaiser im Panzer immer mehr die »zivilen«, dem Principatsideal entsprechenden Bildschemata verdrängt, zeichnet sich darin die tatsächliche politische Entwicklung ab.

Ritualisierung des historischen Geschehens

Auch die scheinbar so wirklichkeitsnahen Bilder von den Kriegen Traians und Marc Aurels auf den großen Ehrensäulen in Rom widersprechen diesem Bild nicht. Ähnlich wie bei dem Nebeneinander von »republikanischen« Beamtenbildern und panegyrischen Göttervergleichen handelt es sich dabei wieder um »Principatsstil«. Während Traian auf den Platten des sogenannten Großen Frieses (Abb. S. 381) wie ein zweiter Alexander die Feinde als unwiderstehlicher Kämpfer regelrecht niedermacht, tritt er auf der Traianssäule (im Rahmen desselben Forum Traiani) in vielen Einzelaktionen als Feldherr auf (Abb. S. 131). Erst vor kurzem hat man nachweisen können, daß nicht nur die Auswahl der Szenen, sondern auch deren

Links: Gemma Augustea. Solche Kameen waren kostbare Geschenke und zirkulierten wohl nur am Hof. Ihre Ikonographie ist höfischer Panegyrik vergleichbar. Augustus wird hier als Jupiter der Erde gerühmt. Während er majestätisch neben der Göttin Roma thront, steht Germanicus als Feldherr vor ihm, bereit zur nächsten Aktion. Tiberius, der Adoptivsohn und Erbe, steigt als Triumphator aus dem von Victoria gelenkten Triumphwagen. Unten richten römische Soldaten ein Siegeszeichen auf, und Hilfstruppen ziehen Unterworfene herbei. Aufrührerische Barbaren gefährden die gottgewollte Weltordnung. Damit diese nicht zerfällt, müssen sie geknechtet werden.
Wien, Kunsthistorisches Museum

Rechts: Camée de France. Der Vergleich mit der Gemma Augustea zeigt, wie festgelegt die Bildtypen des Kaisermythos bereits in der frühen Kaiserzeit waren. Tiberius thront ähnlich wie Augustus, aber neben ihm sitzt seine vergöttlichte Mutter Livia. Er ist von den Prinzen Nero und Drusus mit ihren Gemahlinnen umgeben, die ihm als Reichsfeldherren dienen. Der Knabe im Soldatenkostüm ist ihr jüngerer Bruder, der künftige Kaiser Caligula. Unten sieht man wiederum unterworfene Barbaren, oben aber die Apotheose des Augustus, der von Aion, dem Genius der Ewigkeit, emporgehoben wird. Zwei verstorbene Prinzen, der eine auf Pegasus reitend, begleiten ihn.
Paris, Bibliothèque Nationale

Abfolge den Kommentaren militärischer Lehrbücher weitgehend entspricht. Auch hier wird die Wirklichkeit des Krieges also hochgradig stilisiert. Neben den kaiserlichen Feldherrn, der opfert, Vorzeichen beachtet, sich mit seinen Offizieren berät, Ansprachen an die Truppen hält und sich in vieler anderer Hinsicht als idealer Heerführer erweist, tritt hier das Heer, dessen Ordnung, Tüchtigkeit und Effizienz nicht nur im Kampf, sondern auch beim Roden, Pflanzen und Bauen – kurz als Kulturbringer – in zahllosen Bildern vorgeführt wird. Wirklichkeit wird also auch in diesen »realistischen« Bildern überhöht, auf positive Bilder reduziert. Die Schrecken des Krieges blieben, zumindest was die römischen Soldaten anbelangt, weitgehend ausgeblendet; sie kommen in den Bildern des Kaisermythos ebensowenig vor wie das Elend der unschuldigen Zivilbevölkerung.

Bürgerliche Selbstdarstellung

Im Zusammenhang mit dem großen Erfolg des wirklichkeitsnahen Individualporträts war schon oben davon die Rede, wie sehr in den letzten Jahrzehnten der Republik die allgemeine Situation der Konkurrenz und der persönlichen Entfaltungsmöglichkeiten im Rahmen einer ungewöhnlich mobil gewordenen Gesellschaft Funktionen und Eigenarten der Bildersprache geprägt hat. Die großen Familien beeindruckten durch ihre öffentlichen Denkmäler, Repräsentationsbauten und Ehrenstatuen, aber auch durch die Größe und Ausstattung ihrer Stadt-

Links: Zwei Reliefs von einem Kaiserkultbau in Aphrodisias, Mitte 1. Jahrhundert n. Chr. Auf dem einen Relief (unten) wirft Claudius die Gestalt der Britannia nieder. Er erscheint dabei wie ein griechischer Held, etwa Achill mit Penthesileia. Auf dem anderen Relief (oben) ist tatsächlich ein griechischer Heros als Jäger mit Pferd und Jagdhund dargestellt. Durch die Gegenüberstellung von Szenen der griechischen Mythologie und »Heldentaten« von Herrschern und Prinzen des julisch-claudischen Hauses wird der »Kaisermythos« als Fortsetzung und Erneuerung des alten Mythos präsentiert.

Rechte Seite, oben und Mitte: Zwei Tondoreliefs von einem Monument Hadrians, wiederverwendet am Constantinsbogen in Rom. Insgesamt sind acht solcher Reliefs erhalten, deren Thematik allein den Jagden Hadrians gewidmet ist. Die Serie beginnt wie bei den Triumphalreliefs mit einer profectio *(Mitte). Antinoos führt das Pferd des Kaisers, er ist wie ein griechischer Ephebe ganz nackt dargestellt. Auch auf dem Relief mit der Eberjagd (oben) erscheint der kaiserliche Freund unmittelbar neben Hadrian. An die Stelle des Kampfes gegen die Barbaren ist hier die heroische Jagd in der Art der griechischen Helden und Alexanders des Großen getreten. In den Taten des Kaisers soll griechischer Mythos wieder gegenwärtig werden.*

Rechte Seite, unten: Der Kaiser als heroischer Kämpfer gegen die Barbaren, Teil eines kolossalen Frieses vom Traiansforum. Bei der Wiederverwendung am Constantinsbogen wurde das Porträt Traians in ein Constantinsporträt umgearbeitet. Traian war hier beim Nahkampf dargestellt, an der Spitze seiner Truppen die dakischen Barbaren regelrecht niederreitend, vergleichbar Bildern Alexanders des Großen. In Wirklichkeit leitete er die Kämpfe als verantwortungsbewußter Feldherr natürlich aus der Distanz. Die Darstellungsform entspricht dem panegyrischen Stil.

paläste und Villen und durch ihre immer monumentaler und extravaganter werdenden Grabmonumente. Das Atrium des Ädilen Scaurus war wegen der hier verbauten Säulen aus hymmetischem Marmor ebenso berühmt-berüchtigt für exzessive *privata luxuria* wie die Luxusvillen eines Lucullus oder Hortensius. Und die in spektakulären Positionen errichteten Grabmonumente wie das der Caecilia Metella an der Via Appia und die Grabpyramide des C. Cestius (Abb. S. 382), haben sich der allgemeinen Beachtung geradezu aufgedrängt. In entsprechend bescheidenerem Umfang gilt für mittlere Schichten der Bevölkerung das gleiche. Auch sie benötigten jetzt Bilder, um auf sich aufmerksam zu machen, um ihren neu errungenen Status zu demonstrieren.

Bürgerliche Mittelschichten?

Vor allem im Bereich der Grabkunst ist in den letzten beiden Jahrzehnten eine Fülle von Denkmälern publiziert und für die historische Arbeit wissenschaftlich erschlossen worden. Sie dürfen als überaus wertvolle Selbstzeugnisse von mittleren Schichten der Bevölkerung gelten, von denen wir – von Inschriften abgesehen – sonst kaum je etwas hören. Ja, diese archäologischen Zeugnisse berechtigen überhaupt erst dazu, konkret von solchen »mittleren« Schichten zu sprechen, die es ja im juristischen Sinne gar nicht gab, weil unterhalb der führenden Stände alle Bürger ungeachtet ihres Vermögens und ihrer tatsächlichen Stellung in einer Stadt unterschiedslos der *plebs* zugerechnet wurden. Die Charakterisierung der Selbstdarstellung dieser Schichten als »bürgerlich« bringt dabei lediglich zum Ausdruck, daß es sich um Familien und Individuen handelt, die im Rahmen ihrer Städte und gesellschaftlichen Gruppen *(familia, collegia)* einen bestimmten Status beanspruchen konnten. Trotz mißverständlicher Assoziationen aufgrund des modernen Bürgerbegriffs ist diese Charakterisierung der üblichen Bezeichnung als »privat« vorzuziehen. Denn die Aufgabe dieser Denkmäler war es ja gerade, sich an die Öffentlichkeit zu wenden und Anerkennung von seiten der Gemeinschaft anzufordern. Ein hoher Prozentsatz dieser Bürger rekrutierte sich im übrigen bezeichnenderweise aus dem Freigelassenenstand. Ihnen mußte als Aufsteiger besonders daran liegen, sich zu Wort zu melden.

Zeugnisse kollektiver Wertvorstellungen

Die Geschichte der so verstandenen bürgerlichen Grabrepräsentation in Italien und in den verschiedenen Provinzen des Reiches ist leider noch nicht hinreichend erforscht. Sie stellt jedoch einen wesentlichen Zweig der römischen Kunst dar, bildet ein Pendant zu den »politischen« Bildern des Kaisermythos, die bisher die Vorstellung von der kaiserzeitlichen Kunst zu einseitig bestimmen. Sie war ein wichtiges Medium des sozialen Dialogs,

Oben: Grabmal der Cecilia Metella an der Via Appia, um 30 v. Chr. Das gewaltige Monument wurde keineswegs für einen bedeutenden Feldherrn errichtet, wie Tropeion und keltische Waffen auf dem Fries vermuten lassen könnten, sondern für eine adelige Dame, die Schwiegertochter des reichen C. Crassus. Ihre Familie nutzte einfach die Gelegenheit, an einer weithin sichtbaren Stelle der wichtigsten Ausfallstraße Roms auf sich aufmerksam zu machen. Die Kombination verschiedener Bauelemente ist charakteristisch für den eklektischen Konkurrenzstil der Zeit. Über dem hohen Zylinder erhob sich einst ein mit Erde aufgeschütteter und bepflanzter Hügel, der an archaische Gräber erinnern sollte.

Unten: Grabpyramide des Gaius Cestius an der Porta Ostiensis in Rom. Vom Erbauer dieses Grabmonuments in ägyptischem Stil ist nur bekannt, daß er es bis zum Prätor gebracht hat und vor 12 v. Chr. gestorben ist. Ägypten war damals in Rom, ähnlich wie China im 18. Jahrhundert für Europa, eine Sehnsuchtsmetapher. Ägyptische Motive drangen vielfach in die Bilderwelt ein.

Rechte Seite: Grabmal des Freigelassenen M. Vergilius Eurysaces vor der Porta Maggiore in Rom, um 30-20 v. Chr. Auch dieses Grab hat eine höchst ungewöhnliche Form. Die Röhren spielen auf die Getreidespeicher des Bäckers Eurysaces an, dessen Betrieb im Fries dargestellt ist

mit dem viele der Reichsbewohner politische und kulturelle Zugehörigkeit zum Ausdruck brachten, ihren sozialen Status definierten und sich über kollektive Werte und Hoffnungen verständigten. Daß sich breitere Schichten der Bevölkerung auf diese Weise überhaupt zu Wort melden, über ihren Beruf und wirtschaftlichen Erfolg, über ihre Familie und Bildung in einer zum Teil durchaus persönlichen Weise sprechen konnten, war etwas Neues. Aber diese bürgerliche Grabrepräsentation gab es nicht überall im Reich und in manchen Regionen auch nur zu bestimmten Zeiten. Das hängt vermutlich vor allem mit dem Vorhandensein oder Fehlen von gesellschaftlicher Mobilität in den jeweiligen Reichsteilen und städtischen Gesellschaften zusammen.

Für den Historiker stellen die verschiedenen Gattungen dieser Grabkunst eine unverächtliche und reiche Quelle für die Erforschung kollektiver Wertvorstellungen und deren Veränderungen dar. Aber auch für das in manchen Reichsteilen sehr ausgeprägte Bedürfnis, auf die eigenen Traditionen hinzuweisen, gleichzeitig aber auch Integrationswillen und Zugehörigkeit zur Schau zu stellen, ergeben sich interessante Anhaltspunkte.

Das Bürgerimage der späten Republik und der frühen Kaiserzeit

In der späten Republik und in den ersten Jahrzehnten der Kaiserzeit beherrscht in Rom und in den Städten Italiens und der westlichen Provinzen die Selbstdarstellung als Bürger im Sinne politischer und sozialer Zugehörigkeit das Bild. Wie die Aristokraten Roms und die Honoratioren der Städte wollten sich auch die Bürger ohne politisches Amt in einem Bildnis verewigt sehen. Wer sich keine rundplastische Skulptur leisten konnte oder kein Grabmal, an dem man eine solche hätte aufstellen können, ließ sich in der Sparform des Büstenausschnitts im Relief verewigen (Abb. S. 287). Viele Tausende solcher Reliefs schmückten die reihenhausähnlichen Grabbauten der Freigelassenen. Ihren spezifischen Bedürfnissen entsprechend entwickelte sich eine eigene Ikonographie. Man wollte sich natürlich in der Toga des freien römischen Bürgers und womöglich als Familienvater dargestellt sehen. Die frei geborenen Söhne wurden mit dem entsprechenden Zeichen der *bulla*, die »legal« verheirateten Ehepaare (was für Sklaven nicht möglich war) im Händedruck verbunden gezeigt. Und alle legten wie die Großen Wert auf eine möglichst realistische Wiedergabe ihrer Gesichter. Sie zeigen ihren neuen Status als einzelne, als unverwechselbare Personen an. Jeder sagt für sich: Ich habe es geschafft, bin römischer Bürger geworden, habe eine Familie gegründet, konnte mir dieses Grabmal leisten.

Das gleiche gilt für die Erfolgreicheren, zum Beispiel für den bekannten Großbäcker Eurysaces (Abb. rechts), der sich ein Grabmal in Gestalt eines Kornspeichers errich-

ten und es mit einem anspruchsvollen Fries schmücken ließ, auf dem er Bilder seines gut organisierten Betriebes, sich selbst aber als verläßlichen Partner der Behörden zeigte. Honoratioren italischer Städte, besonders die Augustales, rufen sich gerne als Wohltäter ihrer Städte in Erinnerung. Besonders beliebt sind dabei Darstellungen der vom Verstorbenen auf seine eigenen Kosten veranstalteten Gladiatorenspiele und Tierhetzen.
Bei dem Versuch, Höhepunkte dieser Ereignisse möglichst bildwirksam darzustellen, gelingen den einfachen Bildhauern der Landstädte nicht selten sehr eindringliche Szenen, die auf den modernen Betrachter in ihrer unklassischen Sprache besonders überzeugend wirken – so zum Beispiel der spannende Augenblick vor der Hinrichtung oder Begnadigung des unterlegenen Kämpfers durch den Sieger auf einem großen Relieffragment in der Münchner Glyptothek (Abb. S. 385). Es scheint jedoch verfehlt, aus Denkmälern dieser Art eine eigenständige Tradition von »Volkskunst« rekonstruieren oder in dieser gar als »arte plebea« die Sprache der Unterprivilegierten entdecken zu wollen. Es handelt sich vielmehr um immer wieder ad hoc gefundene unkonventionelle Bildlösungen von Werkstätten, denen für besondere Bestellerwünsche keine Muster aus der klassisch-griechischen Kunst zur Verfügung standen, eine Situation, die sich auch in der Grabrepräsentation einfacher Berufe immer wieder ergab (Abb. S. 332).

Selbstbewußtsein und stolze Zugehörigkeit bei den Provinzialen

In einzelnen Provinzen außerhalb der römischen oder weitgehend romanisierten Gebiete entwickelten sich im Laufe der ersten beiden Jahrhunderte n. Chr. zum Teil sehr spezifische Formen der Selbstdarstellung am Grab. Im Norden weisen die Provinzialen ebenso stolz auf ihre spezifischen Traditionen und Leistungen hin wie der Schiffer Blussus und seine Frau in Mainz (Abb. links). Das Eigenbewußtsein wird dabei wie in diesem Fall gern durch einheimische Mäntel und bei den Frauen durch die traditionellen Formen des Schmucks und der zum Teil sehr auffälligen Frisuren zum Ausdruck gebracht. Im Noricum zum Beispiel lassen sich noch in antoninischer Zeit die Frauen, unberührt von den kaiserlichen Modefrisuren und klassizistischen Kleidern, als Keltinnen darstellen, während ihre Männer in der feierlichen (damals allenfalls noch bei offiziellen Festen wirklich getragenen) Toga und in den aktuellen Haarmoden und Bärten auftreten (Abb. S. 385). Die Athener dagegen halten an ihren Grabreliefs im klassischen Stil fest und tragen ihren klassischen Mantel noch im 2. Jahrhundert n. Chr. ebenso korrekt wie ihre großen Ahnen zur Zeit des Demosthenes. Auch die reichen syrischen Halbnomaden in Palmyra ziehen in ihren unterirdischen Grabkammern den griechischen Mantel der römischen Toga vor, um ihre Zugehörigkeit zur Reichskultur auszudrücken. Hier erweisen sich aber nicht nur die Frauen, wie in den Nordprovinzen, als Hüterinnen der eigenen Traditionen, auch die in ihrer Stellung herausgehobenen Chefs der Familienclans lassen sich in der reichverzierten orientalischen Hosentracht und mit den charakteristischen heimischen Priestermützen darstellen (Abb. S. 386). Die Ambivalenz der Zugehörigkeit zu zwei Kulturen findet in diesem Nebeneinander einen sinnfälligen Ausdruck. So unterschiedlich die Formen der Selbstdarstellung der Bürger in einzelnen Reichsgebieten auch ausfallen, so verbindet sie doch alle das gleiche Bedürfnis individueller Repräsentation, und zwar nicht nur mit dem eigenen Namen, sondern mit dem eigenen Gesicht. Selbst die Ägypter legten, seit sie zum Römischen Reich gehörten, Wert darauf, als Mumien durch ein Porträt gekennzeichnet zu sein (Abb. S. 386), wenn sie vor ihre Götter der Unterwelt traten. Ein eigenartiges neues Selbstwertgefühl des einzelnen scheint Römer, Griechen und andere Provinziale im Kaiserreich gleichermaßen erfüllt zu haben.

Selbstdarstellung als Ausdruck von Mentalitätswandel?

Für Rom und einige Städte Italiens und der westlichen Provinzen lassen sich darüber hinaus aber auch interessante Veränderungen in der Selbstdarstellung am Grab und in den mit der Auswahl der Bilder verbundenen

Linke Seite: Grabstein des Blussus, Mitte 1. Jahrhundert n. Chr. Der mit 75 Jahren verstorbene Rheinschiffer hat sich selbstbewußt, als Zeichen seines Erfolges einen Geldsack in der Hand, darstellen lassen. Er trägt den heimischen Kapuzenmantel und seine Frau Menimani reichen keltischen Halsschmuck. Aber sie ist in der Art der römischen Damen gekleidet und spielt in dem von der Schulter rutschenden Gewand auf ihre aphrodisischen Reize an. Zu dem Hinweis auf einen luxuriösen Lebensstil passen Schoßhündchen und Spielball. Zwischen den beiden steht ein Knabe mit der bulla *um den Hals, wahrscheinlich ihr freigeborener Sohn. Auf der Rückseite des Grabsteins (unten) ist in einem die Inschrift illustrierenden kleinformatigen Bild das Schiff des Blussus mit drei Mann Besatzung dargestellt. Mainz, Landesmuseum*

Rechts oben: Grabstein eines römischen Ehepaares aus Ovilava im Noricum (Wels, Oberösterreich), Mitte 2. Jahrhundert n. Chr. Die Form des Tondos erinnert an die imago clipeata, *ursprünglich ein Schildporträt zur öffentlichen Ehrung von Adeligen. Der Mann trägt die römische Toga, Haar und Bart entsprechen der Mode der Antoninenzeit, die Buchrolle sollte wohl auf Bildung verweisen. Die Frau aber präsentiert sich in traditioneller keltischer Aufmachung. Wels, Stadtplatz 18*

Rechts unten: Gladiatorenrelief, 2. Hälfte des 1. Jahrhunderts v. Chr. Das Fragment stammt wie viele ähnliche Darstellungen vom großfigurigen Schmuck eines Honoratiorengrabes. Der Verstorbene rühmte sich seiner Leistungen für die Mitbürger, vor allem der von ihm veranstalteten teuren Gladiatorenspiele. Glücklicherweise ist die spannendste Szene erhalten: der Augenblick, da der Sieger im Zweikampf mit bereits erhobenem Schwert auf die Entscheidung des Spielgebers über Tötung oder Begnadigung des Unterlegenen wartet, der mit stier nach oben gerichtetem Blick am Boden sitzt. Die Spannung wird durch Signale der Tubabläser noch gesteigert. München, Glyptothek

Links oben: Mumienporträt der Alina, aus dem Fayum, um 40-50 n. Chr. Im Gegensatz zu den Halbbarbarinnen in den nördlichen und östlichen Randprovinzen kleiden und frisieren sich die Ägypterinnen von Anfang an wie Frauen von Welt. Alina trägt eine in claudischer Zeit beliebte Löckchenfrisur und feinen Schmuck hellenistisch-römischen Stils. Die Mumienporträts kamen erst nach der Eingliederung Ägyptens ins Römische Reich auf. Es waren Tafelbilder, die über das Gesicht des Toten gelegt und in die Mumienhülle eingebunden wurden. Berlin, Ägyptisches Museum

Links unten: Grabrelief eines Priesters aus Palmyra (Syrien). Die Grabtürme und unterirdischen Hypogäen der Nekropole von Palmyra waren für eine oder mehrere Großfamilien bestimmt. In der zentralen Nische sind jeweils die Chefs des Familienklans dargestellt, in orientalischer Hosentracht mit Stickereien auf Polstern gelagert. Büstenreliefs der Toten schmücken die Verschlußsteine der in die Seitenwände eingelassenen »Schiebegräber« (loculi). *Die Männer tragen griechische Mäntel und nicht selten die aktuellen Modefrisuren und Bärte des Imperium Romanum, die Frauen dagegen einheimische orientalische Tracht und reichen Schmuck. Damaskus, Nationalmuseum*

Rechts: Porträt nach dem Vorbild des Kaisers Nerva (innen; London, British Museum) und Porträt nach dem Vorbild des Kaisers Traian (außen; Rom, Museo Capitolino). Diese Beispiele bürgerlicher Zeitgesichter zeigen, wie sehr selbst die individuelle Physiognomie nach dem Muster der jeweiligen Kaiserporträts stilisiert worden ist. In oft noch stärkerem Maße gilt dies für die bürgerlichen Frauenporträts. Die Angleichung war offenbar in allen Schichten der Bevölkerung üblich. So bekleidete der Zeitgenosse Nervas, nach Fundort und Haarkranz zu schließen, ein angesehenes Priesteramt des Apollon-Tempels von Cyrene (Libyen), während der Imitator Traians Priester in einem bei der Oberschicht wenig angesehenen orientalischen Kult war.

Wertvorstellungen beobachten. Das frühe Bürgerimage zielte auf die Gesellschaft als solche und betonte Zugehörigkeit und womöglich Verdienste um die Gemeinschaft. Die Grabmonumente wandten sich zunächst möglichst direkt an die Passanten der »Gräberstraßen«, bei denen es sich ja um die wichtigsten Überlandstraßen der Städte handelte. Schon in der frühen Kaiserzeit aber wurden die Grabbezirke (Abb. S. 179) mehr und mehr zur Straße hin abgeschlossen, und die Bilder schmückten künftig vor allem das Innere dieser Bezirke beziehungsweise der Grabkammern. Nicht mehr die Gesamtheit der Gesellschaft war in der Folge der direkte Adressat der Bilder, sondern in erster Linie die *familia* oder das *collegium*, dem das Grab gehörte oder zur Verfügung stand. Man darf in diesem Prozeß wohl eine Reaktion auf die mit der Errichtung der Monarchie verbundenen Veränderungen in der Gesellschaft sehen. Nachdem das Herrscherhaus die Repräsentation der Macht völlig dominierte, kam das politische Konkurrieren der sich im Dienst des Kaisers neu formierenden Führungsschicht zum Erliegen beziehungsweise mußte sich des Mediums der Kaiserverehrung und des Kaiserkultes bedienen. So war etwa das Auftreten als Kaiserpriester für die führenden Männer der Städte eine der schönsten Gelegenheiten, ihren Rang zu zeigen. Da die Politik der Kaiser von Anfang an darauf ausgerichtet war, die jeweiligen lokalen Hierarchien zu festigen und der Bevölkerung die hierarchische Gesell-

schaftsordnung durch entsprechende Vorschriften (etwa die strenge Sitzordnung im Theater) einzuprägen, verlangsamte sich die allgemeine Mobilität. Das Interesse war künftig mehr auf Zuordnung zur eigenen Gruppe und auf Zeigen des angemessenen Status ausgerichtet. Diese Abschließung nach außen und die Beschränkung auf die eigene Gruppe bedeutet aber keine Abwendung von der Gesellschaft, sondern nur eine andere Form des Bezugs. Einerseits wendet man sich jetzt primär dem jeweiligen Segment der Gesellschaft zu. Andererseits entwickelt sich eine Art von »verinnerlichter« Beziehung zum Kaiser an der Spitze der gesellschaftlichen Pyramide.

Herrscherbild und Zeitgesicht

Am deutlichsten wird das in der Bildniskunst, wo sich bereits in der Zeit des Augustus eine deutliche Orientierung der Bürger an den Bildnissen des Herrschers und seiner Familie durchzusetzen begann. Zunächst werden die Frisuren und der allgemeine Stilhabitus, in diesem Fall also der Klassizismus in der Proportionierung der Gesichter und die klassische Überformung einzelner Elemente der Physiognomie wie der Augen und Brauen, übernommen. Bald aber geht man weiter und läßt sogar das eigene Gesicht der kaiserlichen Imago angleichen. Haben die Männer der frühen Kaiserzeit immer erstaunlich wohlproportionierte Köpfe mit straffen jugendlichen Gesichtern (kaum daß man einmal auf ein wirkliches Greisenporträt oder eine auch nur rundliche Physiognomie stößt), so werden sie später in Nachahmung eines Nero, Titus oder Domitian wohlgenährt, und die Altersfalten gewinnen seit den Bildnissen Vespasians wieder neues Ansehen (Abb. S. 372). Offenbar sind es vor allem die besonders beliebten Kaiser, deren Bildnis am stärksten auf das Bürgerporträt einwirkt, aber darüber hinaus gibt es kaum einen Herrscher und kaum eine bekanntere Frau der kaiserlichen Familie, deren Selbststilisierung keine Wirkungen hinterlassen hätte.

Die hinter diesem Phänomen wirksamen handwerklichen und psychologischen Mechanismen sind für uns kaum zu durchleuchten. Ob es sich dabei im Einzelfall um bewußte Wahl oder unbewußte Anpassung oder um beides handelt: das Kaiserhaus erweist sich nicht nur als überragende Autorität, die Mode und Geschmack im ganzen Reich bestimmt, der einzelne Bürger kann sogar sein Selbstverständnis nach dem Gesichtsausdruck des vorbildlichen Kaisers modellieren. Diese Vorbildfunktion spielte sich, wie es scheint, in einem völlig selbstläufigen Prozeß ein, ohne Steuerung von seiten der politischen Macht. Wieder haben wir es vermutlich mit einer Begleiterscheinung des eigenartigen Principatsystems zu tun. Der Kaiser war in seinem Selbstverständnis eben auf den Stil eines »Bürgerkönigs« festgelegt, wurde von den Untertanen nicht als eine ferne, übermenschliche Maje-

stät empfunden. Deshalb konnten sich die Bürger mit ihm und seiner Familie identifizieren; deshalb konnte sich die bürgerliche Kunst auch hochgreifender Bildformeln des Kaiserlobes offenbar völlig problemlos zum Ausdruck eigener Leistungen und Tugenden bedienen.
So verwendeten Honoratioren der italischen Städte bedenkenlos die gleichen Typen für ihre eigenen Ehrenstatuen wie für die des Kaiserhauses (mit Ausnahme der Jupitertypen). Später übernahm man das Bild des heroischen kaiserlichen Feldherrn und Jägers auf den bürgerlichen Sarkophagen (Abb. S. 393), und reiche Freigelassene ehrten ihre verstorbenen Frauen am Grab sogar mit Bildnisstatuen in Form von Götterkörpern (wiederum Kopien berühmter klassischer Meisterwerke), wie sie die an den panegyrischen Ehrungen für die Frauen des Kaiserhauses kennengelernt hatten. Freilich wurden die Zeichen je nach Kontext verschieden gelesen. Der Körper der Göttin Venus war bei der bürgerlichen Matrone nicht mehr als ein vornehmes Bild für Schönheit und weibliche Tugenden, während in der Kaiserpanegyrik ganz andere Konnotationen möglich waren (Abb. S. 389).
In den abgeschlossenen Grabbezirken wurden seit der frühen Kaiserzeit Grabaltäre zu Ehren der Toten errichtet, die man je nach Vermögen in zum Teil sehr reich geschmückten Grabkammern bestattete, wobei die Überreste zunächst in oft ebenfalls aufwendig verzierten Marmorurnen, später in reliefgeschmückten Marmorsarkophagen beigesetzt wurden. Charakteristisch für den Schmuckstil der Grabaltäre (Abb. S. 394) und Marmorurnen sind Vielzahl und Kleinteiligkeit der Bildelemente. Sie rechnen mit einem nahe herantretenden Betrachter, der die Fülle nur eklektisch und flüchtig wahrnehmen kann, zumal er in den nach außen abgeschlossenen Grabbezirken ähnlich wie im Haus von vielen weiteren Bildern in Gestalt von Statuen, Sarkophagreliefs, Wandmalereien und Fußbodenmosaiken umgeben ist.
Hatte man früher im unmittelbaren Gegenüber von Grabherr und Passanten an der Straße Rang- und Statusdefinition gesucht, so wurden in der frühen Kaiserzeit aus den Gräbern und Grabgärten kleine private heilige Bezirke, in denen der Toten gedacht, in denen sie verehrt wurden. Angesprochen waren jetzt vor allem die am Grab zu den Totengedenktagen beim gemeinsamen Essen und Trinken versammelten Angehörigen oder Freunde. Entsprechend änderte sich auch die Thematik der Bilder. Die gesellschaftliche Repräsentation des Toten, sein Porträt und Hinweise auf seinen Beruf spielten in diesem intimeren Rahmen zwar nach wie vor eine Rolle. Daneben aber sprechen die Bilder jetzt viel von den Gefühlen und Empfindungen der am Grab Versammelten, von den rühmenswerten Eigenschaften des Toten als Mensch oder auch ganz allgemein von Wert- und Glücksvorstellungen (wobei es gar nicht mehr speziell um die Toten und die Situation am Grab zu gehen braucht).

Die gebildete Sprache der Sarkophage

Das gilt besonders für die überaus reiche Bilderwelt der Sarkophage des 2. und 3. Jahrhunderts. Die weitaus größte Zahl dieser Reliefs entstammt der griechischen Mythologie. Themen aus der Bildersprache der politischen Repräsentation des Kaisers sind dagegen im ganzen gesehen im Vergleich zu den frühkaiserzeitlichen Grabaltären und Reliefs weniger häufig gewählt worden. Verallgemeinernd könnte man sagen, daß die Welt des Staates und des Kaisers in der Grabkunst immer mehr zugunsten von Bildern des griechischen Mythos zurücktritt. Der Bürger suchte seine Identität nicht mehr so sehr in seinem gesellschaftlichen Status als in »inneren Werten«, in menschlichen Qualitäten, unter denen die klassische Bildung einen besonderen Rang einnahm.
Die vorzüglich überlieferten mythologischen Bilder stellen sich dabei als eine hochstilisierte Bildungssprache dar. Die Ikonographien sind zumindest zu Beginn der Entwicklung oft von berühmten klassischen oder hellenistischen Kunstwerken abgeleitet, die Aussagen in Form von zum Teil sehr anspruchsvollen Allegorien chiffriert. Nun bedienten sich aber nicht nur die tatsächlich Gebil-

Links: Niobidentod auf einem Sarkophag, um 160 n. Chr. Apollon und Artemis töten mit ihren Pfeilen die sieben Söhne und sieben Töchter der Niobe, um ihre eigene Mutter Leto zu rächen, vor der sich Niobe mit ihrem Kinderreichtum gebrüstet hatte. Während in der griechischen Kunst das Bild des Niobidentods Gleichnis für menschlichen Hochmut war, wird es hier zum mythischen Beispiel für die Sinnlosigkeit und Grausamkeit frühen Todes. Die Häufung der Leichen auf dem Deckel des Kastens und die trauernde Mutter auf den Seiten verstärken diese Konnotation. München, Glyptothek

Oben links: Bildnisstatue einer bürgerlichen Frau im Typus der Kapitolinischen Venus. Solche Darstellungen in forma deorum *sind nicht als Zeichen für »Vergöttlichung« zu verstehen, sondern als hochgreifende, poetische Lobpreisungen der Toten. Vor allem neureiche Freigelassene ließen ihre verstorbenen Frauen im früheren 2. Jahrhundert n. Chr. auf diese Weise ehren. Die Statuen standen in aufwendigen Grabbezirken, die kleinen Heiligtümern glichen. Als Vorbild dienten Ehrungen für Mitglieder des Kaiserhauses. Kopenhagen, Ny Carlsberg Glyptotek*

Oben rechts: Venusstatue mit Bildniszügen der Antonia Minor. Die Statue wurde 1981 bei Unterwasserausgrabungen in einem Grottentriclinium claudischer Zeit in Baiae gefunden. Sie stellt Antonia Augusta dar, die 39 v. Chr. geborene Tochter des Marc Anton und der Augustus-Schwester Octavia. In ihrem Todesjahr (37 n. Chr.) erlangte ihr Enkel Caligula die Kaiserwürde, danach ihr Sohn Claudius. Der Statuenkörper wiederholt ein Vorbild aus dem 5. Jahrhundert v. Chr. Die Ehrung in forma deorum *spielt auf Venus Genetrix, die Stammutter des julisch-claudischen Hauses, an.*

Folgende Doppelseite: Relief vom Sockel der Ehrensäule für Antoninus Pius, 161 n. Chr. Das kaiserliche Paar, Antoninus Pius und Faustina, wird wie Augustus auf dem Camée de France von einem Genius emporgetragen, auf dessen großen Schwingen zwei Adler sitzen. Das Ritual der Verbrennung und Apotheose der Kaiser spielte sich auf dem Marsfeld ab, unweit der großen Sonnenuhr des Augustus. Der Jüngling mit dem Obelisken der Sonnenuhr ist die Personifikation des Marsfeldes. Zusammen mit Roma wohnt er als Zeuge der Apotheose bei. Rom, Musei Vaticani

deten dieser Sprache, auch breitere Schichten von Wohlhabenden leisteten sich die kunstvollen Sargkästen aus teurem Marmor. Es ist, wie wenn eine ganze Gesellschaft sich bemüht hätte, es den gefeierten Prunkrednern gleichzutun und wenn schon nicht attisch zu sprechen, so sich doch mit einer gebildeten und kunstvollen Bilderwelt zu umgeben und sich auf diese Weise zur klassischen Kultur als zentralem Lebenswert zu bekennen.
So komplex zum Teil die Sprache, so einfach und standardisiert sind in der Regel auch hier die Botschaften. Es geht um Tod, Trauer und Hoffnung, um die traditionellen Tugenden und Eigenschaften von Mann und Frau oder um allgemein geläufige Bilder des Glücks. Man gewinnt gelegentlich den Eindruck, die hohe »Sprechweise« sei wichtiger als der Inhalt. Da wird zum Beispiel im Bild der Niobiden (Abb. S. 388) über den unzeitigen Tod geklagt oder die Liebe eines rechtschaffenen Ehepaares mit dem Bild von Achill und Penthesileia (Abb. S. 393) verklärt. Dabei wurde die Allegorie offenbar wieder so abstrakt gelesen, daß man die konkret dargestellte mythische Handlung, die Tötung der Amazone durch Achill, nicht als störend empfunden hat, sondern sich nicht scheute, die Identifikation mit den mythischen Protagonisten sogar durch Bildnisse des Ehepaares noch zu betonen. Solche Identifikationen mittels Porträts sind für eine Vielzahl mythischer Gestalten überliefert. Offensichtlich bedeutete es für die Zeitgenossen viel, ihre persönlichen Gefühle und Hoffnungen in diesen großen (durch die klassischen Bildchiffren mit einer zusätzlichen Aura versehenen) Archetypen menschlicher Erfahrung zu spiegeln und »aufzuheben«. Aus der Repräsentation als römischer Bürger ist hier eine Repräsentation als gebildeter Mensch geworden, dessen Interessen »nach innen« gerichtet sind, auf menschliche Gefühle und Bewährung im eigenen unmittelbaren Lebenskreis. Ein schönes Beispiel dafür bietet etwa ein Schmied, der sich an der Außenseite seines bescheidenen Grabbaus auf der Isola Sacra in Ostia als tüchtiger Handwerker darstellen, in der Grabkammer auf seinem Sarkophag aber mit dem mutigen und schönen Jäger Meleager vergleichen ließ.

Kulturkult und Kaisermacht

Die Kultur rückt im Laufe der Kaiserzeit in der Bilderwelt der bürgerlichen Repräsentation auf der Skala der kollektiven Werte an die höchste Stelle. Man könnte auch sagen, die Bilder der *otium*-Welt des Hauses verdrängen die der politischen und gesellschaftlichen Identifikation immer mehr. Hierin zeichnet sich ein allgemeiner Wertewandel ab, der sogar auf das Selbstverständnis der Herrscher zurückwirkte. Einen Wendepunkt stellt dabei die Regierung Hadrians dar, der wohl einem Trend der allgemeinen Mentalität folgte, wenn er die Pflege griechischer Kultur und die Repräsentation der kaiserlichen Macht programmatisch miteinander verband.
Die Autorität der klassischen Kultur war im Laufe der Kaiserzeit (nicht zuletzt durch das wirtschaftliche und politische Erstarken des griechischen Ostens) so groß geworden, daß sie neben der militärischen Macht zur wichtigsten Stütze und Legitimation der kaiserlichen Macht wurde. Es ist bezeichnend, daß zu Beginn des 2. Jahrhunderts n. Chr. eine neue Mode der Selbstdarstellung nicht wie sonst von der kaiserlichen Selbstdarstellung, sondern von führenden Männern Athens ausging: Sie begannen sich Haar und Bart nach dem Vorbild der Bildnisse der großen Griechen der Vergangenheit zu stilisieren und diesen auch ihre Physiognomien anzugleichen (Abb. S. 395 links). Junge Männer ließen sich das Haar lang wachsen, um sich ähnlich wie Antinoos das Image griechischer Heroen zu geben (Abb. S. 395 rechts). Hadrian schloß sich dem an und verhalf damit zumindest der neuen, immer länger und »philosophischer« werdenden Bartmode im ganzen Reich zum Durchbruch. Seit Marc Aurels letztem Bildnistypus betonten mehrere Herrscher durch Stirnfalten und einen entsprechenden Ausdruck Nachdenklichkeit und Bildung als wesentliche Herrschertugenden (Abb. S. 394). Und das gleiche kann man konsequenterweise auch im Bürgerporträt wiederfinden. Im Laufe des 3. Jahrhunderts erfreuten sich dann Musen- und Philosophensarkophage bis in die mittleren Schichten hinein größter Beliebtheit. So läßt der Centurio L. Pullius Peregrinus sich selbst als siebenten der »Sieben Weisen«, seine Frau als neunte der Musen darstellen. Die Reaktion der kaiserlichen Selbstdarstellung auf das immer dominierendere allgemeine Interesse an der Kultur- und Bildungsthematik zeigt, daß die Bildersprache der Macht trotz ritueller Erstarrung flexibel genug blieb, ihrerseits auf neue Tendenzen zu reagieren. Freilich konnten sich neue Tendenzen nur dann dauerhaft durchsetzen, wenn sie vom Kaiserhaus rezipiert wurden, denn dieses blieb bei der Ausrichtung der Provinzen nach Rom der einzige wirkungsvolle Multiplikator.

Bilderwelt und Wirklichkeitserfahrung

Zu Beginn der Kaiserzeit standen sich in den Bildern des *otium* und der kaiserlichen Macht zwei nach Raum und Zeit getrennte Bildersprachen gegenüber. Beide, der private Lebensbereich mit Bildern der griechischen Kultur und der öffentliche Raum mit den Bildern der Macht, überhöhten die Wirklichkeit, bildeten gleichsam einen allgegenwärtigen goldgrundartigen »Hintergrund« für die öffentlichen und privaten Ereignisse, Rituale und täglichen Lebensabläufe, durch den für diese bei aller Wiederholung und Banalität ein höherer Bezug angeboten wurde. Im Laufe der Zeit durchdrangen sich die beiden Bilderwelten durch gegenseitige Beeinflussung immer mehr. Das wurde dadurch erleichtert, daß beide sich des Formenschatzes und der Stile der griechischen Kunst bedienten. Vor allem breiteten sich die einst auf das

Oben: Barbarenschlacht auf dem Prachtsarkophag Ludovisi, um 250 n. Chr. Inmitten des Schlachtgetümmels reitet unangefochten von den Kämpfen mit herrscherlichem Gruß ein junger Mann. Was lag näher, als einen Kaisersohn in ihm zu sehen? Das ist aber trotz der großartigen Arbeit keineswegs sicher. Denn nicht nur in Gestalt mythischer Helden konnte der Bürger seine Tugenden und Ideale zum Ausdruck bringen, sondern auch durch allegorisch verwendete Bilder der Kaiserkunst. So werden hier dem Verstorbenen mit einem Siegesbild Mut und Mannhaftigkeit nachgerühmt.
Rom, Museo Nazionale Romano

Unten: Sarkophag mit Amazonenschlacht, um 240 n. Chr. Im Zentrum der kämpfenden Griechen und Amazonen ist die Gruppe von Achill und Penthesileia isoliert. Die beiden tragen Bildniszüge und Modefrisur des Ehepaares, für das der Sarkophag bestimmt war. Achill umarmt die Sterbende. Das Bild sollte gleichermaßen Liebe, Schönheit und Mut der beiden überhöhen. In entsprechender Weise boten auch mythische Gestalten wie Adonis, Meleager, Hippolytos und Phaedra, Medea und Niobe die Möglichkeit, persönliches Empfinden und Schicksal durch Identifikation zu verklären.
Rom, Musei Vaticani

Links oben: Bildnis des Kaisers Pupienus, 238 n. Chr. Das Bildnis vereinigt mehrere inhaltliche Topoi herrscherlichen Selbstverständnisses. Der »Bildungsbart« steht in der Tradition der Antoninen, die nachdenkliche Stirn betont Bildung und philosophische Weisheit, das kurz geschnittene Haupthaar dagegen ist von Bildnissen der Soldatenkaiser übernommen und sollte wohl an militärische Qualitäten denken lassen.
Rom, Museo Capitolino

Links unten: Grabaltar des Freigelassenen P. Annius Eros und seiner Frau Ofillia, aus claudischer Zeit. Der Altar diente, wie die Eintiefung zeigt, als Behälter für die Asche der Verstorbenen. Typus und Dekoration sind von augusteischen Götteraltären abgeleitet. Unter den Girlanden ist auf der Vorderseite die Wölfin dargestellt, die Romulus und Remus säugt, auf den Nebenseiten die Hindin, die den Knaben Telephos, den späteren König von Mysien, auf die gleiche Weise rettet. Wahrscheinlich bezogen sich diese Bilder auf Liebe und Selbstlosigkeit der verstorbenen Frau.
New York, Shelby White and Leon Levy Collection

Rechte Seite, innen: Bildnisbüste eines Mannes stoisch-kynischer Gesinnung, letztes Viertel des 2. Jahrhunderts n. Chr. Bart und Haar sind übertrieben struppig und ungepflegt wiedergegeben, der skeptische Ausdruck kennzeichnet den Denker. Trotz der zur Schau gestellten Weltverachtung lag diesem Mann aber durchaus an einer entsprechenden Repräsentation, wie sie die teure Büste darstellte. Es dürfte sich um ein griechisches Honoratiorenporträt handeln.
Wien, Kunsthistorisches Museum

Rechte Seite, außen: Bildnisbüste eines jungen Mannes, späteres 2. Jahrhundert n. Chr. Dieses prachtvolle Porträt stellt einen jungen Griechen antoninischer Zeit als Heros mit nacktem Körper und langem lockigen Haar dar. Er trägt ein Schwertgehänge, über die Schulter hat er ein kurzes Mäntelchen geworfen.
New York, Shelby White and Leon Levy Collection

häusliche *otium* konzentrierten Bilder der Kultur und des Lebensgenusses immer mehr in der Öffentlichkeit aus. Ein charakteristisches Phänomen in diesem Zusammenhang ist das Entstehen einer neuen Art von öffentlichem Raum in den Städten. Mit den Amphitheatern und den großen Thermen entstanden ganz neue Architekturtypen für diese neue Öffentlichkeit gemeinsamen Freizeitgenusses. Im Gegensatz zu den Theatern waren Statuen- und Mosaikausstattungen der Thermen (für die das Vorbild der großen Kaiserthermen in Rom maßgebend war) weitgehend an der Thematik der *otium*-Welt orientiert. In diesen öffentlichen Vergnügungspalästen sah sich der Bürger von Göttern und Mythenbildern umgeben, während er sich in prunkvollen Sälen dem Baderitual hingab oder eines der zusätzlichen, nicht selten auch intellektuellen »Freizeitangebote« wahrnahm. Der Kaiser selbst besuchte seine Mitbürger gelegentlich in einem der großen römischen Bäder, um den Genuß mit ihnen zu teilen, ebenso wie es zu seiner Rolle gehörte, sich als Spielgeber in der Arena und im Circus zu vergnügen. Außerhalb Roms ersetzten ihn dabei die jeweiligen örtlichen Vertreter der politischen Macht. So wurden auch die Vergnügen des Thermenbesuchs und die meist mit Kaiser- und Götterfesten verbundenen Volksfeste als eine eigene Art von »politischer« Öffentlichkeit eingerichtet und dadurch mit all ihren Bildern zu einem Bestandteil der die Wirklichkeit des Alltags überhöhenden Bilder und Rituale von

Götter- und Kaisermythos. Die Menschen hätten sich, wenn diese Rekonstruktion zutrifft, zu Hause und in der Stadt in einer kohärenten Bilderwelt bewegt, die ihnen Ordnung, Stabilität und Sicherheit auf der einen Seite, Besitz eines einzigartigen kulturellen Erbes und glücklichen Lebensgenuß auf der anderen suggerierte.
Es ist für uns leider nicht möglich abzuschätzen, wie weit das Wahrnehmungsvermögen der Zeitgenossen für die realen Vorgänge und Ereignisse durch die ständige Überhöhung der Lebenswelt determiniert worden ist. Aber man wird wahrscheinlich nicht fehlgehen, wenn man annimmt, daß sie weitgehende Filterungen, Verdrängungen und verschönernde Korrekturen bewirkte. Konnten sich die unbeteiligten Bürger, die weitab von den Schlachten der Berufsarmeen lebten, Krieg und Sieg in anderen Bildern als denen der Kaiserkunst vorstellen? Stärkten die Bilder nicht das Vertrauen in die vom Kaiser garantierte Sicherheit und Wohlfahrt, zumindest solange sich dessen Ordnungsmacht als fest erwies? Trugen sie nicht vielleicht sogar dazu bei, daß sich die Menschen, zumindest wenn es gerade gutging, die schon durch die Kaiserkunst des Augustus verbreitete Vision vom Goldenen Zeitalter bis zu einem gewissen Grade zu eigen machten, indem sie die in den Städten der Kaiserzeit genossene Lebensqualität für die beste aller erreichbaren hielten? Und hätten sie damit so völlig unrecht gehabt? Wenn man dies annimmt und damit die Bilderwelt der Kaiserzeit auch als ein wichtiges Ferment der politischen und sozialen Stabilität betrachtet, wird man allerdings nicht ohne einen Hinweis auf den Preis für diese schönen, das Leben überhöhenden und es damit ja auch erleichternden Bildervisionen schließen dürfen. Die völlige Orientierung an einer abgeschlossenen »klassischen« Kultur hemmte eigene Wirklichkeitserfahrungen in vielen Lebensbereichen. Das intellektuelle Suchen und Experimentieren, das für die Welt der griechischen Polis so charakteristisch war und das Wissen so unendlich erweitert hatte, kam zum Erliegen. Wie man sich in der Kunst an die erprobten, nicht mehr zu verbessernden Bildformeln und Stile hielt, so gab man sich während der Kaiserzeit auch in der Philosophie und den Wissenschaften mit dem Erreichten zufrieden. Neuerung und Verbesserung waren in der geistigen Welt der Kaiserzeit keine Ziele. Das gleiche gilt für die allgemeine Zufriedenheit mit dem Herrschaftssystem. Wer in der bestmöglichen Ordnung zu leben glaubt, braucht nicht nach Alternativen Ausschau zu halten. Nun wird man für diese Phänomene, die sich aus unserer heutigen Sicht als Defizite darstellen lassen, natürlich nicht die Kunst verantwortlich machen. Aber sie ist mit ihren charakteristischen Eigenarten ein Element desselben kulturellen »Systems«, das einerseits durch den in der Akkulturationsphase schicksalhaft zugewachsenen Klassizismus und andererseits durch das eigenartige Herrschaftssystem des Principats determiniert war.

Die römische Literatur

Die Anfänge der römischen Literatur reichen weit zurück ins 5. Jahrhundert v.Chr. – jedenfalls wenn man den traditionellen Literaturbegriff der Fachwissenschaft zugrunde legt und alle Texte einbezieht, die die Gegenwart überdauern sollten: also auch Gebrauchstexte wie Gesetze oder Grab- und Ehreninschriften. Das berühmteste erhaltene Beispiel für solche Sprachdokumente aus ältester Zeit sind die in der Mitte des 5. Jahrhunderts v.Chr. konzipierten Zwölftafelgesetze, die trotz ihres vielfach unsicheren Wortlauts für die frühe Sprach- und Kulturgeschichte Roms eine Quelle von einzigartigem Wert darstellen. Folgt man freilich dem antiken Selbstverständnis von Literatur, dann müssen alle derartigen Gebrauchstexte beiseite bleiben. Damit aber verschiebt sich der Beginn der römischen Literatur um zwei Jahrhunderte auf 240 v.Chr., das Jahr, in dem in Rom nach alter Überlieferung die erste Theateraufführung stattgefunden hat. Deshalb pflegt man dieses Jahr als das »Geburtsjahr« der römischen Literatur zu bezeichnen.
Weniger leicht läßt sich ihr Ende markieren, da literarische Texte in lateinischer Sprache seither bis in unsere Tage hinein immer verfaßt worden sind. Wenn man jedoch römische Literatur als in Rom entstandene und an Rom orientierte Literatur definiert und von der weiteren lateinischsprachigen Tradition absieht, dann bietet sich als Zäsur der Untergang des Weströmischen Reiches gegen Ende des 5. Jahrhunderts an, also ein der politischen Geschichte entlehntes Epochendatum; freilich mit der Einschränkung, daß wesentliche Elemente der römischen Literatur in lateinischen und in nichtlateinischen Texten darüber hinaus fortgewirkt haben, bei den Kirchenvätern und noch lange danach.

Dichter und Muse. Elfenbeindiptychon, 5./6. Jahrhundert. Die Muse trägt ein Diadem und schlägt die Leier. Der ihrem Spiel lauschende Dichter hält in der Rechten eine Buchrolle (volumen). *Auch vor seinem Fußschemel liegt eine Rolle, rechts daneben ein Diptychon. Solche durch Scharniere miteinander verbundenen, schmal-rechteckigen Klapptäfelchen aus Holz, Elfenbein oder Metall waren innen mit einer Wachseinlage versehen, die zum Schreiben benutzt wurde. Als Schreibgerät diente ein eiserner oder beinerner Griffel* (stilus) *mit einem spitzen und einem breiten Ende. Damit konnte man Schreibfehler durch Glattstreichen beseitigen.* *Monza, Museo del Duomo*

Literatur und literarische Vorbilder

Die einzigartige Bedeutung der römischen Literatur als historisches Phänomen ergibt sich aus ihrer Mittelstellung zwischen der griechischen und allen späteren Literaturen Europas. Für das historische Verhältnis zur griechischen Literatur hat es eine fast symbolische Bedeutung, daß das Jahr 240 v.Chr. als das »Geburtsjahr« der römischen Literatur ziemlich genau mit dem Todesjahr des Kallimachos zusammenfällt, also desjenigen Dichters, durch den die griechische Literatur ein letztes Mal eine epochale Nachwirkung entfaltet hat. Die Römer haben sich an ihr geschult und orientiert, ohne ihr eigenes Profil zu verlieren. Dadurch entstand in einem allmählichen Prozeß und fast gegen jede Wahrscheinlichkeit eine eigenständige römische Literatur, die gerade deshalb, weil sie nicht griechisch geworden war, nicht zu verleugnen brauchte, was sie den griechischen Vorbildern verdankte. Die damit bewiesene Fähigkeit, Traditionen aufzunehmen, sie zu verwandeln und zu erneuern, hat das fruchtbare Fortwirken der griechischen so gut wie der römischen Literatur bis in die Neuzeit hinein ermöglicht.
Die wichtigste Voraussetzung dafür war das sehr ausgeprägte Bewußtsein, daß, wo immer Literatur existiert und rezipiert wird, jede neu entstehende Literatur Bestandteil eines historischen Kontextes ist, von dem sie sich zu emanzipieren versuchen, dem sie jedoch nicht entkommen kann. Die Römer haben sich wie schon die Griechen entschieden zu dieser Bindung bekannt und haben literarisches Schaffen als Orientierung an den Vorgängern und als Wetteifern mit ihnen verstanden.

Links: Apollon, den die Griechen auch als Schirmherrn der Dichtkunst verehrten, war ursprünglich kein römischer Gott. Seine Aufnahme in Rom war ein Vorgang, in dem sich sinnbildlich das Verhältnis zur griechischen Literatur widerspiegelte. Denn die gesamte römische Literatur war von Anfang an konfrontiert mit all dem, was auch nach heutigem Verständnis die Bedeutung der Literatur Griechenlands ausmacht: nicht nur mit Homer, Sappho und Pindar, mit Sophokles, Euripides und Aristophanes, sondern auch mit Herodot und Thukydides, mit Platon, Aristoteles und Demosthenes, mit Menander und Kallimachos. Gegen Ende des 1. Jahrhunderts v. Chr. aber ist Apollon in Rom heimisch geworden, und die Römer können sich einer eigenen großen Literatur rühmen: Augustus nimmt Apollon als persönlichen Schutzgott in Anspruch und errichtet ihm ein Heiligtum auf dem Palatin, zu dem auch eine griechisch-römische Bibliothek und sein eigenes Haus gehören. Aus diesem Haus stammt das Apollon mit der Leier darstellende Fresko.

Rechts: Die berühmten Werke der älteren griechischen Literatur galten in Rom bis ins 1. Jahrhundert v. Chr. als unübertrefflich und unerreichbar. Auch die zeitgenössischen griechischen Schriftsteller überflügeln zu wollen wäre einem Römer schon deshalb kaum eingefallen, weil ihm seine lateinische Muttersprache im Vergleich zu der differenzierten Vielfalt des Griechischen als dürftig und armselig erscheinen mußte. Die Römer haben jedoch die Überlegenheit der griechischen Literatur als eine Herausforderung verstanden, der sie sich mit wachsendem Selbstbewußtsein stellten, ohne die normative Kraft der griechischen Dichtung in Frage zu stellen. In Augusteischer Zeit scheint das Ziel erreicht, Gleichwertiges leisten zu können. So rühmt sich Vergil zu Beginn der 6. Ekloge, eine römische Hirtendichtung nach dem Vorbild Theokrits geschaffen zu haben, des Dichters aus dem griechischen Syrakus, der als Meister der Gattung galt: In dem spätantiken Codex Romanus *steht diese Stelle unter dem Autorenbild Vergils.*
Rom, Biblioteca Vaticana

Die dafür verwendeten Begriffe *imitatio* und *aemulatio* (»Nacheifern« und »Wetteifern«) signalisieren ein Verständnis von Literatur, dem unser (erst in der Romantik entwickelter) Originalitätsbegriff völlig fremd ist. Dennoch impliziert auch die hier gemeinte Orientierung an literarischen Vorbildern das Postulat eines schöpferischen Aktes, da nur derjenige die Vorbilder zu erreichen vermag, der sie aus eigener Kraft zu verwandeln und zu erneuern versteht. Das Selbstbewußtsein, das aus einer solchen Leistung erwächst, legitimiert zur Verachtung der geistlosen Imitatoren, die sich auf ausgetretenen Pfaden bewegen und nichts Eigenes zu bieten haben, das zu einer fruchtbaren Auseinandersetzung führen könnte. Am treffendsten hat Horaz diese beiden Pole des römischen Literaturverständnisses auf den Begriff gebracht. Auf der einen Seite steht die ganz entschiedene Forderung, sich an den griechischen Vorbildern zu schulen, formuliert in der *Ars poetica* (268f): *Vos exemplaria Graeca, nocturna versate manu, versate diurna!* (Nehmt bei Tag und bei Nacht zur Hand die griechischen Muster!); auf der anderen Seite der Ärger und Hohn über die zeitgenössischen Plagiatoren in dem Resümee seines Dichterverständnisses, das Horaz im 19. poetischen Brief dargelegt hat (19f): *O imitatores, servom pecus, ut mihi saepe bilem, saepe iocum vestri movere tumultus!* (O Nachahmer ihr, ihr Sklavenherde, wie hat mir euer Getümmel oft meine Galle und oft mein Lachen erregt!)

Von den literarischen Anfängen bis zu Terenz

Literarische Tätigkeit ist in Rom anfangs und jahrhundertelang eine wenig geachtete Beschäftigung gewesen, zu der ein Römer von Stand sich keinesfalls herabließ und für die man sich zu späteren Zeiten zu entschuldigen pflegte. Die ersten Autoren, von denen wir etwas wissen, gehörten den niedrigsten sozialen Schichten an; sie stammten alle nicht aus Rom und waren oft nicht einmal frei geboren. Typisch für einen Autor der literarischen Frühzeit ist, daß er von weit her (oft im Zusammenhang mit einem von Rom gewonnenen Krieg) dorthin verschlagen worden ist; daß seine Muttersprache nicht das Lateinische ist, sondern ein italischer »Dialekt« oder das Griechische, das in weiten Teilen Unteritaliens gesprochen wurde; daß er in Rom unter dem Schutze einer der vornehmen Familien lebt; daß er sich in dieser und in anderen Familien seinen Unterhalt als Lehrer verdient, einem als recht subaltern angesehenen »Beruf« (öffentliche Schulen gab es nicht); schließlich daß er literarische Texte produziert, die teils für eigene Unterrichtszwecke, teils dazu gedacht waren, seine materielle Situation aufzubessern, etwa durch die Abfassung eines Theaterstücks. Üblicherweise kaufte der jeweilige Festgeber das Stück einem Mittelsmann ab, der es seinerseits vom Autor erworben hatte und für die Aufführung sorgte. Von einem besonderen Erfolg profitierte der Autor nur inso-

fern, als dadurch der Marktwert seines nächsten Stückes stieg.

Die frühen römischen Tragödien waren Bearbeitungen griechischer Vorlagen, behandelten also Stoffe des griechischen Mythos. Schon bald aber kamen auch Sujets aus der römischen Geschichte hinzu, die für das heimische Publikum leichter verständlich waren, da griechische Bildung einem relativ kleinen Kreis von Römern vorbehalten blieb.

Ein eigentümliches Kennzeichen der frühen römischen Autoren ist die bunte Vielfalt, die nicht nur in den einzelnen Werken, sondern auch darin ihren Ausdruck fand, daß man sich nicht spezialisierte, sondern in mehreren Gattungen arbeitete. Livius Andronicus, der Autor des ersten in Rom aufgeführten Theaterstücks aus dem Jahre 240 v. Chr., ist nicht nur als Komödien- und als Tragödiendichter hervorgetreten, sondern hat mit seiner Übertragung der *Odyssee* ins Lateinische auch das römische Epos begründet. Umgekehrt hat am Ende des 3. Jahrhunderts v. Chr. Naevius außer einem großen Epos über den Ersten Punischen Krieg (264–241) auch Tragödien und Komödien mit griechischen und italischen Sujets verfaßt. Das gleiche gilt für Ennius (239–169), der aus der Gegend von Tarent stammte und in Rom zur überragenden literarischen Gestalt seiner Epoche wurde. Zwar verdankt er seinen Ruhm bei der Nachwelt – Cicero zitiert ihn häufig und mit großer Bewunderung – vor allem seiner Darstellung der römischen Geschichte in den *Annales*, die bis zu ihrer Verdrängung durch Vergils *Aeneis* als römisches »Nationalepos« galten; aber auch Ennius und gerade er hat sich noch in mehreren anderen literarischen Gattungen hervorgetan.

Plautus und Terenz

Von all dem ist so wenig erhalten, daß wir uns nur in großen Zügen ein Bild davon machen können. Lediglich für die römische Komödie sind wir in einer besseren Lage. Hier besitzen wir von zwei Dichtern, die sich beide auf dieses eine Genre beschränkt haben, ein ansehnliches Œuvre. Es sind dies der aus Umbrien gebürtige Plautus (etwa 250–184) und der aus Libyen stammende Terenz (159 v. Chr. jung gestorben). Von den Komödien des Plautus sind immerhin einundzwanzig erhalten, während Terenz der erste Autor Roms ist, dessen Gesamtwerk (bestehend aus sechs Komödien) wir vollständig überblicken können.

Die Komödiendichter fanden ihre Sujets, indem sie Stücke von Dichtern der sogenannten Neuen Attischen Komödie bearbeiteten, deren berühmtester, aber keineswegs letzter Vertreter Menander (342–291) gewesen war. Dank der besonderen Struktur dieser Stücke, die durch bestimmte Handlungs- und Charaktertypen gekennzeichnet war (zum Beispiel das Handlungsmuster der Verwechslungskomödie; der Typus des verliebten jungen Mannes und der des für ihn intrigierenden Sklaven), ließen sich leicht auch zwei verschiedene Vorlagen ineinanderarbeiten.

Daß Plautus ein Genie der Bühnenwirksamkeit war, das auch ein größeres Publikum zu Beifallsstürmen hinzureißen verstand – und dies gewiß nicht nur durch Prügelszenen –, ist selbst bei modernen Aufführungen noch spürbar. Über gewisse Mängel in der Einheitlichkeit und Konsequenz der Handlung wird der Theaterbesucher schon durch den Schwung und die Vitalität der Plautischen Stücke hinweggetäuscht. Dagegen konnten die viel verhalteneren und gleichzeitig anspruchsvolleren Stücke des Terenz die Gunst des zeitgenössischen Publikums erst allmählich und nicht ohne das Engagement eines von ihrer Qualität überzeugten Theaterpraktikers erringen. Die antike Nachwelt hat diesem Urteil zugestimmt und hat Terenz sogar den Vorzug vor Plautus gegeben, weil nur er den literarästhetischen Maßstäben genügte, die seit dem 1. Jahrhundert v. Chr. als unverzichtbar galten. In der Auswahl der vier »besten« Schulautoren, die man in der Spätantike getroffen hat und die das ganze Mittelalter hindurch Anerkennung fand, repräsentiert Terenz zusammen mit Vergil die römische Dichtung, so wie Cicero und Sallust die Prosa vertreten. Dagegen hat die Komödiendichtung der Neuzeit von Plautus gewiß nicht weniger Impulse empfangen als von Terenz.

Von der gesamten späteren Theaterdichtung Roms ist nichts erhalten mit Ausnahme der Tragödien Senecas (um 1 v. Chr. bis 65 n. Chr.).

Unten: Theaterstücke konnten in Rom nur bei ganz bestimmten Anlässen aufgeführt werden, nämlich an den wenigen öffentlichen Festen wie den ludi Romani, *den Römischen Spielen, und bei einigen unregelmäßig wiederkehrenden Gelegenheiten. Eine solche bot sich etwa, wenn ein prominenter Römer gestorben war und der nächste Angehörige zur Förderung seines eigenen und des familiären Prestiges Leichenspiele veranstaltete. Dabei war ein vielfältiges Unterhaltungsprogramm üblich, so daß das Theaterstück mit den Darbietungen von Zirkusartisten und anderen Volksbelustigungen konkurrieren mußte. Um so schwerer war es, das schon dem Genre eigene Problem zu meistern, bei einem großen Publikum Gefallen zu finden und dennoch gewissen künstlerischen Prinzipien, so man sie hatte, treu zu bleiben. Das Grabrelief des Valerianus Paterculus zeigt Schauspieler, die eine Theateraufführung bei einem Leichenbegängnis vorbereiten. Anders als in Athen waren Tragödie und Komödie in Rom also nicht Bestandteil des Götterkults. Theateraufführungen fanden hier stets unter freiem Himmel statt und lange Zeit auf einer provisorisch errichteten Bühne. Das erste feste Theater wurde in Rom erst 61–55 v. Chr. von Pompeius als Teil einer großen repräsentativen Bauanlage errichtet (Abb. S. 325). Rom, Musei Capitolini*

Rechts: Die Handlung der Plautinischen Komödien erinnert gelegentlich an die künstlerisch anspruchslosen, aber offenbar sehr lebendigen italischen Volksstücke, vor allem Atellane, Mimus und Phlyakenposse. Obwohl wir davon nicht mehr wissen, als daß sie jahrhundertelang eine erfolgreiche Alternative zu den an griechischen Vorlagen orientierten Komödien waren und diese wohl auch überdauert haben, hat die neueste Forschung wahrscheinlich machen können, daß es eine Frühform der Commedia dell' arte gegeben haben muß, der Plautus mehr verdankt, als man bisher angenommen hat.
Das Vasenbild des süditalischen Glockenkraters zeigt eine Phlyakenszene: Jupiter, begleitet von Hermes, will gerade auf einer Leiter bei Alkmene ins Fenster einsteigen, mit der er Herakles zeugen wird. Der Krater wird dem Asteas zugeschrieben, der im 4. Jahrhundert v. Chr. in Paestum tätig war und mehrere Vasen mit Phlyakenszenen bemalt hat. Rom, Musei Vaticani

Römische Prosaliteratur: Rede, Rhetorik und Philosophie

Die bisher betrachteten literarischen Texte waren alle in gebundener Sprache, also in Versen abgefaßt. Damit gab sich ein Römer von Rang in der Frühzeit überhaupt nicht, später allenfalls dilettierend ab. Anders steht es mit der Prosa. Die beiden wichtigsten Gattungen der römischen Prosaliteratur sind von jeher die Geschichtsschreibung und die Rede gewesen. Die öffentliche Rede gehörte zum elementaren Handwerkszeug des republikanischen Politikers, auch ohne daß er damit eine über den aktuellen Anlaß hinausreichende publizistische Wirkung verfolgte oder gar literarische Ansprüche damit verband. Obwohl wir keine einzige Rede aus vorciceronischer Zeit besitzen, können wir uns von den Rednern auch der früheren Epochen und von der republikanischen Redekunst insgesamt durchaus ein Bild machen.

Was ein Redner können muß

Ziel der Rede ist es, andere von einer bestimmten Auffassung zu überzeugen *(persuadere)*. Dies geschieht auf dreierlei Weise: durch *docere*, *movere*, *delectare*. Das *docere* ist die Information über die jeweiligen Sachverhalte, die durch geschickte Auswahl und Darstellung so instrumentalisiert werden müssen, daß das, was der Redner sagen will, im Sinne des *persuadere* den Eindruck höchster Wahrscheinlichkeit *(verisimile)* macht. Das *movere* (bewegen) verlangt außerordentliches psychologisches Geschick: Der Redner muß seine Zuhörer je nach seinem Anliegen in Stimmungen wie Begeisterung, Furcht oder Empörung versetzen, indem er die gleichen Empfindungen in sich selbst aktiviert und sie durch seine Rede voragiert. Dadurch entsteht ein emotionaler Konsens zwischen Redner und Publikum, der für den Erfolg wichtiger ist als manches noch so schlagende Argument. All das kann jedoch nur dann gelingen, wenn die Rede gleichzeitig ein ästhetischer Genuß für die Zuhörer ist: Im *delectare* (erfreuen) trifft sich die Redekunst als Wortkunst *(eloquentia)* mit allen anderen literarischen Gattungen, denen sie auch darin gleicht, daß sie eine erlernbare Kunst ist. Das dafür ausgebildete Regelsystem ist das der Rhetorik, der *ars rhetorica*.

Rhetorik und Literatur

In allen übrigen Teilgebieten ist die Rhetorik nicht nur für die Rede, sondern für die gesamte Prosa zuständig, so wie die Poetik *(ars poetica)* für die gesamte Dichtung. Dies gilt schon für das Erfordernis einer klaren Disposition, vor allem jedoch für den großen Bereich der sprachlichen und stilistischen Gestaltung *(elocutio)*. Kriterium für die Stilhöhe ist ein für römisches Denken schlechthin zen-

Stoffe aus dem griechischen Mythos wurden in der römischen Dichtung von Anfang an behandelt. Ein Wandbilderzyklus (um 50/40 v. Chr.) aus einem Haus auf dem Esquilin in Rom stellt Szenen der Odyssee *dar, darunter die Abenteuer des Odysseus und seiner Gefährten im Land der Laestrygonen. Bei ihrer Ankunft im Hafen von Telepylos, »den ringsum himmelanstrebende Felsen von beiden Seiten umschließen« (oben), werden sie von den menschenfressenden Barbaren überfallen. Während ein Hirte seine Ziegenherde zum Stadttor treibt (»hier wechseln Hirten mit Hirten«), eilt einer der Riesen zum Strand (linke Seite); ein anderer sucht einen Baum umzureißen, ein dritter packt einen Felsbrokken, ein vierter hat bereits einen Griechen in Stücke gerissen und schleppt die Teile ans Ufer. Mit Steinwürfen zerstören die Laestrygonen elf Schiffe (oben); mit dem einzigen übrigen entkommt Odysseus zur Insel der Kirke. Rom, Musei Vaticani*

traler Begriff: das *aptum* (Angemessenheit; Gegensatz: *ineptum*). Das *aptum* konkretisiert sich in einer Rede (ähnlich in jedem anderen literarischen Werk) dadurch, daß man die jeweiligen thematischen und situativen Gegebenheiten berücksichtigt; dazu gehören auch Autor und Publikum, je nach ihrer Rolle und ihren Fähigkeiten. Unverzichtbares Postulat (auch dies nicht nur in der Rede) ist aber vor allem die Wahrung der elementaren Stilqualitäten, der *virtutes dicendi: Latinitas* (korrekter Sprachgebrauch), *perspicuitas* (Klarheit), *aptum* (Angemessenheit, nicht nur in der Stilhöhe), *ornatus* (Schönheit der sprachlichen Form) und *brevitas* (Kürze als Beschränkung auf das jeweils Relevante).

Schönheit der Sprache

Innerhalb des großen Bereichs der *elocutio* nehmen die Regeln und Überlegungen über den passenden *ornatus* den größten Raum ein. Sie regeln gleichsam die Musikalität der Sprache, und ihre Bedeutung ergibt sich nicht zuletzt daraus, daß in der Antike Literatur stets und sehr intensiv mit dem Ohr als eine Folge von Klängen aufgenommen wurde: Gelesen wurde, auch im »stillen Kämmerchen«, nur mit der Stimme. Daher spielt es prinzipiell keine Rolle, ob man eine Rede oder ein Gedicht nur bei einer bestimmten Gelegenheit vorträgt oder auch eine spätere »Veröffentlichung« beabsichtigt: Die Vorschriften über den *ornatus* sind grundsätzlich für jede Form von Literatur die gleichen, und sie sind alle erlernbar. Freilich wird ein Redner in ganz anderer Weise davon Gebrauch machen als ein Liebesdichter. Sie umfassen alle einfachen und komplexen Formen der sprachlichen und stilistischen Gestaltung, die teils als Wohlklang der Sprache wahrgenommen werden, teils auf den Intellekt und das Gefühl des Lesers wirken sollen, von der Alliteration und Allegorie über kunstvolle Wortstellungsfiguren – hier erlaubt die lateinische Sprache eindrucksvolle Variationsmöglichkeiten – bis hin zu den besonders schwierigen Regelungen, die es für die Rhythmisierung einzelner Sätze und vor allem der Satzschlüsse in der Rede und in der Geschichtsschreibung gab.

Ein wichtiges Teilgebiet der Rhetorik ist die Kunst des Vortrags. Dafür gab es genaue Vorschriften, die jede Einzelheit von der Modulation der Stimme bis zur Gebärdensprache und Gestikulation regelten. Der Redner soll sich die mitreißende Wirkung eines Schauspielers aneignen, dem er auch darin gleicht, daß er seine Rede auswendig vorzutragen hat, dem er jedoch durch seinen eigenen Rang und den seiner Kunst weit überlegen ist: als actor veritatis *(Darsteller der Wirklichkeit) über den* imitator veritatis. *Deshalb darf der Redner auch nicht undiszipliniert wie ein Schauspieler auf der Rednerbühne herumlaufen, obwohl sie ihm dafür genügend Platz böte. Benutzt wurde sie für Reden an das Volk. Auf dem Münzbild eines um 45 v. Chr. geprägten Denars (unten links, innen) sind die Schiffsschnäbel* (rostra) *zu erkennen, die der Rednerbühne auf dem Forum Romanum ihren Namen gaben. Die Rekonstruktion von Ch. Hülsen (unten rechts) zeigt die Plattform der kaiserzeitlichen Rostra. Zu den wichtigsten und schwierigsten Aufgaben des Redners wie auch des Schriftstellers gehört es, den jeweils richtigen Ton zu treffen. Wer etwa auf ein Ereignis aus dem Heldenmythos oder aus der großen alten Geschichte zu sprechen kommt, sei es nun als Redner zur Bekräftigung seines Beweisziels oder als Geschichtsschreiber zur Illustration seiner historischen Darstellung, der muß dies in einer anderen Form tun, als wenn er eine witzige Begebenheit aus dem Alltag erzählt. Ebenso wird er bei der sprachlichen und stilistischen Gestaltung Rücksicht darauf nehmen, ob er sich an eine welterfahrene Elite oder an die große Masse des einfachen Volkes wendet, an Ältere oder an Jüngere, an frohgestimmte oder bedrückte Zuhörer, ob er bei einem Staatsakt oder bei einem Volksfest spricht. Auch kann ein temperamentvoller junger Redner einen anderen Ton anschlagen als jemand, der auf ein langes und mit Verantwortung gefülltes Leben zurückblickt. Besondere Würde war erforderlich, wenn ein römischer Konsul im Senat sprach, der in der Curia zu tagen pflegte. Eine Münze des Augustus (unten links, außen) zeigt die Frontseite der Curia Iulia. Hier pflegten die Senatoren auch in der Kaiserzeit noch die Kunst der Rede, womit sie freilich nur noch in Ausnahmefällen das politische Geschehen beeinflussen konnten. Der jetzige Bauzustand der Curia Iulia (oben, Inneres Abb. S. 109) stammt aus der Zeit Diocletians. Zwischen der Curia und den Rostra, von deren Plattform noch Reste vorhanden sind, wurde der Bogen des Septimius Severus errichtet.*

Praxis der Rede

Ebenso unabdingbar wie die erlernbare Kunst *(ars)* sind für den Redner jedoch eine intuitive Begabung *(ingenium)* sowie Übung und Erfahrung *(usus)*. Damit vor allem ist nach antiker Auffassung die Leistung der frühen Redner zu erklären, die von Rhetorik noch nichts wissen konnten oder nichts wissen wollten. In der Theorie der Künste war es eine beliebte Streitfrage, ob die *ars* oder das *ingenium* für die vollkommene Beherrschung eines Metiers wichtiger sei. So auch in der Rhetorik. Unstrittig jedoch war für einen Redner die zentrale Bedeutung des *usus*. Der Anfänger gewann in Rom seine ersten Erfahrungen gleichsam als Lehrling: Er schloß sich einem erfahrenen Redner an und begleitete ihn auf Schritt und Tritt bei seinen öffentlichen Auftritten. Dabei lernte er das Metier nicht nur im Einzelfall durch seinen Mentor sehr gründlich kennen, sondern er gewann weitere Einblicke dadurch, daß er dessen Umgang mit anderen in der Praxis erlebte und ihn darüber befragen konnte.
Die wichtigsten Betätigungsfelder der römischen Redekunst waren einerseits die »Beratungs-« oder »Entscheidungsreden« *(genus deliberativum)*, die im Senat und bei den »formlosen« Volksversammlungen *(contiones)* gehalten wurden, sowie die großen Prozesse, die in aller Öffentlichkeit unter freiem Himmel auf dem Forum stattfanden *(genus iudiciale)*. Hier wie dort waren alle Voraussetzungen dafür gegeben, selbst unter ungünstigen Bedingungen mit einer einzigen Rede einen spektakulären Stimmungsumschwung herbeizuführen. Im Senat waren die politischen Entscheidungen schon deshalb von dem rednerischen Geschick einzelner abhängig, weil es weder politische Parteien noch parlamentarische Ausschüsse gab, in denen vorab alles Wesentliche festgelegt worden wäre. Ähnliche und noch größere Erfolge waren aber vor einem Massenpublikum möglich, also in der Volksversammlung und vor Gericht. Oft ging es in den Prozessen um die gleichen Themen wie im Senat oder in der Volksversammlung, jedenfalls in spätrepublikanischer Zeit, als die gerichtliche Verfolgung zu einem wichtigen Instrument der politischen Auseinandersetzung geworden war. Erfolge in Prozeßreden konnten den Weg für große politische Karrieren ebnen. Dies galt insbesondere für diejenigen, deren soziale Herkunft zwar nicht zu den höchsten Ämtern prädestinierte, aber doch danach zu streben gestattete.

Politik und Literatur: der Redner Cicero

Das beste und gleichzeitig letzte Beispiel dafür ist Cicero (106–43). Er markiert in jeder Hinsicht den Scheitel- und Endpunkt der großen politischen Redekunst Roms. Den Grundstein für seine Karriere hatte Cicero mit einer mutigen und sensationellen Gerichtsrede gelegt, in der er (80 v.Chr.) einen Unschuldigen verteidigte, dessen Verurteilung von einem mächtigen Handlanger des Diktators Sulla betrieben wurde. Der Durchbruch war ihm zehn Jahre später mit dem völlig unerwarteten gerichtlichen Erfolg gegen einen gewissen Verres gelungen, der die Bevölkerung Siziliens in besonders schamloser Weise gepeinigt und ausgeplündert hatte, aber die tatkräftige Protektion einer zu jeder Manipulation bereiten Führungsclique genoß. Damit war Cicero zum unbestritten ersten Redner Roms geworden, und er hatte seinen Erfolg gefestigt, indem er eine wesentlich erweiterte Fassung seiner Reden gegen Verres – sie sind erhalten und füllen einen stattlichen Band – veröffentlichte. Als Konsul schließlich hatte er den Putschisten Catilina mit vielbewunderten Reden aus Rom vertrieben.
Es ist jedoch keineswegs so, daß Cicero und die anderen großen Redner Roms nur mit spektakulären Fällen Eindruck gemacht hätten. Und obwohl es gewiß zutrifft, daß sich über Quisquilien nicht grandios reden läßt, so ergab sich die Attraktivität einer Rede nicht allein durch den großen Stoff, sondern ebenso durch den großen Redner. Im republikanischen Rom stimulierten sich die Kunst des Redners und ein engagiertes Publikum gegenseitig und sorgten für ein gewisses Maß von Spannung und Faszination selbst dort, wo der Stoff der Rede weniger hergab. Daher wird der Literatursoziologe die Bedeutung der antiken Rede (und zwar auch der Gerichtsrede) als zentralen Faktor im öffentlichen »Kulturbetrieb« kaum überschätzen können. Erst recht gilt das für die Reden, die ihr Verfasser später veröffentlichte. In einem solchen Falle haben sich oft noch Generationen von der Lektüre faszinieren lassen und damit den Ruhm des Redners bei der Nachwelt gesichert. Auch dafür ist Cicero das beste Beispiel, der sich mit seinen hinterlassenen Reden ein unvergleichliches Denkmal gesetzt hat und spätestens seit seinem Tod für die Nachwelt zur Verkörperung der römischen Redekunst und der lateinischen Kunstprosa geworden ist.
Es liegt in der Konsequenz einer solchen Auffassung, daß eine veröffentlichte Prozeßrede ganz in der gleichen Weise wie eine Dichtung zum Gegenstand literarästhetischer Kritik gemacht und kontrovers diskutiert werden konnte. Man stritt mündlich und schriftlich in manchmal recht heftiger Form, und zwar vor allem dann, wenn ein Redner Schule machte und eine größere Zahl von Anhängern gewann, die ihn zum stilistischen Vorbild wählten.

Rede als Vortragskunst

Mit dem Tod Ciceros war auch die Republik als Arena des großen politischen Redekampfes verschwunden, doch bedeutete das nicht das Ende der öffentlichen Rede überhaupt. Gewiß, die politische Prominenz begnügte sich nun immer häufiger damit, wie Tacitus ironisch feststellte, den Maßnahmen des »vorzüglichen Princeps« zu akklamieren. Aber abgesehen davon, daß sich auch die

Redner der Kaiserzeit einiges auf ihre Leistung zugute hielten (bestes Beispiel dafür ist Plinius, ein Zeitgenosse des Tacitus, mit seiner Lobrede auf den Kaiser Traian), erwiesen sich nun die Hörsaalredner als Publikumsmagneten: Deklamatoren, die ihre Kunst an Vorträgen über recht beliebige Themen zur Schau stellten. Die zum Teil fast bizarr konstruierten Fälle, die sie traktierten, spiegeln noch die ursprünglich einzige Funktion der Deklamation wider, nämlich Übung des angehenden Redners und seines Argumentationsvermögens. Doch gerade das war durchaus auch etwas für Könner unter den Deklamatoren und Kenner unter den Zuhörern, zu denen selbst der Kaiser gehören konnte. Von Augustus jedenfalls wissen wir, daß er solche Veranstaltungen besuchte und sachverständige Kommentare dazu abgab. Und mochte der Hörsaal in mancherlei Hinsicht auch nur den Jahrmarkt der literarischen Eitelkeiten darstellen (etwa wenn ein Deklamator sich damit brüstete, eine besonders berühmte Rede Ciceros übertreffen oder widerlegen zu können), so konnten hier doch auch durch raffinierte Doppeldeutigkeiten aktuelle politische Bezüge insinuiert werden, die nicht immer ganz ungefährlich waren. Freilich war so etwas auch im Theaterstück möglich, und allein die Tatsache, daß politische Kritik in dieser Form geübt wurde, wäre Indiz genug dafür, daß die großen politischen Redekämpfe mit der Republik unwiderruflich zu Ende gegangen waren. Die Redekunst begleitete die großen Entscheidungen in der Politik zwar weiterhin, aber sie konnte sie kaum noch mitbestimmen. Indessen führte sie gleichzeitig in Gestalt der Vortragskunst ein intensives Eigenleben. Ihre unverminderte Bedeutung für das kulturelle Leben resultierte aus dem, was Rhetorik (im umfassenden Sinne der Antike verstanden) unabhängig von allen politischen Bedingungen zu bieten vermag: die Fähigkeit, den eigenen Standpunkt überzeugend zur Geltung zu bringen, und die Kunst, Sprache zu einem Genuß zu machen.

Demagogie und Verantwortung: Cicero und die Rhetorik

Die neuzeitlichen Kritiker der republikanischen Redekunst (die sich dafür auf Tacitus berufen können) haben sich vor allem an den höchst großzügigen Spielregeln gestoßen, die dem Redner rhetorische Psychagogie bis zur bedenkenlosen Demagogie gestatteten. Die Grenzen zwischen Argumentation und Agitation, und damit auch die zwischen dem Appell zur Vernunft und dem zur Gewalt, waren fließend. Mit welcher Perfektion auch Cicero, der große Meister der Psychagogie, die Kunst der Demagogie beherrschte, kann der aufmerksame Leser in einer ganzen Reihe der hinterlassenen Reden auch heute noch leicht feststellen. Aber man war darin nicht zimperlich in Rom, und offensichtlich wurden solche demagogischen Fähigkeiten durchaus in das intellektuelle oder gar ästhetische Vergnügen einbezogen, so daß der Idealfall der Verführung dann gegeben war, wenn die Verführung zu spüren und dennoch erfolgreich war.

Doch gerade Cicero hat die Kritik an der Rhetorik, die fast so alt war wie diese selbst, von frühester Jugend an reflektiert und später in seinem rhetorischen Hauptwerk *De oratore* (Vom Redner; 55 v.Chr.) die Grenzen zwischen erlaubter Psychagogie und gewissenloser Demagogie verbindlich zu bestimmen versucht. Das Kriterium dafür ist im wesentlichen einzig das Staatswohl, so daß das Problem nur in besonders kritischen Situationen der Geschichte virulent werden kann. Da dies jedoch zu Ciceros Zeit schon seit mehr als zwei Generationen immer wieder der Fall gewesen war, ist damit der entscheidende Punkt erfaßt. In der Frage, ob ein solches Kriterium sich inhaltlich überhaupt hinreichend definieren läßt oder ob es nicht durch den jeweiligen staatsphilosophischen oder politischen Standort weitgehend relativiert wird, ist Cicero viel zuversichtlicher gewesen, als der heutige Leser es noch sein darf. Seine Grundidee dabei war das Ideal des *orator perfectus*, des vollkommen gebildeten und durch sein umfassendes und überlegenes Wissen, zu dem vor allem die praktische Ethik gehört, verantwortlichen Redners. Dennoch bleibt auch bei Cicero die Spannung durchaus bewußt, die durch die Wesensbestimmung der Rede als Ausübung von Macht vorgegeben ist, weil sie ebenso ein gefährliches Instrument in der Hand gewissenloser Verführer sein kann, wie sie, verantwortlich eingesetzt, Leidenschaften zu dämpfen und gewaltsame Konflikte friedlich zu lösen vermag.

Obwohl die römischen Redner solcher Aufgaben schon bald weitgehend enthoben waren, hat das Bildungsideal aus *De oratore* auch nach dem Ende der Republik unvermindert weitergewirkt. Vor allem Quintilian steht in dieser Tradition. Seine *Institutio oratoria* (»Erziehung zum Redner«, um 100 n.Chr.) ist ein Grundbuch der Bildung, in dem in allen Einzelzügen evident wird, daß und warum man die antike Kultur zu Recht eine rhetorische Kultur genannt hat.

Cicero repräsentiert die Identität von Politiker und Redner. Als unbekannter Emporkömmling aus der Provinz war er allein durch seine Redekunst zu der höchsten Position aufgestiegen, die Rom zu vergeben hatte. Aufgrund seiner einzigartigen Autorität wurde Cicero sogar noch von dem Diktator Caesar umworben, der ihm freilich auch in literarischen Fragen ein ebenbürtiger Gesprächspartner war und sich gegen publizistische Angriffe mit der gleichen Waffe zu wehren wußte. Als er nach der Ermordung des Diktators in den »Philippischen« Brandreden gegen Marcus Antonius noch einmal die unvergleichliche Kraft seiner Redegewalt unter Beweis stellte, da war das für den Triumvirn Grund genug, ihn mit Zustimmung des nachmaligen Augustus ermorden zu lassen. Die Rache ging so weit, daß dem Toten Haupt und Hände abgeschlagen und auf dem Forum Romanum, der Stätte seiner größten Erfolge als Redner, öffentlich zur Schau gestellt wurden. Ein Porträt Ciceros ist in einer Kopie Augusteischer Zeit überliefert. Es betont die ernste Würde eines in Tat, Wort und Gedanken stets um das Wohl des Gemeinwesens besorgten Staatsmannes.
Rom, Palazzo dei Conservatori

Das römische Gerichtsverfahren wurde nicht von Juristen, sondern von Rednern bestimmt. Weder war allzuviel durch Gesetze festgelegt noch irgendwo eine Funktion für Fachjuristen reserviert. Es gab keine Rechtsanwaltskanzleien, keine Berufsrichter und erst recht keine Staatsanwälte. Ankläger und Anwälte kämpften gegeneinander vor großen Gerichtshöfen aus Laienrichtern und vor einem engagierten Publikum, dessen Beifalls- und Mißfallensäußerungen der Redner in sein Kalkül einzubeziehen pflegte. Wer hier den Sieg davontragen sollte, der tat gut daran, sich nicht auf die Kenntnis detaillierter Gesetzesvorschriften zu verlassen, sondern seine Kontrahenten in der jedermann zugänglichen Kunst der Argumentation und des wirkungsvoll eingesetzten Wortes zu übertreffen. Deshalb orientierten sich die antiken Lehrbücher der Rhetorik vor allem an der Prozeßrede. Das früheste erhaltene lateinische Beispiel dafür ist die Rhetorica ad Herennium *eines unbekannten Verfassers aus frühciceronischer Zeit. Ein Codex aus dem 14. Jahrhundert enthält neben dieser Schrift (links, erste Seite) auch Ciceros rhetorische Jugendschrift* De inventione. *Ciceros rhetorisches Hauptwerk* De oratore *ist die Frucht einer jahrzehntelangen praktischen Erfahrung und einer intensiven gedanklichen Beschäftigung mit der Redekunst. Mit dieser Schrift hat er wie mit einem Befreiungsschlag die mittlerweile streng formalisierte griechische Lehrbuchrhetorik auf den Boden der (römischen) Lebenswirklichkeit zurückgeholt. Sein Hauptziel jedoch war es, durch das Idealbild des* orator perfectus *die seit Sokrates bestehende Spaltung zwischen Rhetorik und Philosophie (verstanden als »Verantwortungsethik«) zu überwinden. Deshalb kann man* De oratore *aufgrund der Durchführung des Themas und der Gesamtkonzeption, wie der Autor selbst dies getan hat, auch zu seinen philosophischen Werken zählen. Die Schrift* De oratore *hat mit dem Bildungsideal des* orator perfectus *Epoche gemacht und ist nach Rang und Nachwirkung nur mit der* Rhetorik *des Aristoteles zu vergleichen. Mit seiner Schrift* De re publica *ließ sich Cicero inhaltlich und literarisch auf die Herausforderung des Platonischen Dialogs* Politeia *(Vom Staat) ein; er hat an diesem Werk länger und intensiver als an allen anderen philosophischen Schriften gearbeitet. Daß ihm damit tatsächlich ein großer Wurf gelungen war, läßt sich wegen des fragmentarischen Erhaltungszustands vielfach nur noch ahnen. Immerhin genügt das Erhaltene (besonders berühmt die Eingangspartie und der Schlußabschnitt mit dem Sondertitel* Somnium Scipionis*), um zu vermuten, daß* De re publica *das vielleicht lebendigste, sprachlich vollkommenste und anregendste Werk der lateinischen Prosaliteratur gewesen ist. Die beiden Seiten eines Codex aus dem 4. Jahrhundert (rechte Seite) enthalten den Text von* De re publica *1, 6-7 n. Chr. (große Schrift). Um das kostbare Schreibmaterial ein zweites Mal verwenden zu können, hat man später den heidnischen Text abgeschabt und das Pergament mit dem Psalmenkommentar des Augustinus neu beschrieben. Rom, Biblioteca Vaticana*

Cicero und die römische Philosophie

Cicero hat *De oratore* und im unmittelbaren Anschluß daran sein wohl berühmtestes Werk *De re publica* (Vom Gemeinwesen) in einer Zeit verfaßt (55–51 v. Chr.), in der er politisch kaltgestellt worden war. Einige Jahre später wiederholten sich dieser Vorgang und Ciceros Reaktion darauf in größerem Maßstab: Gleichzeitig mit Caesars Diktatur beginnt die produktivste Phase seiner philosophischen Schriftstellerei (46–43 v. Chr.).

Ciceros philosophischer Dialog *De re publica* ist nur fragmentarisch erhalten, und streckenweise ist sein Gedankengang nur deshalb rekonstruierbar, weil er das Referenzwerk zu seinem großen Pendant, der Schrift *De civitate Dei* (Über den Gottesstaat) des Kirchenvaters Augustinus, ist und dort immer wieder ausführlich zitiert wird. Cicero hatte seinerseits einen Gegenentwurf zu Platons Werk über den Staat *(Politeia)* geben wollen. Und wenn sich bei Augustinus Bewunderung für den großen Vorgänger mit fundamentaler Kritik an dessen heidnischer Konzeption verschlingen, so läßt sich das gleiche über das Verhältnis des erfahrenen römischen Staatsmannes zu dem griechischen Philosophen sagen: Cicero entwirft sein Idealbild des Staates, und darauf legt er größten Wert, nicht auf dem Reißbrett wie Platon, sondern verleiht ihm Profil durch konsequenten Bezug auf den römischen Staat und dessen Mischverfassung.

Nicht genug aber ist's, diese männliche Vollkommenheit zu besitzen wie eine Kunst, wenn du sie nicht betätigst. Während eine Kunst, magst du sie nicht betätigen, sich doch eben im Sichverstehen auf sie selbst festhalten läßt, ruht die männliche Vollkommenheit ganz in der Betätigung ihrer selbst; ihre größte Betätigung aber ist die Lenkung des Staates und ebendieser Dinge, die diese Leute in ihren Winkeln deklamieren, Verwirklichung durch die Tat, nicht durch die Rede. Nichts nämlich wird von den Philosophen gesagt, soweit es wenigstens richtig und rühmlich gesagt wird, was nicht von denen ans Licht gefördert und bestärkt worden wäre, von denen den Staaten die Rechtsansprüche geordnet wurden. Woher denn kommt frommer Sinn, von wem Gottesfurcht? Woher das Recht, das der Völker, oder ebendieses hier, das man das bürgerliche heißt? Woher Gerechtigkeit, Treu und Glauben, Billigkeit? Woher Ehrfurcht, Beherrschung, Meiden der Schändlichkeit, Streben nach Lob und Gesittung? Woher in Mühen und Gefahren Festigkeit? Doch von denen, die das, was sich in Lebensordnungen gebildet, teils durch Sitten bestärkt, teils durch Gesetze unantastbar festgelegt haben. Cicero, *De re publica* 1, 2

Dies wird besonders dort spürbar, wo Cicero durch die Gesprächsteilnehmer – das fiktive Gesprächsdatum liegt etwa zwei Generationen zurück – für die nähere Zukunft die Legitimation Roms zur Weltherrschaft in Frage stellen läßt, falls die römische Herrschaftspraxis den ehernen Grundsatz verletzen sollte, daß Herrschaft stets nur von dem Besseren und nur zum Wohle des Schwächeren ausgeübt werden dürfe. Kritik an der Gegenwart wird auch in der Konstituierung eines Ideals vom »besten« Staatsmann erkennbar, der das Gemeinwesen in eigener, wenn auch nicht alleiniger Verantwortung regieren soll. Cicero hat auch die in seinen letzten Lebensjahren entstandenen philosophischen Schriften keineswegs als Fachbücher konzipiert, sondern seinen Lesern die Philosophie gleichsam durch das Medium der künstlerischen Gestaltung (er bevorzugt die auch für seine Sujets besonders geeignete Form des Dialogs) zugänglich gemacht. Ein Anliegen, durch das sich all diese Schriften über ihre literarische und philosophiegeschichtliche Relevanz hinaus zu einer Einheit besonderer Art zusammenschließen, hat die Forschung erst jüngst wahrscheinlich gemacht: Durch gezielte Auswahl der Gesprächsteilnehmer und andere Mittel erweisen sie sich als ein Aufruf Ciceros gegen die Herrschaft Caesars. Das harmoniert mit dem Bild, das wir aus den späten Briefen gewinnen (Cicero war ein großartiger Briefsteller, und dank der rund tausend erhaltenen, freilich nicht zur Veröffentlichung bestimmten Briefe können wir uns ein so lebendiges Bild von seiner Persönlichkeit machen wie von niemandem sonst in der griechischen und römischen Antike), und es entspricht dem Jubel, mit dem er die Ermordung Caesars als Befreiung begrüßt hat. In Ciceros letzter großer philosophischer Schrift *De officiis* (Von den Pflichten) ist Caesar so wie später Caligula bei Seneca das Paradigma für den Tyrannen schlechthin.

Die Bedeutung von Ciceros umfangreichem philosophischen Werk liegt nicht in der Tiefe oder Originalität der darin entfalteten Gedanken (ein solcher Anspruch hätte ihm selbst ganz ferngelegen), sondern in der, wie man gesagt hat, »Einbürgerung« der Philosophie in Rom und in der darin erbrachten literarischen Leistung. Die Voraussetzungen dafür waren eine exzellente Kenntnis der griechischen Philosophie, wie sie vor Cicero kein Römer auch nur annähernd besessen hatte, eine meisterhafte Beherrschung der Sprache, verbunden mit einer ausgeprägten Fähigkeit, deren Unzulänglichkeiten schöpferisch zu überwinden, sowie die intellektuelle Kraft und die intuitive Begabung, die ihn dazu befähigten, die diffizilen Erörterungen und komplexen Lehrgebäude der miteinander konkurrierenden griechischen Philosophenschulen dem eher praktischen Denken der darin völlig ungeschulten Römer zugänglich zu machen. Liegt die Bedeutung Ciceros für die römische Literatur ganz allgemein darin, daß er mit seiner Prosa die Voraussetzungen

EXPL: EXPOSITIO PSALMI CXXXV:

zungen für die großen Werke der Augusteischen und damit aller künftigen Literatur Roms geschaffen hat, so kann man die spezielle Leistung seiner philosophischen Schriftstellerei etwa so umschreiben: Erst durch Cicero gewinnt die lateinische Sprache die Geschmeidigkeit, die begriffliche Vielfalt und die Differenzierungsfähigkeit, um die Fragen nach den Grundlagen des Menschseins im Dialog und im Diskurs adäquat zum Ausdruck bringen zu können.

Daß Cicero im Detail manches, was er bei den griechischen Philosophen fand, mißverstanden hat, war bei der Fülle des von ihm erfaßten Materials wohl unvermeidlich; daß er gelegentlich ungerecht in seinem Urteil ist, steht auf einem anderen Blatt und erinnert an die Auseinandersetzung Augustinus' mit den großen heidnischen Schriftstellern. In die sprachliche und gedankliche Nachfolge Ciceros gehören jedoch nicht nur das Meisterwerk des Kirchenvaters »Über den Gottesstaat«, sondern auch die mittelalterliche und Teile der frühneuzeitlichen Philosophie.

Ciceros einziger Nachfolger von Rang in der philosophischen Schriftstellerei der heidnischen Antike war Seneca. Sein umfangreiches Werk ist jedoch in viel höherem Grad als das Ciceros von dem Ziel bestimmt, durch Reflexion von Grundfragen des menschlichen Lebens sich selbst und anderen praktische Lebenshilfe zu geben, wobei es zu mancherlei Berührungspunkten mit christlicher Lehre kommt. Seneca war ein erfahrener Seelsorger und ein geschickter Psychotherapeut. Seine Methode, durch meditative Selbstbesinnung das *bene vivere* und zugleich das *bene mori* zu lernen und zu lehren (in guter Weise leben und sterben), ist besonders geglückt in den »Briefen an Lucilius«, die in den Jahren vor seinem erzwungenen Freitod entstanden sind und zu den besten Werken der lateinischen Prosaliteratur gehören. Philosophiegeschichtlich liegt die Bedeutung Senecas darin, daß er durch Fortentwicklung der philosophischen Terminologie die Emanzipation der lateinischen von der griechischen Fachsprache vollendet hat.

Die römische Geschichtsschreibung als engagierte Literatur

Die römische Geschichtsschreibung hat wie die Rede von Anfang an politische Anliegen verfolgt und eine unmittelbare Wirkung auf die öffentliche Meinung auszuüben versucht. Deshalb waren dies die beiden einzigen Literaturformen, zu denen sich auch die Angehörigen der römischen Führungsschicht herabließen. Das früheste Beispiel dafür gab der Senator Fabius Pictor.

Er hatte einer Delegation angehört, die im Zweiten Punischen Krieg im Jahre 216 v. Chr. in einer für Rom prekären Lage nach Delphi entsandt worden war. Vielleicht hatte dies sein Bewußtsein dafür geschärft, wie groß die Feindseligkeit war, die den Römern und ihrer Politik in der griechischen Welt entgegengebracht wurde und die in romkritischen Darstellungen griechischer Historiker ihren besonderen Ausdruck fand. Fabius Pictor schrieb daraufhin ein Geschichtswerk, das von der Gründung Roms bis zur eigenen Gegenwart reichte – aus römischer Sicht, aber in griechischer Sprache. Damit griff mitten in den blutigen Kriegen, die damals um die Vorherrschaft im Mittelmeerraum geführt wurden, erstmals ein Römer zu dem argumentativen Rüstzeug, das im Arsenal der griechischen Historiographie bereitlag. Zwar wurde die Expansion des Imperium Romanum schon bald danach

Links: Die Scipionen, der berühmteste Zweig der patrizischen Cornelier, hatten sich seit früher Zeit durch herausragende Taten für Rom einen besonderen Namen gemacht und galten daher als die leuchtenden Beispiele, denen jeder Römer nacheifern sollte. Der Sarkophag aus der Familiengrabstätte der gens Cornelia *an der Via Appia wird ins 3. Jahrhundert v. Chr. datiert, die Inschrift ist später angebracht worden. Der Text, knapp und stolz im altlateinischen Versmaß* (Saturnier) *formuliert, lautet: Cornelius Lucius Scipio Barbatus (der Bärtige), Sohn des Vaters Gnaeus, ein tapferer und weiser Mann, dessen Gestalt seiner Tugend ganz gleich war, ist Konsul, Censor, Ädil bei euch gewesen. Taurasia, Cisauna, Samnium hat er eingenommen, ganz Lucanien unterworfen und Geiseln weggeführt.*
Rom, Musei Vaticani

Rechts: Seneca war wie Cicero ein brillanter Stilist und gefeierter Redner, er hat mehr noch als dieser politische Macht ausgeübt, vor allem in den ersten Regierungsjahren des noch minderjährigen Nero, dessen Erzieher er war. Wie Cicero hat er das Schicksal der Verbannung erlitten und seine öffentliche Tätigkeit mit dem Leben bezahlt. Seinen Freitod auf Befehl Neros hat Seneca (anders als das Exil) ohne Jammern hingenommen und damit bewiesen, daß seine Lehren über das rechte Sterben keine hohlen Worte waren. In der Philosophie hat er sich ohne Dogmatismus an der Stoa orientiert. Eine Doppelherme aus dem 3. Jahrhundert verbindet Seneca mit Sokrates. Dem Bildnis liegt wohl ein zu Lebzeiten entstandenes Original zugrunde. Es ist das einzige inschriftlich gesicherte Porträt des Philosophen.
Berlin, Antikensammlung

so nachdrücklich durch den Erfolg bestätigt, daß eine Rechtfertigung durch literarische Mittel überflüssig erscheinen mochte. Dennoch sind wesentliche Elemente und Motive, die das Werk des Fabius Pictor ausgezeichnet hatten, auch für die spätere römische Geschichtsschreibung bestimmend geworden.

Deutung durch Darstellung

Die römischen Historiker haben sich nie mit der Rolle des bloßen Chronisten begnügt, sondern stets und ganz bewußt die *Darstellung* der Geschichte als ein Mittel zu ihrer *Deutung* benutzt; einer Deutung, die einer dezidierten moralischen oder politischen Intention folgte und die schlimmstenfalls Geschichtsfälschung zugunsten eines vornehmen Gönners war, bestenfalls aber zu einer selbstkritischen Analyse der römischen Weltherrschaft und ihrer moralischen Legitimation führte. Die in einer solchen Geschichtsschreibung anzuwendenden Darstellungsformen und Argumentationsmittel sind identisch mit denen der Rhetorik, und in der Publizistik verschlingen sich Historiographie und Redekunst denn auch in besonders augenfälliger Weise, nur daß der Redner (auch wenn er die gesprochene Rede der Öffentlichkeit in schriftlicher Fassung vorlegt) sich auf das aktuelle Ereignis der Gegenwart beschränkt, während der Historiker es in einen größeren Geschehenszusammenhang einzubetten versucht.
So hat Cicero seinen Erfolg gegen den Putschisten Catilina dazu benutzt, mit allen ihm zu Gebote stehenden Mitteln seine eigene politische Position ins rechte Licht zu rücken. Ganz anders der Senator und Geschichtsschreiber Sallust (86–34). Auch er hat wie Cicero (und im Gegensatz zu den heutigen Historikern) die Catilinarische Verschwörung für ein geradezu staatsgefährdendes Ereignis gehalten und sie deshalb zum Thema seines ersten Geschichtswerks gemacht (für uns ist es das erste römische überhaupt). Das Ziel seiner Darstellung besteht aber erklärtermaßen allein darin, das Symptomatische der Gefährdung Roms bewußt zu machen. Von diesem Ziel ist die gesamte Organisation seiner Erzählung beherrscht. Ja, Sallust ist mehrfach sogar bei der Darstellung einzelner Fakten und ihrer Chronologie nachweislich vom tatsächlichen Ablauf der Ereignisse abgewichen – in der erkennbaren Absicht, durch schärfere Profilierung die aus seiner Sicht relevanten Ursachen und Gefahrenmomente deutlicher hervortreten zu lassen und dadurch seine Leser zu der Betroffenheit aufzurütteln, in der er selbst das einzige Mittel zur Rettung des römischen Staatswesens sah. Dieses die Einheit des Werkes stiftende Engagement macht seinen Reiz und seine Wirkung aus. Und mag man auch von Augustinus bis in unser Jahrhundert hinein immer wieder dem »Moralisten« Sallust besondere Aufmerksamkeit geschenkt haben, so ist doch unverkennbar, daß Sallust sich keineswegs für Moral an sich interessiert, sondern für die politischen Konsequenzen moralischer Phänomene und Entwicklungen.
Man könnte vermuten, der Idealismus Sallusts sei nur vorgeschoben und in Wahrheit hätten ihn eher eigennützige Motive und persönliche Interessen zu der besonderen Form seiner Darstellung bestimmt. Aber das wäre ganz abwegig: Sallust war in keiner Weise in die geschilderten Ereignisse involviert gewesen und im übrigen zur Zeit der Abfassung bereits aus der aktiven Politik ausgeschieden. So ist gerade sein *Catilina* ein Musterbeispiel dafür, daß sich die römischen und die neuzeitlichen Vor-

stellungen vom Wesen der Geschichtsschreibung fundamental voneinander unterscheiden: Sallust schrieb für Leser, die all das, was er schrieb, selbst noch miterlebt hatten, und er brauchte dennoch nicht zu befürchten, daß man ihm Abweichungen von den »historischen Tatsachen« zum Vorwurf machen würde. Sein Insistieren auf der paradigmatischen Gefährlichkeit der Catilinarischen Verschwörung gleich zu Beginn des Werkes war für jeden Leser Signal genug, und in seiner zweiten Monographie, in der er den länger zurückliegenden Krieg zwischen Rom und dem Numiderfürsten Jugurtha schilderte, ist er methodisch ganz ähnlich verfahren.

Integrität statt Objektivität

Wie selbstverständlich solche Lizenzen in der römischen Geschichtsschreibung gewesen sind, kann man daraus ersehen, daß sich gerade die bedeutendsten Vertreter dieser Gattung in gar keiner Weise scheuen, hin und wieder Worte und sogar Gedanken wiederzugeben, von denen sie schlechterdings keinerlei Kenntnis haben können – ganz so wie der »allwissende Erzähler« eines modernen Romans. Hier sind nach heutigem Verständnis die Grenzen zur fiktionalen Literatur aufgehoben. Und wenn man nur den Maßstab des künstlerischen Anspruchs gelten ließe, dann könnte man die römische Geschichtsschreibung in der Tat als große erzählende Prosa definieren. Dennoch besteht nach dem Selbstverständnis der römischen Literatur ein fundamentaler Unterschied selbst zwischen den Intentionen eines historischen Romans und denen der Geschichtsschreibung. Die römischen Historiker erheben einen uneingeschränkten Wahrhaftigkeitsanspruch, der freilich nichts anderes besagt als die Versicherung unbedingter persönlicher Unabhängigkeit und Integrität.

Dies scheint schon in republikanischer Zeit keineswegs selbstverständlich gewesen zu sein, und die Abweichungen davon brauchten nicht einmal auf besondere Charakterschwäche hinzudeuten. Denn bei der großen Bedeutung gegenseitiger sozialer Verpflichtungen, auf denen das römische Gesellschaftssystem basierte, war die Geschichtsschreibung nur eine von zahllosen anderen Möglichkeiten, Dank durch literarische Verewigung abzustatten und dafür das Gebot persönlicher Unabhängigkeit und Wahrhaftigkeit preiszugeben. Freilich war sie auch eine besonders attraktive Form des Dankes in einer Welt, in der die *memoria*, verstanden als Fortleben in der Erinnerung künftiger Geschlechter, einen Stellenwert besaß, der nur der Hoffnung des Christen auf ewiges Leben nach dem leiblichen Tode vergleichbar ist.

Daraus erwachsen freilich auch die besondere Verantwortung des Historikers und seine Verpflichtung, sich nicht zum Werkzeug eigener oder fremder Interessen zu machen. Solche Formen degenerierter Geschichtsschreibung hat auch Tacitus mit seiner berühmten Formulierung *sine ira et studio* im Visier. Gemeint ist damit nichts weiter als die Versicherung, sein Geschichtswerk weder zur Abstattung eines persönlichen Dankes noch zur Ausübung berechtigter Rache benutzen zu wollen. Zwar finden sich bei den römischen Geschichtsschreibern daneben auch Wendungen, die eigentlich einen umfassenderen Wahrheitsanspruch implizieren und aus dem sanktionierten Formelgut der griechischen Historiographie stammen; doch im Kontext der allgemein akzeptierten römischen Praxis ist auch hier kaum mehr gemeint als der entschiedene Anspruch des Autors auf persönliche Aufrichtigkeit. Welcher Grad an Deutung durch Darstellung unter einer solchen Prämisse noch gestattet ist, ist für uns wohl kaum zu bestimmen. Den modernen Vorwurf ungenügender »Objektivität« aber hätte ein römischer Historiker gar nicht verstanden, und die lateinische Sprache besitzt nicht einmal ein Wort dafür.

Von Sallust zu Livius

Schon die Antike hat geurteilt, daß Sallust der schwierigste und zugleich der vorzüglichste Geschichtsschreiber (vor Tacitus) gewesen sei. Tatsächlich verlangt die komprimierte Form seiner Darstellung dem Leser höchste Konzentration ab, und zwar vor allem dort, wo Sallust eine besondere Vertrautheit mit den Grundgedanken der hellenistischen Geschichtsschreibung und Geschichtsphilosophie voraussetzt und diese implizit in seine Argumentation einbezieht. Da die meisten der einschlägigen Werke verloren sind, kann der heutige Leser solche

Linke Seite: Statue eines Patriziers mit Ahnenbildnissen, 1. Jahrhundert v. Chr. (Togatus Barberini). Die Ahnenbildnisse symbolisierten für den vornehmen Römer das Fortleben in der Erinnerung der Nachwelt. Sallust umreißt in der Einleitung zu seinem Bellum Iugurthinum *die Aufgabe der Geschichtsschreibung mit einem Hinweis auf die römischen Großen, die sich durch den Anblick solcher Bildnisse in ihrem Hause dazu aufgerufen fühlten, dem vorbildlichen Beispiel ihrer Vorfahren nachzueifern: Indem der Geschichtsschreiber dafür sorgt, daß erinnerungswürdige Taten und Männer nicht in Vergessenheit geraten, gestaltet er Beispiele, an denen sich die Lebenden im Guten wie im Bösen orientieren können.*
Rom, Palazzo dei Conservatori

Rechts: Sallust übernimmt den schon von der hellenistischen Geschichtsschreibung aufgestellten Lehrsatz, daß eine verkommene Moral, wenn sie sich in rücksichtsloser Drangsalierung der beherrschten Völker realisiert, unausweichlich zum Verlust der Herrschaft führen muß. Er führt zwei historische Daten dafür an: die Zerstörung Karthagos im Jahre 146 v. Chr., die Rom von jeder Furcht und damit auch von jeder Selbstdisziplin befreit habe, und die Freizügigkeit, mit der Sulla ein halbes Jahrhundert später seinen Soldaten die Ausplünderung gerade der Verbündeten gestattet habe, die Rom loyal ergeben waren. Das Problem der Legitimation der römischen Weltherrschaft, das schon Cicero mit kritischer Besorgnis in seinem Hauptwerk De re publica *behandelt hatte, gewinnt in der Geschichtsschreibung Sallusts zusätzliche politische Aktualität. Ein für die breite Öffentlichkeit bestimmtes ideales Gegenbild zu Sallusts kritischer Darstellung ist die Ehrenstatue eines römischen Feldherrn aus der Zeit Sullas.*
Rom, Museo Nazionale

Links: Zeitgenössisches Porträt des Kaisers Domitian (81-96). In der Einleitung seines ersten historiographischen Werks, des Agricola, *stellt Tacitus sich die Aufgabe, Zeugnis abzulegen von der früheren Knechtschaft und von der jetzigen Freiheit. Die Zeit der Freiheit, die nach der Ermordung Domitians mit dem Principat des »Senatskaisers« Nerva anzubrechen schien, hat Tacitus nicht mehr dargestellt und statt dessen die Geschichte der »Knechtschaft« immer weiter zurückverfolgt. Die* Historien *behandelten nicht nur die Zeit Domitians, sondern auch die seiner beiden Vorgänger Vespasian (69-79) und Titus (79-81). Die* Annalen *schließlich berichteten über die Zeit bis Ende 68, beginnend mit dem Jahr 14 n. Chr., in dem durch die Einsetzung des Tiberius als Nachfolger des Augustus der Principat für alle sichtbar fest etabliert worden war. Beide Werke sind zwar unvollständig, aber in großen zusammenhängenden Teilen erhalten.*
Rom, Palazzo dei Conservatori

*Rechts: Über römischen Alltag außerhalb der militärischen Sphäre berichten die römischen Geschichtsschreiber nur in spektakulären Ausnahmefällen. Ein Beispiel dafür ist ein Bericht, den Tacitus (*Annalen *14, 17) zum Jahr 59 gibt. Bei einem Gladiatorenspiel in Pompeji war unter den Zuschauern ein blutiger Streit zwischen Einheimischen und Gästen aus der nahe gelegenen Stadt Nocera entbrannt, bei dem es zahlreiche Tote gegeben hatte. Der Senat mußte sich mit dem Vorfall befassen und verfügte einen zehnjährigen Ausschluß der Pompejaner von allen Spielen. In Pompeji hat ein Maler das Ereignis auf einem Wandbild festgehalten.*
Neapel, Museo Nazionale

Nun ist des frühen Römervolkes Glück oder Unglück von berühmten Geschichtsschreibern dargestellt worden; auch mit der Schilderung der Zeit des Augustus haben sich glänzende Talente gerne befaßt, bis sie die überhandnehmende Kriecherei davon abbrachte: des Tiberius und Gaius wie des Claudius und Nero Taten sind zu ihren Lebzeiten aus Furcht verfälscht, nach ihrem Tod mit frischem Haß niedergeschrieben worden. Deshalb beabsichtige ich, nur weniges über Augustus, und zwar das Ende seiner Regierung, zu berichten, dann den Principat des Tiberius und die Folgezeit darzustellen, ohne Abneigung und Vorliebe *(sine ira et studio)*, wofür mir jeglicher Anlaß fehlt.
Tacitus, *Annalen* 1, 1

Anspielungen oft kaum entschlüsseln und wird sich um so leichter zu Mißverständnissen verführen lassen, wenn er in Sallusts Darstellung das eigene moralische Weltbild wiedererkennen zu können glaubt. So mag sich, wer die Geschichte nach dem einfachen Modell einer guten Vergangenheit und bösen Gegenwart bemißt, auf Sallusts Idealisierung der römischen Frühzeit im *Catilina* berufen. Doch im Kontext des Werkes dient diese Idealisierung mit ihren für jeden Quellenforscher indiskutablen Vereinfachungen und Verkürzungen lediglich dazu, Handlungsmodelle und -mechanismen zu umschreiben, die unmittelbar oder mittelbar auf die Gegenwart zu beziehen sind.

Ganz anders der Geschichtsschreiber Livius (59 v.Chr. bis 17 n.Chr. oder 64 v.Chr. bis 12 n.Chr.). Zwar ist auch seine Darstellung von starker innerer Anteilnahme geprägt, dies jedoch eher im kontemplativen als im Sinne eines politischen Engagements. Freilich hat Livius das republikanische Rom auch nicht mehr erlebt und ist selbst nie aktiver Politiker gewesen. Er wählte die Geschichtsschreibung als Lebensaufgabe und beschrieb den gesamten Zeitraum von der Gründung Roms bis zur eigenen Gegenwart. Das davon Erhaltene genügt für die Feststellung, daß Livius ein großer Erzähler nicht nur im einzelnen, sondern auch in der Anlage und Organisation seines Werkes gewesen ist. Daß auch er einen modernen, vor allem an zuverlässigen Quellen interessierten Historiker enttäuschen muß, steht auf einem anderen Blatt. Das Geschichtsbild des Livius schwankt zwischen Skepsis und verhaltenem Optimismus. Den Lohn für die Arbeit an seinem lebensfüllenden Werk sieht er darin, daß die Beschäftigung mit der Vergangenheit ihn von den zahlreichen »Übeln« der eigenen Zeit ein wenig ablenken werde. Moralische Übel sind damit offenbar nicht gemeint. Denn im selben Atemzug wendet Livius sich gegen das wohlfeile Klischee von einem unaufhaltsamen Verfall der Moral. Das schließt eine gewisse Neigung zu schlichten Urteilen nicht aus. Dennoch und trotz der »vaterländischen« Partien in seinem Werk (die oft erst durch die Livius-Interpreten und in der Verdichtung zur

Anekdote fragwürdig werden) war Livius kein unkritischer Geist. Der sonst so strenge Tacitus spricht mit großem Respekt von ihm, und damit konvergiert eine Bemerkung des Augustus über die (nicht erhaltene) Schilderung eben der Bürgerkriege, an denen die Republik zugrunde gegangen und durch die Augustus an die Macht gekommen war: Das Werk des Livius, so sagte er, sei vom Geist der Republik erfüllt.

Tacitus

Tacitus (um 55 bis nach 116) gilt als der größte Geschichtsschreiber Roms. Er verdankt dies ebenso der gedanklichen Substanz wie der literarischen Präsentation seines Werkes, das der holländische Humanist Justus Lipsius mit einer schönen Metapher als die Bühne des heutigen Lebens bezeichnet hat *(velut theatrum hodiernae vitae)*. Zur Geschichtsschreibung entschlossen hat sich Tacitus wie Sallust erst aufgrund seiner Erfahrungen als Politiker. Sein prägendes Erlebnis war die Schreckensherrschaft Domitians, der zahlreiche Senatoren zum Opfer gefallen waren und in der Tacitus miterlebt hatte, was der Konflikt zwischen Anpassung und Widerstand für diejenigen bedeuten kann, die in einer solchen Situation mitten im öffentlichen Leben stehen.

Tacitus beginnt mit der literarischen Verarbeitung seiner Erfahrungen sofort nach der Ermordung Domitians im Jahre 96. Der Grundgedanke, der sein ganzes Werk beherrscht, läßt sich mit dem Schlagwort *Principat und Freiheit* auf den Begriff bringen, wobei freilich unter Freiheit stets nur die des Senats zu verstehen ist. Sein politisches Credo ist die Verteilung der Macht auf Princeps und Senat, zumindest aber ein Zusammenwirken und gegenseitige Respektierung. Daraus ergibt sich das Thema seiner Geschichtsschreibung, nämlich warum dieses Prinzip immer wieder versagt hat: besonders spektakulär unter Domitian, aber auch schon unter Nero und unter Tiberius. Gewiß nicht die einzige Ursache überhaupt, aber die einzige, der man beikommen könnte, ist nach Tacitus die Selbstentmachtung des Senats durch

Servilität und vorauseilenden Gehorsam. Dabei verlangt er keineswegs politisches Heldentum, sondern findet sogar böse Worte über die selbsternannten Märtyrer, die mit ihrem Tod ohne jeden Nutzen für das Gemeinwohl nur für den eigenen Nachruhm sorgen wollen.

Tacitus deutet die Geschichte fast ausschließlich durch die Art seiner Darstellung und nimmt nur selten explizit Stellung, ganz wie Sallust. Und wie dieser benutzt er dafür die Form der paradigmatischen Erzählung, auch in den großen Werken, *Historien* und *Annalen*, die in fortlaufendem Bericht Jahr für Jahr die Geschichte der römischen Kaiserzeit wiedergeben. Dabei werden, oft nur durch die dramatische Komposition der Erzählung, die Mechanismen der Macht bloßgelegt, und »die Moral« erweist sich als ein direkt wirksamer Faktor der Politik und Geschichte auch in der Kaiserzeit. So etwa in dem Bericht von Neros Muttermord: Der Princeps wird von den schlimmsten Befürchtungen gepeinigt, der Senat jedoch überhäuft ihn wider Erwarten mit Schmeicheleien, und nur ein einziger Senator findet die Kraft zum wortlosen Protest – mit der unmittelbaren politischen Folge, daß Nero nun alle Rücksichten fallen läßt.

Die Faszination dieses Geschichtswerks beruht auf einer durch ihre Geschlossenheit überzeugenden Komposition und auf einer ungewöhnlichen dramatischen Erzählkunst, aber auch auf dem Raffinement, mit dem Tacitus ein psychologisch wahrscheinliches Bild von den Motiven und »Charakteren« der handelnden Personen, vor allem also der Kaiser, gezeichnet hat. Dadurch hat er die Leser derart in seinen Bann geschlagen, daß selbst die moderne Geschichtswissenschaft noch weit bis in unser Jahrhundert hinein die Kaiserzeit mit den Augen des Tacitus gesehen und nach den Maßstäben der römischen Senatsaristokratie beurteilt hat.

Römische Dichtung

Die Vielfalt der römischen Dichtung läßt sich am besten überblicken, wenn man die einzelnen Werke bestimmten literarischen Gattungen und Epochen zuweist. Alle Hauptgattungen der antiken Literatur waren ihrem Ursprung nach griechisch, also bereits vorgegebene Gestaltungsmuster (die einzige Ausnahme ist die Satire, ein ganz und gar römisches Gewächs). Die Fixierung auf eine Gattung und deren Gesetze ist zwar in der römischen Literatur weniger ausgeprägt als in der griechischen, reguliert aber doch auch hier die Entstehung von Literatur. Die Gattungsgesetze betreffen teils das Sujet (zum Beispiel *Helden*epos und *Liebes*elegie) und teils die Form, zum Beispiel das Versmaß: Für das Epos kommt nur der Hexameter in Betracht, die Elegie ist geradezu definiert durch Verwendung des »elegischen« Distichons (Wechsel von Hexameter und Pentameter). Viel problematischer ist die Gliederung der Literatur nach Epochen,

Linke Seite: Theater von Orange (Arausio) in der Provence, 1. Jahrhundert n. Chr. Das 37 m hohe Bühnenhaus hatte eine dreigeschossige Säulenschauwand.

Oben: Theater von Thugga (Tunesien), 2. Jahrhundert n. Chr.

Vorhergehende Doppelseite: Das Theater der kleinasiatischen Stadt Aspendos wurde von dem Architekten Zenon zur Zeit Marc Aurels (161-180) erbaut. Wie in Orange überspannte ein dachartiger Schalldeckel den Bühnenraum mit seiner Prunkfassade.

da diese einander meist überlagern und selten durch klare Zäsuren voneinander getrennt sind. Überdies können die Kategorien der Periodisierung mehrdeutig sein. So etwa bei dem Begriff »Klassik«, der sowohl chronologisch als auch wertend verwendet werden kann. Die römische Literaturkritik hat dafür den Begriff *optima aetas* (bester Zeitabschnitt). Dabei folgt sie einerseits der griechischen Auffassung, daß jede Gattung ihre eigene *optima aetas* hat. Andererseits datiert sie die *optima aetas* der römischen Dichtung schlechthin auf die Regierungszeit des Augustus. Diesem Urteil hat sich die neuzeitliche Literaturkritik im wesentlichen angeschlossen.

Catull und das neue Kunstideal

Die unabdingbaren Voraussetzungen dafür waren erst kurz zuvor geschaffen worden: durch Cicero und durch die »neoterischen« (»neueren«) Dichter. Ciceros Kunstprosa hatte das Lateinische überhaupt erst zu einer Literatursprache im vollen Sinne des Wortes werden lassen. Die Neoteriker aber, die für uns durch Catull (um 84 bis um 54) repräsentiert werden, hatten radikal mit der nachlässigen Großzügigkeit gebrochen, die sich die römische Dichtung bis dahin bei der künstlerischen Gestaltung leistete. Statt dessen propagierten und praktizierten sie das Kunstideal der hellenistischen Dichtung (besonders des Kallimachos), nämlich die formale Perfektion des Gedichts, soweit dies nur eben möglich ist.

Die Neoteriker bilden einen »literarischen Zirkel«, ziehen sich aber keineswegs in den Elfenbeinturm ihres Privatlebens zurück. Sie wollen mit der spießigen Prominenz des öffentlichen Lebens nichts zu tun haben, verzichten deshalb aber nicht auf eine eigene politische Meinung. Ihr Leben ist, jedenfalls im Spiegel von Catulls Gedichten, bestimmt von der intensiven Pflege gemeinsamer Interessen im Freundeskreis. Dazu gehören vor allem die elegante Dichtung und die Dichtung über Dichtung, aber auch Liebesleidenschaften und das Dichten darüber. Sie scheuen sich nicht, die geheiligten Wertbegriffe der römischen Gesellschaft auf ihre privaten Beziehungen zu übertragen: gewiß eine Respektlosigkeit, die aber doch voraussetzt, daß solche Wertvorstellungen noch nicht als sinnentleert empfunden werden. Dem heutigen Leser sind die Gedichte Catulls, und das gilt für die von Obszönitäten und Infamien strotzenden Invektiven ebenso wie für die Liebesgedichte, die er einer

Frau mit dem Pseudonym Lesbia gewidmet hat, unmittelbarer zugänglich als manches andere Werk der antiken Literatur; dies gewiß auch deshalb, weil der leidenschaftliche Ausdruck und die Intensität des Gefühls durch die Vollkommenheit der poetischen Form nicht überdeckt werden, sondern dadurch erst Gestalt gewinnen.
Catulls Lesbia-Gedichte sind das geniale Präludium zur »subjektiven« römischen Liebeselegie, in der der Dichter (anders als in der griechischen Elegie üblich) eigene Gefühle und eigene Liebe zum Gegenstand seiner Dichtung macht, wobei es wenig darauf ankommt, ob und in welcher Weise sich dahinter persönliche Erfahrungen des Autors verbergen. Zu einer eigenen Kunstform ist die subjektive Liebeselegie durch Properz und Tibull geworden, beide jüngere Zeitgenossen des Horaz, die sich auf die Elegie beschränkt und gleichzeitig deren Thematik erweitert haben.

Augusteische Dichtung

Die Kennzeichnung von Dichtung als »augusteisch« kann dreierlei bedeuten: erstens, daß diese Dichtung in der Regierungszeit des Augustus (27 v.Chr. bis 14 n.Chr.) entstanden ist (Gegenbegriffe: vor- und nachaugusteisch); zweitens und davon abgeleitet, daß in ihr die Qualitätsmaßstäbe der Augusteischen Zeit als einer *optima aetas* realisiert sind; drittens, daß sie in Einklang mit den politischen Idealen und Wertvorstellungen steht, die unter Augustus besonders propagiert wurden (Gegenbegriffe: unaugusteisch, antiaugusteisch).
Als Augusteer schlechthin im Sinne der zweiten Bedeutung gelten Vergil, Horaz und Ovid. Aber Vergil (70 bis 19 v.Chr.) und Horaz (65–8 v.Chr.) haben ihr Frühwerk verfaßt, bevor Augustus seine Herrschaft antrat, und sie haben deren zweite Hälfte nicht mehr erlebt. Sie sind geprägt vom Erlebnis der blutigen Bürgerkriege, von denen sie beide unmittelbar betroffen waren. Vergil gehörte zu den Opfern der Landenteignungen, die Octavian, der spätere Augustus, in Oberitalien durchsetzte, und verlor seinen heimatlichen Grundbesitz an einen Bürgerkriegsveteranen. Horaz hatte im Bürgerkrieg auf der »falschen« Seite selbst mitgekämpft und sogar ein Truppenkontingent befehligt, so daß es ihm danach nicht leicht fiel, wieder Fuß zu fassen. Beide sind jedoch auch vom Erlebnis der Beendigung der Bürgerkriege geprägt, vom Erlebnis eines kaum noch erhofften Friedens. Dadurch haben sie Zugang zum Kreise des Maecenas, eines engen Vertrauten des Augustus, gefunden und auch zu Augustus selbst ein mehr oder weniger vertrautes Verhältnis gehabt. Ob sie jedoch dort, wo sie Wertvorstellungen formulieren, die als »typisch augusteisch« gelten, eher die Gebenden oder die Nehmenden sind, ist schwer zu beurteilen. Selbst im »Herrscherlob«, das sich sowohl bei Vergil als auch bei Horaz findet, läßt sich oft kaum entscheiden, was davon persönliche Zustimmung, was tradierte Form der »Textsorte« und was kritischer Appell im Sinne eines Fürstenspiegels ist. So ist Vergils *Aeneis* früher gelegentlich als kühle Hofdichtung gelesen, in jüngster Zeit dagegen als antiaugusteisches Epos interpretiert worden. Den umgekehrten Fall haben wir bei Ovid (43 v.Chr. bis 17 n.Chr.), der nur den gesicherten Frieden kennengelernt hat und die »zweite Generation« der Augusteischen Dichtung vertritt. Er fühlt sich im vollkommenen Einklang mit der Augusteischen Zeit, so wie er sie versteht, und ist doch von Augustus, auch wegen seiner Dichtung, aus Rom verbannt worden.

Vergil

Vergil hat schon für seine Zeitgenossen »klassischen« Rang im Sinne einer Gleichwertigkeit mit den bewunderten griechischen Vorbildern besessen. Dies gilt schon

Links: Tragische Maske. Mosaik aus der Casa del Fauno in Pompeji, Ende 2. Jahrhundert v. Chr. Vom griechischen Theater übernahm das römische auch die Schauspielermaske. Durch ihre dunkle Hautfarbe als männlich gekennzeichnet, gibt diese Maske mit langen Schulterlocken den hellenistischen Typus des Jünglings in der Tragödie wieder. Neapel, Museo Nazionale

Oben: Vorbereitung einer Theateraufführung. Mosaik aus Pompeji, etwa 62-79 n. Chr. In der Kaiserzeit konnte die Literatur Kritik an den politischen Zuständen nur indirekt üben, sie durfte freilich mit einem Publikum rechnen, das ein für Anspielungen geschultes Ohr hatte. Im Theater waren die damit verbundenen Risiken besonders groß. Auch Senecas Tragödien behandeln keine Themen der römischen Geschichte, sondern zeigen an den großen Beispielen des griechischen Mythos wie Ödipus und Medea die Macht des Schicksals und die Gewalt der menschlichen Leidenschaften. Aber aktuelle Bezüge ergeben sich dabei fast von selbst, etwa wenn ein König auf seine unumschränkte Macht pocht. Ob Senecas Tragödien freilich überhaupt zur Aufführung oder nur zur Rezitation gedacht waren, ist kaum zu entscheiden, zumal auch typische Leseliteratur szenisch zubereitet und (manchmal pantomimisch) aufgeführt werden konnte. Neapel, Museo Nazionale

für sein Frühwerk, besonders aber für die *Aeneis*, der er die letzten zehn Jahre seines Lebens widmete, ohne sie ganz vollenden zu können, und die ihm den Titel »der Dichter der Römer« eingetragen hat. Mit seinen *Eklogen* (seit den späten vierziger Jahren) hat Vergil die »Hirtendichtung« *(Bucolica)* in Rom eingeführt, die freilich grundverschieden ist vom weltentrückten Idyll einer harmlosen Schäferpoesie. Vergils Hirtenwelt ist eine Welt der Dichtung, gleichzeitig auch der Liebe und der Geborgenheit in der Natur, die in vielfältiger Weise durch eine brutale und dichtungsfeindliche Wirklichkeit bedroht wird. Wer die »singenden« Hirten als Spiegelbild für die Existenz des Autors selbst versteht, muß die Unerbittlichkeit, mit der Politik und Krieg in diese Welt einbrechen, um so intensiver empfinden.

Nicht überall in den *Eklogen* wird die Hirtenwelt vom Krieg bedroht. Aber sie verliert nie den Bezug zur Wirklichkeit, wird nie zum romantischen Idyll im Lande Uto-

pia. Sogar die berühmte vierte Ekloge, in der keine Hirten vorkommen und der Dichter selbst anläßlich der Geburt eines Kindes die Wiederkehr des Goldenen Zeitalters beschwört, ist an römischer Geschichte und Gegenwart orientiert. Die poetische Faszination dieses Gedichts hat bewirkt, daß man es schon früh als Prophezeiung der Geburt Christi gedeutet und deshalb Vergil einen in seinem Wesen christlichen Dichter genannt hat (*anima naturaliter Christiana*).

Die *Georgica* (Vom Landbau; 29 v.Chr.) gehören zur Gattung des Lehrgedichts, einer Sonderform des Epos. Vergil steht hier in griechischer Tradition, noch mehr aber in der Nachfolge des Lukrez (um 94–55 v.Chr.). Dieser hatte die materialistische Welterklärung Epikurs in einem großen Gedicht *De rerum natura* (Von der Natur der Dinge) dargestellt, um die Menschen von ihrer sinnlosen Götterfurcht und Todesangst zu befreien. So wie ein Arzt ein Kind heilt, indem er die bittere Medizin mit Zucker versüßt, so wollte Lukrez die spröde Lehre Epikurs in der schönen Gestalt der Dichtung in die menschlichen Herzen versenken. Sein Enthusiasmus für seine Aufgabe als Dichter und Mittler menschlichen Glücks hat Vergil, obwohl selbst weit entfernt von Epikurs Welterklärung, tief beeindruckt. Die *Georgica* sind ein Gegenentwurf dazu, ein Gegenentwurf allerdings auch zu Weltflucht und billigen Glücksmodellen. Sie schildern die mühselige Arbeit des Bauern als ein Symbol für das Leben des Menschen schlechthin, das Jupiter in die »Eiserne Zeit« gestellt und zu einem Dasein unaufhörlicher Plagen gemacht hat. Aber Jupiter hat auch die *artes* als Mittel zu ihrer Bewältigung gezeigt: die »Künste« und Fertigkeiten der Landwirtschaft so gut wie die der menschlichen Zivilisation überhaupt. Damit aber ist der Weg eröffnet, im Einklang mit der Natur auch einem Dasein voller Mühsal einen Sinn abzugewinnen.

Der Ruhm der *Aeneis* ist älter als das Werk selbst. Vergil hatte einzelne Bücher schon vor der Vollendung des Ganzen, wie bei größeren Werken üblich, im Freundeskreis vorgelesen. Die Vielfalt der Bezüge, durch die dieses Epos wie ein gewachsener Organismus wirkt, und die überaus kunstvolle Tektonik – die Gliederung der zwölf Bücher in zwei Werkhälften wird durch eine Gruppierung von drei Einheiten zu vier Büchern überlagert – erschließen sich jedoch erst dem Leser, der das Ganze überschaut. Die *Aeneis* ist durch die im Werk selbst angelegte Polyphonie, aber auch dank ihrer zweitausendjährigen Wirkungsgeschichte, die sie vielfältig verwandelt und angereichert hat, zu einem Musterbild literarischer Vieldeutigkeit geworden. Sie handelt von dem Helden, dem auferlegt wird, seine besiegte Vaterstadt zu verlassen und ein fernes verheißenes Land zu suchen, um dort zum Stammvater eines weltbeherrschenden Geschlechts zu werden: ein Schicksal, dessen Sinn ihm erst allmählich eröffnet wird und das Verzicht auf jedes persönliche Glück bedeutet. Aeneas wiederholt die Irrfahrten des Odysseus gleichsam in umgekehrter Richtung: von der Heimat in die Fremde, eine Fremde, die er für seine Nachkommen zur Heimat machen soll. Er darf weder unterwegs irgendwo bleiben noch in Karthago bei der Königin Dido, trotz der Liebe der beiden zueinander, die mit dem Tod der verlassenen Geliebten enden wird.

In Italien angekommen, muß Aeneas den Gang in die Unterwelt antreten. Dort erfährt er, wofür er all dies auf sich nimmt. Sein Vater läßt an ihm die Gestalten der römischen Geschichte vorüberziehen bis hin zur augusteischen Gegenwart, in der sie sich erfüllen wird. Erst

Linke Seite, außen: Dido tötet sich mit dem Schwert des Aeneas. Miniatur des spätantiken Codex Vergilius Vaticanus. Vergil hat Didos Liebe zu Aeneas mit großer Anteilnahme dargestellt, so daß der moderne Leser leicht geneigt ist, mit der unglücklichen Königin zu empfinden, die in ihrer Liebe bis zur Selbstaufgabe geht und am Ende, als Aeneas sie verläßt, keinen anderen Ausweg mehr sieht als den Freitod. Aber Vergil hat keinen Zweifel daran gelassen, daß Dido die Verbindung mit Aeneas zu Unrecht als Ehe angesehen und gegenüber ihrem verstorbenen Gatten Schuld (culpa) *auf sich geladen hat. Wenn Aeneas ein Vorwurf trifft, dann nicht dafür, daß er Dido verläßt, wie es ihm von seinem Schicksal* (fatum) *auferlegt ist, sondern dafür, daß er zu lange bei ihr geblieben ist und mehr an sein persönliches Glück als an sein* fatum *gedacht hat. Freilich ist die Liebe der beiden nicht ohne Zutun der Götter entstanden, und es ist Jupiter, der Aeneas die Trennung befiehlt – mit der Folge, daß Dido in ihrer Verzweiflung ihm einen Fluch nachsendet, der die Geschichte Roms und Karthagos überschatten soll.*
Rom, Biblioteca Vaticana

Linke Seite, innen: Schon das Werk des jungen Vergil ist bei aller Harmonie in der literarischen Gestaltung von einer starken inneren Spannung beherrscht, deren Pole in den Bucolica *von der Hirtenwelt als Welt der Dichtung und der sie bedrohenden Wirklichkeit gebildet werden. Gleich in der ersten Ekloge, in der die beiden Hirten Tityrus und Meliboeus das Schicksal eines ganzen Zeitalters symbolisieren, ist das besonders evident: Die bukolisch-poetische Welt wird der Realität von Krieg und Enteignung ausgeliefert. Tityrus ist mitten im Bürgerkrieg von einem* iuvenis *(jungen Mann) mit der Sicherung seiner Existenz beschenkt worden, was ihm wie die Gabe eines Gottes erscheint. Meliboeus dagegen gehört zu den Enteigneten und muß seine vertraute Heimat verlassen. Ohne Neid auf Tityrus und ohne Haß gegen den* iuvenis *(in dem jeder Leser Octavian erkannte), aber auch ohne Trost zieht er davon. Eine Illustration des* Vergilius Vaticanus *stellt über den ersten Versen dieser Ekloge die beiden Hirten dar: Der Kuhhirte Tityros sitzt unter einem Baum und bläst auf seiner Flöte; der Ziegenhirte Meliboeus führt, dem Text getreu, eine seiner Ziegen am Horn.*
Rom, Biblioteca Vaticana

Rechts: Vergil und die Musen. Mosaik aus Hadrumetum (Sousse, Tunesien). In Augusteischer Zeit hat die römische Dichtung mit Vergil, Horaz und Ovid einen Standard erreicht, der neue Maßstäbe gesetzt hat. Dies gilt auch dann, wenn man bei der Beurteilung des »Augusteischen Dreigestirns« von dem absieht, was als individuelle dichterische Leistung nicht ohne weiteres auf den Begriff zu bringen ist. Vergil wurde schon von den Zeitgenossen, aber auch in den folgenden Jahrhunderten in einzigartiger Weise verehrt. Ein Zeugnis dafür ist auch das Mosaik aus einem Wohnhaus in Nordafrika. Vergil thront zwischen Klio und Melpomene, den Musen der Geschichtsschreibung und der Tragödie. Auf dem Schoß hält er eine Buchrolle mit der Aeneis, *kenntlich gemacht durch den Musenanruf in Vers 8:* Musa, mihi causas memora... *(Nenne mir, Muse, die Gründe...). Datiert wird die Darstellung ins 3. oder 4. Jahrhundert, also in die Zeit, in der die Papyrusrolle durch den buchförmigen Codex, meist aus Pergament, abgelöst wurde.*
Tunis, Musée National du Bardo

Wir aber ziehen von hier, in Afrikas Gluten die einen, / andre zu Skythen und weiter zum kreidemitwirbelnden Oxus, / und zum anderen Ende der Welt, den fernen Britannen. / Ob ich wohl je nach langer Zeit mein väterlich Land hier / und den rasengedeckten, den Giebel der ärmlichen Hütte, / ob ich's noch sehe, mein Reich, erstaunt ob spärlicher Ähren? / Ehrfurchtslos übernimmt der Soldat die gepflegten Gefilde, / er, der Barbar, diese Saaten wohin hat uns elende Bürger / Zwietracht gebracht! Wir bestellten das Land für dieses Gesindel! / Jetzt, Meliboeus, pfropfe den Birnbaum, setz deine Reben! / Geht, meine Tiere, noch jüngst so beglückt, geht weiter, ihr Ziegen! / Nimmermehr seh ich euch je, in grüner Grotte gelagert...

Vergil, *Bucolica* 1, 64-75

durch dieses Wissen gewinnt Aeneas die Kraft, die inneren Leiden und die blutigen Kämpfe zu bestehen, die die zweite Hälfte der *Aeneis* ausfüllen. Hier wird der Abstand zu Homer besonders deutlich. Aeneas kämpft so tapfer wie die Helden der *Ilias*, aber gegen seinen Willen und wie in einem schrecklich überflüssigen Bürgerkrieg. Wesentliche Elemente der früheren Vergilischen Dichtung, Liebe zur italischen Heimat und Leiden am Krieg, bestimmen auch die *Aeneis*. Das Werk endet mit dem Sieg des Aeneas im Zweikampf gegen seinen wortbrüchigen Gegner Turnus. Daß er den Unterlegenen tötet, gehört für den heutigen Leser zu dem »Befremdenden« in der *Aeneis*, und es gewinnt eine über das Werk hinausweisende Bedeutung, weil Vergil im epischen Geschehen Mythos, Geschichte und Gegenwart durch die handelnden Personen so miteinander verflochten hat, daß sie sich gegenseitig beleuchten und erklären und hier in der Schlußszene der *Aeneis* hinter der Gestalt des Aeneas die des Augustus sichtbar zu werden scheint.

Horaz

Dichtung soll nicht nur durch die Schönheit ihrer Gestaltung wirken, sondern hat nach antiker Auffassung auch eine »Botschaft« zu vermitteln. Der Leser (und Hörer) soll seine Freude an der Kunst des Dichters haben, aber auch Gewinn für sich selbst davontragen, und wäre dies auch nur ein Anstoß zur Nachdenklichkeit. Horaz hat sein eigenes Dichten in ganz besonderer Weise von dieser Polarität her verstanden, und von ihm stammt auch die sprichwörtlich gewordene Formulierung dafür: *aut prodesse volunt aut delectare poetae / aut simul et iucunda et idonea dicere vitae* (entweder nützen oder erfreuen

Links oben: Die Geschichte der verlassenen Ariadne war eines der beliebtesten Themen in Malerei und Dichtung der Antike. Das Wandbild aus Pompeji zeigt, wie Theseus eben von Naxos abgelegt hat und Ariadne ihm klagend hinterherblickt. In der römischen Dichtung hat das Ariadne-Gedicht Catulls Epoche gemacht: Deutliche Nachwirkungen finden sich bei Vergil und bei Ovid. Catull hatte ein Beispiel dafür gegeben, wie sich die Neoteriker die Verwirklichung des hellenistischen Dichtungsideals vorstellten. Zwei Dinge waren nach ihrer Auffassung dafür erforderlich: die Beschränkung auf kleinere Dichtformen und die Bereitschaft, so lange daran zu feilen, bis das Gedicht als Ganzes wie in jedem Detail seine vollkommene Form gefunden hat. Das dichterische Genie sollte durch die artistische Perfektion nicht ersetzt, sondern geläutert und diszipliniert werden. Deshalb galt ihr Spott allen Dichterlingen, die ihre plumpen Verse für große Kunst ausgaben und sich viel auf ihr Talent einbildeten, in Wahrheit aber alberne Einfaltspinsel waren. Neapel, Museo Nazionale

Links unten: Wenn Ovid Mythen erzählt, steigen die Helden gleichsam herab vom Sockel ihres Heroentums: Sie fühlen und sie lieben so, wie es der allgemeinen menschlichen Erfahrung entspricht. Dies gilt für alle seine Werke, wird aber besonders deutlich in den Epistulae Heroidum, *fingierten Briefen von berühmten Frauen des Mythos. Sie schreiben aus der Einsamkeit ihrer Gefühle heraus an den Mann, von dem sie durch seine Untreue oder das Schicksal getrennt worden sind, und sie tun dies ganz in der Art der liebenden Mädchen in Ovids eigener moderner Liebesdichtung. Dabei entpuppt sich Sentimentalität als literarisches Spiel, und großartige Seelengemälde wechseln ab mit dem Unernst kleinerer und größerer Illusionsbrüche. So kann sogar die* Ilias *zur modernen erotischen Dichtung werden, und Achill, das Vorbild für königliches Heldentum schlechthin, verwandelt sich wie von selbst in einen gekränkten Liebhaber: ganz einfach dadurch, daß Ovid die »speergefangene« Briseis, die bei Homer kaum mehr als ein Ehrengeschenk ist, das Achill an Agamemnon abgeben muß, in den Mittelpunkt stellt und uns das Geschehen mit ihren Augen sehen läßt. In diesem Sinne läßt sich auch ein Wandbild aus Pompeji verstehen, das die Szene zeigt, in der Briseis von den Herolden Agamemnons weggeführt wird. Neapel, Museo Nazionale*

Rechts: Ovids Metamorphosen *sind das früheste Beispiel für die »Erotisierung« des Epos in Rom. Die Herrschaft Amors wird allerdings nicht allzu ernst genommen: Der Gott ist, ungeachtet des Unglücks, das er anrichten kann, meist der freche Knabe wie auf dem Wandbild der »Bestrafung Amors« aus Pompeji (um 10 n. Chr.). Die Rachegöttin Nemesis hat seine Beine mit zarten Bändern gefesselt und führt ihn zu seiner Mutter Venus, die seinen Köcher mit den Pfeilen auf dem Schoß hält. Ihr verständnisvoller Blick spricht nicht dafür, daß Amor eine besonders strenge Bestrafung zu erwarten hat. Neapel, Museo Nazionale*

wollen die Dichter, oder sie wollen gleichzeitig sagen, was erfreulich ist und was nützlich ist für das Leben). Die Verse stehen in der *Ars poetica* (Dichtkunst), in der Horaz Nutzen stiftet für das Verständnis der Dichtung, indem er das Resümee zieht aus seiner eigenen lebenslangen Beschäftigung mit ihr. Die *Ars poetica* ist selbst ein großes Gedicht, kein Lehrbuch also, und sie erweckt den Anschein einer ganz lockeren Komposition, so als ob sich in einem Gespräch *(sermo)* die Gedanken eher assoziativ und ohne festes Ziel fortentwickelten. In Wahrheit aber ist hier nichts zufällig, sondern die lockere Gesprächsführung ist raffiniert gestaltete literarische Form.

Nichts, so hat Horaz selbst gesagt, ist schwerer zu erreichen als Leichtigkeit in der Kunst, und eine gute Komödie wird viel eher unterschätzt als eine Tragödie: Die daran gescheitert sind, mögen es bezeugen. Gerade die Komödie aber war es, der Horaz, wie er selbst sagt, die Kunstform des *sermo* entlehnt hatte; so schon in seinen dichterischen Anfängen mit den *Satiren*, die er selbst als *sermones* bezeichnete und deren Ziel und Wesen er umschrieb, indem er sich auf Terenz berief. Lachend will er die Wahrheit sagen *(ridentem dicere verum)*: nachdrücklich, mit Selbstbewußtsein und festen Maßstäben, aber ohne Bosheit und ohne die Macht des Dichters gegen wehrlose Opfer zu mißbrauchen. Deshalb sollen nicht etwa Personen bloßgestellt, sondern *vitia* (Fehler) bewußt gemacht werden, was freilich ohne konkrete Beispiele aus dem Alltag nicht möglich ist und auch keineswegs einen Ver-

zicht auf gezielte Seitenhiebe bedeutet – das *ridentem dicere verum* darf mit einer kräftigen Prise des angriffslustigen italischen Witzes gesalzen werden *(sales Italici)*, und wer den Satiriker angreift, kann ohnehin keine Schonung erwarten. So hatte es der Gründer der Gattung, Lucilius (gestorben 102 v.Chr.), vorexerziert, mit hinreißendem Schwung und großem Charme. Er hatte der Satire wie einem Tagebuch seine Gedanken anvertraut, so als wollte er im Selbstgespräch mit der Welt und mit sich selbst ins reine kommen. Darin betrachtet Horaz ihn als sein großes Vorbild, nicht jedoch darin, daß Lucilius die Satire (unter ganz anderen Umständen) gelegentlich auch für rücksichtslose Attacken gegen prominente Persönlichkeiten des öffentlichen Lebens benutzt hatte; und noch weniger darin, daß Lucilius die künstlerische Form allzu sorglos vernachlässigt hatte, was man ihm selbst sehr wohl, keinesfalls jedoch seinen modernen Nachahmern nachsehen könne. Die Entschiedenheit, mit der Horaz strengste künstlerische Disziplin auch für die Satire fordert, spiegelt den raschen Wandel der literarästhetischen Normen in Rom wider: Das hellenistische Ideal der perfekten Form, kurz zuvor noch ein fast esoterischer Maßstab der Neoteriker, ist bereits zum fast selbstverständlichen Standard der römischen Literatur geworden.

Horaz hat mit seiner *Sermonen*-Dichtung mehr Erfolg gehabt als mit der Lyrik; er hat sie später wiederaufgenommen mit seinen *Epistulae* (Briefe). Diese sind, nun ganz ohne die aggressiven Töne des Satirikers, noch viel deutlicher der philosophischen Selbstreflexion gewidmet, wollen nachdenken über Normen des menschlichen Lebens, »was schön und was schimpflich, was nützlich ist und was nicht« *(quid sit pulchrum, quid turpe, quid utile, quid non)*. Daß die Antike sich in Dichtung und Prosaliteratur so wie hier Horaz solcher Themen gern angenommen hat, ist gewiß nicht verwunderlich in einer Zeit, in der nicht der Götterkult dem Menschen Orientierung und Lebenshilfe gewährt, sondern die Philosophie und die mit »philosophischen« Augen gelesene Literatur von Homer bis zur eigenen Gegenwart. Freilich ist es nur wenigen Autoren so wie Horaz gelungen, dabei die unaufdringliche Bescheidenheit zu wahren, von der die Glaubwürdigkeit nicht weniger abhängt als die ästhetische Wirkung von der Eleganz der poetischen Form.

Horaz selbst hat sich auf seine Lyrik besonders viel zugute gehalten, und dies sicher zu Recht. Hier hat er Neuland betreten, indem er, statt sich an der »modernen« hellenistischen Dichtung zu orientieren, die alte griechische Lyrik des 7. bis 5. Jahrhunderts (Alkaios, Sappho und Pindar) zu neuem, römischem Leben erweckte. Die etwas über hundert Gedichte sind nicht lyrisch im Sinne eines romantischen Subjektivismus, auch die wegen ihrer heiteren Anmut berühmten Liebesgedichte nicht und erst recht nicht diejenigen, die Themen der römischen Geschichte und Gegenwart oder der rechten Lebensführung gewidmet sind. Viele davon sind überdies zu anspruchsvolle Gebilde, als daß Horaz sie für ein größeres Publikum hätte schreiben können. Dennoch hat auch Horaz mit seinen Gedichten sichtbare Anerkennung gefunden: Im Jahre 17 v.Chr. wurde er von Augustus beauftragt, das Festlied für die große Säkularfeier zu verfassen. Und wer immer sich ernsthaft auf die Lyrik des Horaz eingelassen hat, der hat auch bezeugt, daß die Mühe sich lohnt. Horaz selbst hat am Ende seiner ersten Gedichtsammlung, so wie es in der Antike Brauch war, aber doch mit großem persönlichen Selbstbewußtsein ausgesprochen, daß er sich mit diesem Buch ein Denkmal errichtet habe, das dauerhafter sein werde als Erz: *Exegi monumentum aere perennius.*

Ovid

Ovids Ruhm bei seinen Zeitgenossen beruhte nicht auf den *Metamorphosen*, sondern auf seiner Liebesdichtung, und sie ist ihm auch zum Schicksal geworden. Schon früh war er durch die frivole Eleganz seiner *Amores* (Liebesgedichte) zum bewunderten Mittelpunkt der römischen Jeunesse dorée geworden. Diese Generation kannte keinen Bürgerkrieg mehr, und die Ideen der Sittenerneuerung waren ihr völlig fremd. Ihr sprach Ovid aus dem Herzen, wenn er dichtete: »Lobe das Alte, wer will! Für mich ist's ein Glück, daß ich jetzt erst / lebe: dies ist die Zeit, die mir von Grund auf gefällt.«

Die Verse stehen in Ovids »Lehrbuch der Liebe«, der *Ars amatoria*, in der er den Männern und Frauen Roms verkündete, wie man kunstgerecht liebt. Die Liebe als elegante Lebensform und als schönes Spiel: da ergaben sich die Pointen auf Kosten der Augusteischen Ehegesetzgebung ganz von selbst. Dabei kam es Ovid nicht etwa darauf an, antiaugusteisches Gedankengut zum Gegenstand seiner Dichtung zu machen. Im Gegenteil, er pries die Augusteischen Ideale, so wie er sie verstand, nämlich die vielfältigen Formen des *cultus*, der Kultiviertheit in allen Lebensbereichen. Augustus hatte aus dem ehemals bäurisch einfachen Rom eine Stadt von Gold und Elfenbein gemacht und damit in Ovids Augen selbst das Vorbild gegeben, dem nun jeder auf seine Art nacheifern müsse. Deshalb sollen die jungen Römerinnen ihre Schönheit durch raffinierte Kosmetik und Kleidung zur vollen Geltung bringen, deshalb sollen die Liebenden so kultiviert lieben, wie er es ihnen zeigen will, und deshalb will Ovid seine Leser so mit dem *cultus* seiner wundervollen Dichtung bezaubern, wie eine solche Zeit es verlangt.

Daß Augustus selbst etwas ganz anderes unter Augusteisch verstand, wurde offenbar, als er Ovid, Jahre nach Veröffentlichung der *Ars amatoria* und wohl auch aus einem anderen, uns nicht mehr erkennbaren Grund, auf Lebenszeit in eine ganz und gar unkultivierte Gegend am Rande des Imperiums verbannte. Das Lateinische war dort eine Fremdsprache, und Ovid, der vergeblich auf die Erlaubnis zur Rückkehr hoffte, hat den Schock nie überwunden. Den einzigen Trost fand er selbst für sich »bei den Musen«, die bei ihm blieben und ihm die Kraft gaben für seine Gedichte aus der Verbannung. So ist ausgerechnet Ovid, der vielbewunderte Dichter des schönen erotischen Spiels, durch das Schicksal der Vertreibung aus dem heimatlichen Kultur- und Sprachkreis zum Vater der Exildichtung geworden.

Als ihn der Verbannungsbefehl ereilte, hatte Ovid gerade die *Metamorphosen* fertiggestellt, ein Epos, das am Rang

Romantisierende Vorstellungen vom ländlichen Leben waren in Rom nicht erst seit Augusteischer Zeit weit verbreitet, und sie haben im Genre der bukolischen Malerei ihren adäquaten Ausdruck gefunden. Oft wird dabei die Natur wie in der bukolisch-sakralen Landschaft aus einer Villa bei Boscotrecase (um 10 v. Chr.) durch künstliche Elemente »kultiviert« und zum romantischen Ideal stilisiert. Die Literatur ist kritischer und distanzierter als die bildende Kunst: Vergils Hirtengedichte bleiben durch ihre poetische Reflexion der Wirklichkeit frei von jeder Sentimentalität, und Horaz hat derartige romantische Sehnsüchte sogar höchst wirkungsvoll zu karikieren verstanden. Sein frühes Gedicht Epode 2 *ist ein überschwenglicher Preis des Landlebens, das wie ein wunderbares Idyll aus ferner Vergangenheit verherrlicht wird, bis sich am Schluß herausstellt, daß der Dichter nur einen Bankier zitiert hat, der gerade seine Wucherzinsen eintreibt. Erst in Neronischer Zeit stimmt auch die Literatur mit ein in die romantische Verklärung und besingt eine bukolische Scheinwelt, die gleichzeitig als Widerspiegelung der Wirklichkeit unter einem idealen Kaiser gemeint ist.*
Neapel, Museo Nazionale

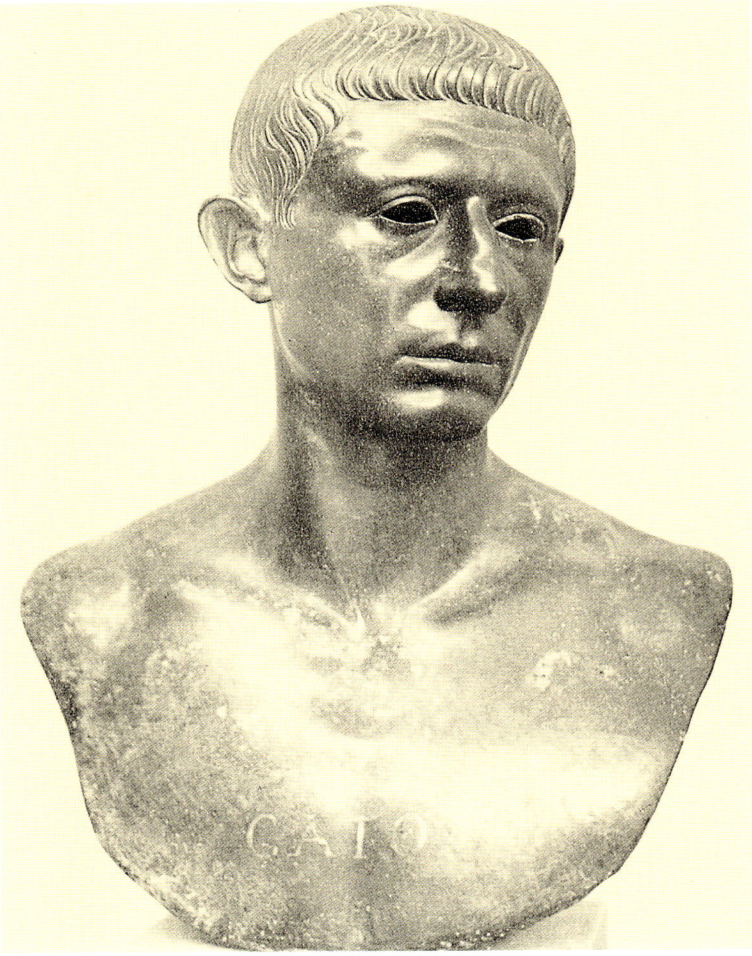

Links oben: Bronzebüste des jüngeren Cato. In Lucans Epos spielt nicht der Sieger die Rolle des Helden, sondern Cato, die Symbolfigur der untergegangenen Republik, und Lucan selbst hat dies in einem Vers zur Sentenz verdichtet: Victrix causa deis placuit, sed victa Catoni *(Die siegreiche Sache gefiel den Göttern, doch die besiegte dem Cato). Für ein kaiserzeitliches Epos ist das bemerkenswert, obgleich Lucan gewiß nicht zur Beseitigung des Principats auffordern wollte. Schon Caesar hatte empfindlich reagiert, als Cato nach seinem Selbstmord von Cicero als Freiheitsheld verherrlicht wurde. Später war so etwas lebensgefährlich.*
Rabat, Museum

Links unten: Für die Selbstdarstellung des Principats bot Vergils Aeneis *vielfältige Möglichkeiten, die mit Hilfe der bildenden Kunst von Anfang an intensiv genutzt wurden. Das früheste Beispiel dafür ist das Aeneas-Relief auf dem Friedensaltar des Augustus. In der Folgezeit wurde die Szene, in der Aeneas seinen Vater auf den Schultern und seinen Sohn an der Hand aus dem brennenden Troja rettet, so häufig dargestellt, daß sie zur Persiflage einlud. Eine Wandmalerei aus einer Villa bei Stabiae karikiert die Aeneas-Gruppe in Gestalt hundsköpfiger Affen. Die Dichtung konnte ideologische Verflachungen des Vergilischen Werks zwar leichter ignorieren, aber auch sie stand von Anfang an im Banne der* Aeneis. *Dies ist schon in Ovids Liebesdichtung evident, am deutlichsten in dem fingierten Brief, den er Dido an Aeneas schreiben läßt. Das besonders berühmte 4. Buch der* Aeneis, *Leiden und Größe des Helden sind darin antiheroisch umgedeutet. Erst recht aber konnte ein neues Epos nur im Schatten der* Aeneis *entstehen oder wie Ovids* Metamorphosen *in bewußtem Kontrast dazu. Bei Ovid sind nicht nur die spezifisch Vergilischen Themen davon betroffen, sondern die* Metamorphosen *sind unvergilisch schlechthin. In der* Aeneis *ist der Titelheld ein Sinnbild des verantwortlich handelnden Menschen, dem Übermenschliches abverlangt wird. In den* Metamorphosen *dagegen ist verantwortliches*

der *Aeneis* gemessen werden will, so weit es sich auch innerlich von ihr entfernt hat. Der zeitliche Rahmen der *Metamorphosen* erstreckt sich von der Entstehung der Welt bis zur zukünftigen Apotheose des Augustus. Aber bei Ovid ist daraus kein großartiger kosmischer Bau geworden, sondern ein weltumschlingendes Geflecht von Einzelerzählungen, die ebenso raffiniert wie unentwirrbar in einem *carmen perpetuum* (fortlaufenden Gedicht) ineinandergewachsen sind. Grundidee ist die (meist mythische) Verwandlung, die aber mit einer ungewöhnlichen Phantasie in immer neuen Formen variiert wird. Geschichten, in die der Gedanke der Verwandlung erst hineingetragen werden muß (was bei Ovid gelegentlich gerade den Witz der Erzählung ausmacht) wechseln ab mit solchen, in denen die Verwandlung das eigentliche Wesen enthüllt (etwa wenn die Weberin Arachne zur Spinne wird). In den mythischen Erzählungen der *Metamorphosen* ersteht eine sich selbst erzählende und dadurch verwandelnde Welt, die zwei Jahrtausende lang die Dichter und vor allem die bildenden Künstler zum Miterzählen angeregt hat.

Silberne Latinität

Mit Vergil und Horaz hat die Entwicklung der lateinischen Dichtersprache einen Höhepunkt erreicht, und Ovid hat regelrecht vorgeführt, was er daraus zu machen

Handeln selbst bei den Göttern kein Thema mehr: Sie spielen wie die Menschen ein schönes (und gelegentlich auch böses) Spiel.

Rechts: Petrons Satyricon *ist ein Abenteuerroman, in dem nicht das Leben zur Literatur sublimiert, sondern Literatur im lebendigen Alltag nachvollzogen wird. So etwa, wenn Odysseus in Gestalt eines modernen »Studenten« mit einer modernen Circe sein Liebesabenteuer zu wiederholen versucht. Die Grenzen zwischen Realität und Fiktion verwischen sich, die klügsten Gedanken kommen von den fragwürdigsten Gestalten, derbe Erotik und Lebensgenuß vermengen sich mit den banalsten Klischees der Kulturkritik und höchst intelligenter Literaturkritik. Das berühmteste Beispiel daraus ist der Teil mit dem Sondertitel »Das Gastmahl des Trimalchio«. Die erotische Gelageszene einer um 70 n. Chr. entstandenen Wandmalerei aus Pompeji wirkt wie eine Illustration dazu, nur daß hier das Degoutante und Groteske von Petrons Darstellung fehlt. Neapel, Museo Nazionale*

verstand, vor allem als Genie des perfekt gestalteten Verses. In der Folgezeit gewinnt die poetische Form immer häufiger ein Eigenleben, und sie wird mitunter sogar zum effektvoll inszenierten Selbstzweck. Das bedeutet freilich nicht, daß der römischen Dichtung der nachaugusteischen Kaiserzeit die konzeptionelle Kraft zu eigenständigen Leistungen gefehlt hätte. Beherrschende Gestalten, wie es Seneca, Tacitus und Augustinus in der Prosaliteratur sind, treten auch in der Dichtung auf, und die Möglichkeiten, die das 1. Jahrhundert v. Chr. geschaffen hatte, werden in immer größerer Vielfalt genutzt und fortentwickelt.

Besonders die Neronische Literatur kann mit großen Namen aufwarten. Der Philosoph Seneca, auch in der Dichtung ein Meister in der Darstellung menschlicher Leidenschaften, greift mit seinen Tragödien die mythischen Stoffe der griechischen Tragiker auf und gewinnt ihnen eine neue, für die eigene Zeit aktuelle Bedeutung ab. Sein Neffe Lucan macht den Bürgerkrieg zwischen Caesar und Pompeius zum Thema eines historischen Epos, einer »antivergilischen« Dichtung, in der der Sinn der Geschichte verlorengegangen ist und nicht mehr durch Götter gedeutet zu werden braucht. Nachfolger hat Lucan darin nicht gefunden, obwohl die Epik weiterhin sowohl in der historischen wie in der mythologischen Spielart gepflegt wurde. Offensichtlich entsprachen Epos und Tragödie mit ihrem Todes- und Leidenspathos den Erfahrungen der Zeit ganz besonders, mehr jedenfalls als die Lyrik, in der die heidnische Latinität keinen Dichter vom Rang des Horaz mehr hervorgebracht hat. Die Satire dagegen hat Persius in Neronischer Zeit erneuert, und sie hat einige Jahrzehnte später bei Juvenal (etwa 60–140) die Gestalt erhalten, in der sie dann nach dem Ende der Antike in vielfältiger Weise fortgewirkt hat. Nach dem Motto *difficile est saturam non scribere* (es ist schwer, keine Satire zu schreiben) erzeugt die Empörung Verse (*facit indignatio versus*): die Satire als bissig-aggressive Kritik an den verschiedensten Phänomenen der eigenen Gegenwart.

Wie Juvenal so gewähren uns auch sein älterer Zeitgenosse Martial und Petron wertvolle Einblicke in den antiken Alltag. Martial hat eine stattliche Sammlung von Epigrammen hinterlassen, die dank ihrer einprägsamen Form zu den Glanzlichtern der Epoche gehören. Petron schließlich, Neros Berater in allen Fragen des *savoir vivre*, schreibt zum eigenen Vergnügen und dem seiner Freunde ein satirisch-parodistisches Werk, eine Mixtur aus Versen und Prosa, originell und intelligent genug, um gleichzeitig zum Vorläufer von James Joyces *Ulysses* und zur Vorlage eines Drehbuchs für einen Film von Federico Fellini zu werden. Die Antike hat es als Subliteratur ignoriert und hat als einzigen lateinischen Roman die *Metamorphosen* (»Der Goldene Esel«) des Apuleius (2. Jahrhundert n. Chr.) zur Kenntnis genommen.

Das Erbe Roms

Die Invasionen der Barbaren nahmen im 5. Jahrhundert an Zahl deutlich zu: Vandalen und Burgunder durchbrachen im Jahr 406 die Rheingrenze, und vier Jahre später plünderten die Westgoten Rom. Es folgten Attilas Hunnen, deren Vormarsch erst in Gallien in der Schlacht auf den Katalaunischen Feldern (451) zum Stehen gebracht wurde. Der Vandalenkönig Geiserich landete in Italien und eroberte Rom (456); trotz der Bitten Papst Leos des Großen wurde die Stadt zur Plünderung freigegeben. Die Kaiser wechselten in rascher Folge. In dieser Phase der Anarchie dehnten die Westgoten ihre Herrschaft in Gallien und Spanien aus, und die Vandalen fielen in Sizilien und Griechenland ein. Im Jahre 472 wurde Romulus Augustulus, ein Kind von sechs Jahren, zum Kaiser erhoben und vier Jahre später von den germanischen Föderaten, die mit Odoaker einen der Ihren zum König ausriefen, für abgesetzt erklärt. Odoaker sandte die Insignien der kaiserlichen Macht nach Konstantinopel und begnügte sich damit, in Italien im Namen des oströmischen Kaisers zu herrschen: So markiert das Jahr 476 das Ende des Weströmischen Reiches.

Der gallische Dichter Rutilius Namatianus, der im Jahre 412 als *magister officiorum* ein hohes Amt am Hof des Kaisers Honorius bekleidete und 414 Präfekt von Rom wurde, kehrte im Herbst 417 auf seine von Germanen verwüsteten Güter bei Toulouse zurück. Über die Fahrt entlang der Küste Italiens berichtet er in dem poetischen Itinerarium *De reditu suo*, das ihn als Anhänger einer heidnisch-patriotischen Romideologie ausweist, erfüllt von unverhohlenem Haß auf Juden- und Christentum. Der Rompreis am Anfang des ersten Buches bringt nicht nur eine tiefe Verbundenheit mit der Ewigen Stadt zum Ausdruck, sondern auch die Trauer, die Rutilius Namatianus seit der Invasion Alarichs empfand. Dieser Provinziale aus Gallien fühlte wie ein Römer aus der Zeit der Republik. Die Römer waren sich bewußt, daß Städte ebenso wie die Menschen Geburt und Tod kennen. Selbst Titus Livius hat in seiner berühmten Vorrede zu *Ab urbe condita* der Ahnung Ausdruck verliehen, daß Rom die Last des Weltreiches nicht auf sich nehmen könne. Der Millenarismus hatte dazu beigetragen, Anschauungen zu dramatisieren, die von den Historikern objektiviert werden konnten. Gerade die Hellsichtigen unter den Römern wußten um das außergewöhnliche Schicksal der Urbs und um ihre weltgeschichtliche Rolle.

Das von den Römern hinterlassene Erbe ist ein zweifaches, insofern die Römer selbst Erben des Hellenismus waren, der ihre eigenen Anlagen befruchtet hatte. Zweifellos ist es ein heikles Unterfangen, ein geistiges Erbe zu definieren; man kann es jedoch versuchen, indem man bestimmte Bereiche herausgreift, wie Sprache und Literatur, politische Organisation und bildende Kunst.

Die lateinische Sprache

Es ist die Sprache, durch die das Erbe Roms am natürlichsten und unmittelbarsten tradiert wurde. In seinen romanischen Tochtersprachen lebt das Lateinische, das seit Beginn des 1. Jahrtausends v. Chr. auf der Italischen Halbinsel gesprochen wurde, bis auf den heutigen Tag fort. Während das Latein der Literatur relativ stabil blieb, ent-

Engelsburg in Rom, Mausoleum des Hadrian. Nerva war als letzter Kaiser im Augustus-Mausoleum bestattet worden; Traians Asche wurde im Sockel der Traianssäule beigesetzt. Hadrian begann um 130 n. Chr. mit dem Bau eines neuen Mausoleums am rechten Tiberufer und ließ als Verbindung zum Marsfeld den Pons Aelius errichten, der noch unter dem Namen Engelsbrücke besteht. Die kaiserliche Grabanlage wurde 403 in ein Vorwerk der Aurelianischen Mauer einbezogen und im Mittelalter zur päpstlichen Festung, ihre Grundform blieb jedoch in den Umbauten erhalten. Wie das Augustus-Mausoleum (Abb. S. 59) steht das hadrianische in der Tradition monumentalisierter Tumulusgräber. Ein 89 m langer, 15 m hoher quadratischer Sockelbau trug den 21 m hohen, 64 m weiten marmorverkleideten Zylinder, den der von einem bepflanzten Erdhügel umgebene zentrale Grabturm überragte, bekrönt von einer Quadriga mit der Statue Hadrians.

Agrippa errichtete 27–25 v. Chr. auf dem römischen Marsfeld einen Tempel zur Verherrlichung des julischen Geschlechts, der als Pantheon bezeichnet wurde. Nachdem dieser Tempel unter Traian durch Blitzschlag eingeäschert worden war, nahm Hadrian im Jahr 126 einen völligen Neubau in Angriff, der einen Säulenportikus mit dem in der Thermenarchitektur entwickelten Rundbautypus verbindet. Die Rotunde ist der größte Zentralraum der Antike. Ihre Höhe entspricht dem Durchmesser (43,3 m). Die Kuppel mit einem 9 m weiten Lichtauge im Scheitel ist eine Halbkugel von gleicher Höhe wie die sie tragende zylindrische Wandung, deren Gliederung nach dem Verhältnis des Goldenen Schnitts in zwei Geschosse geteilt ist. Nach Cassius Dio verdiente das Pantheon seinen Namen nicht so sehr wegen der Vielzahl der darin versammelten Gottheiten, sondern weil es dem Himmelsgewölbe gleiche.

wickelte sich die gesprochene Sprache viel schneller; aus ihr gingen das Italienische, das Französische, das Provenzalische, das Katalanische, das Spanische, das Portugiesische und das Rumänische hervor.

Die ersten epigraphischen Zeugnisse der lateinischen Sprache stammen aus dem 6. Jahrhundert v. Chr. (*Fibula Praenestina*, *Lapis niger* auf dem Forum), die frühesten literarischen Zeugnisse aus der Mitte des 3. Jahrhunderts v. Chr. (Livius Andronicus, Naevius). Seitdem hat man nie aufgehört, Latein zu sprechen und zu schreiben. Besonders im Mittelalter und in der Renaissance sind literarische, philosophische, theologische und naturwissenschaftliche Werke noch in der Sprache Ciceros gedacht und abgefaßt worden. Keine Sprache in der Geschichte der Menschheit vermag den Linguisten ein so breites Betätigungsfeld zu bieten wie das Lateinische.

Während das römische Weltreich auseinanderbrach, wurde das Lateinische weiterhin gesprochen und auch literarisch kultiviert. Noch das ausgehende 4. Jahrhundert brachte so fruchtbare und unterschiedliche Schriftsteller hervor wie Hieronymus, Augustinus, Prudentius und Claudianus. Der Staatsmann und Gelehrte Cassiodor (um 487–583), ein großer Bewunderer der klassischen Antike, erwarb sich besondere Verdienste um die Bewahrung antiker Literatur. Nach der Kapitulation des Gotenkönigs Witigis (540) zog er sich aus dem Staatsleben zurück und gründete das Kloster Vivarium in Bruttium. Hier richtete er eine große Bibliothek ein und ließ seine Mönche alte Handschriften kopieren, um jene Werke zu erhalten, die Gefahr liefen verlorenzugehen. Cassiodor hat dadurch nicht nur die Manuskripte vermehrt und so dazu beigetragen, antikes Geisteserbe ins Mittelalter hinüberzuretten, sondern auch die Entwicklung textkritischer Methoden angeregt. Seine Bemühungen wurden beispielgebend für das Mönchtum des heiligen Benedikt.

Der intakt gebliebenen Reichszentrale im Osten war es zu verdanken, daß das überlieferte Rechtsgut in großen Sammelwerken tradiert wurde. Auf Anordnung Kaiser Justinians kam zwischen 528 und 534 eine Kodifikation sowohl des Kaiserrechts als auch des Juristenrechts zustande: das amtliche Kurzlehrbuch der Institutionen, die Sammlung kaiserlicher Erlasse im Codex Justinianus und die Digesten mit Auszügen aus fünfzig Büchern römischer Juristen.

Lateinische wie griechische Werke waren über Jahrhunderte hinweg auf Papyrus geschrieben worden. Aneinandergeklebt ergaben die Papyrusblätter *volumina*, Schriftrollen. Das Buch in seiner heutigen Form entstand erst im Verlauf des 3. Jahrhunderts: Der *codex* ersetzte das *volumen*. Als Beschreibstoff verwendete man nun Pergament, benannt nach der Stadt Pergamon, in der das Herstellungsverfahren entwickelt worden war. Dieser Beschreibstoff aus Tierhäuten war besonders dauerhaft und sicherte so die Überlieferung des antiken Schrifttums.

Im 4. und 5. Jahrhundert wurden die Texte noch meist in Capitalis abgeschrieben, einer Großbuchstabenschrift, wie sie bei Monumentalinschriften gebräuchlich war. Nach und nach setzte sich jedoch eine flüssigere Buchschrift durch, die Unziale. Zu den erhaltenen Unzial-

handschriften gehört das Fragment von Ciceros *De re publica*, das Angelo Mai, der Präfekt der Vatikanischen Bibliothek, zu Anfang des 19. Jahrhunderts in einem Palimpsest aus dem Kloster Bobbio entdeckte; das antike Pergament war für eine ebenfalls in Unziale gefertigte Abschrift des Psalmenkommentars von Augustinus wiederverwendet worden (Abb. S. 409).
Im 8. und 9. Jahrhundert, dem Zeitalter der sogenannten karolingischen Renaissance, gelangte das antike Schrifttum zu neuer Wertschätzung. Entscheidende Impulse dafür gab Alkuin (730–804), der Freund und Berater Karls des Großen. Zur Grundlage des Bildungswesens wurden die *Septem artes liberales*, die sich in das *Trivium* (Grammatik, Rhetorik, Dialektik) und das *Quadrivium* (Arithmetik, Geometrie, Astronomie, Musik) teilten. Im Umkreis Alkuins wirkten hervorragende Gelehrte wie Paulus Diaconus (720–787); einer ihrer Schüler war Einhard (770–840), der die an Suetons Kaiserviten orientierte *Vita Karoli Magni* verfaßte. Im Rahmen dieser Renaissance lateinischer Kultur erfolgte auch eine Reform der in merowingischer Zeit verwilderten Schriftformen durch die Einführung der karolingischen Minuskel, einer regulierten Kleinbuchstabenschrift, in der verschiedene antike Schriftelemente aufgenommen und verschmolzen erscheinen. Aus ihr sollten die heutigen Druckbuchstaben hervorgehen. In den Klöstern mehrten sich zur gleichen Zeit die Abschriften von Werken der Antike. So bilden karolingische Manuskripte die wichtigste Grundlage der Textüberlieferung.
Im 11. und 12. Jahrhundert traten die Schulen von Chartres, Cluny, Paris und Saint-Denis hervor. Die Grammatik und die anderen klassischen Fächer nahmen den ersten Platz im Unterricht ein. Es entstanden Schriften über Theologie, Philosophie, Natur und Geschichte, deren Verfasser die antiken Vorbilder bis hinein in die Form der Darstellung nachzuahmen suchten.

Das geistige Leben des 13. Jahrhunderts stand im Zeichen der Scholastik. Ihr Vollender war der heilige Thomas von Aquin (1227–1274), der in seiner *Summa theologiae* die augustinische Tradition mit den Lehren des Aristoteles in einer philosophisch-theologischen Synthese zusammenfaßte. Der englische Minorit Roger Bacon (1214–1292), ebenfalls einer der bedeutendsten Denker des Mittelalters, verwarf die Berufung auf die Autorität, die ohne einsichtige Gründe Anspruch auf Glauben erhebt, und vertrat die Auffassung, daß nicht durch philosophisch-didaktische Methodik, sondern durch die Erfahrung erwiesen werde, ob dem Erkannten Wahrheit zukomme.
Im 14. Jahrhundert begann in Italien eine neue Phase der Antikenrezeption. Ihre Initiatoren waren gleichzeitig die Schöpfer einer italienischsprachigen Literatur: Francesco Petrarca (1304–1374) und Giovanni Boccaccio (1313–1375). Für Petrarca, den unermüdlich nach antiken Handschriften forschenden Philologen und Humanisten, boten die Alten nicht nur literarische Muster, sondern sie verkörperten in seinen Augen eine das menschliche Wesen selbst verändernde Lebensmacht. In lateinischer Sprache verfaßte er außer den *Eklogen* und *Epistolae metricae* das Epos *Africa*, das nach dem Vorbild von Vergils *Aeneis* den älteren Scipio als römischen Helden feiert, sowie moralphilosophische Abhandlungen, die vor allem dem Stil und der Gedankenwelt Ciceros verpflichtet sind. Boccaccio, dessen Weltruhm auf seiner Novellensammlung *Decamerone* beruht, dem ersten großen Werk italienischer Kunstprosa, veranlaßte eine vollständige Übersetzung Homers ins Lateinische und verfaßte selbst lateinische Eklogen und eine Reihe enzyklopädischer Sammelwerke: *De casibus virorum illustrium, De claris mulieribus, De genealogiis deorum gentilium.* Auch wenn sie Wert und Ausdrucksfähigkeit der Volkssprache erkannten, schrieben die Gelehrten weiterhin in Latein, der für wissenschaftliche Abhandlungen einzig als würdig angesehenen Schriftsprache.
Die italienische Renaissance war zunächst getragen von einem philologischen Interesse an den antiken Quellen: Die großen literarischen Werke sollten in einer wissenschaftlichen Ansprüchen genügenden Form mit einem möglichst gesicherten Text herausgegeben werden. Nur wenn diese Voraussetzung geschaffen war, konnte die Kultur des Altertums wiedererstehen.
Die ersten französischen Humanisten, Guillaume Fichet (gest. 1472), Jakob Faber (um 1450–1536) und Guillaume Budé (1468–1540), waren in erster Linie Philologen, während Erasmus von Rotterdam (1466–1536) mit seinem ebenso von der Bibel wie von der antiken Literatur inspirierten Denken in exemplarischer Weise den zwischen Antike und Christentum vermittelnden Geist der Renaissance verkörperte. In seiner Sprichwörtersammlung *Adagia* hat Erasmus Maximen antiker Schriftsteller zusammengetragen und so eine Anthologie der Weisheit der Alten geschaffen. Der Buchdrucker und Humanist Robert Estienne gab 1531 den *Thesaurus linguae latinae* heraus, sein Sohn Henri ließ 1572 den *Thesaurus graecae linguae* folgen. Jacques Aymot (1513–1593) schuf französische Fassungen der *Vitae parallelae* und der *Opuscula moralia* von Plutarch, die insbesondere Montaignes *Essais* beeinflußten, aber auch von Shakespeare und Corneille als Quelle benutzt wurden.
Der aus spanischer Familie stammende Italiener Jacopo Sannazaro (1456–1530) schrieb lateinische Dichtungen von seltener Anmut und Harmonie: Elegien, Eklogen, Epigramme, das Epos *De partu virginis* und die allegorische Hirtendichtung *Arcadia*, die sich Vergil und Theokrit zum Vorbild nahm und zum Muster des europäischen Schäferromans wurde. Der Schotte George Buchanan (1506–1592), der wohl bedeutendste Latinist seiner Zeit, verfaßte lateinische Tragödien mit biblischen Stoffen; Montaigne, der am Collège Guyenne in Bordeaux sein Schüler war, berichtet, daß er bei Aufführungen dieser Stücke als Schauspieler mitgewirkt habe. Der mit Erasmus befreundete englische Staatsmann und Humanist Thomas Morus (1478–1530) gab in seinem Roman *Utopia* eine halb scherzhafte Schilderung der idealen Gesellschaft auf einer Insel »Nirgendwo«, nach der die gesamte literarische Gattung der »Utopie« benannt wurde.
Die verschiedenen Schulen der Latinisten verfochten in teilweise heftig geführten Debatten ihre jeweiligen Vorstellungen von »gutem« Latein: Die Ciceronianer ließen nur Wendungen zu, die durch Cicero legitimiert waren; andere vertraten einen strengen Purismus. Von diesem Gelehrtenstreit profitierten die Nationalsprachen, die in der Literatur des 17. Jahrhunderts die Oberhand gewannen. Aber das Lateinische blieb weiterhin die Sprache der theologischen, philosophischen, naturwissenschaftlichen und medizinischen Schriften; Francis Bacon begründete in seinem *Novum Organum* die moderne naturwissenschaftliche Methode; Isaac Newton formulierte in seinem 1686 erschienenen Hauptwerk *Philosophiae naturalis principia mathematica* die Axiome seines Systems der theoretischen Mechanik; Philosophen wie Descartes, Pascal, Spinoza und Leibniz verwendeten die lateinische Sprache, um ihre Erkenntnisse darzulegen.
Im 16. Jahrhundert wurde der bestimmte Wertvorstellungen zusammenfassende Begriff der *humanitas* wiederentdeckt, der im Lateinischen das kulturelle Ideal voll entfalteter Menschlichkeit bezeichnet; wegen seines schillernden Inhalts war er besonders geeignet, auf spätere Epochen zu wirken, die sich auf das Vermächtnis der Antike besannen. Die *humaniora studia*, wie die Bildung der Renaissancegelehrten, der »Humanisten«, genannt wurde, beschränkt sich ebenso wie *humanitas* nicht auf bloßes »Wissen«, sondern umfaßt all das, was dem Menschen als Gattungswesen zur Vollendung gereicht. Der Begriff »Humanismus« bezeichnet so – über die Befähigung zum Studium der antiken Gedankenwelt hinaus – ein Lebensideal umfassender Weisheit.

Roman, Satire, Theater

Nicht nur die lateinische Sprache, auch Themen und Inhalte der römischen Literatur haben weitergewirkt. Für Dante war Vergil »der Dichter« schlechthin, und er wählte ihn in der *Divina Commedia* als Führer bei seiner visionären Wanderung durch die Reiche des Jenseits. Wie kaum ein anderes Werk hat Ciceros *De officiis* den Renaissance-Humanismus beeinflußt. Mit Cicero und Seneca hatte sich das römische Denken besonders darauf verlegt, Fragen der praktischen Lebensführung und das Verhältnis des Individuums zur Gesellschaft zu erörtern. Es trug so dazu bei, daß sich jene psychologische und moralphilosophische Analytik entwickeln konnte, die für die gesamte europäische Literatur, besonders aber für den Roman kennzeichnend wurde. Der römische Einfluß auf dieses Genre war dadurch viel weitreichender, als aufgrund von lediglich zwei Romanen zu erwarten wäre, die die römische Literatur hinterlassen hat, wiewohl es sich dabei um Werke der Weltliteratur handelt: Petrons *Satiricon* und die *Metamorphosen* des Apuleius. Im *Satiricon* schildert der Ich-Erzähler Encolpius seine zum Teil frivolen Abenteuer, und die *Metamorphosen*, auch unter dem Titel »Der Goldene Esel« bekannt, berichten vom Schicksal eines vornehmen Griechen, der in einen Esel verwandelt und schließlich von der Göttin Isis erlöst wird. Der Roman war bei den Griechen aus dem Reisebericht hervorgegangen, das Phantastisch-Abenteuerliche dann jedoch zugunsten einer gefühlvollen Liebesgeschichte in den Hintergrund getreten; bei den Römern erhielt er einen realistischen Einschlag durch eine Schilderung des sozialen Milieus, die bereits auf den Schelmenroman vorausweist.

Die Satire ist dasjenige literarische Genre, das die Römer nach Quintilian ganz für sich beanspruchen dürfen: *satura tota nostra est* (die Satire ist ganz unser) heißt es in seiner *Institutio oratoria* (10, 1, 93), die vom 16. bis zum 18. Jahrhundert als Grundlage des Rhetorikunterrichts diente. Allerdings spielte die von Antisthenes gegründete Philosophenschule der Kyniker eine gewisse Rolle bei der Entstehung von Sozialkritik und Moralsatire. Der Wanderprediger Bion der Borysthenite flocht in seine Diatriben popularphilosophische Belehrungen in Form von Plaudereien ein, die auf jeden wissenschaftlichen Anspruch verzichteten. Menippos, ein Kyniker, der ebenfalls im 3. Jahrhundert v. Chr. lebte, räsonierte in seinen Schriften über die Nichtigkeit und Fragwürdigkeit der Dinge, die Torheiten der Menschen und ihrer Philoso-

Nach dem Tod Marc Aurels im Jahre 180 n. Chr. errichtete sein Sohn und Nachfolger Commodus dem vergöttlichten Kaiser auf dem Marsfeld Roms einen Tempel und eine Säule nach dem Vorbild der Traianssäule. Ihre Reliefs stellen Feldzüge Marc Aurels gegen Sarmaten und Germanen dar. Papst Sixtus V. ließ die Säule 1589 restaurieren und bekrönte die Spitze mit einer Statue des heiligen Paulus.

Links: Yerebatan-Zisterne in Istanbul. 12 Reihen mit 28 Säulen tragen die Ziegelgewölbe des 73 x 141 m großen Reservoirs aus der Zeit Justinians I. (527–565), das der Valens-Aquädukt speiste.

Rechts: Kuppelraum der Hagia Sophia in Istanbul. Die von Constantin der heiligen Weisheit geweihte Bischofskirche der neuen Reichshauptstadt ging 404 bei einem Volksauflauf gegen Arcadius in Flammen auf, wurde durch Theodosius II. wiederhergestellt und im Nika-Aufstand erneut zerstört. Justinian I. ließ 532–537 einen Neubau unter der Leitung der Architekten Anthemios von Thralleis und Isidoros von Milet errichten, der eine Verschmelzung von Lang- und Zentralbau, von Basilika und Kuppelraum anstrebte. Die auf vier mächtigen Pfeilern ruhende Pendentifkuppel ist mit 33,9 m Durchmesser kleiner als beim Pantheon, aber ihr Zenit liegt beträchtlich höher (55,6 m). Seit 1453 Hofmoschee des Sultans, wurde die Hagia Sophia zum Leitbild osmanischer Moscheearchitektur.

Nächster den Göttern, Konsul, der du schützest diese gewaltige Stadt: / nichts Erhabeneres als sie umfängt auf Erden der Äther … / die mit ihren sieben Hügeln nachahmt die Bereiche des Himmels; / die als der Waffen wie der Gesetze Mutter erstreckt über alle / ihre Herrschaft, die geschaffen die Wiege des frühesten Rechtes … / ausgebreitet hat weit wie die Sonne ihr Reich. Sie stand dem Schicksal entgegen, / führte zur nämlichen Zeit unzählige Kriege … / Sie ists, die allein in ihren Schoß die Unterworfenen aufnahm / und das Menschengeschlecht mit gemeinsamem Namen beglückte / nach der Mutter, nicht nach der Herrscherin Art; zu Bürgern berief sie, / die sie unterworfen, und mit dem Bande der Neigung hat sie sich weit entfernte Lande verbunden. / Ihren friedenstiftenden Sitten verdanken wir alle, / daß wie heimatlich Land empfindet jede Region selbst der Fremdling, / daß seinen Sitz beliebig zu wechseln erlaubt ist … / daß wir alle bilden ein einziges Volk! Nie wird es jemals ein Ende / römischer Herrschaft geben …

Claudianus, *De consulato Stilichonis*

phien; er verwendete dabei eine Prosa und Vers vermengende, komische Form der Darstellung, die unter dem Namen *Saturae Menippeae* von Varro in Rom eingeführt wurde. Im Jahre 1594 erschien in Frankreich eine Persiflage auf die Generalstände des Jahres 1593 in der Form der Menippeischen Satire.

Die lateinische Satire entwickelte sich aus der alten *satura*, einer Mischung aus Pantomime, Dialog, Musik und Tanz. Vermutlich ist es dieses »Allerlei«, von dem der Name *satura* herrührt. Den Begriff prägte Quintus Ennius mit den vier Büchern der *Saturae*, in denen er vielfältige Themen in unterschiedlichen Versmaßen behandelt, darunter Fabeln wie »Die Haubenlerche und ihre Jungen«. Der tatsächliche Schöpfer der aggressiven Satire aber war Gaius Lucilius (180–103). In seinen *Saturae* kombinierte er zwei von den Griechen übernommene Elemente: den persönlichen Angriff – Ziel der jambischen Dichtung des Archilochos und der Komödie des Aristophanes – und die moralisierende Tendenz. Ihre abgeklärte Hochform erlangte die Satire allerdings durch Horaz (65–8 v. Chr.), der sich über die Laster seiner Zeit in witzigen Plaudereien, nicht ohne persönliche Spitzen, lustig machte, entsprechend seiner Absicht, »lachend die Wahrheit zu sagen«.

Die Lustspiele des Plautus und des Terenz sind zwar lediglich Bearbeitungen von Sujets der Neuen Attischen Komödie, aber aus ihnen bezog die Komödiendichtung der Neuzeit von Ben Jonson bis Molière vielfältige Impulse. Von der *Commedia dell'arte* wiederum führt eine direkte Linie zurück zur Atellane, der altitalischen Volksposse. Senecas Tragödien beeinflußten das europäische Theater des 16. und 17. Jahrhunderts stärker als die Werke der griechischen Tragiker Aischylos, Sophokles und Euripides. Obwohl der Stoizismus den Jesuiten als Morallehre suspekt war, zeigte sich auch das Jesuitentheater empfänglich für die gefühlvoll gezeichneten Figuren Senecas und den eminent pädagogischen Wert seiner Tragödien. In diesen schien die aristotelische Theorie von der Läuterung der Leidenschaften exemplarisch verwirklicht zu sein. Gleichzeitig stellten Senecas Dramen Personen von Rang auf die Bühne, wie sie auch das italienische, französische, spanische und englische Theater in ihren aristokratischen Charakteren anstrebten. Corneille verfaßte zu seiner Neudichtung von Senecas *Medea* eine Vorrede in lateinischen Versen und bringt darin selbst zum Ausdruck, wieviel er Seneca verdankt; auch wichtige Szenen aus Racines *Phèdre* gehen auf den römischen Dichter und Philosophen zurück.

Schließlich war es vor allem die lateinische Literatur, die den Künstlern der Renaissance und des Barocks die Themen der antiken Mythologie vermittelte. Man denke nur an Ovids *Metamorphosen*: Sie waren nach der Bibel die wichtigste literarische Quelle der bildenden Kunst Europas.

Bildende Kunst

Die Neigung zu Spekulation und Phantasie war bei den Römern nur wenig ausgebildet. Daß sie keine besondere Veranlagung zu künstlerischer Produktivität zeigten, hat niemand besser ausgedrückt als Vergil im 6. Gesang der *Aeneis*. Dort läßt er Anchises an den in die Unterwelt hinabgestiegenen Aeneas die Worte richten:

Andere mögen Gebilde aus Erz in weicherem Gusse / formen, ich glaub's, und lebendige Züge dem Marmor verleihen, / Besser mit Reden verfechten das Recht und die Bahnen des Himmels / zeichnen mit messendem Stab und der Sterne Erscheinen verkünden: / Du aber, Römer, gedenke mit Macht der Völker zu walten, / dies sei deine Berufung – des Friedens Gesetze zu ordnen, / schone den, der sich gefügt, doch brich den Trotz der Rebellen!

Die Frage, ob es eine authentische römische Kunst gibt, wird immer noch diskutiert. Zweifellos ahmten die Römer die Griechen nach, ehe sie eine eigene künstlerische Ausdrucksform entwickelten. Diese Mimesis war von besonderer Bedeutung, sicherte sie doch den Fortbestand der griechischen Kunst. So bemerkte Pierre Grimal, daß Rom »das Überleben des Hellenismus gerade zu dem Zeitpunkt ermöglicht hat, als dieser, von der Woge des orientalischen Mystizismus erfaßt, unterzugehen drohte... Hellas' schöpferischer Geist wäre ohne Rom versiegt..., und er wäre ein Wunder ohne Wirkung geblieben.« Vor allem die eindrucksvollen Monumente römischer Architektur, aber auch die Werke der Skulptur, Malerei und Mosaikkunst vermochten die Künstler der späteren Jahrhunderte immer wieder zu inspirieren.
Der italienische Maler, Baumeister und Kunstschriftsteller Giorgio Vasari entwickelte im 16. Jahrhundert in seinem Werk *Le vite de' più eccellenti architetti, pittori et sculptori italiani* die Theorie, der zufolge sich Malerei, Bildhauerei und Architektur nach dem Ende des Römischen Reiches in einer Phase des Niedergangs befunden hätten; im 13. Jahrhundert – so Vasaris zyklische Geschichtsauffassung, nach der auf Blüte Verfall und auf diesen ein Neubeginn folge – habe jedoch eine Erneuerung eingesetzt und der Aufstieg der Künste sich dann in drei Stufen vollzogen: von der Kindheit im Trecento zum Jünglingsalter im Quattrocento bis hin zur Vollendung im Cinquecento durch das Genie Michelangelos, des bewunderten Zeitgenossen Vasaris.
Dieses noch mittelalterlicher Systematik verpflichtete Geschichtsbild ist freilich zu wenig differenziert, um der Kunstentwicklung von der Spätantike bis zur Hochrenaissance gerecht zu werden. Schon lange vor dem Einbruch der Barbaren hatte sich in der Kunst des Römischen Reiches ein Strukturwandel angebahnt, der zwar nicht zu einer völligen Abkehr von der antiken Tradition führte, wohl aber zu einer radikalen Umformung

ihrer sinnlich-organischen Gestaltungsprinzipien. Dieser Wandlungsprozeß war bereits im Gange, als die christliche Kunst auftrat. Sie hat ihn mit dem Bestreben nach Vergeistigung ihrer jenseitsbezogenen Aussagen ebenso verstärkt wie das Eindringen des germanischen Dekors mit seiner flächig-ornamentalen Stilisierung im Westen und das Aufgreifen orientalischer Formen im Osten. Allerdings verlief diese Entwicklung nicht geradlinig, sondern wurde immer wieder aufgehalten durch Rückgriffe auf die antike Formenwelt. Nachlebende, vielfach abgeschwächte und gewandelte Antike verschränkte sich so mit bewußt erneuerter Antike. Insbesondere die byzantinische Kunst hat die antike Tradition zu bewahren und durch »Renaissancen« neu zu beleben vermocht. Daher konnten die infolge des Bilderstreits aus Byzanz vertriebenen Künstler im Westen nicht nur als Vermittler einer orientalischen Ästhetik wirken, sondern in noch höherem Maße als Träger antiker Formkultur.

Die römische Architektur vermochte am unmittelbarsten weiterzuwirken. Imposante Ruinen und sogar weiterhin benutzbare Bauten überdauerten die Stürme der Jahrhunderte. Vor allem die Monumentalität römischer Architektur garantierte ihre spätere Rezeption immer dort, wo ein Anspruch erhoben wurde, der an der Macht antiker Cäsaren gemessen werden wollte. Die Kirche hat das Ihre dazu beigetragen, daß römische Architekturmuster tradiert wurden. So darf die christliche Basilika als Erbin jener antiken Versammlungsbauten gleichen Namens angesehen werden, die an allen Foren standen und der Abwicklung von Geschäften ebenso dienten wie politischen Tagungen und Gerichtsverhandlungen. Die ersten großen Kirchenbauten dieses Typs wurden unter Kaiser Constantin errichtet (Abb. S. 303/304); sie blieben jahrhundertelang beispielhaft.

Das architektonische Hauptwerk der karolingischen Renaissance, die Palastkapelle Karls des Großen in Aachen, ist eine Nachbildung des unter Kaiser Justinian entstandenen Zentralbaus von San Vitale in Ravenna. Die enge Verbindung zwischen der römischen Architektur und der Baukunst des 11. und 12. Jahrhunderts bringt der Stilbegriff »romanisch« zum Ausdruck, der besagen soll, daß beide im gleichen Verhältnis zueinander stehen wie die romanischen Sprachen zur lateinischen. In der Tat lebten in der Romanik nicht nur die antiken Bautypen der Basilika und des Zentralbaus weiter, sie orientierte sich auch an technischen Lösungen des römischen Gewölbebaus und griff vielfach auf Elemente der Formensprache römischer Architektur zurück. Bei den toskanischen und venezianischen Bauten des 11. bis 13. Jahrhunderts sind diese Übernahmen so auffällig, daß man hier geradezu von einer »Protorenaissance« spricht. Die französische Gotik entwickelte seit dem 12. Jahrhundert neue architektonische Formen und Strukturen; sie befreite die Raumbegrenzung von der stofflichen Schwere romanischer Mauern und Gewölbe und machte sie durchlässig für das mit symbolischer Bedeutung belehnte Licht. Gleichzeitig ging jedoch die Steinmetzkunst unter Preisgabe der bis dahin herrschenden abstrakt-ornamentalen Tendenzen zu einer gegenständlicheren, zuweilen realistischeren Auffassung über, vor allem in der Behandlung von Pflanzen- und Tiermotiven, und näherte sich damit wieder den Ausdrucksformen der antiken Kunst. Daß es damals Bildhauer gab, die sich mit Werken der Antike befaßten, lassen etwa die hochgotischen Skulpturen von Reims deutlich erkennen. In einigen Fällen ist sogar das Vorbild noch identifizierbar. So ließ sich Nicola Pisano, als er 1260 das Relief mit der Anbetung der Heiligen Drei Könige für die Kanzel des Baptisteriums von Pisa schuf, bei der Darstellung der Jungfrau Maria vom Motiv der Phaedra auf einem römischen Sarkophag im benachbarten Camposanto anregen.

Die Bewegung der Renaissance mit ihrem Anspruch, die Größe und Natürlichkeit der antiken Kunst wiederherzustellen, nahm ihren Ausgang von den italienischen Stadtrepubliken, allen voran Florenz. Dort wirkte der Maler Giotto di Bondone (1266–1337), von dem Cennino Cennini um 1390 in seinem Traktat *Libro dell' arte* sagte, er habe »die Malerei vom Griechischen ins Lateinische« übertragen. Dieses Urteil ist insofern richtig, als Giotto mit seinen plastisch modellierten Figuren und in der dreidimensionalen Auffassung seiner gemalten Architekturen auf die neue Raumvorstellung des Quattrocento vorausweist und damit den Übergang von der mittelalterlich-byzantinischen (»griechischen«) zur gotisch-westlichen (»lateinischen«) Kunst markiert. Florentiner waren dann auch die »Väter« der Renaissance: der Baumeister Filippo Brunelleschi (1377–1446), der Bildhauer Donatello (1386–1428) und der Maler Masaccio (1401–1428). Brunelleschi und Donatello unternahmen 1432 gemeinsam eine Reise nach Rom, um dort die Monumente des Altertums zu studieren. War die Antike für diese Künstler weisendes Leitbild, so erscheint sie in den Werken Sandro Botticellis (1445–1510) als sehnsüchtig beschworenes, fernes Ideal. Sein berühmtes Gemälde »Der Frühling«, das er 1478 im Auftrag des Lorenzo de' Medici für die Villa di Castello bei Florenz schuf, wurde durch einige Terzinen in Angelo Polizianos *Stanze per la giostra* inspiriert, die das Reich der Liebesgöttin besingen. Botticelli malte einen Garten, in dem der Westwind Zephyr, seine

Die Kolossalstatue eines Kaisers vor San Sepolcro in Barletta wurde 1309 als Strandgut am Hafen der apulischen Stadt gefunden. Beine und Unterarme der in vielen Teilen gegossenen Bronzefigur wurden ergänzt. Der Kaiser ist in zwei Tuniken und einen Panzer gekleidet, über den der Soldatenmantel (paludamentum) *geworfen ist. Seine Stirn schmückt ein Diadem aus Perlenschnüren und Edelsteinen. In der linken Hand dürfte er ursprünglich ebenfalls eine Kugel gehalten haben, auf der vielleicht eine Victoria stand; mit dem rechten Arm stützte er sich wohl auf eine Standarte oder Lanze. Die Datierung des Standbilds schwankt vom 4. bis zum 7. Jahrhundert und entsprechend seine Identifizierung.*

Oben: Marcellus-Theater in Rom. Augustus weihte das von Caesar begonnene Theater um 12 v. Chr. im Namen seines frühverstorbenen Neffen und Erben Marcellus. Die Außenseiten des Zuschauerraums waren dreigeschossig. Im Mittelalter diente der Bau den Savelli als Festung, die Orsini ließen durch Baldassare Peruzzi Palastgeschosse aufstocken.

Unten: Die Bronzetürflügel der Curia Iulia am Forum Romanum verschließen seit dem 17. Jahrhundert das Hauptportal von San Giovanni in Laterano.

Rechte Seite: Das Frigidarium der Diocletiansthermen in Rom wurde ab 1563 von Michelangelo unter weitgehender Bewahrung des antiken Bestandes in die Kirche Santa Maria degli Angeli umgewandelt. Der Raum mit Kaltwasserbassins war der größte und prunkvollste Saal der Kaiserthermen.

geliebte Nymphe Flora, Venus mit Cupido, die drei Grazien und Merkur inmitten einer Wiese tanzen, die in den Blumen der Toskana erblüht. Antike Ruinen bilden den Hintergrund des Gemäldes »Die Anbetung der Heiligen Drei Könige«. Daß auch Botticelli die Monumente Roms genau in Augenschein genommen hat, zeigen der Constantinsbogen und das Septizonium auf dem Fresko »Die Vernichtung der Rotte Korah« in der Sixtinischen Kapelle. Aber im allgemeinen bezog er seine Anregungen mehr aus den von den Florentiner Humanisten wiederentdeckten Texten als aus Überbleibseln antiker Kunst.
Raffael verherrlichte in den weltberühmt gewordenen Fresken der Stanzen im Auftrag Julius' II. und Leos X. Kirche und Papsttum als Bewahrer antiken Geisteserbes. In den Loggien des Vatikans, die er im Auftrag Leos X. dekorierte, fügte er seine Fresken mit biblischen Szenen in stukkierte Verzierungen nach dem Vorbild antiker Ornamente, wie sie gerade in der Domus Aurea des Kaisers Nero entdeckt worden waren. Wegen des Fundorts erhielt dieser Ornamenttyp den Namen »Grotesken«, denn man hielt die unterirdischen Gänge für »Grotten«.
Der wegweisende Architekturtheoretiker des Quattrocento war der Florentiner Leone Battista Alberti (1404–1472), ein Mann von umfassender humanistischer Bildung, der erste *uomo universale* der Renaissance. Er entwickelte seine epochemachende Lehre auf der Grundlage des in augusteischer Zeit entstandenen Architekturtraktats von Vitruv, dem einzigen aus der Antike vollständig überlieferten Werk dieser Art, das schon seit dem 8. Jahrhundert in Auszügen bekannt, aber erst seit dem Fund eines vollständigen Exemplars im Kloster Sankt Gallen (1414) Gegenstand sachlicher und philologischer Erörterungen geworden war. Aus diesem weitläufigen, oft dunklen Text gewann Alberti die Anregung für seine »Zehn Bücher über die Baukunst«. Der erste lateinische Druck erschien postum 1485, Abschriften und Auszüge davon kursierten jedoch schon seit etwa 1450 in Künstler- und Humanistenkreisen. Die aus den Regeln Vitruvs abgeleitete Lehre von den Säulenordnungen bildet den Kern der Architekturtheorie Albertis. In den Traktaten Sebastiano Serlios (1537ff.), Vignolas (1562) und Palladios (1570) weitergeführt und durch die Beschreibung römisch-antiker Paradigmen ergänzt, erfuhr diese Lehre schließlich in Frankreich ihre äußerste rationale Durchbildung. Sie sollte bis zum Ende der Barockzeit für die Baukunst ganz Europas verbindlich bleiben.
Alberti geht es jedoch um mehr als um das Regelwerk einer »Grammatik« der Baukunst: Schönheit ist für ihn sichtbarer Ausdruck des *ordo*, und der Architekt schafft damit die Bedingungen für die ideale *civitas*. Er selbst konnte zwar eine Reihe bedeutender Bauwerke in Florenz, Rimini und Mantua errichten, aber keine Stadt planen. Als Versuch einer Umsetzung seiner Vorstellungen können die Idealstadtbilder des Architekten Luciano Laurana (1420–1479) gelten. Sie zeigen eine weite

Platzanlage, umgeben von Palästen, einem Baptisterium, Triumphbogen und Kolosseum.
Mit San Andrea in Mantua schuf Alberti einen neuen Prototyp des Kirchenbaus. Als Vorbild diente ihm die von Kaiser Maxentius begonnene und von Constantin vollendete Basilika am Forum Romanum (Abb. S. 158/159). Als Bramante 1506 von Papst Julius II. mit dem Neubau der Peterskirche beauftragt wurde, beabsichtigte er, »das Pantheon auf die Constantinsbasilika zu türmen«. Auch wenn es sich bei den Bauwerken der Renaissance und des Barocks keineswegs um eine Nachahmung antiker Architekturen im Sinn der modernen Archäologie handelt, gerade die großen Schöpfungen verweisen stets nachdrücklich auf die Antike: die Paläste und Villen Palladios, seine Kirchenbauten und das Teatro Olimpico, Michelangelos Kapitol, Berninis Kolonnaden des Petersplatzes, Perraults Louvrefassade, die Wiener Karlskirche Fischer von Erlachs.
Am Ende dieser Epoche schöpferischer Auseinandersetzung mit dem architektonischen Erbe Roms verherrlichte Giovanni Battista Piranesi (1720–1778) in seinen Stichen die Größe römischer Baukunst, indem er die leidenschaftlich bewunderten Monumente des Altertums mit kühnen Perspektiven und dramatischen Lichtwirkungen inszenierte. Die Ausgrabungen in den Vesuvstädten lieferten neue Anregungen, die in der Raumkunst des Empires ihren Niederschlag fanden. Aber seit der Wiederentdeckung der griechischen Kunst im ausgehenden 18. Jahrhundert waren die römischen Denkmäler nicht mehr die einzigen bekannten Zeugnisse antiker Kunst; sie wurden nun mit der Klassik der Griechen verglichen und in ihrem Wert relativiert. Dennoch hat auch der Historismus des 19. Jahrhunderts noch zahlreiche Anleihen bei Werken römischer Kunst gemacht.

Res publica und Imperium

Wenn es ein Feld gibt, auf dem die Römer in ganz besonderem Maße Meister waren und schöpferische Originalität entwickelten, dann ist es dasjenige der Politik. Sie begründeten die Vorstellung von der *res publica* und realisierten sie auf exemplarische Weise. Die Institutionen

Oben: Die traianische Wasserleitung von Segovia (Kastilien) überquert die Schlucht am östlichen Stadthügel auf einer 29 m hohen, 820 m langen, aus Granitquadern mörtellos gefügten Bogenbrücke. Der römische Aquädukt dient noch heute der städtischen Wasserversorgung.

Rechts: Luftbild von Lucca (Toskana). Die ovale Piazza del Mercato entstand in den Ruinen des römischen Amphitheaters, dessen Boden 3 m unter dem heutigen Straßenniveau liegt. Auch die Straßenführung der mittelalterlichen Stadt entspricht noch großenteils dem antiken Verlauf.

der Republik wurden nach dem Sturz des Königtums und der Vertreibung der Tarquinier am Ende des 6. Jahrhunderts v. Chr. Schritt für Schritt eingerichtet. Damals hatten die Konsuln den König abgelöst. Als weitere Ämter kamen dann hinzu: die Notstandssituationen vorbehaltene Diktatur, das Volkstribunat (seit 493 v. Chr.), die Ädilität, die Quästur und schließlich seit 367 v. Chr. das Amt des Prätors.

Noch Philosophen im Zeitalter der Aufklärung, wie Rousseau und Montesquieu, stand das Vorbild Roms stets vor Augen, als sie ihre Gedanken über die politische Organisation der Gesellschaft entwickelten. Schon Polybios und Cicero hoben als Eigentümlichkeit der römischen Republik hervor, daß sie auf dem diffizilen Gleichgewicht jener drei Verfassungsformen beruhte, die Aristoteles in seiner Schrift *Politeia* definiert hatte: Demnach war die Verfassung insofern monarchisch, als die höchsten Beamten, namentlich die beiden Konsuln, *cum imperio* ausgestattet waren und ihnen somit eine beachtliche Machtfülle zukam; aristokratisch, insofern dem Senat eine Kontrollfunktion über das gesamte politische Leben zustand, im besonderen über Außenpolitik, Finanzen und *mos maiorum*; demokratisch schließlich insofern, als die Beamten vom Volk durch Wahl bestimmt wurden und ihre Amtsdauer strikt auf ein Jahr begrenzt war.

Bekanntlich hatte sich das politische und soziale Leben der Griechen im Stadtstaat verwirklicht. Die Römer brachten den Griechen, den Galliern, den Spaniern, den Afrikanern und den Germanen einen Begriff vom Staat, der von jenem des Stadtstaates, wie ihn alle zivilisierten Völker des antiken Mittelmeerraumes kannten, losgelöst war. Das griechische Denken ging vom Primat des Individuums aus; die Idee der Universalität verkörperte der Logos, der im Individuum wie im Universum wirksam war und zum Synonym für die göttliche Vernunft, ja für das Göttliche schlechthin wurde. Die Römer hingegen begriffen sich als fest eingebunden in die politische und religiöse Ordnung ihres Staates; seine Interessen hatten für sie Vorrang vor den individuellen. Unter den legendären römischen Idealgestalten hebt sich diejenige des Lucius Iunius Brutus heraus, der als Konsul die ungeheure Pflicht erfüllt haben soll, die Hinrichtung seiner eigenen Söhne anzuordnen; sie hatten sich der Beteiligung an einem politischen Komplott schuldig gemacht, das zum Ziel hatte, den von Iunius Brutus angeblich

selbst vertriebenen Tarquiniern wieder die Herrschaft über Rom zu verschaffen.
Eine besondere Leistung Roms aber war es, zunächst die Städte Italiens, dann auch die des gesamten Mittelmeerraumes zu einem Herrschaftsverband zusammenzuschließen. Schritt um Schritt wurde Bundesgenossen und Unterworfenen das Bürgerrecht verliehen. Zunächst beugte sich Rom dabei dem Druck der Umstände, verfuhr dann aber immer großzügiger, so daß in der Kaiserzeit schließlich auch viele Provinzialstädte zu Bürgerstädten wurden. Den letzten Schritt unternahm Caracalla im Jahre 212: Von nun an fand jeder Freie, der innerhalb der Reichsgrenzen lebte, Anerkennung als *civis Romanus*.
Wie die Stadt Rom immer aufnehmebereit war für fremde Gottheiten, deren Verehrung der Ritus der *evocatio* den Römern gestattete, so auch für Menschen: Peregrinen konnten durch die Verleihung des Bürgerrechts, Sklaven durch Freilassung zu Vollbürgern werden.
Obwohl die Römer teilweise eine brutale Eroberungspolitik betrieben und besonders während der Republik auch Provinzen ausplünderten, bewiesen sie bei der Verwaltung der Provinzen ein hohes Maß an Weitblick und Effizienz. Sie respektierten Gottheiten und Traditionen der unterworfenen Völker, gewährten den Städten Entfaltungsmöglichkeiten durch Selbstverwaltung und setzten auf die Integrationskraft der griechisch-römischen Zivilisation. Auf diese Weise hat das Imperium Romanum »in seinem Kreise, den die, welche ihm angehörten, nicht mit Unrecht als die Welt empfanden, den Frieden und das Gedeihen der vielen vereinigten Nationen länger und vollständiger gehegt, als es irgendeiner anderen Vormacht je gelungen ist« (Theodor Mommsen).
Die Erinnerung daran blieb über die Wirren der Völkerwanderungszeit hinweg lebendig und verfestigte sich zur »Romidee« des Mittelalters, das im antiken Rom die Lehrmeisterin der Weltherrschaft, der staatlichen und militärischen Ordnung und Verwaltung sah. Alle abendländischen Institutionen der Macht mit universalem Anspruch orientierten sich an dieser Anschauung: die Kirche, die sich auf den Apostelfürsten Petrus als ersten Bischof von Rom berief, ebenso wie das durch Karl den Großen erneuerte Kaisertum. Als dessen Glanz im Spätmittelalter verblaßte, erhielt der Romgedanke neuen Auftrieb durch die humanistische Kultur, und in dem Maße, in dem sich die Fürstenhöfe dieser Bewegung öffneten, wuchs das Bestreben der europäischen Monarchien, sich durch das römische Vorbild zu legitimieren.
Heute berufen sich die Anhänger der Idee eines vereinigten Europa zuweilen auf die gemeinsamen Wurzeln in der antiken Kultur und auf die Friedensordnung des Römischen Reiches. Und auch das Ideal vom Weltbürger findet ein römisches Vorbild: Wie kein anderer hat Seneca diesen im Stoizismus entwickelten Gedanken verbreitet und gelebt.

ANHANG

Die Portlandvase im Britischen Museum ist ein Meisterwerk der Glaskunst augusteischer Zeit. Ein dunkelblauer Glaskörper wurde mit opakweißem Glas überfangen und die äußere Schicht so abgetragen, daß nur die Darstellung in Relief weiß auf blauem Grund stehen blieb. Beide Seiten zeigen eine ausbalancierte Komposition von drei Figuren, die fast alle ein bekanntes griechisches Statuenschema zitieren. In der Mitte erscheint jeweils eine Frau, die eine begrüßt freudig einen von Eros begleiteten Helden, die andere wendet sich im Trauergestus mit gesenkter Fackel von ihrem Helden ab. Da klärende Attribute fehlen, haben die rätselhaften Szenen zwei Dutzend verschiedenartige Interpretationen gefunden. 1784 gelangte die Vase in den Besitz der Herzoginwitwe von Portland. Zwei Jahre später fertigte Josiah Wedgwood einen Abguß als Form für eine Steinzeugreproduktion, die als Krönung seiner Tätigkeit galt. Wedgwood-Kopien der Portlandvase waren derart populär, daß sie jahrzehntelang in großer Zahl produziert wurden.

Zeittafel

10. Jh. v.Chr.	Älteste Siedlungsspuren auf dem Gebiet Roms
8./7. Jh.	Die Siedlungen an der Tiberfurt entwickeln sich zu der unter etruskischem Einfluß stehenden Stadt Rom (Gründungsdatum nach der römischen Tradition: 753)
nach 616	Herrschaft etruskischer Könige in Rom: Tarquinius Priscus, Servius Tullius, Tarquinius Superbus
510	Abschaffung des Königtums; die Häupter der Geschlechter *(patres)* verwalten künftig die politische Macht durch einen Jahresbeamten aus ihrer Mitte: Beginn der Republik
494–287	Ständekampf: Die Plebejer erreichen zivilrechtliche Gleichstellung mit dem patrizischen Adel, zwingen ihm politische Mitbestimmung und das passive Wahlrecht ab; Schaffung der plebejischen Organisation (Volkstribunat)
vor 450	Einrichtung der Heeresversammlung als Volksversammlung nach timokratischem Prinzip (Gliederung nach fünf Vermögensklassen)
450	Kodifikation des geltenden Rechts (Zwölftafelgesetz)
396	Vernichtung der Etruskerstadt Veji
397	Niederlage der Römer an der Allia gegen die Kelten unter Brennus; Brandschatzung Roms
366	Zulassung der Plebejer zum obersten Amt (Konsulat)
343–341	1. Samnitenkrieg
340–338	Latinerkrieg; Eroberung von Antium
326–304	2. Samnitenkrieg; Einschließung der Römer in den Caudinischen Pässen (321); Gründung der Kolonien Luceria (320), Canusium (318) und Alba Fucens (303)
312	Bau der Via Appia unter dem Censor Appius Claudius
298–290	3. Samnitenkrieg gegen Samniten, Etrusker und Kelten
287	*lex Hortensia de plebiscitis:* Beschlüsse der von den Volkstribunen geleiteten Volksversammlung der Plebejer *(concilium plebis)* werden gemeinverbindlich
285–282	Krieg gegen die Kelten und Etrusker
282	Krieg gegen Tarent, gegen König Pyrrhos von Epirus, Samniten und Lucaner
264–241	Krieg gegen die Seemacht Karthago (1. Punischer Krieg); Eroberung Siziliens
237	Annektion Sardiniens und Korsikas durch die Römer. Als Ersatz für die verlorenen Inseln okkupieren die Karthager Spanien unter den Barkiden Hamilkar, Hasdrubal und Hannibal; Festlegung der Nordgrenze des karthagischen Einflußgebietes im Ebrovertrag (226)
229	1. Illyrischer Krieg
227	Sizilien, Sardinien und Korsika werden als erste außeritalische Herrschaftsgebiete (Provinzen) unter Prätoren als Militärgouverneuren eingerichtet
225–222	Krieg gegen die Kelten Oberitaliens
219	2. Illyrischer Krieg
218–201	2. Punischer Krieg. Siege Hannibals am Trasimenischen See (217) und bei Cannae (216). 215 Kriegseintritt Philipps V. von Makedonien auf karthagischer Seite. P. Cornelius Scipio landet in Spanien, erobert Carthago Nova (209) und siegt bei Ilipa (206). Hannibal muß Italien räumen und wird 202 bei Zama von P. Cornelius Scipio geschlagen
200–197	2. Makedonischer Krieg gegen Philipp V.; Entscheidungsschlacht bei Kynoskephalai (197)
197	Einrichtung der Provinzen Hispania Ulterior und Citerior
192–188	Krieg gegen Antiochos III. von Syrien; Entscheidungsschlacht bei Magnesia am Mäander (190)
171–168	3. Makedonischer Krieg gegen König Perseus; Entscheidungsschlacht bei Pydna (168)
154–133	Aufstand der Keltiberer und Lusitaner
148	Aufstände in Griechenland; Einrichtung der Provinz Macedonia (148); Zerstörung von Korinth (146)
146	Zerstörung von Karthago; Einrichtung der Provinz Africa
136–132	1. Sizilischer Sklavenkrieg
133	Attalos III. von Pergamon vermacht testamentarisch sein Reich den Römern; es wird als Provinz Asia eingerichtet
133	Volkstribunat des Tiberius Sempronius Gracchus
123/122	Volkstribunat des Gaius Tiberius Gracchus
111–105	Krieg gegen den König Jugurtha von Numidien
113–101	Krieg gegen die Kimbern und Teutonen; Niederlagen der Römer bei Noreia (113) und Arausio (105)
107, 104–100	Konsulate des C. Marius, der nach einer Heeresreform die Teutonen bei Aquae Sextiae (102) und die Kimbern bei Vercellae (101) besiegt
91–89	Aufstand der italischen Bundesgenossen gegen Rom; sie erhalten das römische Bürgerrecht
88	Volkstribunat des P. Sulpicius Rufus. Sulla marschiert auf Rom, um die Senatsherrschaft wiederherzustellen
87–84	Sulla führt den Krieg gegen Mithradates von Pontos (88: »Vesper von Ephesos«)
83–82	Rückkehr Sullas nach Rom; Vernichtung der innenpolitischen Gegner (Proskriptionen)
82–79	Diktatur Sullas
74–64	Erneuter Krieg gegen Mithradates. Nach der Abberufung des Lucullus wird der Oberbefehl Pompeius übertragen, der die römische Herrschaft im Osten neu ordnet
73–71	Sklavenaufstand in Italien unter Führung des Spartacus
70	1. Konsulat von Pompeius und Crassus, die die Sullanische Ordnung in wichtigen Punkten aufheben
63	Konsulat Ciceros. Verschwörung des Catilina
60	1. Triumvirat zwischen Pompeius, Caesar und Crassus
59	1. Konsulat Caesars
58–51	Eroberung Galliens durch Caesar
55	2. Konsulat von Pompeius und Crassus
53	Niederlage und Tod des Crassus gegen die Parther
49	Ausbruch des Bürgerkrieges zwischen Caesar und Pompeius. Niederlage des Pompeius bei Pharsalos und seine Ermordung in Ägypten (48); Niederlage der Senatsanhänger bei Thapsus (46) und Munda 45
45	Caesar als Diktator auf Lebenszeit faktisch Alleinherscher
15.3.44	Ermordung Caesars
43	2. Triumvirat zwischen Antonius, Octavian und Lepidus; Proskriptionen der Triumvirn; Tod Ciceros
42	Sieg der Triumvirn über die Caesar-Mörder bei Philippi
33–32	Bruch zwischen Antonius und Octavian
31	Sieg Octavians über Antonius bei Actium
30	Tod des Antonius in Alexandria. Ägypten wird von Octavian besetzt und zur römischen Provinz erklärt
27	Der Senat verleiht Octavian den Ehrennamen Augustus
27–25	Augustus in Spanien und Gallien
23	Augustus erhält die tribunizische Gewalt auf Lebenszeit
22–19	Augustus im Orient; Verständigung mit den Parthern
16–13	Augustus in Gallien
15	Tiberius und Drusus erobern Rätien und Noricum
12–9	Unterwerfung der Illyrer und Pannonier durch Agrippa und Tiberius; Germanenkriege des Drusus
9	Einweihung der Ara Pacis
8–6	1. Kommando des Tiberius in Germanien
2 v.Chr.	Verleihung des Ehrentitels Pater Patriae an Augustus

4 n.Chr. Augustus sichert die Erbfolge durch Adoption des Tiberius
4–6 2. Kommando des Tiberius in Germanien; Abbruch der Offensive gegen die Markomannen
6–9 Aufstand in Dalmatien und Pannonien
9 Schlacht im Teutoburger Wald
19.8.14 Tod des Augustus in Nola
14–37 Tiberius
14–16 Germanenfeldzug des Germanicus; Tiberius befiehlt den Rückzug
17 Einrichtung der Provinzen Cappadocia und Commagene
37–41 Caligula (Gaius Caesar Germanicus)
41–54 Claudius
43 Eroberung Südbritanniens
46 Einrichtung der Provinz Thracia
54–68 Nero
65 Pisonische Verschwörung; Tod Senecas
68/69 Vierkaiserjahr: Galba, Vitellius, Otho und Vespasian
69–79 Vespasian
70 Zerstörung Jerusalems durch Titus
74 Unterwerfung des Neckargebietes *(agri decumates)*
77–88 Feldzüge des Agricola in Britannien
79–81 Titus
79 Ausbruch des Vesuvs; Untergang Pompejis
81–96 Domitian
83–85 Feldzug gegen die Chatten; Baubeginn des obergermanischen Limes
96–98 Nerva
98–117 Traian
101–102 1. Dakerkrieg
105–106 2. Dakerkrieg; Einrichtung der Provinz Dacia
106 Einrichtung der Provinz Arabia
114–117 Krieg gegen die Parther; Einrichtung der Provinzen Armenia, Mesopotamia und Assyria
117–138 Hadrian
117 Verständigungsfriede mit den Parthern (Euphratgrenze)
132–135 Jüdischer Aufstand unter Bar Kochba
138–161 Antoninus Pius
161–180 Marc Aurel
162–166 Krieg gegen die Parther
167–175 1. Markommannenkrieg zur Sicherung der Donaugrenze
169 Tod des Mitregenten Lucius Verus
175–180 2. Markomannenkrieg
180–192 Commodus
193 2. Vierkaiserjahr: Didius Iulianus, Clodius Albinus, Pescennius Niger, Septimius Severus
193–211 Septimius Severus
197–199 Partherkrieg: Restitution der Provinz Mesopotamia
208–211 Britannienfeldzug
211–217 Caracalla
212 *constitutio Antoniniana:* Verleihung des römischen Bürgerrechts an alle freien Reichsbewohner
216 Partherkrieg
218–222 Elagabal
222–235 Severus Alexander
230–232 Feldzug gegen das Neupersische Reich der Sassaniden
235–284 Zeit der Soldatenkaiser (insgesamt über 40 Kaiser)
235–238 Maximinus Thrax
242 Einfall der Perser unter Shapur I. in Mesopotamien; Sieg Gordians III. in der Schlacht bei Resaina
244–249 Philippus Arabs
248 Jahrtausendfeier Roms
250 Reichsweite Christenverfolgung unter Decius
251 Niederlage und Tod des Decius gegen die Goten
253–260 Valerianus
254 Zusammenbruch der Rhein- und Donaugrenze unter dem Ansturm der Germanen
256 Vorstoß der Perser bis Antiocheia
258/259 Christenverfolgung
260 Gefangennahme Valerians durch Shapur I.
259/260 Der obergermanisch-rätische Limes wird aufgegeben
260–268 Gallienus
260–268 Annulierung der Verfolgungsedikte gegen die Christen
261–274 Sonderreich des Postumus und des Tetricius in Gallien
260–273 Palmyrenisches Reich des Odainathos und der Zenobia
268–270 Claudius II. Gothicus
270–275 Aurelian
270/271 Sicherung der Donaugrenze; Räumung Dakiens. Befestigung der Hauptstadt (Aurelianische Mauer)
271–273 Unterwerfung des Reiches von Palmyra
274 Kampflose Beseitigung des gallischen Sonderreiches
276–282 Probus
282–283 Perserfeldzug des Carus; Eroberung Ktesiphons
284–305 Diocletian Augustus
286 Erhebung Maximians zum Mit-Augustus
293 Constantius Chlorus und Galerius zu Caesares erhoben
294 1. Währungsreform Diocletians
301 2. Währungsreform Diocletians und Preisedikt
303 Beginn der letzten großen Christenverfolgung
305 Constantius Chlorus und Galerius Augusti
306 Constantin und Maxentius zu Kaisern ausgerufen
311 Toleranzedikt des Galerius: das Christentum wird zur erlaubten Religion. Tod des Galerius; Licinius wird sein Nachfolger
312 Sieg Constantins an der Milvischen Brücke über Maxentius
324 Constantin besiegt Licinius und wird Alleinherrscher
325 1. Ökumenisches Konzil von Nicaea
330 Einweihung Konstantinopels als neuer Hauptstadt
337 Tod Constantins. Blutbad in Konstantinopel; Constans, Constantin II. und Constantius neue Augusti
340 Tod Constantins II.
350 Usurpation des Magnentius; Tod des Constans
360 Julian, seit 355 Caesar im Westen, wird Augustus
363 Perserkrieg und Tod Julians. Sein Nachfolger Jovian schließt mit den Persern Frieden
364 Tod Jovians; Valentinian I. und Valens Augusti
367 Gratian wird zum 3. Augustus erhoben
375 Tod Valentinians I.; sein Sohn Valentinian II. Augustus
378 Theodosius I. Augustus; er übernimmt nicht mehr das Amt des Pontifex Maximus, Gratian legt es nieder
380 Ansiedlung von Ostgoten in Pannonien
381 2. Ökumenisches Konzil von Konstantinopel
391/392 Theodosius verbietet den heidnischen Gottesdienst
392 Valentinian II. wird ermordet; der Heermeister Arbogast erhebt den Rhetor Eugenius zum Kaiser
394 Eugenius und Arbogast werden in der Schlacht am Frigidus geschlagen; Stilicho führender Heermeister im Westen
395 Tod Theodosius' I.; Arcadius Kaiser im Osten, Honorius im Westen
401 Aufbruch der Westgoten unter Alarich nach Italien
406/407 Alanen, Vandalen und Hunnen fallen in Gallien ein
408 Ermordung Stilichos. Theodosius II. folgt Arcadius
409 Vandalen, Alanen und Sueben ziehen nach Spanien
410 Einfall der Sachsen in England. Eroberung Roms durch die Westgoten
413 Ansiedlung der Burgunder im Gebiet von Worms
418 Ansiedlung der Westgoten in Aquitanien
425 Valentinian III. Kaiser im Westen
429 Die Vandalen unter Geiserich setzen nach Afrika über
437 Zerstörung des Burgunderreichs durch hunnische Scharen; Aetius siedelt die Reste des Stammes in Savoyen an
440–461 Papst Leo I. der Große
450 Marcian folgt im Osten Theodosius II.
451 Schlacht zwischen Hunnen und einer römisch-germanischen Koalition auf den Katalaunischen Feldern
452 Einfall der Hunnen unter Attila in Italien
455 Valentinian III. wird ermordet. Plünderung Roms durch die Vandalen
476 Romulus Augustulus von Odoaker abgesetzt; Ende des Westreichs
482–511 Chlodwig König der Franken; er erobert den letzten römischen Teil Galliens, das Reich des Syagrius (486)
488 Evakuierung des römischen Ufernoricum
488/489 Die Ostgoten ziehen nach Italien
490–493 „Rabenschlacht" um Ravenna zwischen Theoderich und Odoaker; Ermordung Odoakars (493)
497 Theoderich wird von Anastasius, dem Kaiser im Osten, als Herrscher in Italien anerkannt
517 Erster Vorstoß der Slawen auf den Balkan
526 Tod Theoderichs
527–567 Justinian I. Kaiser im Osten

Archäologische Stätten

Alba Fucens Abruzzen/Italien. Nach ihrem Sieg über die Marser 304 v.Chr. siedelten die Römer oberhalb des Fuciner Sees 6000 Kolonisten an. Der stark befestigte Ort widerstand 211 v.Chr. der Belagerung Hannibals. Aus polygonalen Blöcken errichtet, folgt die in großen Teilen erhaltene Stadtmauer von 3 km Länge der Höhenlinie. Auch mehrere Terrassenmauern weisen polygonales Mauerwerk auf. An den freigelegten Gebäuden im Kernbereich der Stadt, Portikus am Forum, Basilika, Macellum, Thermen, Hercules-Heiligtum, Theater, wurde bis in hadrianische Zeit gebaut. Das nahe dem Südtor gelegene Amphitheater datiert nach der Stifterinschrift über den Eingangsbögen in die Zeit des Kaisers Claudius, der die noch sichtbaren Kanäle zur Entwässerung des Fuciner Sees anlegen ließ.
Ankyra Ankara, Galatien/Türkei. Als Augustus 25 v.Chr. die Provinz Galatia schuf, bestimmte er Ankyra zur Hauptstadt. Griechische und lateinische Inschriften an der Cella des Roma und Augustus geweihten Tempels überliefern die *Res gestae*, den Tatenbericht des Kaisers, der nach seinem Fundort den Namen Monumentum Ancyranum erhielt. Weitere Überreste römischer Zeit sind eine Thermenanlage und eine Palästra sowie die 362 anläßlich eines Besuchs Kaiser Julians errichtete Ehrensäule.
Apamea Kalaat el-Mudik, Syrien. Alexander hatte der Stadt Pharnake am Orontes den Namen Pella gegeben, Seleukos I. benannte sie nach seiner persischen Gemahlin Apame. 64 v.Chr. von Pompeius erobert, gelangte Claudia Apamea in der Kaiserzeit zu neuer Blüte. Beeindruckend ist die 24 m breite Kolonnadenstraße, die in einer Länge von fast 2 km das Stadtgebiet von Norden nach Süden durchzieht. Das Nordtor blieb als Teil der byzantinischen Festung erhalten. Von den Nordthermen stehen noch mächtige Quadermauern und Bögen, vom Tyche-Heiligtum an der Agora das hohe Podium des zentralen dreischiffigen Kultbaus. In Portiken, Wohnhäusern und Basiliken kam ein umfangreicher Bestand an Fußbodenmosaiken zutage.
Aphrodisias Geyre, Karien/Türkei. Die in einem Seitental des Mänander gelegene Stadt, seit dem Einfall Timurs 1402 ein unbewohntes Ruinenfeld, besaß ein berühmtes Aphrodite-Heiligtum und erfreute sich der Gunst vieler Kaiser. Nach dem Sieg des Christentums versuchte man durch die Umbenennung in Caria oder Stavropolis den Namen der Göttin zu tilgen. Aphrodisias brachte eine Bildhauerschule hervor, die bis in den Westen des Reiches tätig war. Südlich der Agora stehen die Portiken einer Platzanlage aus dem frühen 1. Jahrhundert n.Chr. teilweise bis zum Architrav aufrecht. Vom Sebastieion, dem unter Claudius errichteten Tempel des Kaiserkults, konnten bedeutende Reliefs geborgen und die umschließenden Säulenhallen rekonstruiert werden. Aus dem 1. Jahrhundert n.Chr. stammt auch das ungewöhnlich gut erhaltene Stadion. Unter Hadrian entstand ein Neubau des Aphrodite-Tempels, von dem 14 Säulen aufrecht stehen, während die Cella der Umwandlung in eine Kirche zum Opfer fiel; außerdem eine Thermenanlage, in der noch Marmorbecken und -fußböden vorhanden sind. Ebenfalls ins 2. Jahrhundert n.Chr. datieren das Theater, das Bouleuterion und ein Propylon mit spiralig kannelierten Säulen.
Aquae Sulis Bath, Avon/England. 75 n.Chr. an einer heißen Quelle gegründeter Kurort, dessen Thermen im 4. Jahrhundert ihre größte Ausdehnung erreichten. Ausgrabungen seit dem 18. Jahrhundert haben außer den Thermen den heiligen Bezirk der Göttin Sulis-Minerva mit einem Podiumtempel freigelegt.
Apollonia Poian, Illyrien/Albanien. Die 588 v.Chr. von Griechen aus Korfu gegründete Stadt schloß nach dem Tod des Königs Pyrrhos, zu dessen Reich sie gehörte, einen Freundschafts- und Handelsvertrag mit Rom und blieb seither von Rom abhängig. Octavian verbrachte zusammen mit seinem Freund Agrippa und seinem Lehrer Apollodoros aus Pergamon einige Zeit zum Studium der griechischen Sprache und Philosophie in Apollonia; dort erreichte ihn die Nachricht von Caesars Ermordung. Die Ausgrabungen erbrachten eine große Zahl von qualitätvollen Skulpturen des 1. bis 3. Jahrhunderts und Bauten severischer Zeit: das Bouleuterion, dessen Fassade rekonstruiert wurde, ein Odeion, einen Diana-Tempel und einen Ehrenbogen sowie ein Peristylhaus mit Mosaikböden.
Aquileia Friaul/Italien. 181 v.Chr. zur Abwehr neuer Kelteneinfälle als Kolonie latinischen Rechts gegründet, entwickelte sich die Hafenstadt an der oberen Adria im Schnittpunkt wichtiger Fernstraßen zum bedeutenden Handelsplatz. Nach der Zerstörung durch die Hunnen Attilas im Jahr 452 hielt sich noch der Bischofssitz, bis der Langobardeneinfall 568 die Verlegung nach Grado erzwang. Die frühesten Monumente Aquileias, Grabmäler mit Säulenaufbauten, stammen aus augusteischer Zeit. Der 500 m lange und 48 m breite Kai des verlandeten Flußhafens ist teilweise freigelegt, auch weitläufige Speicheranlagen konnten nachgewiesen werden. Am Forum erhebt sich die Marmorkolonnade eines 7 m tiefen Portikus. Unter dem Dom wurden die Bodenmosaiken einer Doppelbasilika aufgedeckt, deren Inschriften Theodor, den Bischof Aquileias am Anfang des 4. Jahrhunderts, als Stifter nennen.
Arausio Orange, Provence/Frankreich. Die 35 v.Chr. im Rhônetal gegründete Colonia Iulia Firma Secundanorum Arausio erhielt unter Augustus ein Theater, von dem nicht nur die Cavea mit 7000 Plätzen erhalten blieb, sondern auch die 37 m hohe Rückwand des Bühnengebäudes. In die gleiche Zeit datiert das benachbarte »Gymnasion«, eine im Halbrund schließende Anlage von über 200 m Länge, deren Achse auf das Kapitol ausgerichtet ist. Der dreitorige Ehrenbogen im Norden vor der Stadt, der besterhaltene in Gallien, wurde unter Tiberius errichtet.
Arelate Arles, Provence/Frankreich. 46 v.Chr. erhob Caesar das Oppidum Arelate der keltoligurischen Salubrier zur Colonia Iulia Paterna Arelate Sextanorum. Seit 308 Residenz Constantins, der hierher 314 das Konzil zur Entscheidung des Donatistenstreites berief, wurde Arelate um 400 Sitz des Präfekten der vier westlichen Diözesen. 476 bemächtigte sich der Westgotenkönig Eurich der Stadt. Das Amphitheater mit zweigeschossigen Bogenstellungen ist heute Schauplatz von Stierkämpfen. Es stammt aus augusteischer Zeit wie das benachbarte Theater, von dessen Bühnenhaus und Cavea mit dreifacher Bogenstellung nur noch Reste vorhanden sind. Auf den zweischiffigen Kryptoportiken am Forum standen vermutlich die den Platz umgrenzenden Säulenhallen. Von einem der beiden Tempel des Forums stehen noch Teile der Giebelfront. Die Thermen am Rhône-Ufer wurden in constantinischer Zeit errichtet.
Aspendos Belkis, Pamphylien/Türkei. Die zwischen Side und Perge gelegene Ruinenstadt besitzt das besterhaltene antike Theater Kleinasiens. Es wurde unter Marc Aurel von dem Architekten Zenon erbaut. Während von einer 140 m langen Basilika an der Agora nur mehr Substruktionen vorhanden sind, ragen die Mauern eines Nebengebäudes und eines Nymphäums noch 15 m hoch auf. Der beim Nordtor das Stadtgebiet erreichende Aquädukt wurde im späten 2. Jahrhundert n.Chr. als Druckleitung mit zwei über 30 m hohen hydraulischen Türmen angelegt.
Athen Attika/Griechenland. Nach dem Krieg gegen Mithradates ließ Sulla 86 v.Chr. die Mauern Athens schleifen. Politisch bedeutungslos, blieb die größte Stadt Griechenlands während der Kaiserzeit ein kulturelles Zentrum und erfreute sich besonders der Gunst des Philhellenen Hadrian. Die Errichtung der Valerianischen Mauer konnte Athen nicht vor der Verheerung durch die Heruler 267 bewahren. 395 fielen die Goten ein. 529 verfügte Justinian die Schließung der Akademie. Im letzten vorchristlichen Jahrzehnt entstand der römische Markt, ein von Säulenhallen umschlossener Platz, dessen westlicher Eingang, das Athena-Archegetes-Tor, gut erhalten ist. Östlich davon steht der um 50 v.Chr. erbaute Turm der Winde, benannt nach den Reliefs der acht Windgötter an den Außenseiten des Oktogons, das eine Wasseruhr enthielt. Auf der alten Agora ließ Agrippa 15 v.Chr. ein Odeion erbauen. Vor dem Parthenon wurde ein ionischer Rundtempel für Roma und Augustus errichtet. Der Aufgang zur Akropolis erhielt 52 n.Chr. eine Freitreppe. Hadrian stiftete einen Bibliotheksbau ne-

ben dem römischen Markt, vollendete das Olympieion und gründete in seinem Umkreis eine Neustadt, deren Grenze ein Ehrenbogen markiert. Als Wohltäter Athens erwies sich auch der kommagenische Prinz Philopappos, dem um 115 n.Chr. auf dem Musenhügel ein monumentales Grabmal errichtet wurde. Herodes Atticus finanzierte in der Mitte des 2. Jahrhunderts den Ausbau des jetzt rekonstruierten Stadions und ein Odeion am Fuß der Akropolis, das samt der 28 m hohen Fassade erhalten blieb.

Augusta Praetoria Aosta, Aostatal/Italien. 25 v.Chr. gründete Augustus im Gebiet der Salasser zur Sicherung der Verkehrsverbindung mit Gallien über den Kleinen und Großen Sankt Bernhard eine Kolonie, in der 3000 Prätorianerveteranen angesiedelt wurden. Die augusteische Befestigung der 724 x 572 m großen Stadtanlage blieb weitgehend erhalten. Von den vier Torbauten steht noch die Porta Praetoria im Osten. 400 m vor diesem Tor erhebt sich der zur Ehren des Kaisers errichtete Bogen. Das Amphitheater, im Axialbezug zum Theater angelegt, ist bis auf sieben von ehemals 60 Erdgeschoßarkaden abgetragen worden. Ein Kryptoportikus mit tonnengewölbten Parallelgängen, der ein 90 x 87 m großes Geviert mit einem Tempelfundament in der Mitte umschließt, gibt einen Hinweis auf die Lage des Forums.

Augusta Raurica Augst, Basel/Schweiz. Die Gründung der Colonia Raurica, deren sich der von Caesar eingesetzte Statthalter Galliens L. Munatius Plancus in seiner Grabinschrift rühmt, hat wohl erst Augustus um 15 v.Chr. in die Tat umgesetzt. Nach dem Alemanneneinfall um 260 n.Chr. wurde die Stadt aufgegeben. 800 m nördlich davon entstand unter Diocletian am Rheinübergang das Castellum Rauracense (Kaiseraugst), seit der Mitte des 4. Jahrhunderts Sitz eines Bischofs. Im Stadtgebiet wurden mehrere Heiligtümer und Thermen, Häuser und Werkstätten, die Basilika und Curia am Forum sowie das Theater und Amphitheater ausgegraben. Das zweimal umgebaute Theater bildete mit dem »Schönbühltempel« eine architektonische Einheit.

Augusta Treverorum Trier, Rheinland-Pfalz/Deutschland. Die wohl vor 16 v.Chr. an einem Moselübergang im Gebiet der Treverer gegründete Stadt entwickelte sich schnell zum wirtschaftlichen Zentrum. Nach dem Fall des Limes 275 zerstört, begann für Treveris 293 als Sitz des Caesars des Westreichs eine Blütezeit, die bis zur Verlegung der Kaiserresidenz nach Mailand im Jahr 395 andauerte. Das besterhaltene Monument ist die Porta Nigra, das Nordtor der im späten 2. Jahrhundert n.Chr. errichteten Stadtmauer. Das Amphitheater entstand um 100 n.Chr., um 150 folgten die Barbarathermen. Aus der Zeit Constantins stammen die Kaiserthermen mit intaktem Kellersystem und bis zu 19 m Höhe aufrecht stehenden Mauern des Caldariums sowie die Palastaula, die 1856 und erneut 1956 rekonstruiert wurde.

Augustodunum Autun, Burgund/Frankreich. Die nach Augustus benannte Stadt ersetzte das Oppidum Bibracte der Haeduer auf dem Mont Beuvray. Von der augusteischen Stadtmauer sind größere Abschnitte und zwei Tore mit jeweils vier Durchgängen und pilastergeschmückten Arkaden im Obergeschoß erhalten. Nur noch Reste sind von dem Theater aus der Zeit Vespasians vorhanden, mit fast 150 m Durchmesser eines der größten in Gallien. Vor dem Nordtor steht bis zu einer Höhe von 24 m die turmartige Cella eines gallorömischen Heiligtums aufrecht, der sogenannte Janus-Tempel. Der 23 m hohe Pierre de Couhard im Südosten der Stadt ist der Gußkern eines pyramidenförmigen Grabmals.

Aventicum Avenches, Vaud/Schweiz. Der um 15 v.Chr. an der Straße vom Rhein zur Rhône gegründete Hauptort der Helvetier wurde von Vespasian zur Colonia erhoben. Nach dem Alemanneneinfall um 260 nur zum kleinsten Teil wieder aufgebaut, war Aventicum im 5./6. Jahrhundert noch Bischofssitz. Die 5,7 km lange Mauer wurde beim Osttor rekonstruiert. Sie umschließt die Reste eines Ampitheaters und eines Theaters, in dessen Achse wie in Augst ein Podiumtempel mit Säulenumgang liegt. Außerdem wurden Thermen und ein Tempel mit quadratischer Cella und Umgang freigelegt.

Baelo Bolonia, Andalusien/Spanien. Die von Claudius zum Municipium erhobene Kleinstadt war für ihre Produktion von gepökeltem Fisch und Garum bekannt. Grabungen brachten das gepflasterte Forum zutage mit dem Tempel der Kapitolinischen Trias, einer Basilika und einem Nymphäum sowie ein Theater, Thermen und Häuser mit Portiken. Auch Reste der Stadtmauer und eines Aquädukts sind noch vorhanden.

Baiae Baia, Campanien/Italien. Die heißen Quellen und Dämpfe der Phlegräischen Felder, das milde Klima des Golfs von Neapel und seine Naturschönheiten ließen Baiae im 1. Jahrhundert v.Chr. zu einem beliebten Kur- und Badeort werden. Viele wohlhabende Römer besaßen dort Villen. Infolge der Küstensenkung liegen heute große Teile des antiken Baiae unter dem Meeresspiegel. Die Thermenanlagen mit allen nur wünschbaren Räumlichkeiten zur Erholung und Zerstreuung stiegen in Terrassen am Hang empor. Seit 1936 sind hier Ausgrabungen im Gange. Als früheste Anlage kamen die Sosandra-Thermen aus sullanischer Zeit zutage, ein symmetrischer Komplex mit Thermalschwimmbecken, Badezellen und Aussichtsterrasse. Drei große Kuppelbauten, die nach humanistischer Tradition als Merkur-, Diana- und Venus-Tempel bezeichnet werden, waren die monumentalen Badesäle von Anlagen der frühen Kaiserzeit und hadrianischer Zeit. Noch im Mittelalter herrschte in den Thermen von Baiae reger Badebetrieb.

Beneventum Benevent, Campanien/Italien. Aus Maluentum wurde bei der Gründung einer Kolonie italischen Rechts 268 v.Chr. Beneventum. Die Stadt im inneren Bergland war durch die Via Appia mit Rom verbunden und Ausgangspunkt von vier weiteren Straßen. Am Beginn der Via Traiana wurde 114 v.Chr. der Traiansbogen errichtet, ein samt dem Reliefschmuck außergewöhnlich gut erhaltenes Monument. Das teilweise restaurierte Theater ist ein Bau hadrianischer Zeit, der unter Caracalla erneuert wurde.

Bilbilis Calatayud, Aragon/Spanien. Die 77 v.Chr. von den Römern besetzte Ibererstadt war der Geburtsort des Satirikers Martial. An der Straße von Caesaraugusta nach Emerita Augusta gelegen, entwickelte sie sich zu einem Zentrum der Metallverarbeitung. Wohl schon im 1. Jahrhundert v.Chr. entstanden die imposante Terrassenanlage mit bekrönendem Tempel und das Theater. Von der Stadtmauer steht noch ein 2 km langer Abschnitt, Forum und Thermen zeichnen sich in dem Ruinengelände ab.

Bostra Bosra, Syrien. Die nabatäische Stadt im Hauran wurde von Traian 106 n.Chr. zur Hauptstadt der Provinz Arabia erhoben. Als Baumaterial diente hier der lokale schwarze Basalt. Das zur arabischen Festung ausgebaute Theater blieb weitgehend erhalten. Auch das Westtor und ein dreitoriger Ehrenbogen am Decumanus stehen noch aufrecht. Unter der Nordhalle dieser Säulenstraße wurde ein 106 m langer Kryptoportikus entdeckt. Des weiteren finden sich Reste von Thermen und eines Nymphäums. Die Ruine der um 510 erbauten Bischofskirche läßt einen bedeutenden Zentralbau erschließen.

Brixia Brescia, Lombardei/Italien. 225 v.Chr. eroberten die Römer das Gebiet der gallischen Cenomanen. Ihr Hauptort Brixia wurde 89 v.Chr. Municipium und 27 v.Chr. Colonia. Das um 73 n.Chr. erbaute Kapitol, dessen drei Cellae samt Teilen der Vorhalle rekonstruiert wurden, nahm die nördliche Schmalseite des Forums ein. Auch von der Kurie an seiner Südseite sind noch Reste sichtbar, ebenso von den rahmenden Portiken. Unter dem vespasianischen Kapitol wurden Mauern eines republikanischen Vorgängerbaus ergraben. Die Freilegung des Theaters, das östlich des Kapitols am Hang des Cidneo liegt, ist geplant.

Bulla Regia Hammam Derradji, Tunesien. Die numidische Stadt wurde unter Vespasian Municipium und unter Hadrian Colonia. Ihren Wohlstand verdankte sie dem Getreideanbau. Bemerkenswerter als die Reste öffentlicher Gebäude sind die großen Villen mit unterirdischen Räumen, die Schutz vor der Hitze boten und mit prächtigen Mosaikböden ausgestattet wurden.

Camulodunum Colchester, Essex/England. Am Hauptort der einheimischen Stämme, 43 n.Chr. das Ziel der römischen Invasion, entstand ein Legionslager und 50 n.Chr. die Stadt Colonia Claudia Victricensis mit einem Tempel des Kaiserkults. Die turmbewehrte Stadtmauer erhielt nach 150 ein Westtor mit sechs Durchgängen.

Capua Santa Maria Capua Vetere, Campanien/Italien. Von den Samniten bedrängt, schloß die wichtigste Stadt des nördlichen Campaniens 343 v.Chr. einen Bündnisvertrag mit Rom. 50 Jahre später führte die Via Appia bis Capua, das im Zweiten Punischen Krieg auf Hanibals Seite trat und schwer dafür büßen mußte: Die Stadt wurde 211 v.Chr. zerstört, die Gemeinde aufgelöst. Im 1. Jahrhundert v.Chr. als Colonia wiedererstanden, zählte Capua schon bald zu den größten Städten Italiens. Das um 100 n.Chr. erbaute Amphitheater erreicht fast die Größe des Kolosseums. Eine viergeschossige Außenfassade umschloß das 167 m lange und 137 m breite Oval. Theater und Thermen wurden weitgehend abgetragen. Gut erhalten blieben jedoch zwei bemerkenswerte Grabbauten, »Conocchia« und »Carceri Vecchie« genannt, sowie ein mit Wandmalereien geschmücktes Mithräum aus dem späten 2. Jahrhundert v.Chr.

Carnuntum Petronell, Niederösterreich. Das Militärlager an der norisch-pannonischen Grenze wurde 15 n.Chr. gegründet. Es lag am Donauübergang der alten Handelsstraße von der Adria zur Ostsee (Bernsteinstraße). Traian bestimmte Carnuntum 106 zum Sitz des Statthalters von Niederpannonien, Hadrian verlieh der neben dem Lager entstandenen Zivilstadt den Rang eines Municipiums. 193 wurde Septimius Severus in Carnuntum zum Kaiser ausgerufen, 308 fand dort die Konferenz der Tetrarchen statt. Noch im selben Jahrhundert begann der rasche Verfall. Lager und Zivilstadt verfügten jeweils über ein Amphitheater. In der Stadt wurden Unterbauten von Portikusanlagen und Häuser eines lokalen Typs freigelegt, im Lager auch Peristylbauten. Von einem viertorigen Ehrenbogen stehen noch zwei wuchtige Pfeiler mit einer Tonne dazwischen.

Carsulae Umbrien/Italien. Thermalquellen und Weinbau verhalfen dem Municipium an der

DAS RÖMISCHE IMPERIUM ZUR ZEIT TRAIANS

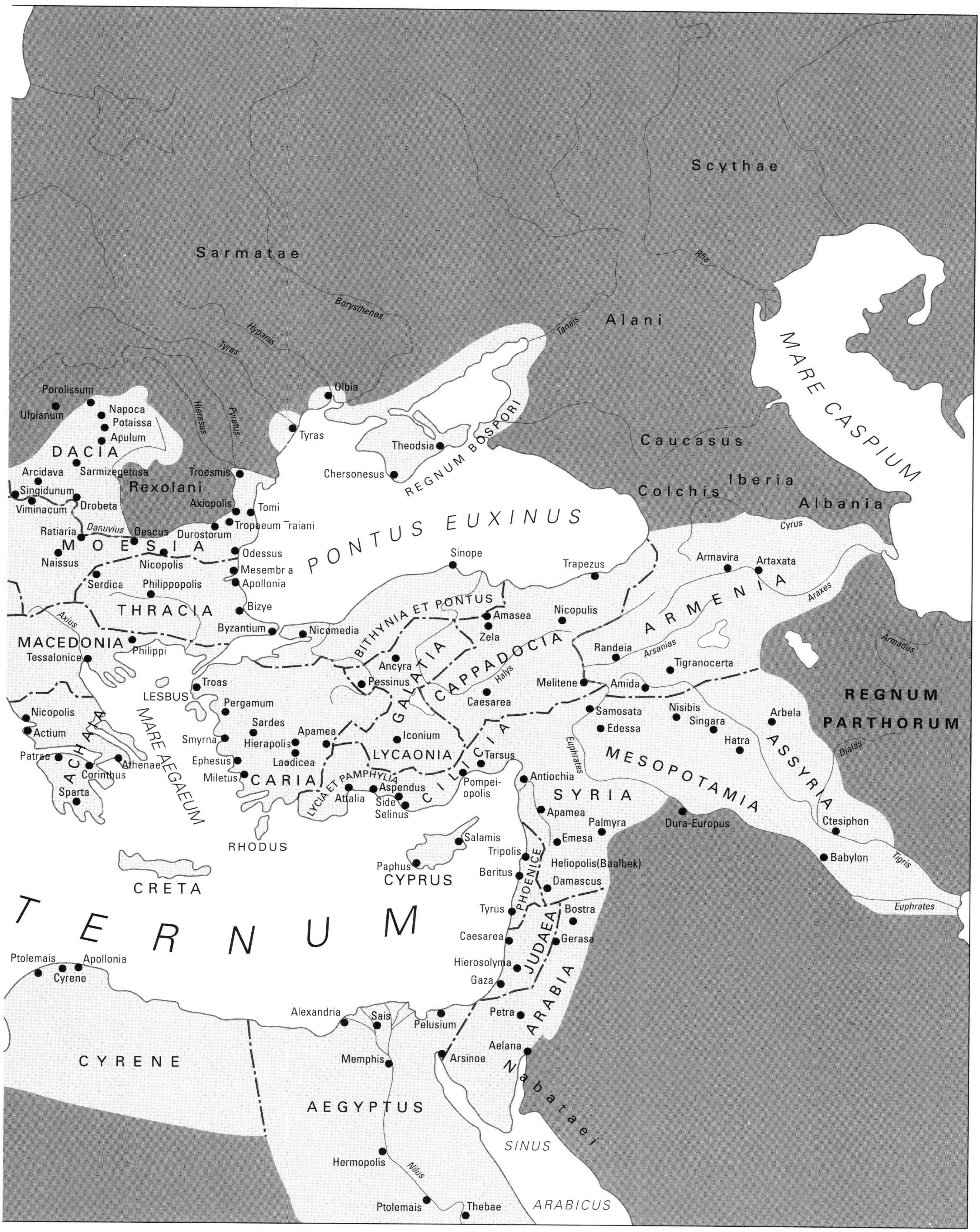
Scythae
Sarmatae
Borysthenes
Hypanis
Tyras
Tanais
Alani
Rha
MARE CASPIUM
Hierasus
Pyretus
Olbia
Porolissum
Ulpianum
Napoca
Potaissa
Apulum
DACIA
Tyras
Theodsia
REGNUM BOSPORI
Caucasus
Chersonesus
Arcidava
Sarmizegetusa
Troesmis
Rexolani
Iberia
Colchis
Albania
Singidunum
Viminacum
Drobeta
Axiopolis
Tomi
Tropaeum Traiani
PONTUS EUXINUS
Cyrus
Ratiaria
Danuvius
Oescus
Durostorum
MOESIA
Naissus
Nicopolis
Odessus
Mesembria
Apollonia
Sinope
Trapezus
Armavira
Artaxata
Serdica
Philippopolis
THRACIA
Bizye
Axius
BITHYNIA ET PONTUS
Amasea
Nicopulis
ARMENIA
Araxes
Armadus
MACEDONIA
Tessalonice
Philippi
Byzantium
Nicomedia
Zela
Randeia
Arsanias
GALATIA
CAPPADOCIA
Ancyra
Pessinus
Halys
Melitene
Amida
Tigranocerta
Troas
LESBUS
Caesarea
REGNUM PARTHORUM
Nicopolis
Actium
Pergamum
Sardes
Apamea
Samosata
Nisibis
Singara
Arbela
Edessa
ACHAIA
MARE AEGAEUM
Smyrna
Hierapolis
Iconium
LYCAONIA
CILICIA
Tarsus
Euphrates
Hatra
ASSYRIA
Dialas
MESOPOTAMIA
Patrae
Athenae
Ephesus
Laodicea
Corinthus
Miletus
CARIA
LYCIA ET PAMPHYLIA
Aspendus
Attalia
Side
Selinus
Pompeiopolis
Antiochia
Sparta
SYRIA
Apamea
Palmyra
Dura-Europus
Ctesiphon
RHODUS
Salamis
Tripolis
Emesa
Paphus
CYPRUS
Beritus
PHOENICE
Heliopolis(Baalbek)
Damascus
Babylon
Tigris
CRETA
Tyrus
Bostra
Euphrates
TERNUM
Caesarea
Gerasa
JUDAEA
ARABIA
Ptolemais
Apollonia
Cyrene
Hierosolyma
Gaza
Alexandria
Sais
Pelusium
Petra
CYRENE
Aelana
Memphis
Arsinoe
Nabataei
AEGYPTUS
SINUS
Hermopolis
Nilus
Ptolemais
Thebae
ARABICUS

Via Flaminia zu einem guten Ruf. Die Ausgrabungen brachten vorwiegend Überreste von Bauten der frühen Kaiserzeit zutage, darunter ein Theater und ein im Axialbezug dazu angelegtes Amphitheater. An der Nordseite des Cardo maximus befindet sich eine dreischiffige Pfeilerbasilika mit Apsis, an seiner Westseite das Forum mit zwei Eingängen in Form eines Tetrapylons und einem Zwillingstempel, der vieleicht den Dioskuren geweiht war. Vor dem Nordtor steht ein zylindrischer Grabbau aus dem 1. Jahrhundert n.Chr.

Centumcellae Civitavecchia, Etrurien/Italien. Traian ließ um 106 n.Chr. an der tyrrhenischen Küste einen vor Verlandung sicheren Hafen anlegen, den die Via Aurelia mit Rom verband. Spuren der Molen und Speicherbauten sind noch erkennbar. Die Terme Taurine bei den 3 km nordöstlich entspringenden heißen Quellen gab es bereits in der späten Republik. Im 2. Jahrhundert entstand neben der älteren eine große neue Thermenanlage, die gut erhalten blieb.

Colonia Claudia Ara Agrippinensis Köln, Nordrhein-Westfalen/Deutschland. 38 v.Chr. gründete Agrippa im Schutz eines Legionslagers für die auf die linke Rheinseite übergesiedelten Ubier das Oppidum Ubiorum, bei dem unter Tiberius ein Kastell für die Rheinflotte entstand. 50 n.Chr. wurde das Oppidum zur Veteranenkolonie erhoben, benannt nach Kaiser Claudius und seiner Gemahlin Agrippina, die 15/16 n.Chr. dort geboren ist. Die Hauptstadt der Provinz Niedergermanien war 69 Basis des Vitellius beim Kampf um den Kaiserthron und nach 258 für zehn Jahre Hauptstadt des Postumus und seines gallischen Sonderreiches. Constantin ließ 310 eine feste Rheinbrücke und als Brückenkopf das Kastell Deutz (Divitia) errichten. Teile der im 1. Jahrhundert n.Chr. angelegten Stadtbefestigung sind erhalten. Unter St. Maria im Kapitol wurde ein Tempel der Kapitolinischen Trias nachgewiesen, eine Thermenanlage im Bereich von St. Cäcilien und St. Peter. Zugänglich ist die Ausgrabung des Statthalter- und Kaiserpalasts (Praetorium und Regia) unter dem Rathaus. Das Oval von St. Gereon geht auf das mittlere 4. Jahrhundert zurück.

Colonia Ulpia Traiana Xanten, Nordrhein-Westfalen/Deutschland. 12 v.Chr. ließ Augustus in Birten das Legionslager Castra Vetera errichten, das im Bataveraufstand 70 n.Chr. zerstört wurde. Bei dem an anderer Stelle wiedererstandenen Castrum gründete Traian um 105 n.Chr. eine Veteranenkolonie, nach Köln die zweitgrößte Stadt Niedergermaniens. Sie verfiel nach dem Abzug der Römer und diente als Steinbruch für die südlich davon um das Stift St. Viktor entstandene mittelalterliche Stadt. Ein Teil des Geländes ist seit 1977 Archäologischer Park. Die Stadtmauer, das Amphitheater, ein Tempel und Häuser wurden rekonstruiert.

Conimbriga Condeixa, Beira Litoral/Portugal. Die lusitanische Siedlung, seit dem späten 2. Jahrhundert v.Chr. römisch, wurde erst unter den Flaviern zum Municipium erhoben. Der Name der 468 von den Sueben zerstörten Stadt lebt im 15 km entfernten Coimbra weiter. Curia, Basilika und Läden am Forum sowie ein Tempel mit Kryptoportikus stammen aus augusteischer Zeit. In der flavischen entstanden die Portiken, der Roma-Augustus-Tempel und das Amphitheater. Einige Häuser sind mit Peristylhöfen und Fußbodenmosaiken ausgestattet. Auch drei Thermenanlagen kamen bei den Ausgrabungen zutage.

Constantinopolis Istanbul, Türkei. Kaiser Constantin bestimmte 324 n.Chr. das alte Byzantion am Bosporus zur »Nova Roma« und weihte die neue Reichshauptstadt am 11. Mai 330 ein. An Constantin erinnert noch die Porphyrsäule, die er inmitten eines Forums auf dem zweiten Hügel aufstellen ließ. Die von ihm und seinen Nachfolgern gestifteten Kirchenbauten, Hagia Sophia, Hagia Eirene und Apostelkirche, gingen im Nika-Aufstand zugrunde und wurden von Justinian durch großartige Neubauten ersetzt. Der Valens-Aquädukt und riesige Zisternen dokumentieren den Aufwand für die Wasserversorgung der spätantiken Stadt. Das Hippodrom beim einstigen Kaiserpalast, das eine so herausragende Rolle im öffentlichen Leben spielte, formte den städtebaulich bedeutendsten Platz Istanbuls. Im Zentrum steht der von Theodosius I. errichtete Obelisk. Theodosius II. befahl 412 den Bau der Landmauer. Jahrhundertelang bot sie der Hauptstadt des Byzantinischen Reiches Schutz und wurde nach 1453 auch von den osmanischen Sultanen wieder instand gesetzt.

Corduba Córdoba, Andalusien/Spanien. Die von den Karthagern gegründete Stadt wurde 152 v.Chr. durch M. Claudius Marcellus erobert und war dann Hauptstadt der Provinz Hispania Ulterior. Wirtschaftliche Bedeutung erlangte sie als Zentrum einer Bergbauregion. Nach der Verwüstung im Bürgerkrieg zwischen Caesar und Pompeius siedelte Augustus 27 v.Chr. Veteranen an, zeichnete die Colonia mit dem Ehrennamen Patricia aus und bestimmte sie zur Hauptstadt der Baetica. In Corduba sind Seneca und sein Neffe Lucan geboren. Von der römischen Vergangenheit der späteren Omajadenresidenz zeugen die 240 m lange Brücke über den Guadalquivir und ein Podiumtempel.

Cosa Ansedonia, Etrurien/Italien. Die 273 v.Chr. auf einer Anhöhe über der Küste gegründete römische Kolonie erhielt 197 v.Chr. Verstärkung durch neue Siedler, stagnierte später jedoch und verödete im 5. Jahrhundert. Aus der Gründungszeit blieb die turmbewehrte Stadtmauer aus Polygonalquadern erhalten. Auch die ergrabenen öffentlichen Gebäude gehören in diese frühe Phase oder in den Anfang des 2. Jahrhunderts v.Chr. In der Umgebung von Cosa wurde die bedeutende Villa rustica von Settefinestre freigelegt.

Cuicul Djemila, Algerien. Die auf der Nordspitze eines Bergsporns gelegene Stadt in Numidien wurde 97 n.Chr. als Veteranenkolonie gegründet. Sie dehnte sich im 2. Jahrhundert über die Südmauer aus und erhielt unter den Severern ein zweites Forum mit einem Ehrenbogen für Caracalla und dem ebenso gut erhaltenen Tempel der severischen Dynastie. Das Theater und die Thermen stammen aus antoninischer Zeit. Im 4. Jahrhundert entstand ein christliches Viertel mit Kirchen, Baptisterium und Bischofssitz. Bei den Ausgrabungen kamen zahlreiche Mosaikböden zutage.

Dura-Europos Salahije, Syrien. Die Karawanenstation am Euphrat wurde 165 n.Chr. durch Lucius Verus erobert, zur Grenzfestung gegen die Parther ausgebaut und 256 von den Sassaniden zerstört. Wüstensand bedeckte die Ruinen und konservierte Malereien, Textilien und Holz. So kamen bei den Ausgrabungen Wandmalereien eines Tempels, eines Mithräums, einer Synagoge und einer frühchristlichen Hauskirche zutage.

Emerita Augusta Mérida, Extremadura/Spanien. Die 25 v.Chr. für Veteranen der Kantabrerkriege gegründete Colonia war Hauptstadt der Lusitania. Berühmt ist das durch eine Inschrift auf das Jahr 16 v.Chr. datierte Theater, dessen in hadrianischer Zeit mit Kolonnaden und Statuen ausgestattetes Bühnenhaus rekonstruiert werden konnte. Das Theater faßte 6000 Zuschauer, 15000 fanden in dem benachbarten Amphitheater Platz, das 8 v.Chr. fertiggestellt wurde. Erst teilweise freigelegt ist der Circus im Nordosten der Stadt. Der sogenannte Diana-Tempel war wahrscheinlich Augustus geweiht, ein anderer dem Mars. Zur augusteischen Stadtanlage gehören außer dem einst dreitorigen »Traiansbogen« auch die Brükken über die Flüsse Guadiana und Albarregas sowie die Aquädukte San Lázaro und Los Milagros. Vom letzteren steht noch eine Bogenreihe. Aus dem 2. und 3. Jahrhundert stammen Häuser mit Peristylhof, Bad und Mosaikböden.

Ephesos Selçuk, Ionien/Türkei. Der Hafenstadt an der Mündung des Kaystros, Stätte eines berühmten Artemis-Heiligtums, konnte in der Provinz Asia nur Pergamon den Vorrang streitig machen. Nach der regen Bautätigkeit im 1. und 2. Jahrhundert zu schließen, stand Ephesos damals in voller Blüte. Die noch in Gang befindlichen Ausgrabungen brachten eine der eindrucksvollsten Ruinenstädte der Antike zutage. Vom Magnesia-Tor im Osten führt eine Säulenstraße zum Staatsmarkt und dann vorbei an Nymphäen, der Terrasse des Domitian-Tempels, der Schaufront des Hadrian-Tempels und den Scholastikia-Thermen zur rekonstruierten Prachtfassade der Celsus-Bibliothek. Westlich davon liegt die Ruine des Serapis-Tempels, nach Norden hin der von Säulenhallen umgebene Markt mit einem Tor augusteischer Zeit als Zugang und jenseits der »Marmorstraße« das Theater, dessen 22 Sitzreihen am Hang des Pion 24000 Zuschauern Platz boten. Die Arkadiane, eine 500 m lange Säulenstraße, verband das Theater mit dem Hafen im Westen. An ihrer Nordseite liegen die Hafenthermen und ein weiterer Markt, dahinter die Marienkirche, in der die Konzile von 431 und 449 tagten, beim Nordtor das Stadion und das Vedius-Gymnasion. Weitere Gymnasien befinden sich beim Theater und in der Nähe des Magnesia-Tors. Mehrstöckige Hanghäuser mit Säulenhöfen, Mosaiken und Wandmalereien geben eine Vorstellung von den Wohnvierteln. An der Straße nach Magnesia spannt sich ein unter Augustus erbauter Aquädukt über die Aziziye-Schlucht. Die Verlandung des Hafens führte den Untergang der Stadt herbei. Ihre Nachfolgesiedlung entstand weiter nördlich bei der Basilika, die sich über dem Grab des Apostels Johannes erhob.

Faesulae Fiesole, Etrurien/Italien. In der etruskischen Bergstadt, die im Bundesgenossenkrieg schwer zu leiden hatte, wurden sullanische Veteranen angesiedelt, was 78 v.Chr. Unruhen auslöste. 63 v.Chr. war Faesulae in die Verschwörung des Catilina verstrickt. Während der Kaiserzeit geriet es mehr und mehr in den Schatten des benachbarten Florentium. Die in einer Länge von 2,5 km erhaltene Quadermauer stammt noch aus dem 3. Jahrhundert v.Chr. In sullanische Zeit datiert der Tempel mit Freitreppe und anschließendem Portikus. Theater und Thermen entstanden unter Augustus.

Falerii Novi Etrurien/Italien. Die Falisker erhoben sich im Ersten Punische Krieg gegen Rom. Zur Strafe wurde 241 v.Chr. ihre Stadt zerstört (Falerii Veteres/Civita Castellana). Die Bewohner mußten sich 6 km weiter westlich in der Ebene ansiedeln. Aus der Gründungszeit von Falerii Novi stammt die imposante, über 2 km lange Mauer mit 50 Türmen und 9 Toren.

Ferentinum Ferentino, Latium/Italien. Die 413 v.Chr. den Volskern entrissene Hernikerstadt an der Via Latina erhob sich 361 v.Chr. gegen Rom und wurde gestürmt. Auch Hannibal bezwang ihre Zyklopenmauern, von denen große Teile samt einigen Toren erhalten blieben. Zwischen 150 und 120 v.Chr. entstanden die Substruktionen der Akropolis, die eine Tempelplattform trugen. Die Bögen einer Markthalle datieren um 100 v.Chr., das Theater in antoninische Zeit.

Ferentium Ferento, Etrurien/Italien. Das auch Ferentis genannte Municipium erlebte seine Hauptblüte während der frühen Kaiserzeit. Die beiden eindrucksvollsten Monumente der im 12. Jahrhundert verlassenen Stadt, das Theater und die Thermen, stammen aus dieser Zeit.

Forum Iulii Fréjus, Côte d'Azur/Frankreich. Der Name des Flottenstützpunktes, den ein Kanal mit dem Meer verband, weist auf die Gründung durch Caesar hin. Augustus siedelte in der zur Colonia erhobenen Stadt Veteranen an. Von den starken Befestigungen augusteischer Zeit sind ebenso Reste erhalten wie von Werftanlagen und einem Signalturm an der einstigen Hafeneinfahrt (Lanterne d'Auguste); außerdem vom Theater, Amphitheater und Aquädukt. Die romanische Kathedrale steht an der Stelle eines Jupiter-Tempels, ihr Baptisterium wurde um 400 erbaut.

Gabii Latium/Italien. Die von den Tarquiniern eroberte Latinerstadt an der Via Praenestina war schon in der frühen Kaiserzeit verödet. Bemühungen um einen Wiederaufbau blieben fruchtlos. In den Tuffsteinbrüchen bei Gabii wurde der *lapis Gabinus* gebrochen, der beim Tabularium und anderen Bauten Roms Verwendung fand. Erhalten blieb die Cella des Juno-Tempels aus dem 1. Jahrhundert v.Chr. Dem einst an drei Seiten von Portiken gesäumten Tempelplatz sind halbkreisförmige Stufen vorgelagert. Östlich davon konnte das Forum lokalisiert werden.

Gerasa Jerash, Jordanien. Die Karawanenstadt im südlichen Hauran war eine seleukidische Gründung, schloß sich 63 v.Chr. der Dekapolis an und gehörte später zur Provinz Arabia. Unter den Antoninen erreiche die Bautätigkeit ihren Höhepunkt. Gerasa wurde zu einem bedeutenden Bischofssitz mit einem Dutzend Kirchen. Die Eroberung durch die Sassaniden 614 leitete den Niedergang ein. Eine imposante Säulenstraße durchzieht die Ruinenstadt von Norden nach Süden und erweitert sich vor dem Südtor zu einem ovalen Platz, über dem der Zeus-Tempel und das Südtheater auf einer Anhöhe emporragen. Tetrapyla markieren die Stellen, wo die beiden ebenfalls von Kolonnaden gesäumten Querstraßen den Cardo kreuzen. Weitere Akzente in seinem Verlauf setzen die Exedra eines Nymphäums und die Propyläen des Artemis-Heiligtums. Der Tempel steht in der Mitte eines weiten Säulenhofs, zu dem eine breite Freitreppe im Vorhof emporsteigt. Die südliche Ausfallstraße führt am Hippodrom entlang und durch einen Ehrenbogen für Kaiser Hadrian.

Glanum Saint-Rémy, Provence/Frankreich. Die einheimische Siedlung gelangte gegen 200 v.Chr. unter griechischen Einfluß und wurde ein Jahrhundert später römisch. Glanum existierte bis zu den Germaneneinfällen um 270 n.Chr. Systematische Grabungen seit 1921 legten Teile einer Kleinstadt frei, die in ihrer Blütezeit an die 5000 Einwohner hatte: das Forum, Thermen, Peristylhäuser und mehrere Heiligtümer. Im Norden des Grabungsgeländes steht neben einem eintorigen Ehrenbogen spätaugusteischer Zeit das Juliermonument, ein um 25 v.Chr. erbauter Grabturm mit Schlachtreliefs am Sockelgeschoß und einer Tholos als Bekrönung.

Heliopolis Baalbek, Libanon. Die in der Seleukidenzeit hellenisierte Stadt auf der Hochebene zwischen Libanon und Antilibanon wurde unter Augustus römische Kolonie. In der Folgezeit entstand hier die größte Tempelanlage des römischen Ostens, das Heiligtum des Jupiter Heliopolitanus. Auf dem aus Riesenquadern gefügten Podium stehen noch sechs von 54 Säulen des Peripteros aufrecht. Den 135 x 113 m großen Altarhof umgeben durch Exedren erweiterte Portiken. Ein sechseckiger Vorhof und ein turmflankiertes Propylon vollendeten im frühen 3. Jahrhundert die Anlage, die im Mittelalter zur Festung ausgebaut wurde. Vom sogenannten Bacchus-Tempel, der im 2. Jahrhundert neben dem Jupiter-Heiligtum errichtet wurde, blieb die Cella samt Säulenkranz erhalten. Auch ein Rundtempel für Venus oder Fortuna steht noch bis zum Architrav.

Herculaneum Ercolano, Calabrien/Italien. Die kleine Küstenstadt am Golf von Neapel war seit 89 v.Chr. Municipium und in den Jahrzehnten vor ihrem Untergang ein beliebter Villenort. Bei dem Ausbruch des Vesuvs am 24. August 79 konnte Herculaneum noch evakuiert werden, ehe alles von dem heißen Schlammstrom begraben wurde, der sich zu einer bis zu 15 m starken Tuffbank verfestigte. Die ersten Grabungen nach der Wiederentdeckung 1688 erfolgten durch Schächte und Stollen. Auf diese Weise wurden etwa die Skulpturen des Theaters und der Villa dei Papiri geborgen. Offene Grabungen begannen 1823 und werden seit 1927 systematisch durchgeführt. Bisher ist ein Areal von fünf Hektar freigelegt, vorwiegend Wohnhäuser. Es blieben nicht nur Mauern, Bildwerke, Fresken und Mosaiken erhalten, der luftdichte Abschluß hat darüber hinaus Balken, Türen, Fenster, Mobilar und sogar verschiedene Lebensmittel, wenn auch teilweise verkohlt, konserviert. Nur noch Pompeji vermittelt ein ähnlich wirklichkeitsnahes Bild des römischen Alltagslebens. Die Räume der Vorstadtthermen sind noch so intakt, als seien gerade die letzten Badegäste gegangen.

Hierapolis Pamukkale, Phrygien/Türkei. Die auf einem Plateau über dem Lykos-Tal gelegene Stadt wurde vermutlich durch Eumenes II. von Pergamon gegründet. Warme Quellen, deren Kalkablagerungen Sinterterrassen bildeten, machten sie zu einem beliebten Badeort. Eine der Thermenanlagen steht noch bis zu den Gewölben. Berühmt war das beim Apollon-Tempel wiederentdeckte Plutonion wegen der dort aufsteigenden Dämpfe. Von dem im 2. Jahrhundert erbauten Theater blieben Cavea und Bühnengebäude großenteils erhalten. Die einst von Portiken gesäumte Hauptstraße führt jenseits des Nordtors durch einen zu Ehren Domitians errichteten Bogen und erreicht dann die ausgedehnte Nekropole. Aus christlicher Zeit wurden zwei Basiliken und das Martyrion des Apostels Philippus ausgegraben.

Hippo Regius Annaba/Bône, Algerien. Die aus einem phönikischen Handelsplatz hervorgegangene Hafenstadt wurde nach der Schlacht bei Zama 201 v.Chr. zweite Residenz der Numiderkönige. Caesar teilte sie der Provinz Africa Nova zu. Forum und Theater, Thermen, Tempel und Villen mit reichen Mosaiken kamen bei den Ausgrabungen zutage. Auch die Basilica Pacis wurde entdeckt, die Bischofskirche des hl. Augustinus, der im Jahr 430 bei der Belagerung der Stadt durch die Vandalen starb.

Italica Sanponce, Andalusien/Spanien. Der Geburtsort der Kaiser Traian und Hadrian war 206 v.Chr. durch Scipio, den späteren Africanus, gegründet worden; er siedelte hier Überlebende der Schlacht von Ilipa an. Hadrian ließ seine Heimatstadt großzügig ausbauen. Seit dem mittleren 3. Jahrhundert durch Barbareninvasionen heimgesucht, war Italica zum Untergang verurteilt, während das 10 km südlich gelegene Hispalis/Sevilla zur Metropole Andalusiens aufstieg. Die imposanteste Ruine hinterließ das Amphitheater, mit 157 m Länge und 134 m Breite eines der größten seiner Art. Portiken säumten bis 16 m breite gepflasterte Straßen. In den Wohnvierteln wurden Häuser mit Mosaikböden freigelegt.

Korinth Peloponnes/Griechenland. Nach der Zerstörung durch Mummius 146 v.Chr. lag Korinth ein Jahrhundert lang verödet, bis Caesar es als Colonia Laus Iulia Corinthus zu neuem Leben erweckte. Seit 27 v.Chr. hatte hier der Statthalter von Achaea seinen Sitz. Die 551 durch ein Erdbeben heimgesuchte und bald danach während der Slaweneinfälle aufgegebene Stadt wird seit 1896 ausgegraben. Ladenreihen, Portiken, Tempel, Basiliken und andere öffentliche Gebäude umgaben die an alter Stelle, aber in größeren Dimensionen angelegte Agora. Das prunkvolle Nymphäum in der Nordostecke stiftete Herodes Atticus. Von den benachbarten Propyläen führte eine 12 m breite Prachtstraße zum Hafentor. Freigelegt sind auch die Ruinen des Theaters und seines griechischen Vorgängerbaus an gleicher Stelle, des Odeions und eines im 3. Jahrhundert erbauten Amphitheaters, des einzigen in Griechenland. Große christliche Basiliken wurden in Kenchreai und Lechaion, den Häfen am Saronischen und Korinthischen Golf, ausgegraben.

Leptis Magna Lebdah, Tripolitanien/Libyen. Das einstige punische Emporion war seit dem Jugurthinischen Krieg mit Rom verbündet und gehörte in der Kaiserzeit zur Provinz Africa. Traian erhob die Stadt zur Colonia. Ihre höchste Blüte erlebte sie unter Septimius Severus, der 146 n.Chr. in Leptis Magna geboren wurde. Dem Niedergang seit der Mitte des 3. Jahrhunderts folgte noch einmal ein Aufschwung als Hauptstadt der neuen Provinz Tripolitania. Am Ende des 4. Jahrhunderts verheerten Nomadeneinfälle das Gebiet. 455 fiel Leptis Magna in die Hände der Vandalen. Nach der Zerstörung des Vandalenreiches ließ Justinian den Hafenbereich zur Festung ausbauen. Die Vertreibung der Byzantiner durch die Araber besiegelte das Ende der Stadt. Wanderdünen begruben die Ruinen. Aus der frühen Kaiserzeit stammen das Alte Forum und seine Gebäude, das Theater, dessen Bühnenwand im mittleren 2. Jahrhundert erneuert wurde, und der benachbarte Markt. Die unter Hadrian begonnenen Thermen gehören zu den größten ihrer Art. Eine weitere Bäderanlage, die Jagdthermen aus dem 3. Jahrhundert, blieben einschließlich der Gewölbe, Wandmalereien und Mosaiken erhalten. Septimius Severus stiftete ein neues Forum, dessen Portiken und Basilika zum großen Teil noch aufrecht stehen. Von diesem Platz ließ er eine 21 m breite Säulenstraße mit Nymphäum und Ehrenbogen bis zu dem fast 400 m entfernten Hafen anlegen.

Londinum London, England. Als größte Stadt und Handelszentrum Britanniens wurde Londinum spätestens unter Septimius Severus anstelle von Camulodunum auch Provinzhauptstadt. Die Huggin-Hill-Thermen und das Praetorium an der Cannon Street entstanden im 1. Jahrhundert n.Chr., die Basilika am Forum und das Militärlager im Nordwesten unter Hadrian, um 200 n.Chr. das Mithräum, die Thermen an der Lower Thames Street und die Stadtmauern.

Lucus Feroniae Latium/Italien. Bei dem Heiligtum der Göttin Feronia, das Hannibal 211 v.Chr.

plünderte, entstand erst in sullanischer Zeit eine städtische Ansiedlung. Caesar oder Augustus erhob sie zur Colonia Iulia Felix Lucoferonensium. Die im 4. Jahrhundert verlassene Stadt an der Via Tiberina wurde 1952 wiederentdeckt. Ihr Forum grenzt unmittelbar an die Westmauer des Heiligtums, in dem Opfergruben mit zahlreichen Votivgaben, ein großer Altar und Reste des Tempel zutage kamen. Die gegenüberliegende Langseite des Platzes nimmt ein Portikus ein, hinter dem Häuser mit Läden liegen, die nördliche Schmalseite eine Basilika, an die sich zwei Kulträume anschließen. Einer davon, ein Apsidensaal mit Statuenbasen, war dem Kaiserkult geweiht. Westlich des Forums wurden Thermen und ein kleines fast kreisrundes Amphitheater freigelegt. 500 m nordöstlich stieß man 1962 beim Autobahnbau auf die Villa der Volusii Saturnii, einer in Lucus Feroniae ansässigen Senatorenfamilie. Die aus Herren- und Sklaventrakt bestehende Anlage ist in zwei Etappen entstanden; der ältere Teil datiert in die letzten Jahre der Republik, die Erweiterung in den Anfang des 1. Jahrhunderts n.Chr.

Lugdunum Lyon, Frankreich. Die 43 v.Chr. von L. Munatius Plancus gegründete Colonia am Zusammenfluß von Rhône und Saône wurde Hauptstadt der »Drei Gallien« und Knotenpunkt der durch Agrippa angelegten Straßen. Im benachbarten Condate lag das 12 v.Chr. eingeweihte Bundesheiligtum der 60 gallischen *civitates*. Lugdunum war Geburtsort der Kaiser Claudius und Caracalla. 470 bemächtigten sich die Burgunder der Stadt. Kapitol und Forum lagen auf der Anhöhe von Fourvière, am Hang Theater und Odeion, die freigelegt und restauriert wurden. Das um 15 v.Chr. erbaute und zur Zeit Hadrians vergrößerte Theater faßte 10000 Zuschauer. Vier Wasserleitungen versorgten die Stadt. Bei Les Minimes stehen noch 25 Bögen eines 20 m hohen Aquädukts. Am Ufer der Saône wurden Villen und Töpferwerkstätten ausgegraben.

Lugdunum Convenarum Saint-Bertrand-de-Comminges, Haute Garonne/Frankreich. Die Stadt am Nordrand der Pyrenäen wurde 72 v.Chr. von Pompeius im Gebiet der Volcae Tectosages gegründet. Ihren Untergang besiegelte der Germaneneinfall im frühen 5. Jahrhundert. Ausgrabungen brachten das Forum, einen Roma und Augustus geweihten Tempel, zwei Thermen, das Theater und Amphitheater sowie eine christliche Basilika zutage.

Luna Luni, Ligurien/Italien. Die 177 v.Chr. an der Mündung der Magra gegründete latinische Kolonie wurde seit der Mitte des 1. Jahrhunderts v.Chr. durch den *marmor Lunense* bekannt, der heute Carrarer Marmor heißt. 27 v.Chr. gingen die Brüche in kaiserlichen Besitz über. Als Zentrum der byzantinischen Italia Maritima erlebte Luna eine späte Blütezeit. Die Hauptgebäude der Stadt, deren Mauer ein Rechteck von 560 x 438 m umschloß, wurden ergraben. Forum, Kapitol und ein weiter nördlich gelegener Tempelbezirk gehen in ihrer Anlage noch auf das 2. Jahrhundert v.Chr. zurück, weisen jedoch Umbaumaßnahmen der Kaiserzeit auf. Das in der Nordostecke der Mauer errichtete Theater entstand in der ersten Hälfte des 1. Jahrhunderts n.Chr., das etwa 7000 Zuschauer fassende Amphitheater vor dem Nordtor stammt aus dem frühen 2. Jahrhundert n.Chr. Außerdem wurden zwei kaiserzeitliche Häuser freigelegt, das eine mit erhaltenen Wandmalereien, das andere mit Mosaikböden.

Mediolanum Milano, Lombardei/Italien. Der Hauptort der keltischen Insubrer wurde 222 v.Chr. von den Römern erobert und 194 endgültig unterworfen. Seit 89 v.Chr. Municipium und durch Hadrian zur Colonia erhoben, war Mediolanum vom späten 3. bis zum Anfang des 5. Jahrhunderts Hauptstadt des Westreiches. Das Zentrum Mailands bewahrt noch viele Überreste römischer Zeit, zumeist jedoch unter späterer Bebauung oder Pflasterung verborgen. Sichtbar sind Teile der Stadtmauern, des Theaters und des Circus, den Maximianus Herculius errichten ließ. Von der großen Bäderanlage des Tetrarchen, den Hercules-Thermen, wurden Palästra und Frigidarium ausgegraben. Am Domplatz hat man das Baptisterium der Zeit des Ambrosius aufgedeckt. Im ehemaligen Baptisterium von San Lorenzo Maggiore und in der Kapelle San Vittore in Ciel d'Oro bei San Ambrogio haben sich bedeutende frühchristliche Mosaiken erhalten.

Milet Balat, Ionien/Türkei. Einst die mächtigste Stadt Ioniens, wurde Milet 133 v.Chr. mit Pergamon römisch. Die »freie« Stadt hatte wie die ganze Provinz Asia unter den Mithradatischen und Bügerkriegen schwer zu leiden. Vom neuen Glanz in der Kaiserzeit zeugen die Reste großartiger Bauten. Die Verlandung der Mäanderbucht führte den Untergang der Stadt herbei, die mit den Häfen ihren Lebensnerv verlor. Unter Claudius entstanden Thermen und Palästra des Capito neben dem Heiligtum des Apollon Delphinios. Traians Vater stiftete als Legat der Provinz Asia das Nymphäum gegenüber dem Bouleuterion. Aus der Zeit Traians stammt das an der Stelle eines griechischen Vorgängerbaus errichtete Theater, von dem zwei der drei Ränge erhalten sind. Das im Berliner Pergamonmuseum wiederaufgebaute Prachttor des Südmarkts ist ein Werk antoninischer Zeit, ebenso die Faustina-Thermen, eine Anlage mit asymmetrischem Grundriß, der für Thermen dieser Größe ungewöhnlich ist.

Minturnae Latium/Italien. 314 v.Chr. eroberten die Römer das an der Grenze zu Campanien im Gebiet der Aurunker gelegene Minturnae. Nach dem Bau der Via Appia gründeten sie dort 295 v.Chr. eine Kolonie, die später Veteranen des Augustus aufnahm. Im frühen Mittelalter wurde Minturnae aufgegeben. Die Via Appia durchquerte als Decumanus maximus die Stadt und ihr Forum. Hier blieben die Grundmauern des im 2. Jahrhundert v.Chr. erbauten Kapitols mit seinen drei Cellae erhalten, daneben das Podium eines weiteren Tempels, der vielleicht Roma und Augustus geweiht war. Hinter dem Portikus an der Rückseite dieser Tempel wurde in augusteischer Zeit das Theater erbaut. Seine Cavea hat man rekonstruiert. An der westlichen Langseite des Forums wurden Thermen freigelegt. Beim Westtor steht noch die Bogenreihe eines Aquädukts.

Munigua Castillo de Mulva, Andalusien/Spanien. Der Hauptort eines Bergbaugebiets wurde unter den Flaviern Municipium. Auf Zeiten der Prosperität folgte ein schneller Niedergang: Schon im 4. Jahrhundert lag Munigua in Ruinen. Aus dem frühen 2. Jahrhundert haben sich die Grundmauern und der Altar eines Tempels erhalten, aus dem folgenden Jahrhundert ein Terrassenheiligtum mit symmetrisch angelegten Rampen und Treppen, die zu einer Exedra und dem Kultraum emporführten. In augusteische Zeit datiert ein Portikus am Forum.

Nemausus Nîmes, Provence/Frankreich. Die nach einer Quellgottheit benannte Siedlung der Volcae Arecomici kam 120 v.Chr. unter römische Herrschaft und wurde 27 v.Chr. durch Augustus zur Colonia erhoben. Als Geschenk des Kaisers erhielt die Stadt ein Jahrzehnt später Mauern und Tore, von denen die Porta Arelatensis erhalten blieb. Die Tour Magne auf dem Mont Cavalier, ein 30 m hohes Oktogon unbekannter Bestimmung, wurde in die Befestigung einbezogen. Der Tempel, den Agrippa am Forum errichten ließ, die Maison Carrée, steht noch bis zu dem reich ornamentierten Gebälk aufrecht. Auch das im späten 1. Jahrhundert erbaute Amphitheater zählt zu den am besten erhaltenen seiner Art. Das 133 m lange und 101 m breite Oval mit zweigeschossigen Bogenstellungen konnte etwa 25000 Zuschauer aufnehmen. Von den aufwendigen Anlagen, mit denen der Quellbezirk des Nemausus ausgestattet war, existiert noch der sogenannte Diana-Tempel, ein Saalbau mit Tonnengewölbe, dessen Innenwände Säulen und Nischen gliedern. Unweit davon ist das Verteilerkastell der von der Eure kommenden Wasserleitung ausgegraben wurde. Zu diesem um 20 v.Chr. angelegten Aquädukt gehört der berühmte Pont du Gard, der in drei Bogenreihen mit einer Gesamthöhe von 49 m das Tal des Gard überbrückt.

Ostia Latium/Italien. Die Hafenstadt Roms an der Tibermündung wurde als erste römische Kolonie in der zweiten Hälfte des 4. Jahrhunderts v.Chr. gegründet. Ihre zunehmende wirtschaftliche und militärische Bedeutung ließ sie wohl schon im frühen 1. Jahrhundert v.Chr. über die Mauern des Castrums hinauswachsen. Um die Versorgung der Hauptstadt sicherzustellen, begann Claudius 42 n.Chr. nördlich von Ostia mit dem Bau eines neuen Hafens, den Traian weiter ausbauen ließ. Die dort sich entwickelnde Stadt Portus übernahm nach und nach die Rolle Ostias, das seit dem 4. Jahrhundert dem Verfall preisgegeben war. Infolge der Verlandung ist die Küstenlinie heute 3 km von Ostia antica entfernt. Der Tiber berührt das Stadtgebiet nur noch mit einer nach Süden ausschwingenden Flußschleife, während er in der Antike die gesamte Nordseite in geradem Lauf tangierte. Durch ausgedehnte Grabungen wurde ein großer Teil der Stadt freigelegt. Da sie nie überbaut war, blieben viele Gebäude ungewöhnlich gut erhalten. Das gilt vor allem für die mehrgeschossigen Mietshäuser und Horrea aus der Kaiserzeit. Gewerbebetriebe, Geschäfte und Wirtshäuser lassen sich durch die Einrichtung unschwer identifizieren. In mehreren Thermenanlagen sind noch die Fußbodenmosaiken ganzer Räume vorhanden. Hinter dem Bühnenhaus des Theaters aus augusteischer Zeit liegt ein weiter Platz, in dessen Säulenumgang sich die Büros der Handelsgesellschaften und Reedereien befanden. Das Forum wird beherrscht von den hohen Ziegelmauern des Kapitols, die einst mit Marmor verkleidet waren. Dieser Bau hadrianischer Zeit vollendete die unter Tiberius begonnene Neugestaltung des Platzes. Auffallend groß ist die Zahl der Heiligtümer orientalischer Kulte in Ostia, vor allem der oft unterirdisch angelegten Mithräen. Längs der Straßen außerhalb der Stadtmauern reihen sich die Gräber der Bürger Ostias. Jenseits des Tibers wurde die Nekropole von Portus ausgegraben (Isola Sacra). Von den Hafenanlagen ist das sechseckige Hafenbecken aus der Zeit Traians noch sichtbar.

Paestum Pesto, Campanien/Italien. Das griechische Poseidonia geriet um 400 v.Chr. unter die Herrschaft der Lucaner, die es Paistom nannten. 273 v.Chr. erfolgte die Gründung der latinischen Kolonie Paestum. Das zwischen den beiden heiligen Bezirken der Hera und Athena mit ihren berühmten dorischen Tempeln angelegte Forum ist ein 57 m breiter und 150 m langer Platz mit Säulenhallen. Neben dem Kapitol, einem im frühen 1. Jahrhundert v.Chr. erneuerten Podiumtempel in der Mitte der nördlichen Langseite, liegt das runde Comitium, weiter nordöstlich das Amphitheater.

Palmyra Tadmor, Syrien. Die an einer wichtigen Handelsstraße gelegene Oase schloß sich um 15 n.Chr. dem Römischen Reich an. Den dabei zugestandenen Sonderstatus bestätigte Hadrian bei seinem Besuch im Jahr 129. Dem Sonderreich des Odainathos und der Zenobia setzte Aurelian 273 ein Ende. Diocletian stationierte eine Legion in der Stadt. Gut erhalten sind die Tempel des Baal Schamin und des Bel, die beide von Säulenhöfen umgeben waren. Lange Säulenreihen säumen noch die Hauptstraße. Ihren Knick zum Bel-Tempel hin kaschiert ein dreitoriger Bogen. Ein Tetrastylon markiert den Bereich von Agora und Theater. Im Westen der Ruinenstadt erstreckt sich die ausgedehnte Nekropole mit unterirdischen Grabkammern und Grabtürmen.

Petra Selah, Jordanien. Die im Schutz gewaltiger Felsmassive gelegene Hauptstadt des Nabatäerreiches gehörte seit der Errichtung der Provinz Arabia 106 n.Chr. zum Römischen Reich. Ihre berühmten aus dem Fels gemeißelten Grabfassaden, seien sie nun vor oder nach diesem Datum entstanden, zeigen Formen der hellenistisch-römischen Architektur Syriens. Eines der Felsgräber wurde laut Inschrift für den Statthalter Sextus Florentius geschaffen. Von der römischen Stadt sind nur noch geringe Reste sichtbar, darunter ein aus dem Fels gehauenes Theater, Pfeiler eines Ehrenbogens und die Exedra eines Nymphäums.

Pergamon Bergama, Mysien/Türkei. Die Königsstadt der Attaliden wurde mit dem ganzen Reich 133 v.Chr. durch testamentarische Verfügung Attalos' III. den Römern übergeben. Auch unter ihrer Herrschaft entstanden Bauten, die der glanzvollen hellenistischen Metropole würdig waren. Auf der Akropolis wurde oberhalb des Theaters über mächtigen Substruktionen das Traianeum errichtet, ein auf drei Seiten von Säulenhallen umgebener Podiumtempel, der zur Zeit rekonstruiert wird. Die »Rote Halle« in der Unterstadt, ein imposanter Ziegelbau mit flankierenden Rundbauten aus hadrianischer Zeit, war vermutlich der Hauptraum eines Heiligtums ägyptischer Gottheiten. Unter Hadrian wurde auch das berühmte Asklepieion vor der Stadt völlig neu ausgebaut. Des weiteren sind damals das Theater, Amphitheater und Stadion in der römischen Unterstadt entstanden sowie das letzte der insgesamt sieben Gymnasien Pergamons.

Perge Aksu, Pamphylien/Türkei. Eine Mauer aus dem 3. Jahrhundert v.Chr. umschließt den Kern der Ruinenstadt, den zwei rechtwinklig sich kreuzende Straßen in vier Viertel teilen. Diese Straßen wurden in römischer Zeit mit Portiken und einem Kanal in der Mitte ausgestattet. Vor dem Südtor entstanden im 2. Jahrhundert n.Chr. Thermen, ein Propylon, ein Podiumtempel und ein Nymphäum. Zwei Jahrhunderte später wurden diese Gebäude in die Stadtmauer einbezogen, während Stadion und Theater, recht gut erhaltene Bauten der Kaiserzeit, außerhalb der Befestigung blieben. Im Zuge der Verlegung der Südmauer wurde neben dem älteren Tor eine quadratische Agora mit Säulenhallen einem Rundbau im Zentrum angelegt.

Philippi Thrakien/Griechenland. Der Makedonenkönig Philipp II. gab der Stadt den Namen, bei der 42 v.Chr. Antonius und Octavian die Caesar-Mörder Brutus und Cassius besiegten. Die Sieger gründeten dort eine Veteranenkolonie, über deren Decumanus die Via Egnatia verlief. Am Forum wurden Säulenhallen und Gebäude aus antoninischer Zeit aufgedeckt, in der auch die südlich benachbarten Anlagen einer Palästra und eines Macellums entstanden sind. Ruinen großer Kirchenbauten, darunter ein oktogonales Martyrion und eine justinianische Kuppelbasilika, dokumentieren die Bedeutung der dem Slawensturm erlegenen Stadt in der Spätantike.

Piazza Armerina Sizilien/Italien. 1937 begonnene und 1950 wiederaufgenommene Grabungen legten in der Ortschaft Casale, 5 km südwestlich von Piazza Armerina, eine große Villa frei, die in der ersten Hälfte des 4. Jahrhunderts n.Chr. entstanden ist. Der vielgliedrige Gebäudekomplex gruppiert sich um ein weites Gartenperistyl. Berühmt wurden die nahezu vollständig erhaltenen Bodenmosaiken. Ihre Themen reichen von den Taten des Hercules und anderen Mythen über Jagd, Tierfang und Wagenrennen bis hin zur Darstellung von Mädchen, die im Bikini Sport treiben.

Pola Pula, Istrien/Kroatien. 177 v.Chr. errichteten die Römer im illyrischen Pola einen Militärstützpunkt, zwischen 40 und 30 v.Chr. wurde es zur Colonia erhoben. Die um einen Burgberg angelegte Hafenstadt blieb in der Spätantike von Barbareneinfällen verschont. Sie besitzt drei wohlerhaltene Monumente augusteischer Zeit: den Roma und Augustus geweihten Tempel, einen für die örtlichen Magistrate Lucius und Gnaeus Sergius errichteten Bogen und ein Amphitheater, dessen 30 m hohe Außenfassade noch bis zum Kranzgesims aufrecht steht.

Pompeji Campanien/Italien. Am Ende des 16. Jahrhunderts stieß man beim Bau eines Kanals erstmals auf Ruinen der 79 n.Chr. durch den Vesuv verschütteten Stadt und glaubte zunächst, Stabiae entdeckt zu haben. Die aufsehenerregenden Funde im 18. und 19. Jahrhundert machten Pompeji zum berühmtesten Ausgrabungsort. Etwa drei Viertel des 63,5 Hektar großen Stadtgebiets, das den Rücken eines Lavaplateaus einnimmt, sind heute freigelegt. Pompeji war im 5. Jahrhundert v.Chr. unter samnitischen Einfluß geraten und seit 290 v.Chr. mit Rom verbündet. Die Ansiedlung sullanischer Veteranen um 80 v.Chr. hatte zur Folge, daß Pompeji stärker als andere Orte Campaniens romanisiert wurde. 62 n.Chr. wurde die Stadt durch ein Erdbeben erschüttert. Noch ehe die Schäden völlig behoben waren, brach die Katastrophe des Jahres 79 über sie herein. Der Ausbruch des seit Menschengedenken erloschenen Vesuv ergoß über Pompeji einen Bims- und Aschenregen, der es unter einer 6 m hohen Schicht begrub. Ein Großteil der Bevölkerung konnte sich offenbar retten. Manche blieben in der Hoffnung auf ein Ende des Ausbruchs in den Häusern und fanden dort den Tod, andere ereilte er auf der Flucht. Das wieder ans Licht gebrachte Pompeji bietet das Bild einer mitten aus dem Leben gerissenen Stadt. Kein anderer Ort vermittelt eine so umfassende Vorstellung vom Alltag in der römischen Antike. Mauern und Tore Pompejis stammen aus vorrömischer Zeit. Auch der Jupiter-Tempel am Forum, die Basilika und das angrenzende Apollo-Heiligtum sind noch im 2. Jahrhundert v.Chr. entstanden, ebenso das Theater und das Forum triangulare. Nach der Gründung der sullanischen Kolonie wurden das Odeion und das Amphitheater errichtet, in der Kaiserzeit die große Palästra beim Amphitheater und das prunkvolle Gebäude der Eumachia am Forum. Von den Bädern Pompejis, die einschließlich der Gewölbe erhalten blieben, sind die Stabianer Thermen die ältesten. Die Forumsthermen entstanden im 1. Jahrhundert v.Chr., die erst nach dem Erdbeben begonnenen Zentralthermen waren beim Vesuvausbruch noch im Bau. Unter dem Schutz der hohen Aschenschicht blieb in vielen Häusern die Innenausstattung erhalten. Mosaiken und Wandmalereien dokumentieren die Entwicklung der Raumdekoration über einen Zeitraum von zwei Jahrhunderten. Außer herrschaftlichen Anwesen kamen auch Wohnungen der einfachen Leute zutage, außerdem Läden, Wirtshäuser und Gewerbebetriebe – all das, was eine römische Landstadt zu ihrer Versorgung benötigte. Vor den Toren wurden Teile der Gräberstraßen freigelegt sowie einige Villen, darunter die berühmte Mysterienvilla.

Praeneste Palestrina, Latium/Italien. Die uralte Stadt war Mitglied des latinischen Bundes, schloß sich schon früh Rom an, fiel wieder ab und wurde 338 v.Chr. unterworfen. 82 v.Chr. verschanzten sich die Anhänger des Marius in Praeneste, das von Sulla nach langer Belagerung erobert und schwer bestraft wurde. Mit diesem Ereignis hat man den Bau des die Stadt beherrschenden Terrassenheiligtums der Fortuna Primigenia verbunden. Nach anderer Auffassung ist die großartige Anlage bereits um die Wende vom 2. zum 1. Jahrhundert entstanden. Die spätere Überbauung wurde im Zweiten Weltkrieg zerstört und danach beseitigt, so daß die am Hang aufsteigenden Terrassen mit ihren Stützmauern, Rampen und Treppen wieder freiliegen. Nur der von einem theaterartigen Halbrund getragene obere Portikus mit dem bekrönenden Rundtempel ist noch in einem Palast verbaut. Im Inneren wurde der antike Bestand teilweise freigelegt. Hier ist auch das große Nilmosaik ausgestellt, das den Boden eines Apsidenraums am Fuß des Heiligtums bedeckte.

Puteoli Pozzuoli, Campanien/Italien. Griechen aus Samos gründeten 531 v.Chr. an der Nordküste des Golfs von Neapel die Stadt Dikaiarcheia. Sie wurde nach dem Latinerkrieg römisch, widerstand der Belagerung durch Hannibal und trug seit der Einrichtung als Bürgerkolonie 194 v.Chr. den Namen Puteoli. Der Hafen der campanischen Stadt wurde dem Ostias bis zum Ausbau von Portus vorgezogen. Puteoli blieb aber weiterhin ein wichtiger Umschlagsplatz, vor allem für Puzzolanerde. Das in flavischer Zeit erbaute Amphitheater ist das drittgrößte in Italien. Besonders gut sind hier die Räume unter der Arena erhalten. Am Hafen wurde das Macellum ausgegraben, ein von Säulenhallen und Läden umgebener Platz mit einem Rundtempel in der Mitte.

Ravenna Emilia-Romagna/Italien. Die im Süden des Po-Deltas gelegene Stadt war 49 v.Chr. Caesars Basis vor dem Marsch über den Rubicon. Augustus stationierte in dem 4 km entfernten Hafen Classis die Adriaflotte. 404 wurde Ravenna Hauptstadt des römischen Westreiches, dann des Ostgotenreiches und nach dessen Untergang Sitz des byzantinischen Exarchen. Die im 5. und 6. Jahrhundert entstandenen Monumente mit ihren herrlichen Mosaiken machen den Ruhm Ravennas aus. Die beiden ältesten sind das Baptisterium der Orthodoxen und das sogenannte Mausoleum der Galla Placidia. Aus der Zeit Theoderichs des Großen stammen die als Palastkirche erbaute Basilika San Apollinare Nuovo, das Baptisterium der Arianer und das Grabmal des Ostgotenkönigs. Die Zentralkirche San Vitale und die Basilika San Apollinare in Classe bilden den glanzvollen Abschluß.

Roma Latium/Italien. „Doch wer wird dies alles noch für bedeutend halten, wenn er in einer einzigen Stadt so viel Staunenswertes erblicken kann?", gab Cassiodor im 6. Jahrhundert nach einer Aufzählung der sieben Weltwunder der Antike zu bedenken, und er kam zu dem Schluß: ganz Rom sei ein Wunder. Bereits Plinius der Ältere hatte sich in diesem Sinne geäußert. Auch einzelne Bauwerke wie das Kapitol und das Kolosseum waren in die Liste der größten Sehenswürdigkeiten aufgenommen worden. Trotz aller Zerstörungen im Laufe der Jahrhunderte besitzt die Ewige Stadt noch antike Denkmäler in kaum überschaubarer Fülle. Die ältesten Spuren, Hütten und Gräber, wurden auf dem Palatin und im Bereich des Forums ergraben. Archaische Tempel kamen in der Area Sacra di San Omobono zutage. Im 4. Jahrhundert entstand die »Servianische Mauer«. Die Tempel am Largo Argentina und am Forum Boarium werden in das 3. bis 1. Jahrhundert v.Chr. datiert. Im frühen 1. Jahrhundert v.Chr. ist das Tabularium entstanden. Von den vier Basiliken republikanischer Zeit am Forum blieb nur die Basilica Aemilia erhalten. Auf Caesar gehen die Basilica Iulia und das Forum Iulium zurück. Von der unter Augustus einsetzenden Bautätigkeit zeugen noch das Augustus-Forum, das Marcellus-Theater, die Säulen des Dioskuren-Tempels, die Ara Pacis und das Augustus-Mausoleum. Nero begann nach dem Stadtbrand des Jahres 64 mit dem Bau einer riesigen Residenz, der Domus Aurea, von der ein umfangreicher Raumkomplex erhalten blieb. Das Kolosseum, der Titus-Bogen, die große Palastanlage auf dem Palatin und der Circus Domitians, dem die heutige Piazza Navona entspricht, repräsentieren die Zeit der flavischen Kaiser. Traian erbaute das großartigste der Kaiserforen mit der noch aufrecht stehenden Säule als Grabmal, die benachbarten Märkte und die ersten »großen Thermen« Roms, Hadrian das Pantheon, den Venus und Roma geweihten Tempel und das als Engelsburg bekannte Kaisermausoleum. Der Antoninus Pius und Faustina geweihte Tempel am Forum und die Marc-Aurel-Säule erinnern an die Antoninen, der Bogen des Septimius Severus, der Argentarierbogen und die Caracalla-Thermen an die Severer. Aurelian ließ seit 271 die nach ihm benannte Stadtmauer aufführen. Am Forum wurden nach dem Brand von 283 der Saturn-Tempel und die Curia Iulia erneuert. Unter der Tetrarchie entstanden die Thermen Diocletians und die Basilika des Maxentius, die Constantin vollendete. Seinen Sieg über Maxentius verherrlicht der beim Kolosseum errichtete Bogen. Constantin gründete die neue Reichshauptstadt am Bosporus, gleichzeitig begann mit den von ihm gestifteten Kirchenbauten die christliche Ära Roms.

Sabratha Tripolitanien/Libyen. Die Geschichte Sabrathas gleicht der der beiden anderen Städte der Tripolis, Oea und Leptis Magna. Das eindrucksvollste Monument der Ruinenstadt ist das Theater aus dem 2. Jahrhundert n.Chr. Seine rekonstruierte Bühnenfront hat drei Geschosse mit 96 Säulen. Forum und Basilika stammen aus der frühen Kaiserzeit, Curia und Kapitol, drei Tempel auf einem Podium, wurden später verändert. Weitere Tempel waren Liber Pater (Dionysos), Hercules, Serapis, Isis sowie den Kaisern Marc Aurel und Lucius Verus geweiht. Die Ausgrabungen legten auch Wohn- und Gewerbeviertel frei, Villen am Meer und Kirchen byzantinischer Zeit.

Salona Split, Dalmatien/Kroatien. Diocletian ließ sich bei der Hauptstadt seiner Heimatprovinz Dalmatia einen befestigten Palast errichten, den er nach seiner Abdankung 305 als Alterssitz bewohnte. In die 216 x 175 m große Anlage mit Säulenstraßen im Achsenkreuz hat sich die frühmittelalterliche Stadt eingenistet. Der Achteckbau des kaiserlichen Mausoleums wurde Kathedrale, der gegenüberliegende Jupiter-Tempel Baptisterium. Die Ruinen der antiken Stadt, nächst Aquileia der wichtigste Adriahafen, liegen 5 km nordöstlich. Erhalten blieben Reste des Amphitheaters, der Thermen und Mauern sowie von frühchristlichen Basiliken.

Segovia Altkastilien/Spanien. Die Stadt der keltiberischen Arvacer wird in den Kriegen gegen Viriathus und Sertorius erwähnt. Außer zwei römischen Brücken hat sich hier der größte römische Aquädukt erhalten. Die 29 m hohe und 730 m lange Bogenbrücke aus Granitquadern wurde zur Zeit Traians errichtet.

Segusium Susa, Piemont/Italien. Die vor den Alpenübergängen Mont Cenis und Mont Genèvre gelegene Stadt war der Hauptort eines keltischen Stammeskönigreiches, dessen Herrscher Cottius I. 8 v.Chr. einen Ehrenbogen für Augustus errichtete. Im Fries ist das Opfer dargestellt, das den damals geschlossenen Bündnisvertrag besiegelte. Segusium wurde nach dem Tod Cottius' II. 67 n.Chr. Municipium. Das kleine Amphitheater entstand im 2. Jahrhundert n.Chr.

Side Selimiye, Pamphylien/Türkei. Aus dem berüchtigten Stützpunkt kilikischer Seeräuber wurde zur Zeit der Pax Romana eine wohlhabende Handelsstadt, die vor allem im 2. Jahrhundert n.Chr. eine rege Bautätigkeit entfaltete. Von dem damals angelegten Aquädukt blieb eine Bogenreihe erhalten. Das vor dem Haupttor der hellenistischen Mauer errichtete Nymphäum mit dreigeschossiger Marmorfassade steht noch bis zur halben Höhe. Von dem Großen Tor gingen zwei Säulenstraßen aus, eine zweigte nach Süden ab, die andere führte geradeaus zur Agora. Eine Seite des quadratischen Platzes nimmt das Bühnenhaus des alle Ruinen von Side überragenden Theaters ein. Wo die Straße um das Theater biegt, überspannt sie ein hoher Bogen, den vermutlich eine Quadriga bekrönte. An ihrem Endpunkt auf der Westspitze der Halbinsel liegen die Marmortrümmer zweier Tempel. Südlich der Agora befand sich ein weiterer von Säulenhallen umgebener Platz, an dem noch Teile eines im Innern reich ausgestatteten Bibliotheksgebäudes aufrecht stehen. Der Bevölkerungsrückgang veranlaßte um die Mitte des 4. Jahrhunderts die Errichtung einer inneren Stadtmauer. Im folgenden Jahrhundert brachen wieder bessere Zeiten an. Außer Kirchen wurden auch Thermen gebaut. Eine dieser Anlagen dient heute als Museum.

Spoletium Spoleto, Umbrien/Italien. 241 v.Chr. wurde die auf einer Höhe am Ostrand des Clitumnus-Tals gelegene Stadt latinische Kolonie, 569 n.Chr. Sitz eines langobardischen Herzogtums. Den Platz des Forums nimmt die heutige Piazza del Mercato ein; der zu Ehren des Drusus und Germanicus errichtete Bogen bildete den Eingang an der Ostseite. Erhalten blieben auch Teile des Mauerrings, des Theaters und eines Tempels sowie eine Brücke aus augusteischer Zeit.

Sirmium Sremska Mitrovica, Sirmien/Serbien. Die flavische Colonia an der Save, Geburtsort der Kaiser Probus und Maximian, war bis zur Zerstörung durch die Hunnen 431 Sitz des Präfekten von Illyricum. Freigelegt sind einige Sitzreihen des Circus, ein Kryptoportikus des Palasts, Thermen, Magazinbauten und eine Villa.

Stobi Makedonien. Die Stadt an der Mündung des Crna Reka (Erigon) in den Vardar (Axios) war Municipium, später Colonia und Vorort von Macedonia II. Außer dem Theater sind Thermen, spätantike Villen und frühchristliche Basiliken mit Mosaikböden freigelegt.

Sufetula Sbeitla, Tunesien. Die flavische Gründungsstadt, zu ungewisser Zeit zur Colonia erhoben, war Mittelpunkt einer Ölbaumgegend. Bei Sufetula unterlagen die Byzantiner 646 den Arabern in einer Entscheidungsschlacht. Zur byzantinischen Festung ausgebaut, blieb das Forum aus dem mittleren 2. Jahrhundert n.Chr. gut erhalten. Durch einen Antoninus Pius geweihten dreitorigen Bogen gelangt man auf den von Portiken gesäumten Platz. Das Kapitol besteht aus drei parallelen Tempeln, die teilweise noch bis zum Giebel stehen. Vom Theater und Amphitheater ist nur noch wenig vorhanden, mehr von den Großen Thermen aus dem 3. Jahrhundert. Am Südeingang der Stadt steht ein Ehrenbogen für Diocletian. Nördlich des Forums wurde ein Kirchenkomplex mit zwei Basiliken und Baptisterien ausgegraben.

Tarracina Terracina, Latium/Italien. 406 v.Chr. konnten die Römer den Volskern wieder den Küstenort Anxur entreißen, den sie bereits am Ende des 6. Jahrhunderts kontrolliert hatten. 329 v.Chr. gründeten sie dort eine Kolonie, durch die wenig später die Via Appia verlief. Zur Zeit Sullas wurde in exponierter Lage über der Steilküste das Heiligtum des Jupiter Anxur erbaut, von dem die gewaltigen Substruktionen der Terrasse, das Tempelpodium und eine Cellawand erhalten blieben. An der Piazza des heutigen Terracina wurde 1886 das Pflaster des Forums freigelegt. Auch weitere Reste der antiken Stadt sind noch zu sehen.

Tarraco Tarragona, Katalonien/Spanien. Die Hafenstadt an der spanischen Ostküste, im Zweiten Punischen Krieg Stützpunkt der Römer, wurde neben Neukarthago Amtssitz des Prätors der Provinz Hispania Citerior. Caesar erhob sie zur Colonia. Augustus leitete von hier aus die Feldzüge gegen Kantabrer und Asturier. Seitdem war Tarraco alleinige Haupstadt der später Tarraconensis genannten Provinz. Die auf 1 km Länge erhaltene Stadtmauer mit zyklopischer Basis geht auf des späte 3. Jahrhundert v.Chr. zurück. Vom Forum, Theater, Circus und Amphitheater sind Reste sichtbar. Gut erhaltene Denkmäler befinden sich im Umkreis der Stadt: das Aquädukt bei Els Ferreres, ein Turmgrab und ein Ehrenbogen an der Via Augusta sowie das Mausoleum von Centcelles aus dem 4. Jahrhundert n.Chr.

Thamugadi Timgad, Algerien. Die 100 n.Chr. von Traian gegründete Veteranenkolonie folgte in ihrer Anlage dem Typus römischer Militärlager. Ein rechtwinkliges Straßennetz teilt das mauerbewehrte Geviert von 328 x 357 m in regelmäßige Wohnquartiere. Im Zentrum, wo Cardo und Decumanus sich kreuzen, liegt das Forum. Am besten sind hier die Curia und der Traian geweihte Tempel erhalten, aber auch Portiken, Läden, Basilika und Propylon zeichnen sich noch ab. Das Theater wurde im Süden des Forums an einem niedrigen Hügel in dem sonst ebenen Stadtgebiet errichtet. Beim Neubau des großen Kapitols und einer öffentlichen Thermenanlage nach der Mitte des 2. Jahrhunderts mußte man bereits vor das Nord- und Südtor ausweichen. In severischer Zeit wurden die zu eng gewordenen Mauern im Westen und Süden geschleift. Das ursprüngliche Stadtgebiet verdoppelte sich. Ein dreitoriger Ehrenbogen bildet den Eingang zur 350 m langen Säulenstraße der Neustadt. Ihre bemerkenswertesten Bauwerke sind der Sertius-Markt mit seiner Exedra und ein prunkvolles Quellheiligtum. In einer der ausgegrabenen Kirchen fand sich eine donatistische Inschrift. Thamugadi war das Zentrum der von Augustinus bekämpften Donatistensekte. Von der byzantinischen Festung, die nach der Vernichtung des Vandalenreiches errichtet wurde, stehen noch mächtige Mauern und 15 m hohe Türme.

Thessalonike Saloniki, Makedonien/Griechenland. Die Hauptstadt der Provinz Macedonia wurde 293 Residenz des Tetrarchen Galerius. Von dem zu seinen Ehren errichteten Bogen stehen noch zwei der vier Reliefpfeiler. Eine 90 m lange Säulenstraße verband ihn mit einer Kuppelrotunde, die gegen 400 in eine Kirche umgewandelt und mit Mosaiken geschmückt wurde. Im Süden des Galerius-Bogens sind Reste des Hippodroms und Kaiserpalastes festgestellt worden.

Theveste Tebessa, Algerien. Um die Provinz Africa auf der Südseite zu decken, war in der frühen Kaiserzeit die 3. Legion in Theveste und Ammaedara stationiert. Beide Orte erlangten den Status einer Colonia. In Theveste steht unweit des Caracalla-Bogens ein ebenfalls im frühen 3. Jahrhundert errichteter Tempel mit vier Frontsäulen und Pilastergliederung an den Cellawänden. Während der Bau hierin dem Schema kleinerer römischer Heiligtümer folgt, ist die Gebälk- und Attikazone ganz unkanonisch gestaltet. Des weiteren finden sich hier die Ruinen eines Amphitheaters, christlicher Basiliken und byzantinischer Festungsanlagen.

Thugga Dougga, Tunesien. Die stark punisch geprägte numidische Stadt wurde 46 v.Chr mit der Provinz Africa Nova römisch. Erst 205 n.Chr. erlangte sie den Status eines Municipiums. 261 den einer Colonia. Nach der Vandalenzeit bauten die Byzantiner Forum und Kapitol auf dem Rükken des Stadthügels zu einer Festung aus. Das um 166 erbaute Kapitol blieb dadurch gut erhalten, ein Podiumtempel mit Freitreppe, über der vier Monolithsäulen den Giebel tragen. Die Tempelfront ist nach Süden ausgerichtet. Westlich davon erstreckt sich das Forum, östlich ein ebenfalls von Portiken gesäumter Platz mit Exedra, in dessen Pflaster eine Windrose eingelassen ist. An seiner Südseite schließt sich der Markt an. Das Theater, dessen Bühnenfront rekonstruiert wurde, entstand gleichzeitig mit dem Kapitol. Von den zahlreichen weiteren Heiligtümern aus antoninischer und severischer Zeit blieb das der Tanit (Juno Caelestis) am besten erhalten. Den um 230 erbauten Podiumtempel mit einem Kranz von Monolithsäulen umgibt ein halbkreisförmiger Portikus. Auch die Ehrenbögen für Septimius Severus und Severus Alexander stehen noch aufrecht. Thugga läßt im 3. Jahrhundert kaum Anzeichen des Niedergangs erkennen. Man konnte sich damals noch zwei große Thermenanlagen und luxuriöse Häuser leisten.

Thysdrus El Djem, Tunesien. Zur Zeit Caesars ein kleiner Marktflecken, entwickelte sich Thysdrus im 2. Jahrhundert zu einem Mittelpunkt der Ölbaumkultur und trat 238 als Ausgangspunkt der Erhebung gegen Kaiser Maximinus Thrax ins Rampenlicht der Geschichte. Der proklamierte Gordian erlitt jedoch eine Niederlage, Thysdrus ging in Flammen auf, und sein großes Amphitheater blieb unvollendet. Das 148 m lange und 122 m breite Oval mit dreigeschossiger Außenfassade war auf eine Kapazität von 45000 Zuschauern angelegt. Der im Süden der heutigen Ortschaft entdeckte Vorgängerbau mit etwa 10000 Plätzen ist wie der Circus und die Thermen noch nicht ausgegraben. Die bisher freigelegten Villen, mit prächtigen Mosaikböden zeigen den Reichtum der in Thysdrus ansässigen Großgrundbesitzer.

Tibur Tivoli, Latium/Italien. Die 30 km östlich von Rom am ersten Hang der Sabiner Berge gelegene Stadt war zwischen 361 und 338 v.Chr. in Kämpfe mit Rom verwickelt, scheint aber noch im 2. Jahrhundert v.Chr. selbständig gewesen zu sein. 90 v.Chr. wurde Tibur Municipium. Der Rundtempel auf der Akropolis, Vesta oder Hercules geweiht, stammt aus dem 1. Jahrhundert v.Chr. Zehn von 18 Säulen umstehen noch die Cella. Etwas früher zu datieren ist der benachbarte »Tempel der Sibylle«, ebenso das Heiligtum des Hercules Victor an der alten Via Tiburtina, dessen hohe künstliche Terrasse einen von drei Säulenhallen gerahmten Podiumtempel trug. Die Umgebung von Tibur war eine beliebte Villengegend der römischen Oberschicht, wie die Überreste zahlreicher Landsitze zeigen. Zwischen 120 und 138 n.Chr. ließ sich Hadrian auf einem Höhenrükken in der Ebene unterhalb Tiburs eine alles überbietende Villa anlegen, die zur offiziellen Sommerresidenz der Kaiser wurde. Die großenteils freigelegte Villa Hadriana ist kein geschlossener Baukomplex, sondern besteht aus einzelnen axialen Raumkombinationen, die sich dem Lauf der Höhenlinien folgend über ein Areal von 60 Hektar ausbreiten. Neben den privaten Gemächern des Kaisers, Gesellschafts- und Repräsentationsräumen, Peristylen, Nymphäen, Gärten und Wandelgängen für jedes Wetter umfaßt die vielgestaltige Anlage Theater, Thermen, Bibliotheken und Tempel. Ein System unterirdischer Räume und Gänge gestattete die unsichtbare Bedienung des Komplexes.

Tropaeum Traiani Adamklissi, Dobrudscha/Rumänien. Nach den Dakerkriegen ließ Traian 109 n.Chr. einen 40 m hohen Rundbau mit Kegeldach als Siegesmal errichten. Außer dem Kern aus Gußmauerwerk blieben sieben Basisstufen, Friesstücke und fast alle Metopen erhalten. Die von Provinzkünstlern gearbeiteten Platten geben Szenen des Dakerfeldzugs wieder. Der 2 km entfernte Ort ging aus einem Militärstützpunkt hervor und wurde nach dem Goteneinfall neu aufgebaut. Freigelegt sind Reste der turmbewehrten Mauer, einer Straße mit Portiken und von vier christlichen Basiliken.

Vasio Vocontiorum Vaison-la-Romaine, Provence/Frankreich. Das Gebiet der Vocontier war Teil der 121 v.Chr. eingerichteten Provinz Gallia Narbonensis. Die aus dem Hauptort des keltischen Stammes hervorgegangene römische Stadt an der Ouvèze wird seit 1907 ausgegraben. Freigelegt sind zwei Wohnquartiere und das Theater. Über den Fluß führt eine Bogenbrücke mit 17 m Spannweite.

Veleia Lugnano Val d'Arda, Emilia/Italien. Das 40 km südlich von Placentia/Piacenza gelegene Municipium bestand bis ins 4. Jahrhundert n.Chr. Die Auffindung einer 2,86 x 1,38 m großen Bronzetafel, der Tabula Alimentaria Traiana, veranlaßte im Jahr 1747 den Beginn von Ausgrabungen am Forum. Portiken mit Läden umgeben den gepflasterten Platz. In der Basilika an der südlichen Schmalseite entdeckte man eine Gruppe von zwölf Marmorstatuen der julisch-claudischen Kaiserfamilie. Auch Bäder und ein Wohnviertel sind freigelegt worden. Die reichen Funde aus Veleia befinden sich im Museum von Parma.

Verona Venetien/Italien. Die im Zuge der Romanisierung Norditaliens 89 v.Chr. gegründete Kolonie erhielt 40 Jahre später den Status eines Municipiums. An der Kreuzung der Via Postumia, Via Galliena und Via Claudia Augusta gelegen, entwickelte sich die Stadt an der Etsch zum Administrations- und Handelszentrum. Sie war der Geburtsort des Dichters Catull. Der berühmten Arena di Verona, dem Amphitheater aus dem frühen 1. Jahrhundert n.Chr., fehlt heute der größte Teil der dreigeschossigen Außenschale. Ursprünglich war der Bau 152 m lang und 123 m breit. Das Theater an einem terrassierten Hang jenseits des Flusses und der 1932 an anderer Stelle wiedererrichtete Gavierbogen stammen aus der gleichen Zeit. Um die Mitte des 1. Jahrhunderts n.Chr. entstanden die säulengeschmückten Fassaden der Porta Borsari und der Porta Leoni.

Vienna Allobrogorum Vienne, Isère/Frankreich. Die keltischen Allobroger waren bereits von Qu. Fabius Maximus 121 v.Chr. besiegt worden. Caesar eroberte ihr Gebiet und machte den Hauptort am Ostufer der Rhône zur Colonia. 43 v.Chr. zwang ein Aufstand die römischen Bürger zur Flucht nach Lugdunum. Augustus gab der Stadt aberkannte Rechte zurück, aber erst Caligula erhob sie wieder zur Colonia. Beim Alemanneneinfall 275 ging der Stadtteil am rechten Rhône-Ufer zugrunde. Diocletian bestimmte Vienna zum Verwaltungssitz einer der beiden Diözesen Galliens. 468 bemächtigten sich die Burgunder der Stadt. Der im 19. Jahrhundert restaurierte Podiumtempel am einstigen Forum war zunächst Roma und Augustus geweiht. Unter Claudius versah man den Fries des Giebels mit einer neuen Widmungsinschrift für Jupiter, Augustus und Livia. Hinter dem Doppelbogen an der Südostecke des Forums kamen Thermen zutage und ein kleines Theater, das vermutlich dem Mysterienkult der Kybele diente. Das zur Zeit des Augustus entstandene Theater am Hang des Pipet-Hügels war mit 130 m Durchmesser eines der größten in Gallien. Auf seinen 46 Sitzstufen fanden 13000 Zuschauer Platz. Seit 1938 wird es als Freilichtbühne benutzt. Vom Circus existiert noch ein gemauerter Obelisk der Spina. Diese nach 275 auf einem viertorigen Sockelbau errichtete Pyramide galt im Mittelalter als Grab des Pontius Pilatus. In Saint-Romain-en-Gal jenseits der Rhône wurden Häuser mit Fußbodenmosaiken ausgegraben.

Vindonissa Windisch, Aargau/Schweiz. Das um 17 n.Chr. gegründete Lager nahe dem Zusammenfluß von Aare, Reuß und Limmat war das südlichste der acht Legionsstandlager an der Rheinfront. Nach der Errichtung des obergermanisch-rätischen Limes wurde die nun im Hinterland gelegene Basis aufgelassen, nach dem Fall des Limes 260 jedoch neu befestigt. Etwa zwei Drittel des Areals, das Lager und Zivilsiedlung einnahmen, sind durch die 1898 begonnenen Grabungen erforscht. Reste des Nord- und Westtors und eines Turms der Lagerumwallung wurden konserviert. Vom Aphitheater sind die Grundmauern sichtbar, die Sitzreihen in Holzkonstruktion trugen.

Volubilis Ksar Pharaoun, Marokko. Unter Juba II., dem von Augustus eingesetzten Klientelkönig von Mauretanien, begann die Romanisierung von Volubilis, dem Claudius den Status eines Municipiums verlieh. Zum Schutz vor Übergriffen maurischer Stämme wurde ein Limes angelegt. Gleichwohl wurde die Stadt gegen Ende des 2. Jahrhunderts zerstört, in der Folge wieder aufgebaut, aber nach neuerlichen Heimsuchungen um 280 von den Römern aufgegeben. Aus augusteischer Zeit stammen zwei Tempel und ein großer Altar auf dem Forum. Die Nordthermen entstanden im frühen 2. Jahrhundert. Um 168 wurde die 2,5 km lange Mauer mit acht Toren errichtet. Das Kapitol und der Caracalla-Bogen repräsentieren den Wiederaufbau in der Severerzeit. In vielen Peristylhäusern kamen Mosaikböden sowie Mamor- und Bronzebildwerke zutage.

Sammlungen römischer Altertümer

Ägypten
ALEXANDRIA Griechisch-Römisches Museum
Albanien
APOLLONIA Archäologisches Museum
BUTRINT Archäologisches Museum
DURRES Archäologisches Museum
TIRANA Archäologisches Museum; Nationales Historisches Museum
Algerien
ALGIER Musée National des Antiquités
ANNABA Musée d'Hippone
CHERCHEL Musée Archéologique
Belgien
BRÜSSEL Musées Royaux d'Art et d'Histoire
Bulgarien
PLOVDIV Archäologisches Museum
SOFIA Archäologisches Museum
Dänemark
KOPENHAGEN Ny Carlsberg Glyptotek
Deutschland
AALEN Limesmuseum
AUGSBURG Römisches Museum
BAD HOMBURG V. D. HÖHE Saalburgmuseum
BERLIN Antikensammlung im Pergamonmuseum und in Charlottenburg
BOCHUM Kunstsammlungen der Ruhr-Universität
BONN Rheinisches Landesmuseum
DRESDEN Antikensammlung im Albertinum
FRANKFURT A.M. Liebieghaus
HALTERN Römisch-Germanisches Museum
HAMBUNG Museum für Kunst und Gewerbe
KARLSRUHE Badisches Landesmuseum
KASSEL Antikensammlung in Schloß Wilhelmshöhe
KÖLN Römisch-Germanisches Museum
MAINZ Mittelrheinisches Landesmuseum
MÜNCHEN Glyptothek; Prähistorische Staatssammlung; Staatliche Antikensammlungen
PASSAU Römermuseum Kastell Boiotro
SAARBRÜCKEN Landesmuseum für Vor- und Frühgeschichte
SPEYER Historisches Museum der Pfalz
STUTTGART Städtisches Lapidarium; Württembergisches Landesmuseum
WEISSENBURG I. BAY. Römermuseum
TRIER Rheinisches Landesmuseum
Griechenland
ATHEN Archäologisches Nationalmuseum
KORINTH Museum von Alt-Korinth
THESSALONIKI Archäologisches Museum
Großbritannien
BATH Roman Museum
CAMBRIDGE University Museum of Archaeology and Ethnology
CARDIFF National Museum of Wales
LONDON British Museum; Museum of London
NEWCASTLE Museum of Antiquities
OXFORD Ashmolean Museum
SAINT ALBANS Verulamium Museum
Frankreich
ARLES Musée Lapidaire Païen; Musée d'Art Chrétien
AUTUN Musée Rolin
AVIGNON Musée Calvet
CLERMONT-FERRAND Musée Bargoin
DIJON Musée Archéologique
LYON Musée de la Civilisation Gallo-Romaine
MARSEILLE Musée des Docks Romains
MILLAU Musée Archéologique
NICE-CIMIEZ Musée d'Archéologie
NÎMES Musée Archéologique
PARIS Musée du Louvre
ST-GERMAIN-EN-LAYE Musée des Antiquités Nationales
SAINTES Musée Archéologique
VAISON-LA-ROMAINE Musée Municipal
VIENNE Musée des Beaux-Arts et d'Archéologie; Musée Lapidaire
Italien
ADRIA Museo Archeologico Nazionale
ANCONA Museo Archeologico Nazionale delle Marche
AQUILEIA Museo Archeologico Nazionale
AREZZO Museo Archeologico
BOLOGNA Museo Civico Archeologico
BRESCIA Museo Romano
CAGLIARI Museo Archeologico Nazionale
CHIETI Museo Nazionale di Antiquità
FLORENZ Museo Archeologico; Galleria degli Uffizi
NEAPEL Museo Archeologico Nazionale
PALERMO Museo Archeologico Regionale
PARMA Museo Nazionale di Antichità
PERUGIA Museo Archeologico Nazionale dell'Umbria
RAVENNA Museo Nazionale
REGGIO DI CALABRIA Museo Nazionale
ROM Musei Capitolini e Palazzo dei Conservatori; Museo Nazionale Romano; Museo Torlonia; Musei Vaticani; Villa Albani
SPERLONGA Museo Archeologico Nazionale
SYRAKUS Museo Archeologico Regionale
VERONA Museo Maffeiano
Kroatien
ZAGREB Archäologisches Museum
Libanon
BEIRUT Nationalmuseum
Libyen
TRIPOLIS Archäologisches Museum
Marokko
RABAT Musée Archéologique
Niederlande
LEIDEN Rijksmuseum van Oudheden
Österreich
BAD DEUTSCH-ALTENBURG Museum Carnuntium
KLAGENFURT Landesmuseum für Kärnten
WIEN Kunsthistorisches Museum, Antikensammlung und Ephesos-Museum
Portugal
LISSABON Museu Nacional de Arqueologia e Etnologia
Rumänien
ALBA IULIA Archäologisches Museum
BUKAREST Historisches Museum
KONSTANZA Archäologisches Museum
Rußland
ST. PETERSBURG Staatliche Eremitage
Schweiz
AUGST Römerhaus und Museum
BERN Historisches Museum
BRUGG Vindonissa-Museum
CHUR Rätisches Museum
LAUSANNE Musée Cantonal d'Archéologie
ZÜRICH Schweizerisches Landesmuseum
Serbien
BELGRAD Nationalmuseum
Slowenien
LJUBLJANA Nationalmuseum
Spanien
ALBACETE Museo Arquelógico Provincial
BARCELONA Museu Arqueològic
CÓRDOBA Museo Arqueológico Provincial
JAÉN Museo Provincial
MADRID Museo Arqueológico Nacional; Museo del Prado
MÉRIDA Museo de Arte Romano
PAMPLONA Museo de Navarra
SARAGOSSA Museo de Zaragoza
SEVILLA Museo Arqueológico
TARRAGONA Museu Arqueològic; Necròpolis paleocristiana
VALLADOLID Museo Arqueológico
VITORIA Museo de Arqueología
Syrien
DAMASKUS Nationalmuseum
Tunesien
EL DJEM Musée Archéologique
SOUSSE Musée Archéologique
TUNIS Musée National du Bardo
Türkei
ANTAKYA Hatay Museum
ANTALYA Archäologisches Museum
ISTANBUL Archäologisches Museum
IZMIR Archäologisches Museum
SELÇUK Ephesus Museum
Ungarn
BUDAPEST Ungarisches Nationalmuseum
USA
BALTIMORE Walter's Art Gallery
BOSTON Museum of Fine Arts
CLEVELAND Cleveland Museum of Art
MALIBU J. Paul Getty Museum
NEW HAVEN Yale University, Art Museum
NEW YORK Metropolitan Museum of Art
PRINCETON Princeton University, Art Museum
WASHINGTON Dumbarton Oaks
Zypern
NIKOSIA Archäologisches Museum

Glossar

AEDICULA kleines tempelartiges Bauwerk; Nische mit zwei flankierenden Säulen und Giebel
AERARIUM Schatzkammer, Staatskasse
AGER PUBLICUS Staatsland
AGORA Markt- und Versammlungsplatz griechischer Städte
AGRIMENSORES Feldmesser
ADLOCUTIO Ansprache des Kaisers an seine Truppen
ARCHITRAV der auf Säulen waagerecht aufliegende Hauptbalken
ATRIUM zentraler Raum im italischen Haus
AUGURES Priesterschaft, die den Willen der Götter zu deuten hatte
AUGUSTALES Priester des Kaiserkults
AUGUSTUS der Erhabene, Titel der Kaiser
AUSPICIUM Vogelschau
AUXILIARES Hilfstruppen
BALNEAE Bäder, Thermen
BAPTISTERIUM Taufkirche
BASILICA Markt- und Gerichtshalle; Kirchenbau mit erhöhtem Mittelschiff
BOULEUTERION Rathaus griechischer Städte
CALDARIUM Warmwasserbad der Thermen
CANABAE Zivilsiedlung bei Militärlagern
CARDO MAXIMUS X-Achse im römischen Vermessungssystem; Hauptstraße römischer Lager und Städte, oft in Nord-Süd-Richtung
CASTELLUM kleineres Militärlager
CASTRA Marschlager, später auch Standlager *(praesidia)* des römischen Heeres
CAPITOLIUM Kapitol, Tempel der Göttertrias Jupiter, Juno und Minerva
CAVEA »Höhlung«, stufenförmig aufsteigender Sitzraum in Theatern und Amphitheatern
CELLA Kammer, Vorratsraum; Kultbildraum eines Tempels
CENSUS Vermögensschätzung und Musterung der Bürger
CIRCUS Wagenrennbahn, Hippodrom
CIVIS ROMANUS römischer Bürger
CIVITAS Bürgerrecht; Bürgerschaft, Gemeinde, Staat; Bezeichnung für einen Stammesverband und seinen Hauptort
CLIENTES (von *cluere*, gehorchen) Schutzbefohlene eines *patronus*
CLIPEUS Rundschild; rund gerahmtes Brustbild
COLLEGIUM Berufsvereinigung, Kultverband, Verein
COLONIA in einem Gründungsakt errichtete Stadt römischen Rechts *(colonia civium Romanorum)* oder latinischen Rechts *(colonia Latina)*
COMITIA *(centuriata, curiata, tributa)* Volksversammlung
COMITIUM Ort der Bürgerversammlung
CONCILIUM PEBIS plebejische Volksversammlung
CONCILIUM POVINCIAE Provinziallandtag
CONSILIUM PINCIPIS Staatsrat der Kaiser
CONSUL höchster Magistrat der Republik mit gleichberechtigtem Amtsgenossen *(collega)*
CURIA Tagungsgebäude des Stadtrats, in Rom des Senats; auch Abteilung der *tribus* des römischen Volkes
CURIALIS Gemeindegenosse
CURSUS HONORUM Ämterlaufbahn
CURSUS PUBLICUS Staatspost
DECUMANUS MAXIMUS Y-Achse im römischen Vermessungssystem; die den *cardo* rechtwinklig kreuzende Hauptstraße römischer Lager und Städte
DECURIO Ratsherr, Angehöriger des *ordo decurionum*
EQUITES ROMANI ursprünglich Reiter im Unterschied zum Fußvolk; Angehörige des Ritterstandes *(ordo equester)*
EXEDRA nischenförmige Erweiterung eines Hofes oder Raumes
FASCES Rutenbündel mit Beil; Zeichen der Amtsgewalt
FASTI Amts- und Festkalender, Liste der eponymen Beamten
FLAMEN Priester eines einzelnen Gottes
FOEDUS völkerrechtlicher Vertrag
FORUM Markt- und Versammlungsplatz römischer Städte
FRIGIDARIUM Kaltbaderaum der Thermen
GLADIATORES (von *gladius*, Schwert) Gladiatorenspiele
GYMNASION Übungs- und Ausbildungsstätte der griechischen Jugend
GENS Sippe, deren Mitglieder einen gemeinsamen Gentilnamen haben
HARUSPICINA Eingeweideschau
HORREA Speicher, Magazin, Lagerhaus
HYPOCAUSTUM Warmluftheizung in Hohlräumen unter dem Fußboden und in den Wänden
IMPERATOR ursprünglich Inhaber der militärischen Befehlsgewalt *(imperium)*, dann durch Akklamation verliehener Ehrentitel des siegreichen Feldherrn und Bestandteil der Kaisertitulatur
IMPERIUM Amtsgewalt der höchsten Magistrate, als Inbegriff der Herrschaft Roms auf den Herrschaftsbereich übertragen *(imperium Romanum)*
INSULA von Straßen umgrenzter Häuserblock; Mietshaus für mehrere Wohnparteien
LATIFUNDIUM großes Gut mit Sklavenwirtschaft
LEGIO Heeresformation, seit Marius mit einer Sollstärke von 6000 Mann
LIMES durch Wehrbauten gesicherte Grenze
MACELLUM Marktgebäude für den Verkauf von Lebensmitteln
MAGISTRATUS Bezeichnung für öffentliche Ämter und ihre Träger in Rom und römischen Städten
MOS MAIORUM Sitte der Vorfahren, Brauch
MUNERA unentgeltliche Dienstleistungen für Gemeinde und Staat
MUNICIPIUM (von *munera capere*, Pflichten übernehmen) Stadt mit Selbstverwaltung
NOBILES die »Bekannten«, »Namhaften«, Angehörige des Amtsadels, der Nobilität
NYMPHAEUM Wasserspiele, gewöhnlich in Form einer Fassade
ODEION kleiner theaterähnlicher Bau für musische Aufführungen
OPPIDUM Bezeichnung für keltische Fluchtburgen und stadtähnliche Siedlungen ohne Rücksicht auf ihre Rechtsstellung
PALAESTRA Säulenhof für gymnische Übungen
PATER FAMILIAS Familienoberhaupt
PATRIA POTESTAS väterliche Gewalt
PATRICII Abkömmlinge der *patres*, Mitglieder des Geschlechteradels
PERIPTEROS Tempel, der allseitig von Säulen umgeben ist
PERISTYLIUM Säulenhalle um einen Hof
PLEBS die Masse der römischen Bürger im Gegensatz zu den Patriziern
PLEBS URBANA stadtrömische Bevölkerung
PODIUM erhöhter Unterbau des römischen Tempels; über eine Freitreppe zugänglich
POLIS griechische Stadt, Stadtstaat
PONTIFICES höchstes Priesterkollegium Roms, dessen Vorsteher der *pontifex maximus* war
PORTICUS Säulenhalle
PRINCEPS der Erste, Kaisertitel
PROPYLON Torbau
ROSTRA »Schiffsschnäbel«, Rednerbühne auf dem Forum Romanum
RES PUBLICA »öffentliche Sache«, Gemeinwesen, Staat, Republik
SCAENAE FRONS Bühnenfassade
SENATUS Rat der Alten *(senes)*, der Häupter *(patres)* der patrizischen Geschlechter; höchstes Beratungs- und Beschlußorgan Roms
SOCII Bundesgenossen
TABERNA zur Straße offener Ladenraum
TABULARIUM, TABULINUM Archiv (Aufbewahrungsort von *tabulae*, Schreibtafeln, Urkunden)
TETRAPYLON Torbau mit Durchgängen nach allen vier Seiten
TOGA segmentförmig geschnittenes Gewand, das römische Gewand schlechthin
TRIA NOMINA dreigliedriges Namenssystem mit Vornamen *(praenomen)*, Familiennamen *(nomen gentile)* und Beinamen *(cognomen)*
TRIBUNUS Vorsteher einer Volksabteilung *(tribus)*; der Volkstribun *(tribunus plebis)* war Vertreter der *plebs* gegen Übergriffe der Patrizier und Willkür der Magistrate
TRICLINIUM Speisesaal im italischen Haus
VETERANUS ausgedienter Soldat
VICUS Dorf, Marktflecken; Stadtteil
VILLA Herrenhaus eines Gutes, luxuriös ausgestatteter Wohnsitz auf dem Land

Literaturhinweise

ALFÖLDI, A., Oktavians Aufstieg zur Macht, Bonn 1976
– Das frühe Rom und die Latiner, Darmstadt 1977
– Die monarchische Repräsentation im römischen Kaiserreich, 3. Aufl. Darmstadt 1980
– Studien zur Geschichte der Weltkrise des 3. Jahrhunderts nach Christi, 3. Aufl. Darmstadt 1980
ALFÖLDY, G., Römische Sozialgeschichte, 3. Aufl. Wiesbaden 1984
– Römische Heeresgeschichte, Amsterdam 1987
ALTHEIM, F., Der Niedergang der alten Welt, 2 Bde., Frankfurt/M. 1952
ANDREAE, B., Römische Kunst, 4. Aufl. Freiburg/Br. 1982
– Laokoon und die Gründung Roms, Mainz 1988
BADIAN, E., Römischer Imperialismus in der Späten Republik, Stuttgart 1980
BALSDON, D., Die Frau in der römischen Antike, München 1979
BECHERT, T., Römisches Germanien zwischen Rhein und Maas, München 1982
BENGTSON, H., Marcus Antonius. Triumvir und Herrscher des Orients, München 1977
– Die Flavier, München 1979
– Kaiser Augustus. Sein Leben und seine Zeit, München 1981
BERNHARDT, R., Polis und römische Herrschaft in der späten Republik (149–31 v.Chr.), Berlin 1985
BETTINI, M., Familie und Verwandtschaft im antiken Rom, Frankfurt/M. 1992
BIANCHI BANDINELLI, R., Rom – Das Zentrum der Macht (Universum der Kunst), München 1970
– Rom – Das Ende der Antike (Universum der Kunst), München 1971
BIANCHI BANDINELLI, R., GIULIANO, A., Etrusker und Italiker vor der römischen Herrschaft (Universum der Kunst), München 1974
BINDER, G., (Hrsg.), Saeculum Augustum, 3 Bde., Darmstadt 1987–1991
BIRLEY, A., Mark Aurel, 2. Aufl. München 1977
BLEICKEN, J., Lex publica. Gesetz und Recht in der römischen Republik, Berlin 1975
– Verfassungs- und Sozialgeschichte des Römischen Kaiserreiches, 2 Bde., 2. Aufl. Paderborn 1981
– Die Verfassung der römischen Republik, 5. Aufl. Paderborn 1989
– Geschichte der Römischen Republik, 4. Aufl. München 1992
BOGAERS, J. E., RÜGER, C. B., Der niedergermanische Limes, Köln 1974
BRENK, B., Spätantike und Frühes Christentum (Propyläen Kunstgeschichte), Berlin 1977
BROCKMEYER, N., Antike Sklaverei, 2. Aufl. Darmstadt 1987
BRÖDNER, E., Die römischen Thermen und das antike Badewesen, 2. Aufl. Darmstadt 1992
BROWNING, R., Der Kaiser Julian, München 1977
BÜCHNER, K., Römische Literaturgeschichte, 5. Aufl. Stuttgart 1980
– (Hrsg.), Latein und Europa, Stuttgart 1978
BURCK, E. (Hrsg.), Das römische Epos, Darmstadt 1979
BURCKHARDT, J., Die Zeit Constantins des Großen, 2. Aufl. Leipzig 1880; Ndr. mit einem Nachwort von K. Christ, München 1982
BURFORD, A., Künstler und Handwerker in Griechenland und Rom, Mainz 1985
CARCOPINO, J., Rom. Leben und Kultur in der Kaiserstadt. Stuttgart 1986
CASSON, L., Reisen in der Alten Welt, München 1976
– Die Seefahrer der Antike, München 1979
CHEVALLIER, R., Römische Provence, 2. Aufl. Zürich 1982
CHRIST, K., Krise und Untergang der Römischen Republik, 2. Aufl. Darmstadt 1984
– (Hrsg.), Der Untergang des Römischen Reiches, 2. Aufl. Darmstadt 1986
– Geschichte der römischen Kaiserzeit von Augustus bis zu Konstantin, München 1988
– Römische Geschichte. Einführung, Quellenkunde, Bibliographie, 4. Aufl. Darmstadt 1990
COARELLI, F., Rom. Ein archäologischer Führer. Freiburg/Br. 1975
CORELL, T., MATTHEWS, J., Rom (Weltatlas der alten Kulturen), München 1982
CUMONT, F., Die orientalischen Religionen im römische Heidentum, 9. Aufl. Darmstadt 1989
DAHLHEIM, W., Gewalt und Herrschaft. Das provinziale Herrschaftssystem der römischen Republik, Berlin 1977
– Geschichte der Römischen Kaiserzeit, 2. Aufl. München 1989
DEMANDT, A., Der Fall Roms. Die Auflösung des Römischen Reiches im Urteil der Nachwelt, München 1984
DE MARTINO, F., Wirtschaftsgeschichte des alten Rom, München 1985
DODDS, E.R., Heiden und Christen in einem Zeitalter der Angst. Aspekte religiöser Erfahrung von Mark Aurel bis Konstantin, Frankfurt 1985
DÖRRIES, H., Konstantin der Große, Stuttgart 1958
DREXLER, H. (Hrsg.), Politische Grundbegriffe der Römer, Darmstadt 1988
DULCKHEIT, G., SCHWARZ, F., WALDSTEIN, W., Römische Rechtsgeschichte, 7. Aufl. München 1981
DUVAL, P.-M., Gallien. Leben und Kultur in römischer Zeit, Stuttgart 1979
EARL, D., Augustus und seine Zeit, Wiesbaden 1969
ECK, W., Die staatliche Organisation Italiens in der hohen Kaiserzeit, München 1979
ECK, W., WOLFF, H. (Hrsg.), Heer und Integrationspolitik, Köln 1986
EDER, W. (Hrsg.), Staat und Staatlichkeit in der frühen römischen Republik, Wiesbaden 1990
ETIENNE, R., Pompeji. Das Leben in einer antiken Stadt. Stuttgart 1974
FADINGER, V., Die Begründung des Prinzipats, Berlin 1969
FINLEY, M.I., Die antike Wirtschaft, München 1977
– Die Sklaverei in der Antike, München 1981
FLACH, D., Einführung in die römische Geschichtsschreibung, 2. Aufl. Darmstadt 1992
FLAIG, E., Den Kaiser herausfordern. Die Usurpation im Römischen Reich, Frankfurt/M. 1992
FRANK, K.S., Askese und Mönchtum in der Alten Kirche, Darmstadt 1975
– Grundzüge der Geschichte der Alten Kirche, 3. Aufl. Darmstadt 1993
FREIS, H., Historische Inschriften zur römischen Kaiserzeit von Augustus bis Konstantin, Darmstadt 1984
FRONTINUS-GESELLSCHAFT (Hrsg.), Die Wasserversorgung im antiken Rom, München 1982
– Die Wasserversorgung antiker Städte, Mainz 1987
FUHRMANN, M. (Hrsg.), Römische Literatur, Wiesbaden 1974
– Cicero und die römische Republik. Eine Biographie, 3. Aufl. Zürich und München 1991
GELZER, M., Pompeius, 2. Aufl. München 1959; Ndr. Stuttgart 1984
GERKE, F., Spätantike und frühes Christentum (Kunst der Welt), Baden-Baden 1967
GESCHE, H., Caesar, Darmstadt 1976
– Rom – Welteroberer und Weltorganisator, München 1981
GIGON, O., Die antike Kultur und das Christentum, Darmstadt 1967
GRANT, M., Die Gladiatoren, Stuttgart 1970
GRIMAL, P., Römische Kulturgeschichte, München 1961
– Seneca. Darmstadt 1978
GRIMAL, P., MEIER, F.G., MILLAR, F., Fischer Weltgeschichte, Bd. 6–9, Frankfurt/M. 1965–1968
GUARINO, A., Spartakus. Analyse eines Mythos, München 1980
GÜNTHER, R., KÖPSTEIN, H. (Hrsg.), Die Römer an Rhein und Donau, 3. Aufl. Berlin 1985
HAFFTER, H., Römische Politik und römische Politiker, Heidelberg 1967
HALFMANN, H., Itinera principum: Geschichte und Typologie der Kaiserreisen im Römischen Reich, Stuttgart 1986
HANTOS, TH., Das römische Bundesgenossensystem in Italien, München 1983
– Res publica constituta. Die Verfassung des Diktators Sulla, Stuttgart 1987

HARTMANN, F., Herrscherwechsel und Reichskrise, Frankfurt/M. 1982
HEINTZE, H. VON, Römische Porträtplastik, Stuttgart 1961
– (Hrsg.), Römische Porträts, Darmstadt 1974
HEINZ, W., Römische Thermen, München 1984
HELD, W., Die Vertiefung der allgemeinen Krise im Westen des Römischen Reiches, Berlin 1974
HELDMANN, K., Antike Theorien über Entwicklung und Verfall der Redekunst, München 1982
HESBERG, H. VON, Römische Grabbauten, Darmstadt 1992
HEUSS, A., Römische Geschichte, 5. Aufl. Braunschweig 1983
– (Hrsg.), Rom. Die römische Welt (Propyläen Weltgeschichte), Berlin 1963
HÖCKMANN, O., Antike Seefahrt, München 1985
HÖLSCHER, T., Victoria Romana, Mainz 1967
– Staatsdenkmal und Publikum, Konstanz 1984
HÖNLE, A., HENZE, A., Römische Theater und Stadien. Gladiatorenkämpfe und Circusspiele, Zürich 1981
HÜLSEMANN, M., Theater, Kult und bürgerlicher Widerstand im antiken Rom, Frankfurt/M. 1987
HÜTTL, W., Antoninus Pius, 2 Bde., Prag 1933–1936
JEHNE, M., Der Staat des Dictators Caesar, Köln 1987
JOHNSON, A., Römische Kastelle, Mainz 1987
JUCKER, H., Vom Verhältnis der Römer zur bildenden Kunst der Griechen, Frankfurt/M. 1950
KÄHLER, H., Rom und seine Welt, 2 Bde., München 1958–1960
– Rom und sein Imperium (Kunst der Welt), Baden-Baden 1962
KASCHNITZ VON WEINBERG, G., Römische Kunst, 4 Bde, Hamburg 1961–1964
KASER, M., Das römische Zivilprozeßrecht, München 1966
– Zur Methode der römischen Rechtsfindung, 2. Aufl. Göttingen 1969
– Das römische Privatrecht, 2 Bde., 2. Aufl. München 1971–1975
KENT, J.P.C., OVERBECK, B., STYLOW, A.K., Die römische Münze, München 1973
KIECHLE, F., Sklavenarbeit und technischer Fortschritt im römischen Reich, Wiesbaden 1969
KIENAST, D., Cato der Zensor, 2. Aufl. Darmstadt 1979
– Augustus. Prinzeps und Monarch, Darmstadt 1982
– Römische Kaisertabelle, Darmstadt 1990
KLEIN, R. (Hrsg.), Prinzipat und Freiheit, Darmstadt 1969
– Das frühe Christentum im römischen Staat, Darmstadt 1971
– Julian Apostata, Darmstadt 1978
– Marc Aurel, Darmstadt 1979
KLOFT, H., Liberalitas Principis, Köln 1970
KOCH, G., Sarkophage der römischen Kaiserzeit, Darmstadt 1993
KOLB, F., Die Stadt im Altertum, München 1984
– Diocletian und die erste Tetrarchie, Berlin 1987
KÖNIG, I., Die gallischen Usurpatoren von Postumus bis Tetricius, München 1981
KORNEMANN, E., Tiberius, Stuttgart 1960
– Römische Geschichte, 2 Bde., 7. Aufl. Stuttgart 1977
KRAFT, H. (Hrsg.), Konstantin der Große, Darmstadt 1974
KRAUS, TH., Das römische Weltreich (Propyläen Kunstgeschichte), Berlin 1967
– Lebendiges Pompeji – Pompeji und Herculaneum, Köln 1973
KRETZSCHMER, F., Bilddokumente römischer Technik, Düsseldorf 1967
KUNKEL, W., Herkunft und soziale Stellung der römischen Juristen, 2. Aufl. Graz 1967
KÜNZL, E., Der römische Triumph. Siegesfeiern im antiken Rom, München 1988
LA BAUME, P., Römisches Kunstgewerbe, Braunschweig 1964
LANDELS, J.G., Die Technik der antiken Welt, München 1979
LATTE, K., Römische Religionsgeschichte, 2. Aufl. München 1979
LIPPOLD, A., Theodosius der Große und seine Zeit, Stuttgart 1968
L'ORANGE, H.P., Das spätantike Herrscherbild, Berlin 1984
– Das Römische Reich. Kunst und Gesellschaft, Stuttgart 1985
MANSUELLI, G., Etrurien und die Anfänge Roms (Kunst der Welt), Baden-Baden 1963
MARTIN, J., Spätantike und Völkerwanderung, 2. Aufl. München 1990
MAURACH, G., Geschichte der römischen Philosophie, Darmstadt 1989
– Seneca. Leben und Werk, Darmstadt 1991
MCKAY, A.G., Römische Häuser, Villen und Paläste, Zürich 1980
MEIER, CH., Res publica amissa. Eine Studie zur Verfassung und Geschichte der späten Republik, 2. Aufl. Frankfurt 1980
– Caesar, Berlin 1982
MEYER, E., Römischer Staat und Staatsgedanke, 4. Aufl. Zürich 1975
MIELSCH, H., Die römische Villa. Architektur und Lebensform, München 1987
MOMMSEN, TH., Römische Geschichte, Bd. 1–3 Leipzig 1854–1856, Bd. 5 1885; Ndr. 8 Bde., München 1976
– Römisches Staatsrecht, 3. Aufl. Leipzig 1887–1888
– Römisches Strafrecht, Leipzig 1899
MOREAU, J., Die Christenverfolgung im römischen Reich, 2. Aufl. Berlin 1971
MÜLLER-KARPE, H., Zur Stadtwerdung Roms, Heidelberg 1962
MURAY, O. (Hrsg.), dtv-Geschichte der Antike, 5 Bde., München 1965
NASH, E., Bildlexikon zur Topographie des antiken Rom, 2 Bde., Tübingen 1961–1962
NÖRR, D., Imperium und Polis in der hohen Prinzipatszeit, 2. Aufl. München 1969
PALLOTTINO, M., Italien vor der Römerzeit, München 1987
PEROWNE, S., Hadrian. Sein Leben und seine Zeit, 2. Aufl. München 1977
PETRIKOVITS, H. VON, Die Rheinlande in römischer Zeit, Düsseldorf 1980
RADKE, G., Zur Entwicklung der Gottesvorstellung und Gottesverehrung in Rom, Darmstadt 1987
REUTTI, F. (Hrsg.), Die römische Villa, Darmstadt 1990
ROSTOVTZEFF, M., Gesellschaft und Wirtschaft im römischen Kaiserreich, 2 Bde., Leipzig 1929, Ndr. Aalen 1985
RUBIN, B., Das Zeitalter Justinians, Berlin 1960
RUHBACH, G. (Hrsg.), Die Kirche angesichts der konstantinischen Wende, Darmstadt 1976
SCHNEIDER, D., Geistesgeschichte der christlichen Antike, München 1970
SCHNEIDER, H., Wirtschaft und Gesellschaft, Erlangen 1974
– Die Entstehung der römischen Militärdiktatur, Köln 1977
– (Hrsg.), Sozial- und Wirtschaftsgeschichte der römischen Kaiserzeit, Darmstadt 1981
– Einführung in die antike Technikgeschichte, Darmstadt 1992
SEIBERT, J., Hannibal, Darmstadt 1993
SEYFARTH, W., Römische Geschichte. Kaiserzeit, 2 Bde., Berlin 1974
SIMON, E., Augustus. Kunst und Leben in Rom um die Zeitenwende, München 1986
– Die Götter der Römer, München 1990
SPEIGL, J., Der römische Staat und die Christen. Staat und Kirche von Domitian bis Commodus, Leiden 1970
STAERMAN, E.M., Die Blütezeit der Sklavenwirtschaft in der Römischen Republik, Wiesbaden 1969
STAHL, M., Imperiale Herrschaft und provinziale Stadt, Göttingen 1978
TERNES, CH.-M., Die Römer an Rhein und Mosel, Stuttgart 1975
THURI, L., Römische Städte, Darmstadt 1987
THIEL, J.H., Kaiser Tiberius, Darmstadt 1970
TRIEBEL, CH. A.M., Ackergesetze und politische Reformen, Bonn 1980
VEYNE, P., Brot und Spiele. Gesellschaftliche Macht und politische Herrschaft in der Antike, Frankfurt/M. 1990
VIERECK, H.D.L., Die römische Flotte, Herford 1975
VOGT, J., Der Niedergang Roms. Metamorphose der antiken Kultur, Zürich 1965
– Constantin der Große und sein Jahrhundert, 2. Aufl. München 1960
– Sklaverei und Humanität, 2. Aufl. Wiesbaden 1972
WARD-PERKINS, J.B., Architektur der Römer. Stuttgart 1975
WENGER, L., Die Quellen des römischen Rechts, Wien 1953
WES, M.A., Das Ende des Kaisertums im Westen des Römischen Reiches, Amsterdam 1967
WHEELER, M., Der Fernhandel des Römischen Reiches in Europa, Afrika und Asien, München 1965
WIEACKER, F., Vom römischen Recht, 2. Aufl. Stuttgart 1961
– Römische Rechtsgeschichte. Quellenkunde, Rechtsbildung, Jurisprudenz und Rechtsliteratur I: Einleitung. Quellenkunde. Frühzeit und Republik, München 1988
WIERSCHOWSKI, L., Heer und Wirtschaft. Das römische Heer der Prinzipatszeit als Wirtschaftsfaktor, Bonn 1984
WILL, W., Der römische Mob. Soziale Konflikte in der späten Republik, Darmstadt 1991
WISSOWA, G., Religion und Kultus der Römer, 2. Aufl. München 1912; Ndr. München 1971
WLOSOK, A., Rom und die Christen, Stuttgart 1970
– (Hrsg.), Römischer Kaiserkult, Darmstadt 1978
WOLFF, H., Civitas Romana. Die römische Bürgerrechtspolitik vom Bundesgenossenkrieg bis zur Constitutio Antoniniana, Köln 1977
WYTZES, J., Der letzte Kampf des Heidentums in Rom, Leiden 1977
ZANKER, P., Augustus und die Macht der Bilder, 2. Aufl. München 1990
ZIEGLER, K. H., Die Beziehungen zwischen Rom und dem Partherreich, Wiesbaden 1964
ZIEGLER, R., Städtisches Prestige und kaiserliche Politik, Düsseldorf 1985
ZIMMER, G., Römische Berufsdarstellungen, Berlin 1982

Register

Kursive Seitenzahlen verweisen auf Abbildungen bzw. Bildlegenden.

Abbildungsnachweis

G. Amberg, Gröbenzell 390/391 (O. Schraml). De Antonis, Rom 398. Azienda di Promozione Turistica, Lucca 443. Alinari, Florenz 67, 400. P. Baguzzi, Mailand 44. Prof. E. A. Bauer, Weilheim 292. Bayerische Staatsbibliothek, München 82, 428 u. Bergakademie Freiberg 168 (M. Knopfe). Biblioteca Vaticana 90, 399, 408, 409, 422. Bibliothèque Municipale, Autun 317 u (Perrichet). Bibliothèque Nationale, Paris 108 l, 376 r, 379. Bildarchiv Foto Marburg, Marburg, Lahn 54. Bildarchiv Preußischer Kulturbesitz, Berlin 76. E. Böhm, Mainz 80, 81, 88, 89, 101, 128, 129, 164, 165, 187, 188, 189, 198 u, 215, 224/225, 227, 240, 247, 266, 267, 272, 273, 280/281, 300 u, 384. Prof. Dr. H. Brückner, Passau 14, 18, 19, 22, 23, 250, m, 28, 29. Ny Carlsberg Glyptotek, Kopenhagen 170 o, 371, 373, 389 l (O. Haupt), 372 ul. The Cholmondeley Estates, Hougthon 372 ur. Chomon, Turin 370 r. G. Cigolini, Mailand 91. Deutsches Archäologisches Institut Rom 142, 356. FAE, Germering 252 o (R. A. Steiger). E. Fahmüller, Günding 332 r. Fitzwilliam Museum, Cambridge 314. Werner Forman Archive, London 8 u, 66, 166. Prof. Dr. H.-J. Gehrke, Freiburg 171, 179 l. The J. Paul Getty Museum, Malibu, Cal. 351. Giraudon, Paris 8 m, 10 u, 144, 252 u, 348. Prof. Dr. Th. Hantos, Siegen 146. Dr. O. Harl, Wien 253, 385 o. G. Heil, Berlin 198 m, 199, 200/201, 202, 203, 210, 223, 309. A. Held, Lausanne 300 o. Hirmer Fotoarchiv, München 56 li, 298. Prof. Dr. H. Kähler, Köln 244 o. Klammet, Ohlstadt 16/17. Kunsthistorisches Museum, Wien 72, 378. Löbl-Schreyer, Bad Tölz-Ellbach 90, 51, 62, 63, 194, 258, 259, 275, 340/341, 342, 439. Prof. Dr. J. Martin, Freiburg 134 o, 150. The Metropolitan Museum of Art, New York 358/359 (Rogers Fund, S. Lee), 394 u, 395 r (Shelby White and Leon Levy Collection, S. Collins). D. Möhn, München 64/65, 169 o, 193, 218, 219, 222, 228, 229, 278, 308 o, 320 l, 386 o, 411, 442. Musée Archéologique, Rabat 428 o. Musée Calvet, Avignon 55, 147 l. Musée de la Civilisation Gallo-Romaine, Lyon 151. Musée National du Bardo, Tunis 423. Musei Vaticani 287, 410 (Berri), 34 (Saori), 170 u, 232/233, 377, 393 u (Zigrossi), 10 m, 318, 401. Museo Archeologico, Comune di Foligno 116 (G. Surdi). Museo Civico Archeologico, Bologna 7 m, 30. Museo del Duomo di Monza 11 o, 139, 396. Museo Maffeiano, Verona 178. Nederlands Instituut, Rom 45 u. W. Neumeister, München 7 o, 12, 93, 306, 307. Österreichische Nationalbibliothek, Wien 322/323. F. Parisio, Neapel 357, 389 r. H. Patzelt, Ambach 58, 86, 196/197, 214, 343, 416/417, 418. Princeton University, Princeton, N.J. 365. Rapuzzi, Brescia 61. Réunion des Musées Nationaux, Paris 362/363, 364 u, 368/369 (Chuzeville), 40 (Lewandowski), 9 m, 230. Riunione Adriatica di Sicurità, Rom 2. Roncaglia, Modena 153. SCALA, Florenz 154, 155, 173, 254, 305, 316. Dr. J. Schlafke, Köln 3170. A. Schnell, Germering 386 u. Schweizerisches Landesmuseum, Zürich 135. Prof. Dr. R. Smith, New York 380 (A. Dögenči). Soprintendenza Archeologica dell'Abruzzo-Chieti 41. Soprintendenza per i Beni Ambientali, Architettonici, Artistici e Storici per l'Abruzzo di L'Aquila 176. Soprintendenza per i Beni Ambientali e Architettonici di Ravenna 376 l. Soprintendenza Archeologica di Roma 46, 92, 393 o, 413. Soprintendenza Speciale al Museo Nazionale Preistorico ed Etnografico L. Pigorini, Rom 36 o. Soprintendenza Archeologica della Toscana, Florenz 38. Staatliche Münzsammlung, München 56, 84, 108 r, 404 u. Stadt- und Universitätsbibliothek, Frankfurt a. M. 315. F. Teichmann, Stuttgart 74, 75, 157, 206, 207, 245. E. Thiem, Lotos Film, Kaufbeuren 7 u, 8 o, 9 u, 10 o, 11 m, u, 15, 20, 21, 25 u, 26/27, 32, 33, 36 u, 37, 39, 42, 47, 49, 52/53, 57, 59, 60, 68, 69, 70/71, 73, 77, 78, 83, 85, 87, 94, 97, 98, 99, 102, 109, 110, 111, 112/113, 115, 117, 118, 119, 120, 121, 122, 123, 124, 125, 126, 127, 130, 131, 132, 133, 136, 137, 140, 141, 147 r, 148, 158/159, 160, 161, 162, 163, 169 u, 174/175, 177, 179 r, 180, 181, 182, 184, 185, 190, 191, 192, 198 o, 204, 205, 208/209, 211, 213, 216, 217, 220, 221, 234, 235, 236, 237, 238, 239, 241, 242, 243, 244 u, 248, 249, 251, 255, 256, 261, 262, 263, 264, 265, 269, 270, 271, 274, 276, 277, 279, 282, 283, 284, 285, 288, 289, 290, 293, 294, 295, 296, 299, 301, 302, 303, 308 u, 310/311, 312/313, 320 r, 321, 324, 325, 326/327, 328/329, 330, 331, 332 l, 333, 335, 337, 338, 339, 344, 345, 346, 347, 352, 353, 354, 355, 360, 361, 364 o, 366, 367, 368/369 u, 370 l, 372 ol, or, 373, 374, 375, 381, 382, 383, 385 u, 387, 388, 394 o, 395 l, 402, 403, 404 o, 407, 412, 414, 415, 419, 420, 421, 424, 425, 426, 429, 430, 432, 433, 435, 436, 440, 441, 444, Vorsatz. Foto Thomassin, Trier 134 u, 143. Prof. Dr. L. Trümpelmann, München 79. G. Vasari, Rom 45 o. Prof. Dr. P. Weiß, Kiel 246. Dr. P. Weiß, Münster 437. Yale University Art Gallery, New Haven, Conn. 297. Prof. Dr. P. Zanker, München 50.

Übersetzungen

Ammianus Marcellinus (W. Seyfarth); Augustus, Res gestae (M. Giebel); Caere, CIL XI 3614 (H. Freis); Cicero, De officiis, De re publica, Epistulae ad Atticum (K. Büchner), Tusculanen (O. Gigon); Claudianus (B. Kytzler); Columella (K. Ahrens); Crescens, CIL VI 10050; Dion von Prusa (W. Ellinger); Gaius (L. Huchthausen); Konstantin Porphyrogennetos (K. Dieterich); Laudatio Turiae, ILS 8393; Livius (H.J. Hillen); Marc Aurel (A. Wittstock); Plinius, Epistulae (A. Lambert, H. Kasten); Plutarch (K. Ziegler); Polybios (H. Drexler); Salust (W. Schöne); Sueton (A. Lambert); Tacitus, Annalen (E. Heller), Historien (J. Borst); Thugga, CIL VIII 26 606 (J. Fugmann); Vergil, Bucolica (J. Götte); Aeneis (W. Plankl); Vitruv (C. Fensterbusch).